KB164838

세상의 속도를
따라잡고 싶다면

Do it!

시뮬레이터+키트로 완성하는

아두이노 입문

고장 확률 0%, 성공 확률 100%!

박필준 지음

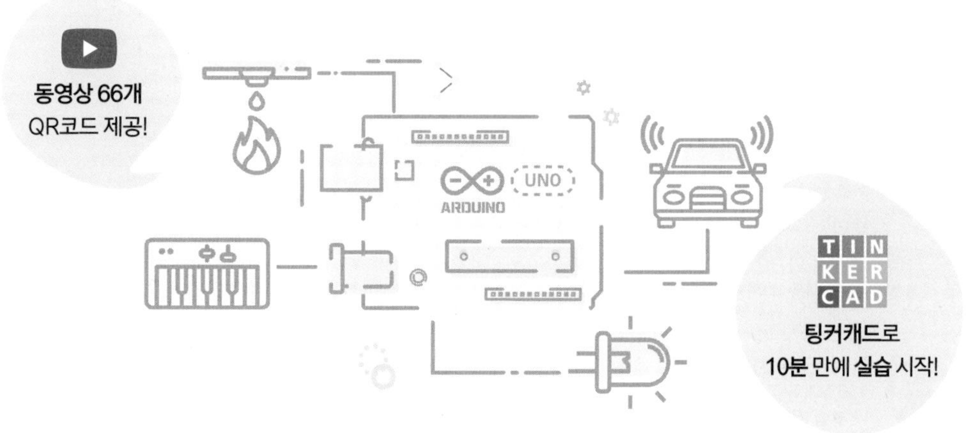

이지스퍼블리싱

세상의 속도를 따라잡고 싶다면 **Do it!**
변화의 속도를 즐기게 될 것입니다.

Do it!

'Do it! 시리즈'에는 '사람을 구체적으로 도와주는 책'을 추구하는 이지스퍼블리싱의 가치가 담겨 있습니다. **'직접 해보며 배우기**[learning by doing]**'** 학습 방법론으로 독자의 효율적인 학습을 돕습니다.

Do it!

시뮬레이터+키트로 완성하는

아두이노 입문

Do it! Arduino for beginners

초판 발행 • 2024년 1월 25일

지은이 • 박필준
펴낸이 • 이지연
펴낸곳 • 이지스퍼블리싱(주)
출판사 등록번호 • 제313-2010-123호
주소 • 서울특별시 마포구 잔다리로 109 이지스빌딩 4층(우편번호 04003)
대표전화 • 02-325-1722 | **팩스** • 02-326-1723
홈페이지 • www.easyspub.co.kr | **페이스북** • www.facebook.com/easyspub
Doit! **스터디룸 카페** • cafe.naver.com/doitstudyroom | **인스타그램** • instagram.com/easyspub_it

총괄 • 최윤미 | **기획 및 책임편집** • 한승우 | **IT 2팀** • 한승우, 신지윤, 이소연
교정교열 • 박명희 | **표지 및 본문 디자인** • 트인글터 | **인쇄** • 보광문화사
마케팅 • 박정현, 한송이, 이나리 | **독자지원** • 박애림, 오경신
영업 및 교재 문의 • 이주동, 김요한(support@easyspub.co.kr)

• '세상의 속도를 따라잡고 싶다면 Do it!'은 출원 중인 상표명입니다.
• 잘못된 책은 구입한 서점에서 바꿔 드립니다.
• 이 책에 실린 모든 내용, 디자인, 이미지, 편집 구성의 저작권은 이지스퍼블리싱(주)와 지은이에게 있습니다.

이 책을 저작권자의 허락 없이 무단 복제 및 전재(복사, 스캔, PDF 파일 공유)하면 저작권법 제 136조에 따라 **5년** 이하의 징역 또는 **5천만 원** 이하의 벌금을 부과할 수 있습니다. 무단 게재나 불법 스캔본 등을 발견하면 출판사나 한국저작권보호원에 신고해 주십시오(불법 복제 신고 https://www.copy112.or.kr).

ISBN 979-11-6303-546-6 13000
가격 25,500원

나만의 물건을 만드세요.
혁신하기에 아주 멋진 시간입니다.

Make your own stuff.
It is a wonderful time to be innovative.

브리 페티스 (메이커봇 CEO)
Bre Pettis (Makerbot CEO)

아두이노로 단 하나뿐인 나만의 제품을 만듭니다

우리는 작은 부품을 엮어서 무언가를 만드는 사람들이다.

만들기 자체에 매료되어서,

새로운 기술을 접하는 것이 신기하고 재미있어서,

소비보다는 생산하는 삶을 원해서,

기존 체계에서 해결할 수 없는 사회 문제를 풀기 위해서,

새로운 사업 모델을 발굴하기 위해서,

저마다 이유는 다르지만 직접 무언가를 만들고, 공유하고,

새로운 기술과 경험을 익히는 일을 주저하지 않는다.

사람들은 그런 우리를 '메이커'라고 부른다.

- 〈슬로우뉴스〉 신비의 칼럼 중 -

우리는 메이커 본능이 있습니다

우리는 아주 오래 전부터 무언가를 만드는 존재였습니다. 이러한 창조 본능은 비누, 향초, 의자, 책상 같은 생필품은 물론이고 손재주가 좋은 사람은 기술을 갈고 닦아 도자기, 가방, 칼 등 삶의 질을 높이는 도구를 만들기도 했지요.

정보 통신 기술이 발전한 오늘날에는 소프트웨어와 하드웨어 기술을 활용한 만들기가 활발합니다. 누구나 자유롭게 원하는 것을 만들 수 있도록 지식과 정보 등을 공유하는 오픈소스 문화 덕분이지요. 이 오픈소스 문화의 중심에 아두이노가 있습니다.

아두이노는 설계 도면과 부품이 공개되어 있어 누구나 만들고, 사용하고, 판매까지 할 수 있는 오픈소스 하드웨어입니다. 지금 이 시간에도 전 세계 수많은 메이커들이 아두이노로 단 하나뿐인 나만의 제품을 만들고 있습니다. 또한 아두이노는 가격이 저렴하고 다루기도 쉬워 메이커 교육용으로도 많이 활용되고 있지요.

아두이노 시뮬레이터와 키트로 자유롭게 실습합니다

아두이노 입문자를 위한 책을 쓰기 시작하면서 고민이 생겼습니다. 책으로만 실제 아두이노를 다루는 방법을 알려 주는 데는 한계가 있다는 것입니다. 예를 들어, 혼자 책으로 아두이노 회로를 만들다가 실수로 한번만 잘못 구성해도 부품이 타버려 더 이상 사용하지 못할 수도 있고, 당장 꼭 필요한 부품이 없거나 부족할 수도 있습니다. 이렇게 실습할 수 있는 길이 막혀 버리면 의욕이 점차 떨어지고, 결국 아두이노는 애물단지가 되어 버리고 말겠지요.

그래서 이 책에서는 아두이노 시뮬레이터와 보드를 함께 사용하며 아두이노를 배웁니다. 아두이노 시뮬레이터는 아두이노 보드와 부품을 사지 않아도 실제와 똑같은 방법으로 온라인에서 아두이노를 다뤄 볼 수 있는 도구입니다. 부품이 부족할 걱정도, 고장날 염려도 할 필요가 없어 입문자도 아두이노와 마음껏 놀아 볼 수 있습니다. 이런 장점은 아두이노를 가르치는 선생님과 시제품을 만드는 메이커에게도 매력적일 것입니다.

독자 여러분이 이 책을 통해 아두이노와 친해지고, 아두이노를 활용해 자신이 원하는 것을 만들면서 잠자는 메이커의 본능을 깨워 보기 바랍니다. 이 책이 더 많은 메이커와 함께 만들고, 공유하고, 즐길 수 있는 세상을 위해 조금이나마 도움이 되길 바랍니다. 마지막으로, 이 책이 나오기까지 도움을 준 한승우 편집자, 이지연 대표께 감사의 말씀을 드립니다. 그리고 항상 저를 응원하는 가족에게도 고마움을 전합니다.

누구나 메이커가 될 수 있도록 돕고 싶은
박필준 드림

이 책은 이렇게 공부하세요!

1단계 | 키트를 준비하며 아두이노와 친해져요.

'01 사물인터넷과 아두이노'를 읽으며 아두이노에 대해 가볍게 알아보세요. 실습에 필요한 키트를 준비하고 싶다면 다음 링크를 확인해 보세요. 이 책을 공부할 때 필요한 입문 키트를 구입할 수 있습니다.

- **키트 플러스 실속키트 KPK003:**
  https://smartstore.naver.com/kitplus/products/2923783681

2단계 | 아두이노 시뮬레이터, 팅커캐드로 안전하게 실습해요.

키트가 당장 없어도 시뮬레이터로 바로 실습할 수 있어요! 아두이노 시뮬레이터가 무엇인지 알아보고 사용법을 익히세요(03 온라인에서 아두이노 만나기 ~ 04 시뮬레이터로 안전하게 아두이노 시작하기).

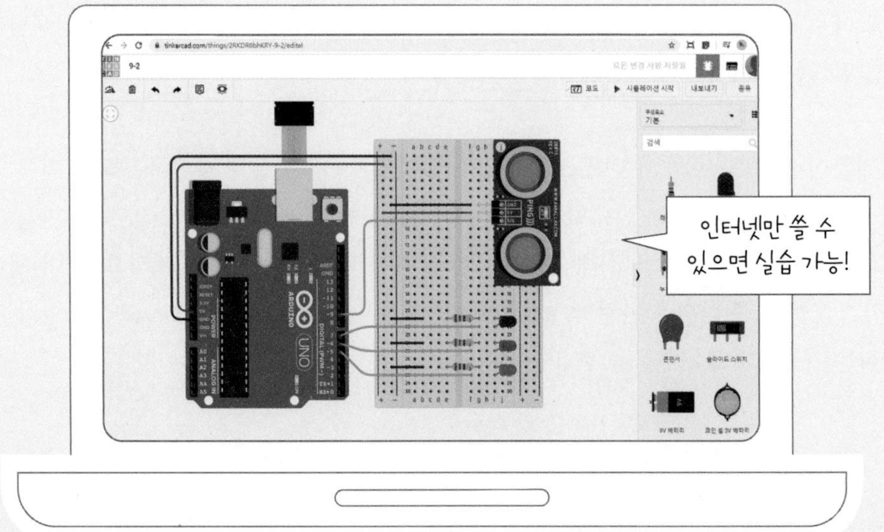

3단계 | 시뮬레이터로 회로를 만들고, 실제 키트로 제품을 완성해요.

❶ 아두이노 시뮬레이터로 고장 걱정 없이 회로를 만들고 원하는 동작을 코딩해요.

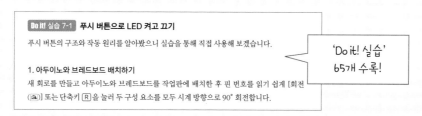

Do it! 실습 7-1 **푸시 버튼으로 LED 켜고 끄기**

푸시 버튼의 구조와 작동 원리를 알아봤으니 실습을 통해 직접 사용해 보겠습니다.

1. 아두이노와 브레드보드 배치하기

새 회로를 만들고 아두이노와 브레드보드를 작업판에 배치한 후 핀 번호를 읽기 쉽게 [회전(⟳)] 또는 단축키 R을 눌러 두 구성 요소를 모두 시계 방향으로 90° 회전합니다.

'Do it! 실습' 65개 수록!

❷ 시뮬레이터에서 만든 회로대로 키트를 조립하고 코드를 연동해 제품을 완성해요! 진짜 키트를 조립할 때는 동영상과 함께 해서 쉬워요.

직접 봅까요!

푸시 버튼으로 LED 제어하기

푸시 버튼으로 LED 제어하는 방법을 영상으로 보실 분은 영상으로 보고 싶다면 다음 링크를 참고하세요.

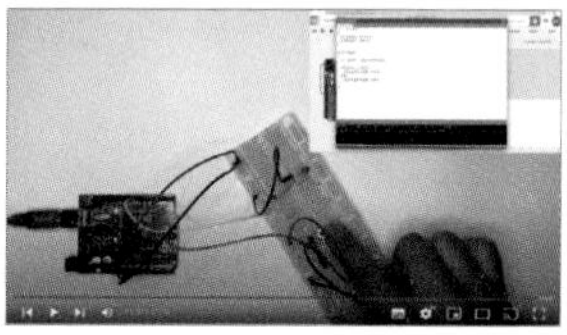

QR코드를 찍어 보세요.

https://youtu.be/yDQxGTSmKEA

'직접 볼까요!' 동영상 66개 수록!

이 책에서 만드는 **아두이노 제품 25가지!**

❶ LED 신호등
❷ 현관 센서 등
❸ 스마트 가로등
❹ 화재경보기
❺ 디지털 반딧불이
❻ DC 모터 제어기
❼ 초음파 거리 측정기
❽ 자동문 장치

둘째마당

❾ 움직이는 배너 광고판
❿ 타이머 시계
⓫ 무드 등
⓬ 미니 자동차 엔진
⓭ 전자 키보드
⓮ 아두이노 원격 조종 앱

셋째마당

⓯ 물처럼 흐르는 LED
⓰ 2진수 카운터
⓱ 네오픽셀 장치
⓲ 온습도 측정기
⓳ 라인 트레이서
⓴ 스마트 화분
㉑ 큰 소리 감지기
㉒ 버튼 빨리 누르기 게임
㉓ 주사위 게임
㉔ 가위바위보 게임
㉕ 기억력 게임

넷째마당

30일 완성

한 달 완성! 차근차근 진도표

30회 차 진도표를 사용해 차근차근 공부해 보세요. 하루에 1회씩 공부하면 한 달 만에 이 책을 끝낼 수 있습니다. 나에게 맞는 속도로 계획을 세우고 실천해 보세요!

시작!

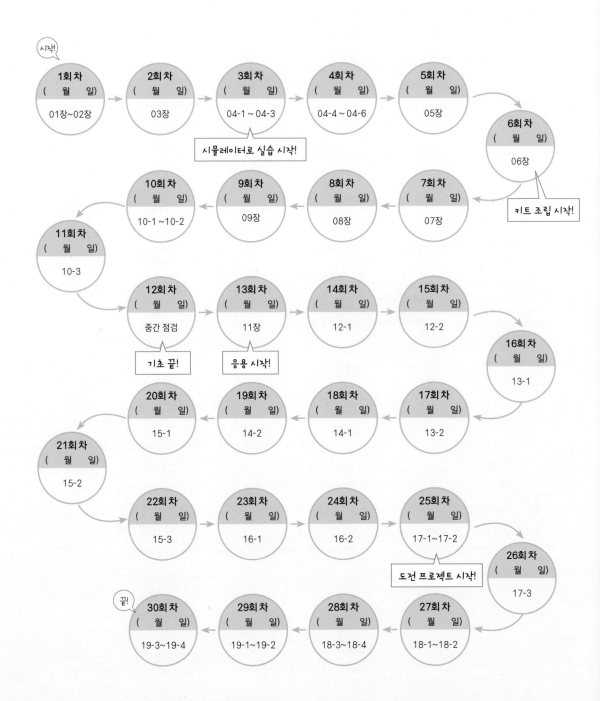

회차	날짜	학습 범위	비고
1회차	(월 일)	01장~02장	
2회차	(월 일)	03장	
3회차	(월 일)	04-1 ~ 04-3	시뮬레이터로 실습 시작!
4회차	(월 일)	04-4 ~ 04-6	
5회차	(월 일)	05장	
6회차	(월 일)	06장	키트 조립 시작!
7회차	(월 일)	07장	
8회차	(월 일)	08장	
9회차	(월 일)	09장	
10회차	(월 일)	10-1 ~10-2	
11회차	(월 일)	10-3	
12회차	(월 일)	중간 점검	기초 끝!
13회차	(월 일)	11장	응용 시작!
14회차	(월 일)	12-1	
15회차	(월 일)	12-2	
16회차	(월 일)	13-1	
17회차	(월 일)	13-2	
18회차	(월 일)	14-1	
19회차	(월 일)	14-2	
20회차	(월 일)	15-1	
21회차	(월 일)	15-2	
22회차	(월 일)	15-3	
23회차	(월 일)	16-1	
24회차	(월 일)	16-2	
25회차	(월 일)	17-1~17-2	도전 프로젝트 시작!
26회차	(월 일)	17-3	
27회차	(월 일)	18-1~18-2	
28회차	(월 일)	18-3~18-4	
29회차	(월 일)	19-1~19-2	
30회차	(월 일)	19-3~19-4	끝!

강의 교재로도 OK!

15회 완성

아두이노를 다루거나 코딩 공부를 해봤다면 15회 완성 코스로 빠르게 완독해 보세요.
1주에 1회씩 공부하면 한 학기 강의용 교재로도 사용할 수 있습니다.

회차	장 번호	주요 내용	날짜
01회	01	사물인터넷과 아두이노 알아보기	(　/　)
	02	아두이노 개발 환경 만들기	
02회	03	온라인에서 아두이노 만나기	(　/　)
	04	시뮬레이터로 안전하게 아두이노 시작하기	
03회	05	전기 신호의 종류와 움직임 이해하기	(　/　)
04회	06	디지털 출력으로 아두이노 작동하기	(　/　)
05회	07	디지털 입력으로 아두이노 작동하기	(　/　)
06회	08	아날로그 입력으로 아두이노 작동하기	(　/　)
07회	09	아날로그 출력으로 아두이노 작동하기	(　/　)
08회	10	함수와 라이브러리 활용하기	(　/　)
09회	11	LCD로 문자열 출력하기	(　/　)
10회	12	7세그먼트로 숫자 표시하기	(　/　)
11회	13	적외선 센서와 리모컨 활용하기	(　/　)
	14	모터 드라이버로 자동차 엔진 만들기	
12회	15	피에조 스피커로 전자 키보드 만들기	(　/　)
	16	블루투스 모듈로 원격 조정하기	
13회	17	LED와 버튼을 활용한 프로젝트	(　/　)
14회	18	다양한 센서를 활용한 프로젝트	(　/　)
15회	19	게임 만들기 프로젝트	(　/　)

저자 동영상 강의와 함께 공부하세요 — 토이메이커스 유튜브

실습 과정을 더 생생하게 살펴보고 싶다면 저자 유튜브 채널에서 동영상 강의를 시청해 보세요. 메이커 활동에 대한 흥미로운 영상도 많습니다.

- **토이메이커스 유튜브**: http://bit.ly/Toy-Makers

궁금한 내용은 저자에게 질문하세요 — 토이메이커스 카페

책을 읽다가 궁금한 내용이 생기면 저자가 직접 운영하는 카페의 [아두이노 Q&A] 게시판을 통해 질문해 보세요. 몇 쪽에서 어떤 점이 궁금한지 자세히 적어야 정확하고 빠른 답변을 받을 수 있습니다.

- **토이메이커스 네이버 카페**: https://cafe.naver.com/toymakers

코드를 입력할 때 참고하세요 — 전체 소스 무료 공개

코드를 잘 작성했는지 확인하고 싶다면 이지스퍼블리싱 홈페이지 자료실 또는 저자 깃허브에서 제공하는 전체 소스와 비교해 보세요! 다음 주소에 접속하면 모든 실습의 코드를 확인할 수 있습니다.

- **이지스퍼블리싱 홈페이지**: www.easyspub.co.kr → 자료실 → 도서명 검색
- **저자 깃허브**: https://github.com/yulian/arduino

Do it! 스터디룸 활용하기 — 친구와 함께 공부도 하고 책 선물도 받고!

네이버 카페 'Do it! 스터디룸'에서 다른 독자들과 함께 공부해 보세요! 궁금한 것을 서로 질문하고 답변할 수 있습니다. 또한 'Do it! 공부단'을 신청한 뒤 구입한 책을 완독하고 인증하면 책 선물을 드립니다.

- **Do it! 스터디룸**: cafe.naver.com/doitstudyroom

온라인 독자 설문 의견도 보내고 선물도 받고!

오른쪽 QR코드를 스캔하여 이 책에 대한 의견을 보내 주세요. 독자 여러분의 칭찬과 격려는 큰 힘이 됩니다. 더 좋은 책을 만들도록 노력하겠습니다.
의견을 남겨 주신 분께 드리는 혜택 6가지!

1. 추첨을 통해 소정의 선물 증정
2. 이 책의 업데이트 정보 및 개정 안내
3. 저자가 보내는 새로운 소식
4. 출간될 도서의 베타테스트 참여 기회
5. 출판사 이벤트 소식
6. 이지스 소식지 구독 기회

첫째 마당

아두이노 시뮬레이터로 아두이노와 친해지기

키트를 조립하며 아두이노 기본 배우기

셋째 마당

다양한 부품을 조합하며 아두이노 실력 키우기

넷째 마당

도전! 아두이노 실전 프로젝트

첫째
마당

아두이노 시뮬레이터로 아두이노와 친해지기

01 사물인터넷과 아두이노 알아보기

02 아두이노 개발 환경 만들기

03 온라인에서 아두이노 만나기

04 시뮬레이터로 안전하게 아두이노 시작하기

05 전기 신호의 종류와 움직임 이해하기

아두이노의 세계에 온 여러분 환영합니다! 첫째마당에서는 사물인터넷과 아두이노가 왜 전 세계적으로 화두인지 알아봅니다. 그리고 아두이노 개발 환경을 준비하고, 아두이노 시뮬레이터로 아두이노의 동작 원리에 대해 이해해 봅니다.

01

사물인터넷과 아두이노 알아보기

01장에서는 사물인터넷과 메이커 운동이 무엇인지 알아봅니다. 그리고 메이커 운동의 중심이라 할 수 있는 오픈소스 하드웨어 아두이노에 대한 기본 지식과 사용처를 알아봅니다.

학습 목표

- 제4차 산업혁명이 가야 할 방향을 탐구해 본다
- 사물인터넷과 메이커 운동을 알아본다
- 아두이노를 어디에 활용할 수 있는지 알아본다

01-1 제4차 산업혁명의 방향 탐구하기

산업혁명이란 기술의 혁신과 생산 방식의 급격한 변화로 발생한 현상을 말합니다. 역사적으로 산업혁명은 1차, 2차, 3차까지 진행되어 왔고, 현재는 제4차 산업혁명이 진행 중이라고 볼 수 있습니다. 그렇다면 제4차 산업혁명은 우리 삶에 어떤 영향을 끼치게 될까요? 지난 과거라면 명확하게 말할 수 있지만 현재 진행 중이거나 앞으로 발생할 미래에 대해서는 명확하게 얘기하기가 쉽지 않습니다. 하지만 과거를 통해 어느 정도 미래를 예측할 수 있기에, 과거에 발생했던 산업혁명을 분석해 앞으로 어떤 변화가 일어날지 생각해 봅시다.

과거와 현재의 산업혁명 분석하기

산업혁명은 그 시대를 반영합니다. 변화에 대한 요구와 필요성이 어느 때보다 중요해졌고, 그로 인해 관련 산업이 폭발적으로 발전한 것입니다. 산업혁명의 변화를 시대에 대한 요구 사항과 제조 관점의 변화, 관련 기술 측면에서 살펴보면 다음 표와 같습니다.

산업혁명별 요구 사항, 제조 관점의 변화, 관련 기술

	제1차 산업혁명	제2차 산업혁명	제3차 산업혁명	제4차 산업혁명
시기	18세기	19~20세기	20세기 후반	21세기 초반~
요구 사항/문제점	노동 집약적 산업	다양한 제품군 필요	재고 처리 문제	• 환경 문제 • 기후 변화 • 자원 고갈
제조 관점의 변화	자급 자족 → 대량 생산	소품종 대량 생산 → 다품종 대량 생산	다품종 대량 생산 → 맞춤형 대량 생산	맞춤형 대량 생산 → 맞춤형 적당량 생산
관련 기술	증기 기관	전기 동력	컴퓨터, 인터넷	• 사물인터넷 • 빅데이터 • 인공지능 등

제1차 산업혁명이 발생하기 전에는 노동력이 제품을 생산하는 기준이 되었습니다. 증기 기관으로 제품에 대한 대량 생산이 가능해짐과 동시에 증기 기관차로 더 먼 지역까지 운송이 가능해져 분업화가 중요해지기 시작합니다. 제2차 산업혁명을 통해 제품에 대한 품종이 다양해졌으며, 더 많은 제품을 생산하기 위한 공장이 늘어남에 따라 경쟁이 심화하고, 만든 제품이 팔

리지 않는 재고가 증가하게 됩니다. 제3차 산업혁명은 재고를 최소화하기 위해 마케팅 및 홍보가 중요해졌습니다. 컴퓨터와 인터넷은 개인의 성향과 요구를 잘 이해할 수 있는 목적으로 사용되며, 사용자 요구에 맞는 제품이나 서비스가 등장하게 됩니다.

제4차 산업혁명은 오늘날 전 세계적인 환경 오염, 기후 변화, 자원 고갈 문제를 해결하려는 방향으로 진행될 것으로 예상합니다. 개인 맞춤화한 제품은 더욱 많이 생산될 것이며, 한정된 자원을 효율적으로 사용하기 위해 필요한 만큼 생산하는 제조 방식으로 변화할 것입니다. 더불어 친환경 동력 및 우주 탐사와 같은 분야도 인류의 생존을 위해 나아가야 할 방향입니다. 이 과정에서 빅데이터, 인공지능, 메타버스, 블록체인, 3D 프린팅 등의 신기술을 융복합해 만든 제품이나 서비스가 점점 많아질 것입니다.

제4차 산업혁명에서 사물인터넷의 역할

사물인터넷은 제4차 산업혁명에서 발전한 여러 기술을 연계하기 위해 반드시 필요합니다. 예를 들어, 자율주행 자동차는 신호등과 차량, 사람, 장애물, 도로 등을 식별할 수 있는 다양한 센서를 장착해 실시간으로 정보를 수집하고, 상황에 따라 차량의 속도와 방향 등을 제어해야 합니다. 차량의 부품을 제작하기 위해 3D 프린팅 기술이 활용되고, 각종 센서에서 수집된 데이터를 저장하고 분석하기 위해 빅데이터와 인공지능 기술이 활용됩니다. 또한 사람이 운전할 필요가 없으므로 차량 내에서 체험할 수 있는 다양한 가상 체험, 회의, 여가 활동 등을 위해 메타버스와 블록체인 기술이 활용됩니다. 그리고 이 모든 기술을 서로 연계하기 위해 필요한 기술이 바로 사물인터넷입니다.

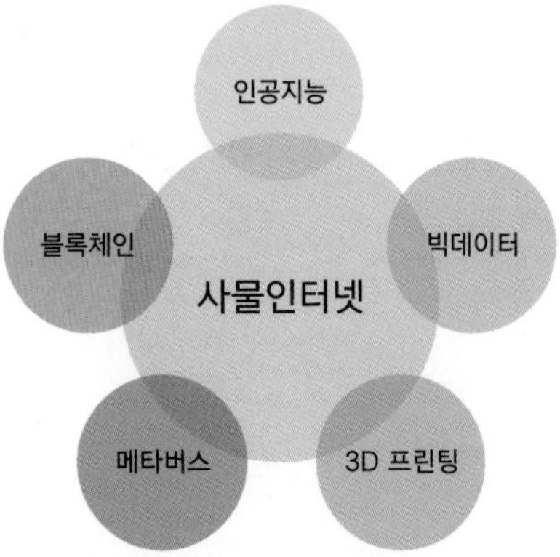

그림 1-1 사물인터넷의 역할

이렇듯 사물인터넷은 제4차 산업혁명에서 핵심적인 역할을 수행합니다. 그리고 **사물인터넷을 이해하기 위해 입문자가 할 수 있는 최선의 선택은 아두이노를 배우는 것입니다.**

01-2 사물인터넷과 아두이노

사물인터넷(IoT, Internet of Things)은 각종 사물에 센서와 통신 기능을 내장하여 인터넷에 연결하는 기술 또는 이를 활용해 제공하는 서비스를 의미합니다. 예를 들어, 일상에서 흔히 사용하는 숟가락에 센서와 통신 기술을 내장하면 식습관과 섭취한 칼로리 양을 알 수 있어 체계적인 건강 관리에 도움을 줍니다. 사물인터넷을 사용하는 제품이 기존 제품보다 더 똑똑해서 스마트라는 수식어를 붙이기도 합니다. 스마트폰, 스마트안경처럼 말이지요.

제4차 산업혁명이란 사물인터넷, 인공지능, 빅데이터, 3D 프린팅, 메타버스, 블록체인 등 첨단 정보통신기술이 기존 산업과 학문, 기술에 융합되며 일으키는 혁신적인 차세대 산업혁명을 말합니다.

사물인터넷과 메이커 운동

정보통신기술의 발달과 사물인터넷의 등장은 우리 삶에 점점 더 깊이 스며들어 많은 영향을 주고 있습니다. 대표적인 사례가 바로 메이커 운동입니다. 여기서 메이커란 기성 제품을 소비하는 것에 만족하지 않고 일상에서 필요한 물건을 스스로 만들고 그 경험과 지식을 공유하는 사람을 말합니다.

개인이 사용할 수 있는 기술과 지식이 늘어남에 따라 메이커 운동은 점점 더 넓게 퍼지기 시작했습니다. 메이커 운동의 대표 행사인 '메이커 페어(Maker Faire)'는 2006년 미국 샌프란시스코에서 처음 열려 이제 전 세계 수십 개국에서 개최되는 메이커들의 축제로 발전했습니다. 우리나라에서도 2012년부터 '메이커 페어 서울'이라는 이름으로 매년 열리고 있습니다.

그림 1-2 메이커 페어 현장(출처: https://www.flickr.com/photos/adactio/6111881906)

사물인터넷에 사용할 기기, 즉 스마트 디바이스를 만들기 위해 소형 컴퓨터 장치와 3D 프린팅 기술 등이 발달하면서 메이커들도 이 기술로 자기만의 스마트 디바이스를 만들기 시작했습니다. 이 중심에 있는 것이 바로 오픈소스 하드웨어인 '아두이노(Arduino)'입니다.

오픈소스 하드웨어란 어떤 제품을 만드는 데 필요한 회로도, 부품, 설명서 등 모든 것을 대중에게 공개한 제품을 말합니다.

아두이노란?

아두이노는 오픈소스를 기반으로 만든 마이크로컨트롤러 보드와 관련된 개발 도구 및 환경을 말합니다. 아두이노를 사용하면 특정한 동작을 하는 도구를 간단하게 만들 수 있습니다. 예를 들어, 아두이노 보드에 입력을 담당하는 센서와 출력을 담당하는 LED(발광 다이오드)를 연결한 다음 프로그래밍으로 동작을 제어하면 화재경보기를 만들 수 있습니다.

마이크로컨트롤러란 CPU 코어와 메모리, 입출력을 하나의 칩으로 만들어 정해진 기능을 수행하는 작은 컴퓨터를 말합니다.

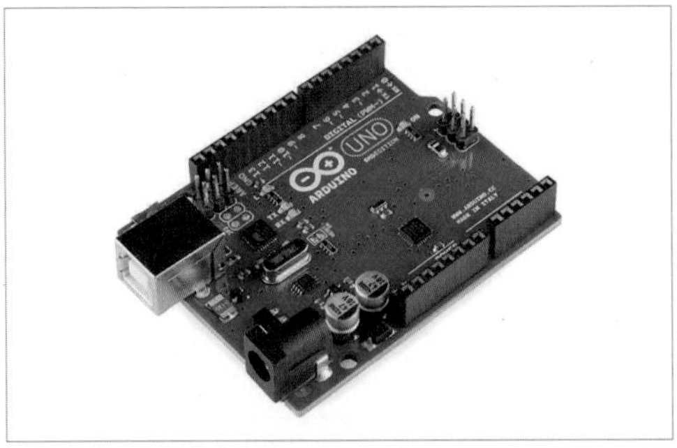

그림 1-3 아두이노 보드(출처: arduino.cc)

아두이노는 이렇게 탄생했어요

아두이노의 탄생은 2005년으로 거슬러 올라갑니다. 이탈리아 이브레아에는 기술자와 예술가가 함께 수업을 들을 수 있는 IDII(Interactio Design Institude Ivrea)라는 특수 대학이 있습니다. 이곳의 마시모 반지(Massimo Banzi)와 다비드 쿠아르티에예스(David Cuartielles) 교수는 하드웨어 미숙련자와 비전공 학생들이 저렴하게 구입할 수 있으면서 기초 지식만으로도 프로그래밍을 쉽게 할 수 있는 마이크로컨트롤러 보드는 없을까 고민합니다.

그 당시에도 마이크로컨트롤러 보드가 없었던 것은 아니었지만 기술과 비용 등 여러 제약 때문에 더욱 쉽고 저렴한 도구가 절실했습니다. 그래서 탄생한 것이 아두이노 보드입니다. 전 세계에 메이커 열풍을 일으킨 작은 날갯짓은 이렇게 시작됐습니다.

01-3 아두이노로 무엇을 할 수 있나요?

뭔가를 배우기 시작하면 설렘과 함께 궁금증이 많이 생깁니다. 아두이노를 배우고 싶은 독자 여러분도 마찬가지겠죠? 실제로 아두이노 강의 현장이나 주위 사람들로부터 다음과 같은 질문을 받습니다.

"아두이노로 뭘 할 수 있나요?",
"전 세계 메이커들은 왜 아두이노에 열광할까요?",
"이제 막 시작했는데 배운대로 따라만 하면 뭐든 만들 수 있을까요?"

처음에는 호기심과 궁금증으로 시작했더라도 하나씩 알아 가다 보면 어느덧 자연스럽게 아두이노와 친해진 자신을 발견할 수 있을 거예요. 그럼 아두이노로 뭘 할 수 있는지부터 살펴봅시다.

자전거의 속력을 측정해요

만들기를 좋아하는 폴란드 소년 니코뎀 바르트니크(Nikodem Bartnik)는 아두이노를 이용해서 자전거의 속력계를 만들었습니다. 속력은 움직인 거리를 걸린 시간으로 나누어 구하는데, 바르트니크는 아두이노를 이용해 자전거 바퀴의 회전 수와 속력계에 달린 타이머를 이용했습니다. 실제 자동차 계기판처럼 속력을 가리키는 화살표도 달았는데요. 화살표와 연결된 모터가 회전하여 속력의 변화를 알려 줍니다.

그림 1-4 아두이노로 만든 자전거 속력계

https://youtu.be/g6Rz4jPBNFc

그림을 그려요

미국의 7살 소녀 실비아 토드(Sylvia Todd)는 아두이노를 사용해 컴퓨터로 그린 그림을 종이 위에 수채화로 그려 주는 장치를 개발했습니다. 수채화 장치는 컴퓨터로 그린 그림의 좌표를 아두이노에게 전달하면, 아두이노는 모터를 제어해 붓의 위치를 도화지의 특정 좌표로 이동시켜 원하는 그림을 그려 주는 장치입니다. 이 장치는 많은 사람으로부터 투자를 받아 수익까지 얻었다고 해요.

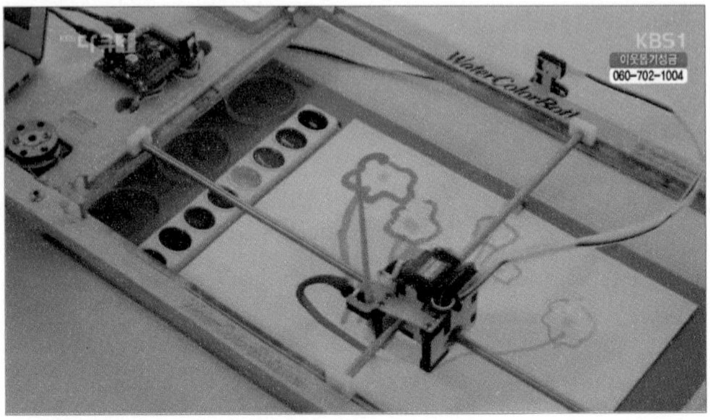

그림 1-5 그림을 그리는 아두이노(출처: KBS 다큐 1)

농작물을 키워요

자동으로 땅에 씨앗을 뿌리고 물을 주며 잡초를 제거하는 기계도 아두이노로 만들 수 있습니다. 다음 영상에 나오는 장치는 X, Y, Z축으로 모터를 움직여 원하는 장소에 씨앗이나 물을 이동시킬 수 있을 뿐 아니라 여러 농작물을 특성에 따라 알맞게 관리할 수 있어서 매우 편리합니다.

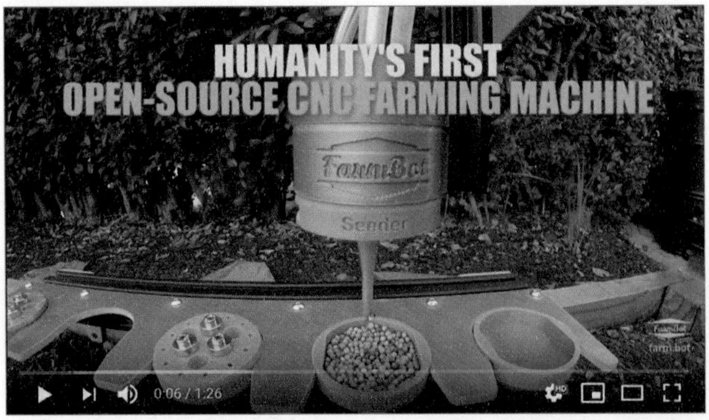

https://youtu.be/uNkADHZStDE

그림 1-6 농작물 자동 재배 장치에 활용된 아두이노

안경으로 데이터를 볼 수 있어요

안경에 전기 신호를 보여 주는 장치를 만들 수 있어요. 다음 영상에 나오는 장치는 디지털 멀티미터라고 하는 계측기로 전기 신호를 측정해 눈앞에 표시합니다. 일반 계측기는 측정하는 위치와 측정된 값을 보여 주는 위치가 달라 자칫 감전 사고가 발생할 수 있지만, 이 장치를 사용하면 측정하는 위치와 측정된 값을 보여 주는 위치가 같아 사고를 예방할 수 있어요.

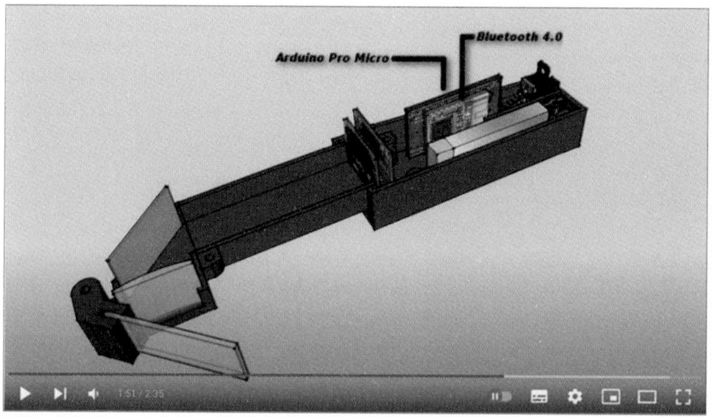

https://youtu.be/Ikl6yVauCKg

그림 1-7 부가 정보를 보여 주는 아두이노

오또봇을 만들어요

아두이노와 서보 모터로 로봇을 만들 수 있어요. 다음 영상에 나오는 장치는 오또 봇(Otto Bot)이라는 로봇인데, 네 개의 서보 모터를 사용해 다리 관절을 움직일 수 있습니다. 앞, 뒤, 좌, 우로 이동할 수 있는 기능은 물론, 몇 가지 독특한 자세를 활용해 음악에 맞춰 춤을 추기도 합니다. 눈처럼 생긴 초음파 센서로 장애물을 감지해 방향을 틀거나 인사를 하는 등 다른 행동을 취할 수 있습니다.

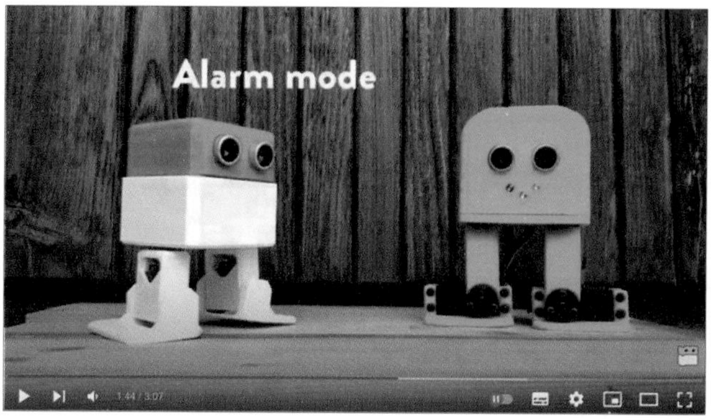

https://youtu.be/VD6sgTo6NOY

그림 1-8 로봇을 제어하는 아두이노

드론과 RC카를 만들어요

아두이노로 드론이나 RC카(radio control car)를 만들 수 있어요. 다음 영상에 나오는 장치는 3D 프린팅으로 프레임을 제작하고, 블루투스 무선 통신을 활용해 스마트폰으로 제어할 수 있는 드론입니다. 원리를 이해하면 드론뿐 아니라 RC카 등 무선으로 동작하는 장치를 만들 수 있어요.

https://youtu.be/1ZrHEypvW-g

그림 1-9 드론과 RC카를 제어하는 아두이노

만들고, 공유하고, 즐기는 메이커 운동

아두이노의 세상은 무궁무진합니다. 만약 좀 더 많은 사례를 보고 싶다면 인스트럭터블 웹 사이트(www.Instructables.com)를 방문해 보세요. '아두이노로 이런 것도 만들 수 있구나!' 하고 놀랄 만한 작품을 비롯해 재밌고 유용한 사례를 확인할 수 있습니다. 메이커들은 이곳에서 만드는 방법과 재료, 소스 코드까지 전부 공유하고 있어서 아두이노를 본격적으로 개발할 때 큰 도움을 얻을 수 있습니다.

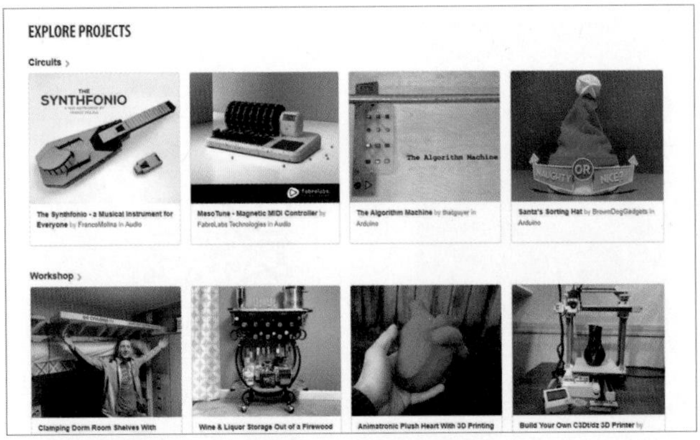

그림 1-10 인스트럭터블 웹 사이트(출처: www.instructables.com/circuits/arduino/projects/)

국내에는 아두이노 스토리, 토이메이커스와 같은 네이버 카페를 중심으로 커뮤니티가 활성화되고 있습니다.

아두이노 스토리

아두이노 관련 국내 최대 회원 수를 보유하고 있으며 다양한 사례와 강좌를 제공합니다.

그림 1-11 아두이노 스토리(출처: cafe.naver.com/arduinostory)

토이메이커스

아두이노, 라즈베리파이 그리고 3D 프린팅 등을 활용해 메이커 운동을 실천하고 정보를 공유합니다.

그림 1-12 토이메이커스(출처: cafe.naver.com/toymakers)

이 밖에도 많은 커뮤니티가 있지만, 아무리 자료가 많아도 가져다 쓰려면 '보는 눈'이 필요합니다. 왜 이 재료를 썼는지 어떤 원리로 작동하는지 볼 줄 알아야 응용할 수 있으니까요. 이제부터 아두이노를 자세히 살펴보면서 '보는 눈'을 키워 보겠습니다.

02

아두이노 개발 환경 만들기

아두이노 개발 환경은 스케치 코드를 편집하고, 작성한 코드가 아두이노 보드에서 동작할 수 있게 업로드하는 등 우리가 원하는 대로 아두이노를 움직이는 데 필요한 것을 모아 놓은 소프트웨어 도구를 의미합니다. 이번 장에서는 아두이노 개발 환경을 설치하고, 어떻게 사용하는지 살펴봅시다.

학습 목표

- 아두이노 통합 개발 환경을 설치할 수 있다
- 아두이노 보드와 포트를 선택할 수 있다
- 아두이노 보드가 인식되지 않는 문제를 해결할 수 있다
- 다양한 아두이노 보드의 차이를 이해할 수 있다

02-1 아두이노 통합 개발 환경 설치하기

통합 개발 환경이란?

통합 개발 환경(IDE; Integrated Development Environment)은 소프트웨어를 개발할 때 사용하는 코드 편집기, 컴파일러, 디버거 등을 하나의 소프트웨어로 묶어 놓은 도구입니다. 코드 편집기는 프로그래밍 언어를 작성할 수 있습니다. 컴파일러(compiler)는 프로그래밍 언어로 작성된 코드를 하드웨어가 이해할 수 있게 기계어로 변환해 주는 도구입니다. 즉, 사람이 이해하는 언어를 기계가 이해할 수 있는 언어로 번역해 주는 번역기의 역할을 수행하는거죠. 디버거(debugger)는 코드를 실행할 때 발생하는 오류를 쉽게 찾을 수 있게 도와주는 도구입니다. 소프트웨어가 예상하지 못한 결과를 출력하거나 오동작하는 것을 버그(bug)라고 하는데, 디버거는 버그를 잡는 소프트웨어라고 생각할 수 있습니다.

통합 개발 환경은 아두이노에서 동작하는 프로그램을 만들 때도 사용할 수 있지만 다른 프로그래밍 언어를 사용해 소프트웨어를 개발할 때도 흔히 사용합니다. 예를 들어, C 언어를 사용해 소프트웨어를 개발할 때 C 통합 개발 환경을 설치한 후 코드를 작성하고, C++ 언어를 사용하려면 C++ 통합 개발 환경을, 파이썬(Python) 언어를 사용할 경우 파이썬 통합 개발 환경을 설치합니다.

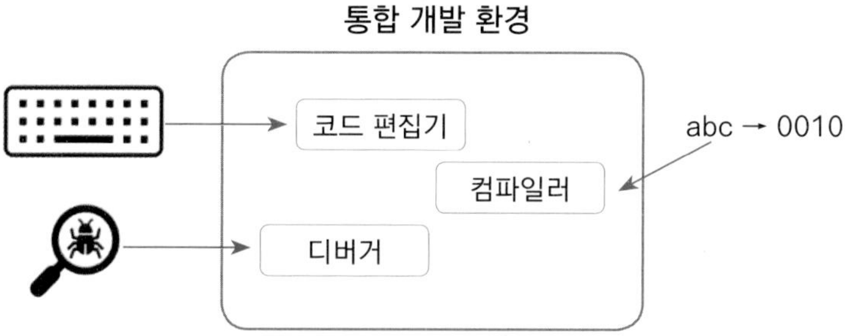

그림 2-1 통합 개발 환경의 구조

아두이노에서 동작하는 소프트웨어를 펌웨어(firmware)라고 합니다. 즉, 펌웨어는 특정 하드웨어 장치에서 동작하는 프로그램입니다. 일반 소프트웨어는 하드웨어를 제어하는 운영체제에서 동작하지만, 펌웨어는 운영체제 없이 하드웨어에서 바로 동작하므로 빠른 실행과 정해진 목적만 수행하는 특징이 있습니다. 예를 들어, 에어컨 리모컨에 설치된 펌웨어는 버튼을 누르면 에어컨을 켜고 끌 수 있으며, 온도를 제어하는 기능을 수행합니다. 아두이노도 마찬가지로 펌웨어를 만들면 다양한 장치를 구현할 수 있습니다. 어떤 부품을 사용하고, 어떻게 코드를 작성하는지 배우기만 하면 어떤 장치라도 제한 없이 만들 수 있는 것이죠. 그 첫 번째 단계가 아두이노 통합 개발 환경을 설치하는 것입니다.

펌웨어는 전원 공급이 없어도 데이터를 비휘발성 메모리에 저장하는 프로그램으로, 하드웨어와 주변 장치를 제어하는데 사용합니다.

통합 개발 환경 내려받기

아두이노 통합 개발 환경은 아두이노 공식 홈페이지(www.arduino.cc)에서 내려받을 수 있습니다. 화면 상단 메뉴에서 [SOFTWARE] 항목을 클릭하고, [다운로드(Downloads)]에서 컴퓨터에 설치된 운영체제에 따라 알맞은 프로그램을 내려받습니다.

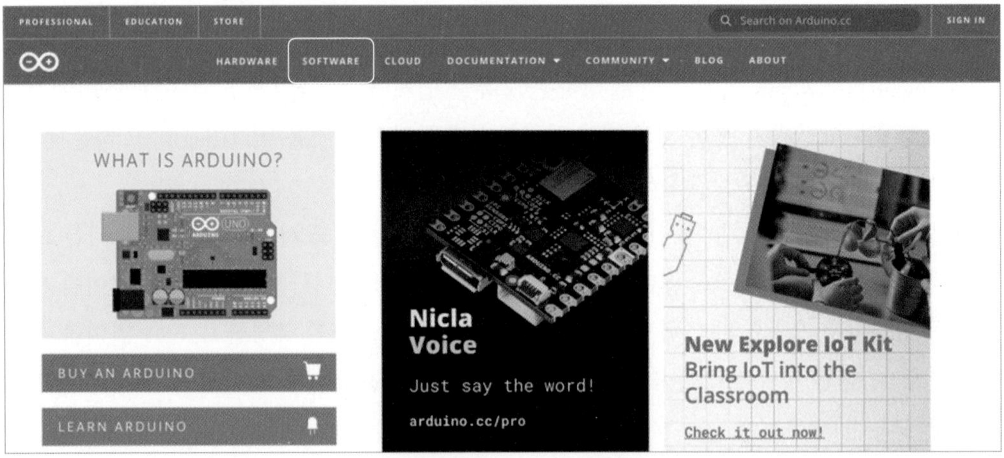

그림 2-2 아두이노 공식 홈페이지

아두이노에서 동작하는 펌웨어를 개발하기 위해 지원하는 운영체제는 크게 윈도우(Windows), 리눅스(Linux), 맥OS(macOS)가 있습니다. 다음 그림과 같이 윈도우 운영체제는 위에서부터 순서대로 EXE, MIS, ZIP 확장자 파일로 아두이노 통합 개발 환경을 설치 또는 실행할 수 있습니다. 큰 차이는 없지만 맨 위에 있는 [Win 10 and newer, 64 bits] 항목을 선택하면 더 많은 설치 옵션을 선택할 수 있으므로 권장합니다. 맥OS의 경우 인텔 또는 애플 프로세서를 사용하는 모델에 따라 설치 파일이 구분됩니다.

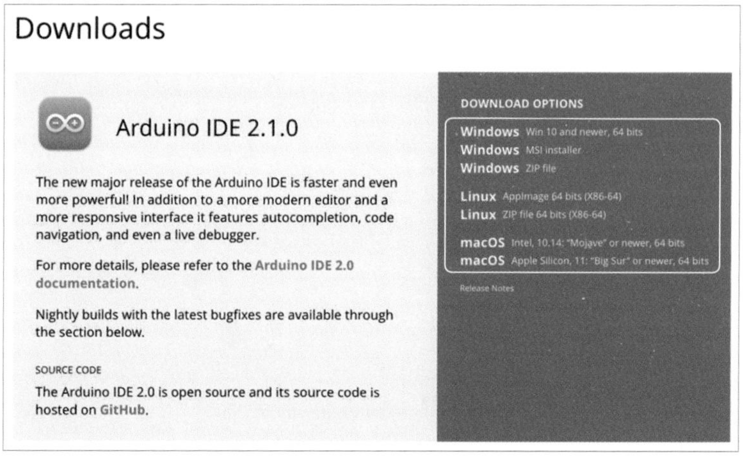

그림 2-3 운영체제별 아두이노 통합 개발 환경 다운로드 옵션

설치할 아두이노 통합 개발 환경을 고르고 클릭하면 오른쪽과 같이 후원 페이지로 넘어갑니다. 아두이노 통합 개발 환경(Arduino IDE)은 2015년 부터 아두이노 커뮤니티에서 오픈소스로 개발되고 있으며, 판매 수익을 내지 않고 후원을 받아 운영되고 있습니다. 일정 금액을 선택해 후원을 하거나 [JUST DOWNLOAD] 버튼을 눌러 후원하지 않고 내려받을 수 있습니다.

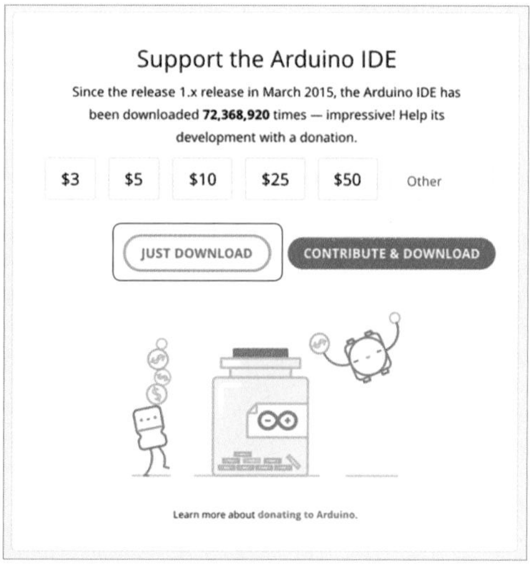

그림 2-4 아두이노 후원 페이지

윈도우 운영체제에서 아두이노 통합 개발 환경 설치하기

이 책에서는 확장자가 EXE인 설치 파일을 내려받고 실행하겠습니다. 실행 파일을 더블 클릭하면 사용권 계약을 볼 수 있는 창이 나타나며, [동의함] 버튼을 눌러야 설치 다음 단계로 이동합니다. 다음 단계는 설치 옵션으로 이 컴퓨터를 사용하는 [모든 사용자] 또는 [전용(계정명)] 중 하나를 선택할 수 있는데, 보통은 전용(계정명)을 선택해 설치한 단일 사용자만 프로그램을 이용할 수 있도록 합니다. 그리고 설치 폴더를 결정하는데, 경로를 변경하지 않고 [설치] 버튼을 누르면 자동으로 생성된 폴더에 아두이노 통합 개발 환경이 설치됩니다. 설치한 후 [마침] 버튼을 누르면 아두이노 통합 개발 환경이 실행됩니다.

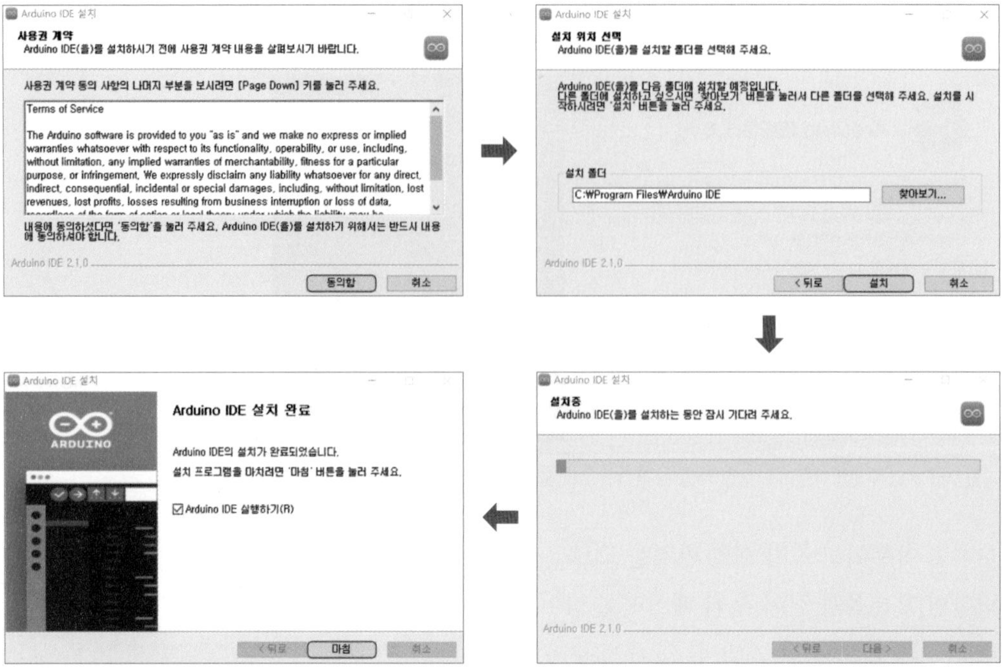

그림 2-5 윈도우 운영체제에서 아두이노 통합 개발 환경 설치 과정

아두이노 IDE를 설치하고 나면 바탕화면에 생성된 바로가기 아이콘을 더블 클릭해 아두이노 통합 개발 환경을 실행할 수 있습니다. 컴퓨터를 재시작한 후에는 바로가기 아이콘을 통해 아두이노 통합 개발 환경을 실행하면 편리합니다.

그림 2-6 바탕화면에 생성된 바로가기 아이콘

맥OS에서 아두이노 통합 개발 환경 설치

맥OS에서 아두이노 통합 개발 환경을 내려받으면 .dmg 파일이 생성됩니다. 이 파일을 열면 그림과 같이 아두이노 통합 개발 환경을 설치할 수 있는 창이 열리고, 왼쪽 아두이노 아이콘을 오른쪽 폴더로 드래그해 이동하면 진행 바가 나타나 설치 진행도를 알려 줍니다.

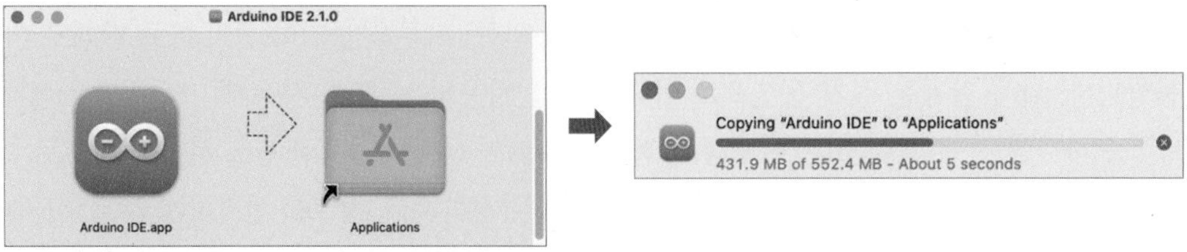

그림 2-7 맥OS 운영체제에서 아두이노 통합 개발 환경 설치 과정

설치가 완료되면 파인더(Finder) 프로그램을 열어 아두이노 아이콘을 마우스로 더블 클릭하거나 오른쪽 버튼을 눌러 [열기(Open)] 메뉴를 클릭하면 아두이노 통합 개발 환경이 실행됩니다.

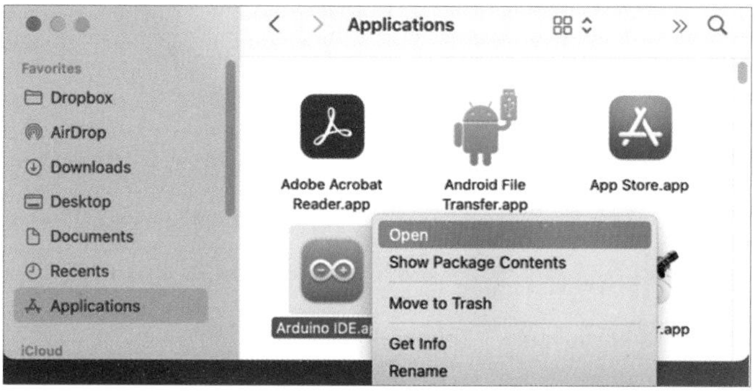

그림 2-8 맥OS에서 아두이노 통합 개발 환경 실행

직접 볼까요!

아두이노 통합 개발 환경 설치하기

아두이노 통합 개발 환경(IDE)의 개념을 이해하고 내려받기 및 설치하는 방법을 영상으로 보고 싶다면 다음 링크를 참고하세요.

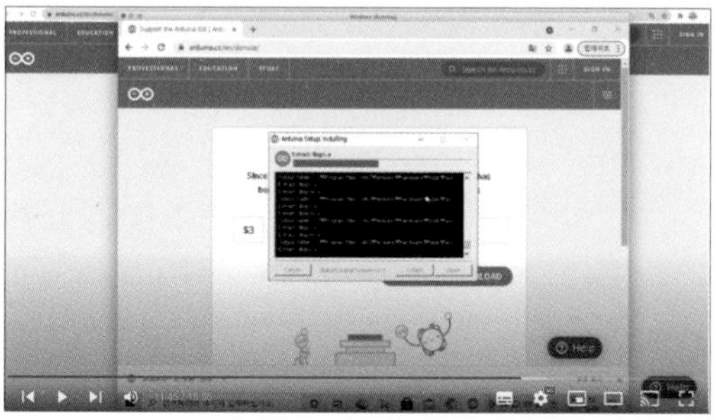

QR코드를 찍어 보세요.

https://youtu.be/J1JGSzZ6Y10

02-2 아두이노 보드와 컴퓨터 연결하기

아두이노 통합 개발 환경 실행하기

아두이노 통합 개발 환경이 실행된 모습은 다음 그림과 같습니다. 아두이노 통합 개발 환경(이하 줄여서 IDE)을 설치하는 운영체제는 다르더라도 실행 후에 동작 과정은 큰 차이가 없습니다. 아두이노 IDE의 인터페이스는 ❶ 상단에 자주 사용하는 실행 메뉴와 ❷ 그 아래 스케치 코드를 편집할 수 있는 편집 창, ❸ 맨 아래에 코드의 실행 결과를 볼 수 있는 출력 창, ❹ 화면 왼쪽에는 아두이노 프로그램 개발을 편리하게 도와주는 지원 메뉴로 구성됩니다.

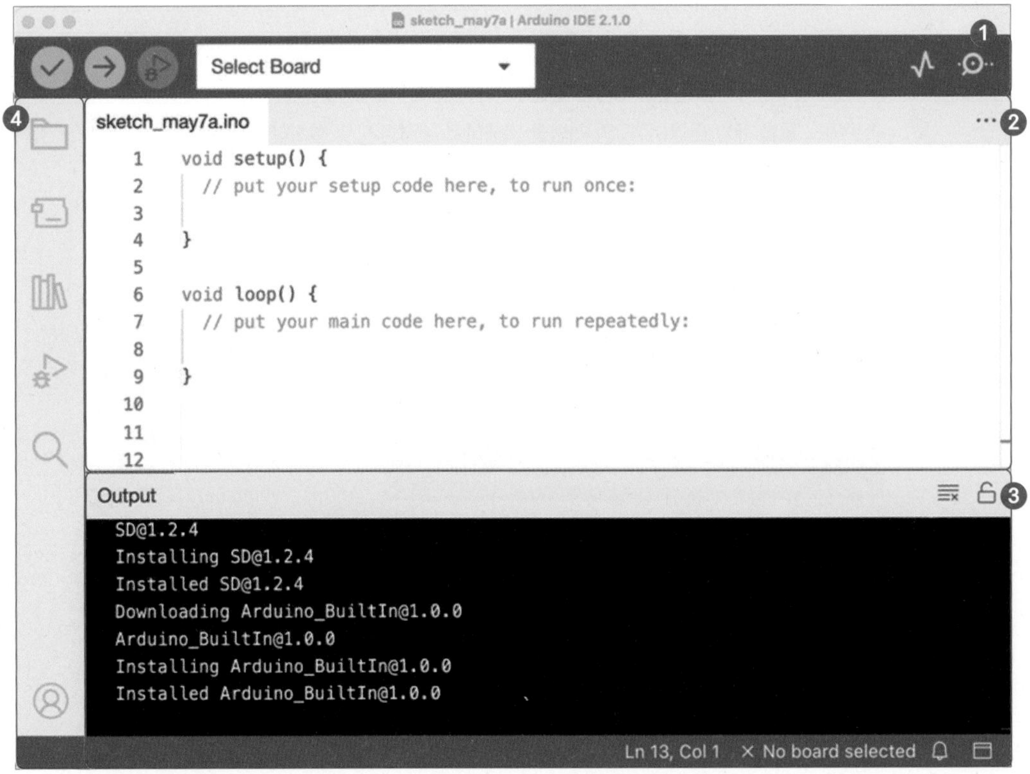

그림 2-9 아두이노 IDE를 실행한 모습

실행 메뉴 자세히 살펴보기

1. 확인 버튼 또는 컴파일 버튼

실행 메뉴의 ✓ 아이콘은 확인(verify) 버튼 또는 컴파일 버튼으로 편집 창에서 작성 중인 소스 코드가 문법에 맞는지 알려 주며, 만약 문법에 오류가 있다면 출력 창에 빨간색 글자로 어떤 문제가 있는지 알려 줍니다. 코드에 문제가 없으면 아두이노 스케치 코드(.ino)는 C++ 코드(.cpp)로 변환되고, 라이브러리와 함께 묶어 아두이노 보드가 이해할 수 있는 이진 코드(.hex)로 변환합니다.

이진 코드는 바이너리 코드(binary code)라고 표현하기도 하며, 컴퓨터가 이해할 수 있는 0과 1로 구성됩니다.

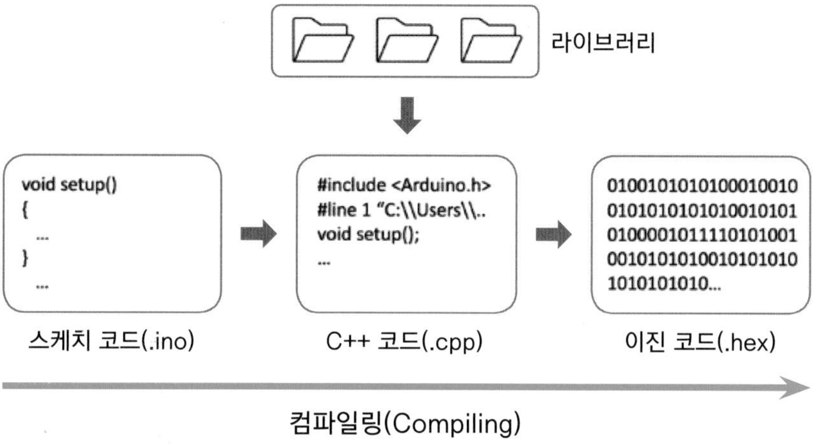

그림 2-10 컴파일 과정

2. 업로드 버튼

→ 아이콘은 업로드(upload) 버튼으로 컴파일한 후 코드에 문제가 없으면 아두이노 보드에서 실행할 수 있는 이진 코드(.hex)의 파일을 아두이노 보드에 전달합니다. 즉, 사람이 이해할 수 있는 스케치 코드를 기계가 이해할 수 있는 이진 코드로 변환한 후 전달하는 역할을 모두 수행하는 버튼입니다. 따라서 코드에 문제가 없다면 매번 컴파일 버튼을 클릭한 후 업로드 버튼을 누를 필요 없이 바로 업로드 버튼만 누르면 됩니다. 또한 아두이노 보드에 한 번 업로드하면 플래시 메모리에 저장되므로 아두이노에 전원 공급이 되지 않더라도 업로드한 코드가 저장되어, 다시 전원이 공급될 때 저장된 코드가 자동으로 실행됩니다.

플래시 메모리(flash memory)는 전원이 공급되지 않아도 데이터를 보존하는 특성이 있는 비휘발성 반도체로, 일상생활에서 흔히 접할 수 있는 플래시 메모리로는 USB 메모리 장치가 있습니다.

3. 디버그 버튼

 아이콘은 디버그(debug) 버튼으로 코드를 실행하면서 변수에 저장된 값을 확인하고 오류를 수정할 때 사용합니다. 하지만 초기에는 어떤 보드를 사용할지 선택되지 않은 상태이므로 비활성화되어 있습니다.

4. 드롭다운 메뉴

드롭다운 메뉴는 어떤 보드를 사용할지 결정합니다. 아두이노 보드는 하나가 아닌 목적에 따라 다양한 보드를 사용할 수 있습니다. 보드에 따라 사용할 수 있는 핀의 개수와 메모리 크기 및 성능이 다르므로 아이템에 맞는 보드를 선택하는 것이 중요합니다.

5. 시리얼 플로터와 시리얼 모니터 버튼

와 는 각각 시리얼 플로터와 시리얼 모니터 버튼입니다. 두 버튼은 아두이노 보드가 연결된 상태에서 사용할 수 있으며, 시리얼 통신 과정에서의 데이터를 시각적으로 보여 줍니다. 두 버튼의 차이가 있다면 시리얼 플로터는 시간에 따른 차트 형식으로 출력하며, 시리얼 모니터는 문자열로 출력한다는 점입니다.

지원 메뉴 자세히 살펴보기

아두이노 IDE 화면 왼쪽에는 개발 시 도움을 주는 지원 메뉴들로 구성되어 있습니다. 맨 위에 있는 첫 번째 항목부터 스케치북, 보드 관리자, 라이브러리 관리자, 디버그, 검색 메뉴입니다.

1. 스케치북

스케치북은 스케치 코드를 새로 생성하거나 기존에 작성한 스케치 코드를 열 때 사용합니다. 새로 스케치 코드를 만들고 싶다면 [NEW SKETCH] 버튼을 클릭해 새로운 아두이노 IDE를 열어 스케치 코드를 편집할 수 있습니다. 기존에 만든 스케치 코드를 수정하고 싶다면 수정하고자 하는 스케치 코드의 이름을 더블 클릭하면 마찬가지로 새로운 아두이노 IDE가 열리고, 이어서 편집할 수 있습니다.

2. 보드 관리자

보드 관리자는 아두이노 보드와 호환 보드를 사용하기 위한 도구입니다. 아두이노 보드의 유형은 어떤 마이크로컨트롤러를 사용하는지에 따라 구분되는데, 보드에 따라 핀 번호, 메모리 주소, 통신 채널 개수 등 서로 다른 정보를 관리하고, 최신 정보로 갱신하기 위한 기능을 포함합니다.

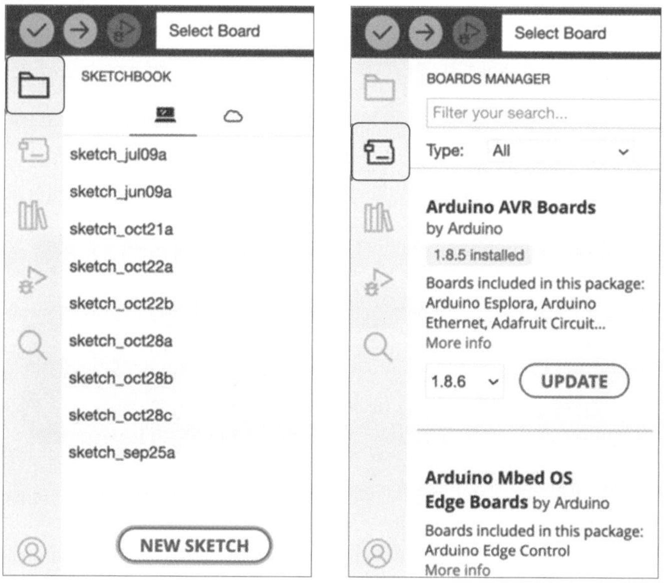

그림 2-11 스케치북(왼쪽)과 보드 관리자(오른쪽) 메뉴

3. 라이브러리 관리자, 디버그, 검색

라이브러리 관리자는 잘 알려진 라이브러리를 추가, 삭제, 갱신할 수 있는 기능을 수행할 수 있습니다. 예를 들어, 저전력 블루투스 통신을 사용하기 위한 라이브러리를 추가하고 싶다면 라이브러리 관리자에서 'ArduinoBLE'로 검색한 후 [INSTALL] 버튼을 누르면 라이브러리가 설치되어, 해당 라이브러리를 사용할 준비를 합니다. 이렇게 기본 내장된 라이브러리 외에 추가로 사용할 때 라이브러리 관리자를 사용합니다.

디버그 메뉴는 디버깅 과정에서 정지 시점을 제어하거나 변수에 저장된 값을 확인할 때 사용합니다. 마지막으로 검색 메뉴는 스케치 코드에서 특정 문자가 들어 있는 코드를 찾을 때 사용합니다. 화면에서 검색 결과를 클릭하면 스케치 코드의 해당 위치로 바로 이동할 수 있어 편리합니다.

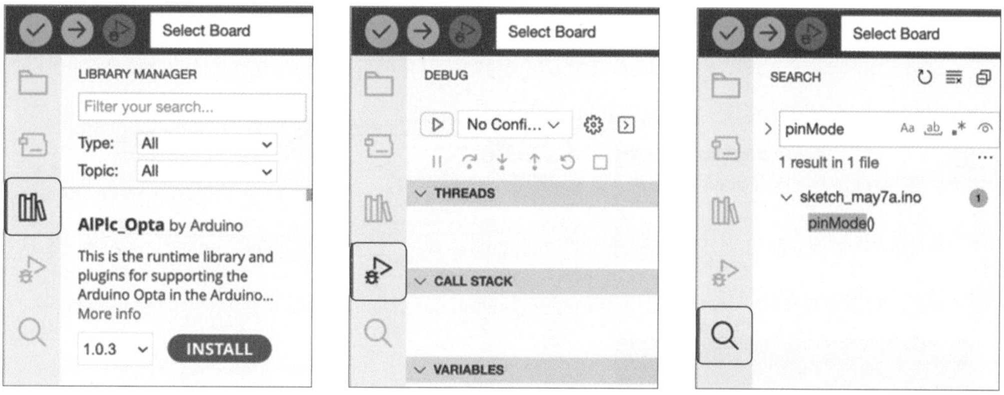

그림 2-12 라이브러리 관리자(왼쪽), 디버그(가운데), 검색(오른쪽) 메뉴

아두이노 우노 보드를 선택하고 연결해 보기

아두이노 IDE를 실행한 후 아두이노 보드를 연결해야 스케치 코드를 업로드하고 사용할 수 있습니다. 아두이노 보드와 컴퓨터를 USB 케이블로 연결하고, 아두이노 IDE의 드롭다운 메뉴를 마우스 왼쪽 버튼으로 클릭하면 연결된 시리얼 포트를 보여 주는 창이 나타납니다.

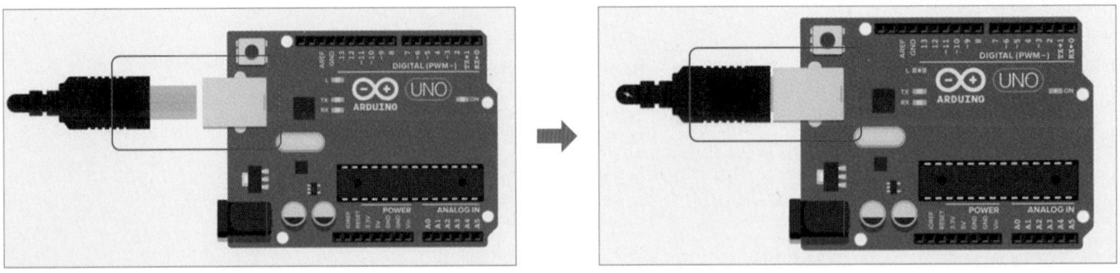

그림 2-13 아두이노 보드와 컴퓨터 연결

질문 있어요!

아두이노에 연결할 USB 커넥터가 다르게 생겼어요!

USB 커넥터는 사용하는 장치마다 다르게 생겼습니다. 아두이노 우노의 경우 두 가지 타입을 사용하는데, 납작한 직사각형 모양을 USB A 타입, 정사각형 모양을 USB B 타입이라고 합니다. USB A 타입 커넥터는 컴퓨터에 연결하고, USB B 타입 커넥터는 아두이노에 연결하면 됩니다.

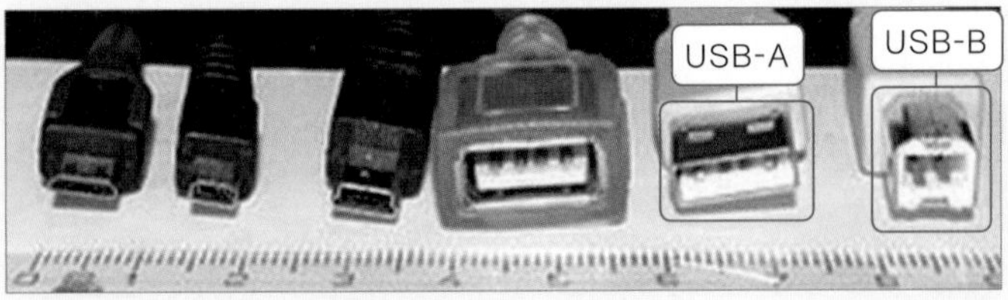

출처: https://en.wikipedia.org/wiki/USB_hardware

운영체제에 따라 포트 번호가 다르게 표시되는데, 윈도우에서는 COM1, COM2와 같이 COM 문자 뒤에 숫자가 붙으며, 맥OS에서는 '/dev/cu.usbserial-숫자'와 같은 형태로 표시됩니다.

그림 2-14 윈도우(왼쪽)와 맥OS(오른쪽)에서 시리얼 포트의 차이

포트를 선택하면 보드 선택을 위한 팝업 창이 나타나며, 사용하려는 보드명을 검색 창에 입력해 빠르게 찾을 수 있습니다. 일반적으로 가장 많이 사용하는 우노(UNO) 보드를 사용한다면 검색 키워드로 'uno'를 입력해 'Arduino Uno'라는 이름의 보드를 찾아 선택하고, [OK] 버튼을 클릭합니다. 그러면 아두이노 IDE 상단에 다음과 같이 보드명이 표시되는 것을 볼 수 있습니다.

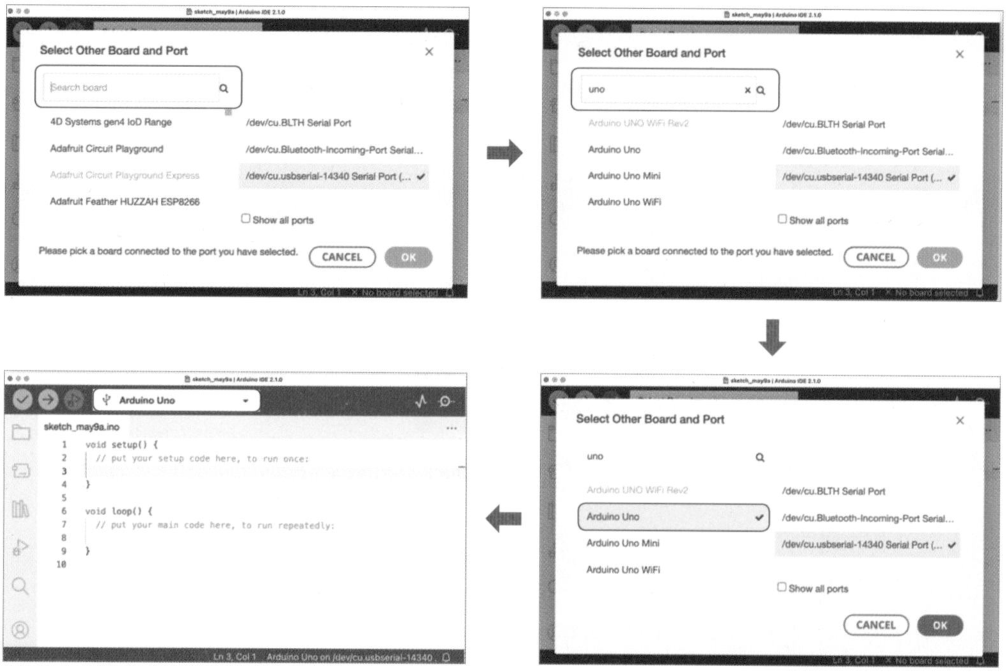

그림 2-15 아두이노 우노(UNO) 보드 선택

보드를 선택한 후 아두이노 IDE의 컴파일 버튼을 클릭하면 화면 하단에 출력 창이 나타나며, 컴파일한 코드의 크기를 표시합니다. 코드를 추가로 입력하지 않고 기본 코드를 컴파일해도 444바이트(bytes)가 필요하며, 이는 전체 메모리 공간의 1%를 차지합니다. 만약 아두이노의 메모리 용량보다 더 큰 코드를 작성할 경우 아두이노 보드에 업로드할 수 없으므로 컴파일할 때 스케치 코드의 크기를 확인해야 합니다.

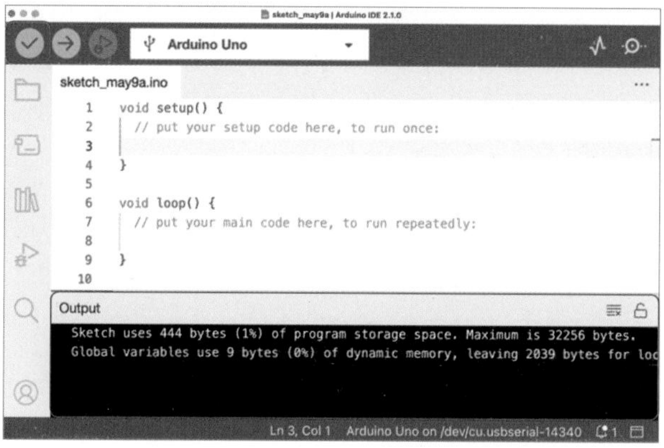

그림 2-16 정상적으로 컴파일될 때 모습

보드와 포트가 선택되지 않은 상태에서 컴파일 버튼을 누르면 그림과 같이 오류 메시지를 출력합니다. 아두이노 보드와 컴퓨터 간에 연결한 USB 케이블을 해제하고, 다시 연결해도 보드와 포트 선택이 자동으로 해제되기 때문에 아두이노 보드를 컴퓨터에 다시 연결할 경우 연결된 보드와 포트가 정상적으로 선택되었는지 항상 확인해야 합니다.

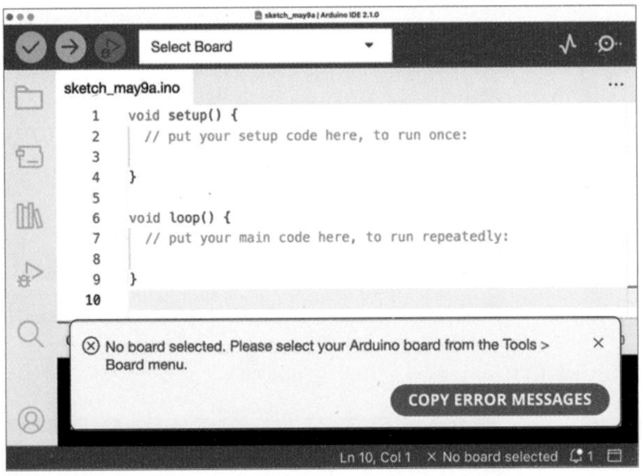

그림 2-17 보드가 선택되지 않은 상태로 컴파일 시 발생하는 오류

드문 일이지만 아두이노 보드를 USB 케이블로 컴퓨터에 연결해도 포트가 표시되지 않거나, 포트가 표시되더라도 컴파일이 되지 않는 문제가 발생할 수 있습니다. 이는 아두이노 보드에 장착된 시리얼 통신 모듈의 드라이버가 설치되지 않아 발생할 수 있는 문제입니다. 만약 아두이노 보드가 정상적으로 인식되지 않는 문제가 발생한다면 오른쪽 링크를 참고해 문제를 해결할 수 있습니다.

https://naver.me/x6Ur7E5z

02-3 여러 가지 아두이노 보드 살펴보기

앞서 살펴본 아두이노 보드는 입문용 아두이노 우노(UNO)입니다. 하지만 아두이노 우노 보드 외에도 사용 목적과 크기, 사양에 따라 다양한 보드들이 존재합니다.

> 아두이노 공식 홈페이지(https://www.arduino.cc/)에서 다양한 아두이노 보드와 키트, 액세서리 정보를 확인할 수 있습니다.

아두이노 클래식 보드

아두이노 클래식 보드는 아두이노 우노 보드와 레오나르도(Leonardo), 마이크로(Micro) 등 오래 전부터 개발되어 지금까지도 지원되고 있습니다. 생김새가 다르듯 지원하는 기능도 다른데, 아두이노 우노 R4 와이파이 보드는 무선 랜 기능이 내장되어 와이파이(Wi-Fi) 통신을 사용할 수 있으며, 아두이노 레오나르도 보드는 컴퓨터에 연결해 키보드나 마우스의 기능을 구현해 사용할 수 있습니다.

아두이노 우노 R4 미니마 / 아두이노 우노 R4 와이파이 / 아두이노 우노 R3 / 아두이노 레오나르도 / 아두이노 우노 와이파이 Rev.2

그림 2-18 아두이노 클래식 보드

아두이노 나노 보드

아두이노 나노 보드는 크기가 손가락 두세 마디입니다. 작지만 블루투스나 무선 랜 기능이 포함된 보드도 포함하고 있어 웨어러블 장치나 작은 로봇을 제어할 때 사용합니다.

아두이노 나노 33 IoT / 아두이노 나노 RP2040 커넥트 / 아두이노 나노 ESP32 / 아두이노 나노 33 BLE / 아두이노 나노

그림 2-19 아두이노 나노 보드

아두이노 실드

아두이노 실드는 자체적으로 동작하는 보드가 아닌 아두이노 보드 위에 결합해 동작하는 확장 보드입니다. 마치 기본 햄버거 재료에 치즈를 넣으면 치즈 버거가 되고, 불고기 패티 2개를 넣으면 더블 불고기 버거가 되듯, 아두이노 보드에 실드를 추가하면 새로운 기능을 사용할 수 있는 아두이노 보드가 됩니다. 예를 들어, 아두이노 우노 보드에 아두이노 모터 실드를 추가하면 아두이노 보드에 모터 여러 개를 동시에 제어할 수 있으며, 이더넷 실드를 추가하면 유선 랜 기능이 추가됩니다.

아두이노 모터 실드 Rev.3

안드로이드 4 릴레이 실드

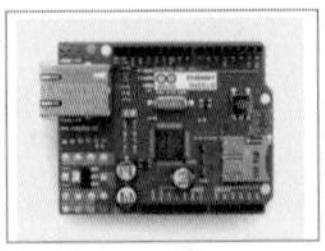
아두이노 이더넷 실드 Rev.2

아두이노 MKR GPS 실드

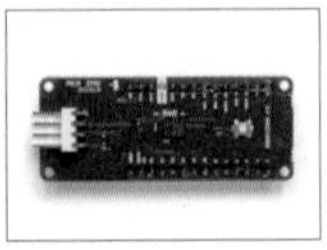
아두이노 MKR IMU 실드

그림 2-20 아두이노 쉴드

아두이노 메가

아두이노 메가는 다른 아두이노 보드에 비해 핀 수가 많고, 고성능 장치를 만들때 사용합니다. 실제 오픈소스 3D 프린터가 보급되던 초기에는 아두이노 메가 2560 보드에 모터 쉴드가 포함된 보드가 내장되기도 했습니다.

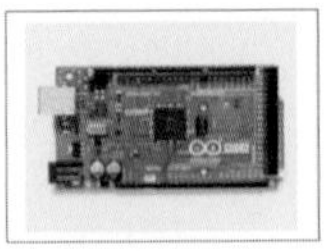
아두이노 메가 2560 Rev3

아두이노 듀

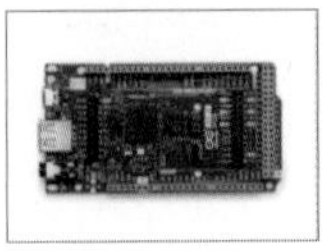
아두이노 기가 R1 와이파이

아두이노 기가 디스플레이 실드

그림 2-21 아두이노 메가

아두이노 호환 보드

아두이노 공식 홈페이지에서 제공하는 보드 외에도 제조사마다 직접 아두이노 보드를 만들어 판매할 수 있는데, 이러한 보드를 아두이노 호환 보드라고 합니다. 이것이 가능한 건 아두이노의 설계도가 공개된 오픈소스 하드웨어이기 때문입니다. 오픈소스 하드웨어는 하드웨어의 설계도와 구성 부품의 종류, 사용 매뉴얼 등이 공개되어 직접 수정하거나 배포, 판매할 수 있습니다. 아두이노의 설계도는 다음 링크에서 살펴볼 수 있으며, 여러분도 직접 부품을 구매해 조립하거나 제조사에 의뢰해 만들 수 있습니다.

- **아두이노 설계도**: https://www.arduino.cc/en/uploads/Main/arduino-uno-schematic.pdf

따라서 시중에서 판매되고 있는 아두이노 호환 보드의 종류는 셀 수 없이 많습니다.

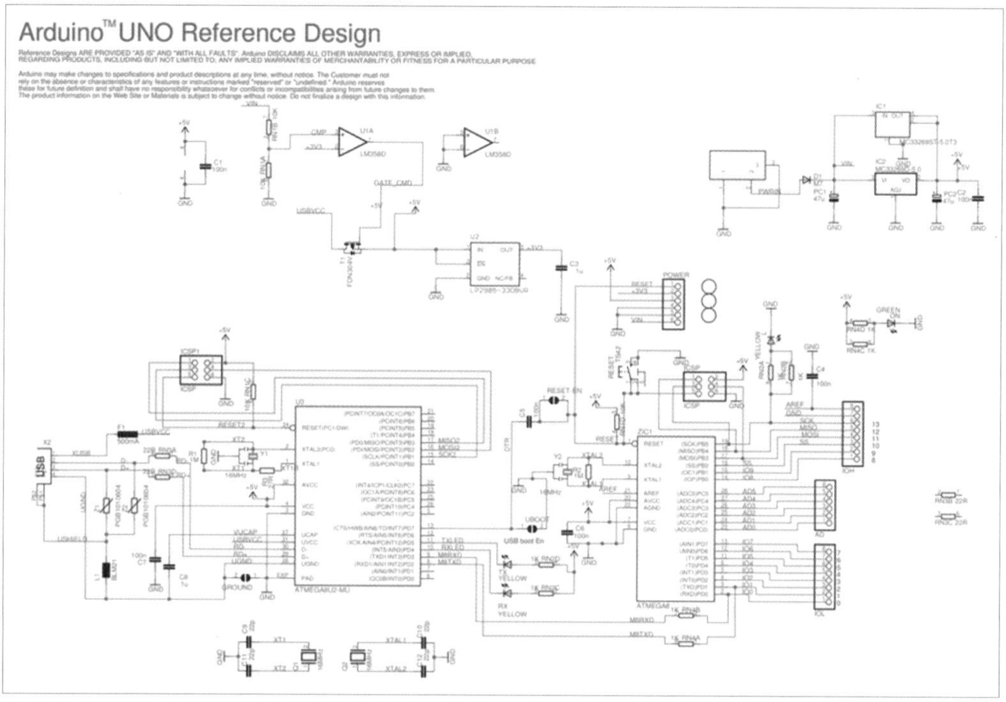

그림 2-22 아두이노 설계 도면

직접 볼까요!

아두이노 보드와 호환 보드 살펴보기

아두이노 보드와 호환 보드의 모습을 영상으로 보고 싶다면 다음 링크를 참고하세요.

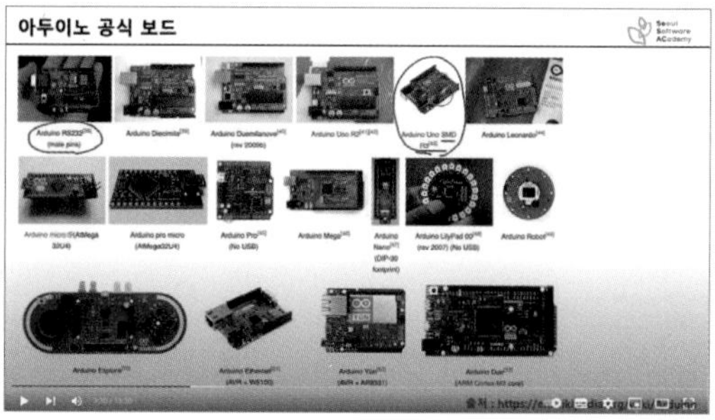

QR코드를 찍어 보세요.

https://youtu.be/TVvfKPwkIY4

03

온라인에서 아두이노 만나기

아직 아두이노 키트를 마련하지 못했더라도 걱정하지 마세요. 이 책에서는 아두이노 시뮬레이터를 이용해 아두이노 키트 없이 온라인으로 아두이노를 다룹니다. 시뮬레이터를 이용하면 비용과 시간을 아끼고 안전까지 확보할 수 있습니다. 이번 장에서는 아두이노 보드의 기본 구성 요소와 시뮬레이터의 필요성을 살펴보고, 실제 아두이노 보드와 어떤 차이점이 있는지 알아 보겠습니다.

학습 목표

- 아두이노의 기본 구성 요소를 파악한다
- 아두이노 시뮬레이터가 무엇이고 왜 필요한지 알아본다
- 아두이노 보드와 시뮬레이터의 차이점을 알아본다

03-1 아두이노의 기본 구성 요소 알아보기

아두이노는 아두이노 보드에 여러 가지 전자 부품을 조합해서 만듭니다. 먼저 다음 그림을 보면서 아두이노 보드의 기본 구성 요소를 알아보겠습니다. 어떻게 사용하는지는 다음 장부터 자세히 알아보기로 하고, 여기서는 구성 요소 목록만 살펴봅시다.

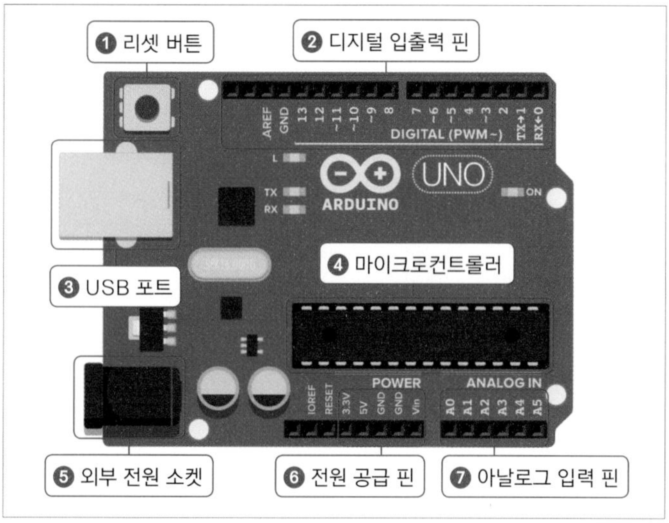

그림 3-1 아두이노 보드의 기본 구성 요소

❶ **리셋 버튼**: 아두이노의 전원을 끊고 다시 공급하는 버튼입니다. 컴퓨터로 치면 재부팅 버튼입니다. 아두이노에 업로드된 프로그램을 처음부터 다시 시작할 때, 프로그램이 작동하는 순서를 확인하거나 아두이노에 연결된 장치를 초기화할 때 사용합니다.

❷ **디지털 입출력 핀**: 아두이노에 다른 장치를 연결하는 역할을 합니다. 입력과 출력을 모두 사용할 수 있으므로 사용하기 전에 입출력 중 어떤 모드로 사용할지 결정해야 합니다.

❸ **USB 포트**: 컴퓨터와 아두이노를 연결하는 통로입니다. USB 케이블로 컴퓨터와 아두이노를 연결하면 전원을 공급받을 수 있고 데이터를 주고받을 수도 있습니다.

❹ **마이크로컨트롤러(microcontroller)**: 아두이노의 두뇌입니다. 아두이노의 중심부에 위치하며 연산을 하거나 데이터를 저장하는 역할을 합니다.

❺ **외부 전원 소켓**: 전원 어댑터를 연결하는 장치입니다.

❻ **전원 공급 핀**: Vin(voltage in, 입력 전압) 핀과 GND(ground, 접지) 핀으로도 아두이노에 전원을 공급할 수 있습니다. 예를 들어, 배터리의 양극(+)은 Vin 핀에, 음극(-)은 GND 핀에 연결하면 아두이노에 전원이 공급됩니다. 5V 핀, 3.3V 핀은 아두이노 보드에 연결된 전자 장치에 전원을 공급하는 핀입니다.

❼ **아날로그 입력 핀**: 아두이노에 다른 장치를 연결하는 역할을 합니다. 디지털 입출력 핀과 달리 아날로그 입력 장치만 연결할 수 있습니다.

아두이노로 화재경보기를 만드는 원리

방금 소개한 아두이노 보드의 기본 구성 요소에 디지털, 아날로그 입출력 장치를 추가로 연결하면 기능을 확장할 수 있습니다. 예를 들어, 온도를 측정할 수 있는 센서와 소리를 내는 버저를 아두이노 보드에 연결하고, 특정 온도 이상이 되면 버저에서 소리가 나도록 프로그래밍하면 간단한 화재경보기를 만들 수 있습니다.

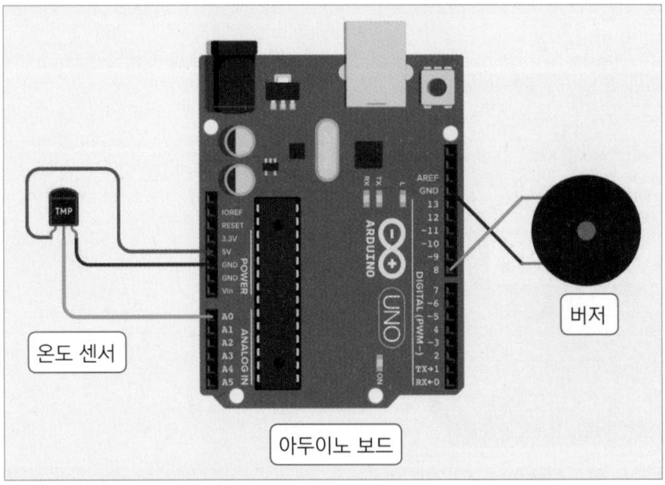

그림 3-2 아두이노로 만든 화재경보기

질문 있어요!

아날로그 출력 장치는 어디에 연결하나요?

아두이노에 아날로그 출력만 전담하는 핀은 없고 디지털 핀 중 일부를 아날로그 출력으로 사용해요. 디지털 입출력 핀을 보면 3~6번, 9~11번에 물결표(~)가 있죠? 이 핀에 아날로그 출력 장치를 연결하면 됩니다. 자세한 사용 방법은 09장에서 설명합니다.

03-2 시뮬레이터로 아두이노 없이 아두이노 사용하기

만약, 여러분이 아두이노로 무언가를 만드는 과정에서 전선을 잘못 연결하거나 온도 센서가 불량이라면 제대로 작동하지 않을 수 있어요. 그런데 그 원인이 물리적으로 발생한 것인지 프로그램의 오류 때문인지 찾기는 어렵습니다.

아두이노 시뮬레이터는 이러한 문제를 쉽게 해결할 수 있는 편리한 도구입니다. 아두이노 시뮬레이터는 소프트웨어이므로 물리적인 고장이 발생하지 않아요. 그리고 하드웨어가 훼손될 수 있는 상태가 발생할 경우에는 오류 메시지로 알려줘 사고를 예방할 수 있습니다.

시뮬레이터(simulator)란 현실과 비슷하게 꾸며진 상황에서 시뮬레이션하는 도구를 말합니다.

키트 없이 실습할 수 있는 아두이노 시뮬레이터

아두이노 시뮬레이터는 오토데스크(Autodesk)라는 회사에서 제공하는 아두이노 시뮬레이션 도구입니다. 아두이노 시뮬레이터를 이용하면 실제 아두이노 보드가 없어도 다양한 전자 부품을 아두이노 보드에 연결하고 직접 만든 프로그램을 입력해 원하는 대로 작동시키는 과정까지 가상으로 체험할 수 있습니다.

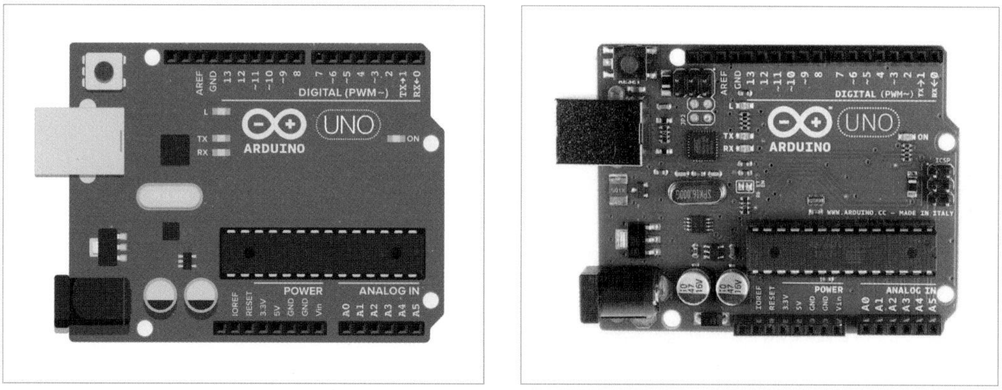

그림 3-3 아두이노 시뮬레이터에서 본 아두이노 보드(왼쪽)와 실제 아두이노 보드(오른쪽)

시뮬레이터의 아두이노 보드는 실제 아두이노 보드와 똑같이 생겼어요. 디지털 또는 아날로그 입출력 핀의 사용법과 전원 공급 방법도 큰 차이가 없습니다. 그리고 텍스트 기반 프로그래밍 언어인 스케치(Sketch)뿐만 아니라 블록 기반 프로그래밍 언어인 스크래치(Scratch)도 지원하므로 프로그래밍을 처음 시작하는 입문자에게 적합합니다.

질문 있어요!

스케치와 스크래치가 뭔가요?

우리가 원하는 대로 아두이노를 작동시키려면 특수한 언어로 된 명령을 입력해야 해요. 이러한 과정을 프로그래밍이라고 하는데, 이때 사용하는 언어를 프로그래밍 언어라고 합니다. 스케치(Sketch)는 아두이노에서 작동하는 프로그램을 만들 때 사용하는 텍스트 기반 프로그래밍 언어입니다. 스케치의 구조는 C 언어나 C++ 언어와 유사하지만 문법이 간소화되어 있어서 상대적으로 배우기 쉬워요. 반면에 스크래치(Scratch)는 아이들이 프로그래밍 언어를 쉽게 배울 수 있도록 레고 블록을 쌓듯이 블록을 조합해 프로그램을 만들 수 있는 블록 기반 프로그래밍 언어입니다.

직접 볼까요!

아두이노 시뮬레이터란?

아두이노 시뮬레이터의 화면 구성을 영상으로 보고 싶다면 다음 링크를 참고하세요.

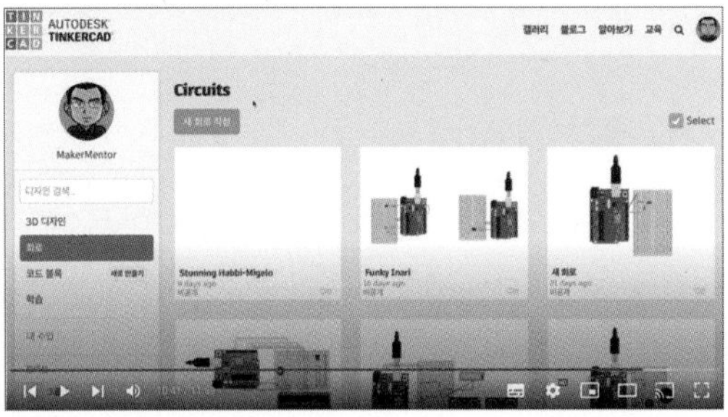

QR코드를 찍어 보세요.

https://youtu.be/-C0D4BRqldM

이 책은 이런 분들이 활용하면 좋아요

독자 여러분이 코딩과 아두이노를 처음 해보는 입문자이거나 아두이노를 가르치는 선생님, 또는 이미 원하는 제품을 만들고 있는 메이커라면 이 책을 통해 다음과 같은 효과를 얻을 수 있습니다.

코딩과 아두이노를 처음 배우는 입문자라면

입문자의 경우 단순히 텍스트 결과뿐 아니라 시각적으로 작동하는 결과를 볼 수 있다면 좀 더 재미있게 배울 수 있어요. 아두이노 시뮬레이터에서는 버튼으로 LED(발광 다이오드)를 켜고 끄거나 모터를 움직여 속도와 각도가 바뀌는 것을 실시간으로 확인할 수 있습니다.

LED는 07장에서 자세히 배웁니다.

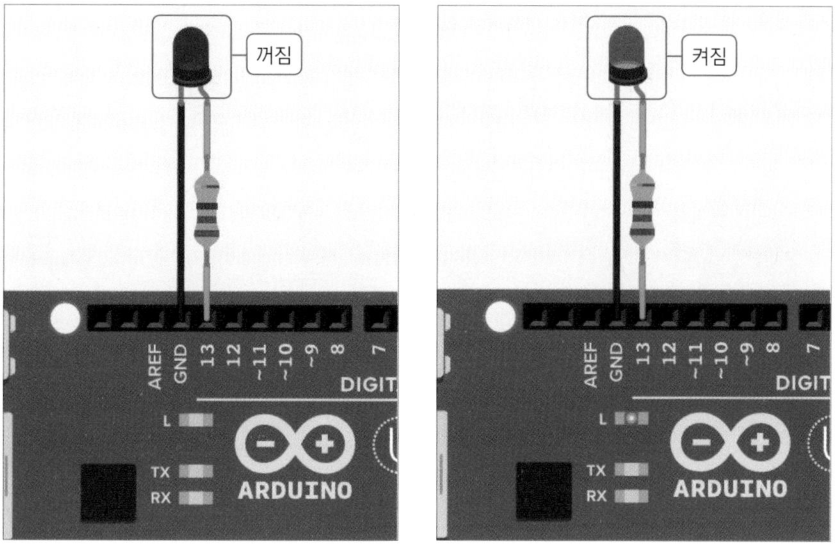

그림 3-4 LED의 불빛이 꺼진 상태와 켜진 상태

또한 아두이노 내부에서 처리되는 데이터는 '시리얼 모니터(serial monitor)'에 출력할 수 있어요. 프로그램 오류가 발생하면 시리얼 모니터에 출력되는 값을 확인하면서 오류를 바로잡을 수 있습니다.

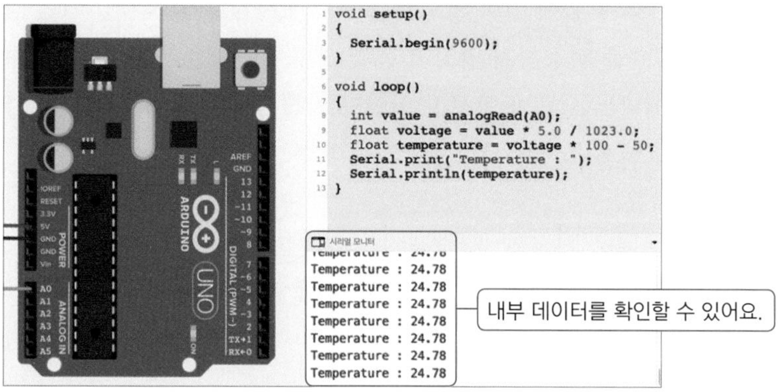

그림 3-5 시리얼 모니터에 출력된 결과 표시

아두이노 시뮬레이터는 블록 기반 프로그래밍과 문자 기반 프로그래밍을 모두 지원하므로 프로그래밍 입문자의 부담을 줄일 수 있어요. 블록 기반 프로그래밍 언어를 작성하거나 수정하면 자동으로 문자 기반 프로그래밍 언어로 변환되므로, 블록 기반 프로그래밍 언어에서 문자 기반 프로그래밍 언어로 전환하려는 사람에게도 도움을 줍니다.

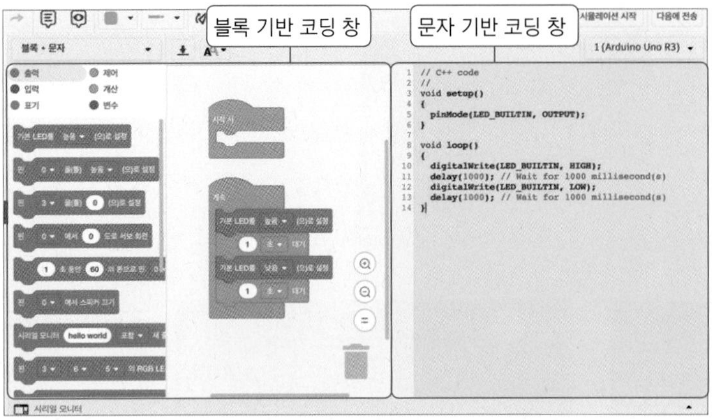

그림 3-6 블록 기반과 문자 기반 코드 창을 지원하는 아두이노 시뮬레이터

아두이노를 가르치는 선생님이라면

아두이노 시뮬레이터는 아두이노를 가르치는 선생님에게도 유용한 도구입니다. 아두이노 키트를 준비하기 어려운 환경에서도 수업을 할 수 있으며 시연하기도 편리하기 때문이죠. 필자도 실제 아두이노 보드만으로 수업한 결과와 아두이노 시뮬레이터를 병행한 결과를 비교해 보면, 수업 만족도와 성취도 면에서 두 가지를 모두 사용한 경우가 더 나은 결과를 보였습니다.

수업을 하다 보면 학생의 실수로 단락이 발생해 실습을 이어갈 수 없는 상황이 빈번하게 일어납니다. 이때 아두이노 시뮬레이터를 활용해 미리 회로에 오류가 있는지 확인한다면 이런 상황을 예방할 수 있고, 학생들은 실수를 걱정하지 않고 마음껏 아두이노 회로를 만들어 볼 수 있습니다. 또한 아두이노 시뮬레이터는 오류가 발생한 원인도 친절하게 안내해 주므로 이를 해결하는 과정에서 또 다른 배움을 얻을 수 있습니다.

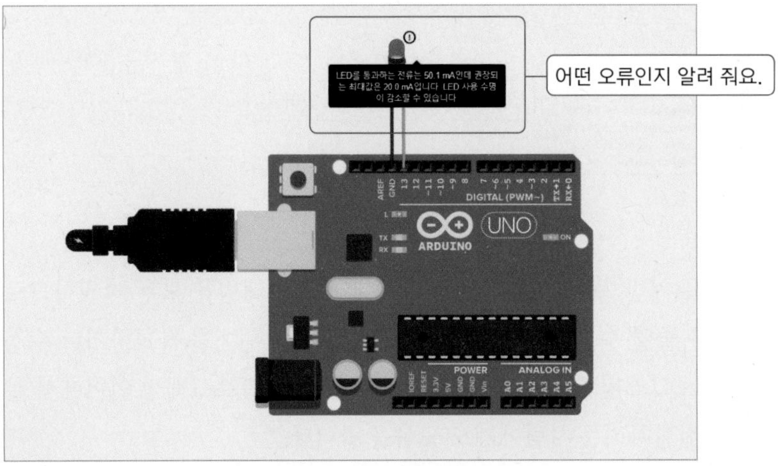

그림 3-7 과전류 오류 메시지를 출력하는 아두이노 시뮬레이터

질문 있어요!

단락이란 어떤 현상을 말하나요?

단락(short-circuit)은 회로의 한 부분이 저항체를 거치지 않고 바로 연결되는 것을 의미해요. 보통 합선이나 쇼트(short)라고도 하는데, 단락이 발생하면 과도한 전류가 흘러 전선이나 전자 부품에서 연기가 나서 화재, 폭발이 발생할 수 있어요.

시제품을 만드는 메이커라면

아두이노 시뮬레이터는 이미 아두이노로 원하는 제품을 만들고 있는 메이커에게도 쓸모가 많습니다. 예를 들어, 시제품을 만들 때 시뮬레이션으로 작동 여부를 미리 확인하면 필요한 부품을 정확하게 파악할 수 있으니 편리하지요. 또한 아두이노 시뮬레이터는 전류(A, 암페어), 전압(V, 볼트), 저항(Ω, 옴)과 같이 전기를 설명할 때 사용하는 여러 단위를 측정하는 계측기 역할도 지원합니다. 계측기는 오프라인에서 아두이노를 작업할 때 필수 도구입니다. 전류, 전압, 저항을 고려하지 않고 회로를 설계했다가는 고장과 사고를 일으킬 수 있으니까요.

다음 그림은 아두이노에서 LED로 흐르는 전류를 계측기로 측정하는 예입니다. 계측기는 이처럼 회로의 오류를 발견하거나 회로를 해석하는 목적으로 사용합니다.

전류, 전압, 저항의 관계는 05장에서 자세히 배웁니다.

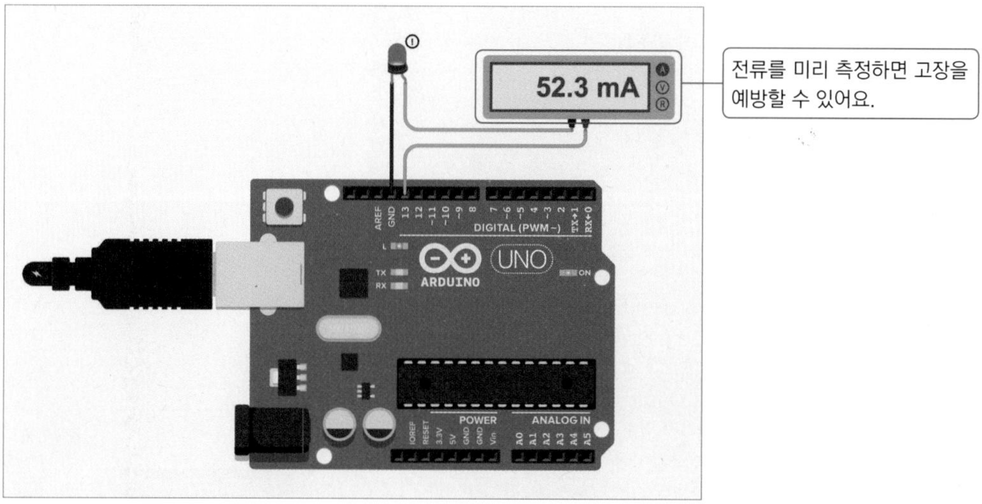

그림 3-8 LED로 흐르는 전류를 계측기로 측정하는 아두이노 시뮬레이터

03-3 아두이노 보드와 시뮬레이터의 차이점

아두이노 보드와 아두이노 시뮬레이터는 다양한 차이가 있습니다. 이 차이를 이해하면 아두이노를 더 쉽게 배우고 활용할 수 있어요. 이번 절에서는 아두이노 보드와 시뮬레이터의 차이점을 전원 공급, 구성 요소, 고장 유무, 지원 부품, 비용 발생까지 총 5가지 관점에서 살펴보겠습니다.

전원 공급 측면에서의 차이점

아두이노 보드에 전원을 공급하는 방법은 크게 3가지가 있습니다. 첫 번째는 컴퓨터와 아두이노 보드를 USB 케이블로 연결하는 방법, 두 번째는 아두이노 전용 어댑터를 사용하는 방법, 세 번째는 배터리를 아두이노 보드에 연결하는 방법입니다. 어댑터와 배터리로 아두이노 보드에 전원을 공급하려면 아두이노 보드에 맞는 어댑터의 용량과 배터리의 종류를 선택해야 합니다.

반면 아두이노 시뮬레이터는 [시뮬레이터 시작] 버튼을 눌러 전원을 공급하고, [시뮬레이터 중지] 버튼을 눌러 전원을 차단합니다.

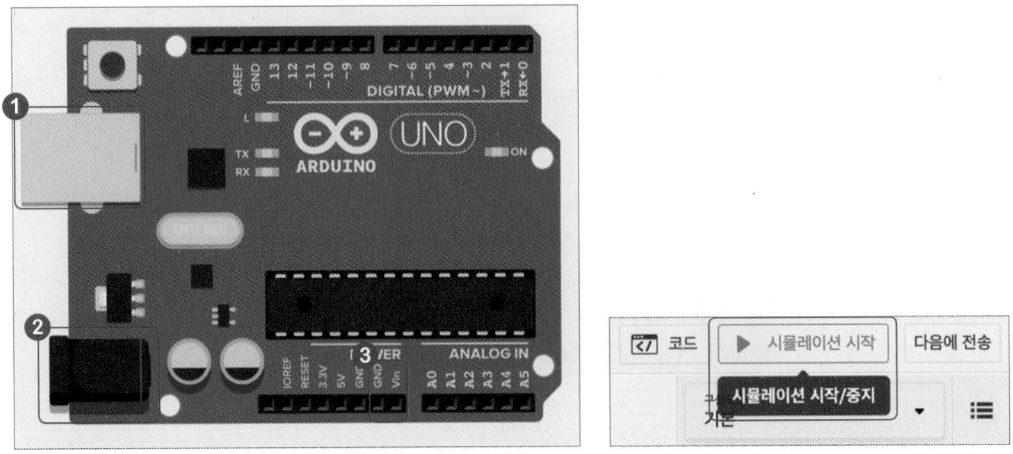

그림 3-9 아두이노 보드(왼쪽)와 시뮬레이터(오른쪽)의 전원 공급 방식 차이

구성 요소 측면에서의 차이점

아두이노 보드를 다루려면 보드를 구성하는 하드웨어와 보드를 동작하게 하는 코드인 소프트웨어를 모두 제어할 수 있어야 합니다. 즉, 일반적인 하드웨어의 회로 구성뿐 아니라 전선의 끊어짐, 하드웨어 자체의 고장, 자성에 따른 오동작 등을 모두 고려해야 정상적으로 동작합니다.

시뮬레이터는 모든 것이 소프트웨어로 구성되어 있습니다. 따라서 이상적인 하드웨어 환경에서 동작하는 회로 연결과 코드 작성에 집중할 수 있습니다.

고장 유무 측면에서의 차이점

아두이노 보드와 주변 장치는 사용자의 부주의로 전선을 잘못 연결할 때 단락(short)에 의해 고장날 수 있습니다. 또는 전원이 공급된 상태에서 정전기나 물에 닿아 고장나기도 합니다.

시뮬레이터는 회로를 잘못 연결해 과전류가 발생하더라도 과전류가 발생한 원인을 화면에 표시해 주며, 원인을 수정하고 다시 실행하면 정상적으로 동작합니다. 따라서 사용자가 실수해도 고장날 일이 없으며, 문제가 있더라도 회로를 새로 만들어 실행하면 됩니다.

지원 부품 측면에서의 차이점

아두이노 보드에 연결할 수 있는 부품은 다양합니다. 아두이노를 배울 때 사용하는 입문용 키트에는 LED, 버튼, 버저, 삼색 LED 등과 같은 기본적인 전자 부품이 포함되어 있으며, 이러한 기본 부품은 아두이노 시뮬레이터에서도 사용할 수 있습니다. 하지만 압력 센서, 미세먼지 센서, 블루투스 모듈 등 특정한 동작을 위해 필요한 부품은 시뮬레이터에 없는 경우가 종종 있습니다. 시뮬레이터도 꾸준히 업데이트되어 지원하는 부품 개수가 늘어나고 있지만, 아직은 아두이노 보드에서 사용할 수 있는 모든 전자 부품을 사용할 수 없으므로 필요한 부품이 있는지 먼저 찾아보고 활용하는 것도 방법입니다.

비용 발생 측면에서의 차이점

아두이노 보드를 사용하려면 실제 아두이노 보드를 구매해야 합니다. 시뮬레이터는 팅커캐드 홈페이지(https://tinkercad.com/)에 회원 가입만 하면 무료로 사용할 수 있습니다. 아두이노 보드를 구매하기 전이라면 팅커캐드 홈페이지에 가입해 미리 시험해 볼 수 있습니다.

앞서 정리한 아두이노 보드와 시뮬레이터의 차이점을 표로 요약하면 다음과 같습니다.

아두이노 보드와 시뮬레이터의 차이점 요약

	아두이노 보드	아두이노 시뮬레이터
전원 공급	USB 케이블, 배터리, 어댑터	불필요(버튼 클릭)
구성 요소	하드웨어 + 소프트웨어	소프트웨어
고장 유무	하드웨어적 손상(영구적)	소프트웨어 오류(일시적)
지원 부품	제한 없음	제한된 부품 지원
비용 발생	있음	없음

직접 볼까요!

아두이노와 시뮬레이터의 차이점

아두이노 보드와 아두이노 시뮬레이터가 어떻게 다른지 영상으로 보고 싶다면 다음 링크를 참고하세요.

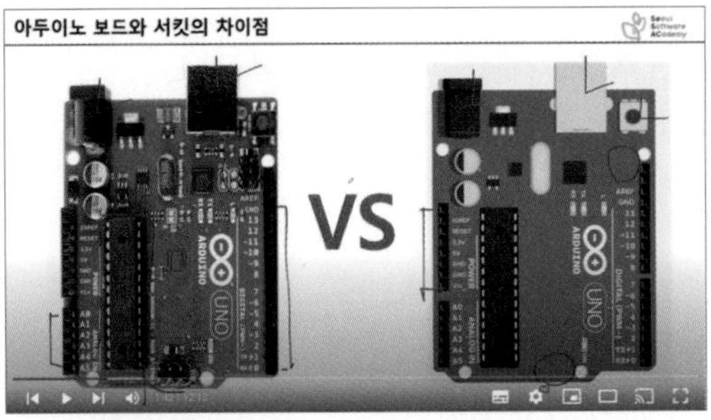

QR코드를 찍어 보세요.

https://youtu.be/X4Bymf2lSjU

도전! 아두이노의 기본 구성 요소를 맞춰 봐요!

난이도: ★☆☆

다음은 아두이노 보드의 기본 구성 요소를 나타낸 그림입니다. 다음 문제를 풀어 보면서 각 구성 요소의 위치와 생김새를 기억에 담아 보세요.

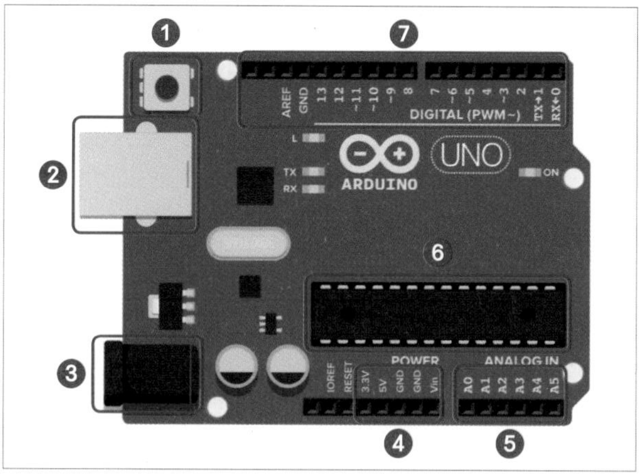

아두이노의 기본 구성 요소

1. 각 번호에 알맞은 구성 요소의 이름을 적어 보세요.

❶ ______________________

❷ ______________________

❸ ______________________

❹ ______________________

❺ ______________________

❻ ______________________

❼ ______________________

2. 아두이노에 전원을 공급하는 구성 요소는 무엇일까요?

3. 아두이노에 외부 전자 장치를 연결하는 구성 요소는 무엇일까요?

정답 1. ① 리셋 버튼 ② USB 포트 ③ 외부 전원 소켓 ④ 전원 공급 핀 ⑤ 아날로그 입력 핀
⑥ 마이크로컨트롤러 ⑦ 디지털 입출력 핀 2. ④ 전원 공급 핀 3. ⑤ 아날로그 입력 핀, ⑦ 디지털 입출력 핀

04

시뮬레이터로 안전하게 아두이노 시작하기

시뮬레이터로 아두이노를 다루는 방법을 본격적으로 알아보겠습니다. 시뮬레이터에서 작업을 수행하는 공간인 작업판과 전자 부품이 들어 있는 도구 창을 살펴보고 기본적인 회로 설계 방법까지 알아보겠습니다. 이 책의 모든 실습을 진행하려면 꼭 알아야 할 내용이니 예제와 실습 문제를 꼼꼼히 따라 해보길 권합니다. 그럼 시작해 볼까요?

학습 목표

- 오토데스크 계정을 만든다
- 아두이노 시뮬레이터의 기본 사용법과 단축키를 익힌다
- 기본적인 회로 설계 방법을 알아본다

04-1 아두이노 시뮬레이터 시작하기

아두이노 시뮬레이터는 웹 브라우저에 접속할 수 있다면 개인 컴퓨터, 모바일 폰, 태블릿 등 어디에서든 사용할 수 있습니다. 대표적인 웹 브라우저로는 구글의 크롬, 애플의 사파리, 모질라의 파이어폭스 그리고 마이크로소프트의 엣지 등이 있습니다. 이 책은 크롬 브라우저에서 실습을 진행합니다. 먼저 크롬 브라우저를 꼭 설치해 주세요!

팅커캐드에서 오토데스크 계정 생성하기

먼저 팅커캐드(Tinkercad) 웹 사이트에 접속해 오토데스크 계정을 생성하겠습니다. 팅커캐드는 아두이노나 3D 모델링 등 다양한 창작 활동에 필요한 기능을 무료로 제공해 주는 웹 사이트입니다. 아두이노 시뮬레이터는 이 사이트에서 제공하는 서비스 중 하나입니다.

1. 팅커캐드에 접속하기

웹 브라우저 주소 창에 www.tinkercad.com을 입력해 팅커캐드 홈페이지에 접속합니다. 오른쪽 위에서 〈등록〉을 클릭해 계정 유형을 선택할 수 있는 창으로 이동합니다.

그림 4-1 팅커캐드 홈페이지 시작 화면

2. 계정 유형 선택하기

계정 유형은 학교와 개인으로 구분되는데, 이 책은 개인 계정으로 실습할 것이므로 〈개인 계정 생성〉을 클릭한 후 〈이메일로 등록〉을 클릭해 새로운 계정을 만들어 보겠습니다. 만약 구글이나 애플, 마이크로소프트, 페이스북 계정이 있다면 가입 절차 없이 오토데스크 계정을 간편하게 만들 수도 있습니다.

학교 계정을 만들면 선생님과 학생으로 반을 구성하고 학생이 과제를 제출하는 식으로도 운영할 수 있습니다.

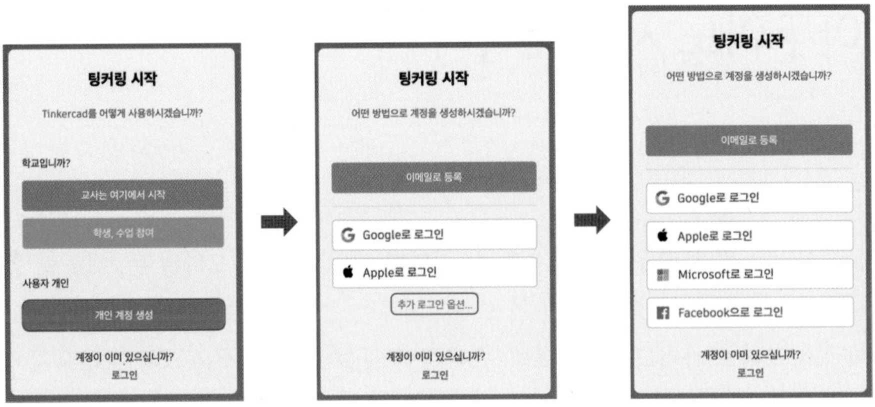

그림 4-2 계정 유형과 회원 가입 방식 선택

3. 국가와 생일 입력하기

〈이메일로 등록〉 버튼을 누르면 국가와 생일을 입력하는 창이 나타납니다. 국가는 '대한민국'을 선택하고 자신의 생년월일을 선택한 후 〈다음〉을 클릭합니다.

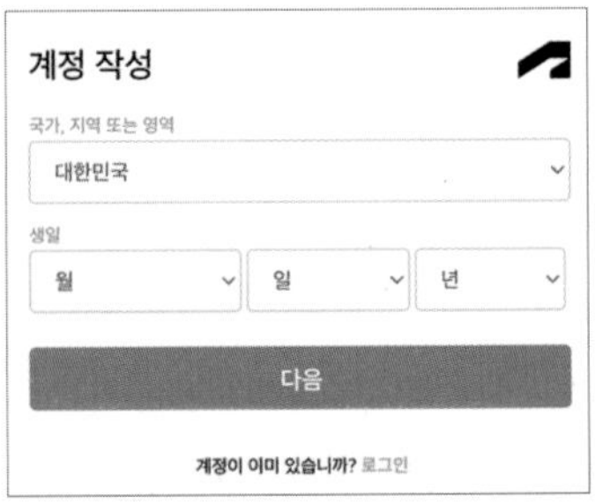

그림 4-3 국가와 생년월일 입력 창

4. 이메일과 암호 입력하기

이메일과 암호는 나중에 로그인하는 계정 정보로 활용되므로 반드시 기억하고 있어야 합니다. 암호는 최소 여덟 자 이상으로 구성하되 문자와 숫자를 한 개 이상 포함해야 합니다. 또한 동일한 문자가 아닌 고유 문자 3개 이상을 포함해야 합니다. 이메일과 암호를 입력한 다음 이용 약관에 체크한 후 〈계정 작성〉을 클릭합니다.

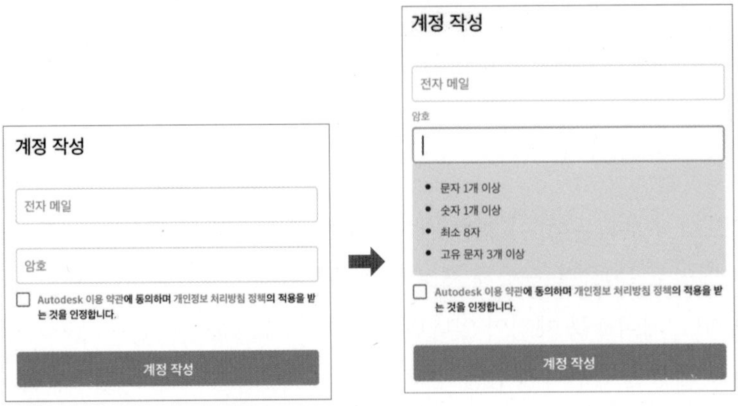

그림 4-4 전자 메일과 암호 입력

만약 14세 미만이면 이메일이 아닌 사용자 이름과 암호를 입력하고 〈계정 작성〉 버튼을 클릭하세요. 그리고 나중에 계정 승인을 위한 부모님의 전자 메일을 입력하면 됩니다.

5. 회원 가입 완료하기

오토데스크에 앞의 3단계에서 입력한 이메일과 같은 회원이 없고 암호 생성 규칙도 잘 따랐다면 계정이 정상으로 만들어집니다. 마지막으로 〈완료〉를 클릭하면 자동으로 로그인됩니다.

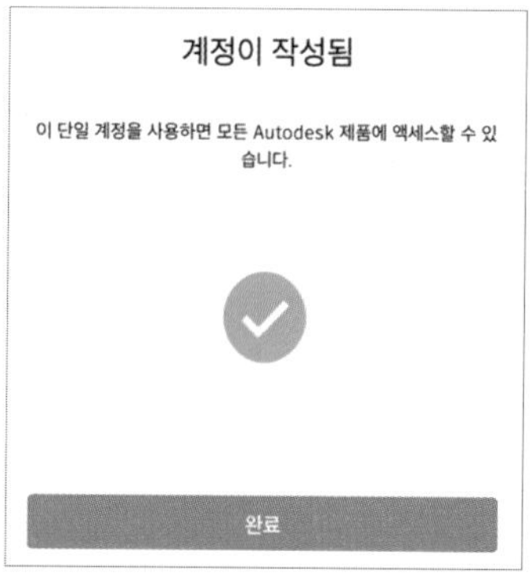

그림 4-5 계정 생성 완료

직접 볼까요!

오토데스크 회원 가입하기

혹시 웹 사이트가 낯설어서 헤매고 있다면 다음 링크를 참고해 보세요. 회원 가입하는 과정을 영상으로 볼 수 있고, 자막을 켜면 자세한 설명도 볼 수 있어요.

QR코드를 찍어 보세요.

https://youtu.be/-C0D4BRqldM

04-2 시뮬레이터 기본 사용법 알아보기

시뮬레이터 기본 화면 살펴보기

팅커캐드 홈페이지에서 오토데스크 계정을 생성하면 다음과 같은 화면이 나타납니다. 오른쪽 넓은 창은 작업한 결과물을 볼 수 있는 대시보드(dashboard)입니다. 아직 아무 작업도 하지 않았으므로 대시보드에는 튜토리얼 항목이 나타납니다. 화면 왼쪽에는 수업, 디자인, 튜토리얼 메뉴와 컬렉션 만들기 버튼이 있습니다.

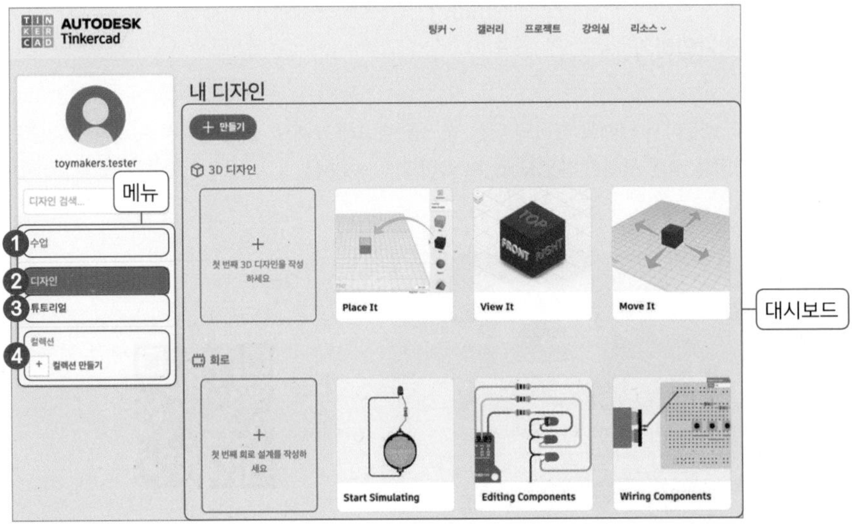

그림 4-6 팅커캐드 기본 화면

팅커캐드 기본 화면에서 왼쪽 메뉴의 기능은 다음과 같습니다.

❶ **수업:** 교사 계정으로 생성한 사용자가 수업을 만들어 초대 코드를 공유하면, 해당 코드로 수업에 참여할 수 있습니다.

❷ **디자인:** 3D 디자인, 회로, 코드 블록 서비스를 사용하기 위한 메뉴입니다. 3D 디자인은 3차원 객체인 정육면체, 구, 원뿔 등을 조립해 3D 프린터로 출력할 수 있는 3차원 모델링을 합니다. 회로는 아두이노와 전자 부품을 사용해 가상으로 동작하는 전자 회로를 만들고, 코드 블록은 블록 코딩으로 3차원 객체의 모양과 크기, 위치를 변경해 자동으로 3차원 모델을 만드는 기능입니다.

❸ **튜토리얼:** 사용자가 3D 디자인, 회로, 코드 블록 서비스에서 진행한 튜토리얼의 경과를 확인합니다.

❹ **컬렉션 만들기:** 사용자가 디자인한 3D 디자인, 회로, 코드 블록을 그룹으로 묶어 관리합니다.

새로운 회로 만들기

이 책에서 사용할 기능은 '회로'입니다. 회로를 사용하기 위해 메뉴에서 [디자인 → 만들기 → 회로]를 선택하거나 [디자인 → 첫 번째 회로 설계를 작성하세요] 영역을 클릭합니다.

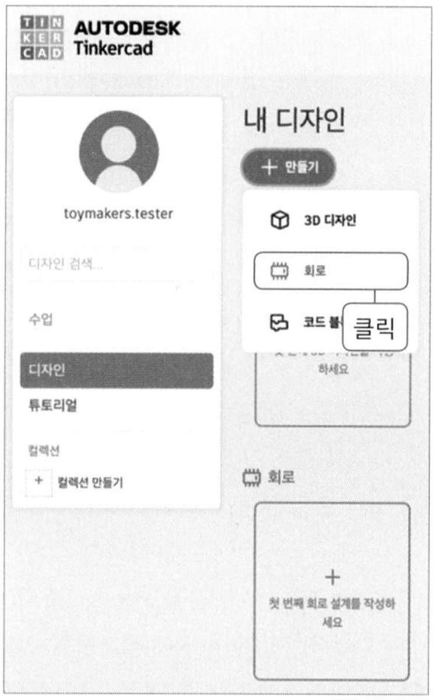

그림 4-7 새 회로를 만드는 화면

시뮬레이터 화면 구성 이해하기

새로운 회로를 만들면 깔끔한 초기 화면이 나옵니다. 화면을 넓게 보면서 각 기능을 알아봅시다.

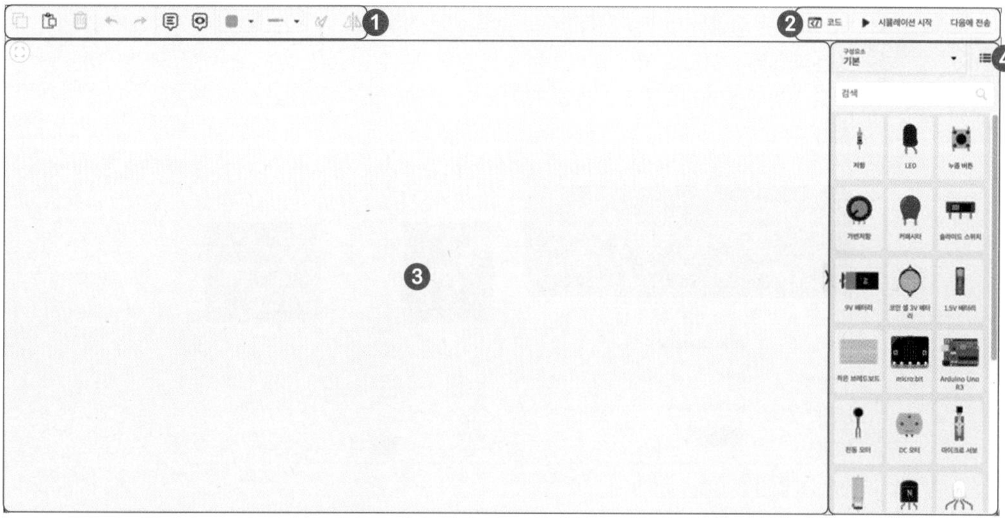

그림 4-8 회로 구성을 위한 시뮬레이터의 기본 화면

❶ **아이콘 모음**: 배치한 구성 요소를 제어할 수 있습니다. 일부 아이콘은 사용 가능할 때 활성화됩니다.

- 복사( ): 구성 요소를 복사합니다.
- 붙여넣기( ): 복사한 구성 요소를 붙여 넣습니다.
- 삭제( ): 구성 요소를 삭제합니다.
- 명령 취소( ): 직전에 한 명령을 취소합니다.
- 명령 복구( ): 취소한 명령을 다시 실행합니다.
- 노트 도구( ): 작업판에 메모를 작성합니다.
- 노트 가시성 전환( ): 주석을 표시하거나 숨깁니다.
- 와이어 색상( ): 전선의 색상을 변경합니다.
- 와이어 유형( ): 전선의 종류를 변경합니다.
- 회전( ): 구성 요소를 회전시킵니다.
- 구성 요소 대칭( ): 구성 요소의 좌우 대칭을 변경합니다.

❷ **버튼 모음**: 시뮬레이터의 여러 기능을 사용할 수 있습니다.

- 코드(코드): 코드를 작성할 수 있는 창을 열고 닫습니다.
- 시뮬레이션 시작(시뮬레이션 시작)/중지(시뮬레이션 중지): 시뮬레이션을 시작하고 중지합니다.
- 다음에 전송(다음에 전송): 결과물을 파일로 저장하거나 다른 사람과 공유합니다.

❸ **작업판**: 구성 요소를 배치하여 회로를 만듭니다.

❹ **도구 창**: 아두이노 보드를 비롯해 저항, LED, 모터, 버튼 등과 같은 구성 요소가 있습니다.

질문 있어요!

언어 설정은 어떻게 바꾸나요?

팅커캐드는 다양한 언어를 제공합니다. 한국에서 접속했을 때 기본은 한글이지만 원문을 번역하는 과정에서 생긴 오역이 일부 있어서 영문 버전으로 사용할 수도 있습니다. 만약 언어를 바꾸고 싶다면 팅커캐드에 로그인 후 대시보드 아래에 있는 언어 설정에서 필요한 언어를 선택하세요.

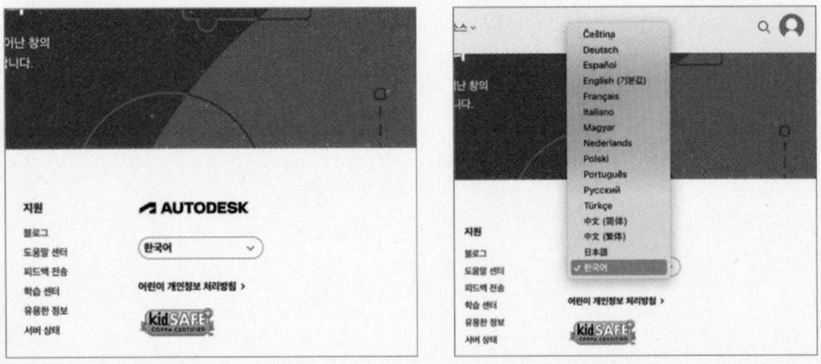

언어 설정 변경 메뉴

Do it! 실습 4-1 **예제로 배우는 시뮬레이터 기본 사용법**

지금까지 시뮬레이터의 기본 화면 구성을 살펴보았습니다. 어때요? 간단하지 않나요? 이번에는 몇 가지 예제를 통해 시뮬레이터 활용법을 자세히 들여다보겠습니다.

1. 작업판에 아두이노 보드와 구성 요소 배치하기

작업판은 아두이노 보드와 구성 요소를 배치하고 전선을 연결하는 등 회로를 구성할 수 있는 공간입니다. 작업판에 구성 요소를 배치하는 방법은 간단합니다. 오른쪽의 도구 창에서 원하는 구성 요소를 마우스로 클릭한 뒤 작업판에 가져와 다시 클릭하거나, 드래그해서 끌어다 놓으면 됩니다. 먼저 아두이노 보드를 작업판에 배치해 보겠습니다. 검색 창에 'arduino'를 입력해 검색하거나 도구 창의 스크롤을 조금만 내리면 아두이노 보드를 찾을 수 있습니다. 아두이노 보드를 클릭해 작업판에 배치합니다.

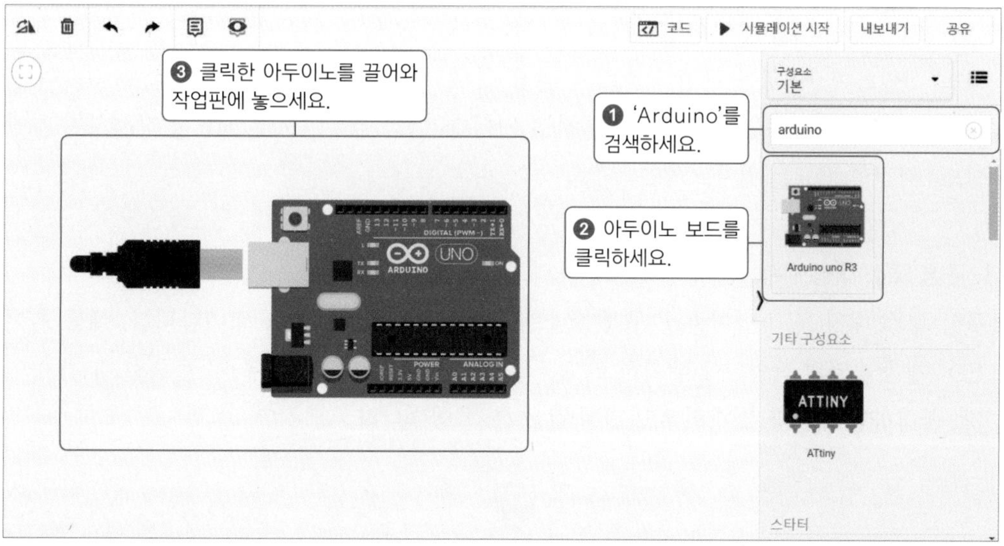

작업판에 구성 요소 배치하기

2. 구성 요소를 회전시키고 삭제하기

이번에는 구성 요소를 회전시키고 삭제하는 방법을 알아보겠습니다. 아두이노 보드를 선택한 후 작업판 왼쪽 위에서 [회전( )] 아이콘을 클릭하면 구성 요소가 시계 방향으로 30°씩 회전합니다. 시계 반대 방향으로 회전시키고 싶다면 Shift 를 누른 채 [회전]을 누르면 됩니다. 시계 방향 회전 단축키는 R 이고, 시계 반대 방향 회전 단축키는 Shift + R 입니다. 휴지통 모양의 [삭제( )] 아이콘을 누르거나 키보드의 Del 를 누르면 구성 요소를 삭제할 수 있습니다.

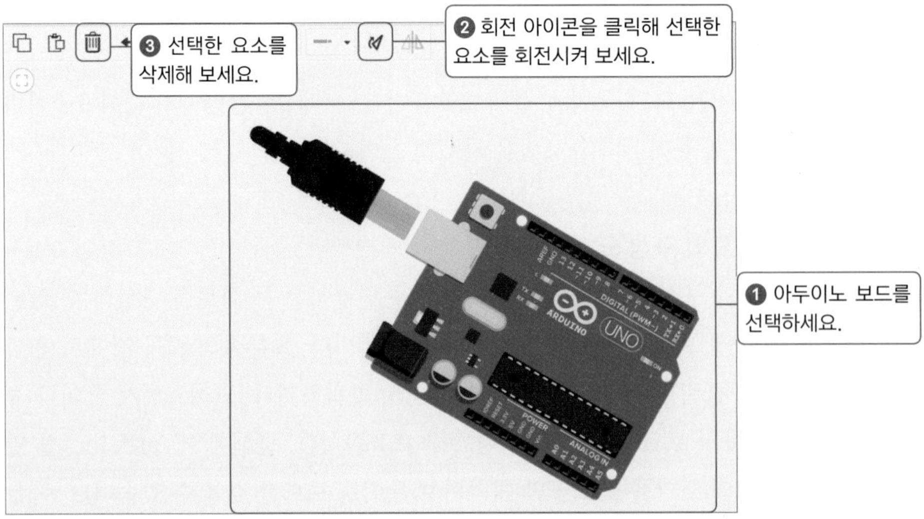
③ 선택한 요소를 삭제해 보세요.
② 회전 아이콘을 클릭해 선택한 요소를 회전시켜 보세요.
① 아두이노 보드를 선택하세요.
구성 요소의 회전과 삭제

아두이노 보드를 자유롭게 회전시키다가 직접 삭제해 보세요. 아두이노 보드를 삭제할 경우 프로그래밍을 할 수 있는 구성 요소가 삭제될 수 있다는 경고 메시지가 나타날 수 있습니다. 삭제를 원할 경우 〈OK〉를 누르고 진행하면 됩니다. 아직 아두이노에 코드를 작성하지 않았으므로 걱정할 필요는 없어요.

3. 구성 요소 대칭

[구성 요소 대칭(아이콘)] 아이콘은 구성 요소를 수평으로 뒤집는 것을 의미합니다. 예를 들어 LED 2개를 가져와 작업판에 배치하고 오른쪽 LED를 선택한 상태에서 [구성 요소 대칭] 아이콘을 클릭하면 그림과 같이 좌우 반전된 것을 볼 수 있습니다.

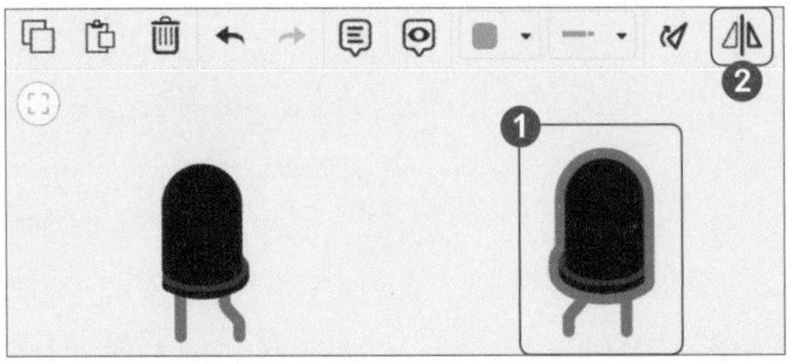
구성 요소의 대칭

4. 명령 취소와 명령 복구

[명령 취소(아이콘)] 아이콘은 구성 요소를 잘못 배치하거나 선을 연결하는 과정에서 실수할 때 이전으로 되돌리는 기능을 합니다. [명령 취소]를 누르면 방금 삭제한 요소를 되살릴 수 있습니다. 반대로 [명령 복구(아이콘)] 아이콘은 명령 취소로 되돌린 작업을 복구할 때 사용합니다. [명령 취소] 단축키는 Ctrl + Z 이고, [명령 복구] 단축키는 Ctrl + Y 입니다.

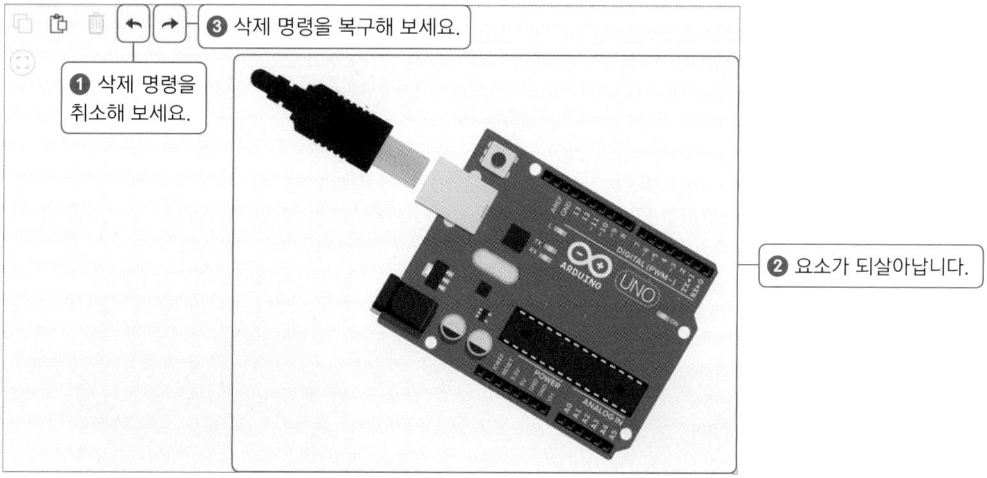
❶ 삭제 명령을 취소해 보세요.
❷ 요소가 되살아납니다.
❸ 삭제 명령을 복구해 보세요.

구성 요소의 명령 취소와 명령 복구

5. 여러 객체를 선택하기, 선택 취소하기

작업판에 새로 구성 요소를 배치하겠습니다. 도구 창에서 아두이노 보드, 브레드보드, LED를 찾아 다음 그림처럼 배치합니다. 모두 기본 구성 요소이므로 스크롤을 내리면 찾을 수 있습니다. Shift 를 누른 채 구성 요소를 연이어 클릭하거나 마우스로 드래그하면 구성 요소를 여러 개 선택할 수 있습니다. 아두이노 보드, LED, 브레드보드를 동시에 선택해 보세요. 선택된 구성 요소는 테두리가 파란 선으로 바뀝니다. 선택을 취소하려면 작업판 영역의 비어 있는 공간을 마우스로 클릭하거나 Ctrl + D 를 누릅니다.

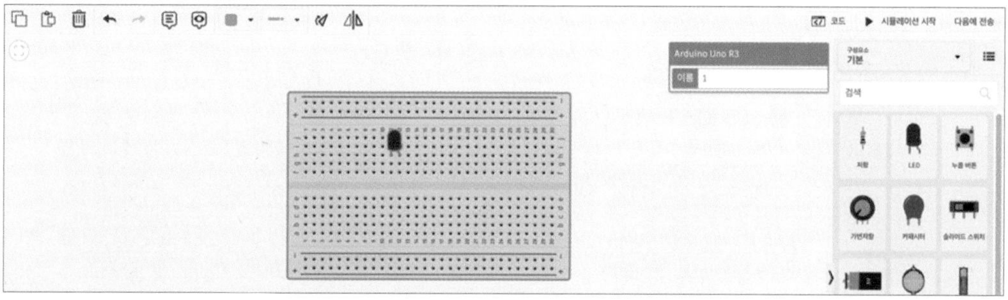
Arduino Uno R3

여러 구성 요소를 함께 선택하고 취소하기

6. 구성 요소 이동하기

객체를 클릭한 채 드래그하면 가장 쉽고 빠르게 이동시킬 수 있습니다. 가까운 거리를 이동시킬 때는 상하좌우 방향키를 사용하고, 더 정밀하게 이동시킬 때는 Shift 를 누른 상태에서 방향키를 누릅니다. 이렇게 하면 방향키만 사용해서 움직였을 때보다 1/10만큼 이동하므로 좁은 공간에서 효과적입니다. 브레드보드를 아두이노 보드 옆으로 더 정밀하게 움직여 볼까요?

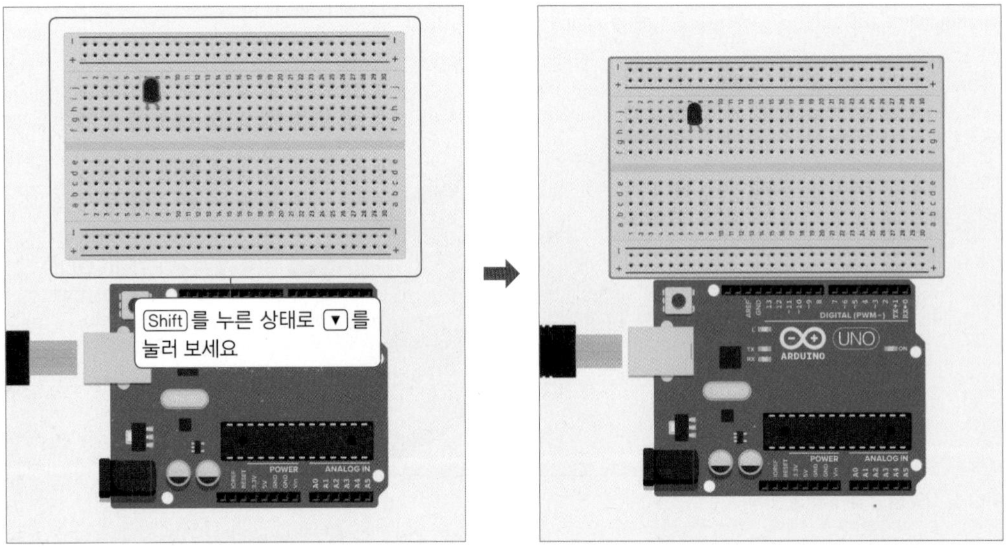

구성 요소 선택해서 이동시키기

7. 아두이노 보드에 전선 연결하기

다음 그림과 같이 LED의 오른쪽 단자 아래 구멍에 마우스 커서를 올려놓으면 빨간색 사각 점이 활성화됩니다. 이 점을 전선의 시작점으로 선택하기 위해 마우스로 클릭하면 초록색 전선이 만들어집니다. 전선의 끝점을 선택하기 위해 마우스 커서를 아두이노의 전원(5V)으로 가져가 클릭하면 전선이 완성됩니다. 전선은 이렇게 시작점과 끝점을 연결하는 방식으로 이어준다고 생각하면 됩니다.

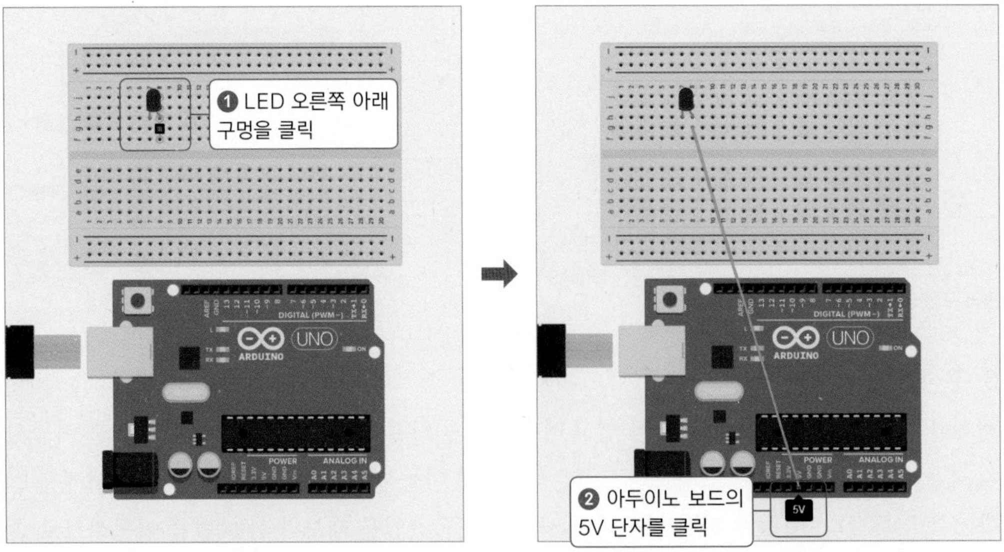

아두이노 보드에 전선 연결하기 1

이번에는 아두이노의 접지(GND) 단자에서 LED의 왼쪽 단자 아래 구멍으로 전선을 연결합니다. 전원을 연결한 것과 같은 방식으로 전선을 이어 주면 됩니다.

지금 단계에서 회로 구성의 원리를 다 이해할 필요는 없습니다. 뒤에서 자세히 배우니 여기서는 아두이도 시뮬레이터를 다루는 방법에만 집중합니다.

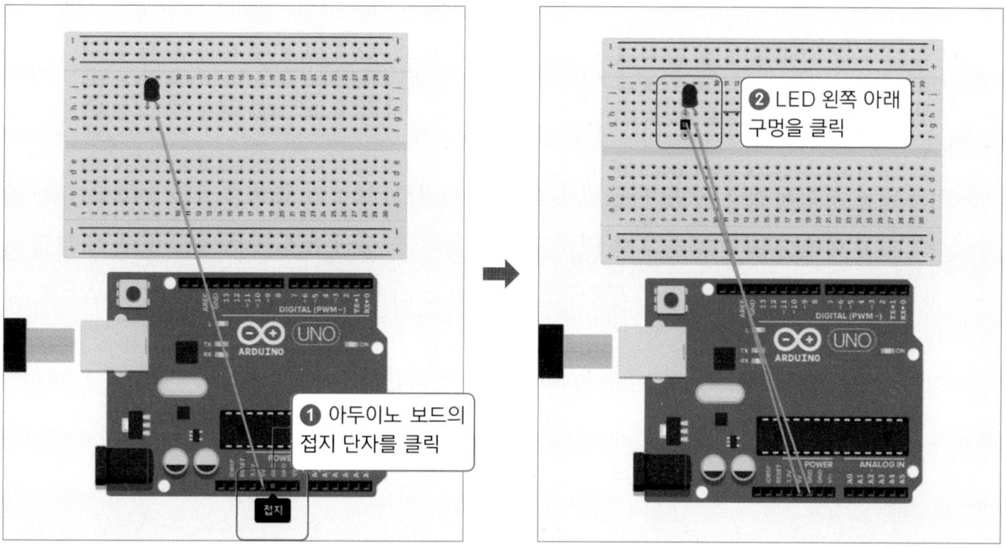

아두이노 보드에 전선 연결하기 2

8. 시뮬레이션 시작하기

화면 오른쪽 위에서 〈시뮬레이션 시작〉 버튼을 클릭하면 USB 포트가 연결되는 애니메이션이 일어나면서 시뮬레이터가 실행됩니다. 시뮬레이터가 실행되는 동안에는 〈시뮬레이션 시작〉 버튼이 〈시뮬레이션 중지〉 버튼으로 바뀌어 있습니다. 또, 왼쪽 위에 시뮬레이션 시간이 표시됩니다. 시뮬레이션 시작 또는 중지 단축키는 S입니다. 앞에서 만들었던 회로를 단축키 S를 눌러 실행해 보겠습니다.

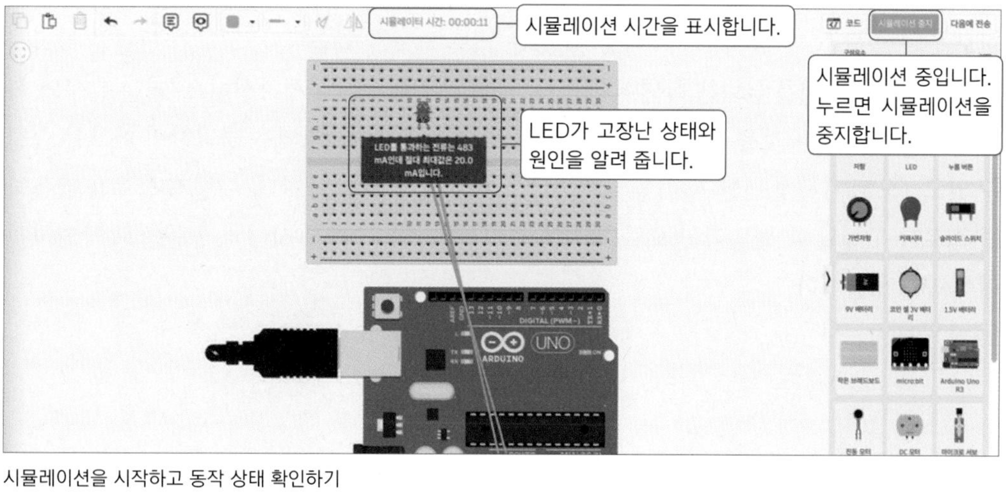

시뮬레이션을 시작하고 동작 상태 확인하기

LED의 불빛이 들어오지만 경고 아이콘이 함께 나타납니다. 뭔가가 고장났다는 뜻입니다. 마우스 커서를 LED에 가져가면 고장의 원인을 알려줍니다. **만약 아두이노 시뮬레이터를 사용하지 않고 실제로 이와 같은 회로 구성을 했다면 LED가 고장나 사용할 수 없을 것입니다.** 아두이노 시뮬레이터가 왜 유용한지 알겠죠?

오류 메시지에 대한 해석과 이를 없애는 방법은 실습을 계속 진행하다 보면 자연스럽게 배울 수 있습니다.

9. 회로 저장하기

아두이노 시뮬레이터에서 작업한 내용은 자동으로 저장됩니다. 하지만 작업한 내용을 수정하다가 인터넷이 끊어지면 자동으로 저장되지 않습니다. 따라서 수시로 F5를 눌러 화면을 새로 고침 하거나, 화면 왼쪽 위에 팅커캐드 아이콘을 클릭해 화면을 전환하세요. 그러면 작업한 내용이 저장됩니다.

작업 중인 회로 저장하기

10. 회로 이름 변경하기

아두이노 시뮬레이터 화면의 왼쪽 위에 있는 회로 이름을 클릭하면 현재 작업 중인 회로 이름을 변경할 수 있습니다.

회로 편집 화면에서 이름 바로 변경하기

11. 노트 추가하기

회로에 구성 요소 외에 설명을 추가할 수 있는 노트 도구가 있습니다. 노트와 관련한 아이콘 중 [노트 도구()]를 클릭해 화면에 배치하면 '여기에 메모를 작성하십시오.'라는 문구와 함께 노트가 표시되는 것을 볼 수 있습니다. 문구 아래에 있는 영역을 클릭하면 메모를 숨길 수 있고, [노트 가시성 전환()]을 클릭하면 노트 자체를 숨겨 줍니다. 이렇게 노트를 활용하면 회로를 구성할 때 설명이 필요한 부분에 추가할 수 있고, 다른 사람과 공동으로 작업하기 쉽게 만들어 줍니다.

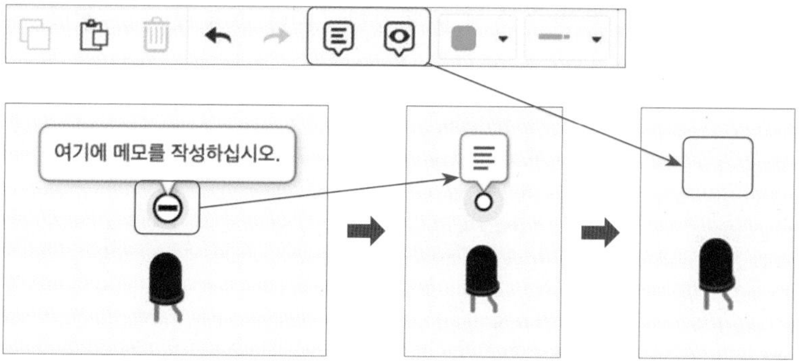

노트 추가하기

12. 시뮬레이터 설정 메뉴 살펴보기

아두이노 시뮬레이터 설정 메뉴를 살펴보기 위해 메인 화면으로 이동하겠습니다. 화면 왼쪽 위에서 팅커캐드 아이콘을 클릭해 메인 화면으로 이동한 후 최근 저장한 회로에 마우스 커서를 가져가면 작업 영역의 오른쪽 위에 톱니바퀴 모양의 [설정] 아이콘이 나타납니다. 이 아이콘을 클릭하면 화면 오른쪽에 네 가지 메뉴가 나타납니다. 네 가지 메뉴의 기능은 다음과 같습니다.

회로 [설정] 아이콘의 4가지 메뉴

❶ **특성**: 회로의 이름, 내용, 태그 등을 입력하고 커뮤니티에 공개 여부를 결정합니다.
❷ **복제**: 회로를 복제한 후 편집 화면으로 이동합니다.
❸ **컬렉션에 추가...**: 회로를 컬렉션으로 이동시킵니다. 여러 회로를 프로젝트로 묶어서 관리할 수 있습니다.
❹ **삭제**: 선택한 회로를 제거합니다.

첫 번째 메뉴인 [특성]을 선택하면 다음과 같은 속성 창이 나타납니다. 회로의 이름, 설명, 태그를 입력할 수 있고, 개인 정보 보호와 라이선스 설정도 가능합니다.

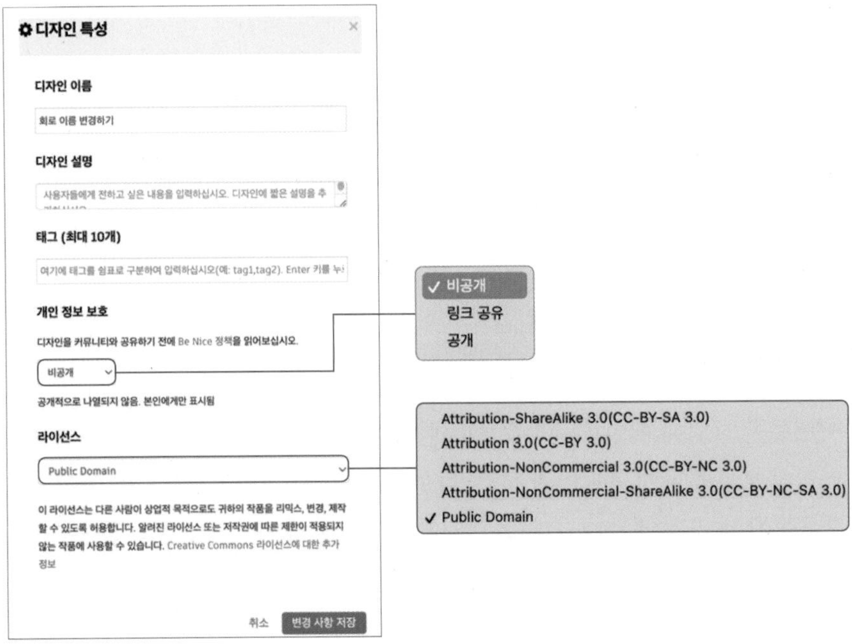

회로의 특성을 관리하는 창

개인 정보 보호는 비공개, 링크 공유, 공개를 선택할 수 있는데, [비공개]는 다른 사람에게 공개하지 않고 디자인한 사람만 보고 편집할 수 있는 설정입니다. [링크 공유]는 URL 링크를 생성해 전달받은 사람과 함께 수정할 수 있으며, [공개]는 디자인한 회로를 누구나 보고 라이선스 정책에 따라 수정 및 배포할 수 있는 설정입니다. 라이선스는 제작자가 만든 디자인을 다른 사람이 어떤 목적으로 사용할 수 있을지 사전에 알려주는데, 크리에이티브 커먼즈(CC, Creative Commons) 라이선스를 따릅니다.

두 번째 메뉴인 [복제] 기능은 기존에 만든 회로와 동일한 복제본을 생성합니다. 처음부터 새로 회로를 구성하는 것에 비해 일부만 수정이 필요한 경우 유용한 기능입니다. 설정에서 〈복제〉 버튼을 누르면 복제된 회로를 편집할 수 있는 화면으로 이동하고, 회로의 이름 앞에 'Copy of'가 추가되어 원본과 복제본을 구분할 수 있습니다.

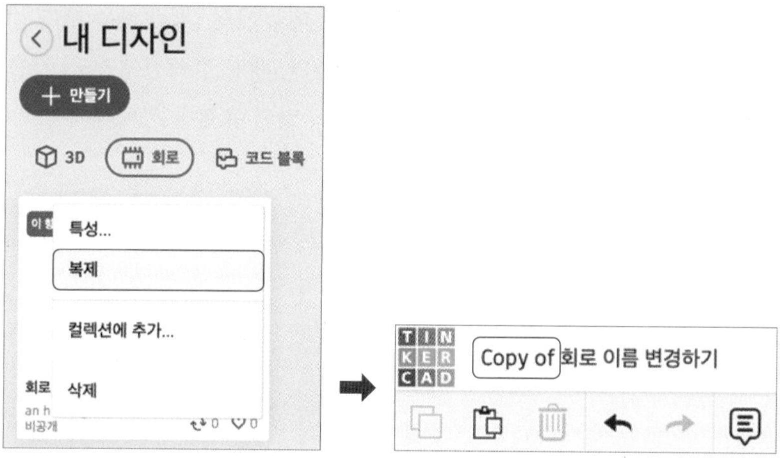

회로 복제하기

세 번째 메뉴인 [컬렉션에 추가...]는 회로를 비슷한 그룹별로 구분해 관리하는 기능입니다. 파일 탐색기에서 파일을 폴더에 넣어 관리하는 것과 비슷합니다. 처음엔 컬렉션이 만들어지기 전 상태이므로 [컬렉션 만들기] 버튼을 눌러 새로운 컬렉션을 생성합니다. 초기 컬렉션의 이름은 'Collection 1'로 설정되어 있지만 [설정] 메뉴의 [특성]을 클릭해 변경할 수 있습니다.

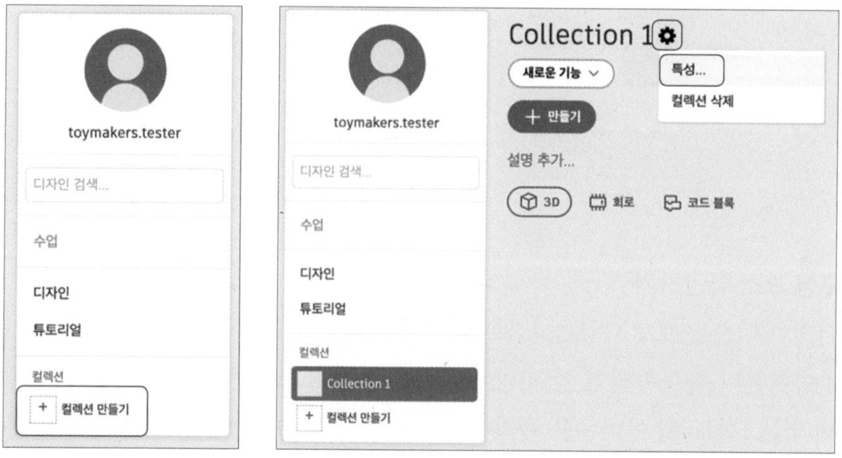

컬렉션 추가하기

컬렉션이 만들어지면 회로를 컬렉션에 담을 수 있습니다. 설정 메뉴에서 [컬렉션을 추가...] 메뉴를 클릭한 후 원하는 컬렉션을 선택해 [이동] 버튼을 클릭하면, 해당 컬렉션에 담긴 것을 확인할 수 있습니다. 컬렉션은 3D, 회로, 코드 블록으로 구분되어 있어 유형을 선택해야 볼 수 있는 점을 주의하세요.

컬렉션에 회로 담기

13. 회로도 및 구성 요소 확인하기

화면 오른쪽 상단의 아이콘을 보면 [회로], [회로도], [구성 요소 보기] 아이콘이 있습니다. 기본값으로 [회로] 아이콘이 활성화되어 있어 아두이노와 구성 요소가 실제 모습처럼 화면에 나타나고, 가운데 있는 [회로도] 아이콘을 클릭하면 회로의 구성 요소를 간략히 그림으로 나타낸 회로도의 모습으로 변환됩니다.

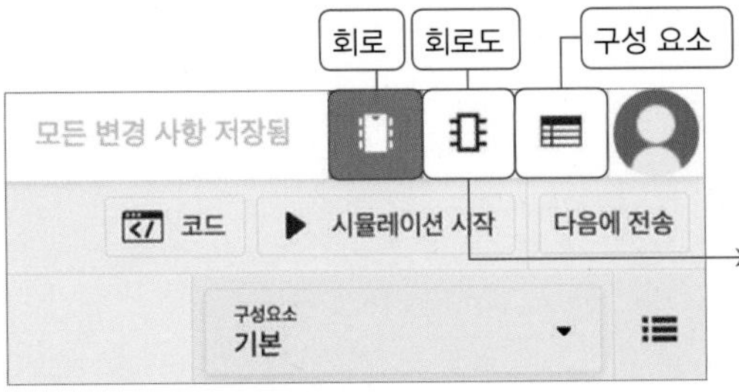

화면 오른쪽 상단의 아이콘 3개

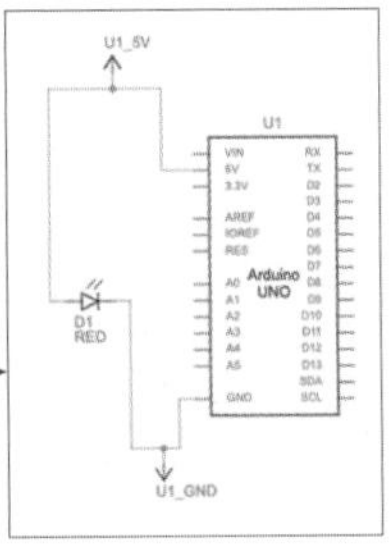

[회로도] 아이콘을 클릭하면 나타나는 회로도

맨 오른쪽 [구성 요소] 아이콘을 클릭하면 회로에 포함된 아두이노와 전자 부품의 목록을 확인할 수 있고, 〈CSV 다운로드〉 버튼을 클릭하면 엑셀 파일로 내려받을 수 있습니다.

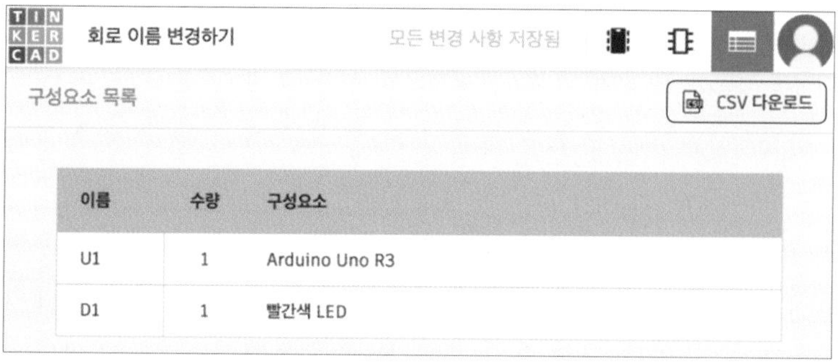

[구성 요소] 아이콘을 클릭하면 나타나는 화면

14. 회로 공유하기

팅커캐드 화면 오른쪽 상단의 〈다음에 전송〉 버튼은 구성한 회로를 다른 사람과 공유할 때 사용하는 기능입니다. 버튼을 클릭하면 그림과 같이 디자인 그림 파일(.PNG)로 회로를 내려받아 다른 사람과 공유할 수 있으며, 전기 설계 파일(BRD) 또는 〈사용자 초대〉 버튼을 클릭해 링크를 전달하면 다른 사람과 함께 작업할 수 있습니다.

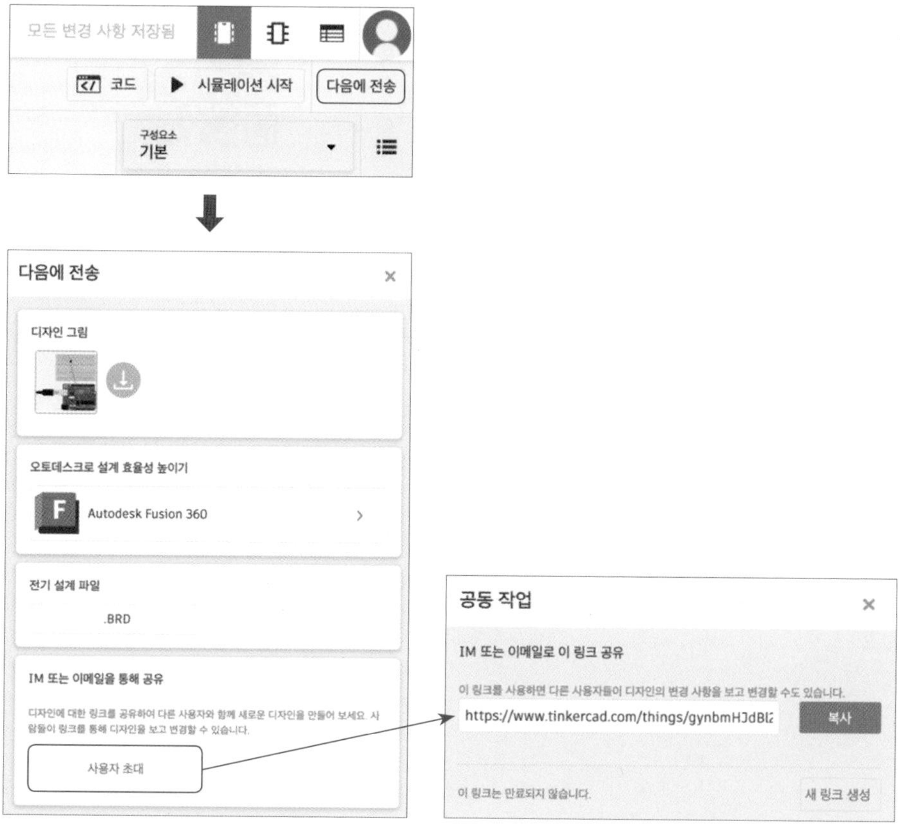

〈다음에 전송〉 버튼으로 회로 공유하기

질문 있어요!

BRD는 어떤 파일인가요?

BRD 파일은 하드웨어를 직접 설계할 때 사용하는 PCB(printed circuit board) 설계 프로그램에서 만들어지는 파일 형식입니다. PCB는 전자 장치에서 사용되는 회로 기판으로 전자 부품들이 어떻게 연결되는지와 부품의 위치, 신호의 경로, 레이어의 정보 등을 포함합니다.

축하합니다! 첫 번째 회로 만들기 프로젝트를 완성했습니다. 이제부터는 배선, 구성 요소의 기능과 속성, 코드와 시뮬레이션이라는 세 가지 핵심 주제에 맞춰 회로 설계 방식을 자세히 배워 보겠습니다.

직접 볼까요!

아두이노 시뮬레이터의 기본 사용법

아두이노 시뮬레이터의 기본 사용법을 영상으로 보고 싶다면 다음 링크를 참고하세요.

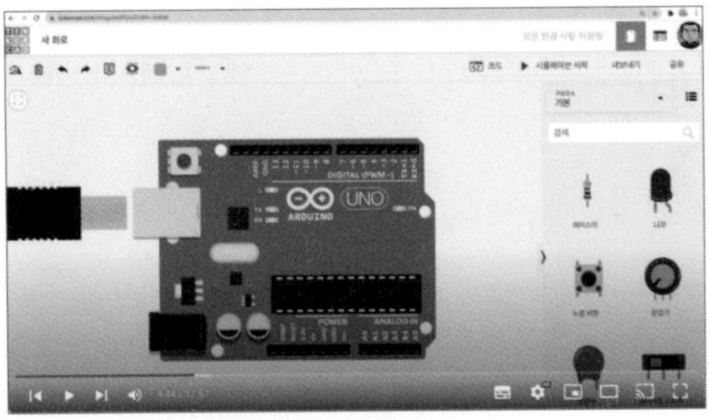

QR코드를 찍어 보세요.

https://youtu.be/DajDkTDfLz0

04-3 아두이노 보드에 구성 요소 연결하기

아두이노로 원하는 제품을 만들려면 아두이노 보드에 특정 기능을 하는 장치를 연결해야 합니다. 아두이노는 전기로 작동하는 장치이니 전기가 통할 수 있도록 전선으로 연결해야 겠지요? 이렇게 전자 장치에 전류가 흐르도록 전선으로 연결해 주는 작업을 배선이라고 합니다.

배선은 어떻게 해야 할까?

배선은 전류의 흐름을 고려해야 합니다. 전류는 전원(5V)에서 접지(GND)로 흐릅니다. 여기서 전원은 전류가 발생하는 시작점이고 접지는 전류가 빠져나가는 끝점입니다. 물이 위에서 아래로 흐르듯 전류도 일정한 방향으로 흐릅니다. 따라서 아두이노도 꼭 이 흐름에 맞게 전선을 연결해야 합니다. 초보자가 많이 실수하는 부분입니다. 이 전류의 흐름을 지키지 않으면 단선 등의 문제가 발생합니다. 이 책에서 거듭 강조할 테지만 전류는 반드시 전원(5V)에서 접지(GND)로 흐른다는 사실을 꼭 기억하세요.

전류는 05장에서 더 자세히 배웁니다.

Do it! 실습 4-2 전선으로 아두이노 핀과 단자 연결하기

1. 아두이노 보드와 저항 배치하기

새로운 회로를 만들어 실습해 보겠습니다. 먼저 아두이노 보드와 저항을 작업판에 배치합니다. 저항은 기본 구성 요소이므로 도구 창에서 바로 찾을 수 있습니다. 저항을 선택한 후 단축키 R를 세 번 눌러 시계 방향으로 90° 회전시킵니다. 저항의 양쪽 끝에 마우스 커서를 가져가면 빨간색 사각형을 볼 수 있습니다. 이 부분을 단자(terminal)라고 하며 여기에 전선을 연결합니다.

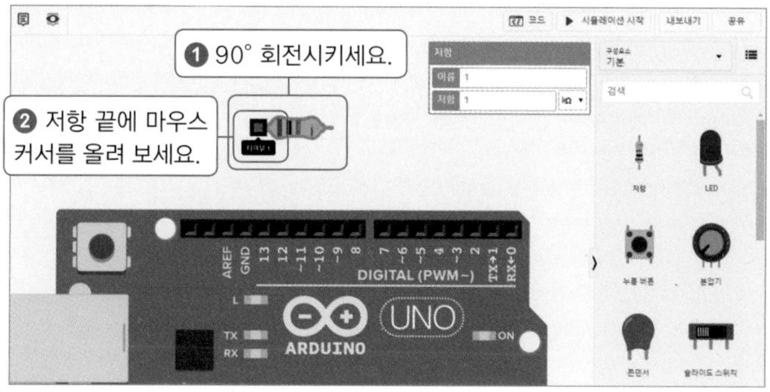

작업판에 저항 배치

2. 아두이노 보드와 저항을 전선으로 연결하기

저항의 단자를 클릭하면 단자에서 시작하는 초록색 직선이 생성되는데 이것이 전선입니다. 이어서 아두이노 보드의 접지(GND) 핀에 마우스 커서를 이동시켜 빨간색 사각형이 보일 때 클릭하면 전선이 서로 연결됩니다. 다음 그림은 저항의 한쪽 단자와 아두이노의 접지가 연결된 모습입니다.

저항의 단자는 좌우를 구분하지 않아도 됩니다. 자세한 내용은 05장에서 배웁니다.

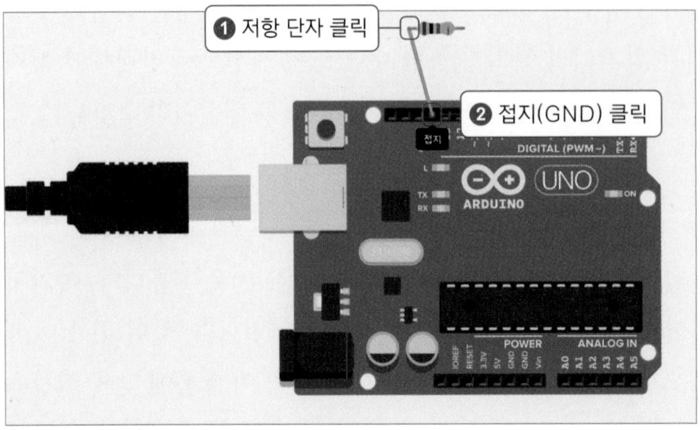

아두이노의 접지 핀에 저항 연결

질문 있어요!

핀과 단자는 다른 건가요?

핀(pin) 또는 단자(terminal)는 아두이노와 전자 부품을 다룰 때 전기가 흐르는 접점을 말하는 용어입니다. 여러 접점 중 하나를 정확하게 가리킬 때는 '핀'을, 그렇지 않을 때는 '단자'를 주로 사용합니다. 예를 들어 저항을 아두이노 13번 핀과 연결할 때 저항의 점접은 '단자'라고 말하지만, 아두이노의 점접은 여러 디지털 핀 중 13번임을 꼭 가리켜야 하므로 '13번 핀'이라고 말합니다.

3. 전선을 곡선으로 표현하기

전선은 기본적으로 직선이지만 곡선 형태로 표현할 수 있습니다. 저항의 다른 쪽 단자를 클릭해 전선을 만들고 작업판 아무 곳이나 연달아 클릭해 보면 다음 그림과 같이 곡선 형태로 전선을 만들 수 있습니다.

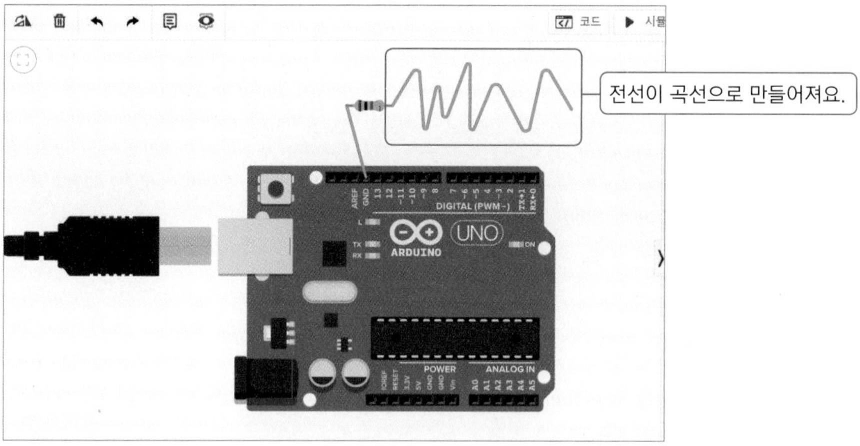

전선의 곡선 표현

4. 전선의 색상 변경하기

전선을 선택하면 선택되지 않은 선에 비해 전선의 두께가 두껍게 변하며 연결된 지점과 곡선 부위가 동그란 점으로 표현됩니다. 이때 [와이어 색상( )] 아이콘을 클릭하면 12가지 색상 중 하나를 선택할 수 있습니다. 일반적으로 전원은 빨간색, 접지는 검은색으로 표현하고 다른 색상은 신호선을 구분하기 위해 사용합니다. 여기서 신호선이란 디지털 또는 아날로그 신호를 전달하는 선을 의미합니다.

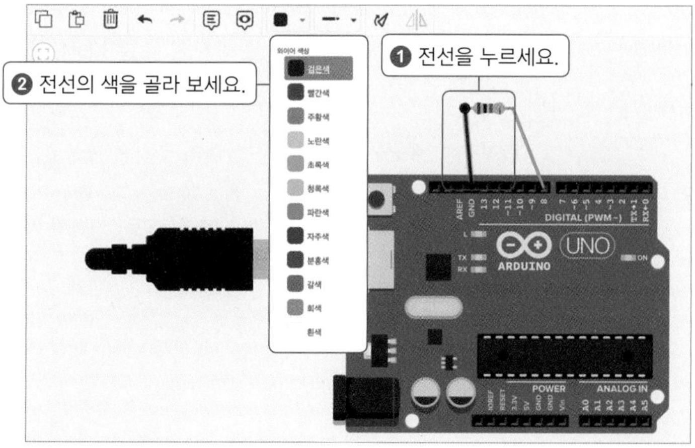

전선의 색상 변경

5. 단축키로 색상 바꾸기

단축키로 전선의 색상을 쉽게 변경할 수 있습니다. 전선을 선택한 후 키보드에서 숫자 키만 누르면 됩니다. 0부터 9까지 숫자 키를 누르면 각각 고유한 색상을 표현할 수 있습니다. 눈여겨볼 부분은 왼손이 가장 닿기 쉬운 숫자 1과 2의 색상으로 각각 검은색과 빨간색을 뜻합니다. 접지는 검은색, 전원은 빨간색으로 표현한다는 사실을 꼭 기억해 두세요.

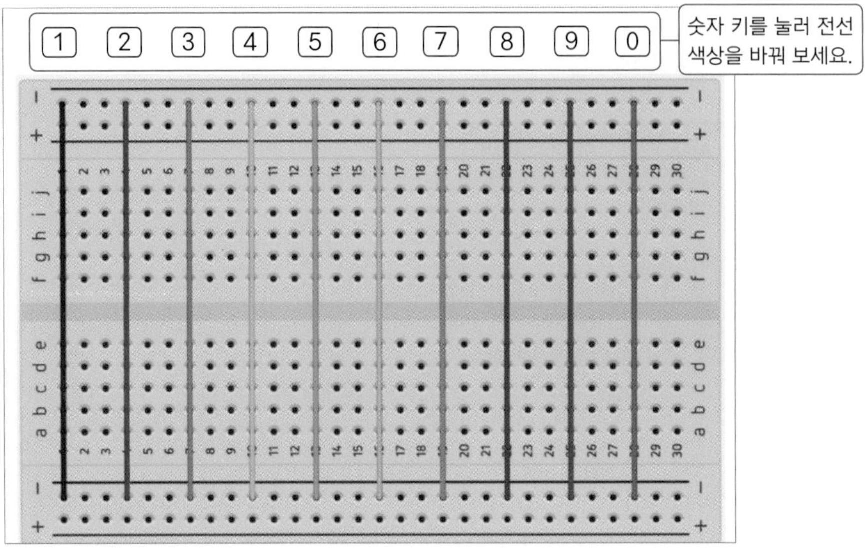

전선의 색상과 단축키

끝으로 전선을 삭제하고 싶을 때는 전선을 마우스로 클릭하여 선택한 후 Del를 누르면 됩니다.

6. 회로 복제하기

저항을 연결하는 방법을 살펴봤으니 이제 실제로 사용해 볼까요? 이번에는 새 회로를 만드는 대신 만들었던 회로를 재사용해 보겠습니다. 이러면 아두이노 보드나 브레드보드를 다시 작업판에 놓는 작업 등을 반복하지 않아도 됩니다.

팅커캐드 메인 화면으로 돌아갑시다. '실습 4-1(예제로 배우는 아두이노 시뮬레이터 기본 사용법)'에서 만든 회로의 설정 아이콘을 클릭하고 [복제]를 선택합니다. 복제된 회로의 이름은 'Copy of'로 시작하므로 원본과 구분할 수 있습니다.

회로를 복제할 경우 어떤 실습에 사용하는지 알아보기 쉽게 4-2, 4-3 등으로 재정의할 것을 권장합니다.

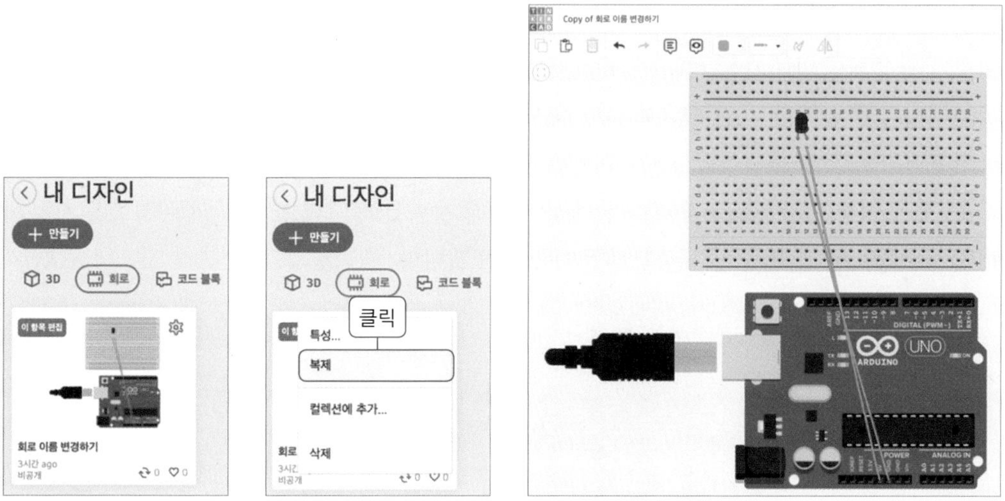

회로 복제하기

7. 아두이노 보드에 저항 추가하기

아두이노 보드에 저항을 연결하겠습니다. 앞에서 배웠던 내용을 떠올리며 다음 순서대로 따라 해보세요.

- 앞에서 배치한 전선을 제거한 뒤 도구 창에서 저항을 가져와 90° 회전시킵니다.
- 저항의 왼쪽 단자가 LED의 오른쪽 단자 아래 구멍에 오도록 놓습니다.
- 저항의 오른쪽 단자 아래 구멍과 아두이노 보드의 전원(5V) 핀을 연결합니다.
- 전원(5V)과 연결한 선은 일반적으로 빨간색을 사용하므로 [2]를 눌러 색상을 빨간색으로 바꿉니다.
- LED의 왼쪽 단자 아래 구멍과 아두이노 보드의 접지(GND) 핀을 연결합니다.
- 접지(GND)와 연결한 선은 일반적으로 검은색을 사용하므로 [1]을 눌러 색상을 검은색으로 바꿉니다.

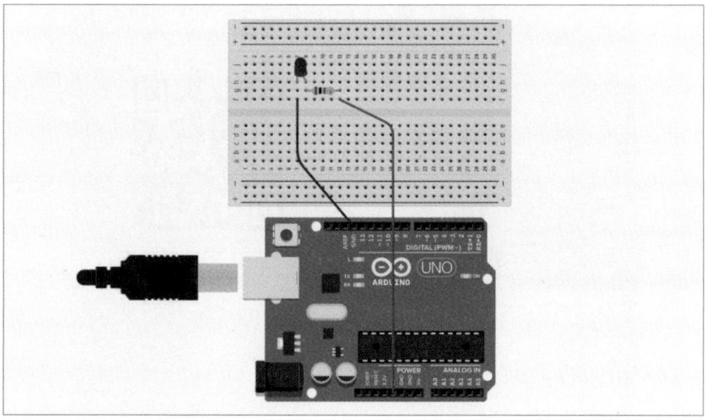

복제된 서킷에 저항 추가하기

8. 시뮬레이터 실행하기

회로가 완성되면 단축키 S를 누르거나 오른쪽 위에 있는 〈시뮬레이션 시작〉 버튼을 클릭해 시뮬레이터를 실행하고 결과를 확인해 보세요. 실습 4-1에서는 LED가 고장났지만 저항을 추가했더니 LED에 불빛이 잘 들어옵니다! 저항이 어떤 기능을 하는지 아직 몰라도 괜찮습니다. 저항을 어떻게 사용하는지는 06장에서 자세히 살펴볼 테니까요. 여기서는 저항을 사용해 LED가 고장나는 걸 예방했다는 사실만 기억하면 됩니다.

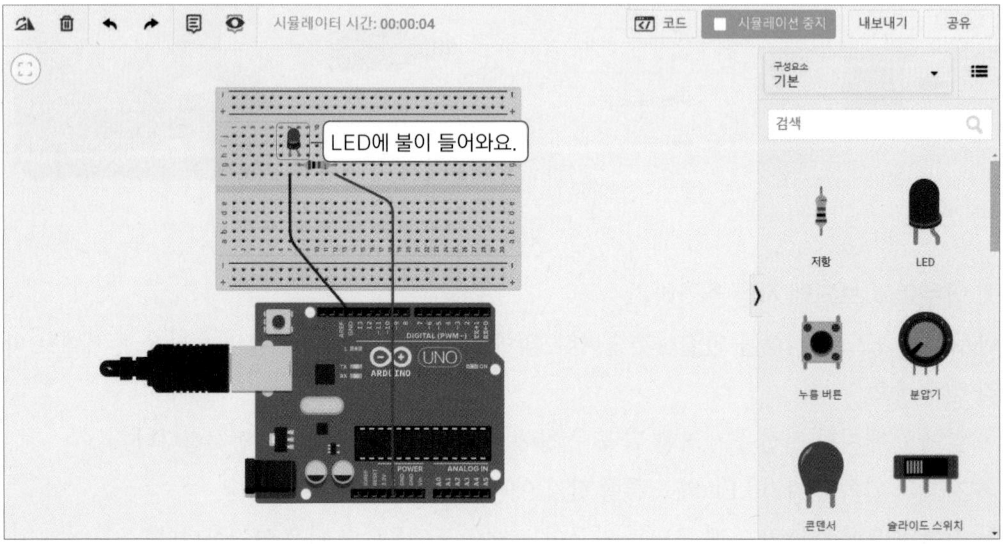

USB 포트가 연결되면서 시뮬레이터 실행

직접 볼까요!

아두이노 보드에 구성 요소 연결하기

아두이노 보드에 구성 요소 연결하는 방법을 영상으로 보고 싶다면 다음 링크를 참고하세요.

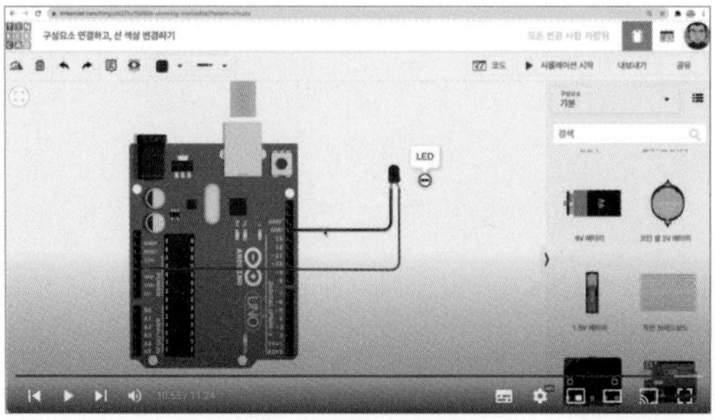

QR코드를 찍어 보세요.

https://youtu.be/plGxV17zalE

04-4 구성 요소의 기능과 속성 이해하기

회로 설계의 핵심, 구성 요소

지금까지 구성 요소를 불러와 전선으로 연결하고 시뮬레이터로 결과를 확인하는 방법까지 실습해 보았습니다. 아두이노 시뮬레이터 사용법은 매우 간단하지요? 하지만 자신이 의도한 기능을 원하는 상황에서 원하는 형태로 구현하려면 구성 요소에 대해 잘 이해해야 합니다. 이 번 절에서는 각 구성 요소의 기능과 속성을 다루는 방법을 배워 보겠습니다.

구성 요소와 스타터

화면 오른쪽의 도구 창에서 검은색 역삼각형 아이콘(▼)을 클릭하면 구성 요소와 스타터를 선택할 수 있습니다. 구성 요소가 단위 전자 부품이라면, 스타터는 특정 동작을 수행할 수 있도록 단위 전자 부품을 미리 조합해 놓은 회로 구성이라 할 수 있습니다. 이름 그대로 초보자가 빠르게 회로를 구성해 볼 수 있도록 자주 쓰이는 형태를 미리 조합해 놓은 것이죠. 미리 만들어진 스타터를 참고해서 응용하면 더 재미난 장치도 만들 수 있겠죠?

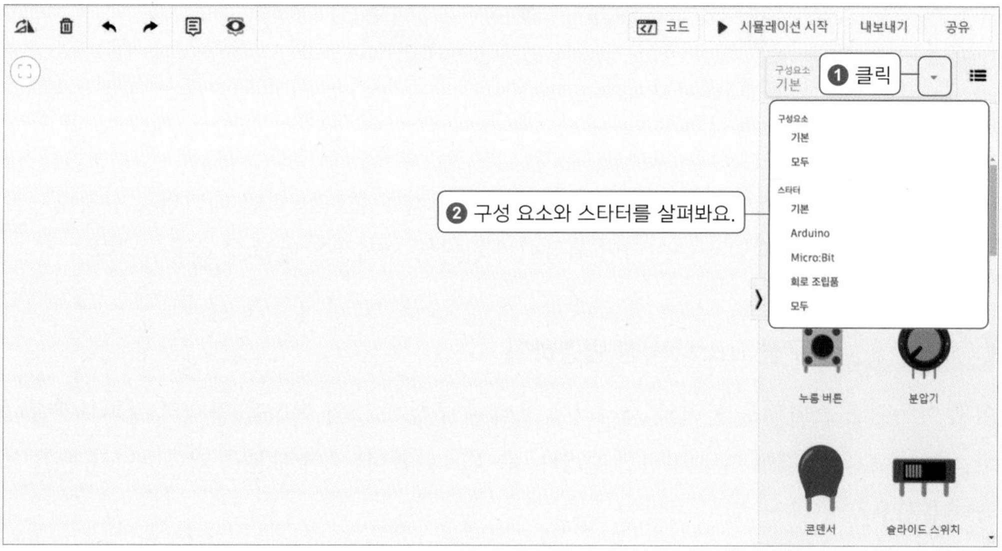

그림 4-9 구성 요소와 스타터 선택하기

스타터의 종류와 쓰임

기본 스타터는 아두이노 없이 배터리와 전자 부품만을 사용한 예제로 따로 코딩을 하지 않아도 작동합니다. 아두이노 스타터는 아두이노와 다른 전자 부품이 연결되어 있으며 스케치 코드도 포함하고 있습니다. 따라서 이 예제를 참고하면 해당 부품의 회로 구성과 소스 코드를 확인하고 작동 원리도 살펴볼 수 있습니다. 마이크로비트 스타터는 마이크로비트라는 컨트롤러에 전자 부품이 연결된 회로 구성을 볼 수 있고, 회로 조립 스타터는 기본 스타터를 응용해 빛을 내거나, 움직이거나, 회전하는 장치를 만들 때 사용할 수 있는 회로입니다.

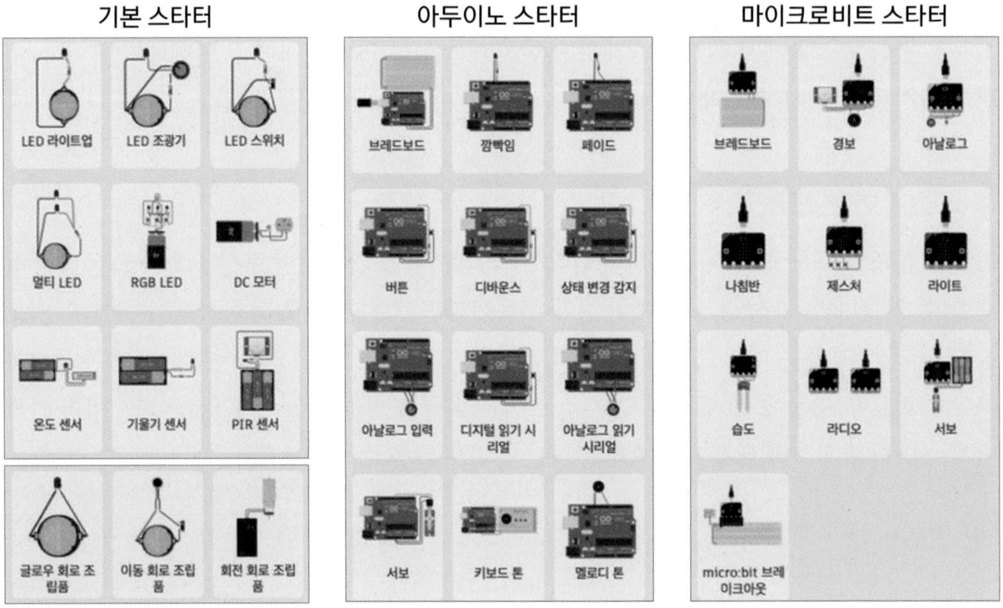

그림 4-10 스타터의 종류

기본 스타터와 회로 조립 스타터는 대부분 크기가 엄지 손톱만한 코인 배터리로 동작하므로 3D 프린터를 활용해 재밌는 아이디어 제품이나 간단한 시제품을 만들 때 유용합니다.

Do it! 실습 4-3 구성 요소의 속성 변경하기

이제 아두이노 스타터를 불러와 스타터에 포함된 구성 요소와 속성을 자세히 살펴보겠습니다. 구성 요소의 성격에 따라 설정할 수 있는 속성도 다릅니다. 이 부분을 기억하면서 한번 실습해 볼까요?

1. 새로운 회로 만들기

먼저 새로운 회로를 만들겠습니다. 팅커캐드 메인 화면에서 [만들기 → 회로] 메뉴를 클릭합니다. 새 회로를 편집하는 화면이 열리면 화면 오른쪽의 구성 요소 메뉴에서 [스타터 → Arduino]를 선택합니다.

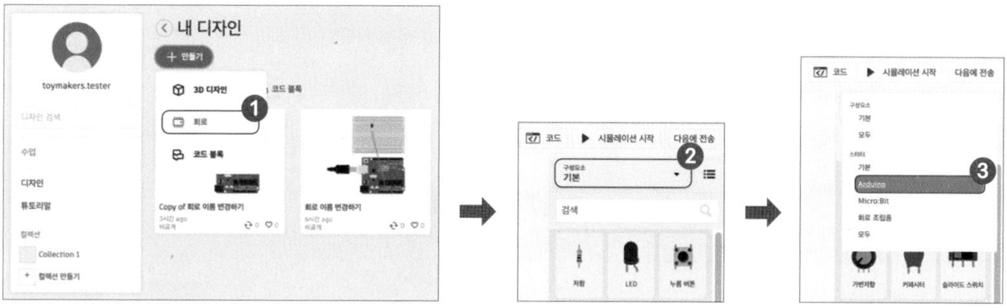

새 회로 만들기

2. 깜빡임 스타터 배치하기

아두이노 스타터 중에서 '깜빡임' 스타터를 클릭해 작업판에 배치합니다. 깜빡임 스타터는 아두이노 보드, LED, 저항, 그리고 전선으로 구성되어 있습니다.

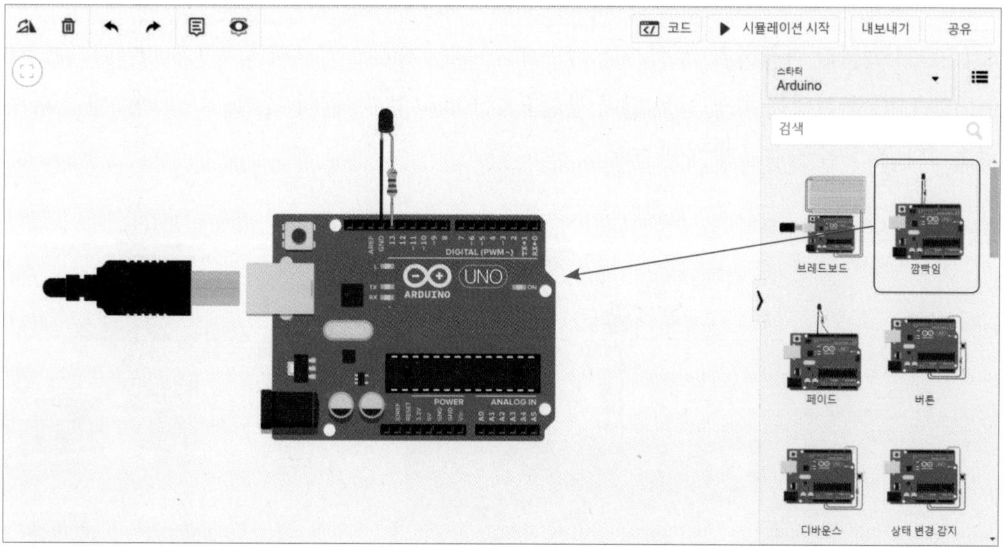

작업판에 '깜빡임' 스타터 배치하기

3. 저항의 속성값 변경하기

깜빡임 스타터의 구성 요소 중 저항을 마우스로 클릭하면 작업판의 오른쪽 위에 속성 창이 나타납니다. 저항의 속성 창에서는 해당 저항의 이름 외에도 저항값과 단위를 변경할 수 있습니다.

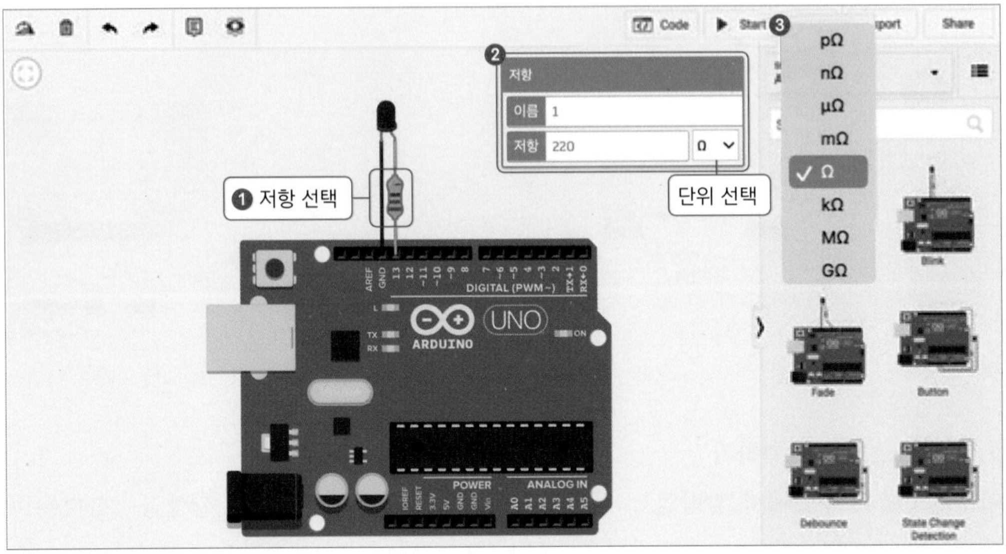

저항의 속성 설정하기

4. LED의 속성값 변경하기

이번엔 LED를 선택해 속성 창을 열어 볼까요? LED 속성 창에서는 LED의 색상을 변경할 수 있습니다. 색상을 자유롭게 바꿔 보세요.

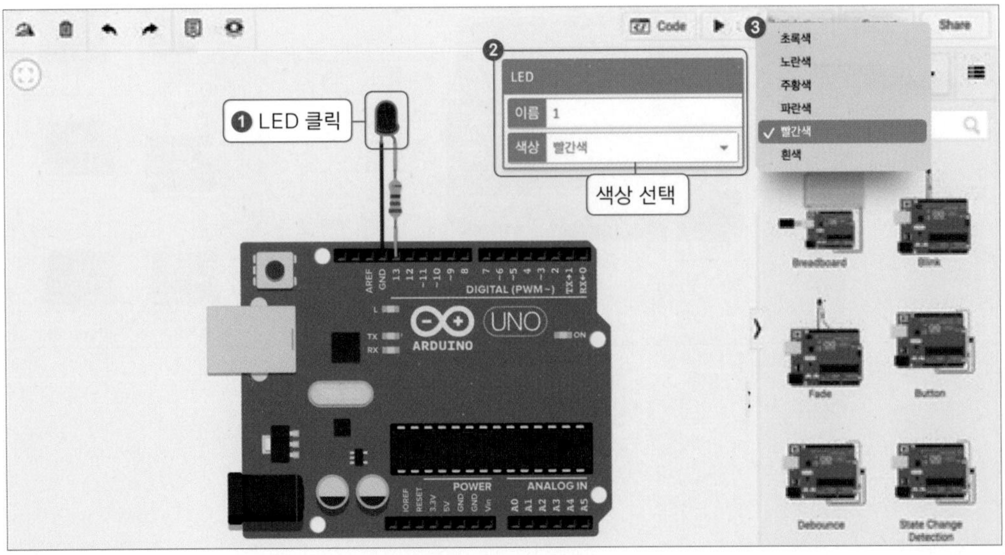

LED의 속성 설정하기

5. 시뮬레이터 실행하기

저항의 속성값을 변경한 후 시뮬레이터를 실행해 볼까요? 저항의 속성 창에서 저항값을 220 Ω(옴)에서 1Ω, 1MΩ(메가옴)으로 변경하여 각각 시뮬레이터를 실행한 후 결과를 비교해 보세요. 저항값에 따라 LED의 밝기가 달라지는 것을 볼 수 있습니다.

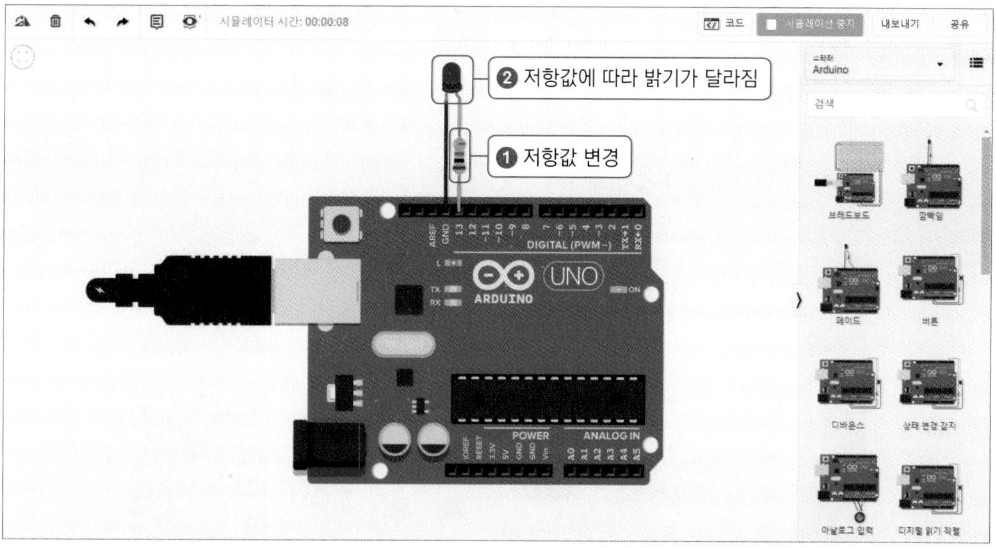

시뮬레이터 실행 결과

질문 있어요!

저항값에 따라 LED의 상태가 달라지는 이유는 뭔가요?

회로를 설계할 때 가장 중요한 요소가 바로 저항이며, 저항은 반드시 적정한 값을 사용해야 회로가 제대로 작동합니다. 저항값 1Ω은 이 회로의 LED를 사용하는 데는 매우 작습니다. 그래서 전류가 지나치게 많이 흘러서 LED가 고장날 수 있다는 경고 메시지가 나타납니다. 반대로, 저항 1MΩ은 저항값이 매우 큽니다. LED에 흘러야 할 전류를 많이 막아서 LED가 제대로 빛을 내지 못해 어둡게 보이는 것입니다. 참고로 1,000Ω은 1kΩ이며 1,000kΩ은 1MΩ입니다. 그렇다면 저항의 적정한 값은 어떻게 구하는 걸까요? 이 부분은 05장에서 자세히 배울 예정입니다. 조금만 더 기다려 주세요!

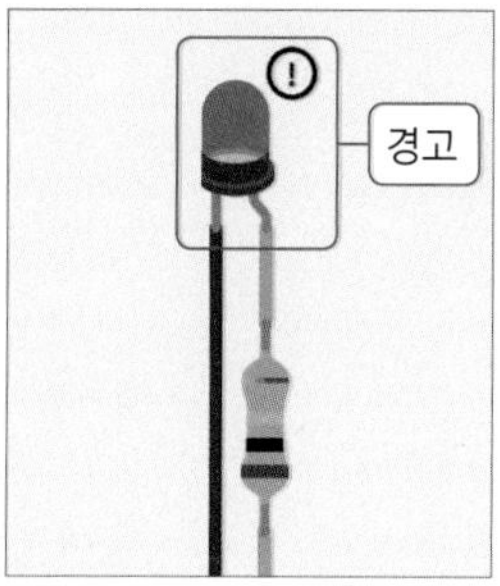

1Ω일 때

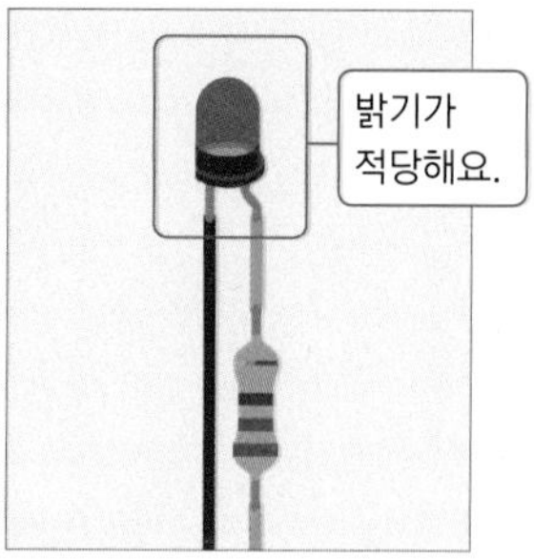

220Ω일 때

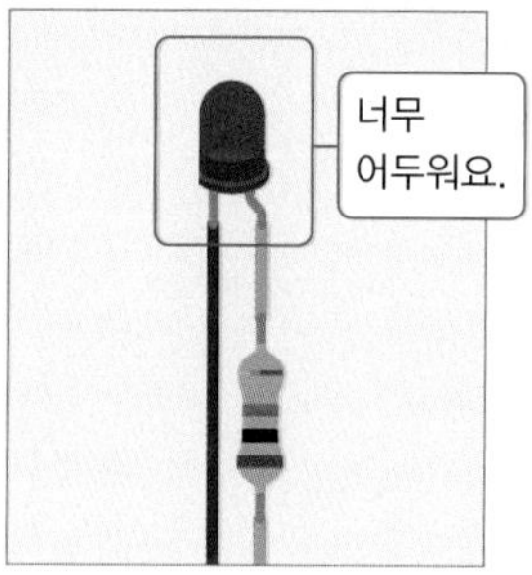

1MΩ일 때

LED, 모터, 온도 센서 등 서킷에서 제공하는 구성 요소는 무척 다양합니다. 각 구성 요소의 쓰임은 06장에서 자세히 다룹니다. 구성 요소가 움직이는 원리를 이해하려면 먼저 05장에 나오는 '전기 신호'에 대해 알아야 하기 때문입니다.
자주 쓰는 구성 요소와 속성을 설정하는 방법은 이후 실습을 진행하면서 계속 익힐 수 있으니 믿고 천천히 따라 오세요. 여기서는 '구성 요소마다 고유한 속성을 갖는다'라는 사실만 기억해도 충분합니다.

직접 볼까요!

구성 요소의 기능과 속성 이해하기

구성 요소의 기능과 속성을 이해하는 방법을 영상으로 보고 싶다면 다음 링크를 참고하세요.

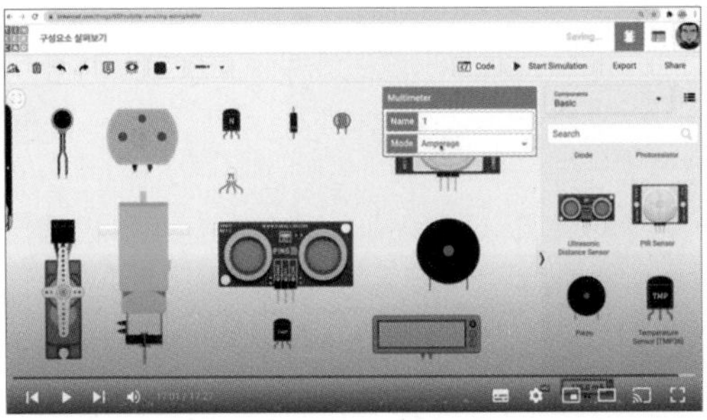

QR코드를 찍어 보세요.

https://youtu.be/NnTiFZZxz1I

04-5 코드 확인하고 시뮬레이터 실행하기

앞에서 실습한 깜빡임 스타터에는 스케치 코드가 포함되어 있어 회로가 정상적으로 작동했습니다. 이렇게 아두이노를 원하는 대로 작동하게 만들려면 아두이노에게 명령을 알려 주기 위한 코드가 필요합니다. 이번 절에서는 아두이노 시뮬레이터의 코딩 방법을 알아보겠습니다.

Do it! 실습 4-4 아두이노 시뮬레이터의 코딩 방법 알아보기

새로운 회로를 만들어 실습을 따라 해봅시다. 구성 요소 영역 위에 있는 〈코드〉 버튼을 누르면, 작업판에 배치된 구성 요소에 따라 결과가 다르게 보입니다. 〈코드〉 버튼은 코딩할 수 있는 구성 요소가 작업판에 배치될 때만 정상으로 동작하며, 구성 요소가 아예 없거나 코딩하는 데 불필요한 구성 요소만 있을 때는 '이 회로에 프로그래밍 가능한 구성 요소가 없음'이라는 메시지가 나타납니다.

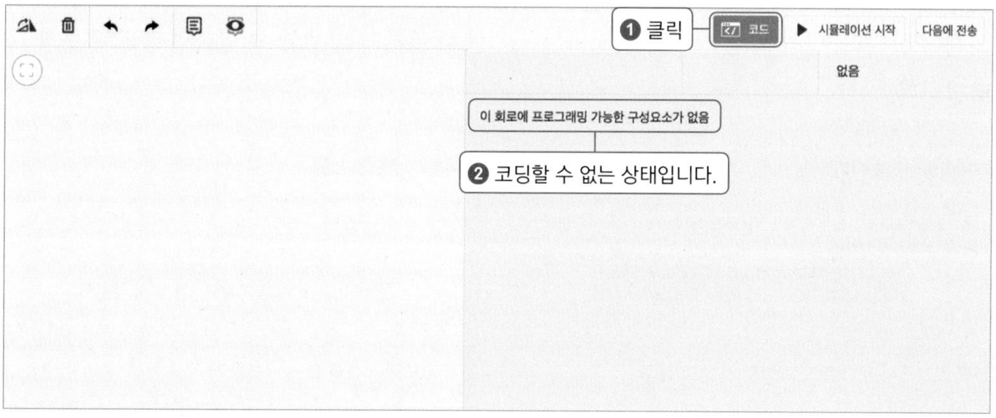

구성 요소 없이 〈코드〉를 누른 경우

1. 아두이노 보드 배치하고 코드 창 열기

아두이노 보드를 작업판에 배치하고 다시 〈코드〉를 클릭해 보세요. 블록 기반의 코드 창이 나타납니다. 서킷은 블록 코딩이 기본으로 설정되어 있지만, 코드 편집 창 위에 역삼각형(▼) 아이콘을 클릭하면 '블록', '블록+문자', '문자' 이렇게 3가지 코딩 방식을 확인할 수 있습니다. 역삼각형(▼) 아이콘 오른쪽에 코드 다운로드(⬇) 아이콘을 클릭하면 시뮬레이터에서 작성한 코드를 내 컴퓨터로 가져올 수 있습니다. 코드를 가져올 때는 문자 코드로 저장됩니다.

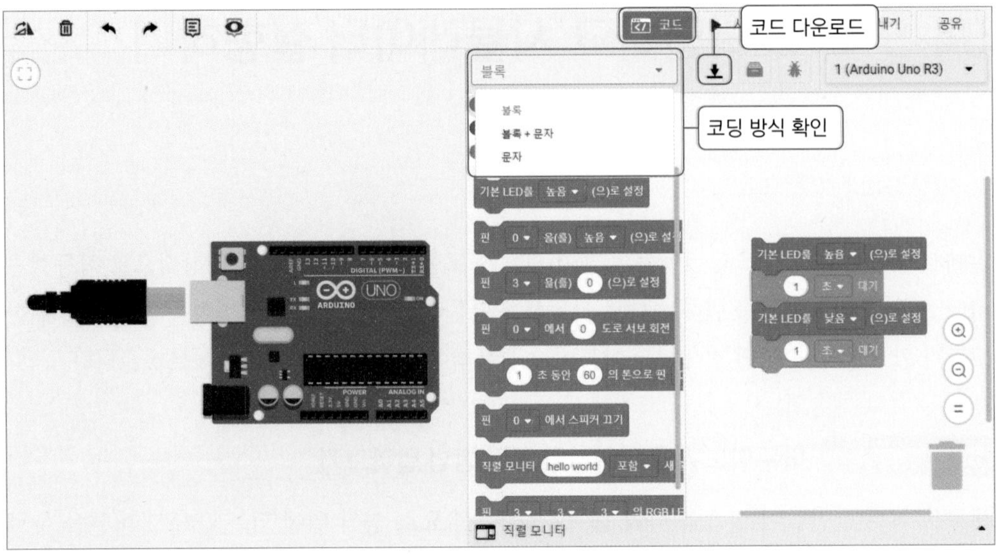

3가지 코딩 방식

블록 코딩에서 블록+문자 코딩이나 문자 코딩으로는 자유롭게 전환할 수 있습니다. 이 기능은 블록 코딩으로 작성한 내용을 문자 코딩으로 어떻게 변환되는지 학습할 때 매우 유용합니다. 그러나 문자 코딩에서 블록 코딩으로 전환할 때는 기존에 작성한 코드가 초기화될 수 있어 주의해야 합니다. 만약 코딩 방식을 변경하는 과정에서 문제가 발생할 수 있다면 경고 문구가 나타납니다.

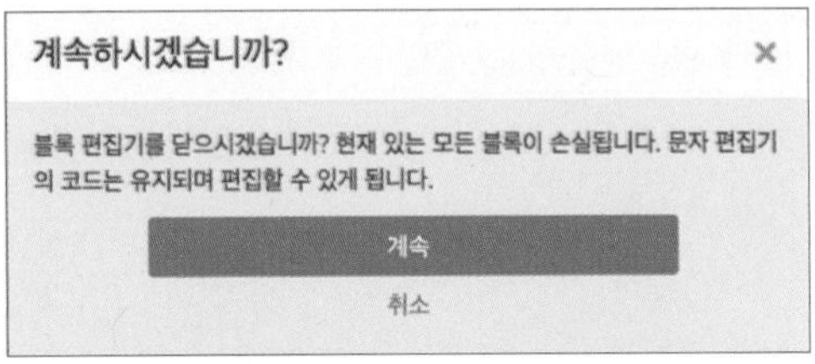

블록 코드에서 문자 코드로 변환 시 경고 문구

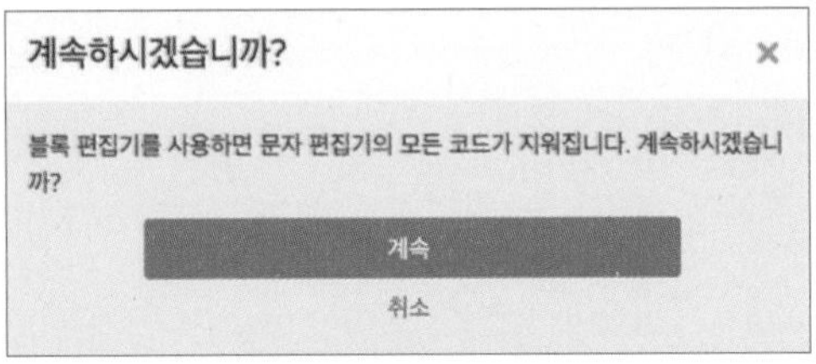

문자 코드에서 블록 코드로 변환 시 경고 문구

2. 블록+문자 코드를 동시에 수정하기

코딩 방식을 블록+문자 코딩으로 변경해 봅시다. 화면이 4등분되는데 왼쪽부터 작업판, 블록 선택 창, 블록 코드 창, 문자 코드 창입니다.

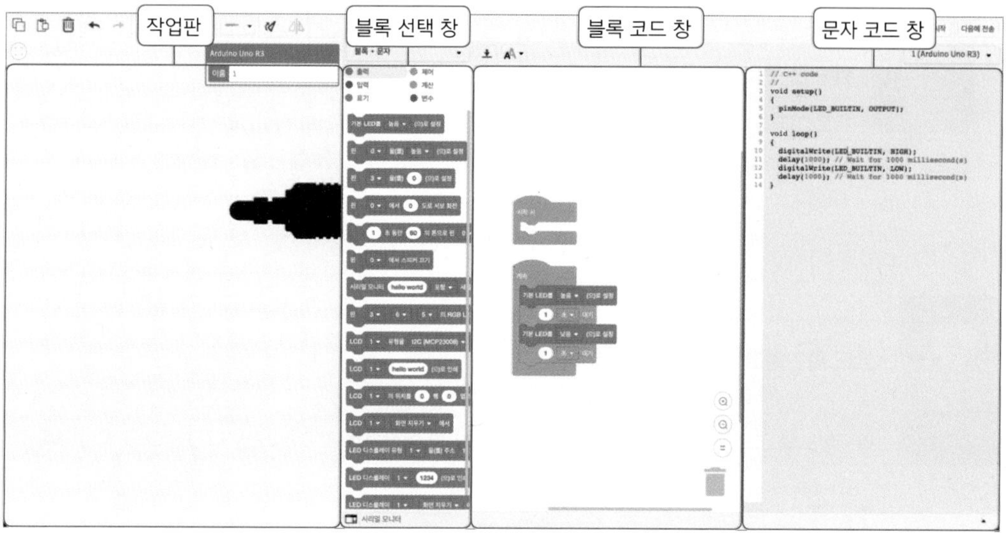

블록+문자 코딩 방식 화면

블록 코드 창에서 주황색 블록의 숫자를 1에서 2로 변경하면 문자 코드 창 9행의 delay() 함수 안에 있는 숫자도 1000에서 2000으로 변경됩니다. 즉, 블록 코드를 변경하면 자동으로 문자 코드도 변경됩니다. 이 기능은 블록 코드를 먼저 배운 입문자가 문자 코드를 추가로 학습할 때 크게 도움이 됩니다.

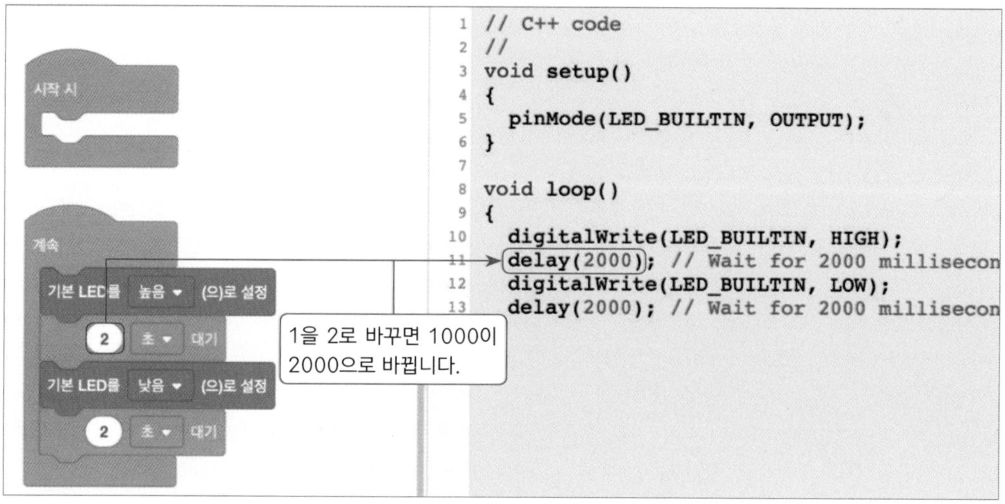

블록 코드를 수정하면 문자 코드도 자동으로 변경

질문 있어요!

함수란 무엇인가요?

프로그래밍에서 함수란 특정 작업을 수행하는 명령입니다. delay() 함수처럼 이미 프로그래밍 언어 안에 정의된 함수를 사용할 수도 있고, 원하는 기능을 하는 함수를 직접 만들 수도 있습니다.

직접 볼까요!

코드 확인하고 시뮬레이터 실행하기

아두이노의 코드를 확인 및 시뮬레이터 실행 방법을 영상으로 보고 싶다면 다음 링크를 참고하세요.

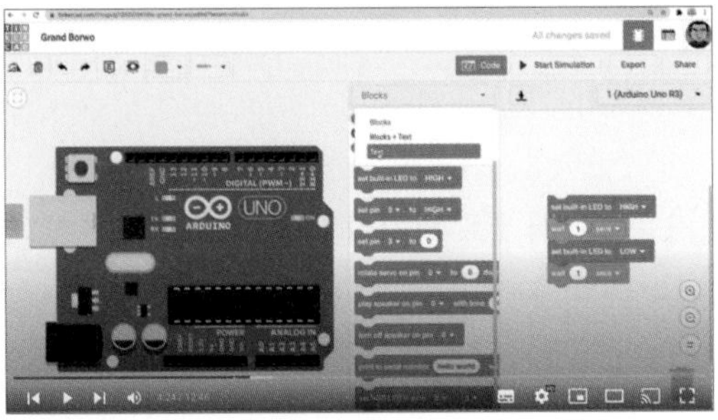

QR코드를 찍어 보세요.

https://youtu.be/ECicgPo-o-s

04-6 시간을 아껴 주는 단축키 활용법

단축키로 더 빠르고 정확하게 작업해요

지금까지 아두이노 시뮬레이터의 기본 활용법을 익혀 보면서 단축키도 함께 알아봤지요? 그만큼 단축키는 중요합니다. 특히 회로가 복잡해지면 마우스 클릭만으로는 시간이 꽤 소요됩니다. 또한 불필요한 클릭은 회로에 오류를 일으키기도 합니다. 가장 자주 쓰고 중요한 단축키 사용법을 복습하고 정리해 보는 시간을 갖겠습니다. 키보드가 익숙하지 않다면 이번 절에 더욱 집중해 보세요.

Do it! 실습 4-5 아두이노 시뮬레이터 단축키 연습하기

1. 구성 요소 복사하기, 자르기, 붙여넣기

복사하기는 구성 요소를 마우스로 클릭하여 선택한 상태에서 Ctrl + C 를 누르면 됩니다. 이 작업만으로는 화면에 아무런 변화가 없습니다. 다시 Ctrl + V 를 누르면 기존에 복사한 구성 요소가 하나 더 나타나며 구성 요소의 속성값도 동일하게 복사됩니다.

자르기 단축키는 Ctrl + X 입니다. 만약 입력한 언어가 한글이면 단축키가 작동하지 않습니다. 이때는 한/영 을 눌러서 입력 언어를 영문으로 변경해야 합니다.

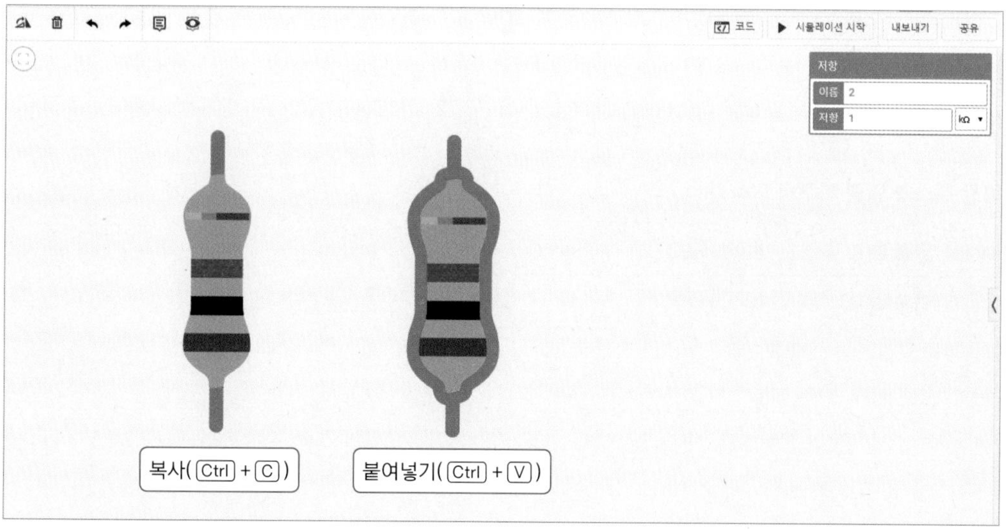

키보드 단축키로 복사해서 붙여넣기

구성 요소 복사하기, 붙여넣기, 잘라내기의 단축키

구성 요소 복사하기	Ctrl + C
구성 요소 붙여넣기	Ctrl + V
구성 요소 잘라내기	Ctrl + X

2. 명령 취소와 명령 복구

이전 상태로 돌아가고 싶다면(명령 취소) Ctrl + Z 를 누르고, 원래 상태로 되돌아가고 싶다면(명령 복구) Ctrl + Y 를 누릅니다. 작업을 하다 보면 자주 쓰는 기능입니다. 화면 왼쪽 위에 있는 아이콘을 클릭하지 않고 단축키를 활용하면 시간을 아낄 수 있습니다. 다음 그림은 명령 취소와 명령 복구를 수행한 결과입니다. Ctrl + Z 를 누르면 위에서 복사해 붙여넣었던 저항이 사라지고, Ctrl + Y 를 누르면 다시 작업을 수행해 사라졌던 저항이 나타납니다.

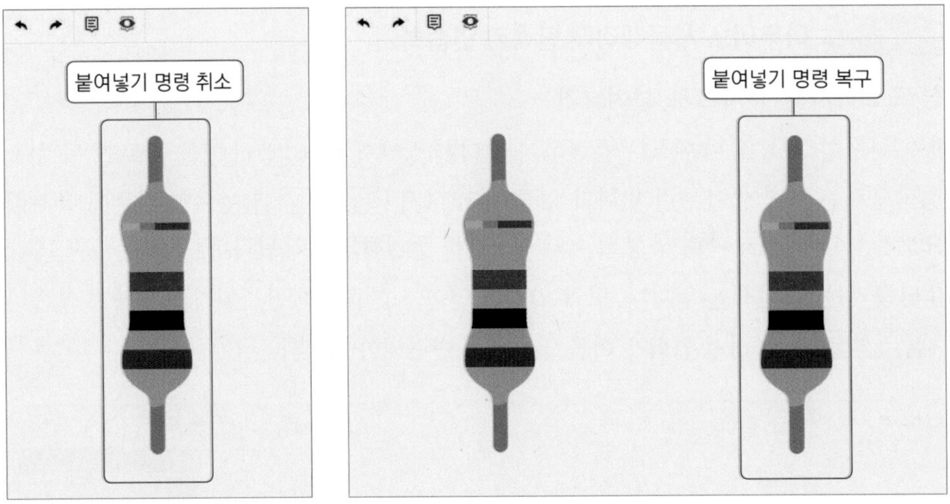

명령 취소와 명령 복구

명령 취소와 명령 복구의 단축키

명령 취소	Ctrl + Z
명령 복구	Ctrl + Y

3. 역선택

역선택은 현재 선택한 구성 요소를 제외하고 나머지 구성 요소를 전부 선택할 때 사용합니다. 예를 들어, 작업판에 'LED', '저항' 그리고 '푸시 버튼' 이렇게 구성 요소가 세 개일 때, LED를 선택한 상태에서 역선택을 하면 LED를 제외하고 저항과 푸시 버튼이 선택됩니다. 특정 구성 요소를 제외하고 나머지 구성 요소를 전부 복사해야 할 때 유용합니다. 회로가 조금씩 복잡해질수록 사용 빈도가 높아지는 단축키입니다. 역선택의 단축키는 Ctrl + I 입니다.

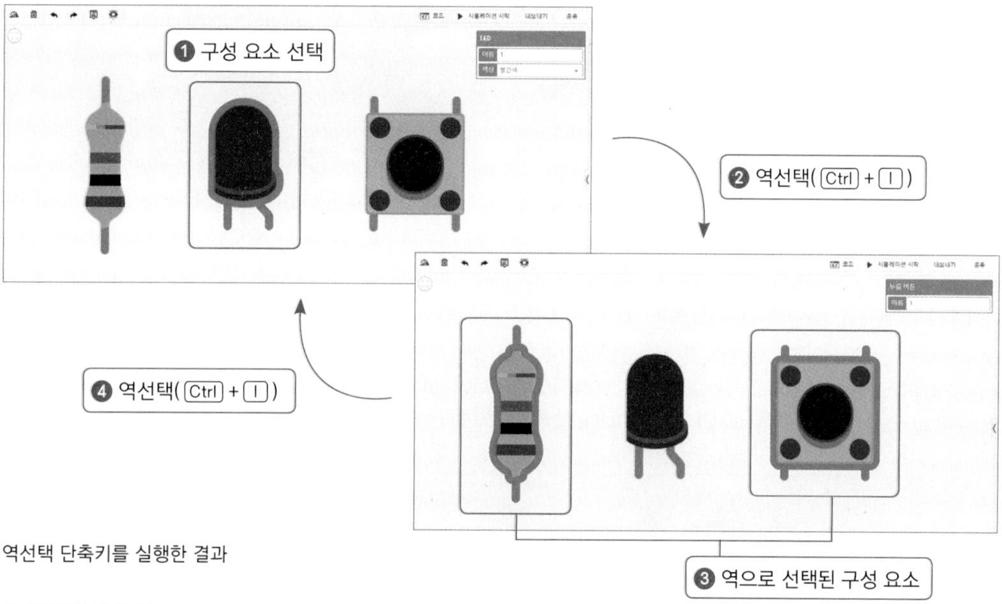

역선택 단축키를 실행한 결과

역선택의 단축키

역선택	Ctrl + I

4. 작업 화면 제어하기

마우스 휠을 위아래로 움직이면 작업판 전체를 확대, 축소할 수 있습니다. 영문자 Z 를 누르면 작업판 영역에 배치된 모든 구성 요소를 한눈에 볼 수 있는 화면 크기로 바뀝니다.

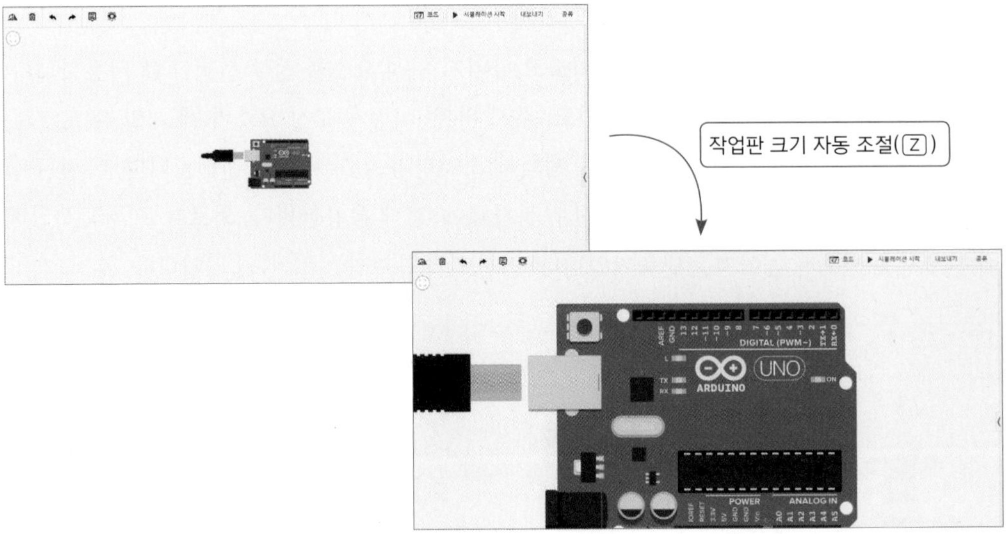

작업판 크기 조절하기

선택한 구성 요소에 맞춰 화면 크기를 조절할 수도 있습니다. 구성 요소를 하나 선택한 상태에서 Ctrl + 9 를 누르면 선택한 구성 요소를 중심으로 화면이 크게 확대됩니다. 이 상태에서 Ctrl + 0 를 누르면 화면 조절 이전 상태로 되돌아갈 수 있습니다.

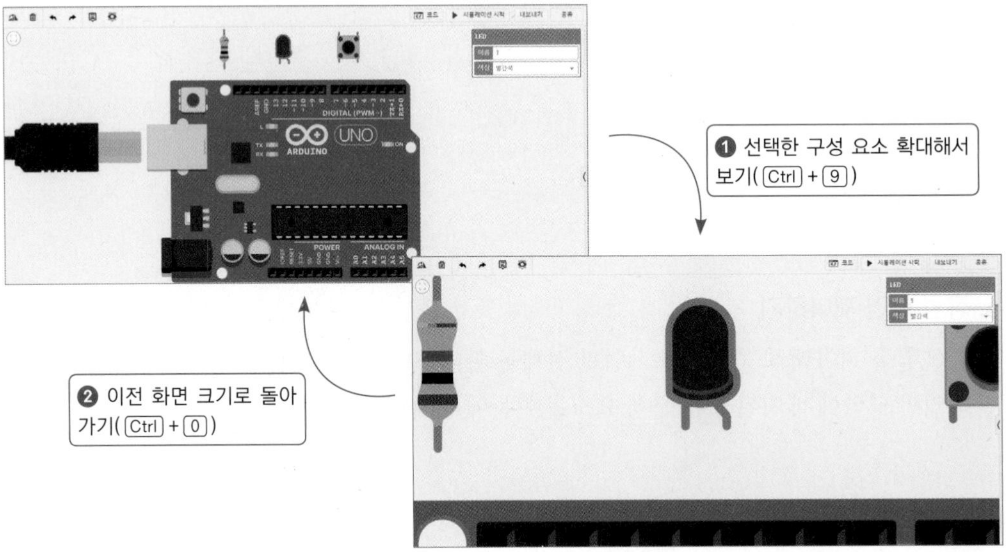

선택한 구성 요소 확대해서 보기

작업 화면 제어 단축키

화면 이동	빈 공간 클릭+드래그
작업판 확대/축소	마우스 휠 아래로/위로
작업판 크기 자동 조절	Z
선택한 구성 요소 확대해서 보기	Ctrl + 9
이전 화면 크기로 돌아가기	Ctrl + 0

5. 도구 창과 코드 창의 숨기기와 펼치기

빈 공간을 클릭한 채 드래그하면 화면을 이동할 수 있지만, 회로를 구성하다 보면 작업 공간이 부족한 상황이 발생합니다. 이때 유용한 단축키가 두 개 있습니다. 도구 창을 숨겨 작업판을 더 넓히고 싶다면 키보드에서 C를 누릅니다. 도구 창이 오른쪽으로 사라집니다. C를 한 번 더 누르면 도구 창이 다시 나타납니다. 마찬가지로 코드 창을 숨기거나 펼치는 단축키 E도 있습니다.

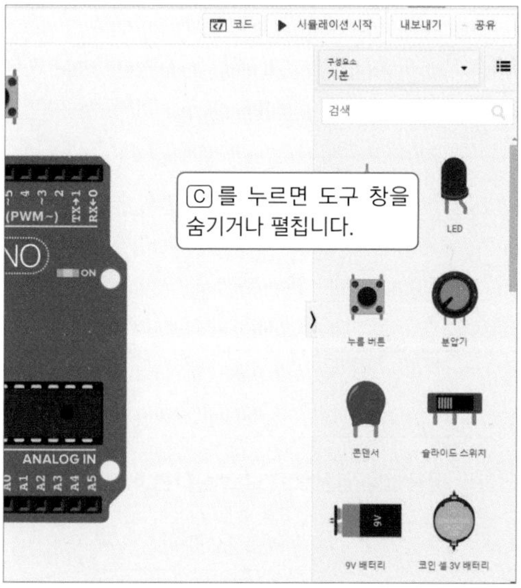

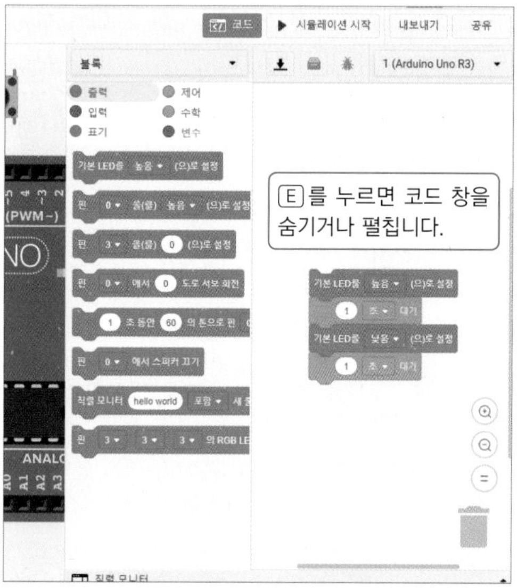

도구 창과 코드 창의 숨기기/펼치기

도구 창과 코드 창의 숨기기와 펼치기 단축키

도구 창 숨기기/펼치기	C
코드 창 숨기기/펼치기	E

빠르고 정확한 작업을 위한 단축키 모음

이번 장에서 배운 단축키를 다음과 같이 정리했습니다. 단축키를 제대로 사용하면 효과적으로 작업할 수 있습니다. 단축키 사용을 습관화해서 빠르고 정확하게 작업하길 바랍니다.

작업 관련 단축키

구성 요소 선택 취소	Ctrl + D 또는 빈 공간 클릭	명령 복구	Ctrl + Y
구성 요소 잘라내기	Ctrl + X	역선택	Ctrl + I
구성 요소 복사	Ctrl + C	전선 색 바꾸기	0 ~ 9
구성 요소 붙여넣기	Ctrl + V	시뮬레이션 시작하기/중지하기	S
명령 취소	Ctrl + Z		

화면 관련 단축키

화면 이동	빈 공간 클릭+드래그
작업판 확대/축소	마우스 휠 아래로/위로
작업판 크기 자동 조절	Z
선택한 구성 요소 확대해서 보기	Ctrl + 9
이전 화면 크기로 돌아가기	Ctrl + 0
도구 창 숨기기/펼치기	C
코드 창 숨기기/펼치기	E

직접 볼까요!

시간을 아껴 주는 단축키 활용법

아두이노 시뮬레이터에서 시간을 아껴 주는 단축키 활용법을 영상으로 보고 싶다면 다음 링크를 참고하세요.

QR코드를 찍어 보세요.

https://youtu.be/RQaiKAOS1X0

도전!

LED 회로를 설계해 봐요!

난이도: ★☆☆

다음 그림을 참고해 회로를 구성하고 목표대로 작동시켜 보자.

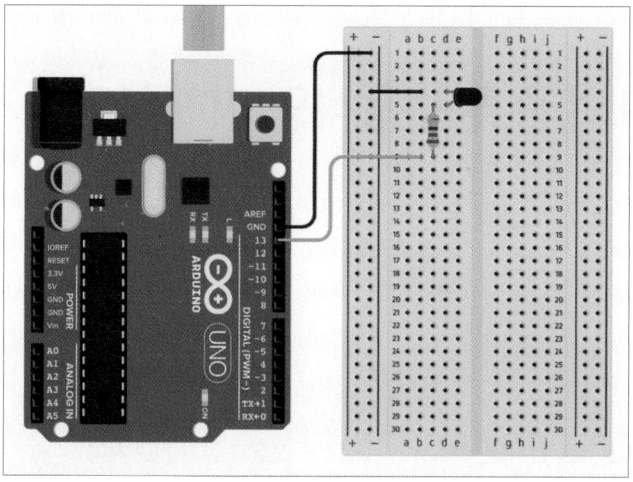

완성된 LED 회로

목표

위 그림과 똑같이 회로를 구성해 LED에 불을 켠다.

구성 요소

아두이노 보드, LED, 저항, 브레드보드

힌트

① 전원에서 접지까지 이어지도록 전선을 연결한다.

② 배선이 겹치지 않도록 곡선을 사용한다.

③ 전원은 빨간색, 접지는 검은색이다.

05

전기 신호의 종류와 움직임 이해하기

아두이노는 전기로 작동합니다. 따라서 전기의 기본 성질과 전기 관련 용어를 알아야 아두이노를 이해할 수 있습니다. 05장에서는 전기 신호에 대해 살펴보고 전기를 읽는 기본 용어인 전류, 전압, 저항의 관계를 알아보겠습니다.

학습 목표

- 전기의 성질을 이해한다
- 전류, 전압, 저항의 개념을 이해한다

05-1 디지털 신호와 아날로그 신호란?

전기 신호는 주는 시점에 따라 디지털 신호와 아날로그 신호로 구분할 수 있습니다. 신호를 주는 시간의 흐름이 불연속적이면 디지털 신호라고 하고, 연속적이면 아날로그 신호라고 합니다. 이번 절에서는 아두이노를 제어하는 두 신호의 특징과 차이를 알아보겠습니다.

디지털 신호란?

디지털 신호란 0과 1로 표현되는 신호입니다. 컴퓨터가 개발된 초기에는 전기가 들어오거나 들어오지 않는 것을 하나의 신호로 이해했습니다. 그래서 이를 줄여서 0과 1로 표현하게 된 것입니다. 이런 신호를 시간의 흐름에 따라 표현하면 다음 그림과 같습니다.

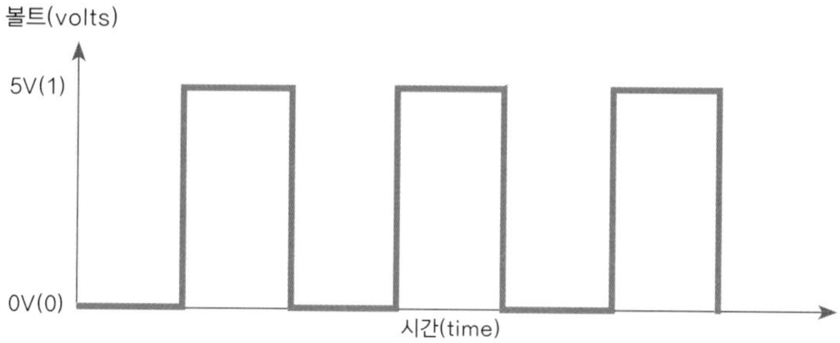

그림 5-1 시간에 따른 디지털 신호

숫자 0은 0V(볼트)이고 숫자 1은 5V(볼트)입니다. 예를 들어, LED가 꺼지면 0, 켜지면 1입니다. 인체 감시 센서에 움직임이 없으면 0, 움직임이 포착되면 1입니다. 디지털 신호는 이처럼 정확히 두 가지 상황만 표현할 수 있습니다. 중간값은 없습니다. 이와 같은 이유로 디지털 신호를 불연속적인 신호라고 합니다.

질문 있어요!

아두이노에서 5V나 3.3V 전원을 사용하는 이유는 뭔가요?

아두이노가 다른 전자 부품을 연결해 쉽게 사용하도록 만든 장치인 것을 기억할 겁니다. 대부분의 전자 부품이 5V 또는 3.3V의 전원이 필요하기 때문에 아두이노에서는 기본적으로 5V와 3.3V 전압의 전원을 제공합니다. 그럼 5V와 3.3V의 전압이 아닌 다른 전압이 필요할 때는 어떻게 할까요? 전압/전류 변환 모듈을 사용하면 되니 걱정하지 않아도 됩니다.

디지털 신호와 비트

아두이노에서는 0V를 LOW, 5V를 HIGH로 표현합니다. 회로를 설계할 때도 0과 1보다는 LOW와 HIGH를 더 많이 사용하니 꼭 기억해 둡시다. 0과 1, LOW와 HIGH, 이렇게 딱 두 가지 정보를 나타내는 디지털 신호의 정보량을 비트(bit)라고 합니다. 비트란 정보량을 나타내는 최소 단위인데 비트 수를 늘리면 표현할 수 있는 경우의 수도 기하급수로 늘어납니다.

1bit로 표현할 수 있는 수는 0과 1 두 가지뿐입니다. 그러나 2bit로 표현할 수 있는 수는 00, 01, 10, 11이며, 3bit로 표현할 수 있는 수는 000, 001, 010, 011, 100, 101, 110, 111입니다. 이렇게 비트 수가 증가함에 따라 표현할 수 있는 경우의 수는 2의 비트 승수, 곧 $2^{비트}$만큼 증가합니다.

예를 들어, 미국 정보 교환 표준 코드인 아스키코드(ASCII code)는 7bit를 사용해 알파벳, 숫자 그리고 특수 문자를 표현합니다. 이 경우에는 2^7이므로 경우의 수가 무려 128개입니다.

ASCII Code - Character to Binary

0	0011 0000	I	0100 1001	b	0110 0010	v	0111 0110
1	0011 0001	J	0100 1010	c	0110 0011	w	0111 0111
2	0011 0010	K	0100 1011	d	0110 0100	x	0111 1000
3	0011 0011	L	0100 1100	e	0110 0101	y	0111 1001
4	0011 0100	M	0100 1101	f	0110 0110	z	0111 1010
5	0011 0101	N	0100 1110	g	0110 0110		
6	0011 0110	O	0100 1111	h	0110 1000	:	0011 1010
7	0011 0110	P	0101 0000	i	0110 1001	;	0011 1011
8	0011 1000	Q	0101 0001	j	0110 1010	?	0011 1111
9	0011 1001	R	0101 0010	k	0110 1011	.	0010 1110
		S	0101 0011	l	0110 1100	,	0010 1111
		T	0101 0100	m	0110 1101	!	0010 0001
A	0100 0001	U	0101 0101	n	0110 1110	,	0010 1100
B	0100 0010	V	0101 0110	o	0110 1111	"	0010 0010
C	0100 0011	W	0101 0111	p	0111 0000	(	0010 1000
D	0100 0100	X	0101 1000	q	0111 0001	)	0010 1001
E	0100 0101	Y	0101 1001	r	0111 0010	space	0010 0000
F	0100 0110	Z	0101 1010	s	0111 0011		
G	0100 0111			t	0111 0100		
H	0100 1000	a	0110 0001	u	0111 0101		

그림 5-2 아스키코드 표

> **질문 있어요!**
>
> **아스키코드는 왜 8bit(1byte)가 아닌 7bit를 사용하나요?**
>
> 아스키 코드에서 7bit는 문자를 표현하고, 1bit는 오류 여부를 나타냅니다. 예를 들어, 7bit의 0과 1의 개수를 세어 1의 개수가 홀수이면 1, 짝수이면 0을 전송해 보낸 문자가 정상적으로 수신되었는지 확인하는 거죠. 이렇게 통신 오류를 검출하기 위해 보내는 비트를 패리티 비트(parity bit)라고 합니다.

아두이노에서 디지털 신호를 사용하는 방법

아두이노 시뮬레이터에서 실습하는 아두이노 보드의 모델명은 아두이노 우노(UNO)입니다. 아두이노 우노 모델에는 0번부터 13번까지 총 14개의 디지털 핀이 있습니다. 디지털 핀 하나마다 디지털 입출력 신호를 사용할 수 있습니다.

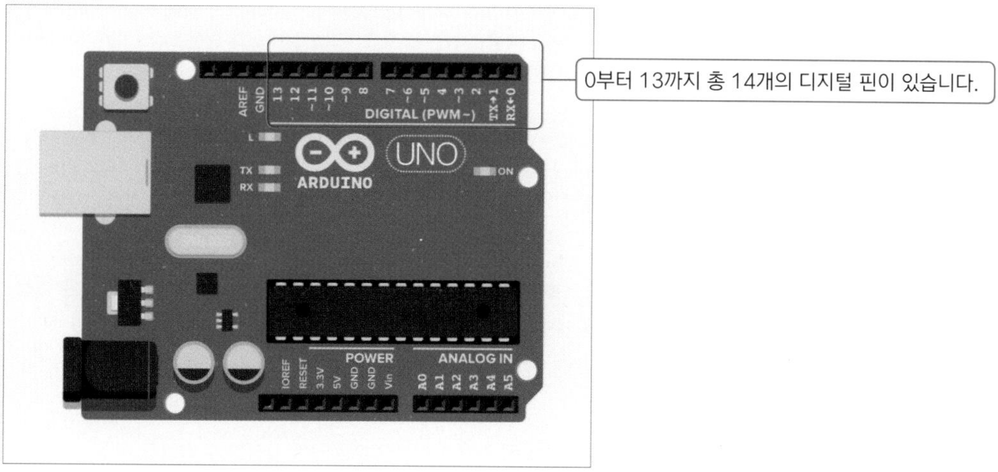

그림 5-3 아두이노의 디지털 입출력 핀

디지털 신호는 어떻게 사용할까요? 아두이노 보드에 연결할 수 있는 구성 요소를 살펴보면 쉽게 이해할 수 있습니다. 디지털 신호를 활용한 구성 요소는 크게 입력 장치와 출력 장치로 구분할 수 있습니다.

디지털 입력 장치는 HIGH, LOW 신호를 사용자가 수동으로 입력할 수 있거나 특정 신호에 따라 자동으로 입력받을 수 있는 장치입니다. 가장 간단한 예로 푸시 버튼이 있습니다. 푸시 버튼은 사용자가 누르는 동안에 HIGH 신호를, 누르지 않았을 때는 LOW 신호를 입력받는 장치입니다. 디지털 출력 장치는 아두이노 보드에서 주는 신호에 따라 전등을 켜거나 끄고, 모터를 동작시키고 멈추는 행위 등을 수행하는 장치입니다. 아두이노 시뮬레이터에서 디지털 신호를 활용하는 구성 요소는 다음과 같습니다.

디지털 입력 장치의 종류

 푸시 버튼	다리가 4개인 버튼입니다. 버튼을 눌렀을 때와 누르지 않았을 때의 상태를 구분할 수 있는 전자 부품입니다.
 슬라이드 스위치	푸시 버튼과 다르게 한 번 상태가 변경되면 그 상태를 유지하는 전자 부품입니다. 전등을 켜거나 끌 때와 같이 한 번 켜고 다시 끄기 전까지 그 상태를 유지해야 할 때 사용합니다.
 PIR 센서	움직임 감지 센서입니다. 현관문에 사람이 들어오면 전등이 자동으로 켜지는 것을 경험해 본 적 있을 거예요. 사람이 들어오고 나가는지를 감지해 특정한 동작을 수행할 수 있습니다.

디지털 출력 장치의 종류

 LED	LED는 불빛을 낼 수 있는 전자 부품입니다. 디지털 출력으로 사용하면 켜고 끌 수 있으며, 아날로그 출력으로 사용하면 밝기를 조절할 수 있어요.
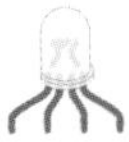 삼색 LED (RGB LED)	빨강, 초록, 파랑 세 가지 색상의 빛을 낼 수 있는 LED입니다. 3가지 색을 조합해 다양한 색상을 표현할 수 있어 한 가지 색상만 표현할 수 있는 LED에 비해 활용도가 높습니다. 디지털 출력보다 아날로그 출력을 사용하면 더 많은 색상을 표현할 수 있습니다.
 DC 모터	회전 운동을 하는 전자 부품입니다. 움직이는 장치를 만들 때 사용할 수 있어요. 디지털 출력으로는 모터를 최대 속도로 회전시키거나 멈출 수 있으며, 아날로그 출력으로는 회전 속도를 제어할 수 있습니다.
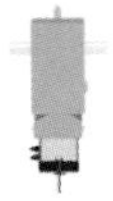 하비 기어모터	감속 기구를 조합한 모터를 의미합니다. 모터가 회전할 때 소음을 줄이고 더 큰 힘으로 회전할 수 있는 특징이 있습니다. 장난감 RC카에 많이 사용됩니다.
 7세그먼트 디스플레이	숫자를 출력할 수 있는 전자 부품입니다. 내부에 7개의 LED로 숫자 0부터 9까지 표현할 수 있습니다. 시계, 카운터, 점수 등 숫자가 필요한 모든 곳에 사용할 수 있겠죠.
 LCD(16×2 크기)	액정 디스플레이 장치입니다. 가로 방향으로 16개의 문자 또는 숫자, 특수 문자를 출력할 수 있고 세로 방향으로는 2줄 사용할 수 있습니다.

아날로그 신호란?

아날로그 신호는 시간에 따라 연속하는 값을 표현할 수 있습니다. 즉, 0과 1뿐만 아니라 그 사이에 있는 0.1, 0.2도, 0.1과 0.2 사이에 있는 0.11, 0.12도 표현할 수 있습니다. 디지털 신호는 시간의 흐름에 따라 HIGH, LOW 두 가지 값만 표현할 수 있으나 아날로그 신호는 훨씬 다양한 값을 표현할 수 있습니다.

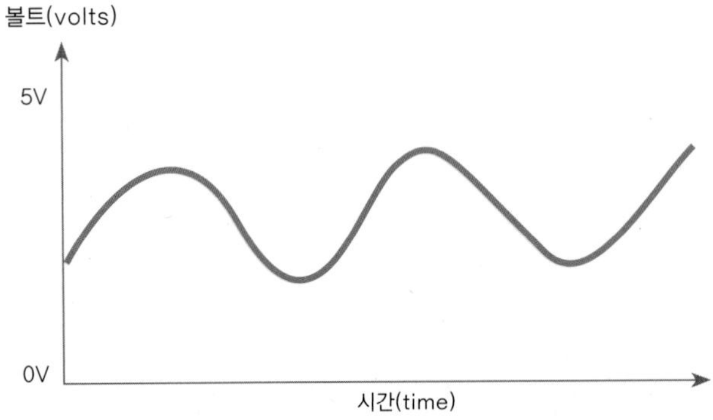

그림 5-4 시간에 따른 아날로그 신호

아두이노 보드로 아날로그 신호를 받을 수 있을까요? 답을 먼저 말씀드리면 '네'입니다. 아두이노 보드에는 아날로그 디지털 변환기(ADC, analog digital converter)가 내장되어 있기 때문입니다. ADC는 아날로그 신호를 디지털로 변환해 주는 장치이며, 아두이노 보드에는 주로 10bit ADC가 내장되어 있어 표현할 수 있는 수의 개수는 2^{10} = 1,024개입니다. 따라서 0을 포함해 1,023까지 표현할 수 있습니다.

질문 있어요!

아날로그 신호를 어떻게 디지털 신호로 바꾸는 건가요?

아날로그 신호를 디지털 신호로 변환하려면 먼저 일정 시간을 기준으로 아날로그 신호를 분할해야 합니다. 이 과정을 샘플링이라고 합니다. 샘플링을 하면 각 시간에 대응하는 전압을 구할 수 있습니다. 이 전압을 정수로 변환한 다음 0과 1의 디지털값으로 다시 변환하면 아날로그 신호를 디지털 신호로 변환하는 과정이 끝납니다. 다음 영상을 참고하면 위 내용을 더 쉽게 이해할 수 있습니다. 자막 기능을 켜면 자세한 설명도 볼 수 있습니다.

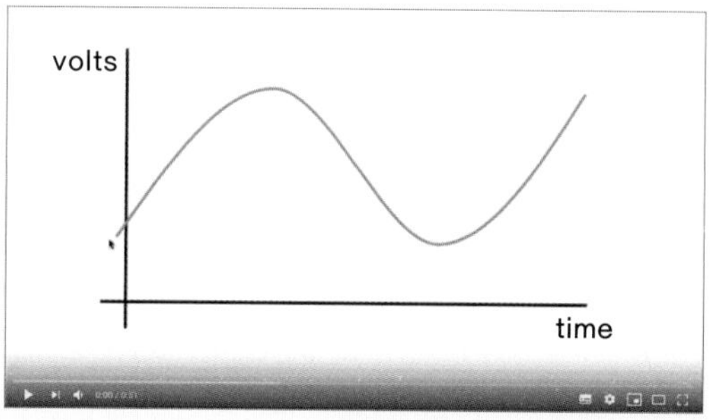

https://youtu.be/rnDBymtlhb0

아두이노에서 아날로그 신호 사용하는 방법

아두이노 우노 모델에는 아날로그 입력을 받을 수 있는 핀이 A0, A1, A2, A3, A4, A5까지 총 6개 있습니다. 숫자 앞에 붙은 알파벳 A는 아날로그(analog)를 뜻합니다. 한 가지 주의할 점이 있습니다. 디지털 핀은 핀 하나가 입력 또는 출력을 모두 담당하지만 아날로그 핀은 입력만 담당할 수 있습니다.

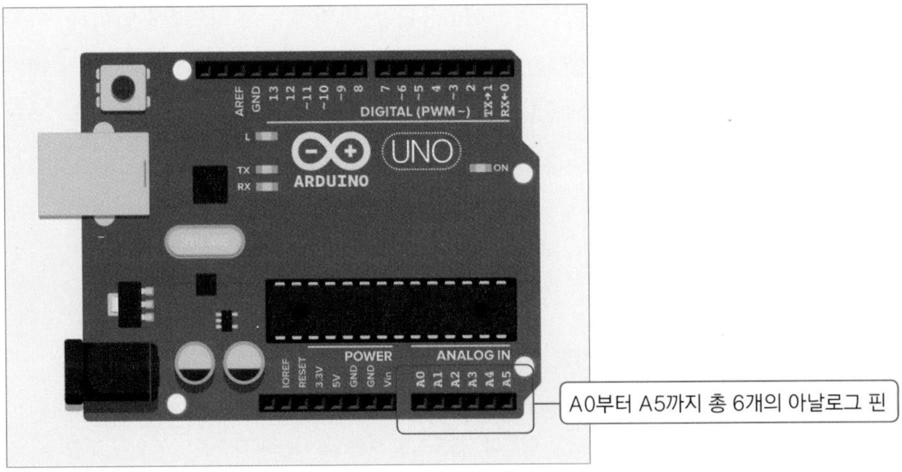

그림 5-5 아두이노의 아날로그 입력 핀

그럼 아날로그 출력은 어떻게 사용해야 할까요? 이 부분은 09장에서 자세히 다루기로 하고 여기서는 하나만 기억하고 넘어가겠습니다. 아두이노는 펄스 폭 변조 기능을 하는 PWM(pulse width modulation)을 통해 디지털 신호를 마치 아날로그 출력처럼 사용합니다.

아두이노 보드의 디지털 핀 번호 앞에 물결표(~)가 있는 핀을 찾아보세요. 3번, 5번, 6번, 9번, 10번, 11번 핀이 PWM을 지원하는 디지털 핀, 즉 아날로그 출력도 가능한 핀입니다. 즉, 이 핀들은 디지털 입력 또는 디지털 출력은 기본이거니와 아날로그 출력까지 담당할 수 있습니다.

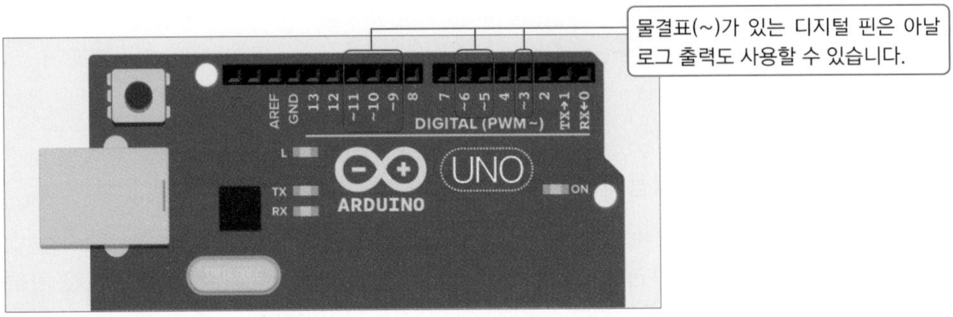

그림 5-6 PWM을 지원하는 디지털 핀

디지털 출력이 단순히 모터를 동작하거나 멈추었다면, 아날로그 출력은 모터의 속도를 빠르게 하거나 느리게 제어할 수 있습니다. 디지털 출력이 LED를 켰다 껐다 할 수 있었다면, 아날로그 출력은 밝기의 강약을 조절할 수 있습니다.

아날로그 신호의 특성을 활용하면 온도와 습도, 빛의 밝기 등을 측정할 수 있고, 모터의 움직임을 각도 단위로 정밀하게 제어할 수도 있습니다. 또한 초음파 센서로 물체와 초음파 센서 사이의 거리도 측정할 수 있습니다. 서킷에서 아날로그 신호를 활용하는 구성 요소는 다음과 같습니다.

아날로그 입력 장치

 **가변저항** (potentionmeter)	저항값을 수동으로 변경할 수 있는 전자 부품입니다. LED의 밝기, 소리의 세기 등을 제어할 수 있습니다.
 **조도 센서** (photoresistor)	빛의 밝기를 측정할 수 있는 전자 부품입니다. 상대적으로 어둡거나 밝은 정도를 수치로 표현할 수 있습니다. 조도 센서를 사용해 어두울 때 자동으로 켜지는 스마트 조명을 만들어 보는 건 어떨까요?

아날로그 출력 장치에는 디지털 출력 장치에서 소개했던 LED, DC 모터 등도 포함됩니다. 이렇게 경우에 따라 아날로그 출력과 디지털 출력을 모두 지원하는 장치가 있습니다. 예를 들어, LED를 디지털 출력으로 사용하면 켜고 끄기만 할 수 있지만, 아날로그 출력으로 사용하면 밝기를 조절할 수 있습니다.

직접 볼까요!

디지털 신호와 아날로그 신호의 차이점

디지털 신호와 아날로그 신호의 차이 및 변환 방법, 관련 전자 부품을 영상으로 보고 싶다면 다음 링크를 참고하세요.

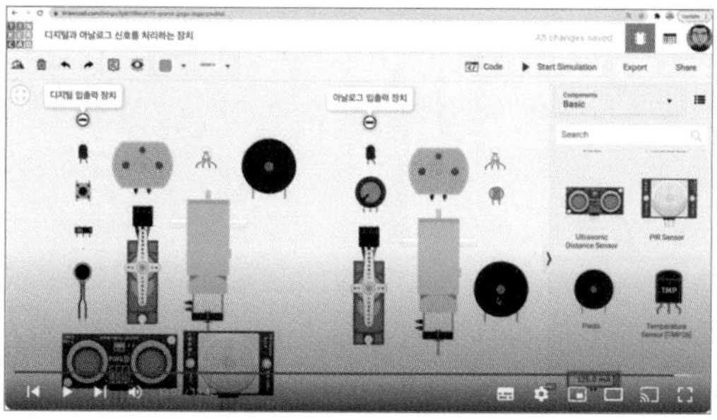

QR코드를 찍어 보세요.

https://youtu.be/KECsTF7z0XE

05-2 전기 신호는 어떻게 움직일까?

지금까지 전기 신호의 종류와 특징 그리고 전기 신호를 받아 입출력하는 구성 요소의 쓰임까지 살펴봤습니다. 이번 절에서는 시야를 더 넓혀서 전기가 배선을 따라 구성 요소와 회로 위를 어떻게 오가는지 살펴보겠습니다. 앞에서 궁금증으로 남겨 놓은 저항의 역할도 확실하게 배워 봅시다.

전압과 전류란?

전기 성질을 가진 전하가 이동하는 현상을 전류라고 합니다. 흔히 '전류가 흐른다'고 표현하지요. 그렇다면 전류는 무슨 힘으로 흐르는 걸까요?

이때 필요한 개념이 바로 전압입니다. 전압은 쉽게 말해 전류를 흐르게 하는 힘입니다. 이 흐름에는 방향이 있습니다. 전기를 물에 비유하자면 물이 높은 곳에서 낮은 곳으로 흐르듯, 전류 역시 전압이 높은 곳에서 낮은 곳으로 흐릅니다. 전압의 단위는 볼트(volt)이며 V로 표기합니다. 오른쪽 그림을 보면서 전류의 흐름을 생각해 볼까요?

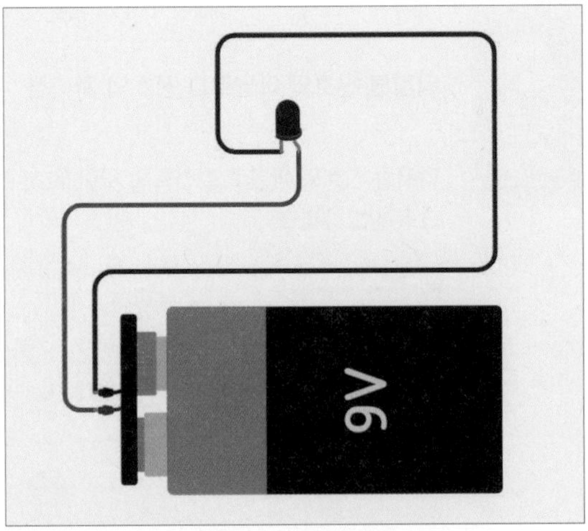

그림 5-7 간단하게 구성된 회로

전압은 흐름을 만든다

배터리는 전류가 흐를 수 있도록 전압의 차이를 발생시키는 역할을 합니다. 전류는 전원에서 접지로 흐른다는 말을 기억하지요? 배터리에도 동일하게 적용됩니다. 전류가 출발하는 전원이 배터리의 양극(+)이고 전류가 도착하는 접지가 배터리의 음극(-)입니다.

다음 그림에서 빨간색 선에 연결된 배터리의 양극은 9V(볼트)이고 검은색 선에 연결된 배터리의 음극은 0V(볼트)입니다. 전류는 전압이 높은 곳에서 낮은 곳으로 흐르므로 9V에서 0V로 흐릅니다. 만약 배터리의 9V에 연결된 선과 0V에 연결된 선이 끊어져 있다면 전류가 흐를 수 있는 길이 없으므로 전류는 흐르지 않습니다.

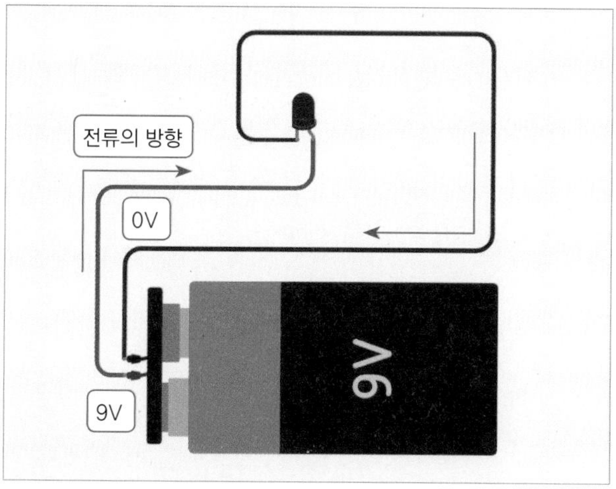

그림 5-8 회로에서 전류의 흐름

전원은 보통 빨간색 전선을 사용하고 접지는 검은색 전선을 사용한다는 점도 기억합시다. 색상만으로 전원과 접지를 구분할 수 있어 회로를 해석하기가 쉽습니다.

저항은 왜 필요할까?

다음 그림은 앞에서 만든 회로를 아두이노 시뮬레이터에서 실행한 모습입니다. 전류는 전압이 높은 9V에서 출발해 전압이 낮은 0V로 흐를 테고 전기를 받은 LED는 환한 빛을 낼 것으로 기대됩니다. 그런데 이게 무슨 일이죠? 시뮬레이터를 실행했더니 LED가 망가지고 말았습니다.

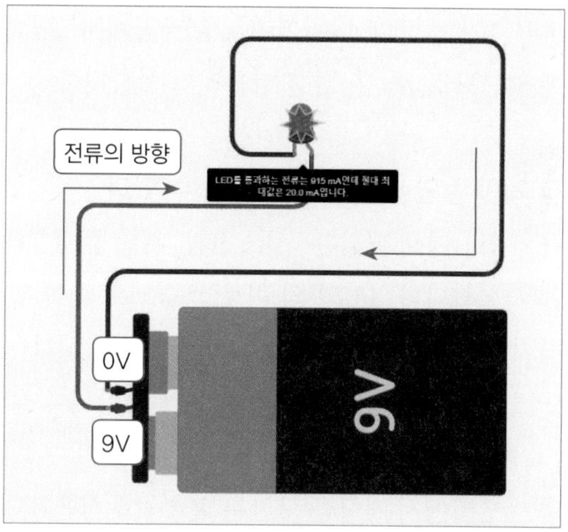

그림 5-9 전류가 지나치게 흐른 상태

경고 메시지를 보면 원인을 알 수 있습니다. LED가 감당할 수 있는 전류의 세기는 20mA(밀리암페어)인데, 915mA의 전류가 흘러들어 와 LED가 망가진 것입니다.

전류는 물의 흐름에 비유할 수 있다고 했지요? 앞에서 제시한 회로의 LED를 물레방아라고 상상해 봅시다. 물레방아에 흐르는 물의 양이 적어 세기가 약하면 물레방아는 꿈쩍하지 않을 것이고, 물의 양이 많아 세지면 물레방아는 망가지고 맙니다. 마찬가지로 LED 등 전기로 작동하는 부품이 고장 없이 움직이려면 흐르는 전류의 세기가 적절해야 합니다. 이때 필요한 것이 저항입니다. 저항을 사용하면 물이 흐르는 양을 조절하는 돌이나 댐처럼 전류의 세기를 조절할 수 있습니다.

회로 설계의 기본, 옴의 법칙

저항을 잘 사용하려면 옴의 법칙을 알아야 합니다. 옴의 법칙(Ohm's law)이란 전류와 전압, 저항의 관계를 설명하는 법칙입니다. 1826년 독일의 물리학자인 게오르크 옴(Georg Ohm)이 발견했으며 오늘날 모든 전기 회로가 이 법칙을 따르고 있습니다. 전류가 흐르는 단위를 암페어(A, ampere), 전압의 단위를 볼트(V, volt), 저항의 단위를 옴(Ω, Ohm)이라고 하는데 이 중 옴(Ω)은 그의 이름을 기념한 것입니다.

옴의 법칙을 수식으로 표현하면 다음과 같습니다. 전류는 I, 전압은 V, 저항은 R로 표시합니다.

$$I = \frac{V}{R}, \quad R = \frac{V}{I}, \quad V = I \times R$$

전압이 커지면 커질수록 전류의 세기가 세지고, 저항이 크면 클수록 전류의 세기는 약해진다는 것이 보이나요?

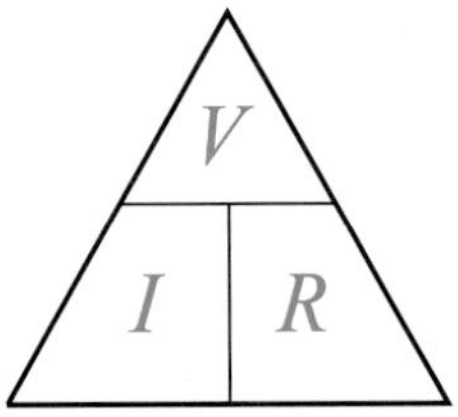

전류와 전압과 저항의 관계를 더 쉽게 이해할 수 있도록 그림으로 표현하면 오른쪽과 같습니다. 삼각형을 그려서 가장 위에 V를 적고 아래에 I와 R을 배치하면 $V = I \times R$이라는 수식을 직관적으로 떠올릴 수 있습니다. I 관점으로 보면 V가 위에 있고 R이 아래에 있으므로 $I = \frac{V}{R}$ 가 됩니다. 마찬가지로 R 관점에서도 V가 위에 있고 I가 아래에 있으므로 $R = \frac{V}{I}$ 임을 떠올리기 쉽습니다.

두 개만 알면 나머지 하나를 알 수 있다

옴의 법칙에서 핵심은 전류, 전압, 저항 중 두 가지 값을 알면 나머지 하나의 값을 구할 수 있다는 사실입니다. 117쪽의 회로 그림으로 돌아가 봅시다. 보통 LED에는 전류가 20mA 흘러야 하지만 915mA가 흘러 LED가 망가졌습니다. 따라서 전류의 흐름을 제어하기 위해 저항을 연결해 줘야 하며 옴의 법칙을 통해 저항의 적절한 크기를 찾아 연결하면 됩니다.

옴의 법칙에서 저항을 구하는 $R = \frac{V}{I}$ 수식을 사용해 저항값을 구해 보겠습니다. 먼저 전류, 전압, 저항의 단위를 일치시키기 위해 밀리암페어(mA)를 암페어(A)로 변환합니다. 1,000mA는 1A이므로 20mA는 0.02A입니다. 그리고 배터리의 전압이 9V이므로 $R = \frac{9}{0.02} = 450$ 이 됩니다. 즉, 450Ω의 저항을 연결하면 LED가 망가지지 않고 제대로 작동합니다.

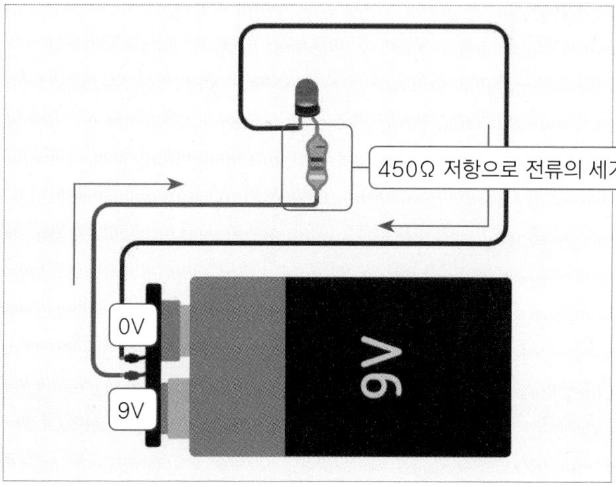

그림 5-10 안정적으로 동작하는 회로

질문 있어요!

저항은 LED의 어느 쪽에 배치해야 할까요?

저항의 위치는 어디든 상관없습니다. 9V 전원 또는 접지선에 연결해도 됩니다. 전류는 흐르는 길이 하나일 때 일정한 세기로 흐르기 때문입니다. 물의 흐름과는 다르지요? 전류가 너무 빨라 우리 눈에 보이지 않기 때문에 물의 흐름에 비유해 설명하는 경우가 많지만, 전류는 물의 흐름과 다른 점도 있습니다. 여기에서는 전류가 너무 빨라 저항이 LED 어디에 있든 상관없이 일정한 세기로 흐른다는 정도로만 이해하고 넘어가 볼까요?

직접 볼까요!

전기 신호가 동작하는지 원리와 저장의 필요성

전기 신호의 동작 원리와 저장의 필요성을 영상으로 보고 싶다면 다음 링크를 참고하세요.

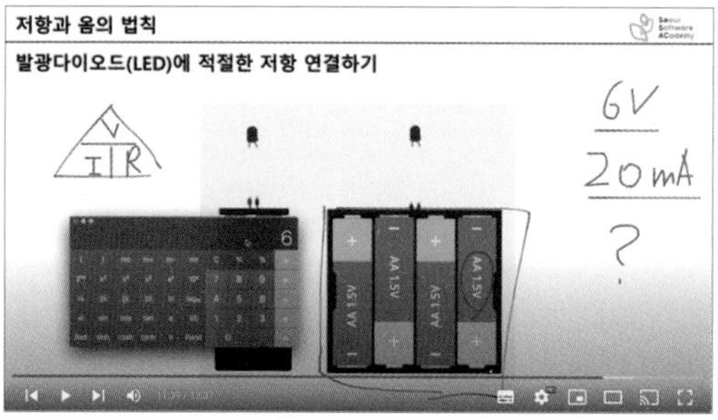

QR코드를 찍어 보세요.

https://youtu.be/6nHtP2_H7Kk

도전! LED에 불을 밝혀 봐요!

난이도: ★☆☆

다음 그림을 참고해 회로를 구성하고 목표대로 작동시켜 보자.

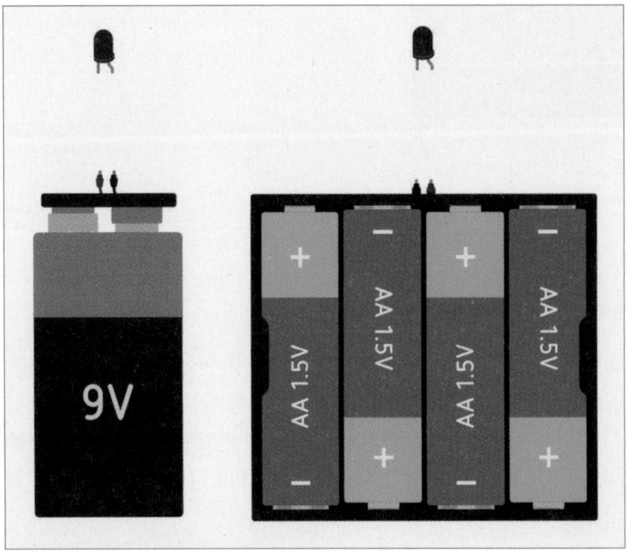

저항과 배선이 필요한 불안전한 회로

목표

LED를 배터리에 연결해 불을 켠다.

구성 요소

LED 2개, 9V 배터리, 1.5V 배터리 4개, 저항 2개

힌트

① 옴의 법칙으로 적절한 저항값을 구해 저항을 연결한다.

② LED에 흐르는 전류의 세기는 20mA가 적당하다.

③ 1.5V 배터리 구성 요소의 속성을 수정해 개수를 추가한다.

둘째
마당

키트를 조립하며 아두이노 기본 배우기

둘째마당에서는 시뮬레이터로 만든 회로대로 아두이노 키트를 조립하고, 스케치 코딩을 더해 아두이노를 작동해 봅니다. 내 손으로 직접 제품을 만들며 아두이노와 더 친해져 봐요.

06

디지털 출력으로 아두이노 작동하기

LED를 1초 간격으로 깜박이는 회로를 만들면서 디지털 출력에 대해 알아보겠습니다. 또한 저항과 브레드보드의 올바른 사용법도 배웁니다. 그리고 아두이노 보드가 처리하는 데이터를 눈으로 볼 수 있는 시리얼 모니터를 통해 프로그램의 오류를 찾고 수정하는 방법도 배워 보겠습니다.

학습 목표

- 디지털 출력이란 무엇인지 이해한다
- 저항과 브레드보드의 사용법을 익힌다
- 시리얼 모니터의 사용법을 익힌다

06-1 LED로 불을 깜빡이는 아두이노 만들기

LED란?

다이오드(diode)는 전류를 한쪽으로만 흐르게 하고 반대쪽으로는 흐르지 못하게 하는 전자 부품입니다. 발광 다이오드인 LED(light emitting diode)는 전류가 흐를 때 빛을 내는 것이 특징입니다.

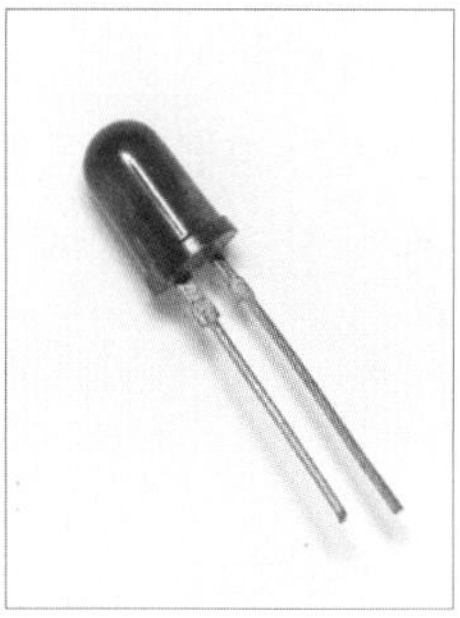

그림 6-1 LED

LED의 작동 원리

LED는 두 개의 다리와 모자로 구성됩니다. 다리는 전류가 흐르는 길이고 모자는 빛을 내는 전구입니다. 긴 다리는 양(+), 짧은 다리는 음(-)의 극성을 가집니다. 전류가 양극에서 음극으로 흐를 때 전구에서 빛이 납니다. 어떻게 하면 양극에서 음극으로 전류를 흘려보낼 수 있을까요? 전류는 높은 전압에서 낮은 전압으로 흐릅니다. 아두이노 보드에서는 전압이 높은 쪽이 전원(5V)이고 전압이 낮은 쪽이 접지(0V)입니다. 따라서 LED의 양극을 아두이노 보드의 전원에, 음극을 접지에 연결하고 아두이노 보드를 작동하면 LED에 전류가 흘러 빛이 납니다.

전원은 + 또는 5V, 접지는 - 또는 0V로 간단하게 표현할 수 있습니다.

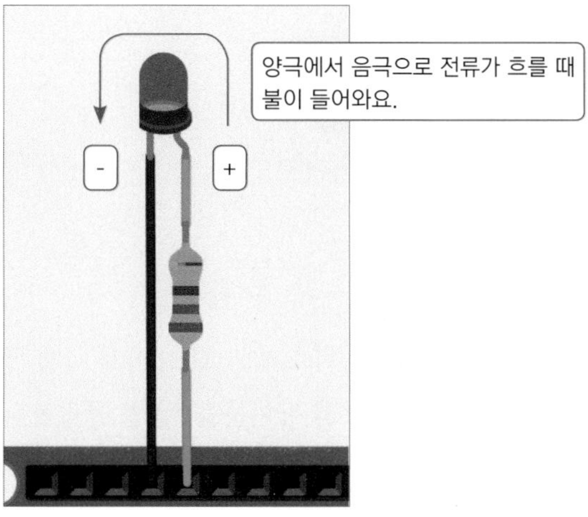
양극에서 음극으로 전류가 흐를 때 불이 들어와요.
-
+

그림 6-2 불이 들어오는 LED

Do it! 실습 6-1 LED 깜빡이기

아두이노에서 디지털 출력이란 아두이노 보드의 디지털 핀으로 HIGH 또는 LOW와 같은 디지털 신호를 전달하는 것을 의미합니다. 만약 아두이노의 디지털 핀에 LED가 연결되어 있고, 이 핀에 HIGH 신호를 전달하면 LED에 불빛이 들어옵니다. 다시 LOW 신호를 전달하면 LED의 불빛이 꺼집니다. 이 원리를 이용하면 LED를 1초마다 깜빡이게 만들 수 있습니다.

1. 새 회로 만들기

팅커캐드 대시보드 화면에서 [만들기 → 회로] 메뉴를 선택해 새 회로를 만듭니다.

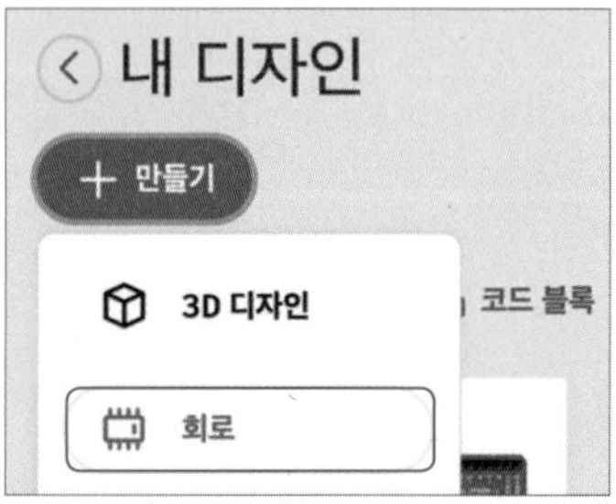

새로운 회로 만들기

2. 아두이노 보드와 LED 배치하기

도구 창에서 아두이노 보드와 LED를 선택해 화면 중앙의 작업판에 배치합니다. 아두이노 보드는 검색 창에 'arduino'라는 키워드로 검색하거나 도구 창에서 스크롤을 조금만 내리면 찾을 수 있습니다.

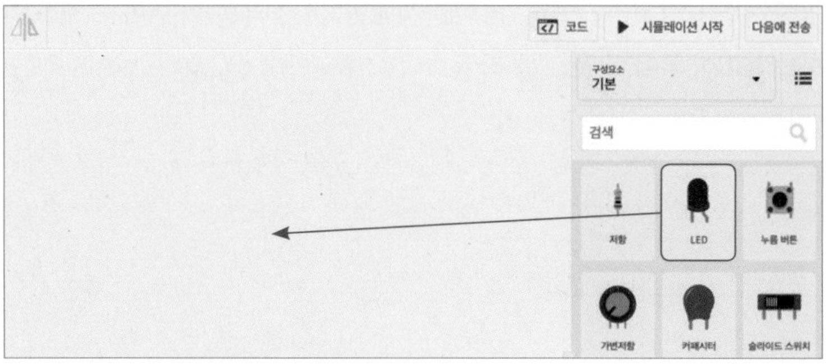

LED를 작업판에 배치하기

3. 아두이노 보드와 LED 회전하기

아두이노 보드를 작업판에 놓으면 가로 방향으로 배치되는데 핀 번호가 더 잘 보이게 시계 방향으로 90° 돌리겠습니다. 아두이노 보드를 선택한 후 [회전(↻)] 아이콘을 세 번 클릭합니다. 또는 단축키 R를 세 번 누릅니다. LED도 같은 방법으로 90° 돌립니다.

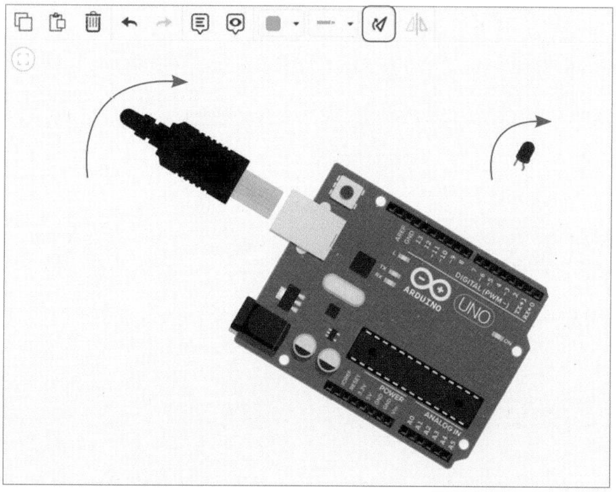

아두이노 구성 요소 회전하기

4. 전선 연결하기

아두이노 보드와 LED 사이에 전기가 통하도록 전선을 연결하겠습니다. LED의 양극은 전원을 공급하기 위해 아두이노 보드의 디지털 13번 핀에 연결하고, 음극은 접지(GND)에 연결합니다.

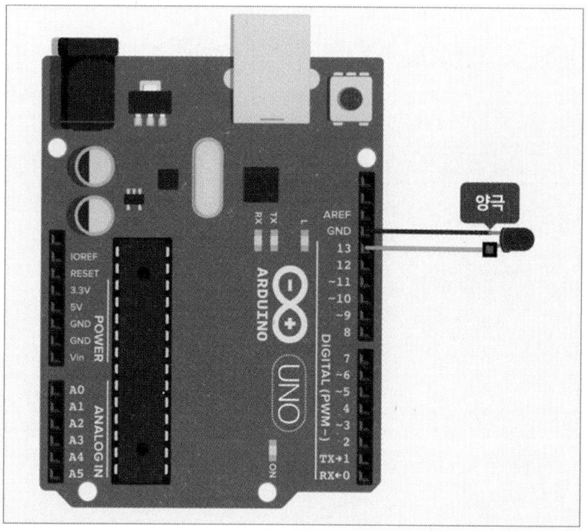

아두이노 보드와 LED에 전선 연결하기

질문 있어요!

왜 전원(5V)이 아니라 디지털 13번 핀에 연결하나요?

LED의 양극에 전원(5V) 핀을 연결하고 음극에 접지(0V)를 연결하면 전류가 항상 흐르기 때문에 빛이 꺼지지 않습니다. 하지만 LED를 깜빡이게 하려면 전류를 흐르게 했다 끊었다를 반복해야 합니다. 따라서 아두이노의 디지털 핀에 LED를 연결하고, 전압을 변경해서 전류의 흐름을 제어하는 것입니다. 예를 들어, 디지털 핀에 5V 전압을 걸면 전류가 흐르고, 0V 전압을 걸면 전류가 흐르지 않기 때문에 LED를 깜빡이게 만들 수 있습니다.

5. 문자 코딩 방식 선택하기

작업판 위에 〈코드〉를 클릭하거나 단축키 E를 누르면 코딩 창이 나타납니다. 코딩 방식은 블록(block), 블록+문자(block+text) 그리고 문자(text)까지 총 세 가지입니다. 여기서는 문자 코딩을 사용하겠습니다.

문자 코딩 방식 선택하기

6. 스케치 코드 읽기: setup(), loop() 함수

먼저 03행의 setup() 함수와 08행의 loop() 함수를 살펴보겠습니다. setup() 함수는 아두이노에 전원이 들어오면 위치와 상관없이 가장 먼저 실행되며 한 번만 실행됩니다. loop() 함수는 setup() 함수에 이어서 반복해서 실행됩니다. loop() 함수가 반복되는 속도는 대략 수 마이크로초 단위입니다. 이는 초당 수만에서 수십만 번 실행되는 것과 같습니다.

마이크로초(microsecond, μs)는 100만 분의 1초를 의미합니다.

setup() 함수와 loop() 함수

함수	설명
setup()	전원이 들어오면 가장 먼저 한 번만 실행됩니다.
loop()	함수 안에 들어 있는 명령을 반복해서 실행합니다.

스케치 코드 05행에는 pinMode() 함수가 있습니다. 이 함수의 역할은 특정 디지털 핀의 사용 목적을 정하는 것입니다. pinMode() 함수의 첫 번째 매개변수는 핀 번호를 의미하고, 두 번째 매개변수는 해당 핀의 사용 목적이 입력인지 출력인지를 결정합니다. INPUT은 입력으로 사용하겠다는 선언이고, OUTPUT은 출력으로 사용하겠다는 선언입니다. 따라서 pinMode(13, OUTPUT)은 아두이노의 디지털 13번 핀을 출력 모드로 선언한다는 것을 의미합니다.

스케치 코드는 대소 문자를 구분해서 작성해야 합니다. pinMode와 pinmode는 서로 다르니 주의하세요.

pinMode() 함수

문법	예시	설명
pinMode(핀 번호, 사용 목적)	pinMode(13, OUTPUT)	13번 핀을 출력 모드로 선언합니다.
	pinMode(10, INPUT)	10번 핀을 입력 모드로 선언합니다.

7. 스케치 코드 읽기: digitalWrite( ), delay( ) 함수

스케치 코드의 10, 12행에는 digitalWrite() 함수가 있습니다. 이 함수는 출력 모드로 선언한 디지털 핀에 보낼 전압을 결정합니다. pinMode() 함수처럼 필요한 매개변수는 2개입니다. 첫 번째 매개변수는 사용할 디지털 핀 번호이고, 두 번째 매개변수는 디지털 신호의 값입니다. 만약 두 번째 매개변수로 HIGH값을 전달하면 해당 디지털 핀에 5V(볼트)의 전압을 걸며, LOW값을 전달하면 0V(볼트)를 걸게 됩니다. 즉, LED의 불을 켰다 껐다 깜박이는 명령을 수행합니다.

digitalWrite( ) 함수

문법	예시	설명
digitalWrite(핀 번호, 신홋값)	digitalWrite(13, HIGH)	13번 핀에 5V 전압을 보냅니다.
	digitalWrite(10, LOW)	10번 핀에 0V 전압을 보냅니다.

스케치 코드의 11, 13행의 delay() 함수는 loop() 함수가 반복해서 실행되는 사이에 지연 시간을 줍니다. 지연 시간이 없으면 loop() 함수가 LED를 깜빡이는 속도가 너무 빨라 사람 눈으로는 인지할 수 없습니다. delay() 함수의 매개변수는 지연 시간으로 단위는 밀리초(millisecond, ms)입니다. 1,000ms는 1초(s)이므로 LED의 불빛을 1초 간격으로 깜빡이려면 delay() 함수의 매개변수를 1000으로 지정해야 합니다.

delay( ) 함수

문법	예시	설명
delay(지연 시간)	delay(1000)	1000ms(1초) 동안 지연합니다.
	delay(500)	500ms(0.5초) 동안 지연합니다.

8. 스케치 코드 한눈에 살펴보기

지금까지 알아본 전체 코드는 다음과 같습니다.

```
01 : void setup()                  // 전원이 들어오면 가장 먼저 한 번만 실행
02 : {
03 :   pinMode(13, OUTPUT);        // 13번 핀을 출력 모드로 선언
04 : }
05 :
06 : void loop()                   // 수 마이크로초 주기로 반복 실행
07 : {
08 :   digitalWrite(13, HIGH);     // 13번 핀에 HIGH 신호를 보냄
```

```
  delay(1000);                // 1000ms(1초) 동안 지연
  digitalWrite(13, LOW);      // 13번 핀에 LOW 신호를 보냄
  delay(1000);                // 1000ms(1초) 동안 지연
}
```

함수의 맨 뒤에 항상 세미콜론(;)이 표시된 것이 보이나요? 사람은 글을 쓸 때 줄바꿈 또는 마침표로 문장의 끝을 표시하지만 컴퓨터는 프로그래밍 언어가 결정하는 방식에 따라 문장의 끝을 구분합니다. 스케치에서는 문장을 구분하는 기호로 세미콜론(;)을 사용합니다.

질문 있어요!

코드에서 '//' 표시는 무엇을 의미하나요?

스케치 코드에서 '//' 이후에 작성된 내용은 주석입니다. 주석이란 다른 사람들이 코드를 쉽게 이해할 수 있도록 돕는 설명문입니다.

주석은 다른 사람에게 보여 주기 위해 작성하므로 코드처럼 컴퓨터가 해석할 수 있는 언어로 변환하지 않습니다. 스케치에서는 코드와 주석을 구분하기 위해 '//' 표시를 사용합니다. 주석이 두 줄 이상이라면 '/*'과 '*/' 사이에 설명을 넣으면 됩니다.

9. 지연 시간을 변경해 시뮬레이터 실행하기

이제 전체 코드가 눈에 들어오나요? 그럼 단축키 S를 눌러서 시뮬레이터를 실행해 회로가 어떻게 작동하는지 확인해 봅시다.

LED가 켜지고 1초가 흐릅니다. LED가 꺼지고 다시 1초가 흐릅니다. 이 과정을 계속 반복합니다. 이처럼 아두이노가 움직이는 과정을 눈으로 직접 볼 수 있다는 점이 아두이노 시뮬레이터의 강점입니다! 지연 시간을 0.5초로 바꾸거나 2초, 3초로 늘리면 어떻게 달라지는지 직접 확인해 보세요.

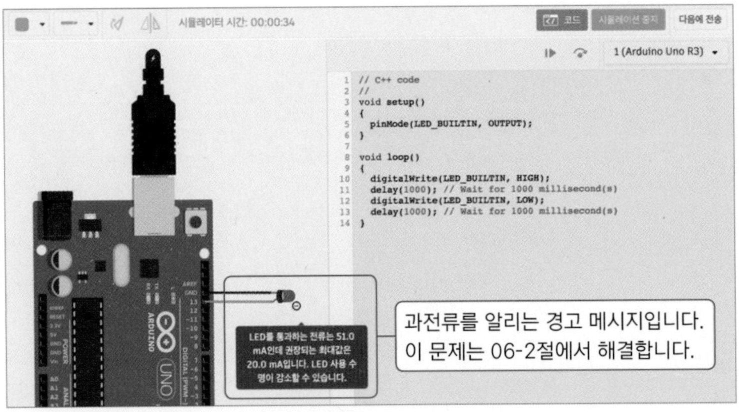

1초마다 깜빡이는 LED

왼쪽 이미지에서는 핀 번호(13) 대신에 LED_BUILTIN을 입력했습니다. LED_BUILTIN은 아두이노 보드에 내장된 LED의 기본 핀 번호를 의미합니다.

질문 있어요!

함수와 매개변수의 의미가 궁금해요!

수학에서 함수(function)는 A, B 두 집합이 있을 때 A 집합에 속한 원소와 B 집합에 속한 원소의 대응 관계를 의미합니다. 이 관계는 입력과 출력 관계로 이해할 수 있으며, 함수를 통해 입력값에 대응하는 출력값을 얻을 수 있습니다. 이런 개념이 프로그래밍에 그대로 적용되었고, 특별히 출력값을 얻기 위해 함수에 입력하는 값을 매개변수라고 합니다. 하지만 프로그래밍에서 함수는 입력값에 대응되는 출력값이 없는 경우에도 함수라고 부릅니다. 예를 들어, 스케치 프로그래밍 언어에서 setup()과 loop()도 입력과 출력이 없는 함수입니다. 즉, 프로그래밍 언어에서 함수는 특정 작업을 수행하는 단위로 이해할 수 있습니다.

직접 볼까요!

브레드보드에서 LED 방향 확인하기

서킷에서 LED의 방향을 확인하는 방법은 마우스 커서를 올리면 알 수 있기 때문에 쉽습니다. 하지만 실제 LED를 브레드보드에 연결했을 때는 어떻게 방향을 확인할까요? 영상으로 보고 싶다면 다음 링크를 참고하세요.

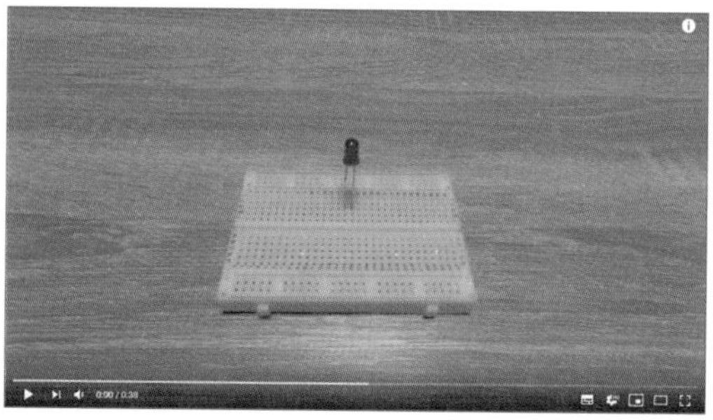

QR코드를 찍어 보세요.

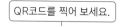

https://youtu.be/xBpGxaRZ7zc

직접 볼까요!

LED 깜빡이는 회로와 코드 디버깅하기

아두이노 보드에서 LED 깜빡이는 것과 문제 해결 방법을 영상으로 보고 싶다면 다음 링크를 참고하세요.

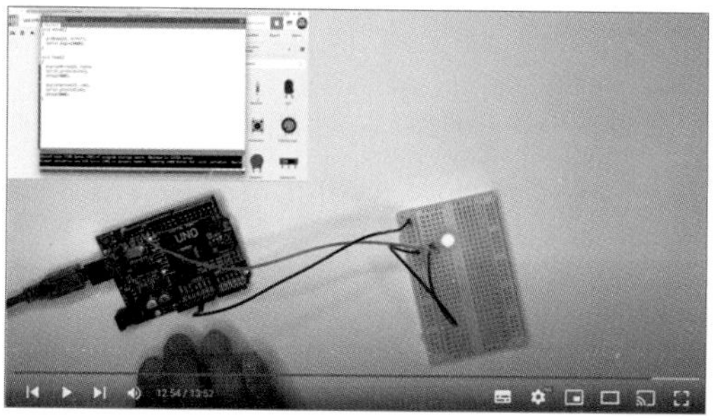

QR코드를 찍어 보세요.

https://youtu.be/hL5mKzoJO3E

06-2 저항을 추가해 회로 완성하기

'실습 6-1(LED 깜빡이기)'에서 만든 회로에는 전류가 너무 많이 흐른다는 경고 메시지가 나타났습니다. 이 문제를 해결하려면 적절한 값을 가진 저항을 연결해야 합니다. 먼저 저항을 어떻게 사용하는지 알아보고 회로를 완성해 보겠습니다.

저항은 방향성이 없다

저항은 LED와 달리 방향성이 없습니다. 그러므로 전원과 접지에 연결할 단자를 구분하지 않아도 됩니다. 예를 들어, 저항 양끝 단자를 A와 B라고 한다면, A를 전원에 연결하고 B를 접지에 연결하거나, A를 접지에 연결하고 B를 전원에 연결하더라도 똑같이 동작합니다.

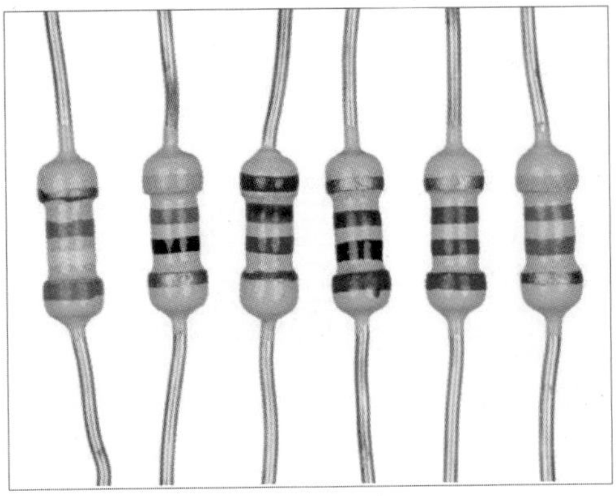

그림 6-3 여러 가지 종류의 저항
(출처: https://en.wikipedia.org/wiki/Resistor)

저항값을 읽는 방법

저항의 단위는 옴(Ω)이며 저항의 값이 클수록 적은 양의 전류가 흐르고 저항의 값이 작을수록 더 많은 전류가 흐릅니다.

오프라인에서 아두이노 작업을 한다고 가정해 봅시다. 옴의 법칙을 사용하면 9V 전압에서 20mA 전류가 필요한 LED가 제대로 작동하기 위해 450Ω의 저항이 필요하다는 사실을 알아낼 수 있습니다. 그다음으로는 저항값이 450Ω인 저항을 찾아서 연결하면 됩니다. 그렇다면 저항값은 어떻게 알 수 있을까요?

저항의 크기를 알 수 있는 방법은 두 가지입니다. 계측기로 저항의 양쪽 단자 끝을 연결해 직접 측정하는 방법과 저항에 표시된 색상 띠로 확인하는 방법입니다. 여기서는 가장 기본인 저항의 색상 띠를 보고 저항값을 알아내는 방법을 배워 보겠습니다.

최근에는 스마트폰으로 저항을 촬영하면 저항값을 알려 주는 애플리케이션도 등장했다고 합니다.

저항 띠의 색상표

저항에 표시된 색상 띠는 다음 그림처럼 색상표를 보고 읽을 수 있습니다. 이 색상 띠는 '색'과 '순서'에 따라 값이 다르다는 것을 알 수 있습니다. 이런 값을 조합하면 저항값이 됩니다. 저항은 표시된 색상의 개수에 따라 4색 띠 저항과 5색 띠로 구분합니다. 5색 띠는 저항값을 나타내는 자릿수만 하나 늘 뿐 저항값을 읽는 방법은 4색 띠와 같습니다.

저항 띠의 색상표

4색 띠	첫 번째 띠	두 번째 띠		세 번째 띠	네 번째 띠
5색 띠	첫 번째 띠	두 번째 띠	세 번째 띠	네 번째 띠	다섯 번째 띠
■ 검은색	0	0	0	$\times 10^0$	
■ 갈색	1	1	1	$\times 10^1$	±1%(F)
■ 빨간색	2	2	2	$\times 10^2$	±2%(G)
■ 주황색	3	3	3	$\times 10^3$	
□ 노란색	4	4	4	$\times 10^4$	
■ 초록색	5	5	5	$\times 10^5$	±0.5%(D)
■ 파란색	6	6	6	$\times 10^6$	±0.25%(C)
■ 보라색	7	7	7	$\times 10^7$	±0.1%(B)
■ 회색	8	8	8	$\times 10^8$	±0.05%(A)
□ 흰색	9	9	9	$\times 10^9$	
■ 금색				×0.1	±5%(J)
■ 은색				×0.01	±10%(K)
없음					±20%(M)

4색 띠는 첫 번째, 두 번째 띠로 두 자리 숫자를 만들고 여기에 세 번째 띠가 나타내는 10의 승수를 곱합니다. 5색 띠는 첫 번째, 두 번째, 세 번째 띠로 세 자리 숫자를 만들고 여기에 네 번째 띠가 나타내는 10의 승수를 곱합니다. 4색 띠, 5색 띠 모두 마지막 띠는 허용 오차를 의미합니다.

저항 색상 띠의 순서별 의미

색상 띠 순서	4색 띠	5색 띠
첫 번째	10의 자릿수	100의 자릿수
두 번째	1의 자릿수	10의 자릿수
세 번째	×10의 승수	1의 자릿수
네 번째	±허용 오차	×10의 승수
다섯 번째		±허용 오차

저항값을 직접 읽어 보세요

표가 복잡해 보이지만 직접 저항값을 구해 보면 이해하기 쉬울 겁니다. 오른쪽 그림처럼 서킷에서 4색 띠 저항을 만들었습니다. 그런데 어디서부터 읽어야 할까요? 띠 사이 간격이 가장 많이 벌어져 있는 금색 띠가 가장 마지막 띠입니다. 즉, 이 저항은 갈색, 검은색, 빨간색, 금색으로 구성된 4색 띠 저항입니다. 이제 색상표를 보고 저항값을 읽어 보세요.

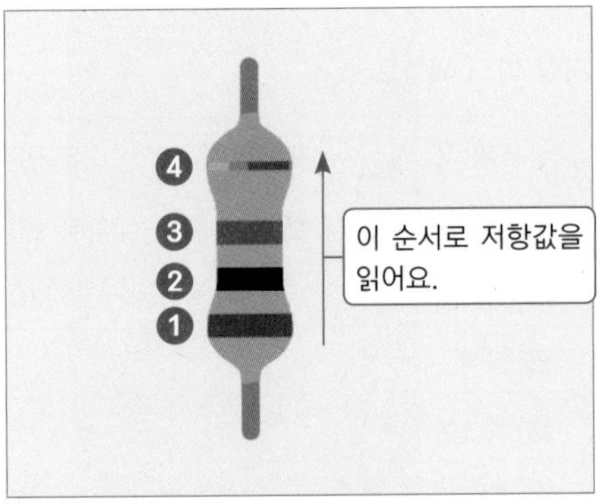

그림 6-4 서킷에서 만든 4색 띠 저항

갈색 띠는 10의 자리 1, 검은색 띠는 1의 자리 0, 빨간색 띠는 10의 2승을 의미하기 때문에 $10 \times 10^2 = 1{,}000\Omega$입니다. 1,000Ω은 1kΩ(킬로옴)과 같습니다. 마지막 금색 띠는 허용 오차가 ±5%를 나타내므로 1,000Ω의 -5%에서 +5% 범위의 값을 가집니다. 따라서 실제 저항값은 950Ω ~ 1,050Ω이 됩니다.

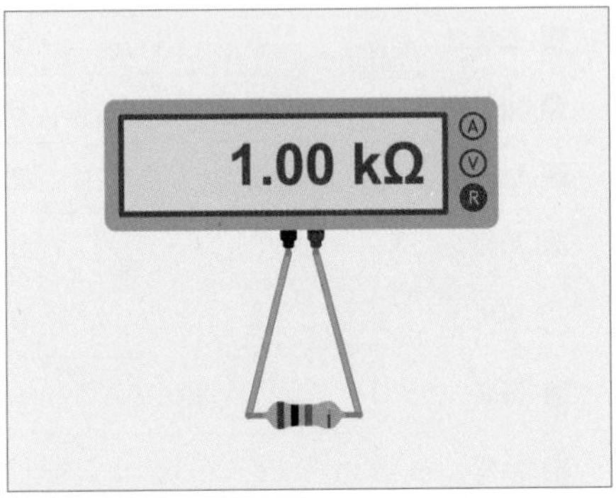

그림 6-5 위 4색 띠 저항을 계측기로 측정한 저항값

5색 띠 저항도 4색 띠 저항과 같은 원리로 저항값을 읽습니다. 다만, 수치를 표현하는 색상 띠가 세 개에서 네 개로 늘어난 것이 차이점입니다. 색상 띠가 늘어나면 수치를 세분할 수 있어서 더 안정된 저항값이 필요한 제품에 사용됩니다. 이런 이유로 5색 띠 저항을 '정밀 저항'이라고도 합니다.

질문 있어요!

저항값은 어디서부터 읽어야 하나요?

저항은 방향성이 없는 전자 부품이어서 저항값을 어디서부터 읽어야 할지 헷갈리기 쉽습니다. 이럴 때 두 가지 팁을 활용하면 순서를 쉽게 구분할 수 있어요. 첫 번째는 허용 오차를 구분하는 띠의 색상입니다. 금색과 은색은 허용 오차만을 구분하는 색 띠로 맨 나중에 읽어야 해요. 두 번째는 색상 띠의 간격입니다. 다음 그림을 보면 저항값을 구분하는 색 띠와 허용 오차를 구분하는 색 띠 사이의 간격이 미세하게 다릅니다. 저항값을 구분하는 색 띠의 간격이 허용 오차를 구분하는 색 띠의 간격보다 좁습니다.

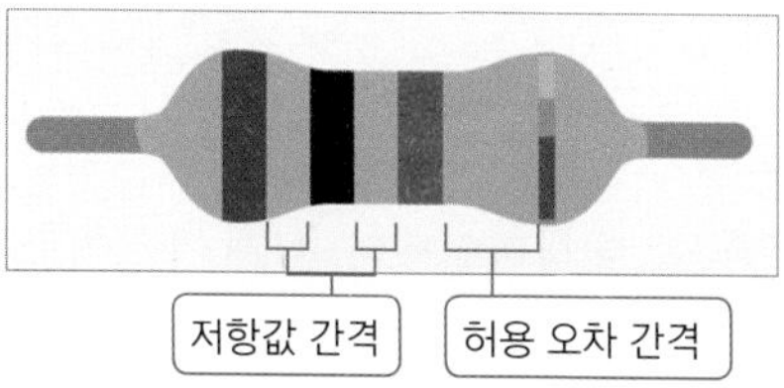

직접 볼까요!

계측기로 저항값 읽기

실제 계측기를 사용할 때는 어떻게 저항값을 측정할까요? 영상으로 보고 싶다면 다음 링크를 참고하세요.

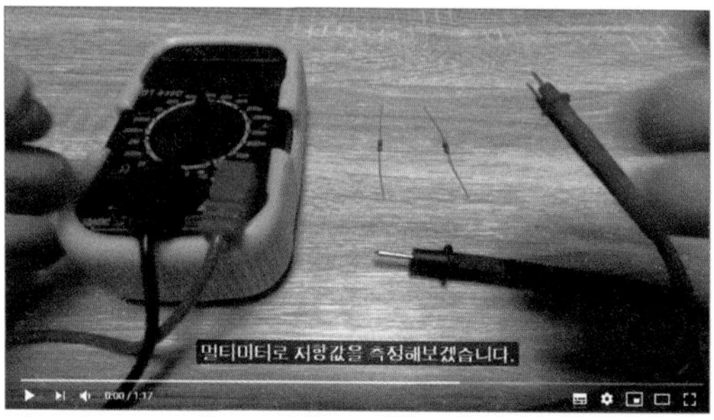

QR코드를 찍어 보세요.

https://youtu.be/FcMOaJPyEGg

아두이노 시뮬레이터에서 저항값을 설정하는 방법

실제로 저항을 보면 어디가 첫 번째 띠인지 시각적으로 완벽하게 구분하기가 어렵습니다. 띠의 순서를 알아도 색상표를 암기하지 않으면 저항값을 바로 읽기도 쉽지 않고요. 그래서 실제로 작업할 때는 계측기와 같은 도구를 사용해서 저항값을 빠르고 정확하게 읽습니다.

다행히 아두이노 시뮬레이터에서는 이 작업이 아주 간단합니다. 설정에서 내가 원하는 저항값을 입력하기만 하면 되니까요. 그러면 저항값에 맞게 저항의 색상 띠가 자동으로 바뀝니다.

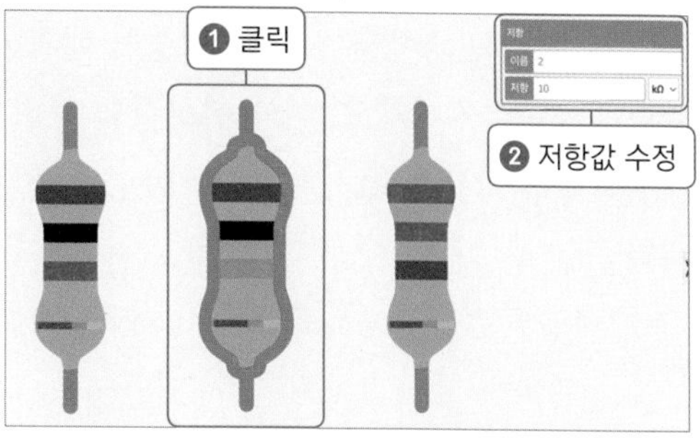

그림 6-6 아두이노 시뮬레이터에서 저항값 변경하기

Do it! 실습 6-2 LED 회로에 저항 추가하기

앞의 실습에서 1초 간격으로 깜빡이는 LED 회로를 만들었지만 과전류가 흘러 경고 메시지가 나타났습니다. 적절한 저항을 넣어 회로를 완성해 보겠습니다.

1. 회로 복제하고 경고 메시지 살펴보기

먼저, 빠른 실습을 위해 '실습 6-1(LED 깜빡이기)'의 회로를 복제합니다. 경고 메시지가 나타나지요? LED는 최대 20mA 전류가 흘러야 하는데 현재 50.8mA가 흘러 LED의 수명이 짧아질 수 있다는 메시지입니다. 실제 아두이노를 다룰 때도 과전류는 가장 쉽게 범하는 실수입니다.

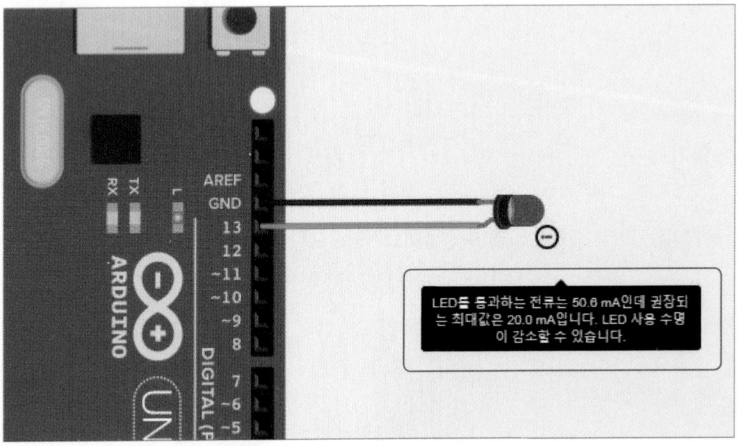

과전류 경고 메시지

2. 필요한 저항값 구하기

옴의 법칙을 기억해 볼까요? 저항을 구하는 $R = \frac{V}{I}$ 수식을 사용하면 우리가 찾는 저항값을 구할 수 있습니다. 먼저 전류, 전압, 저항의 단위를 일치시키기 위해 mA를 A로 변환합니다. 1,000mA는 1A와 같으므로 LED의 최대 전류는 20mA = 0.02A입니다. 그리고 아두이노 보드의 전압이 5V이므로 저항값을 계산하면 $R = \frac{5V}{0.02\text{A}} = 250\Omega$ 이 나옵니다.

3. 저항 배치하기

디지털 13번 핀과 양극 사이에 저항을 배치하고 전선으로 연결합니다. 속성을 열어 저항값을 250Ω으로 설정하세요. 이때 저항값의 단위가 옴(Ω)인지 꼭 확인하세요. 마지막으로 단축키 [S]를 눌러 시뮬레이터를 실행하면 LED가 1초마다 깜빡이며 오류 메시지가 나타나지 않습니다.

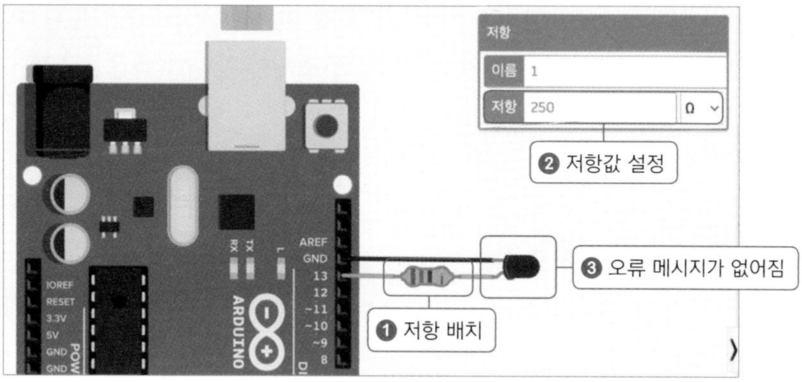

저항 연결하고 시뮬레이터 실행

직접 볼까요!

저항 없이 구성한 회로 살펴보기

실제로 저항을 사용하지 않고 회로를 구성한다면 어떤 현상이 발생할까요? 영상으로 보고 싶다면 다음 링크를 참고하세요.

QR코드를 찍어 보세요.

https://youtu.be/1MjAWByeivk

직접 볼까요!

저항을 추가해 회로 완성하기

저항값 계산과 저항을 추가해 LED 제어하는 방법을 영상으로 보고 싶다면 다음 링크를 참고하세요.

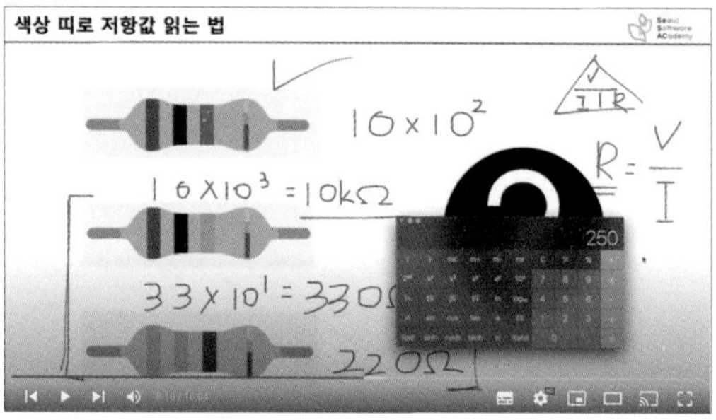

QR코드를 찍어 보세요.

https://youtu.be/8oKPz1eZTPM

앞에서는 LED 하나와 저항만 아두이노에 연결하면 되는 간단한 회로를 만들어 봤습니다. 하지만 더 많은 요소를 연결해야 하는 회로에서 일일이 저항을 연결해야 한다면 복잡하고 번거로울 겁니다. 이때 필요한 것이 브레드보드입니다.

브레드보드란?

브레드보드(breadboard)를 그대로 해석하면 '빵판'입니다. 과거에는 빵을 자르는 도마에 직접 회로를 구성했는데 여기서 유래한 용어입니다. 이때는 전선을 연결하기 위해 직접 납땜까지 해야만 했습니다. 200℃가 넘는 인두로 납을 녹여 전선을 연결했기 때문에 회로를 재구성하는 일도 어려웠고 무엇보다 안전사고에 각별히 주의해야 했습니다.

오늘날의 브레드보드는 이런 불편한 점을 말끔히 해결했습니다. 브레드보드는 바닥에 행 또는 열 단위로 철심이 놓여 있습니다. 그래서 구멍에 핀을 꽂기만 하면 행 또는 열 단위로 자동 연결됩니다. 언제든 뽑았다 다시 꽂으면 되니 회로를 수정하는 일도 수월합니다. 이런 이유로 전자 회로를 구성할 때 많이 사용합니다.

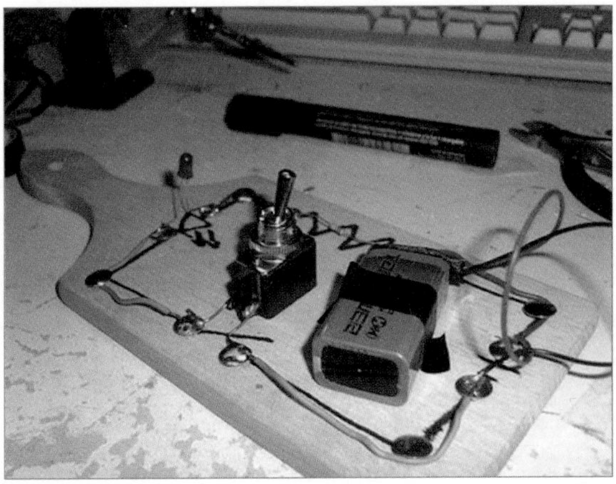

그림 6-7 브레드보드의 유래
(출처: https://learn.sparkfun.com/tutorials/how-to-use-a-breadboard)

브레드보드는 크기에 따라 종류가 다양합니다. 아두이노 시뮬레이터의 도구 창에서 '브레드보드'를 검색하면 총 세 종류의 브레드보드를 확인할 수 있습니다. 이 책에서는 작은 브레드보드(breadborad small) 모델을 사용합니다.

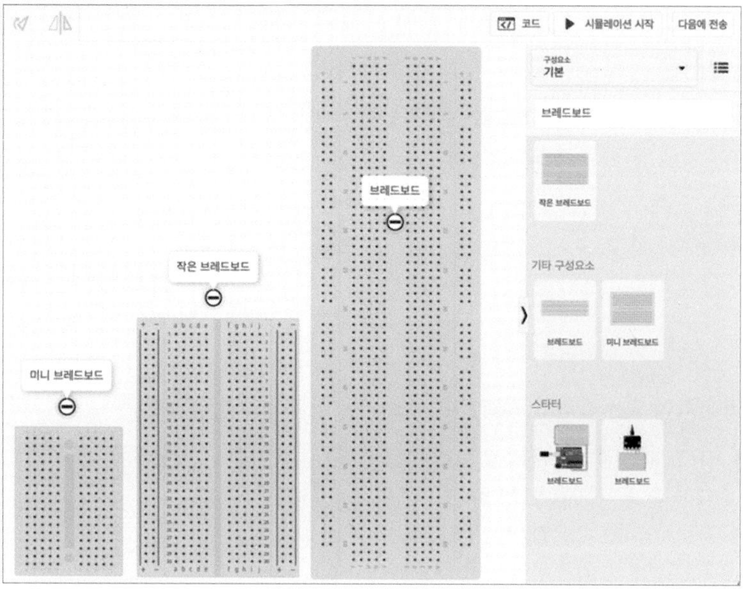

그림 6-8 브레드보드의 크기 비교

브레드보드의 가로줄은 알파벳 a부터 j까지 표시되어 있고, 세로줄은 숫자 1부터 30까지 표시되어 있어서 구멍마다 이름으로 구분할 수 있습니다. 즉, a1은 왼쪽 위의 첫 번째 구멍을 의미하고 a30은 왼쪽 아래의 첫 번째 구멍을 의미합니다.

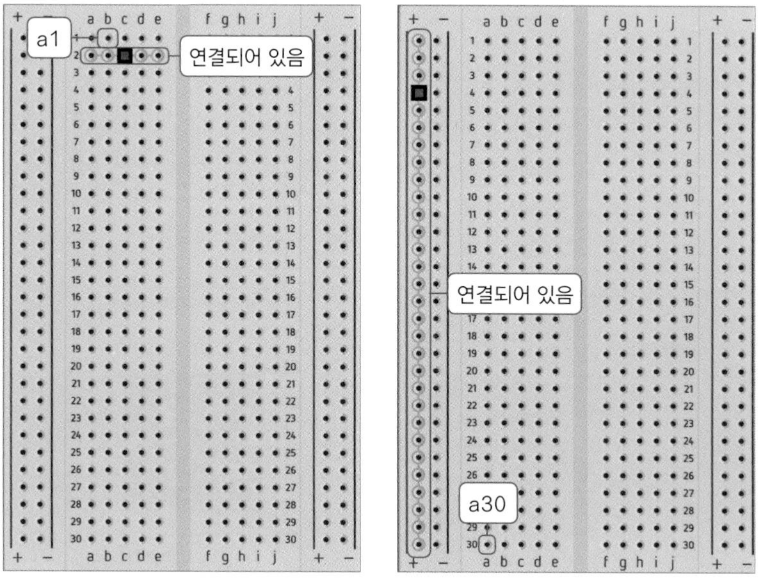

그림 6-9 작은 브레드보드(breadborad small) 구성

a1, b1, c1, d1, e1 이렇게 다섯 개의 구멍은 서로 연결되어 있습니다. 따라서 a1과 b1에 서로 다른 전선을 연결하면 두 전선은 서로 납땜한 것처럼 연결됩니다.
왼쪽과 오른쪽 측면에는 빨간색의 플러스(+) 줄과 검은색의 마이너스(-) 줄이 있는데, 플러스는 전원을 의미하며 마이너스는 접지를 의미합니다. 플러스와 마이너스는 모두 세로 방향으로 연결되어 있기 때문에 한 군데만 연결하면 세로 방향의 모든 줄이 전원이나 접지의 역할을 합니다.

질문 있어요!

브레드보드의 양쪽에 있는 플러스(+)와 마이너스(-)는 어떻게 연결하나요?

브레드보드를 사용할 때 종종 하는 실수로 브레드보드의 한쪽에 양극(+)과 음극(-)을 연결하고 반대쪽에서 양극과 음극을 사용하는 경우입니다. 이럴 경우 전자 부품에 원활한 전원 공급이 되지 않기 때문에 그림과 같이 브레드보드의 왼쪽 양극(+)과 음극(-)이 각각 아두이노의 전원(5V)과 접지(GND)에 연결되어 있다면, 브레드보드 오른쪽에도 양극(+)과 음극(-)을 서로 연결해 줘야 양쪽 양극(+)과 음극(-)을 모두 사용할 수 있습니다.

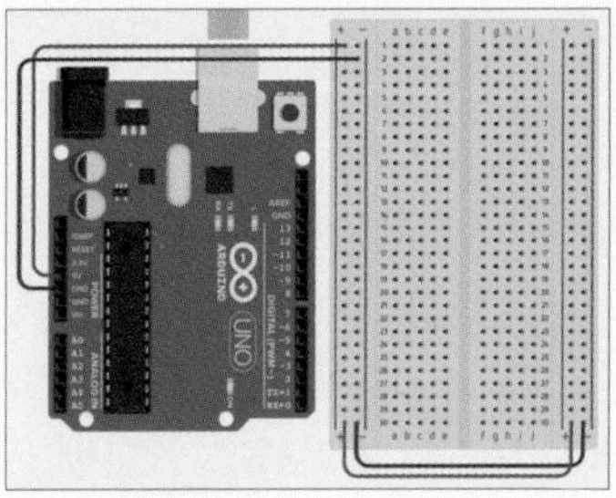

직접 볼까요!

브레드보드는 어떻게 생겼을까요?

브레드보드는 멀티탭과 같습니다. 아두이노의 전원과 접지를 브레드보드에 연결하면 더 많은 부품을 사용할 수 있습니다. 브레드보드의 구조를 영상으로 보고 싶다면 다음 링크를 참고하세요. 브레드보드를 분해해서 내부를 들여다 보면 구조를 더 잘 이해할 수 있을 테니까요!

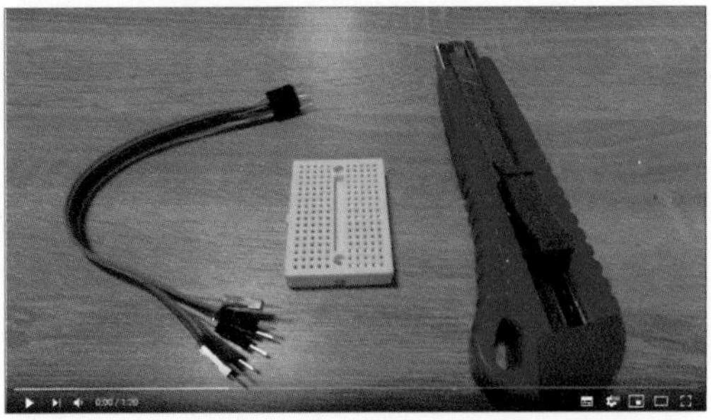

QR코드를 찍어 보세요.

https://youtu.be/KOItY_Eu9ws

직접 볼까요!

브레드보드에서 LED에 불을 밝혀 봐요!

브레드보드의 종류와 사용 방법을 영상으로 보고 싶다면 다음 링크를 참고하세요.

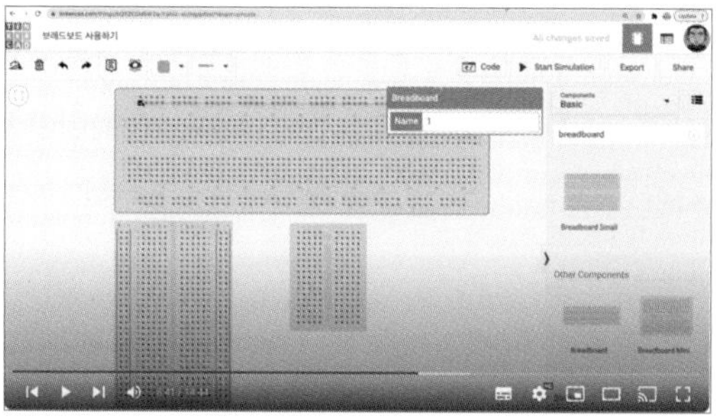

QR코드를 찍어 보세요.

https://youtu.be/zyHTIZqqAAY

06-3 시리얼 모니터로 아두이노 작동 상태 살펴보기

시리얼 모니터는 아두이노 보드가 시간 순서대로 연산하는 과정을 직접 확인하는 창입니다. 시리얼 모니터가 왜 필요하고 언제 사용하면 좋은지 실습을 통해 알아봅시다.

Do it! 실습 6-3 시리얼 모니터로 오류 발견하기

1. 새 회로 만들고 구성하기

새 회로를 만들고 아두이노 보드와 브레드보드를 배치합니다. 편의상 가로로 90° 돌리겠습니다. 이어서 다음 그림처럼 LED를 브레드보드에 올리고 전선으로 연결합니다.

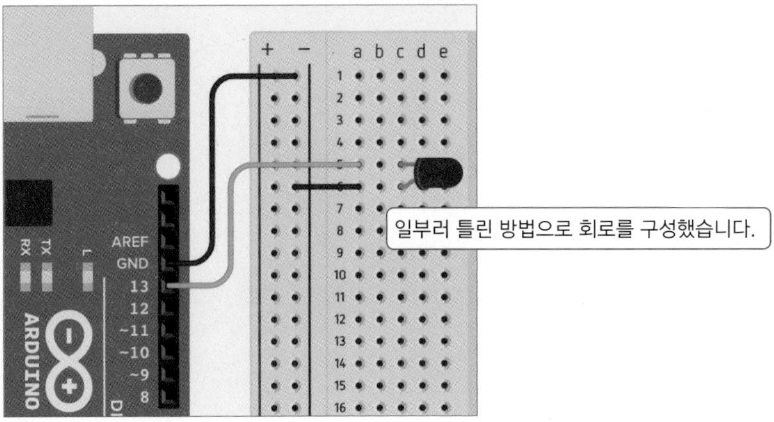

회로 구성

2. 시리얼 모니터 열기

단축키 S를 눌러 시뮬레이터를 실행해 봅시다. LED에 불이 들어오지 않습니다. 이처럼 회로가 원하는 대로 작동하지 않을 때 회로를 잘못 구성했는지 스케치 코드를 잘못 작성했는지 알려면 어떻게 해야 할까요?

시리얼 모니터를 이용해 출력 결과를 확인하면 어디에서 오류가 발생했는지 원인을 추적할 수 있습니다. 시뮬레이터를 멈추고 〈코드〉를 눌러 코드 창으로 들어가 화면 아래에 있는 〈시리얼 모니터〉를 클릭합니다.

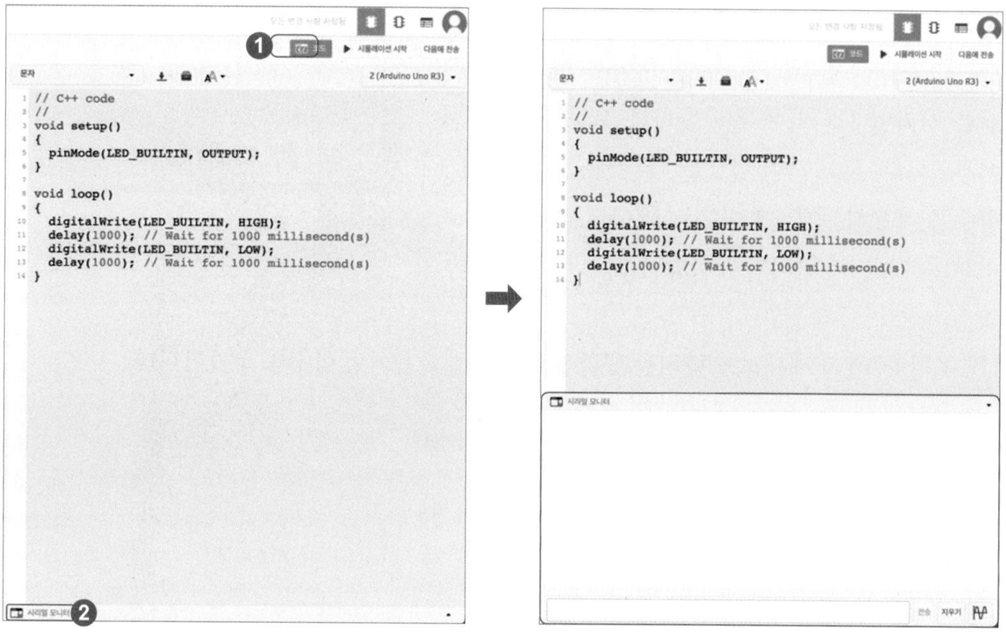

시리얼 모니터 열기

3. Serial.begin() 함수 추가하기

시리얼 모니터를 사용하려면 조금 특별한 함수가 몇 개 필요합니다. 먼저 Serial.begin() 함수는 시리얼 통신(serial communication)을 시작하기 전 통신 속도를 초기화하는 함수로 setup() 함수에서 사용됩니다. Serial.begin() 함수의 매개변수는 통신 속도를 설정합니다. 예를 들어, 통신 속도를 9600으로 설정하면 아두이노가 시리얼 모니터로 초당 9,600bit 크기의 데이터를 전송합니다. 아두이노에서 사용할 수 있는 통신 속도는 다양하지만 아두이노 시뮬레이터에서는 9600만 지원합니다.

다음처럼 4행 아래에 Serial.begin() 함수를 추가합니다.

```
01 : void setup()
02 : {
03 :   pinMode(13, OUTPUT);
04 :   Serial.begin(9600);     // 초당 9,600bit를 전송하도록 시리얼 통신 속도를 초기화
05 : }
```

4. Serial.println() 함수 추가하기

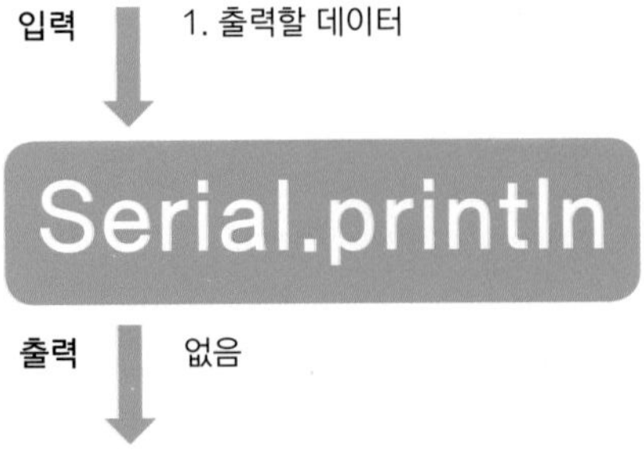

Serial.print() 함수와 Serial.println() 함수는 데이터를 시리얼 모니터에 출력합니다. 차이는 줄 바꿈 여부입니다. 줄 바꿈이 필요할 때는 Serial.println() 함수를 사용하는데, 그 이유는 데이터를 줄 단위로 구분해서 보기가 편하기 때문입니다.

HIGH와 LOW가 제대로 출력되는지 확인하기 위해 다음처럼 함수를 추가합니다.

```
07 : void loop()
08 : {
09 :   digitalWrite(13, HIGH);
10 :   Serial.println(HIGH);     // 시리얼 모니터에 HIGH값 출력하고 줄 바꿈
11 :   delay(1000);
12 :   digitalWrite(13, LOW);
13 :   Serial.println(LOW);      // 시리얼 모니터에 LOW값 출력하고 줄 바꿈
14 :   delay(1000);
15 : }
```

5. 시리얼 모니터에서 확인하기

다시 시뮬레이터를 실행해 봅시다. 스케치 코드 10행에는 Serial.println() 함수를 통해 HIGH에 해당하는 값인 1을 출력하고, 13행에는 LOW에 해당하는 값인 0을 출력해 1초마다 digitalWrite() 함수가 호출되는지 시리얼 모니터로 확인할 수 있습니다.

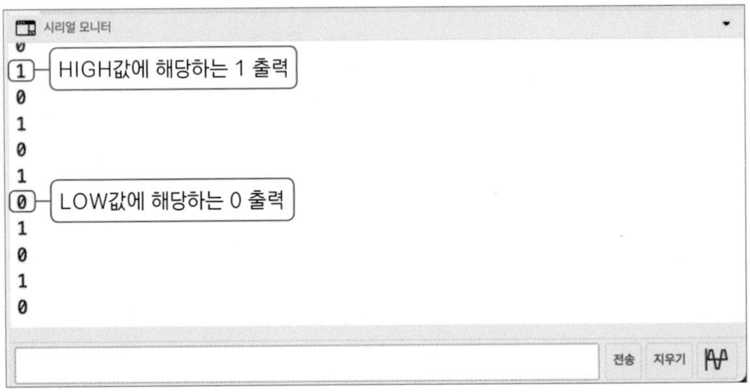

시리얼 모니터로 데이터 출력

질문 있어요!

Serial.println() 함수에 HIGH를 썼는데 왜 값으로 1이 출력되나요?

아두이노에서 사용하는 프로그래밍 언어 스케치에서는 1과 HIGH, 0과 LOW가 같은 의미입니다. 이는 코드를 읽기 쉽게 하려는 의도입니다. 예를 들어, digitalWrite(13, 1)이라는 코드를 읽어 볼까요? 매개변수에 들어간 1이 정수인지 HIGH 신호인지 구분하기가 쉽지 않습니다. 이럴 때 digitalWrite(13, HIGH)라고 작성되어 있다면 HIGH 신호를 쓰고 있다는 것을 쉽게 알 수 있습니다..

6. 회로 구성 점검하기

시리얼 모니터를 통해 1초 간격으로 '1'과 '0'이 출력된다면 스케치 코드에서는 1초 간격으로 digitalWrite() 함수와 delay() 함수를 호출하는 것이므로 이상이 없다고 볼 수 있습니다. 그렇다면 회로 구성을 살펴볼까요?

첫째, digitalWrite() 함수의 매개변수와 회로 배선을 비교합니다. digitalWrite() 함수의 매개변수인 핀 번호가 회로에서 사용한 핀 번호와 다르면 동작하지 않습니다.

둘째, 방향성이 있는 전자 부품을 사용할 경우 전원과 접지에 연결한 단자를 확인합니다. 예를 들어, LED는 방향성이 있는 전자 부품입니다. 따라서 양극은 전원을 공급하는 핀에 연결하고, 음극은 접지에 연결해야 합니다.

회로 구성을 점검했을 때 핀 번호는 13번으로 잘 연결되어 있습니다. 하지만 LED의 양극은 접지에 연결되어 있고, 음극이 아두이노의 13번 핀에 연결되어 있습니다. LED는 방향성이 있는 전자 부품이므로 전원과 접지의 방향이 잘못 연결되면 전류가 흐르지 않아 정상적으로 불빛을 내지 못합니다. 따라서 LED의 양극을 아두이노의 13번 핀에 연결하고, 음극은 접지에 연결해야 합니다.

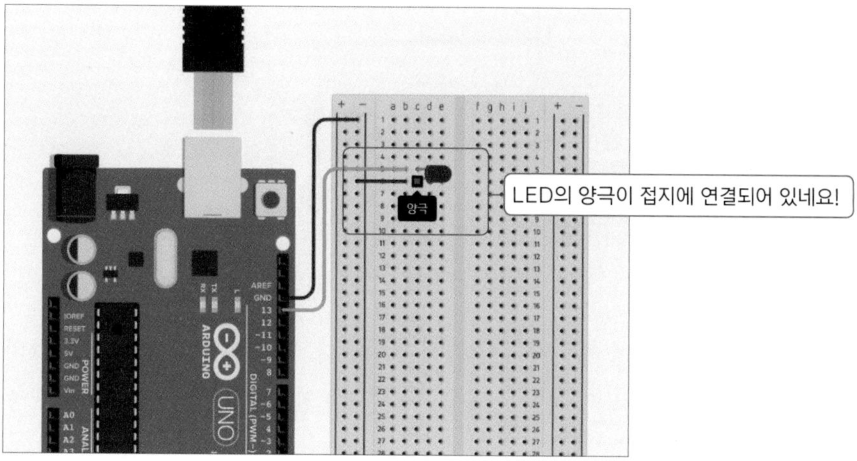

잘못된 회로 구성의 예

7. 전선 재배치하기

LED의 단자를 전원과 접지에 맞게 연결하고 화면 오른쪽 위에서 〈시뮬레이션 시작〉을 눌러 시뮬레이터를 실행하면 LED가 1초마다 깜빡입니다. 하지만 느낌표가 표시되며 LED에 마우스 커서를 가져다대면 경고 문구를 확인할 수 있습니다. 현재 LED에 흐르는 전류가 52.2mA이고 LED에 권장되는 최대 전류가 20.0mA이므로 LED의 수명이 감소할 수 있다고 하네요.

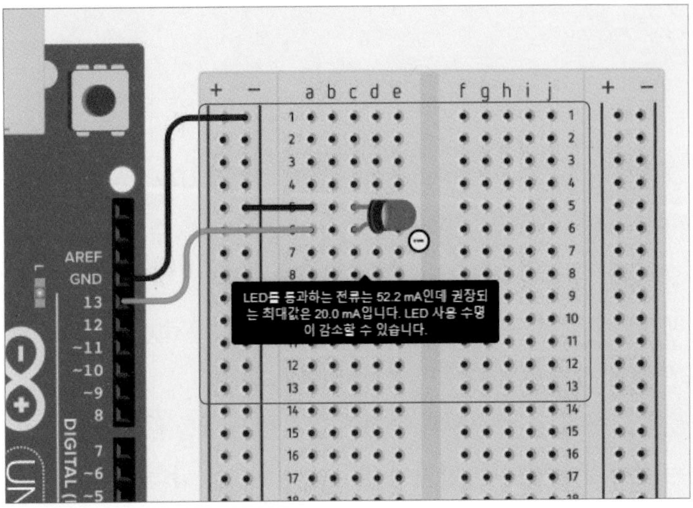
LED를 통과하는 전류는 52.2 mA인데 권장되는 최대값은 20.0 mA입니다. LED 사용 수명이 감소할 수 있습니다.
AREF
GND
DIGITAL
LED에 표시된 경고 문구

8. 저항 추가하기

위 회로에서는 너무 많은 전류가 흐르기 때문에 저항을 연결해 흐르는 전류량을 줄여 보겠습니다. 적절한 저항값을 사용해 LED에 20mA 이내의 전류가 흐르도록 만들면 문제를 해결할 수 있습니다. 여기에서는 220Ω의 저항을 사용하겠습니다.

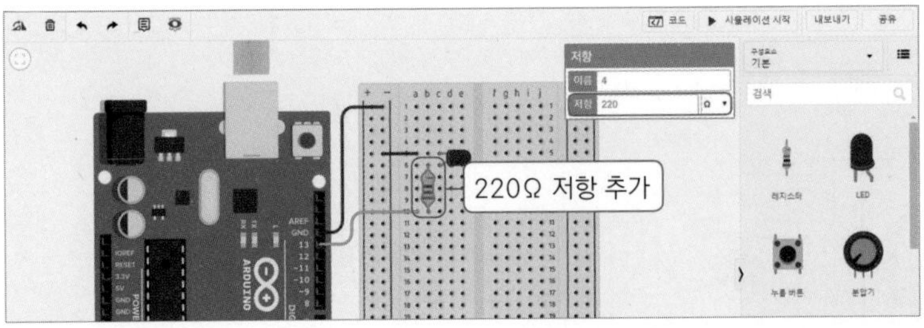
220Ω 저항 추가
220Ω 저항 연결

저항을 연결할 때는 저항값과 단위를 정확하게 입력해야 합니다. 만약 220Ω 대신 220kΩ의 저항을 연결하면 LED의 불빛 세기가 약해지는 것을 확인할 수 있습니다. 즉, 전류의 양이 충분히 흐르지 않아 전자 부품의 성능을 제대로 발휘할 수 없습니다.

1kΩ은 1,000Ω과 같습니다.

질문 있어요!

필요한 저항값이 250Ω인데 왜 220Ω~330Ω 저항을 사용하나요?

제조의 용이성을 위해 1952년 국제전기기술위원회(IEC, International Electrotechnical Commission)라는 국제 표준화 기구에서 저항값과 허용 오차를 일반화했습니다. 1Ω~1MΩ 사이의 모든 값을 저항으로 만들려면 그만큼 비용과 공정이 늘어나기 때문입니다. 그래서 자주 사용하는 저항을 정해 만들고 허용 오차 범위 내에서 그 저항을 사용하기로 약속한 것이지요.

9. 시뮬레이터 실행하기

모든 문제를 해결했으니 다시 시뮬레이터를 실행합니다. LED가 1초마다 정상적으로 깜빡이는 것을 확인할 수 있습니다.

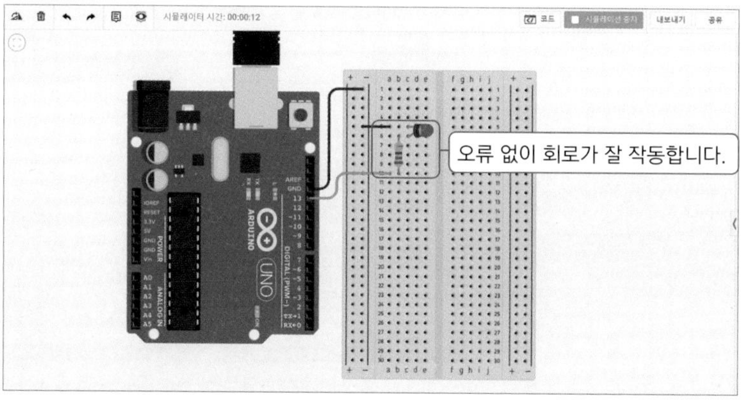

LED가 1초마다 깜빡이는 시뮬레이션 결과

이처럼 아두이노로 만든 장치가 원하는 대로 작동하지 않을 때 시리얼 모니터를 활용하면 입력값과 출력값을 확인할 수 있어 오류를 찾기 쉽습니다. 이렇게 오류를 발견해 가는 과정을 '디버깅(debugging)'이라고 합니다. 먼저 시리얼 모니터를 통해 스케치 코드에서 문제가 생길 만한 부분을 찾고, 발견되지 않는다면 회로 구성에서 문제의 원인을 찾는 과정을 반복한다면 어디에서 문제가 발생했는지 쉽게 알아낼 수 있습니다.

10. 아두이노 IDE에서 실행하기

아두이노 시뮬레이터에서 동작한 코드는 실제 아두이노 보드에서도 그대로 작동합니다. 시뮬레이터의 스케치 코드를 모두 선택하고 복사(Ctrl+C)해 아두이노 IDE를 열고 붙여넣기(Ctrl+V) 합니다. 아두이노 보드가 컴퓨터에 연결되지 않았거나 보드와 포트를 선택하지 않으면 다음 그림과 같이 보드를 선택하라는 문구가 표시됩니다(❶). 드롭다운 메뉴에서 컴퓨터에 연결한 보드와 포트를 선택합니다(❷). 업로드(➡) 아이콘을 클릭해 스케치 코드를 아두이노 보드에 업로드합니다(❸). 업로드가 끝나면 시리얼 모니터(🔍) 아이콘을 클릭하세요(❹). 아두이노 IDE 아래에 시리얼 모니터 창이 나타나며, 값이 출력되는 것을 확인할 수 있습니다.

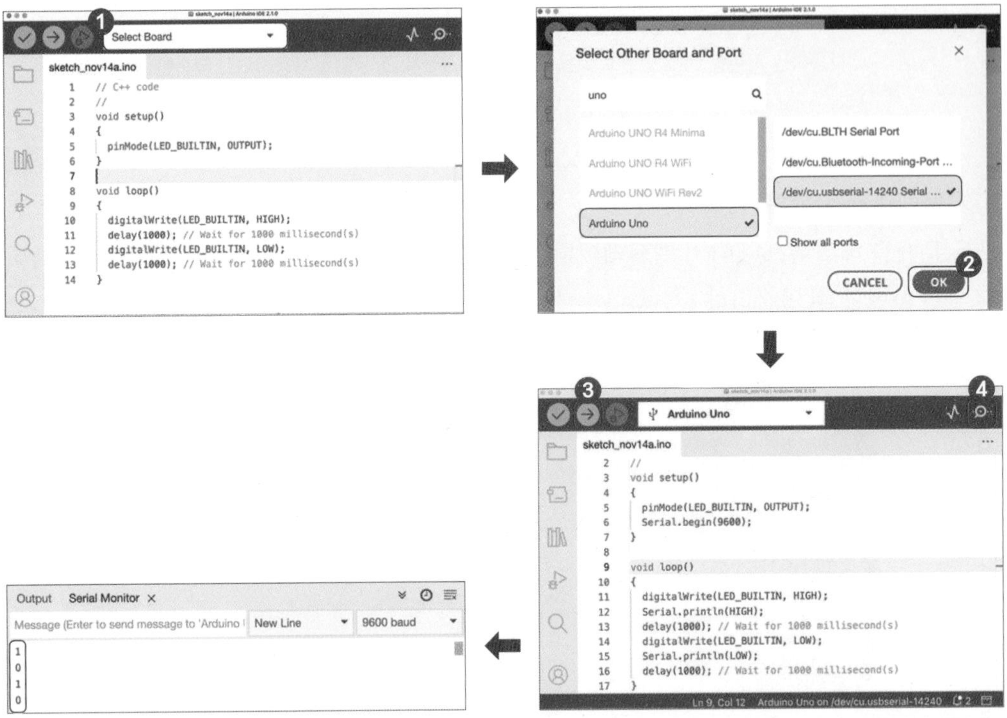

😊 포트 이름은 운영체제에 따라 다르게 표시됩니다. 맥OS에서는 /dev/cu.usbserial-##### 형식으로 표시되고, 윈도우에서는 COM#와 같은 형식으로 표시됩니다(#은 숫자입니다). 포트가 여러 개 표시될 경우 아두이노 보드를 컴퓨터에 연결하기 전과 연결한 후를 비교해 추가된 포트를 선택하는 방식으로 쉽게 구분할 수 있습니다.

직접 볼까요!

시리얼 모니터로 아두이노 작동 상태 살펴보기

시리얼 모니터로 아두이노의 상태를 확인하는 방법을 영상으로 보고 싶다면 다음 링크를 참고하세요.

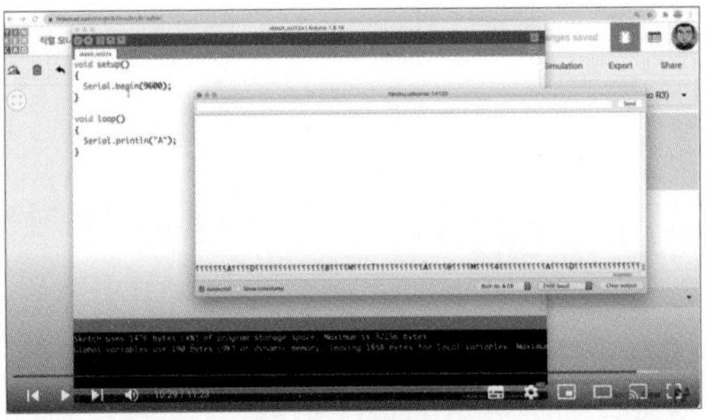

QR코드를 찍어 보세요.

https://youtu.be/u7dTVtFD6Bw

Do it! 실습 6-4 시리얼 모니터로 LED 제어하기

시리얼 모니터는 아두이노의 상태를 확인하는 목적으로 사용할 수 있을 뿐 아니라 사용자이 입력을 받아 아두이노에 연결된 장치를 제어할 수도 있습니다. 예를 들어, 숫자 1을 입력하면 LED를 켜고, 숫자 0을 입력하면 LED를 끄는 아두이노 프로그램을 만들 수 있습니다.
회로는 기존에 실습한 그대로 사용하고, 스케치 코드만 수정하면 됩니다. 처음부터 새로 회로를 만들지 않고 복제하면 실습을 이어가기 쉽습니다.

1. 팅커캐드 주 화면으로 이동하기

먼저, 화면 왼쪽 상단에 있는 팅커캐드 아이콘을 클릭해 주 화면으로 이동합니다.

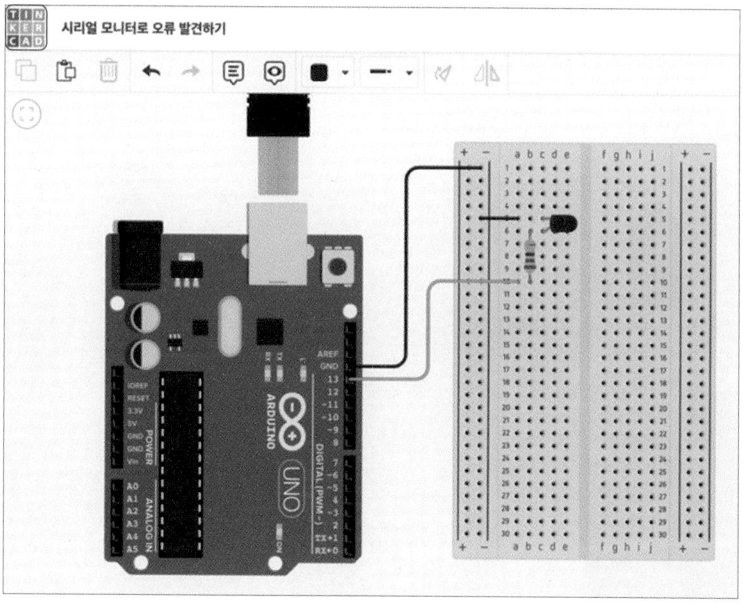

팅커캐드 주 화면으로 이동하기

2. 회로 복제하기

팅커캐드 주 화면으로 이동하면 기존에 작업했던 회로의 미리보기 화면이 나타납니다. 복제하고 싶은 회로에 마우스 커서를 가져다 대면 톱니 모양 아이콘이 나타나며, 이 아이콘을 클릭해 상세 메뉴에서 [복제] 버튼을 클릭하면 회로와 스케치 코드가 동일한 복제본이 만들어집니다.

기존 회로 복제하기

3. 복제된 회로 확인하기

원본 회로와 복제본 회로는 이름으로 구분할 수 있습니다. 이름 앞에 'Copy of'라는 접두사가 붙어 있다면 복제된 회로라는 것을 의미합니다.

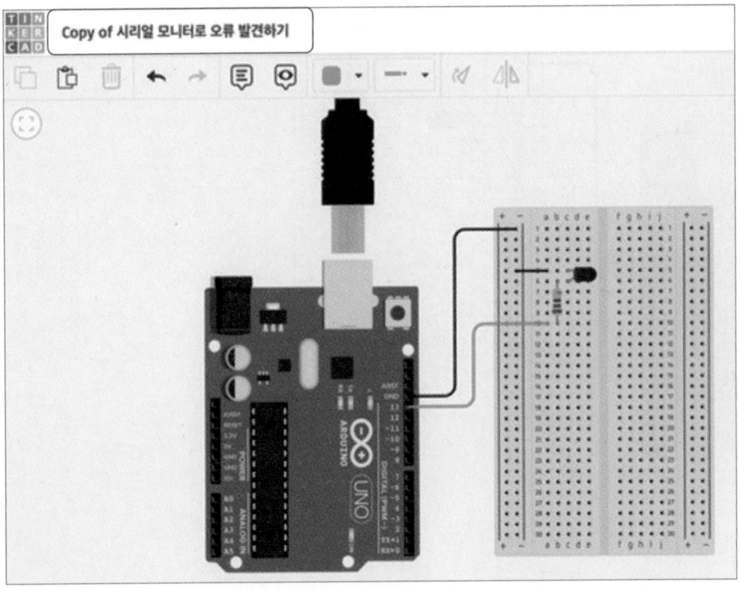

복제된 회로

4. 스케치 코드 편집하기

〈코드〉 버튼을 눌러 다음과 같이 스케치 코드를 수정합니다. setup() 함수는 그대로 사용하고, 01행의 status 변수와 09행의 loop() 함수 내용만 변경하면 됩니다.

```
01 : int status = 0;     // LED의 상태를 나타내는 변수, 0이면 꺼짐 1이면 켜짐
02 :
03 : void setup()
04 : {
05 :   pinMode(13, OUTPUT);
06 :   Serial.begin(9600);
07 : }
08 :
09 : void loop()
10 : {
11 :   char inputValue = Serial.read();               // 시리얼 모니터에서 사용자 입력을 받음
12 :   if (status == 0 && inputValue == '1')          // 사용자 입력을 비교해 LED를 켬
13 :   {
14 :     digitalWrite(13, HIGH);
15 :     status = 1;                                  // LED의 상태를 켜진 상태로 변경
16 :   }
17 :   else if (status == 1 && inputValue == '0')     // 사용자 입력을 비교해 LED를 끔
18 :   {
19 :     digitalWrite(13, LOW);
20 :     status = 0;                                  // LED의 상태를 꺼진 상태로 변경
21 :   }
22 : }
```

01행의 status 변수는 LED가 켜진 상태인지 꺼진 상태인지를 구분하기 위해 사용하는 변수입니다. 값이 0이면 꺼진 상태이고, 1이면 켜진 상태입니다. 시리얼 모니터에서 값을 읽기 위해 Serial.read() 함수를 사용하고, 읽은 값을 inputValue 변수에 저장합니다. 이때 inputValue 변수에 char 자료형을 사용한 점에 주의합니다.

char 자료형은 하나의 문자를 저장할 때 사용하는 것으로 '1' 또는 '0'의 값을 저장할 것입니다. if 조건문으로 현재 LED의 상태와 사용자의 입력값을 비교해 LED가 꺼져 있고, 사용자가 '1'이란 문자를 입력하면 digitalWrite() 함수로 LED를 켜도록 아두이노에게 신호를 전달합니다. 그리고 status 변수에 1의 정숫값을 저장해 현재 LED의 상태를 갱신합니다.

else if 조건식에서는 현재 LED의 상태가 켜져 있고, 사용자가 '0' 문자를 입력하면 digitalWrite() 함수로 13번 핀에 연결된 LED를 끄도록 신호를 전달합니다. 그리고 status 변수를 0으로 변경해 꺼진 상태로 갱신합니다.

앞의 내용을 사용자 입력과 status 변수에 대한 상태표로 나타내면 다음과 같습니다.

사용자 입력과 status 변수에 대한 상태표

status 변수 / 사용자 입력	0	1
'0'	-	LED 끄기 status = 0
'1'	LED 켜기 status = 1	-

코드를 완성한 뒤 [시뮬레이션 시작] 버튼을 클릭해 아두이노 보드를 동작해 봅시다. 코드 영역 아래 [시리얼 모니터]라고 표시된 부분을 클릭하면 시리얼 모니터 창이 나타납니다. 보통은 Serial.println() 함수로 출력된 내용이 표시되지만, Serial.read() 함수와 시리얼 모니터의 [전송] 버튼을 사용해 사용자 입력을 받아 처리할 수도 있습니다.

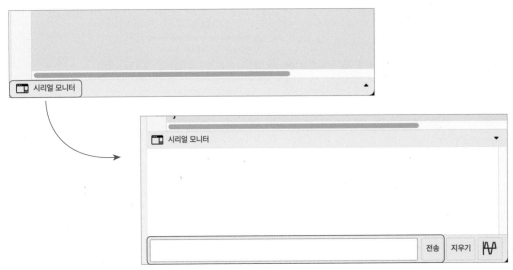

시리얼 모니터 창 열기

5. 사용자 입력으로 LED 제어하기 동작

그림과 같이 숫자 1을 입력하고 [전송] 버튼을 누르면 아두이노에 연결된 LED의 불빛이 켜지며, 숫자 0을 입력하고 [전송] 버튼을 누르면 LED의 불빛이 꺼지는 것을 볼 수 있습니다.

1을 입력해 LED 켜기

사용자가 입력한 것은 숫자 1과 0이지만 시리얼 모니터로 전송되는 것은 문자 '1'과 '0'입니다. 따라서 코드에서 char 자료형으로 값을 저장하고 비교할 때도 1과 0이 아닌 문자 '1'과 '0'임에 주의해야 합니다.

0을 입력해 LED 끄기

6. 아두이노 IDE에서 실행하기

아두이노 보드에 LED와 저항을 연결하고, 아두이노 시뮬레이터에서 동작한 코드를 복사해 아두이노 IDE에 붙여 넣습니다. 스케치 코드를 업로드하고, 시리얼 모니터를 열어 입력 창에 문자 '1'과 '0'을 입력하면 LED가 켜지고 꺼지는 동작을 확인할 수 있습니다. 시뮬레이터와 달리 [전송] 버튼이 없으므로 키보드의 Enter를 눌러 값을 전송합니다.

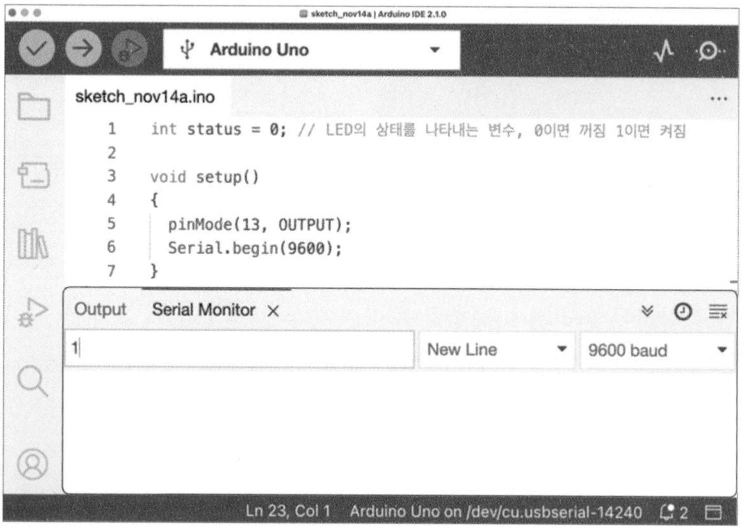

아두이노 IDE에서 사용자 입력으로 LED 켜고 끄기

질문 있어요!

if 조건문에 && 기호는 무엇을 의미하나요?

조건문 if에는 조건식이 올 수 있습니다. 조건식은 같다(==), 다르다(!=), 크거나 같다(>=), 작거나 같다(<=), 작다(<), 크다(>)와 같이 수식을 통해 참 또는 거짓의 결과를 가져와 비교합니다. 따라서 참일 때 또는 거짓일 때 만족하는 문장을 실행하는 것이죠.

&& 기호는 조건식 두 개를 묶어서 사용할 때 사용합니다. 예를 들어, 조건식 A와 B를 모두 만족할 때 동작하는 문장의 경우 A && B와 같이 사용하는 것입니다. 조건문에 대한 자세한 내용은 07장에서 다룰 예정이니, 여기서는 간단히 살펴보고 넘어가겠습니다.

직접 볼까요!

시리얼 모니터로 LED 켜고 끄기

시리얼 모니터로 LED 제어하는 방법을 영상으로 보고 싶다면 다음 링크를 참고하세요.

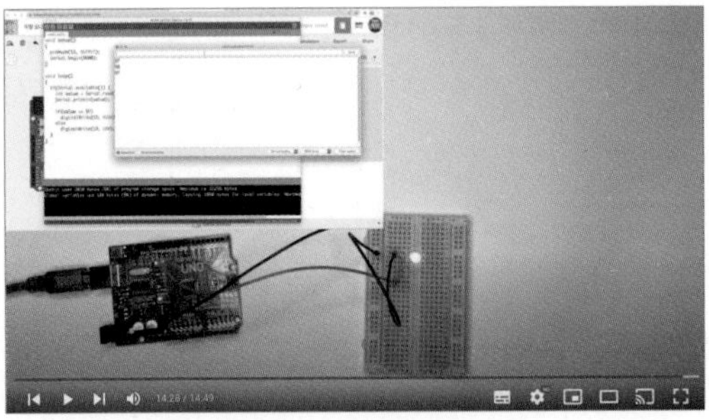

QR코드를 찍어 보세요.

https://youtu.be/UGHYVc00pMw

Do it! 실습 6-5 두 개의 LED를 교대로 깜빡이기

아두이노와 연결된 LED가 동작하는 원리를 이해했다면 이번엔 두 개의 LED가 교대로 켜지고 꺼지도록 만들어 봅시다. 이때 동시에 두 LED의 불빛이 켜지거나 꺼지는 상황이 발생하지 않도록 해야 합니다.

1. 두 개의 LED를 아두이노에 연결하기

새로 회로를 만들거나 기존에 만든 회로를 복제해 두 개의 LED를 아두이노에 연결합니다. 먼저 아두이노의 접지(GND)는 브레드보드의 음극(-)에 연결합니다. 아두이노의 13번 디지털 핀은 위쪽 LED에 연결하고, 12번 핀은 아래쪽 LED에 연결합니다. LED의 양극과 음극이 반대로 연결되지 않도록 주의합니다.

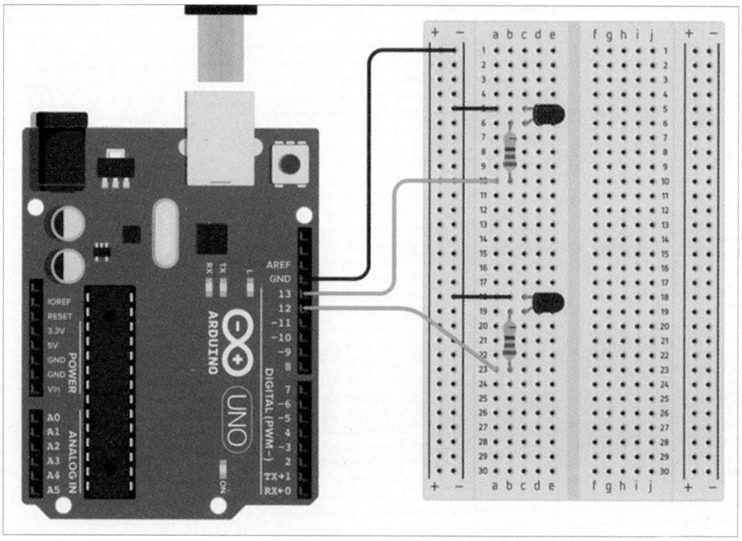
두 LED를 아두이노에 연결한 회로 구성

2. 스케치 코드 편집하기

LED를 추가한 뒤 setup() 함수에서 pinMode() 함수를 추가하는 것을 잊지 않도록 합니다. 일반적으로 동작하는 부분의 코드에 집중하다 보면 pinMode() 함수를 사용해야 한다는 점을 간과할 수 있습니다. pinMode()를 OUTPUT으로 설정하지 않으면 기본값이 INPUT 모드가 되어 LED가 켜지더라도 불빛의 세기가 약해 정상적으로 동작하지 않습니다. 또한 loop() 함수에서 delay() 함수가 사용되는 시점에 따라서 두 LED가 동시에 켜지거나 꺼지는 상황이 발생하기도 합니다. 예를 들어, 하나의 LED가 1초 간격으로 깜빡이는 코드를 그대로 붙여 넣은 뒤 핀 번호만 변경할 경우 delay() 함수 4개가 사용됩니다. 그러면 13번 핀에 연결된 LED가 1초 간격으로 켜졌다 꺼지고, 다시 12번 핀에 연결된 LED가 켜졌다 꺼지므로 동시에 두 LED가 꺼지는 경우가 발생하는 것이죠.

이런 상황을 방지하려면 delay() 함수가 사용된 시점에 코드가 어떻게 동작하는지 살펴보면 이해하기 쉽습니다. 예를 들어, 첫 번째 delay() 함수가 사용된 시점을 코드에서 살펴보면 digital Write() 함수로 13번 핀은 HIGH 신호를, 12번 핀은 LOW 신호를 전달합니다. 따라서 13번 핀에 연결된 LED가 켜지고, 12번 핀에 연결된 LED가 꺼지는 것을 볼 수 있습니다. 반대로 1초 뒤에 사용된 두 번째 delay() 함수에서는 1초 전과 비교할 때 정반대 상황이 됩니다. 이렇게 코드가 어떻게 동작하는지 이해를 돕기 위해 delay() 함수를 기준으로 이전 코드를 살펴보는 방법이 있습니다.

```
void setup()
{
  pinMode(13, OUTPUT);        // 아두이노의 13번 핀을 출력 모드로 설정
  pinMode(12, OUTPUT);        // 아두이노의 12번 핀을 출력 모드로 설정
}

void loop()
{
  digitalWrite(13, HIGH);     // 아두이노의 13번 핀에 HIGH 신호를 전달
  digitalWrite(12, LOW);      // 아두이노의 12번 핀에 LOW 신호를 전달
  delay(1000);                // 1초 동안 지연

  digitalWrite(13, LOW);      // 아두이노의 13번 핀에 LOW 신호를 전달
  digitalWrite(12, HIGH);     // 아두이노의 12번 핀에 HIGH 신호를 전달
  delay(1000);                // 1초 동안 지연
}
```

직접 볼까요!

LED 두 개를 번갈아 깜박이기

두 LED를 교대로 켜고 끄는 과정에서 자주 하는 실수와 해결 방법을 영상으로 보고 싶다면 다음 링크를 참고하세요.

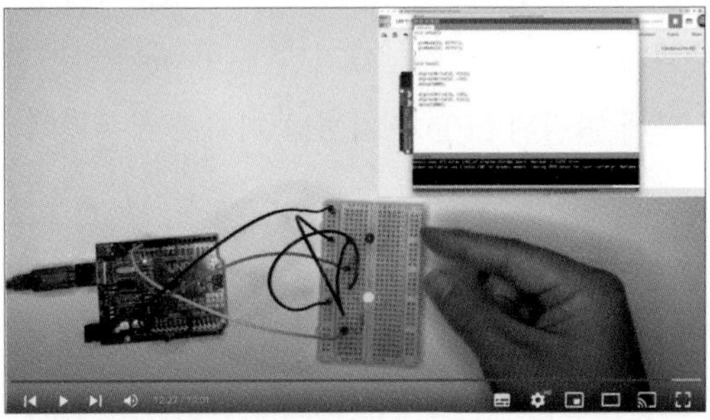

QR코드를 찍어 보세요.

https://youtu.be/9YKfquoixa4

도전!

LED 세 개로 신호등 만들기

난이도: ★★☆

다음 그림을 참고해 회로를 구성하고 목표대로 작동하도록 스케치 코드를 작성해 보자.

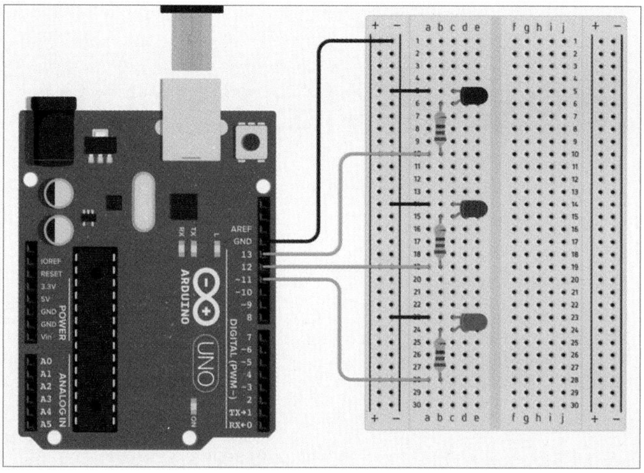

세 개의 LED로 신호등 회로 구성

목표

빨간색 LED가 3초 동안 켜진 뒤, 주황색 LED가 1초 동안 켜지고, 그 뒤에 초록색 LED가 2초 동안 켜진다. 이 과정이 무한이 반복된다(실제 신호등의 경우 테스트 하기 위해 오랜 시간을 기다려야 하므로 시간을 3초, 1초, 2초 단위로 단축해 실습).

구성 요소

아두이노, 브레드보드, LED 3개, 저항 3개

힌트

① LED 한쪽이 켜지면 다른 두 LED는 꺼지는 과정을 반복한다.

② digitalWrite() 함수를 사용해 LED에 디지털 신호를 보낸다.

③ delay() 함수로 LED가 깜빡이는 시간을 조절한다.

07

디지털 입력으로 아두이노 작동하기

디지털 입력 장치를 대표하는 푸시 버튼과 슬라이드 스위치의 사용 방법에 대해 알아보겠습니다. 또한 푸시 버튼으로 입력받은 값의 기준이 되는 풀업 저항과 풀다운 저항의 원리도 알아보고, 사람의 움직임을 감지해 알려 주는 적외선 인체 감지 센서의 값을 디지털 입력으로 사용하는 방법도 살펴보겠습니다.

학습 목표

- 디지털 입력이란 무엇인지 이해한다
- 풀업, 풀다운 저항의 원리와 사용법을 알아본다
- 푸시 버튼, 슬라이드 스위치, PIR 센서의 사용법을 익힌다

07-1 푸시 버튼으로 LED 제어하기

푸시 버튼이란?

푸시 버튼(push button)은 대표적인 디지털 입력 장치로, 버튼을 누르면 상태가 변경되고 누르지 않으면 원래 상태로 되돌아옵니다. 푸시 버튼은 일반적으로 네 개의 단자로 구성되며 두 단자씩 서로 연결되어 있습니다. 따라서 하나의 단자가 끊어지거나 고장이 나더라도 다른 단자로 작동할 수 있습니다.

푸시 버튼은 주로 사용자로부터 입력을 받을 때 사용합니다. 예를 들어, 버튼을 눌러 LED를 켜거나 끌 수 있는 것처럼 특정 장치를 작동하거나 멈출 때 사용됩니다.

그림 7-1 푸시 버튼
(출처: https://www.sparkfun.com/products/97)

푸시 버튼의 작동 원리

다음 그림은 푸시 버튼을 눌렀을 때와 누르지 않았을 때의 회로도를 비교한 것입니다. 회로도란 다음 그림처럼 실제 전자 부품을 그리지 않고 전원, 접지, LED 등 회로의 구성 요소와 구조를 간략하게 표현한 것을 말합니다.

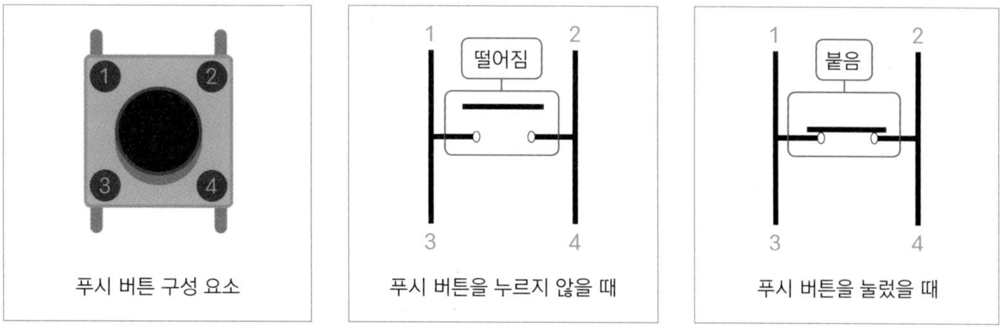

그림 7-2 푸시 버튼의 구성 요소와 작동 시 회로도

다시 그림을 볼까요. 푸시 버튼을 구성하는 네 개의 단자 중 1번과 3번, 2번과 4번 단자는 처음부터 서로 연결되어 있습니다. 푸시 버튼을 누르지 않았을 때는 1, 3번 단자가 있는 왼쪽 부분과 2, 4번 단자가 있는 오른쪽 부분 사이의 연결이 끊어져 있습니다. 푸시 버튼을 누르면 둘 사이가 연결됩니다.

푸시 버튼을 제대로 활용하기 위해서는 눌렀을 때와 누르지 않았을 때 연결 상태가 달라지는 단자를 사용해야 합니다. 즉, 1번과 2번 단자를 사용하거나 1번과 4번 단자를 사용하면 됩니다. 만약 항상 연결된 1번과 3번 단자를 사용해 회로를 구성한다면 푸시 버튼을 활용한 의미가 없겠지요? 이렇게 푸시 버튼의 단자를 잘못 사용하는 실수를 하지 않으려면 항상 대각선으로 마주 보는 두 단자를 사용하는 것이 좋습니다. 이 두 단자는 푸시 버튼을 누르지 않았을 때 반드시 연결이 끊어져 있으니까요.

Do it! 실습 7-1 푸시 버튼으로 LED 켜고 끄기

푸시 버튼의 구조와 작동 원리를 알아봤으니 실습을 통해 직접 사용해 보겠습니다.

1. 아두이노와 브레드보드 배치하기

새 회로를 만들고 아두이노와 브레드보드를 작업판에 배치한 후 핀 번호를 읽기 쉽게 [회전()] 또는 단축키 R을 눌러 두 구성 요소를 모두 시계 방향으로 90° 회전합니다.

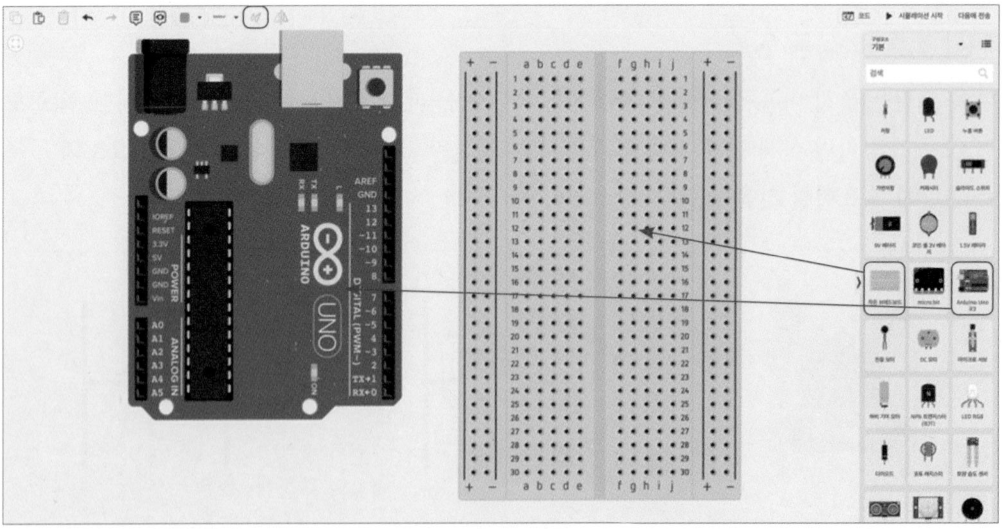

아두이노 보드와 브레드보드 배치

2. LED와 저항 배치하기

LED를 시계 방향으로 90° 회전시켜서 브레드보드에 배치합니다. 저항은 한쪽 단자가 LED의 양극과 연결되도록 합니다. 이어서 속성 창에서 저항값을 220Ω(옴)으로 설정합니다.

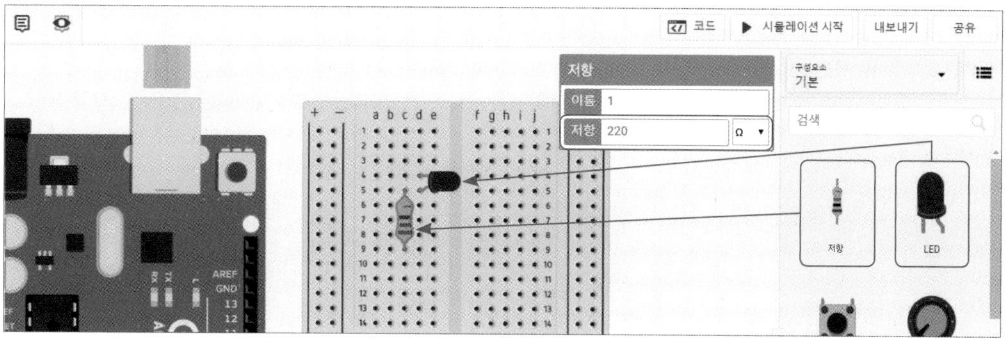

LED와 저항을 브레드보드에 배치

3. 전선 연결하기

LED에 전류가 흐를 수 있도록 전선을 연결할 차례입니다. 아두이노의 접지(GND) 핀과 브레드보드의 접지(-) 구멍을 전선으로 연결하고 와이어 색상을 검은색으로 변경합니다. 다시 브레드보드의 접지(-)를 LED의 음극(-)과 연결합니다. LED의 양극(+)은 이미 저항과 한쪽 단자에 연결된 상태입니다. 저항의 남은 단자는 아두이노의 디지털 8번 핀에 연결합니다.

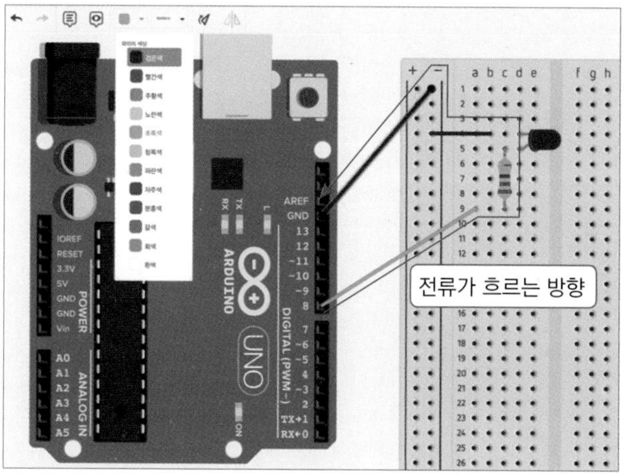

LED와 저항, 아두이노를 연결한 회로

만약 디지털 8번 핀에 HIGH 신호를 주면 전류는 8번 핀에서 시작해 저항과 LED를 거쳐 아두이노의 접지로 흐릅니다. 이렇게 전류가 흐를 수 있는 상태로 구성한 회로를 폐쇄 회로(closed circuit)라고 합니다.

질문 있어요!

전류가 흐르지 못하는 회로는 뭐라고 하나요?

브레드보드에 전선을 잘못 연결하거나 LED의 양극과 음극의 방향이 반대로 되어 있다면 전류가 흐르지 못합니다. 또는 전선을 제대로 연결했어도 스위치가 열려 있으면 전류가 흐르지 않습니다. 이렇게 전류가 흐르지 않는 상태의 회로를 개방 회로(open circuit), 반대로 전류가 흐르는 회로를 폐쇄 회로(closed circuit)라고 합니다. 마지막으로 단락 회로(short circuit)는 회로 내에서 전원과 접지가 직접 연결된 회로를 의미합니다. 단락 회로에서는 전원과 접지 사이에 저항이 없어 전류가 과도하게 흐를 수 있습니다. 이는 전자 부품이 고장 나거나 발열, 화재의 원인이 될 수 있으므로 회로를 구성할 때 주의해야 합니다. 전원과 접지를 명확히 구분하기 위해 보통 전원에는 빨간색 전선을, 접지에는 검은색 전선을 사용합니다.

4. 푸시 버튼 배치하기

푸시 버튼을 다음 그림과 같이 브레드보드의 e열에 배치합니다. 서킷에서는 각 단자에 마우스 커서를 올리면 단자의 이름이 보입니다. 단자의 이름은 1a, 1b, 2a, 2b로 구분됩니다. 여기서 1a와 1b는 서로 연결되어 있고 2a와 2b도 내부적으로 연결되어 있습니다.

같은 숫자는 서로 연결되어 있으므로 서로 다른 숫자의 단자가 같은 열에 놓이도록 배치해야 합니다. 따라서 푸시 버튼을 90° 회전해서 배치합니다.

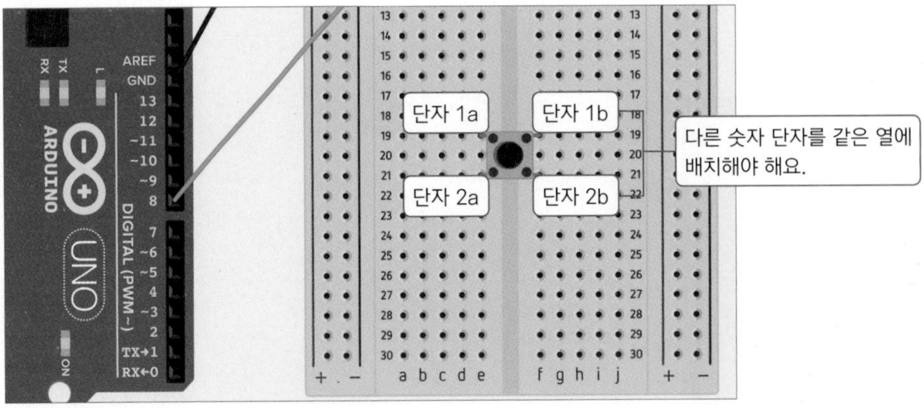

푸시 버튼을 90° 회전해서 브레드보드에 배치

5. 푸시 버튼을 전선으로 연결하기

아두이노의 전원(5V) 핀과 브레드보드의 전원(+) 구멍을 연결합니다. 그다음 푸시 버튼의 1a 단자를 브레드보드의 전원 구멍 중 하나에 연결합니다. 전원선의 색상은 일반적으로 빨간색으로 표시하기 때문에 색상도 변경해 줍니다. 푸시 버튼의 2a 단자에는 10kΩ 저항을 연결하고 저항의 남은 단자를 브레드보드의 접지에 연결합니다. 마지막으로 아두이노의 디지털 7번 핀과 푸시 버튼의 2a 단자를 입력 목적으로 연결합니다.

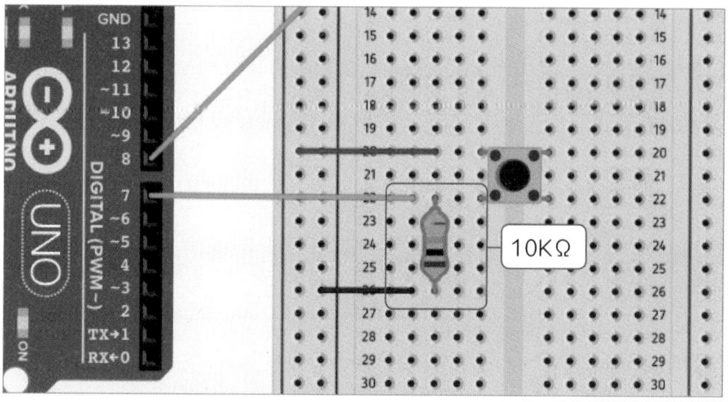

푸시 버튼에 저항과 전선을 연결

질문 있어요!

왜 푸시 버튼에 10kΩ 저항을 연결하나요?

저항 없이 푸시 버튼을 아두이노에 직접 연결할 경우 푸시 버튼을 눌렀을 때 과전류로 인해 아두이노가 고장 날 수 있습니다. 그래서 최소한의 전류만 흐르도록 저항을 추가하는 것입니다. 일반적으로 1kΩ~10kΩ의 저항을 연결합니다. 이 내용은 07-3절에서 자세히 알아봅니다.

6. 전선 정리하기

전선을 마우스로 클릭하여 선택한 후 전선 위를 더블 클릭하면 전선을 구부릴 수 있는 점이 생성됩니다. 이 점을 드래그하면 원하는 대로 전선을 구부릴 수 있습니다. 전선을 구부리다 수직과 수평이 맞으면 자동으로 안내선이 나오므로 이를 활용하면 회로를 깔끔하게 정리할 수 있습니다.

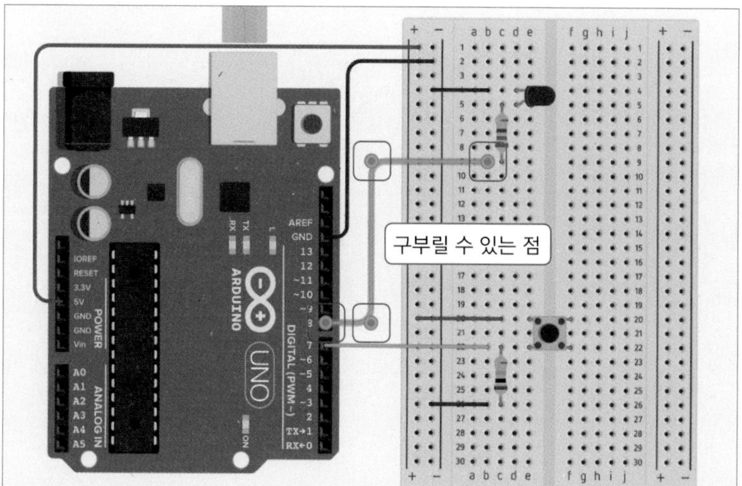

깔끔하게 정리된 전선

7. 코드 창 열기

회로가 구성되었다면 이제 코드를 작성할 차례입니다. 화면 상단에서 〈코드〉를 클릭해 코딩 창을 연 다음 문자 코딩 방식을 선택합니다.

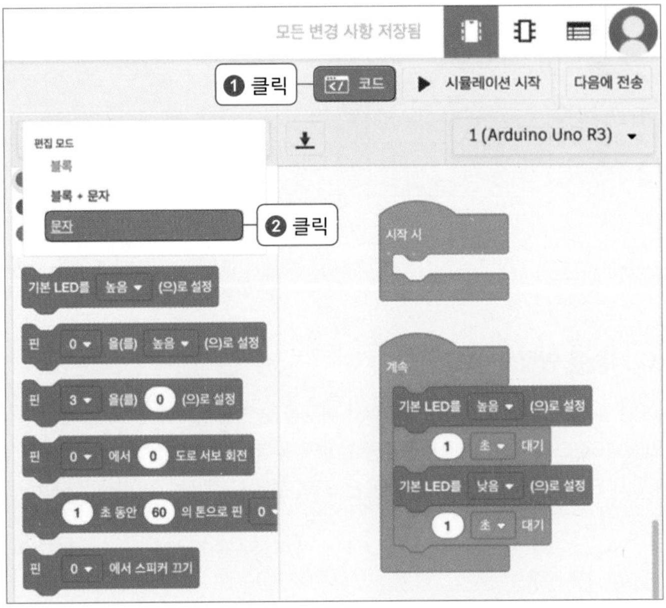

문자 코딩 방식 선택

8. 코드 작성하기

다음과 같이 코드를 작성합니다. setup() 함수는 아두이노에 전원이 들어온 후 한 번만 실행되는 함수이며, loop() 함수는 setup() 함수가 실행된 후 반복해서 호출되는 함수입니다. 따라서 setup() 함수는 프로그램이 실행되기 전 환경 설정을 담당하며, loop() 함수는 실제 작동하는 코드를 포함합니다.

```
void setup()
{
  Serial.begin(9600);        // 시리얼 통신 초기화

  pinMode(8, OUTPUT);        // 8번 디지털 핀을 출력 모드로 설정
  pinMode(7, INPUT);         // 7번 디지털 핀을 입력 모드로 설정
}

void loop()
{
  int readValue = digitalRead(7);     // 입력 핀의 값을 읽어 변수에 저장
```

```
12 :   Serial.println(readValue);           // 변숫값을 시리얼 모니터에 출력
13 :
14 :   if (readValue == HIGH) {              // 입력값에 따라 LED 출력값 제어
15 :     digitalWrite(8, HIGH);              // 14행이 참이면 실행
16 :   }
17 :   else {
18 :     digitalWrite(8, LOW);               // 14행이 참이 아니면 실행
19 :   }
20 : }
```

9. 스케치 코드 읽기: Serial.begin( ), Serial.println( )

코드를 하나씩 해석해 봅시다. 시리얼 모니터를 통해 출력값을 확인하기 위해 03행에 Serial.begin(9600) 함수를 작성했습니다. Serial.begin() 함수는 순서에 상관 없이 setup() 함수 내에 있으면 됩니다. Serial.begin() 함수의 매개변수가 9600이므로 초당 9,600비트로 데이터를 전송합니다.

이어서 변수 readValue의 값을 시리얼 모니터에 출력할 수 있도록 12행에 Serial.println(readValue) 함수를 추가했습니다. readValue의 값은 푸시 버튼을 누르는 동안 HIGH이고 푸시 버튼을 누르지 않을 때는 LOW입니다. 시리얼 모니터에도 이와 동일한 결과를 출력할 수 있게 되었습니다.

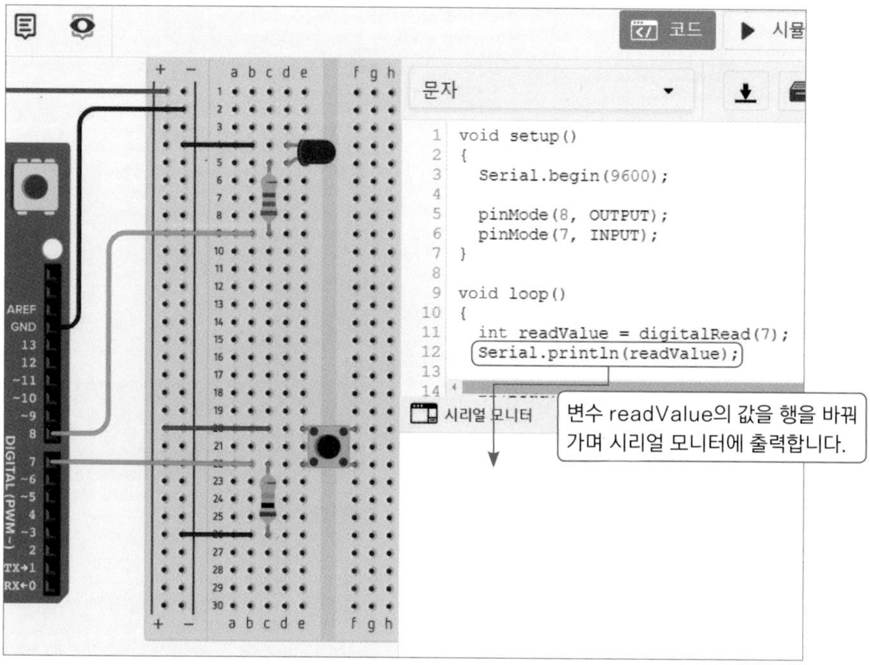

Serial.println( ) 함수와 시리얼 모니터의 관계

10. 스케치 코드 읽기: pinMode()

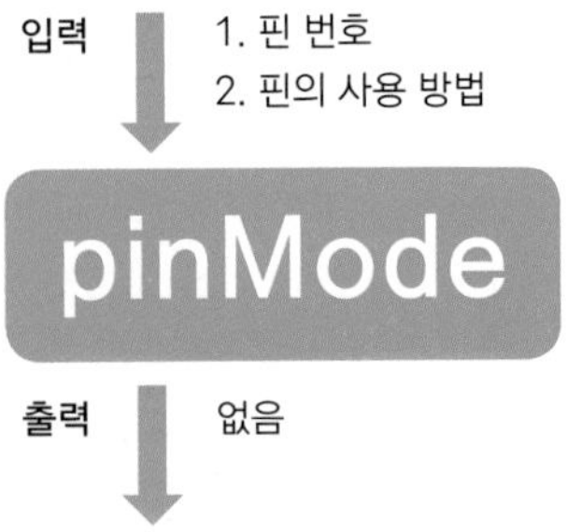

pinMode() 함수의 첫 번째 매개변수는 사용할 디지털 핀 번호입니다. 0~13번에 해당하는 수를 입력하면 됩니다. 두 번째 매개변수는 핀의 사용 방법입니다. INPUT(입력)과 OUTPUT(출력) 중 하나를 골라야 합니다. INPUT은 외부에서 아두이노 보드로 신호가 들어올 때 사용하며, OUTPUT은 아두이노 보드에서 외부로 신호를 내보낼 때 사용합니다.

푸시 버튼이 눌렸는지를 판단하는 핀은 입력 모드로, LED를 켜고 끄기 위해 전압 차이를 발생시키는 핀은 출력 모드로 사용해야 합니다. 스케치 코드 05행의 pinMode() 함수는 LED를 켜고 끄기 위해 디지털 8번 핀을 OUTPUT으로 선언합니다. 06행의 pinMode() 함수는 푸시 버튼의 입력값을 받기 위해 디지털 7번 핀을 INPUT으로 선언합니다.

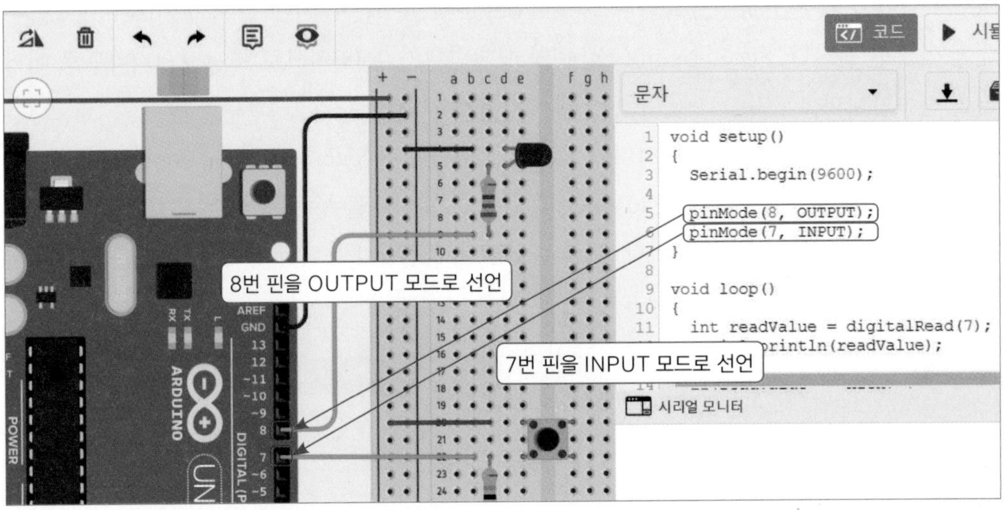

pinMode() 함수와 아두이노 디지털 핀의 관계

11. 스케치 코드 읽기: digitalRead()

11행에서 사용한 digitalRead() 함수는 해당 디지털 핀에 들어 오는 신호를 읽어 디지털값 HIGH 또는 LOW로 반환합니다. 따라서 입력 매개변수는 디지털 핀 번호입니다.

11행을 자세히 살펴보면 digitalRead() 함수의 출력을 정수형 변수인 readValue에 저장합니다. 이처럼 프로그래밍 언어에서 등호(=)는 치환을 의미합니다. 즉, 변수 A와 B가 있을 때 A = B는 A와 B가 같다는 의미가 아니라 B의 값을 A에 넣으라는 뜻입니다.

이렇게 값이 치환된 변수 readValue는 12행, 14행에서 재사용됩니다. readValue 변수에 치환하지 않고 digitalRead() 함수를 반복해서 호출해도 되지만, 함수의 결괏값을 변수에 저장하고 이를 재사용하는 것이 훨씬 효율적이겠지요?

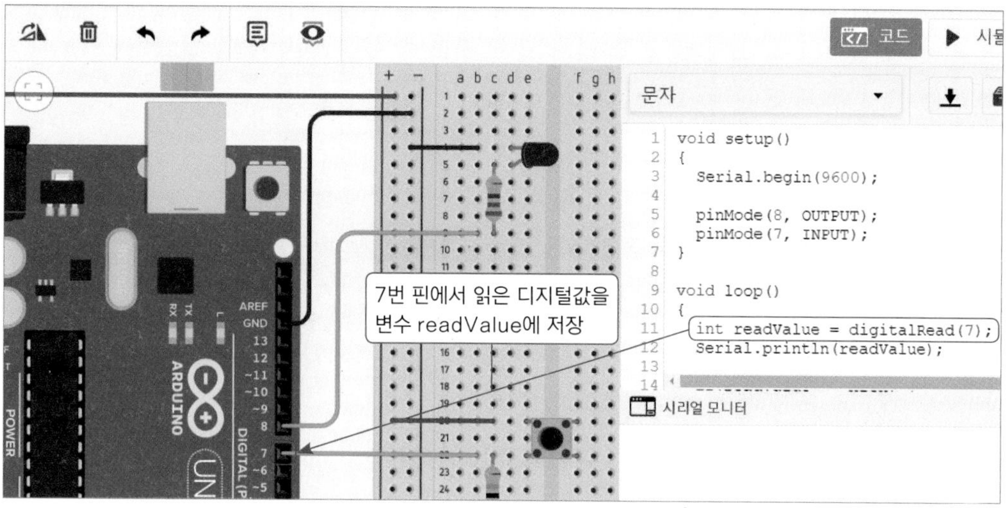

digitalRead() 함수와 아두이노 디지털 핀의 관계

12. 스케치 코드 읽기: if-else

스케치 코드의 14행부터 19행은 if-else 문을 사용합니다. if-else 문은 조건문의 참과 거짓을 판별해 참일 때 실행할 문장과 거짓일 때 실행할 문장을 각각 제시합니다. 조건이 참일 때는 if 문의 블록을 실행하고, 거짓이면 else 문의 블록을 실행합니다.

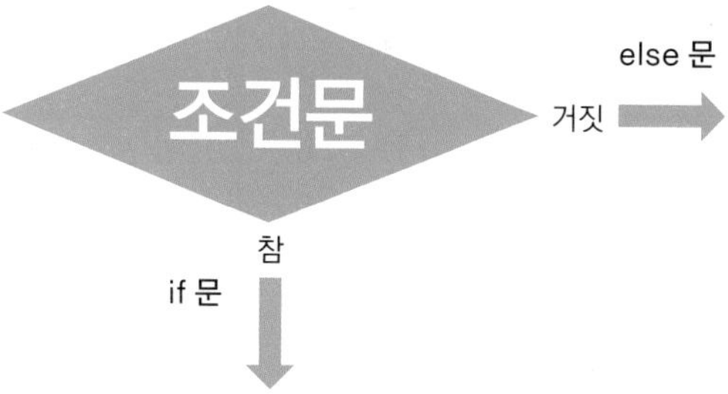

14행의 조건문 'readValue == HIGH'에서 '==' 기호는 동등함을 의미합니다. 이 조건문은 'readValue의 값이 HIGH와 같다.'라고 해석할 수 있습니다. 이 문장이 참이면 if 문 블록인 15행이 실행됩니다. 그러나 거짓이면, 즉 readValue가 LOW이면 else 문 블록인 18행이 실행됩니다. 블록의 범위는 중괄호({})로 구분합니다.

13. 스케치 코드 읽기: digitalWrite()

15행과 18행에서는 digitalWrite() 함수가 사용됩니다. digitalWrite() 함수는 아두이노의 디지털 핀에 디지털 신호를 쓰는 함수입니다. 첫 번째 매개변수는 값을 쓸 디지털 핀 번호이고, 두 번째 매개변수는 쓸 디지털값입니다.

즉, 해당 디지털 핀에 HIGH값을 쓰면 5V의 전압이 걸리고 LOW값을 쓰면 0V의 전압이 걸립니다. 아두이노의 디지털 8번 핀에 5V 전압이 걸리면 전류가 저항과 LED를 거쳐 접지로 흐릅니다. 따라서 LED의 불빛이 켜지고, 반대로 0V 전압이 걸리면 전류가 흐르지 않아 LED의 불빛이 꺼집니다.

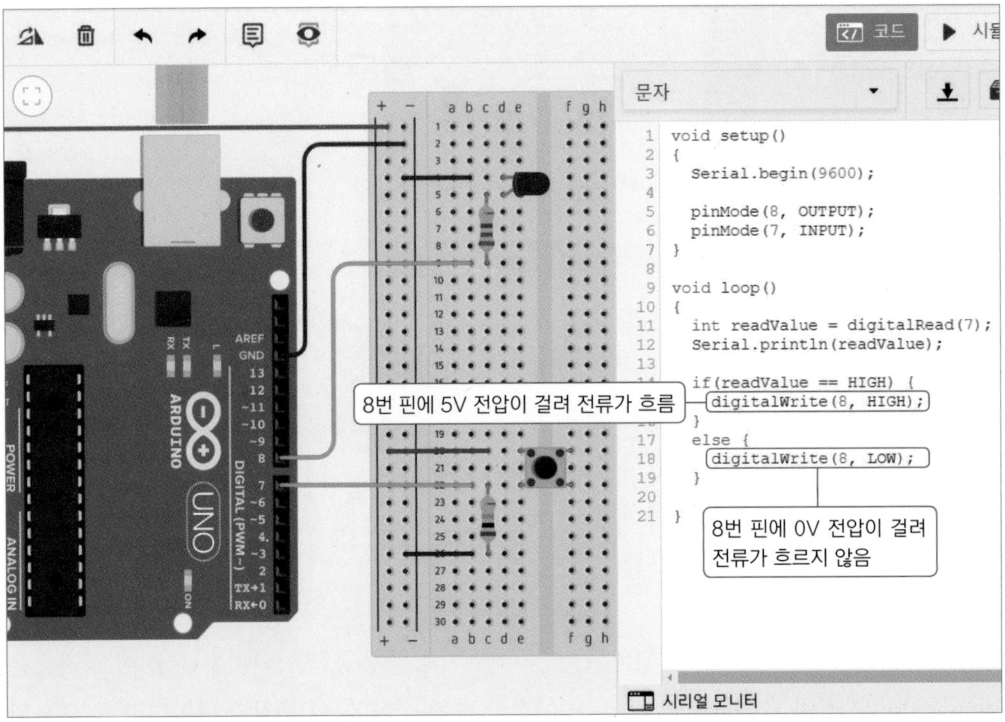

digitalWrite() 함수와 아두이노 디지털 핀의 관계

14. 시뮬레이터 실행하기

〈시뮬레이션 시작〉 버튼을 클릭해 결과를 확인해 봅시다. 시뮬레이션을 실행하다가 푸시 버튼을 마우스 클릭으로 누르고 있으면 LED가 켜집니다. 그리고 마우스를 떼면 LED가 꺼집니다. 〈시리얼 모니터〉 버튼을 눌러 시리얼 모니터를 열면 출력값의 변화를 직접 확인할 수 있습니다.

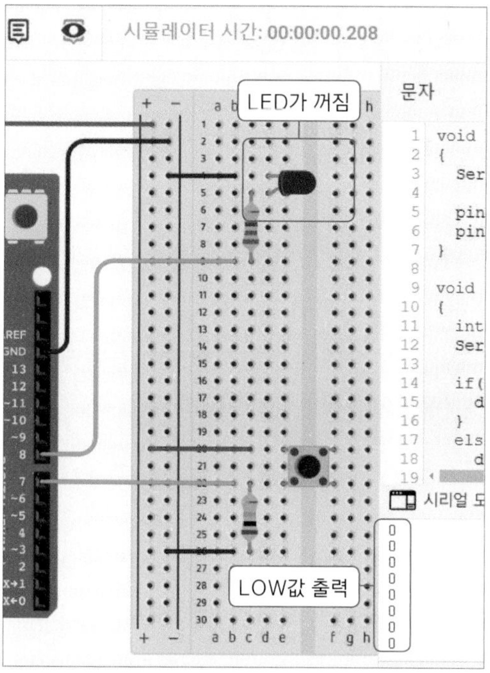

푸시 버튼을 누르지 않았을 때

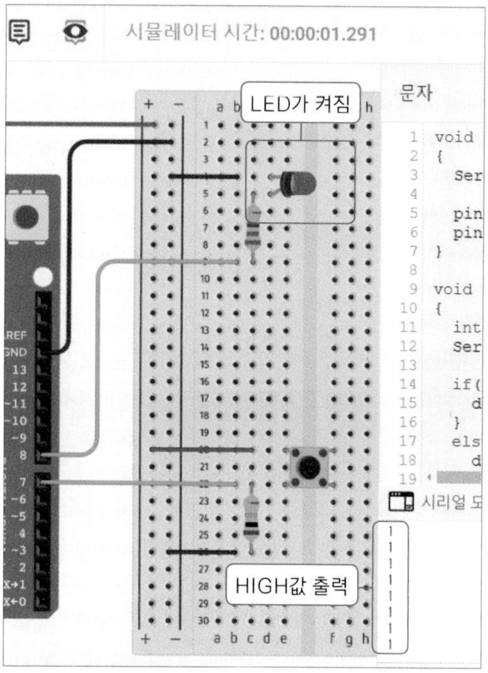

푸시 버튼을 눌렀을 때

15. 아두이노 IDE에서 실행하기

아두이노 시뮬레이터와 동일하게 아두이노 보드에 LED와 저항, 푸시 버튼을 연결하고 스케치 코드를 업로드 합니다. 푸시 버튼을 누르면 LED의 불빛이 켜지고, 누르지 않으면 LED의 불빛이 꺼지는 것을 볼 수 있습니다.

직접 볼까요!

푸시 버튼으로 LED 제어하기

푸시 버튼으로 LED 제어하는 방법을 영상으로 보실 분은 영상으로 보고 싶다면 다음 링크를 참고하세요.

QR코드를 찍어 보세요.

https://youtu.be/yDQxGTSmKEA

07-2 제어에 쓰는 조건문 더 알아보기

앞선 실습에서는 푸시 버튼이 눌렸는지 판단하기 위해 if-else 조건문을 사용했습니다. 이렇게 특정한 상황에 아두이노를 동작하게 만드려면 반드시 조건문이 필요합니다. 예를 들어, 버튼이 눌릴 때 LED의 불빛을 켜거나 온도 센서의 값이 특정 수치에 도달하면 경보음을 울리게 만들 때 조건문을 사용합니다. 이번 절에서는 조건문을 더 자세히 살펴보겠습니다.

if 조건문의 구성

if 조건문의 형식은 다음과 같이 'if (조건식)'으로 시작하고, 조건식이 참일 때 코드 블록이 실행됩니다. 즉, 조건이 하나인 경우에 사용할 수 있는 일반적인 형식입니다. 따라서 푸시 버튼이 눌린 동안에만 동작하는 코드를 작성할 때 사용합니다.

```
if (조건식) {
    // 실행할 문장
}
```

조건식은 비교 연산자를 통해 참 또는 거짓을 반환합니다. 비교 연산자는 두 값이 같거나 다름, 크거나 작음 등을 비교해 결과를 반환하고, 그 결과에 따라 if 코드 블록을 실행할지 여부를 결정합니다.

조건식	의미
x == y	x와 y가 같으면 참, 다르면 거짓을 반환합니다.
x != y	x와 y가 다르면 참, 같으면 거짓을 반환합니다.
x < y	x가 y보다 작으면 참, 크거나 같으면 거짓을 반환합니다.
x > y	x가 y보다 크면 참, 작거나 같으면 거짓을 반환합니다.
x <= y	x가 y보다 작거나 같으면 참, 크면 거짓을 반환합니다.
x >= y	x가 y보다 크거나 같으면 참, 작으면 거짓을 반환합니다.

오른쪽 그림은 if 조건문의 실행 순서도입니다. 코드가 실행되는 순서를 명확히 이해하기 위해 이렇게 순서도를 활용하기도 합니다.

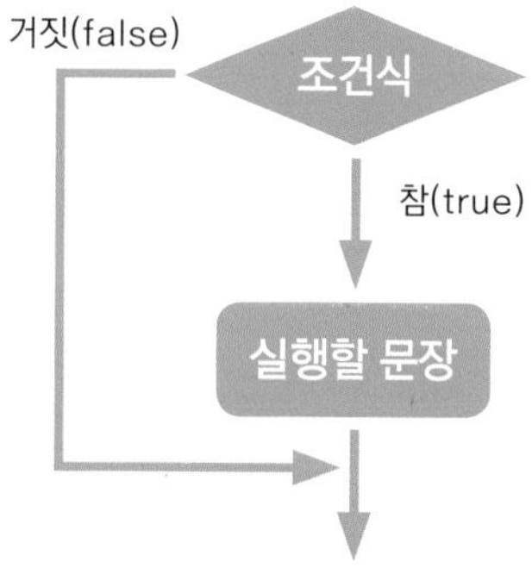

그림 7-3 if 조건문의 순서도

if-else 조건문의 구성

if-else 조건문의 형식은 다음과 같습니다. 조건식이 참일 때는 물론 거짓일 때도 실행할 수 있다는 것이 if 조건문과 다른 점입니다. if 조건문은 조건식이 있지만 else 문에는 조건식이 없죠? else 문은 if 조건식의 결과가 참이 아닐 때 실행되므로 조건식이 따로 없습니다. 예상한 결과가 나올 때와 그렇지 않고 오류가 발생할 때를 모두 알고 싶을 때 if-else 조건문을 사용할 수 있습니다.

```
if (조건식) {
    // 조건식이 참일 때 실행할 문장
}
else {
    // 조건식이 거짓일 때 실행할 문장
}
```

if-else 조건문을 순서도로 살펴보면 다음과 같습니다. 조건식이 참일 때와 거짓일 때 모두 실행할 문장이 있다는 점을 한눈에 확인할 수 있습니다.

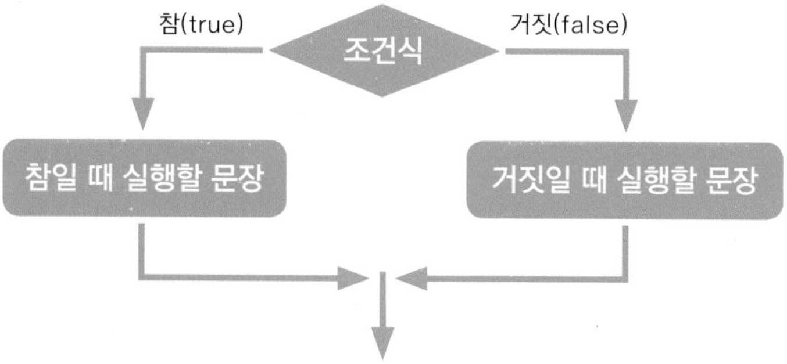

그림 7-4 if-else 조건문의 순서도

if-else if-else 조건문의 구성

조건식이 3개 이상인 경우엔 어떤 방법을 사용할까요? 바로 if-else if-else 조건문을 사용합니다. 기본 형식은 다음과 같으며, else if는 조건식이 추가될 때마다 더할 수 있습니다.

```
if (조건식A) {
    // 조건식A가 참일 때 실행할 문장
}
else if (조건식B) {
    // 조건식B가 참일 때 실행할 문장
}
else {
    // 조건식A와 조건식B가 참이 아닌 모든 경우에 실행할 문장
}
```

순서도를 통해 if-else if-else 조건문을 살펴보면 다음과 같습니다. 얼핏 복잡해 보이기도 하지만 if-else 조건문의 else에 다시 if-else 조건문이 추가된 것과 동일한 형식입니다. 따라서 센서값의 범위가 서로 달라 처리할 구간이 많은 프로그램과 같이 조건이 여러 개 필요할 때 사용할 수 있습니다.

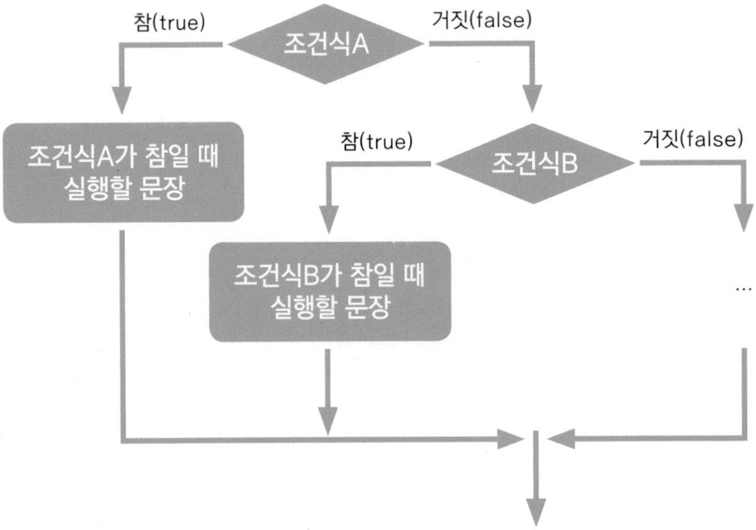

그림 7-5 if-else if-else 조건문의 순서도

switch-case 제어문의 구성

조건식이 아닌 특정 값이 일치하는지에 따라 프로그램의 흐름을 제어할 때는 switch-case 문을 사용합니다. switch-case 제어문의 형식은 다음과 같습니다. switch 문의 첫 문장에 입력되는 변수의 값에 따라 각 case에서 일치하는 상숫값에 맞는 문장이 실행됩니다. 만약 모든 case에서 일치하는 값이 없을 때는 default 문에 있는 문장이 실행됩니다. break 키워드는 switch 문이 종료되는 시점을 결정하며, 만약 case 문 안에 break 키워드가 없다면 switch 문이 모두 종료되거나 break 문을 만날 때까지 실행합니다.

```
switch (변수) {
    case 상수A:
        // 변수의 값이 상수A일 때 실행할 문장
        break;
    case 상수B:
        // 변수의 값이 상수B일 때 실행할 문장
        break;
    default:
        // 변수의 값이 상수A, 상수B가 아닌 모든 경우에 실행할 문장
      break;
}
```

예를 들어, 다음과 같이 case 문을 묶어 일괄적으로 처리해야 하는 프로그램에 응용할 수 있습니다. 변수의 값이 1 또는 2일 때 실행할 문장과 3 또는 4일 때 실행할 문장이 동일한 경우 case 문을 묶어 처리하면 편리합니다.

```
switch (변수) {
    case 1:
    case 2:
        // 변수의 값이 숫자 1 또는 2일 때 실행할 문장
        break;
    case 3:
    case 4:
        // 변수의 값이 숫자 3 또는 4일 때 실행할 문장
        break;
    default:
        // 변수의 값이 숫자 1, 2, 3, 4가 아닌 모든 경우에 실행할 문장
        break;
}
```

switch-case 제어문을 순서도로 표현하면 다음과 같습니다. 변수의 값이 일치한 case 문에 포함된 코드만 실행하기 위해 반드시 break 키워드를 사용하는 것을 잊지 않도록 합니다.

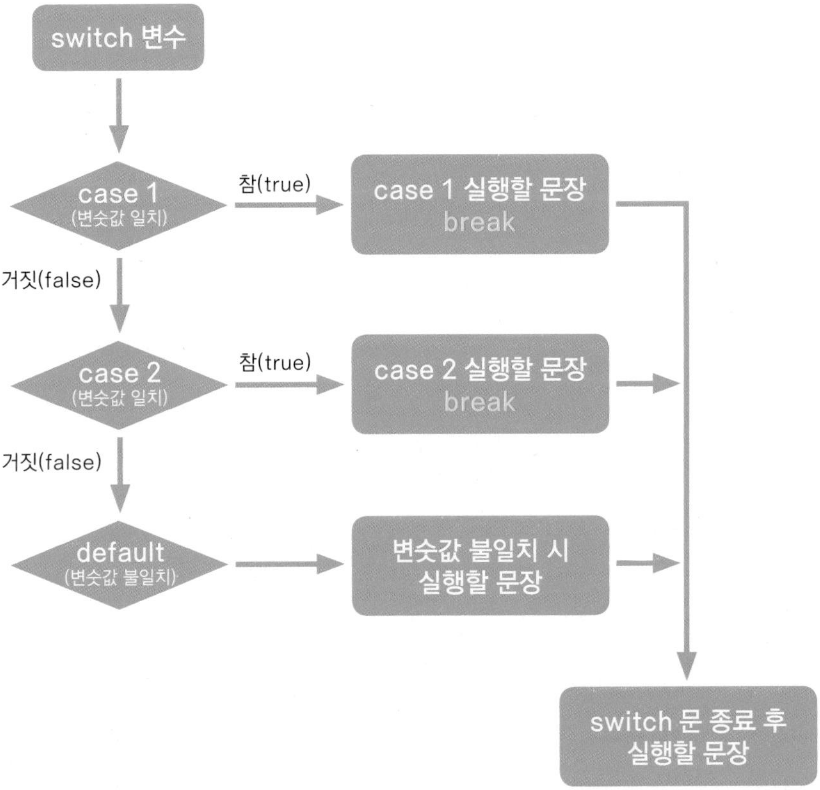

그림 7-6 switch-case 제어문의 순서도

직접 볼까요!

조건이 세 개 이상인 조건문 자세히 알아보기

조건이 하나, 둘, 셋 이상인 경우 어떻게 처리하는지 영상으로 보고 싶다면 다음 링크를 참고하세요.

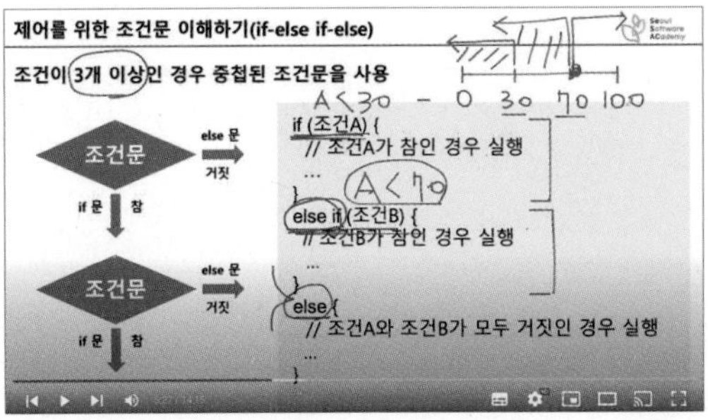

QR코드를 찍어 보세요.

https://youtu.be/oNwWQkiH0Tc

07-3 플로팅 현상과 풀업, 풀다운 저항 이해하기

앞선 실습에서는 저항을 두 개 사용했습니다. 하나는 LED에, 다른 하나는 푸시 버튼에 연결했습니다. LED에 연결한 저항은 LED가 정상으로 작동하도록 전류의 흐름을 제어하는 역할을 한다고 이미 배워 알고 있습니다. 그런데 푸시 버튼에는 왜 저항을 연결한 걸까요? 바로 플로팅 현상 때문입니다.

플로팅 현상이란?

플로팅(floating) 현상은 바다에 떠 있는 돛단배를 생각하면 이해하기 쉽습니다. 바다에 떠 있는 돛단배는 수평을 유지하지 못하고 파도에 출렁입니다. 이런 현상을 아두이노의 디지털 입력에 적용해 보겠습니다. 푸시 버튼이 눌릴 때 HIGH 신호를 읽고 누르지 않을 때 LOW 신호를 읽고자 할 때, 바다에 떠 있는 돛단배가 출렁이듯이 푸시 버튼을 누르지도 않았는데 디지털 입력 핀에서 읽은 값이 HIGH와 LOW를 반복한다면 어떻게 해야 할까요? 이렇게 HIGH 또는 LOW의 값이 일정하지 않고 무작위로 변하는 것을 플로팅 현상이라고 합니다.

Do it! 실습 7-2 플로팅 현상 이해하기

푸시 버튼에 저항을 연결하지 않으면 정말 플로팅 현상이 일어날까요? 아두이노 시뮬레이터에서는 플로팅 현상이 어떤 모습으로 일어날까요? 다음 실습을 통해 확인해 보겠습니다.

1. 회로 복사하고 저항 제거하기

'실습 7-1(푸시 버튼으로 LED 켜고 끄기)'에서 만든 회로를 복제합니다. 푸시 버튼에 연결된 저항만 제거하고 오른쪽 그림처럼 전선을 연결합니다.

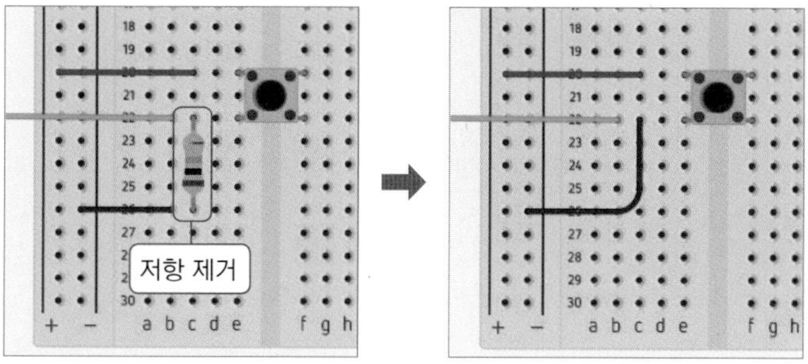

기존 회로에서 저항을 제거하고 새로 배선

2. 시뮬레이터 실행하기

시뮬레이션을 실행해서 시리얼 모니터를 확인해 보세요. 푸시 버튼을 누르고 있어도 항상 LOW, 즉 0만 출력되는 것을 볼 수 있습니다. 이런 결과가 나오는 이유는 디지털 입력 핀과 접지가 직접 연결되었기 때문입니다. 아두이노는 디지털 입력 핀에 접지를 직접 연결하면 LOW 값만 읽으며, 전원에 직접 연결하면 HIGH값만 읽습니다.

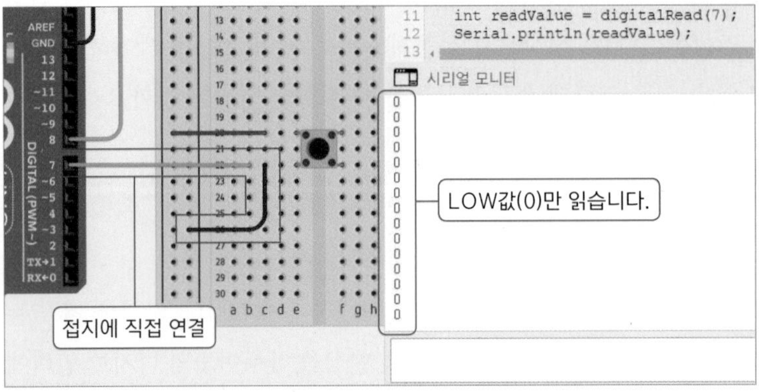

푸시 버튼에서 저항을 제거한 회로

3. 접지에 연결된 전선 제거하기

접지에 연결된 전선까지 제거하면 어떻게 될까요? 접지선까지 제거하면 이번에는 푸시 버튼을 누르는 것과 상관없이 항상 HIGH, 즉 1만 시리얼 모니터에 출력됩니다. 이것이 앞에서 설명한 플로팅 현상입니다. 실제 아두이노에서는 동일한 회로를 구성하고 시리얼 모니터로 출력 결과를 확인하면 0과 1이 반복해서 출력됩니다.

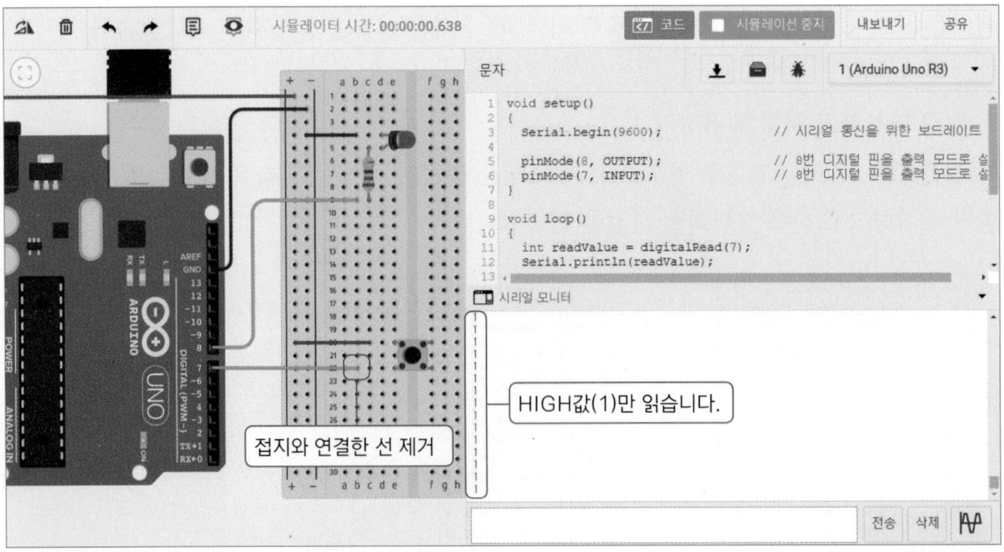

푸시 버튼에서 저항과 접지 선을 제거한 회로

직접 볼까요!

실제 플로팅 현상 살펴보기

실제 아두이노에서 플로팅 현상은 어떤 모습일까요? 영상으로 보고 싶다면 다음 링크를 참고하세요.

QR코드를 찍어 보세요.

https://youtu.be/WLX5iEtDLZo

풀업 저항과 풀다운 저항

플로팅 현상은 HIGH값 또는 LOW값 중 명확하게 한쪽에 정착하지 못해 값이 계속 바뀌는 현상을 말한다고 했지요? 따라서 한쪽에 정착할 수 있도록 핀을 접지 또는 전원에 연결해 줘야 합니다. 하지만 앞에서 확인했듯이 핀에 직접 연결하면 핀에 보낼 신호를 원하는 대로 조절할 수 없습니다. 그래서 저항과 함께 연결하는 것입니다. 이때 저항을 어디에 연결하느냐에 따라 종류가 나뉩니다. 저항을 전원 선에 연결하면 풀업(pull-up) 저항이고, 접지선에 연결하면 풀다운(pull-down) 저항입니다.

풀(pull)은 영어로 '당기다'라는 뜻이고, 풀업(pull-up)은 '위로 당기다', 풀다운(pull-down)은 '아래로 당기다'라는 뜻입니다. 회로에서는 전압이 높은 곳이 '위', 전압이 낮은 곳이 '아래'입니다. 그래서 풀업 저항의 기본값은 HIGH이고, 풀다운 저항의 기본값은 LOW입니다.

풀다운 저항

풀다운 저항을 사용하면 아두이노의 디지털 7번 핀은 푸시 버튼을 누르지 않을 때 저항을 거쳐 접지로 연결된 선을 통해 LOW값을 읽습니다. 푸시 버튼을 누르면 전류가 전원(5V)에서 푸시 버튼과 저항을 거쳐 접지로 흐르는데, 이때 디지털 7번 핀과 전원의 전압 차를 감지해 입력값이 HIGH로 바뀝니다. 따라서 풀다운 저항은 버튼을 누르면 동작하는 일반적인 푸시 버튼의 기능을 수행합니다.즉, 푸시 버튼을 눌렀을 때는 디지털 7번 핀의 입력값이 HIGH, 누르지 않았을 때는 LOW입니다.

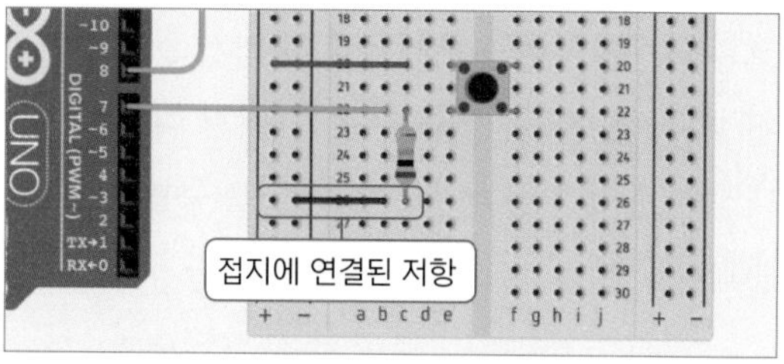

그림 7-7 풀다운 저항의 회로 구성

풀업 저항

풀업 저항은 풀다운과 반대입니다. 풀업 저항을 사용하면 디지털 7번 핀은 푸시 버튼을 누르지 않아도 저항을 거쳐 전원에 연결된 선을 통해 5V의 전압을 측정할 수 있으므로 시리얼 모니터에 입력값 1을 출력합니다. 푸시 버튼을 누르면 푸시 버튼 단자가 연결되고 전류가 흐르는 길은 디지털 7번으로 가는 것과 푸시 버튼을 거쳐 접지로 가는 두 가지 경로로 나뉩니다.
그런데 디지털 7번 핀은 아두이노 보드 내부에 있는 더 큰 저항을 거쳐 접지에 연결되어 있습니다. 그래서 디지털 7번 핀으로는 아주 미세한 전류만 흐르며, 대부분의 전류는 푸시 버튼을 거쳐 브레드보드의 접지로 흐릅니다. 이때 디지털 7번 핀과 접지의 전압 차는 거의 0V이므로 시리얼 모니터에 입력값 0이 출력됩니다.

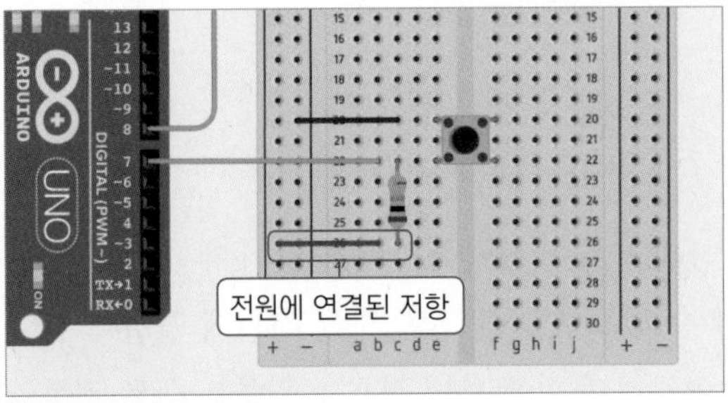

그림 7-8 풀업 저항의 회로 구성

지금까지 배운 내용을 정리하면, 버튼을 누를 때에만 전원을 공급하고 싶다면 풀다운 저항이 필요합니다. 평상시에는 전원을 공급하다가 버튼을 눌렀을 때 공급을 멈추고 싶다면 풀업 저항이 필요합니다.
예를 들어, 버튼을 눌러 작동하는 선풍기, 전등과 같은 장치는 풀다운 저항을 사용합니다. 반면, 공장에서 위험한 상황에 장비를 멈추기 위한 응급 버튼, 컴퓨터의 전원을 껐다 켜기 위한 리셋 버튼에는 풀업 저항을 사용하면 편리합니다. 또한 하드웨어적인 특성으로 인해 풀업 저항을 사용할 때가 풀다운 저항을 사용할 때보다 에너지를 절감할 수 있기 때문에 에너지 효율성 측면에서 풀업 저항을 사용하기도 합니다.
그렇다면 아두이노에서는 푸시 버튼을 사용할 때마다 꼭 저항을 가져와 연결해야 할까요? 이건 매우 번거로운 일이지요. 그래서 아두이노 보드 안에는 풀업 저항이 내장되어 있습니다. 내장된 풀업 저항은 별도의 저항을 물리적으로 연결하지 않아도 풀업 저항의 효과를 낼 수 있습니다.

직접 볼까요!

플로팅 현상과 풀업, 풀다운 저항 자세히 살펴보기

플로팅 현상과 풀업, 풀다운 저항 사용 방법을 영상으로 보고 싶다면 다음 링크를 참고하세요.

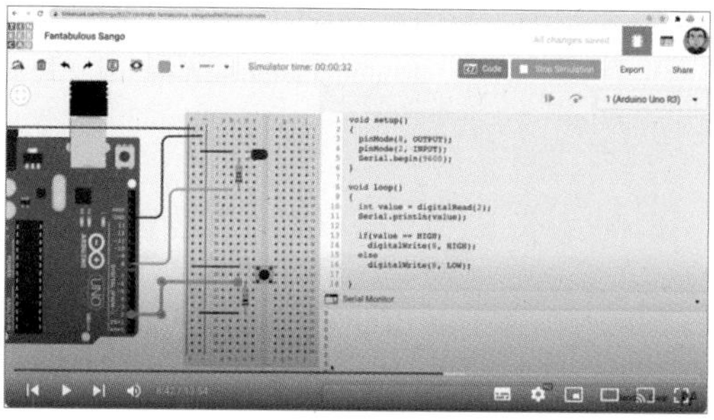

QR코드를 찍어 보세요.

https://youtu.be/ssndO0IDDVU

Do it! 실습 7-3 내부 풀업 저항을 사용해서 LED 전원 스위치 만들기

아두이노 보드의 내부 풀업 저항을 사용하는 코드를 작성하고, 이를 통해 LED 전원을 푸시 버튼으로 제어하는 회로를 만들어 보겠습니다.

1. 결과 화면 불러오기

'실습 7-2(플로팅 현상 이해하기)' 회로를 다시 불러옵니다. 이 회로를 풀업 저항에 맞게 재구성하겠습니다. 푸시 버튼의 한쪽 단자는 접지선과 연결하고 다른 쪽 단자는 저항 없이 아두이노의 디지털 7번 핀에 직접 연결합니다.

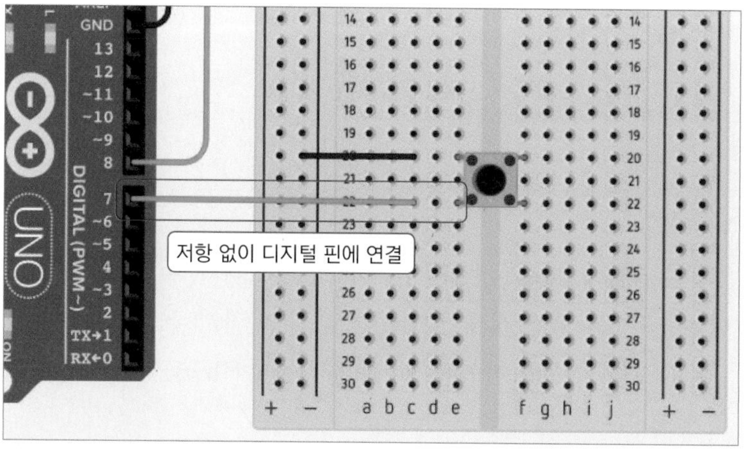

내부 풀업 저항의 회로 구성

2. pinMode() 함수 수정하기

pinMode() 함수를 조금만 수정하면 내장된 풀업 저항을 사용할 수 있습니다. 코드 창을 열고 스케치 코드 06행에서 pinMode() 함수의 두 번째 매개변수인 INPUT을 INPUT_PULLUP으로 수정합니다. 이렇게 모드를 바꾸면 디지털 7번 핀에서 내부 풀업 저항을 사용할 수 있습니다.

```
01 : void setup()
02 : {
03 :   Serial.begin(9600);
04 :
05 :   pinMode(8, OUTPUT);
06 :   pinMode(7, INPUT_PULLUP);     // 내부 풀업 저항을 사용하도록 설정
07 : }
```

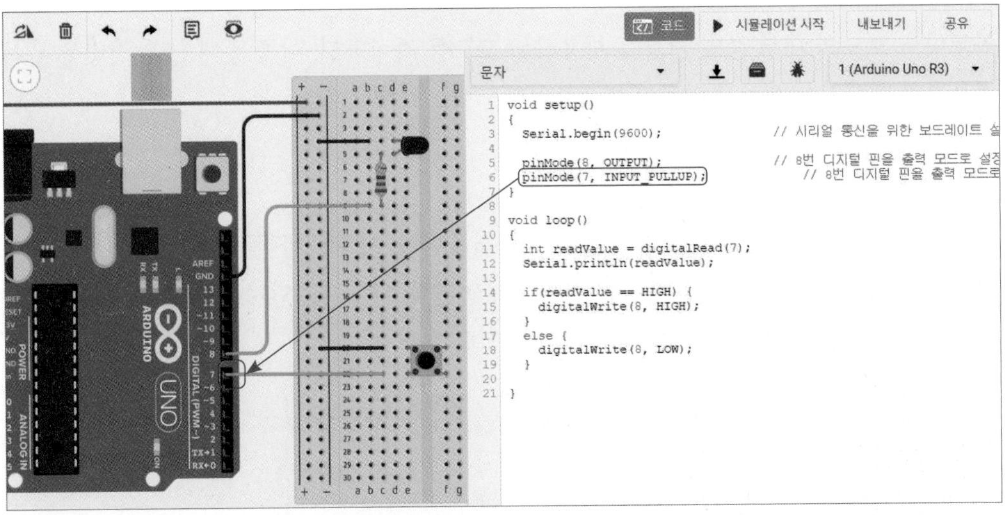

내부 풀업 저항을 위한 핀 모드 설정

3. digitalWrite() 함수 수정하기

스케치 코드의 14~19행은 변수 readValue의 값에 따른 if-else 문입니다. 여기에서는 풀업 저항을 사용하므로 푸시 버튼을 누르지 않은 상태가 HIGH입니다. 따라서 푸시 버튼을 누르지 않았을 때 readValue == HIGH 조건문은 참이며, digitalWrite(8, HIGH) 문을 수행하기 때문에 LED는 항상 켜져 있게 됩니다.

푸시 버튼을 누른 상태에서만 LED가 켜지게 하려면 참 수행문과 거짓 수행문을 바꿔야 합니다. 15행 digitalWrite() 함수의 두 번째 매개변수를 LOW로 바꾸고, 18행 digitalWrite() 함수의 두 번째 매개변수를 HIGH로 바꿉니다.

```
void loop()
{
  int readValue = digitalRead(7);
  Serial.println(readValue);

  if(readValue == HIGH) {
    digitalWrite(8, LOW);
  }
  else {
    digitalWrite(8, HIGH);
  }
}
```

4. 시리얼 모니터로 결과 확인하기

시리얼 모니터를 열어 푸시 버튼의 입력값을 확인해 봅시다. 풀업 저항을 사용했으므로 푸시 버튼을 누르기 전에는 HIGH값(1)이 출력되고, 푸시 버튼을 누르면 LOW값(0)이 출력됩니다. 푸시 버튼 입력값이 HIGH일 때는 디지털 8번 핀에 LOW값을 쓰기 때문에 LED에 불이 들어오지 않습니다. 버튼을 누르면 입력값이 LOW로 바뀌면서 디지털 8번 핀에는 출력으로 HIGH값을 씁니다. 디지털 8번 핀에 HIGH값을 쓰면 전압 5V가 걸리므로 전류가 흐르면서 LED에 불이 들어옵니다. 아두이노 보드에 시뮬레이터와 동일한 회로와 스케치 코드를 작성한 후 업로드해도 동일한 결과를 확인할 수 있습니다.

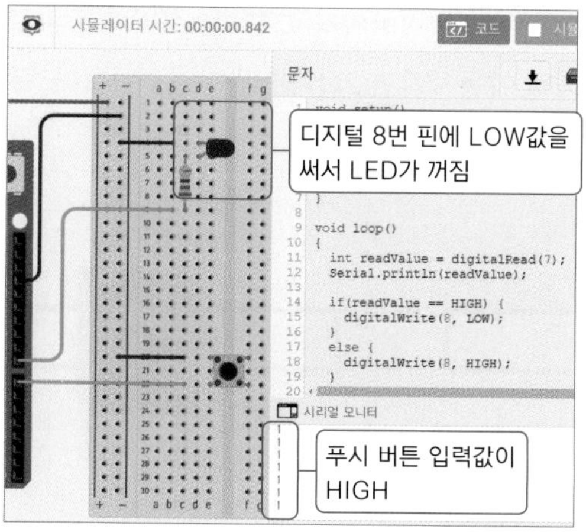

푸시 버튼을 누르지 않았을 때

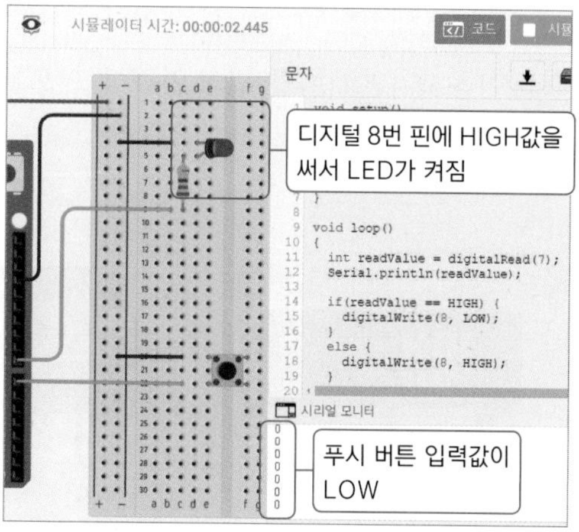

푸시 버튼을 눌렀을 때

07-4 슬라이드 스위치로 LED 제어하기

슬라이드 스위치란?

푸시 버튼이 누르는 동안만 상태를 변경하고 손을 떼면 원래 상태로 되돌아오는 장치라면, 슬라이드 스위치(slide switch)는 한번 상태를 변경하면 그 상태를 계속 유지하는 장치입니다.

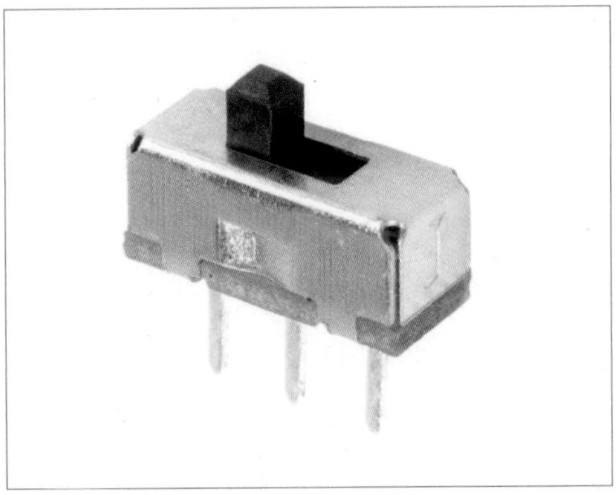

그림 7-9 슬라이드 스위치
(출처: https://www.sparkfun.com/products/9609)

슬라이드 스위치의 작동 원리

슬라이드 스위치는 단자가 세 개입니다. 왼쪽부터 1번, 2번, 3번이라고 할 때, 스위치를 왼쪽으로 이동시키면 1번과 2번이 연결되고, 오른쪽으로 이동시키면 2번과 3번이 연결됩니다. 푸시 버튼과 구조가 비슷하지요?

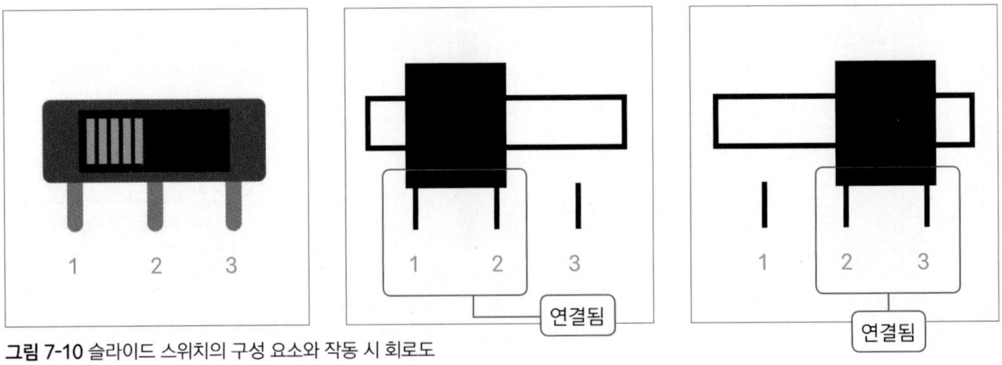

그림 7-10 슬라이드 스위치의 구성 요소와 작동 시 회로도

Do it! 실습 7-4 슬라이드 스위치로 LED 켜고 끄기

슬라이드 스위치를 어떻게 사용하는지 실습을 통해 알아보겠습니다.

1. 새 회로 만들기

새로운 회로를 만들고 아두이노 보드와 브레드보드, LED와 저항(220Ω)을 다음 그림처럼 배치합니다. 디지털 8번 핀에서 시작해 저항과 LED의 양극 → LED의 음극 → 접지 순으로 전류가 흐르는 폐쇄 회로입니다.

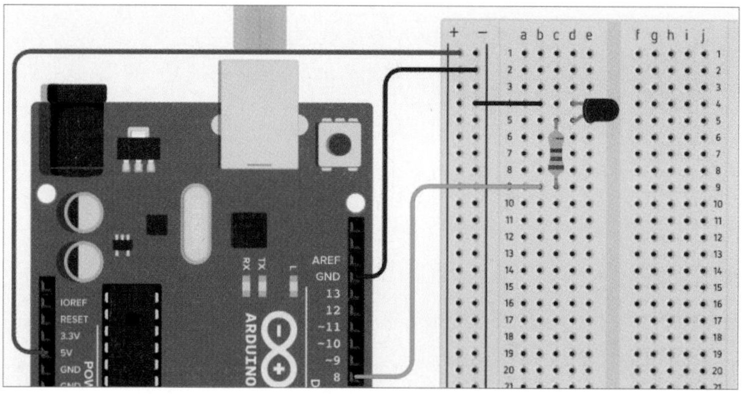

아두이노 보드, 브레드보드, LED, 저항 배치

2. 스위치 배치하기

도구 창에서 슬라이드 스위치를 불러와 시계 방향으로 90° 회전시켜서 다음과 같이 브레드보드에 배치합니다. 슬라이드 스위치의 첫 번째 단자는 접지에 연결하고, 두 번째 단자는 디지털 7번 핀에 연결합니다. 그리고 세 번째 단자는 10kΩ의 저항을 거쳐 전원(5V)에 연결되도록 회로를 구성합니다.

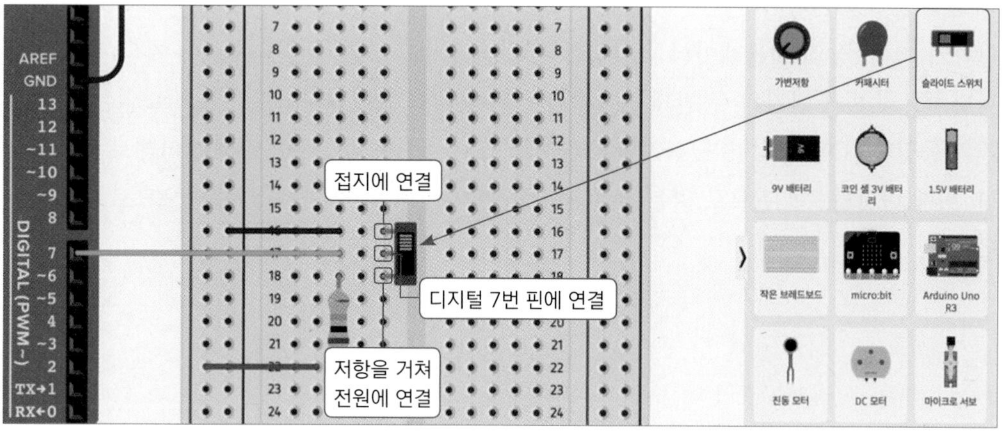

슬라이드 스위치 배치

3. 스케치 코드 입력하기

스케치 코드는 '실습 7-1(푸시 버튼으로 LED 켜고 끄기)'과 동일합니다. 디지털 7번 핀에서 digitalRead() 함수로 슬라이드 스위치의 값을 읽고 디지털 8번 핀에 digitalWrite() 함수로 값을 써서 LED를 제어하는 방식입니다.

```
void setup()
{
  Serial.begin(9600);                    // 시리얼 통신 초기화

  pinMode(8, OUTPUT);                    // 8번 디지털 핀을 출력 모드로 설정
  pinMode(7, INPUT);                     // 7번 디지털 핀을 입력 모드로 설정
}

void loop()
{
  int readValue = digitalRead(7);        // 입력 핀의 값을 읽어 변수에 저장
  Serial.println(readValue);             // 변수의 값을 시리얼 모니터에 출력

  if (readValue == HIGH) {               // 입력값에 따라 LED 출력값 제어
    digitalWrite(8, HIGH);               // 조건문이 참이라면 실행
  }
  else {
    digitalWrite(8, LOW);                // 조건문이 거짓이라면 실행
  }
}
```

4. 실행 결과 확인하기

단축키 S를 눌러 시뮬레이터를 실행합니다. 슬라이드 스위치는 현재 위에 자리 잡고 있습니다. 즉, 첫 번째 단자와 두 번째 단자가 연결된 상태이므로 디지털 7번 핀으로 읽는 값은 접지와 동일한 LOW(0)입니다. 하지만 슬라이드 스위치를 마우스로 클릭하면 아래로 이동합니다. 이때 디지털 7번 핀으로 읽는 값은 저항을 거쳐 전원(5V)에 연결되어 있으므로 HIGH(1)입니다.

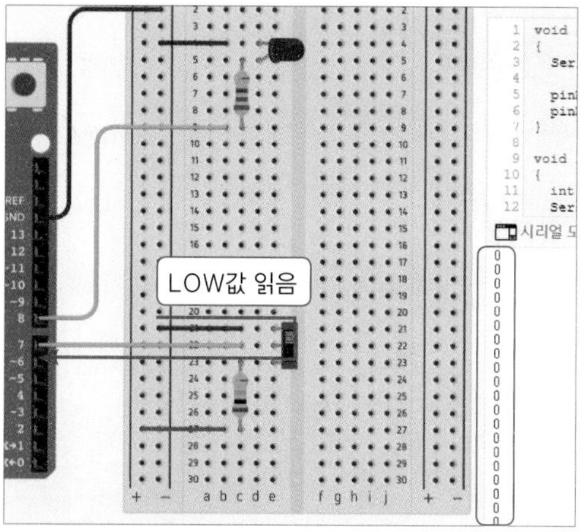

슬라이드 스위치를 껐을 때

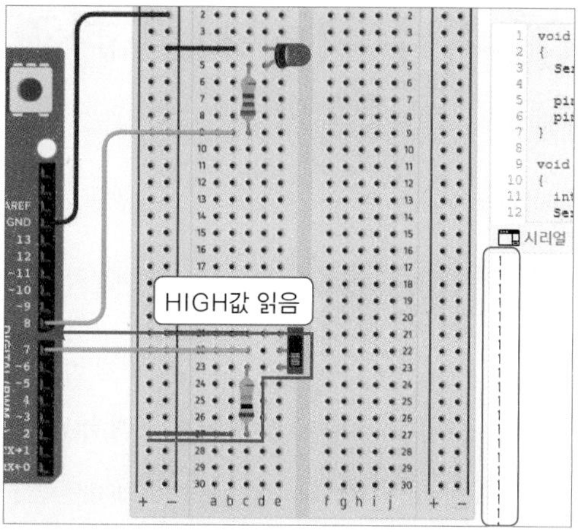

슬라이드 스위치를 켰을 때

시리얼 모니터에서 LOW에 해당하는 값 0이 출력되고, HIGH에 해당하는 값 1이 출력되는 것도 볼 수 있습니다. 이때 값이 계속 출력되는 이유는 loop() 함수의 특성에 따라 무한히 실행되기 때문입니다. 즉, digitalRead() 함수로 7번 핀의 값을 읽어, 그 값에 따라 LED를 켜거나 끄는 과정을 반복해서 실행해 생기는 현상입니다.

시뮬레이터에서 정상적으로 동작한다면 실제 아두이노 보드에서도 시뮬레이터와 동일한 회로와 스케치 코드를 입력한 후 업로드해 실행해 봅시다. 이렇게 시뮬레이터에서 먼저 테스트하고 실제 보드에서 연습하면 자연스럽게 복습도 되고, 두 방법의 차이점을 쉽게 이해할 수 있습니다.

직접 볼까요!

슬라이스 스위치로 LED 제어하기

슬라이드 스위치로 LED 제어하는 방법을 영상으로 보고 싶다면 다음 링크를 참고하세요.

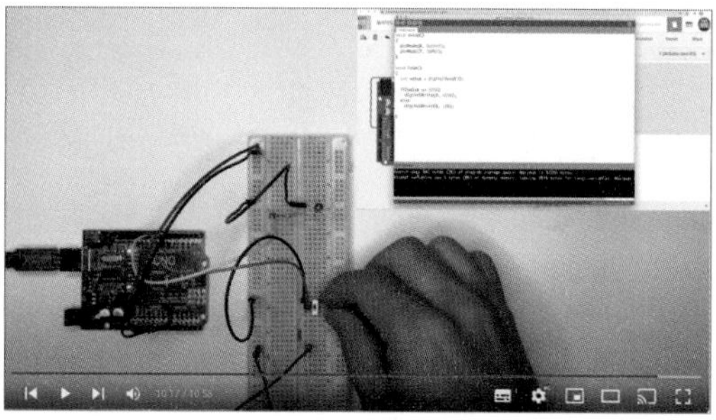

QR코드를 찍어 보세요.

https://youtu.be/o6m_fVSKbr4

07-5 PIR 센서로 현관 등 만들기

PIR 센서란?

PIR 센서(passive infrared sensor)는 적외선을 통해 열을 발산하는 물체의 움직임을 감지하며, 적외선 작동 감지 센서라고도 합니다. 주로 현관문이나 계단에 부착해 사람의 움직임이 있을 때 조명을 켜 주는 장치에 사용됩니다.

그림 7-11 PIR 센서

PIR 센서의 구조

단자는 세 개로 구성되며 왼쪽부터 신호, 전원, 접지를 담당합니다. 여기에서 신호는 디지털 입력 핀으로 값을 읽을 수 있으며 움직이는 물체가 감지될 경우 HIGH값을 반환하고, 그렇지 않은 경우 LOW값을 반환합니다.

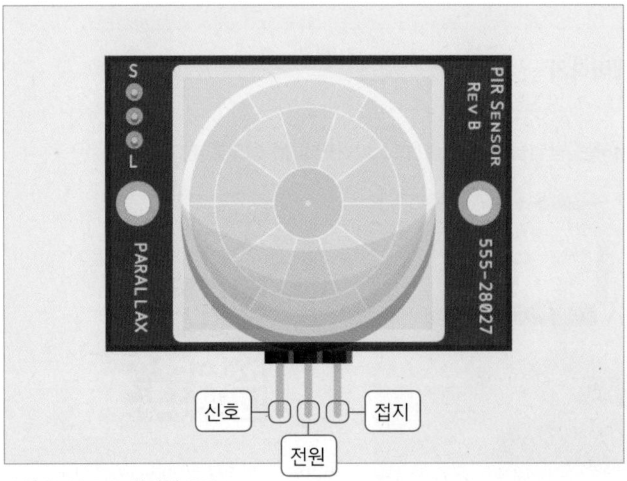

그림 7-12 PIR 센서의 구조

Do it! 실습 7-5 PIR 센서로 현관 등 회로 만들기

PIR 센서가 어떻게 작동하는지는 실습을 통해 바로 알아보겠습니다.

1. 새 회로 구성하기

[만들기 → 회로]를 눌러 새로운 서킷을 생성합니다. 아두이노 보드와 브레드보드, 저항(220 Ω)과 LED를 다음 그림과 같이 배치하고 디지털 8번 핀에서 시작해 저항 → LED의 양극 → LED의 음극 → 접지 순으로 전류가 흐를 수 있도록 폐쇄 회로를 구성합니다.

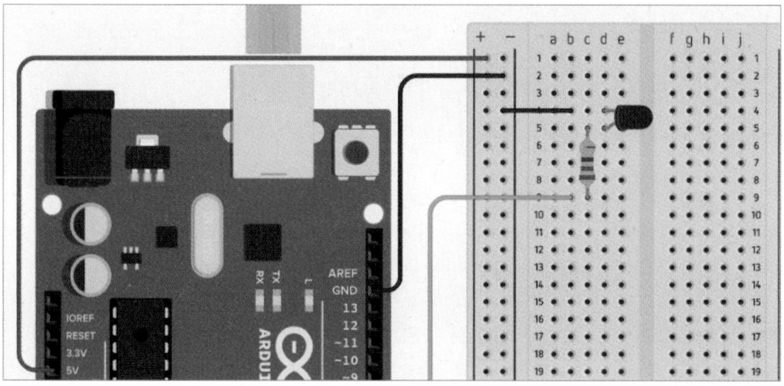

아두이노, 브레드보드, LED, 저항 배치

2. 적외선 센서 연결하기

도구 창에서 마우스 스크롤을 끝까지 내리면 PIR 센서가 보입니다. 이를 드래그해 와서 시계 방향으로 90° 돌린 후 브레드보드에 배치합니다. 전원과 접지 단자는 브레드보드의 전원과 접지에 연결하고 신호 단자는 아두이노의 디지털 7번 핀에 연결합니다.

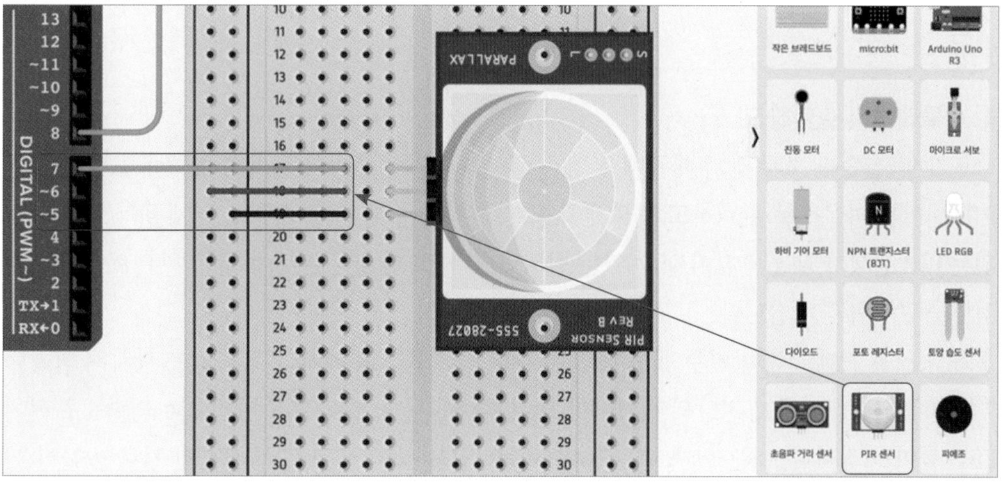

PIR 센서로 현관 등 만들기 회로 구성

3. 스케치 코드 입력하기

이번 실습에서 사용하는 스케치 코드도 '실습 7-1(푸시 버튼으로 LED 켜고 끄기)'과 동일합니다. 디지털 7번 핀과 digitalRead() 함수로 PIR 센서의 값을 읽어, 디지털 8번 핀에 digitalWrite() 함수로 값을 써서 LED를 제어하는 방식입니다. 이전 실습과 다른 점은 디지털 7번 핀에 연결된 전자 부품이 푸시 버튼에서 PIR 센서로 바뀐 것뿐입니다.

```
void setup()
{
  Serial.begin(9600);                      // 직렬 통신 초기화

  pinMode(8, OUTPUT);                      // 8번 디지털 핀을 출력 모드로 설정
  pinMode(7, INPUT);                       // 7번 디지털 핀을 입력 모드로 설정
}

void loop()
{
  int readValue = digitalRead(7);          // 입력 핀의 값을 읽어 변수에 저장
  Serial.println(readValue);               // 변수의 값을 시리얼 모니터에 출력

  if (readValue == HIGH) {                 // 입력값에 따라 LED 출력값 제어
    digitalWrite(8, HIGH);
  }
  else {
    digitalWrite(8, LOW);
  }
}
```

4. 시뮬레이터 실행하기

코드가 앞 실습과 모두 같기 때문에 설명은 생략하고 시뮬레이터를 바로 실행해 보겠습니다. PIR 센서를 마우스로 클릭하고 PIR 센서 오른쪽 영역을 확인해 보세요. 부채꼴의 연두색 범위는 PIR 센서가 작동을 감지할 수 있는 범위입니다. 그 안에 있는 진녹색 원은 PIR 센서가 움직임을 감지할 객체입니다.

진녹색 원을 드래그해서 연두색 범위 안에 갖다 놓으면 PIR 센서가 움직임을 감지해 디지털 7번 핀에 HIGH 신호가 전달되어 LED에 불이 들어옵니다. 그리고 가만히 기다리면 1초 뒤에 LED 불이 꺼집니다. 이는 실제 현관 등처럼 움직임을 감지한 뒤 일정 시간이 지나면 불이 꺼지는 것과 같은 원리입니다.

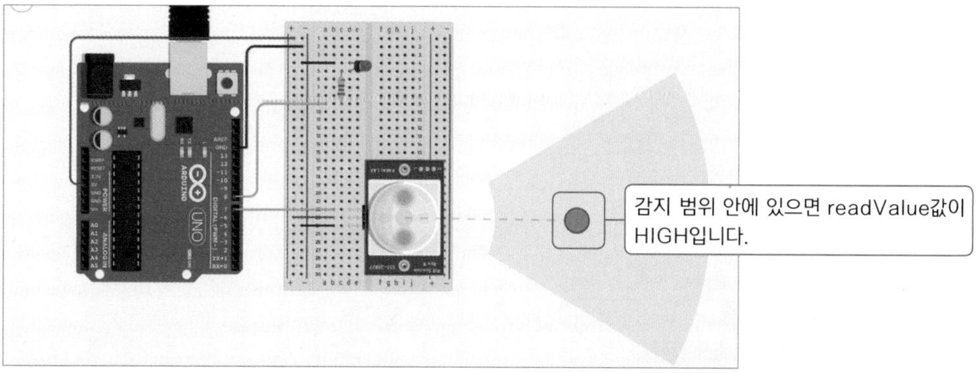
감지 범위 안에 있으면 readValue값이
HIGH입니다.

PIR 센서로 현관 등 만들기 실행 결과 - 범위 내

만약 움직임을 감지할 대상인 객체가 PIR 센서의 감지 범위를 벗어나면 아무 반응도 하지 않고, 작동 감지 범위의 색상은 연분홍색으로 변합니다.

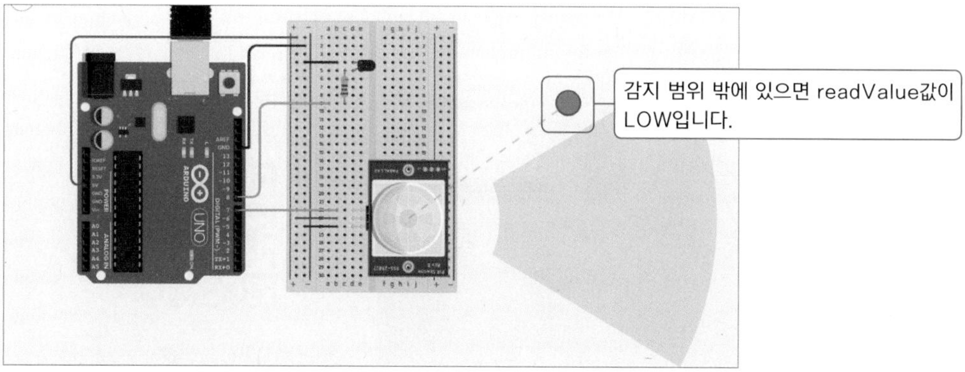
감지 범위 밖에 있으면 readValue값이
LOW입니다.

PIR 센서로 현관 등 만들기 실행 결과 - 범위 밖

5. 아두이노 IDE에서 실행하기

아두이노 시뮬레이터와 동일한 회로와 스케치 코드를 작성하고 아두이노 IDE를 실행해 아두이노 보드를 동작해 봅시다. 아두이노 보드에서 사용하는 PIR 센서에는 그림과 같이 드라이버로 회전시켜 센서의 감도와 PIR 센서 모듈에 내장된 LED가 켜지는 지속 시간을 제어할 수 있는 가변저항이 존재합니다. PIR 센서에 내장된 LED는 움직임이 감지되면 일정 시간 동안 켜져 움직임이 감지됐음을 알려 줍니다. 센서의 감도를 조절하는 가변저항을 시계 방향으로 돌리면 민감도를 낮추고, 반시계 방향으로 돌리면 민감도를 높여 줍니다. LED가 켜지는 지속 시간을 제어하는 가변저항을 시계 방향으로 돌리면 LED가 켜지는 시간이 길어지고, 반시계 방향으로 돌리면 시간이 짧아집니다.

직접 볼까요!

PIR 센서로 현관 등 만들기

PIR 센서로 현관 등 만드는 방법을 영상으로 보고 싶다면 다음 링크를 참고하세요.

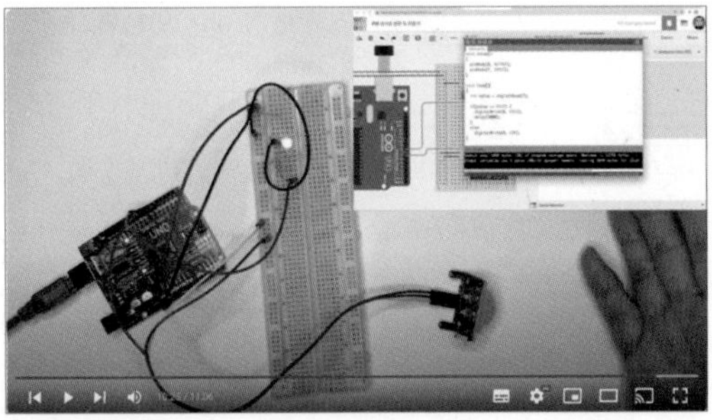

QR코드를 찍어 보세요.

https://youtu.be/SFnl-P-zjMo

도전!

푸시 버튼을 슬라이드 스위치처럼 사용해 봐요!

난이도: ★★★

다음 그림을 참고해 회로를 구성하고 목표대로 작동하도록 스케치 코드를 작성해 보자.

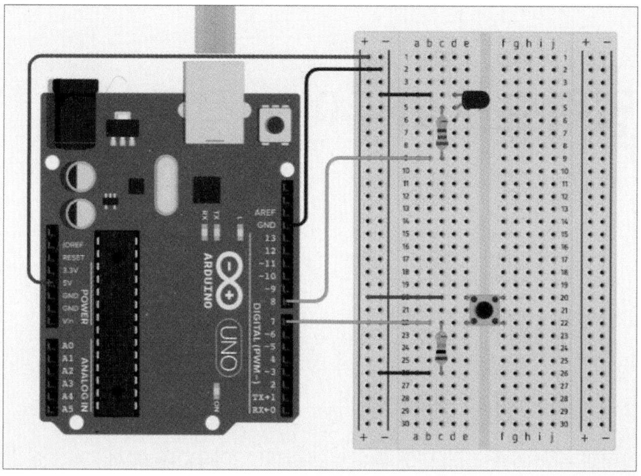

푸시 버튼으로 LED 제어하기

목표

푸시 버튼을 슬라이드 스위치처럼 사용한다. 즉, 푸시 버튼을 눌렀다 떼면 LED에 불이 켜지고 다시 눌렀다 떼면 불이 꺼진다.

구성 요소

아두이노 보드, LED, 저항 2개, 푸시 버튼, 브레드보드

힌트

푸시 버튼은 누르는 동안에만 상태가 변경되고, 슬라이드 스위치는 변경된 상태를 유지한다.

08

아날로그 입력으로 아두이노 작동하기

이제 아날로그 입력과 센서의 원리에 대해 알아보겠습니다. 아두이노에서 아날로그 입력을 잘 다루기 위해서는 아날로그 디지털 변환기(ADC)의 원리를 이해해야 합니다. 이번 장에서는 먼저 가변저항값을 읽으며 ADC의 원리를 알아봅니다. 그다음 조도 센서와 온도 센서의 아날로그 입력값을 읽고 해석하는 방법까지 살펴보겠습니다.

학습 목표

- 아날로그 입력이 무엇인지 이해한다
- ADC의 원리를 이해한다
- 가변저항, 조도 센서, 온도 센서의 사용법을 익힌다

08-1 가변저항으로 LED 제어하기

가변저항이란?

가변저항(potentiometer)은 값을 바꿀 수 있는 저항입니다. 06장에서 배운 저항은 정해진 값을 가진 고정저항이었습니다. 이와 달리 가변저항은 노브(knob)를 돌려 사용자가 값을 변경할 수 있습니다. 그래서 오디오의 볼륨을 제어하거나 LED 조명의 밝기를 제어하는 등 아날로그값을 조절할 때 반드시 필요합니다.

그림 8-1 가변저항
(출처: https://en.wikipedia.org/wiki/Potentiometer)

가변저항의 구조와 작동 원리

가변저항은 세 개의 단자로 구성됩니다. 양 끝의 두 단자는 전원(5V)과 접지(GND)에 연결합니다. 가운데 단자는 와이퍼(wiper)라고 하는데, 가변저항의 변경된 저항값을 읽을 수 있는 특별한 단자입니다.

고정저항과 가변저항은 모두 극성이 없는 전자 부품이어서 전원과 접지의 연결 단자가 서로 바뀌어도 잘 작동합니다. 하지만 가변저항의 경우 전원과 접지의 방향을 변경하면 와이퍼에서 측정되는 값의 범위가 뒤바뀝니다. 예를 들어, 가변저항의 왼쪽 단자를 전원(5V)에 연결하고 오른쪽 단자를 접지(GND)에 연결할 때 가운데 입력 단자를 통해 읽은 값이 최댓값이라면, 왼쪽 단자를 접지에 연결하고 오른쪽 단자를 전원에 연결할 때 가운데 입력 단자를 통해 읽은 값은 최솟값입니다.

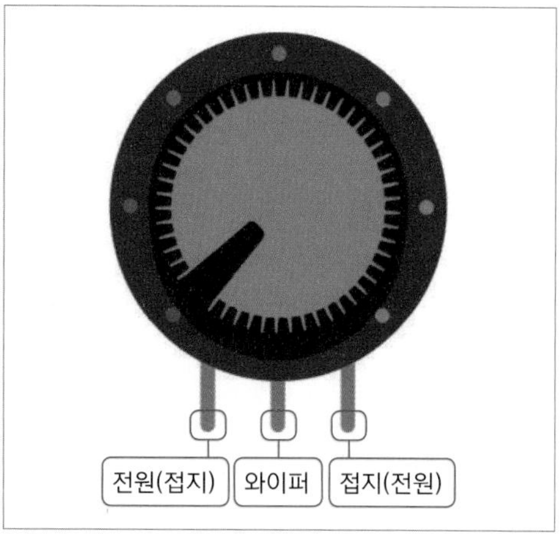

그림 8-2 가변저항의 구조

아날로그 신호의 입력 범위

일반적인 아두이노 보드는 아날로그 입력 신호를 0에서 1,023까지 값으로 표현할 수 있습니다. 이는 아날로그 신호를 디지털 신호로 변환하기 위한 아날로그 디지털 변환기(ADC)의 규격이 10bit를 지원하기 때문입니다. 10bit가 표현할 수 있는 경우의 수는 2^{10} = 1,024이므로 0을 포함해 0부터 1,023까지 값을 표현할 수 있습니다. 따라서 가변저항의 가운데 2번 단자를 아두이노의 아날로그 입력 핀에 연결해 입력받는 값의 범위는 최솟값이 0이고, 최댓값이 1,023이 됩니다.

Do it! 실습 8-1 가변저항값 측정하기

가변저항값을 측정하는 실습을 통해 가변저항을 어떻게 사용하는지 알아보겠습니다.

1. 새 회로 열고 구성 요소 배치하기

새 회로를 엽니다. 아두이노 보드와 브레드보드, 가변저항을 다음 그림처럼 배치합니다. 가변저항은 기본 구성 요소에서 찾을 수 있습니다.

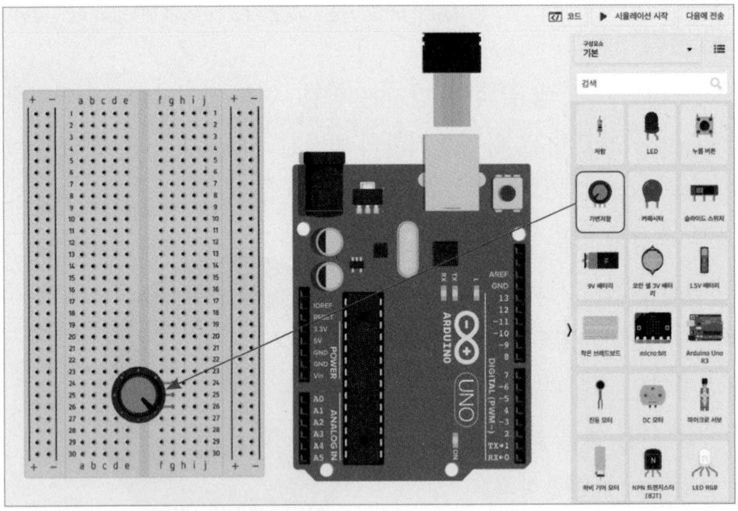

가변저항 배치

2. 전선 연결하기

가변저항의 값을 읽기 위해 아날로그 입력 핀 A0을 가변저항의 가운데 단자에 연결합니다. 가변저항의 양 끝 단자는 브레드보드의 전원과 접지에 각각 연결합니다. 마지막으로 아두이노 보드의 전원(5V)과 접지(GND)도 브레드보드에 연결합니다.

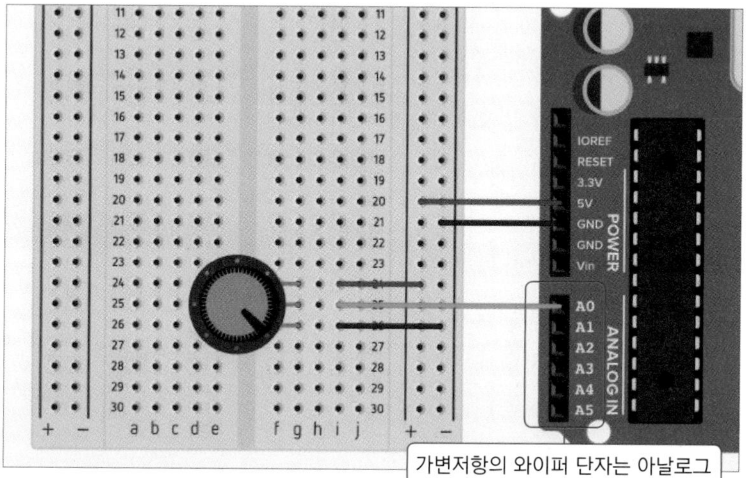

가변저항과 아두이노의 회로 배선

3. 스케치 코드 작성하기

코드 창을 열고 문자 코딩 방식을 선택합니다. 기존 코드를 다음과 같이 수정하여 가변저항의 값을 시리얼 모니터에 출력하는 코드로 변경합니다.

```
void setup()
{
  Serial.begin(9600);                 // 시리얼 통신 초기화
}

void loop()
{
  int readValue = analogRead(A0);     // A0 단자에서 측정되는 아날로그 신홋값을 저장
  Serial.println(readValue);          // 아날로그값 출력
}
```

4. 스케치 코드 읽기

스케치 코드는 setup() 함수와 loop() 함수로 구성됩니다. setup() 함수에는 시리얼 모니터에 출력하기 위해 시리얼 통신을 초기화하는 Serial.begin() 함수를 사용합니다. 그리고 loop() 함수에서는 아날로그 입력 핀 A0의 신홋값을 측정하기 위해 analogRead() 함수를 사용하고 그 결과를 변수 readValue에 저장합니다. 마지막으로 Serial.println() 함수를 사용해 readValue값을 시리얼 모니터에 출력합니다.

5. 아날로그 입력 함수의 특징

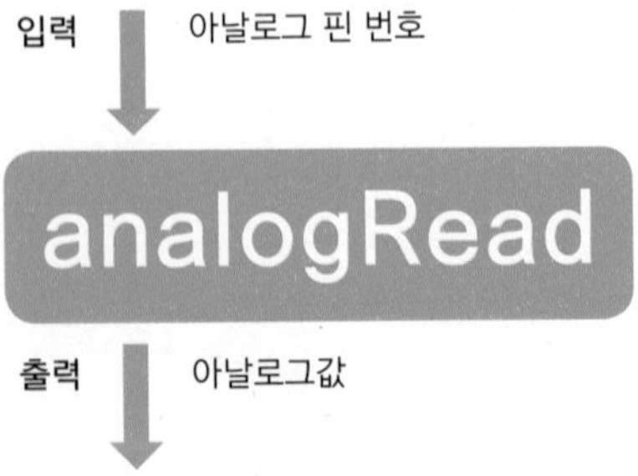

analogRead() 함수는 1개의 입력과 1개의 출력을 갖습니다. 입력 매개변수는 아날로그 입력 핀 번호이며, 핀 번호 앞에 'A' 자가 붙는다는 점에서 디지털 입출력 핀과 차이가 있습니다.

아두이노 보드에서 아날로그 입력을 담당하는 핀은 A0, A1, A2, A3, A4, A5로 총 6개입니다. 아날로그 입력 핀은 항상 입력을 위해 사용되므로 디지털 핀에서 사용한 pinMode() 함수는 사용할 필요가 없습니다.

6. 시뮬레이터 실행하기

스케치 코드를 완성했으면 시뮬레이터를 실행해 결과를 확인해 봅시다. 가변저항의 노브를 마우스로 클릭한 채 움직이면 시리얼 모니터에 표시되는 수치가 변경되는 것을 볼 수 있습니다. 아날로그 입력값의 범위가 0~1,023이므로 노브를 돌려 출력되는 값 또한 해당 범위 내에서 표시됩니다. 직접 실행해서 확인해 보세요.

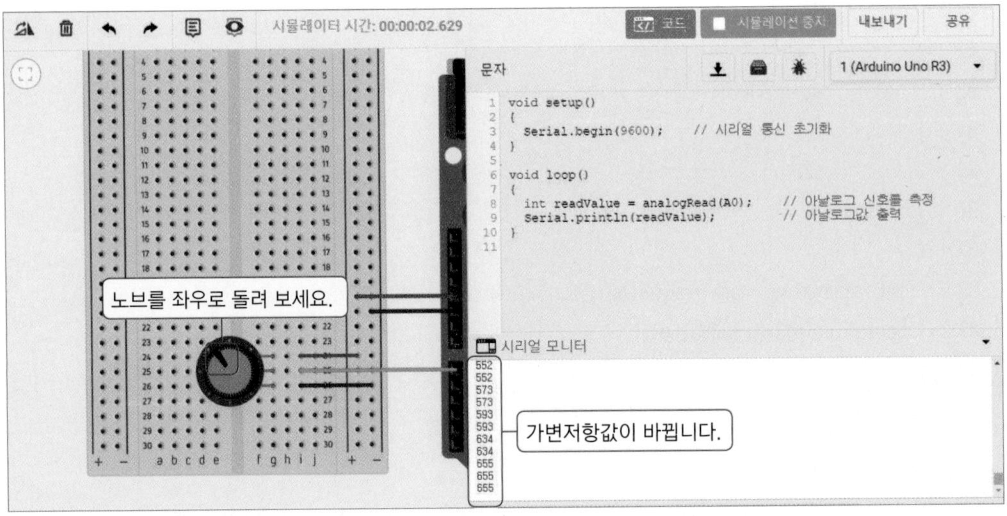

가변저항값을 시리얼 모니터에 출력

7. 그래프로 출력하기

시리얼 모니터 창의 오른쪽 아래에 있는 [그래프( )] 아이콘을 클릭하면 출력 결과가 숫자와 함께 그래프로 출력됩니다. 시간에 따른 값의 변화를 알고 싶을 때는 그래프 기능이 유용합니다. 또한 [그래프] 아이콘 왼쪽의 [지우기] 아이콘을 누르면 시리얼 모니터 창에 출력된 모든 데이터를 초기화할 수 있습니다.

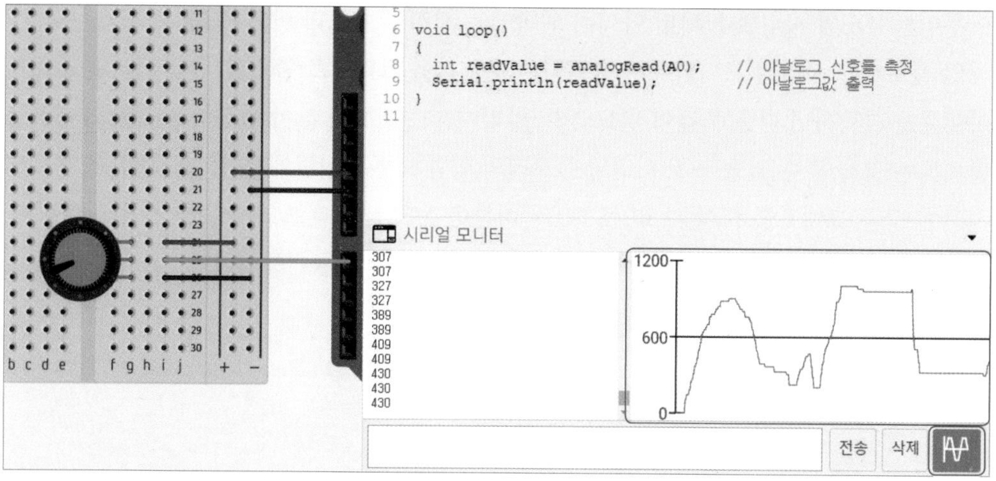

숫자 데이터를 그래프로 보여 주기

8. 아두이노 IDE에서 실행하기

아두이노에 가변저항과 브레드보드를 시뮬레이터와 동일하게 구성하고, 스케치 코드를 업로드합니다. [시리얼 모니터()] 아이콘을 클릭 후 가변저항의 노브를 돌려 변경되는 값을 확인해 봅시다. [자동 스크롤()] 아이콘을 클릭하면 시리얼 모니터 아래쪽에서 최신 값이 계속 출력되는 걸 확인할 수 있습니다. [타임스탬프()] 아이콘은 가변저항의 노브를 돌려 변경되는 값과 함께 시간을 출력합니다. 타임스탬프 오른쪽에 있는 아이콘은 시리얼 모니터 창의 모든 값을 지웁니다.

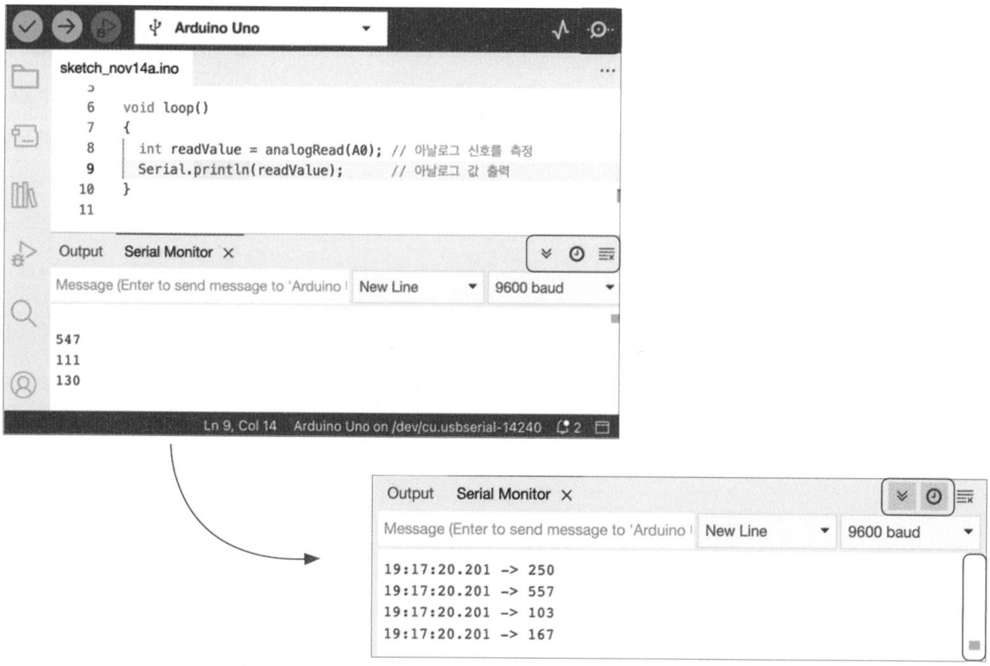

시리얼 모니터 창의 아이콘 기능

아두이노 IDE의 시리얼 모니터 아이콘 왼쪽에는 시리얼 플로터 아이콘(■)이 있습니다. 시리얼 플로터는 시리얼 모니터에서 출력되는 숫잣값을 그래프로 출력합니다. 시리얼 플로터 아이콘을 클릭하면 다음과 같이 별도 창이 열리며 가변저항의 값이 변화함에 따라 그래프로 출력되는 것을 볼 수 있습니다. 시리얼 플로터의 화면 오른쪽 상단에서 [RUN] 버튼을 누르면 시간에 따른 그래프를 보여 주고, [STOP] 버튼을 누르면 그래프 출력을 잠시 중단합니다. [Interpolate] 토글 버튼은 그래프를 보정해 부드럽게 표시하는 기능입니다.

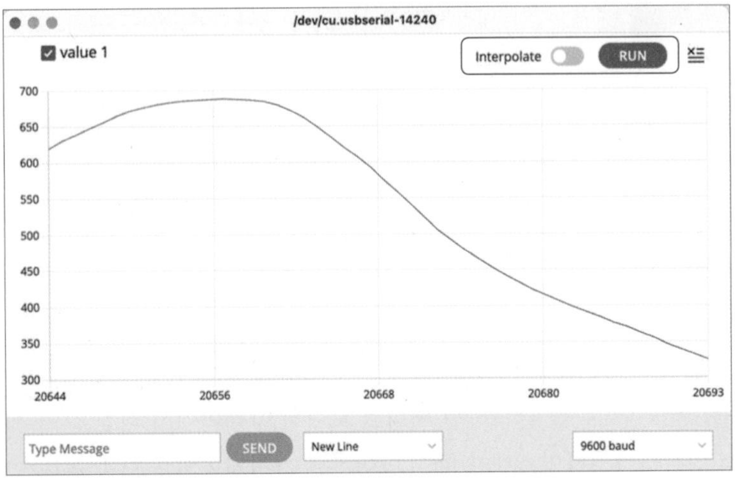

가변저항의 값을 그래프로 보여 주는 시리얼 플로터

Do it! 실습 8-2 가변저항으로 LED 켜고 끄기

가변저항값을 읽을 수 있다면 이 값을 활용해 다른 전자 부품을 제어할 수 있습니다. 가변저항값에 따라 LED의 불빛을 켜고 끄는 프로그램을 만들어 보겠습니다. 가변저항값이 500보다 작을 때는 LED를 끄고, 500보다 크거나 같을 때는 LED를 켜도록 회로 구성과 스케치 코드를 작성해 봅시다.

1. 회로 복제해 가져오기

'실습 8-1(가변저항값 측정하기)'에서 회로를 복사한 후 LED와 저항(220Ω)을 추가로 배치합니다. 저항값을 변경할 때 단위를 옴(Ω)으로 선택했는지 잘 확인합니다. LED의 양극은 아두이노의 디지털 13번 핀과 연결하고, LED의 음극은 저항을 통해 접지에 연결해 회로를 구성합니다.

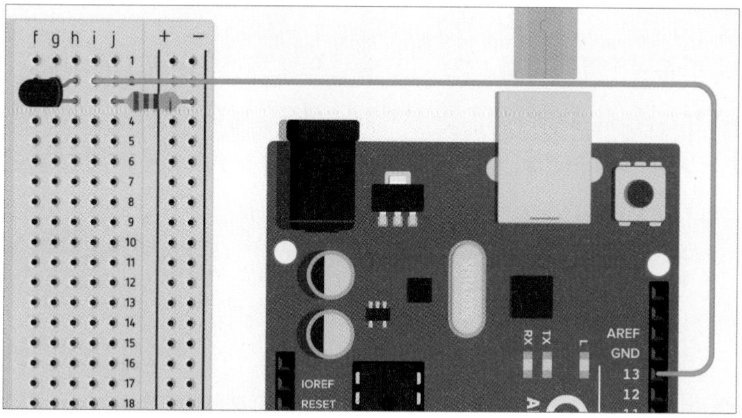

회로에 저항과 LED 배치

2. 스케치 코드 수정하기

다음과 같이 LED를 제어하기 위한 코드를 추가합니다.

```
01 : void setup()
02 : {
03 :   Serial.begin(9600);
04 :
05 :   pinMode(13, OUTPUT);                // 디지털 13번 핀을 출력 모드로 설정
06 : }
07 :
08 : void loop()
09 : {
10 :   int readValue = analogRead(A0);     // A0 핀에서 읽은 값을 readValue에 저장
11 :   Serial.println(readValue);
12 :
13 :   if (readValue < 500)                // readValue값이 500 미만이라면 14행 코드를 실행
14 :     digitalWrite(13, LOW);
15 :   else                                // readValue값이 500 이상이라면 16행 코드를 실행
16 :     digitalWrite(13, HIGH);
17 : }
```

3. 스케치 코드 읽기

05행은 pinMode() 함수로 아두이노의 디지털 13번 핀을 출력으로 설정하는 코드입니다. 13~16행은 가변저항으로부터 읽은 값에 따라 LED를 제어하는 코드입니다. if-else 문을 사용해 readValue값이 500보다 작으면 digitalWrite() 함수로 13번 핀에 LOW 신호를 써 LED의 불빛을 끄고, 500보다 크거나 같으면 HIGH 신호를 써 LED 불빛을 켜게 만듭니다.

pinMode() 함수의 첫 번째 매개변수와 LED의 양극과 연결한 아두이노 디지털 핀 번호가 일치하는지 꼭 확인하세요.

4. 실행 결과 확인하기

시뮬레이션을 시작해 실행 결과를 살펴보겠습니다. 가변저항의 노브를 돌려 아날로그 입력값이 500보다 작으면 LED의 불빛이 꺼지고, 500보다 크거나 같으면 LED의 불빛이 켜지는 것을 볼 수 있습니다. 아두이노 보드에서도 시뮬레이터와 동일하게 회로와 스케치 코드를 작성해서 확인해 봅시다.

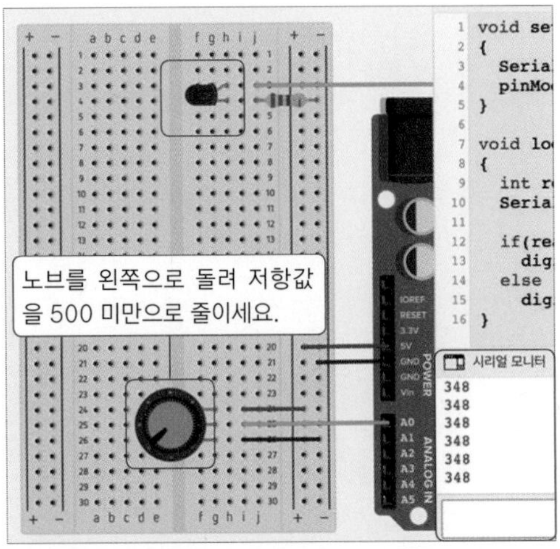

가변저항값이 500보다 작을 때

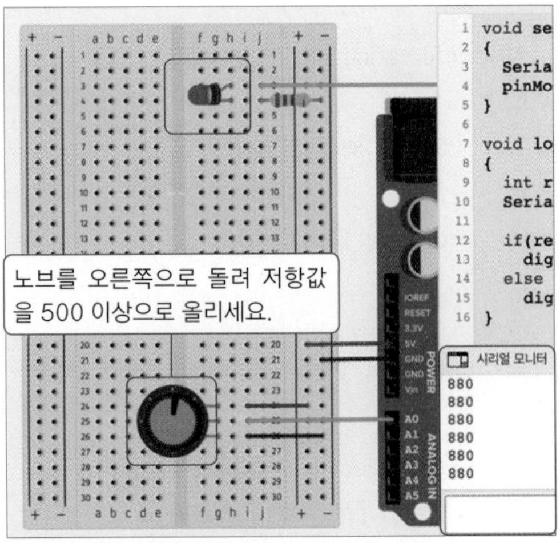

가변저항값이 500보다 클 때

Do it! 실습 8-3 가변저항으로 LED 깜빡임 속도 조절하기

이번에는 가변저항을 이용해 LED가 깜빡이는 속도를 제어해 보겠습니다.

1. 회로 복제하기

'실습 8-2(가변저항으로 LED 켜고 끄기)'의 회로를 복사해 불러오면 실습 준비가 끝납니다. 같은 회로를 놓고 스케치 코드만 수정해도 다른 결과를 만들 수 있습니다.

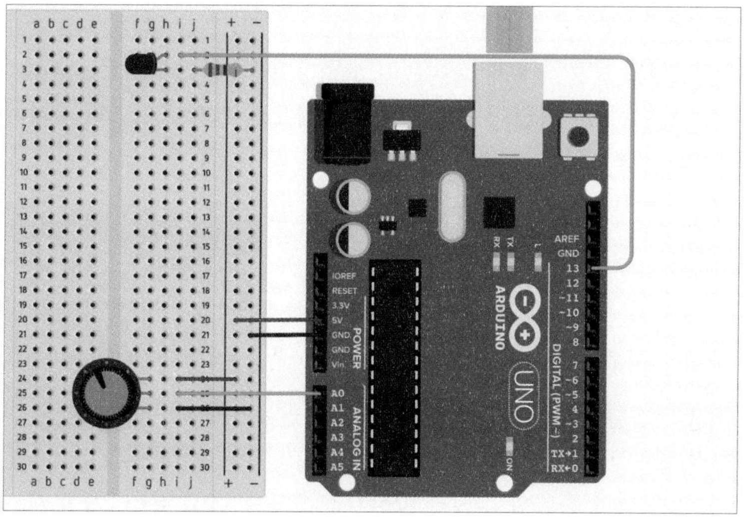

가변저항으로 LED 깜빡임 속도를 변경하는 회로 구성

2. 스케치 코드 수정하기

단축키 E를 눌러 코드 창을 열고 다음과 같이 스케치 코드를 입력합니다. '실습 8-2(가변저항으로 LED 켜고 끄기)'의 스케치 코드에서 조건문을 삭제하고 13~16행을 작성하면 됩니다.

```
01 : void setup()
02 : {
03 :   Serial.begin(9600);
04 :
05 :   pinMode(13, OUTPUT);
06 : }
07 :
08 : void loop()
09 : {
10 :   int readValue = analogRead(A0);     // A0 핀에서 읽은 값을 readValue에 저장
11 :   Serial.println(readValue);
12 :
13 :   digitalWrite(13, LOW);
14 :   delay(readValue);                   // readValue값만큼 코드 실행을 기다립니다.
15 :   digitalWrite(13, HIGH);
16 :   delay(readValue);                   // readValue값만큼 코드 실행을 기다립니다.
17 : }
```

3. 스케치 코드 읽기

새롭게 작성한 13~16행은 LED를 깜빡이게 하는 코드입니다. 깜빡이는 간격은 변수 readValue의 값으로 제어합니다. readValue의 값이 작으면 LED가 빠르게 깜빡이고 크면 서서히 깜빡입니다. 원리는 간단하지요?

그런데 한 가지 문제가 있습니다. delay() 함수의 시간 단위는 ms(밀리초)이고 아날로그 입력 범위는 0~1023입니다. 따라서 만들 수 있는 지연 시간의 범위는 0~1,023ms밖에 안 됩니다. 1,000ms가 1초이므로 최댓값으로 지연해도 겨우 1초가 조금 넘을 뿐입니다. 지연 시간의 범위를 더 넓히려면 어떻게 해야 할까요?

4. 출력값의 범위를 바꾸는 방법

지연 시간 범위를 넓히기 위해 필요한 간단한 수식을 알아보겠습니다. 예를 들어, 지연 시간 범위를 0ms(0초)에서 2,000ms(2초) 사이로 변경한다고 가정해 봅시다.

$$\text{출력값} = \frac{\text{입력값}}{1023(\text{입력값의 최댓값})} \times 2000(\text{출력값의 최댓값})$$

수식에 따르면 입력값이 0이면 출력값도 0이 되고, 입력값이 아날로그 입력의 최댓값인 1023이면 출력값은 2000이 됩니다. 이렇게 입력과 출력의 최댓값을 변경하면 원하는 출력값을 만들 수 있습니다. 입력값의 범위가 0~1023이지만 출력값은 0~2000이 되고, delay() 함수의 매개변수로 변경된 출력값을 사용해 LED가 깜빡이는 속도를 원하는 시간만큼 자유롭게 바꿀 수 있습니다.

5. 스케치 코드를 수정해서 LED 깜빡임 지연 속도 늘리기

다음과 같이 loop() 함수 안의 스케치 코드를 편집해 지연 시간의 범위를 0~2,000ms로 변경합니다.

```
01 : void setup()
02 : {
03 :   Serial.begin(9600);
04 :
05 :   pinMode(13, OUTPUT);
06 : }
07 :
08 : void loop()
```

```
09 : {
10 :    int input = analogRead(A0);           // 아날로그 신호를 측정
11 :    int output = input/1023*2000;         // 출력값 변환식 적용
12 :
13 :    Serial.print(input);                  // 아날로그 입력값 출력
14 :    Serial.print('\t');                   // 공백 출력
15 :    Serial.println(output);               // 변환된 출력값 출력
16 :
17 :    digitalWrite(13, LOW);
18 :    delay(output);                        // 지연 시간을 변수로 제어
19 :    digitalWrite(13, HIGH);
20 :    delay(output);                        // 지연 시간을 변수로 제어
21 : }
```

6. 스케치 코드 읽기

10행은 A0 핀으로 읽은 아날로그값을 input이라는 정수형 변수에 저장하는 코드입니다. 11행은 입력값을 받아 새로운 출력값을 만들어 output이라는 정수형 변수에 저장하는 코드이며, 이 수식을 사용하면 출력값의 범위를 더 넓힐 수 있습니다.

13~15행은 입력값과 새로운 출력값을 시리얼 모니터에 출력하기 위한 코드로, 줄 바꿈이 없는 Serial.print() 함수와 탭만큼 공백을 넣는 매개변수 '\t'를 사용해 입력값과 출력값이 한 줄로 표현되도록 작성했습니다.

마지막으로 17~20행에서는 delay() 함수의 매개변수로 출력값을 저장한 output 변수를 사용해 LED가 깜빡이는 시간을 조절합니다.

프로그래밍 언어에서 나눗셈은 '/' 기호로, 곱셈은 '*' 기호로 표현합니다.

7. 시뮬레이션으로 오류 확인하기

〈시뮬레이션 시작〉을 클릭해 실행 결과를 살펴보겠습니다. 가변저항의 노브를 회전시켜 시리얼 모니터로 입력값과 출력값의 변화도 함께 확인합니다.

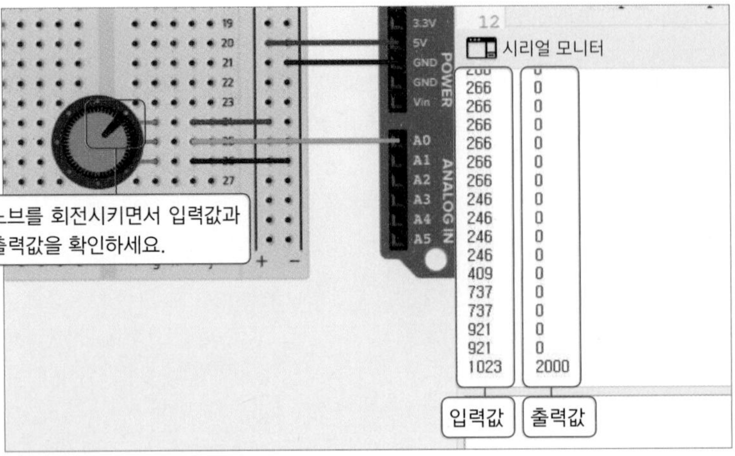

출력값 변환 수식을 적용한 회로의 실행 결과

그런데 결과가 예상한 것과 다릅니다. 입력값이 0~1022일 때 출력값은 무조건 0이고, 입력값이 1023일 때만 출력값이 2000이 됩니다. 왜 이런 오류가 발생할까요? 프로그래밍 언어에서 데이터형 변환을 고려하지 않았기 때문입니다.

8. 데이터형 변환 알아보기

데이터형은 데이터를 담을 수 있는 상자와 같습니다. 큰 데이터형에 들어 있던 값을 작은 데이터형에 담으려 하면 데이터 손실이 발생할 수 있습니다. 예를 들어, 실수를 저장할 수 있는 float 데이터형에 값 3.4가 저장되어 있습니다. 이 값을 정수형 int에 다시 저장하면 소수점 아래 값이 사라지고 값 3만 저장됩니다.

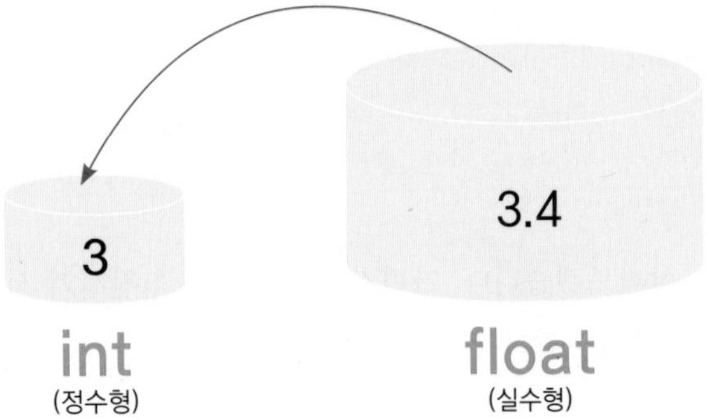

다시 스케치 코드로 돌아와 11행에 있는 변수 선언문을 자세히 살펴보겠습니다.

```
10 :   int input = analogRead(A0);
11 :   int output = input/1023*2000;
```

input값이 100일 때 결과는 0.09775…입니다. 하지만 10행에서 input을 정수형(int)으로 선언했으므로 정수형이 아닌 결과는 여기에 담을 수가 없습니다. 따라서 소수점 아랫부분을 제거하고 0만 담게 됩니다. 0에 2000을 곱해도 0이므로 output도 0이 됩니다. 유일하게 input이 1023일 때만 1023/1023의 결과가 1로 정수입니다. 1에 2000을 곱해 output에는 2000이 저장됩니다.

9. 스케치 코드에서 데이터형 수정하기

원하는 결과를 얻으려면 두 가지 방법이 있습니다. 첫 번째는 처음부터 input 변수의 데이터형을 실수형(float)으로 선언하는 것입니다. 두 번째는 연산 결과의 데이터형을 강제로 변환시켜 0이 되지 않게 만드는 방법입니다. 이것을 강제 형 변환이라 합니다. 강제 형 변환은 연산 중에 변환하고자 하는 데이터 또는 변수 왼쪽에 데이터형을 괄호로 감싸 표현합니다.

여기서는 두 번째 방법을 적용해 보겠습니다. 11행을 다음과 같이 수정합니다.

```
08 : void loop()
09 : {
10 :   int input = analogRead(A0);
11 :   int output = (float)input/1023*2000;    // 강제 형 변환
12 :
13 :   Serial.print(input);
14 :   Serial.print('\t');
15 :   Serial.println(output);
16 :
17 :   digitalWrite(13, LOW);
18 :   delay(output);
19 :   digitalWrite(13, HIGH);
20 :   delay(output);
21 : }
```

10. 실행 결과 확인하기

〈시뮬레이션 시작〉을 클릭해 실행 결과를 살펴봅시다. 가변저항의 노브를 회전시켜 입력값을 변경했을 때 출력값도 0이 아닌 정상적인 값으로 변하는 것을 시리얼 모니터에서 볼 수 있습니다. 출력값에 따라 LED의 깜빡이는 속도도 느리게 또는 빠르게 잘 변합니다. 시뮬레이터에서 확인했다면 아두이노 보드에서도 동일한 회로를 구성하고 스케치 코드를 업로드해 봅시다.

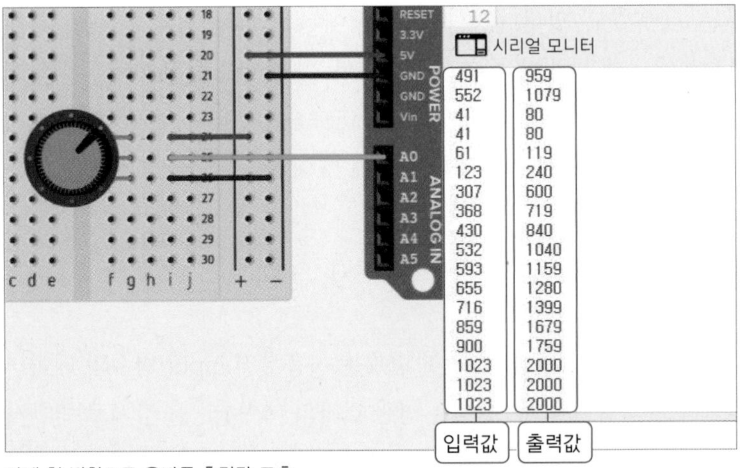

강제 형 변환으로 올바른 출력값 도출

직접 볼까요!

가변저항으로 LED 제어하기

가변저항으로 LED 제어하는 방법을 영상으로 보고 싶다면 다음 링크를 참고하세요.

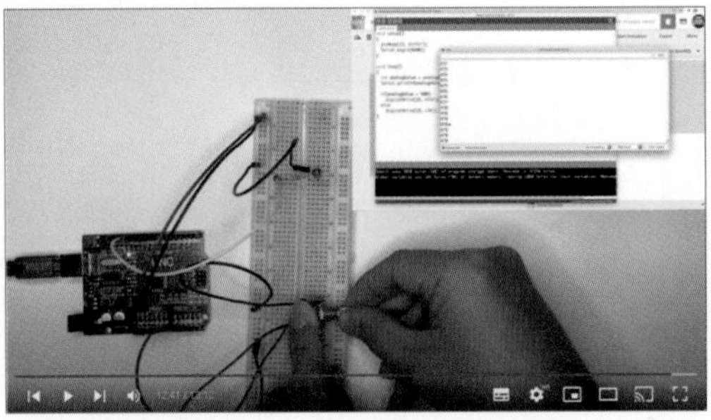

QR코드를 찍어 보세요.

https://youtu.be/ICir7BAF-Uk

08-2 조도 센서로 스마트 가로등 만들기

센서란?

센서(sensor)는 주위 환경에서 물리적인 또는 화학적인 변화를 감지하고, 이러한 변화를 전기적 또는 디지털 신호로 변환하는 장치를 의미합니다. 대표적으로 조도 센서, 온도 센서, 초음파 센서, 압력 센서 등이 있습니다.

센서의 동작 원리

센서마다 측정하는 방식이 다르지만 주로 사용하는 센서의 원리를 알아보면 어떻게 동작하는지 이해하기 쉽습니다. 아두이노는 센서로부터 어떻게 값을 받아 올까요? 조도 센서를 기준으로 살펴보면 조도 센서와 저항 사이에 아날로그 입력 핀을 통해 전압값을 받아 옵니다. 그리고 전압은 아두이노의 아날로그 디지털 변환기(ADC)에 의해 숫잣값으로 변환되어 우리가 확인하는 것이죠. 따라서 센서가 어떻게 전압값에 영향을 줄 수 있는지 살펴보면 센서의 동작 원리를 이해할 수 있습니다.

저항이 하나인 경우 양단에 걸리는 전압은 공급 전압과 동일하지만, 저항 두 개를 사용하면 두 저항의 비율에 따라 측정한 전압이 달라집니다. 다음 그림에서는 1.5V 배터리 1개 또는 2개와 1킬로옴(KΩ) 저항을 사용해 저항 양단의 전압을 측정했을 때 배터리의 공급 전압과 동일한 전압값이 측정된 것을 확인한 것입니다. 저항값이 달라져도 결과는 동일합니다.

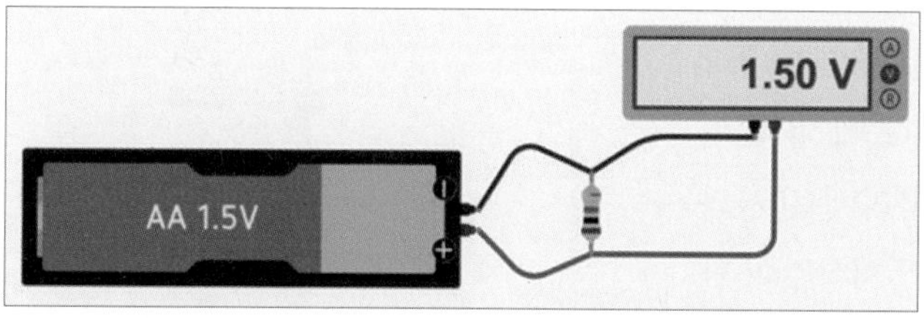

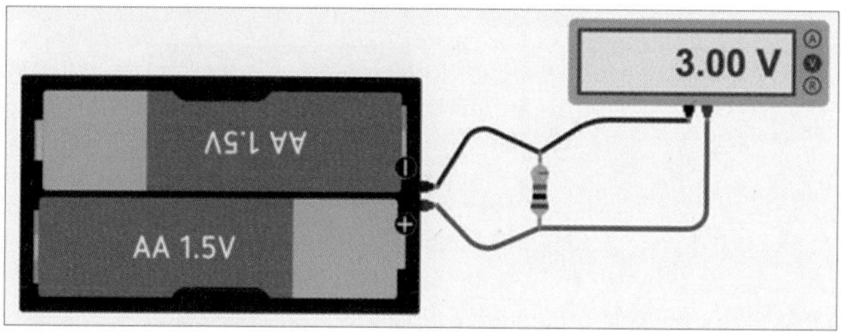

그림 8-3 저항이 하나인 경우 양단에 걸리는 전압

저항 두 개를 나란히 연결하고, 저항과 저항 사이 지점과 접지(GND) 사이의 전압을 측정하면 두 저항의 비율에 따라 다른 전압값을 측정합니다. 예를 들어, 1킬로옴(KΩ) 저항 2개를 나란히 연결하고 계측기로 한쪽 저항의 끝과 두 저항의 접점에서 전압을 측정하면 2.5V의 전압값을 측정합니다. 이는 두 저항의 값이 1:1로 동일해 5V를 각각 2.5V씩 나눠 사용하기 때문입니다. 한편 1킬로옴(KΩ) 저항 1개와 9킬로옴(KΩ) 저항 1개를 나란히 연결하고, 동일한 조건에서 전압을 측정하면 저항의 비율이 9:1이므로 4.5V의 전압값이 측정됩니다.

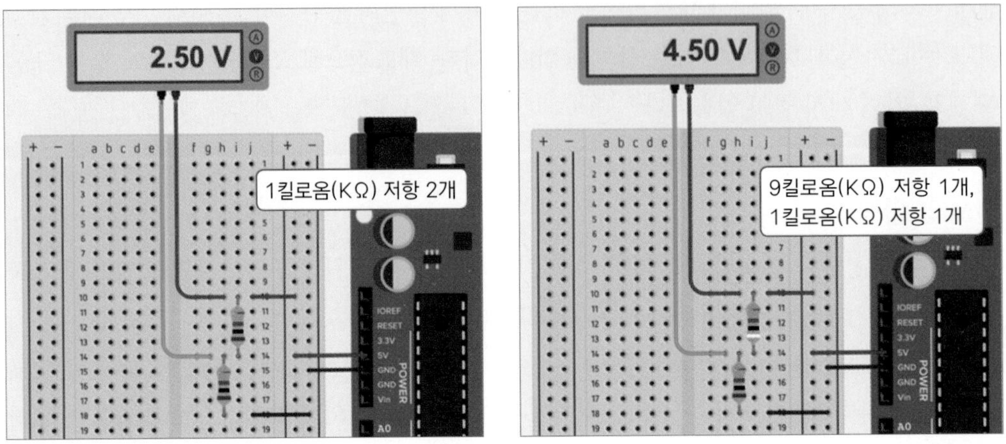

그림 8-4 저항이 두 개인 경우 양단에 걸리는 전압

앞서 설명한 원리를 전압 분배 법칙이라고 하며, 수식으로 표현하면 다음과 같습니다. 즉, 전압 분배 법칙은 전체 전압이 연결된 저항의 비율에 따라 분배된다는 것을 의미합니다.

$$\text{출력 전압값} = \text{입력 전압값} \times \frac{\text{측정 저항값}}{\text{전체 저항값}}$$

센서는 일종의 가변저항입니다. 빛의 세기에 따라 저항값이 바뀌면 조도 센서이고, 온도에 따라 저항값이 바뀌면 온도 센서입니다. 따라서 센서와 고정 저항을 나란히 연결하면 센서의 저항값이 달라짐에 따라 두 저항의 비율이 달라져, 아두이노에서 변화하는 전압값을 측정할 수 있습니다.

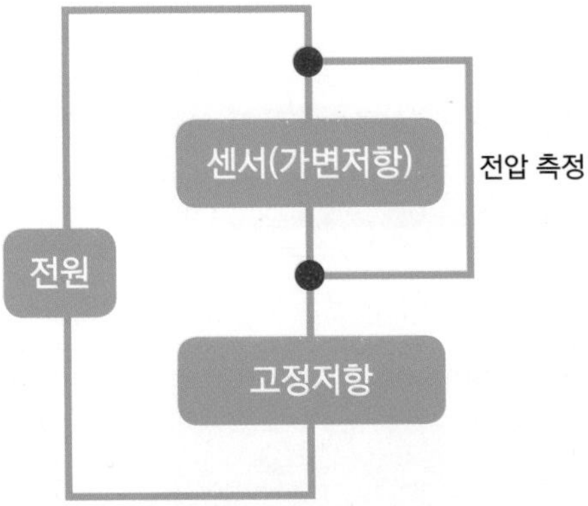

그림 8-5 센서의 전압값을 측정하는 원리

조도 센서란?

조도 센서(photoresistor)는 빛의 세기에 따라 저항값이 변하는 전자 부품입니다. 빛이 많이 들어오면 저항이 작아지고, 적게 들어오면 저항이 커지는 황화 카드뮴(CdS, cadmium sulfide)이라는 화합물을 사용합니다.

조도 센서의 모습을 살펴보면 동그란 부분이 빛을 감지하는 부분이며, 전류가 흐르는 길인 두 개의 단자로 구성됩니다. 저항처럼 극성이 없어 전원과 접지의 방향에 상관없이 연결할 수 있습니다.

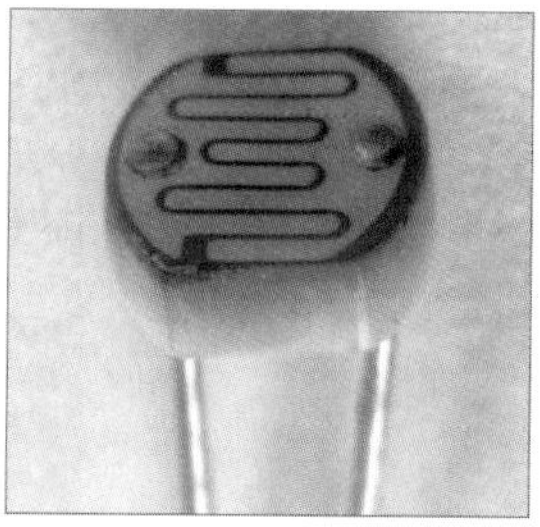

그림 8-6 조도 센서(출처: https://en.wikipedia.org/wiki/Photoresistor)

Do it! 실습 8-4 조도 센서값 측정하기

조도 센서의 구조는 복잡하지 않으므로 바로 실습을 통해 어떻게 사용하는지 알아보겠습니다.

1. 새 회로 만들기

[만들기 → 회로] 버튼을 클릭해 새 회로를 만듭니다. 아두이노 보드와 브레드보드를 다음 그림과 같이 작업판에 배치합니다. 아두이노 보드의 전원(5V)은 브레드보드의 전원(+)에 연결하고, 아두이노 보드의 접지(GND)는 브레드보드의 접지(-)에 연결합니다.

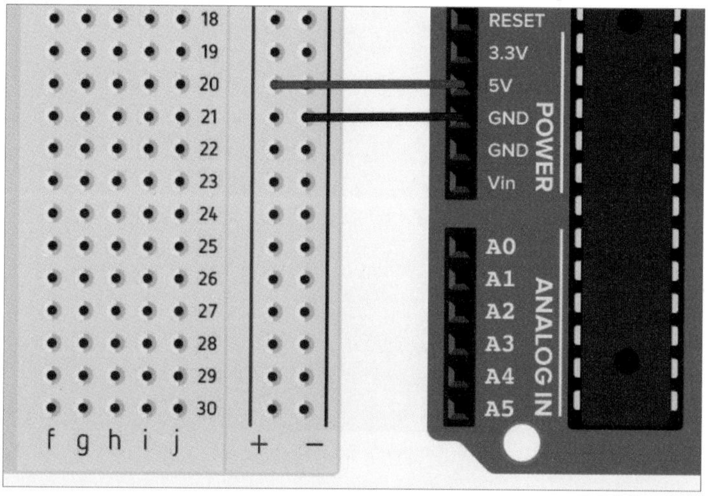

작업판에 아두이노 보드와 브레드보드 배치

2. 조도 센서와 저항 배치하기

조도 센서를 도구 창에서 찾은 다음, 단자가 오른쪽을 향하도록 회전시켜서 브레드보드에 배치합니다. 조도 센서의 한쪽 단자에는 10kΩ 저항을 연결합니다.

조도 센서는 아두이노 시뮬레이터에서 '포토레지스터'로 표기됩니다.

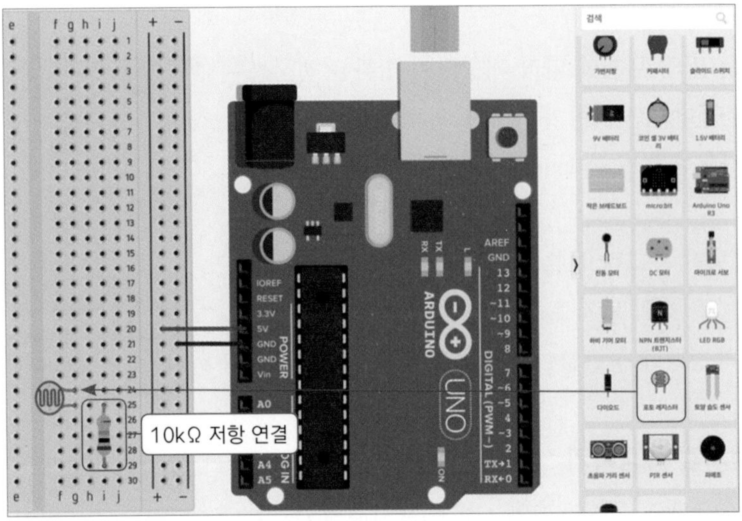

조도 센서의 한쪽 단자에 10kΩ 저항 연결

3. 전선 연결하기

조도 센서의 한쪽 단자를 브레드보드의 접지(-)에 연결하고, 저항의 아래쪽 단자를 브레드보드의 전원(+)에 연결합니다. 조도 센서의 값을 읽기 위해 아날로그 입력 핀 A0와 조도 센서와 저항이 만나는 지점을 연결합니다.

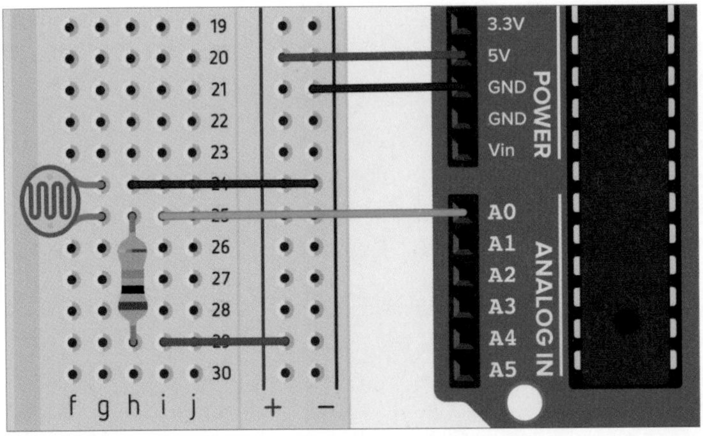

조도 센서의 회로 배선

4. 스케치 코드 작성하기

코드 창을 열고 문자 코딩 방식으로 선택한 후 다음과 같이 스케치 코드를 입력합니다. 아날로그 입력값을 저장하는 변수명이 readValue에서 photoresistor로 변경된 점을 제외하면 '실습 8-1(가변저항값 측정하기)'과 같습니다. 시리얼 모니터에서 조도 센서의 값을 출력하기 위해 03행에서 시리얼 통신 초기화 함수를, 09행에서 출력 함수를 사용했습니다.

```
01 : void setup()
02 : {
03 :   Serial.begin(9600);                      // 시리얼 통신 초기화
04 : }
05 :
06 : void loop()
07 : {
08 :   int photoresistor = analogRead(A0);      // 조도 센서값 측정
09 :   Serial.println(photoresistor);           // 조도 센서값 출력
10 : }
```

5. 실행 결과 확인하기

시뮬레이션을 시작하고 조도 센서를 클릭하면 빛의 밝기를 조절할 수 있는 슬라이드 바가 나타납니다. 슬라이드 바를 위로 올리면 빛의 밝기가 세지고 아래로 내리면 빛의 밝기가 약해집니다. 밝기 조절에 따라 바뀌는 출력값은 시리얼 모니터로 확인할 수 있습니다. 빛이 가장 밝을 때는 49, 가장 어두울 때는 969입니다.

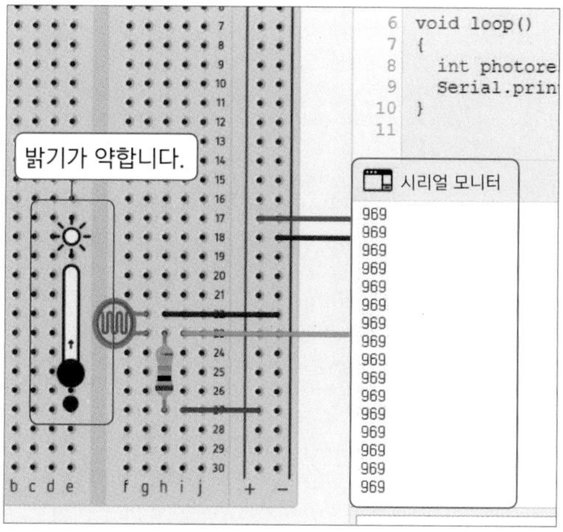

조도 센서값이 어두울 때

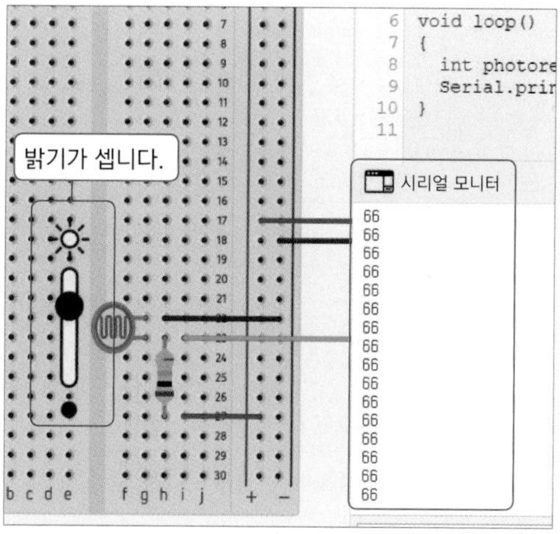

조도 센서값이 밝을 때

아두이노 보드에서 시뮬레이터와 동일하게 회로를 구성하고, 스케치 코드를 업로드해 조도 센서의 값을 시리얼 모니터로 출력해 봅시다. 빛의 세기는 조도 센서를 손으로 가리거나 빛에 노출해서 변화를 줄 수 있습니다. 그런데 앞선 실습과 달리 시뮬레이터와 실제 보드에서 측정한 값이 다름을 확인할 수 있습니다. 이는 빛의 세기가 상대적이기 때문입니다. 시뮬레이터의 경우 실제 조도 센서로 측정된 값이 아닌 가상의 센서로 빛의 세기를 임의로 표현했지만, 실제 빛의 세기는 환경에 따라 다양합니다. 빛의 세기는 실내와 실외에 따라 다르고, 같은 공간에서도 조명 근처와 조명에서 멀리 떨어진 곳에 따라 달라집니다. 따라서 실제 조도 센서를 사용할 경우 반드시 사용하려는 공간의 빛의 세기를 직접 측정해서 값을 비교해야 합니다.

Do it! 실습 8-5 조도 센서로 스마트 가로등 회로 만들기

조도 센서로 빛의 밝기를 측정할 수 있다면 밤과 낮을 구분해 가로등의 불빛을 제어할 수 있습니다. 조도 센서와 LED를 사용해 밤과 낮의 빛의 세기를 구분해 자동으로 불을 켜고 끄는 스마트 가로등 회로를 만들어 보겠습니다.

1. 회로 복제하기

먼저 '실습 8-4(조도 센서값 측정하기)' 회로를 복사합니다. 브레드보드에 가로등 역할을 하는 LED와 저항(220Ω)을 배치합니다. 저항은 LED의 음극 단자에 연결합니다.

저항의 단위에 주의하세요. 저항값이 크면 LED에 흐르는 전류가 부족해 불빛이 약하거나 아예 작동하지 않을 수 있습니다.

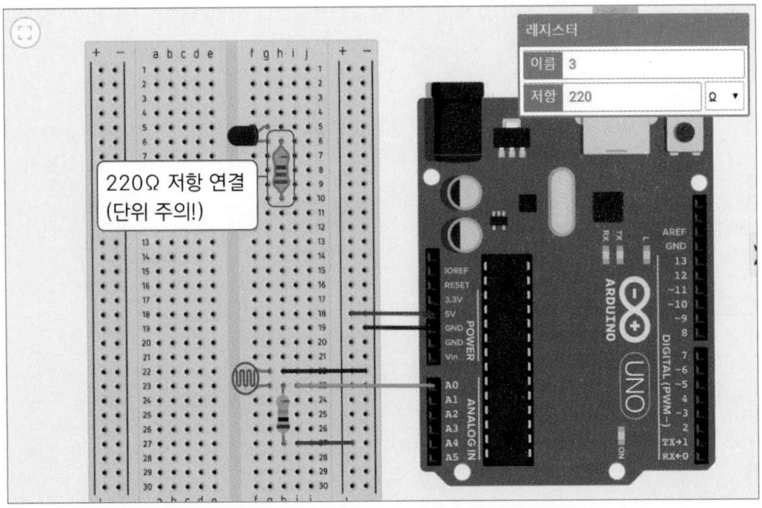

브레드보드에 LED와 저항 배치

2. 전선 연결하기

LED에서 전류는 양극에서 음극으로 흐릅니다. 따라서 전원 공급을 제어하기 위한 디지털 13번 핀은 LED의 양극에 연결해야 합니다. 그리고 LED의 음극은 저항(220Ω)을 거쳐 브레드보드의 접지에 연결합니다.

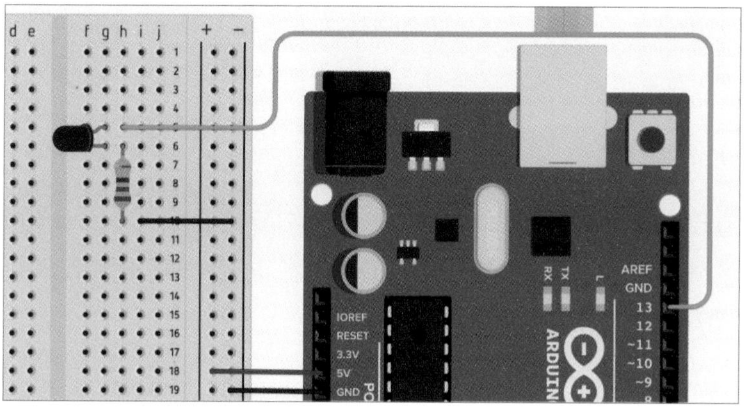

LED 회로 배선

3. 스케치 코드 수정하기

디지털 13번 핀을 출력 모드로 설정하기 위해 04행에서 pinMode() 함수를 추가합니다. 12~15행은 이번 실습에서 가장 중요한 조건문입니다. '실습 8-4(조도 센서값 측정하기)'를 하면서 조도 센서값은 빛의 세기와 반비례한다는 점을 확인했습니다. 즉, 빛이 어두울수록 값은 커집니다. 이 원리를 이용해 조도 센서의 값이 기준보다 크면 어둡다고 판단해 LED를 켜고, 기준보다 작거나 같으면 밝다고 판단해 LED를 끄는 조건문을 작성했습니다.

예시에서 사용한 100이라는 값은 아두이노 시뮬레이터에서 쓰기 위한 임의의 기준치입니다. 실제로 스마트 가로등을 만들 경우에는 낮과 밤의 조도 센서값을 측정해 정확한 기준치를 결정해야 합니다. 빛의 밝기는 측정하는 위치와 시간에 따라 달라질 수 있기 때문입니다.

```
01 : void setup()
02 : {
03 :   Serial.begin(9600);                    // 시리얼 통신 초기화
04 :   pinMode(13, OUTPUT);                   // 디지털 13번 핀을 출력 모드로 설정
05 : }
06 :
07 : void loop()
08 : {
09 :   int photoresistor = analogRead(A0);    // 조도 센서값 측정
```

```
10 :   Serial.println(photoresistor);          // 조도 센서값 출력
11 :
12 :   if (photoresistor > 100)
13 :     digitalWrite(13, HIGH);               // 어두울 때 가로등을 켬
14 :   else
15 :     digitalWrite(13, LOW);                // 밝을 때 가로등을 끔
16 : }
```

4. 실행 결과 확인하기

시뮬레이터를 실행해 결과를 살펴보겠습니다. 조도 센서의 슬라이드 바를 위아래로 움직여 보세요. 값을 100보다 큰 169로 하면 어둡다고 판단해 LED가 켜지고, 100보다 작은 72로 하면 밝다고 판단해 LED가 꺼지는 것을 확인할 수 있습니다.

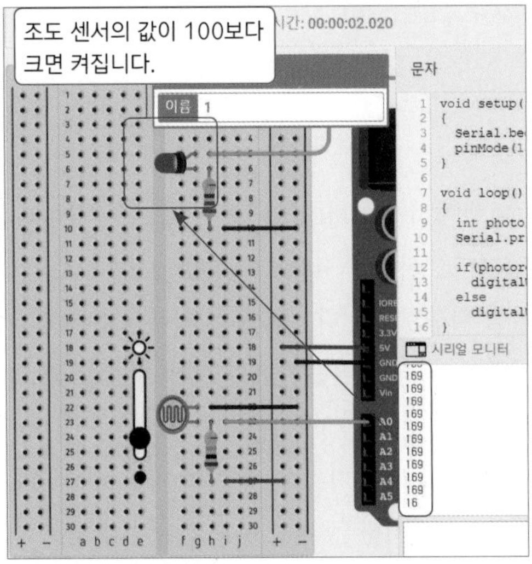

조도 센서값이 100보다 클 때

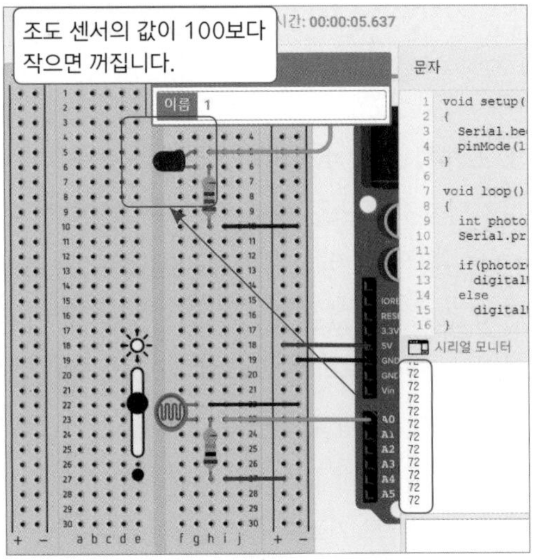

조도 센서값이 100보다 작을 때

실제 아두이노 보드와 조도 센서를 사용해 회로를 구성하고 스케치 코드를 업로드합시다. 여러분의 환경에서 조도 센서의 값을 측정하고 어두울 때와 밝을 때 측정한 값을 비교해 봅시다. 그리고 어두울 때 LED를 켜도록 스케치 코드의 12행을 수정해 보세요.

직접 볼까요!

스마트 가로등 회로가 작동하는 모습

실제 스마트 가로등 회로는 어떻게 작동할까요? 영상으로 보고 싶다면 다음 링크를 참고하세요.

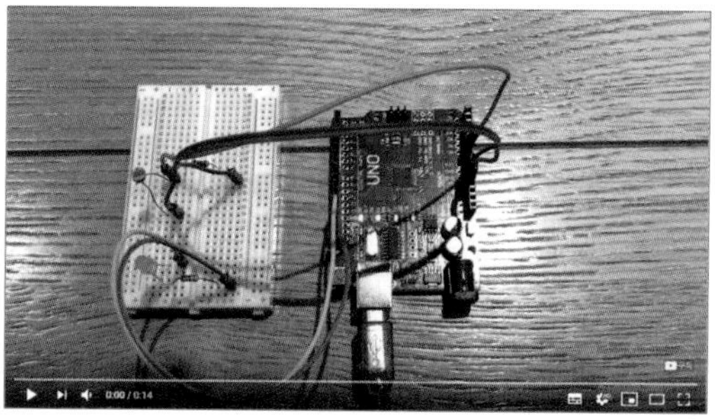

QR코드를 찍어 보세요.

https://youtu.be/Q6YpXooH7AA

직접 볼까요!

조도 센서로 스마트 가로등 만들기

조도 센서로 스마트 가로등 만드는 방법을 영상으로 보고 싶다면 다음 링크를 참고하세요.

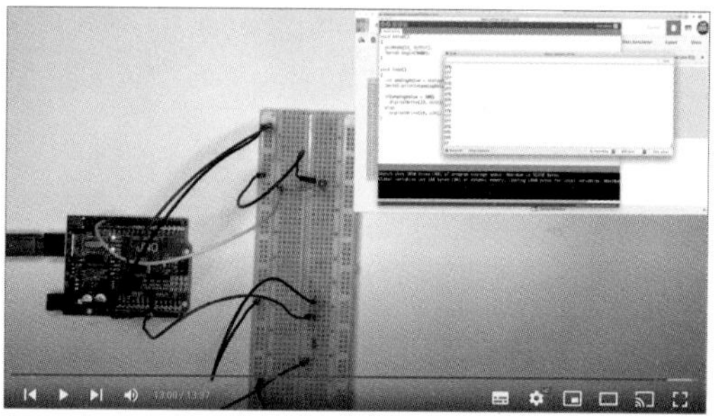

QR코드를 찍어 보세요.

https://youtu.be/n1wxc8hvdsc

08-3 온도 센서로 온도계 만들기

온도 센서란?

온도 센서는 온도를 감지해 전기 신호로 바꿔 주는 전자 부품입니다. 아두이노 시뮬레이터는 세 개의 단자로 구성된 TMP36이라는 온도 센서를 지원합니다. 다음 그림에서는 왼쪽부터 전원(power), 출력(volt), 접지(GND) 단자입니다.

그림 8-7 TMP36 온도 센서
(출처: https://www.sparkfun.com/products/10988)

Do it! 실습 8-6 온도 센서로 온도계 회로 만들기

온도 센서의 작동 원리와 사용 방법은 실습을 진행하면서 알아보겠습니다.

1. 새 회로 만들고 구성하기

새 회로를 만들고 아두이노 보드와 브레드보드를 90°로 세워서 배치합니다. 아두이노 보드의 전원(5V)은 브레드보드의 전원(+)에 연결하고, 아두이노 보드의 접지(GND)는 브레드보드의 접지(-)에 연결합니다. TMP로 표시된 온도 센서는 단자가 오른쪽을 향하도록 돌려서 브레드보드에 배치합니다. 온도 센서는 도구 창에서 'tmp36' 키워드로 찾거나 기본 구성 요소 맨 하단에 있습니다.

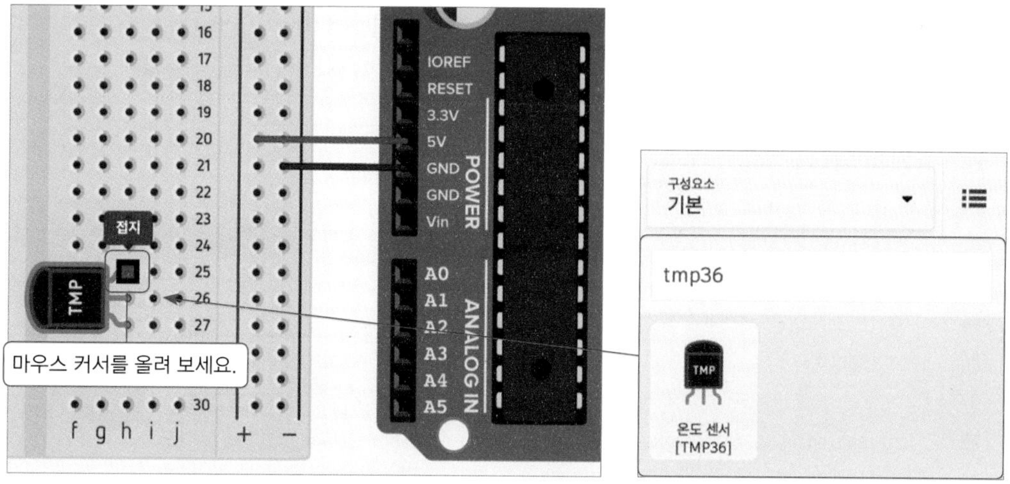

작업판에 아두이노 보드와 브레드보드, 온도 센서 배치

2. 전선 연결하기

온도 센서의 단자에 마우스 커서를 가져다 대면 어디에 연결해야 할 단자인지 확인할 수 있습니다. 온도 센서의 각 단자에 맞게 전원과 접지를 연결하고, 출력은 아날로그 입력 핀 A0에 연결합니다.

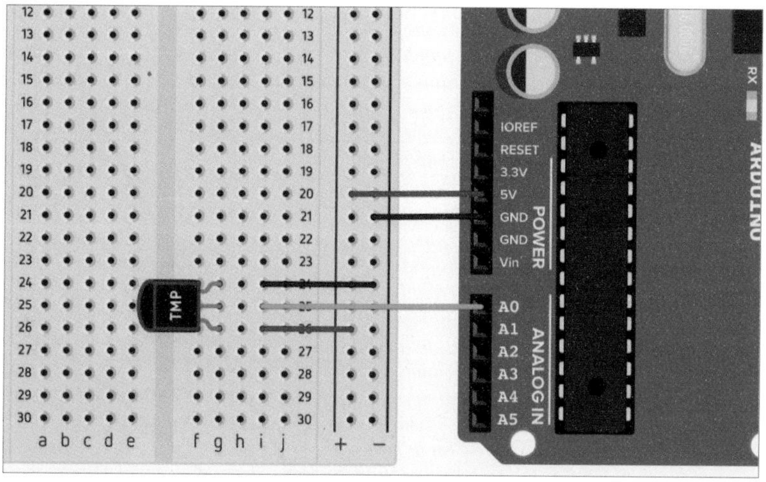

온도 센서 회로 배선

3. 스케치 코드 작성하기

회로가 완성되면 다음과 같이 스케치 코드를 작성합니다. setup() 함수에서는 온돗값을 출력하기 위해 시리얼 통신을 초기화합니다. 그리고 loop() 함수에서는 아날로그 입력값을 온돗값으로 변환하고 시리얼 모니터에 출력합니다. 08행은 자주 봤던 형식이죠? 아날로그 핀 A0 값을 읽고 정수형 데이터를 갖는 변수 analogInput에 저장합니다.

문제는 09~10행입니다. 전압과 온도를 나타내는 변수 선언문인데 수식이 매우 낯섭니다. 이 두 행을 이해하려면 온도 센서의 특성을 알아야 합니다.

```
01 : void setup()
02 : {
03 :   Serial.begin(9600);                          // 시리얼 통신 초기화
04 : }
05 :
06 : void loop()
07 : {
08 :   int analogInput = analogRead(A0);            // 온도 센서(TMP36)값 측정
09 :   float voltage = analogInput*5.0/1023.0;      // 전압값 변환(과정 4에서 설명)
10 :   float temperature = voltage*100-50;          // 온돗값 변환(과정 4에서 설명)
11 :
12 :   Serial.print("Temperature : ");
13 :   Serial.println(temperature);                 // 온돗값 출력
14 : }
```

4. TMP36에서 온도와 전압의 관계 이해하기

오른쪽 그림은 온도 센서의 데이터시트로 온도와 전압의 관계를 보여줍니다. 온도와 전압의 관계는 온도 센서별로 조금씩 다릅니다. 주황색 실선 b가 여기에서 사용한 TMP36입니다. 직선이므로 *x*축이 온도, *y*축이 전압인 일차 방정식 (*y=ax+b*)으로 표현할 수 있습니다. 즉, 온도를 알면 전압을 구할 수 있고 반대로 전압을 알면 온도를 구할 수 있습니다. 이 원리를 이용해 온돗값을 구하는 것입니다.

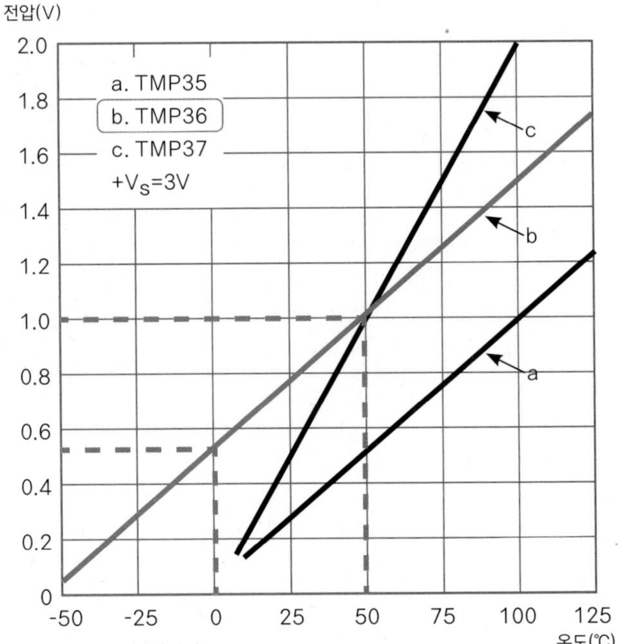

TMP36 데이터시트

일차 방정식의 기울기 a는 x축의 증가량 분의 y축 증가량입니다. 절편 b는 x가 0일 때 y값입니다. 따라서 다음과 같은 일차 방정식을 구할 수 있습니다.

$$y = ax + b = \frac{1.0 - 0.5}{50 - 0}x + 0.5 = \frac{1}{100}x + 0.5$$

위 식에서 y는 전압값입니다. 우리는 아두이노에서 전압값을 측정해 온돗값을 구해야 하므로 위 식을 x에 대한 식으로 바꾸면 다음과 같습니다.

$$x = 100y - 50$$

x를 온도(T), y를 전압(V)으로 치환하면 두 방정식은 다음과 같이 전압 및 온도에 관한 식으로 정리할 수 있습니다.

$$V = \frac{1}{100} \times T + 0.5$$

$$T = 100 \times V - 50$$

질문 있어요!

데이터시트가 뭔가요?

데이터시트(datasheet)는 전자 부품, 전원 공급 장치, 소프트웨어 등의 성능과 특성을 설명하는 문서입니다. 온도 센서(TMP36)의 특성도 데이터시트로 확인할 수 있습니다. 인터넷에서 'TMP36 datasheet'를 검색하면 작동 전압과 각 단자를 어디에 연결해야 하고, volt로 출력되는 전압을 온돗값으로 바꾸려면 어떤 공식을 적용해야 할지 참고할 수 있습니다.

5. 스케치 코드 읽기

다시 스케치 코드를 확인해 봅시다. 10행을 보면 앞에서 구한 '전압을 알 때 온도를 구하는 수식'과 똑같습니다. 따라서 전압을 알면 온도를 구할 수 있습니다. 그렇다면 전압은 어떻게 구할까요? 아두이노 보드의 작동 전압이 5V이므로 아두이노의 구성 요소들이 입력받을 수 있는 전압의 기본 범위는 0~5V입니다. 이 범위의 전압이 아날로그 핀 A0으로 들어가 10비트 ADC를 거쳐 0~1023 범위 안의 숫자로 변환됩니다. 따라서 아날로그 디지털 컨버터로 변환된 값을 되돌리면 온도 센서가 출력한 전압의 값을 구할 수 있습니다. 스케치 코드의 09행이 바로 이러한 내용입니다.

$$V = \frac{analogInput \times 5.0}{1023.0}$$

5.0은 아두이노 보드의 작동 전압입니다. 1023.0은 10bit ADC가 나타낼 수 있는 최댓값입니다. 자신이 사용하는 아두이노 보드의 작동 전압과 ADC가 몇 비트짜리인지에 따라 수식은 달라질 수 있습니다.

마지막으로, 정수 5와 1023이 아닌 실수 5.0과 1023.0으로 나눈 이유는 연산 과정에서 자동으로 형 변환이 이뤄질 때 데이터 손실을 예방하기 위함이라고 이해하면 됩니다.

6. 실행 결과 확인하기

〈시뮬레이션 시작〉 버튼을 클릭해 실행 결과를 살펴보겠습니다. 시뮬레이션을 시작해 온도 센서를 클릭하면 온도를 변화시킬 수 있는 슬라이드 바가 나타납니다. 온도 변화에 따라 시리얼 모니터에 공식이 적용된 온돗값이 슬라이드 바에 출력되는 것을 확인할 수 있습니다.

공식 적용 과정에서 약간의 오차가 발생할 수 있습니다.

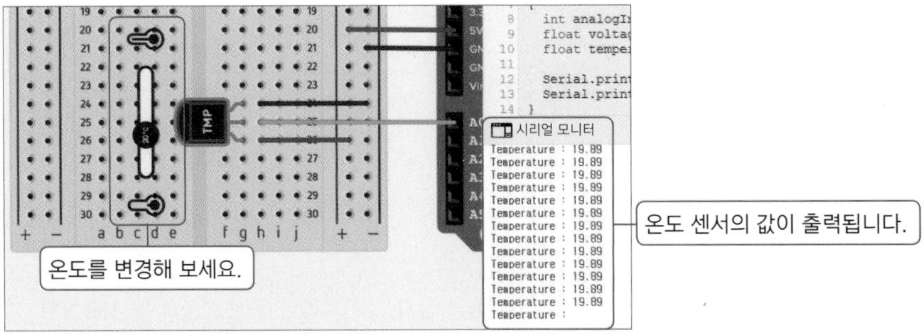

온도 센서값 측정하기를 실행한 결과

실제 아두이노 보드를 사용해 시뮬레이터와 동일한 회로와 스케치 코드를 적용해 봅시다. 온도 센서를 손으로 잡거나 입김을 불어 온돗값에 변화를 줄 수 있습니다. 또는 드라이기를 사용해 온도의 변화를 줄 수 있습니다.

직접 볼까요!

온도 센서로 온돗값 측정하기

온도 센서로 온돗값 측정하는 방법을 영상으로 보고 싶다면 다음 링크를 참고하세요.

QR코드를 찍어 보세요.

https://youtu.be/OhgZI-KVkt8

도전! 화재경보기를 만들어 봐요!

난이도: ★☆☆

다음 그림을 참고해 회로를 구성하고 목표대로 작동하도록 스케치 코드를 작성해 보자.

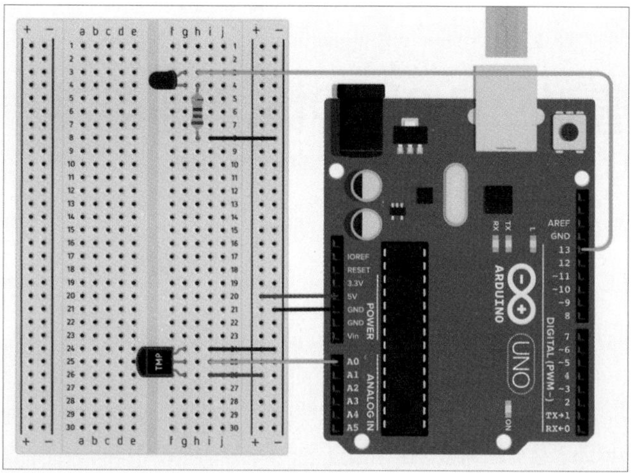

간단한 화재경보기를 만드는 회로

목표

온도가 120℃를 넘으면 LED를 깜빡이는 화재경보기를 만든다.

구성 요소

아두이노 보드, 브레드보드, LED, 저항, 온도 센서

힌트

① 전압과 온도의 관계식을 활용한다.

② if-else 문을 활용해 조건에 따라 LED를 켜고 끈다.

09

아날로그 출력으로 아두이노 작동하기

아두이노에서 아날로그 출력을 사용하는 방법인 펄스 폭 변조(PWM)의 원리를 배웁니다. PWM을 사용해 LED의 밝기를 제어하고, 삼색 LED의 불빛 색상을 다양하게 표현하고, DC 모터의 속도와 방향을 제어해 보겠습니다.

학습 목표

- 아날로그 출력이 무엇인지 이해한다
- PWM의 원리를 이해한다
- 삼색 LED와 DC 모터의 사용법을 익힌다

09-1 펄스 폭 변조 이해하기

아두이노는 디지털 장치이므로 입력받은 아날로그 신호를 그대로 처리하지 못합니다. 그래서 아날로그 디지털 변환기(ADC, analog digital converter)로 입력값을 디지털 신호로 변환한 다음 처리합니다.
그렇다면 출력값으로 아날로그 신호를 보내고 싶을 때는 어떻게 해야 할까요? 이때 사용하는 방법이 바로 펄스 폭 변조(PWM, pulse width modulation)입니다. PWM을 사용하면 입력받은 디지털 신호를 마치 아날로그 신호처럼 변환해 출력할 수 있습니다.

펄스 폭 변조란?

PWM이란 용어 안에 작동 원리가 들어 있습니다. 펄스(pulse)는 다음 그림과 같은 모양의 파형을 의미합니다. 사각형과 비슷해 사각파(square wave), 구형파(矩形波) 또는 펄스파(pulse wave)라고 합니다.

구형파에서 '구'는 원형이 아니라 모나다, 기역 모양이라는 의미이므로 혼란이 없도록 주의합시다.

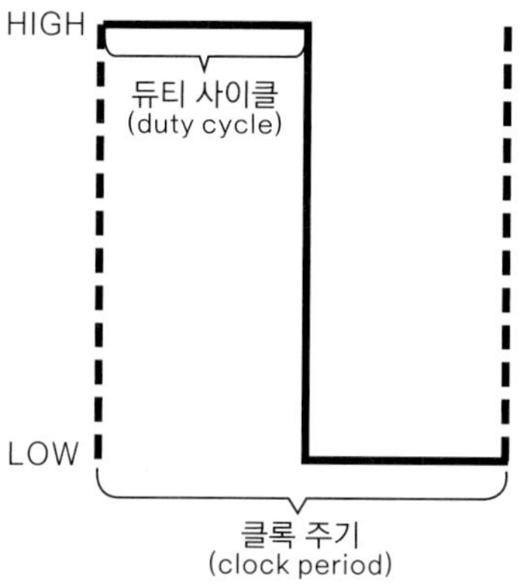

그림 9-1 사각파의 모양

사각파는 디지털 신호 HIGH와 LOW를 반복해서 보내면 만들 수 있습니다. 이때 반복이 일어나는 시간 간격을 클록 주기(clock period)라고 하며, 클록 주기에서 HIGH 신호가 차지하는 비율을 듀티 사이클(duty cycle)이라고 합니다. 즉, 듀티 사이클이 100%이면 디지털 신호는 항상 HIGH이고, 듀티 사이클이 0%이면 디지털 신호는 항상 LOW입니다.
다음 그림은 듀티 사이클이 각각 0%, 25%, 50%, 75%, 100%인 사각파입니다. 이렇게 듀티 사이클을 조절하면 사각파의 폭을 조절할 수 있습니다.

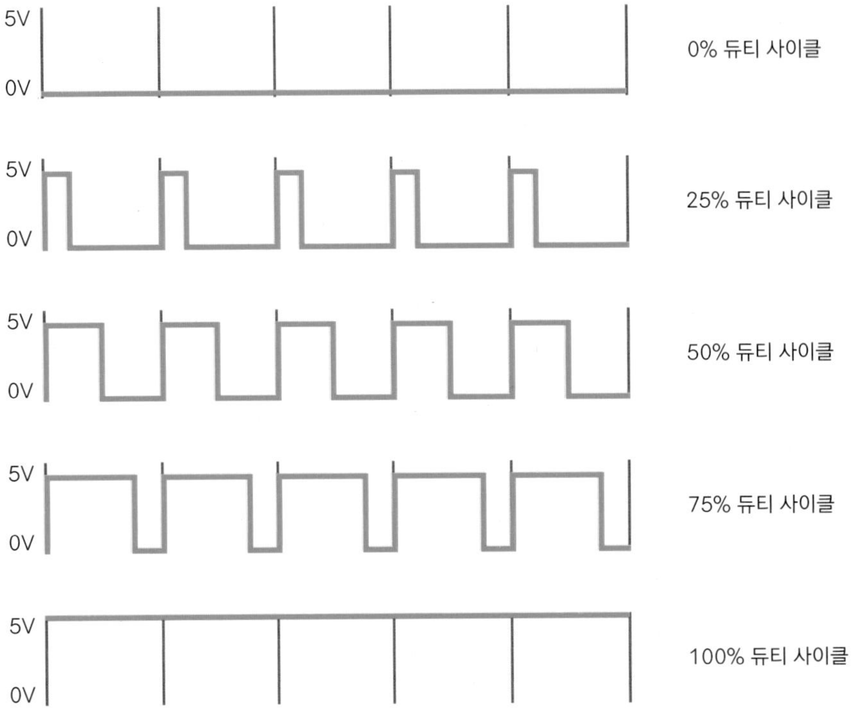

그림 9-2 듀티 사이클에 따른 사각파 모양의 변화

PWM으로 아날로그 신호를 표현하는 원리

이제 PWM을 사용해 아날로그 신호를 어떻게 표현할 수 있는지 다음을 통해 살펴보겠습니다. 왼쪽 그림은 LED가 1초 간격으로 깜빡이는 회로와 스케치 코드입니다. 'LED 켜기 → 1초 대기 → LED 끄기→ 1초 대기'를 반복해서 깜빡임 효과를 만듭니다.

이때 13번 핀에 들어왔다 나가는 디지털 신호는 사각파로 표현됩니다. HIGH일 때가 1,000ms, LOW일 때가 1,000ms이므로 주기는 2,000ms(2초)입니다. 주기의 절반만큼 HIGH 신호를 유지하므로 듀티 사이클은 50%입니다.

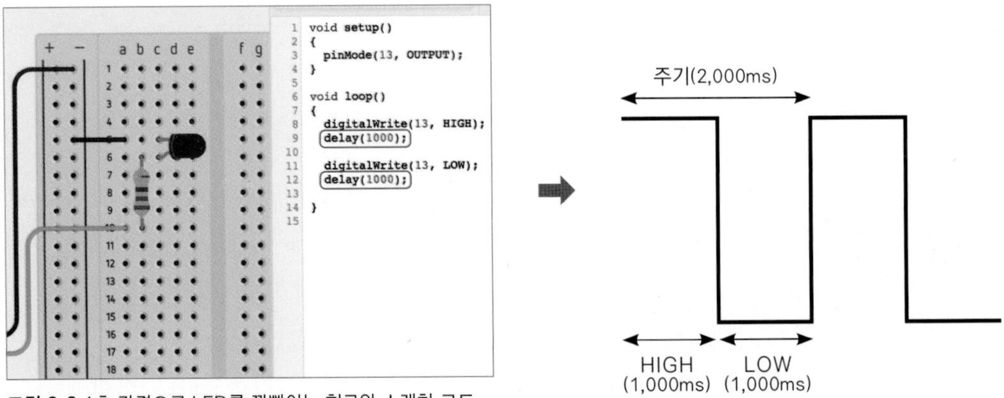

그림 9-3 1초 간격으로 LED를 깜빡이는 회로와 스케치 코드

이 상태에서 delay() 함수의 매개변숫값을 현저하게 낮추면 어떻게 될까요? LED가 깜빡이는 속도가 너무 빨라져서 우리 눈에는 계속 켜진 것처럼 보입니다. 이 현상을 응용해 LED의 밝기를 조절해 보겠습니다.

먼저 듀티 사이클을 바꿔 봅시다. 스케치 코드 09행에서 delay() 함수의 매개변숫값을 1000에서 9000으로 변경하면 듀티 사이클은 90%가 됩니다. 시뮬레이터를 실행해 보면 9초 동안 LED가 켜지고 1초 동안 LED가 꺼집니다.

09행 delay() 함수의 매개변숫값을 9로 변경하고, 12행 delay() 함수의 매개변숫값을 1로 변경한 후 다시 시뮬레이션을 시작하면 듀티 사이클은 동일하게 90%이지만 깜빡이는 속도가 매우 빨라집니다. 주기가 10ms이면 1초 동안 100번 깜빡이므로 LED의 불빛은 항상 켜 있는 것처럼 보입니다.

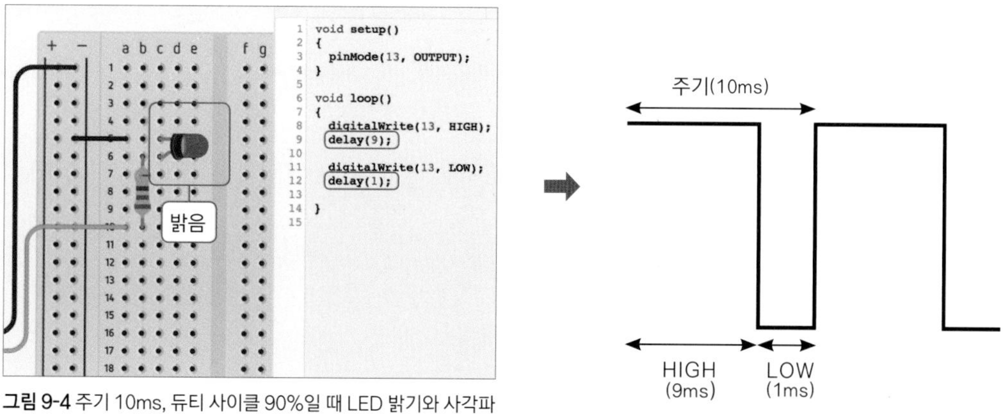

그림 9-4 주기 10ms, 듀티 사이클 90%일 때 LED 밝기와 사각파

이번에는 delay() 함수의 매개변수를 조절해 듀티 사이클을 10%로 만들었습니다. 시뮬레이션을 해보면 듀티 사이클이 90%일 때보다 훨씬 어두워진 것을 확인할 수 있습니다.

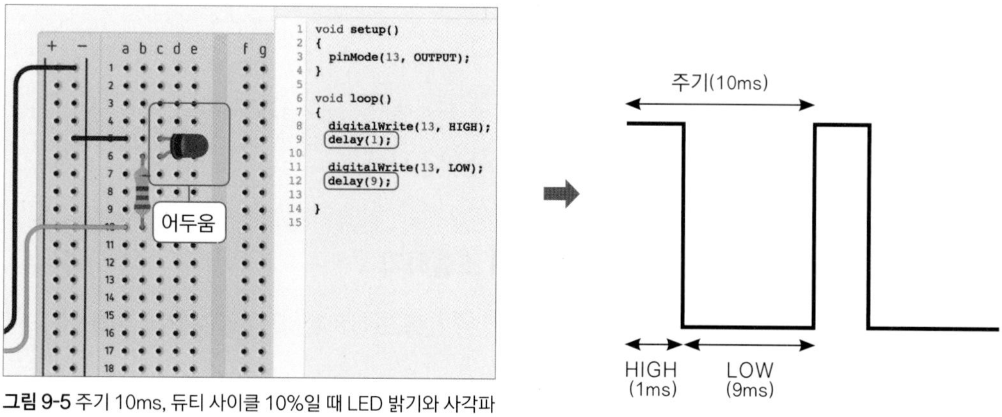

그림 9-5 주기 10ms, 듀티 사이클 10%일 때 LED 밝기와 사각파

디지털 신호만으로는 1 또는 0, HIGH 또는 LOW, 켜짐 또는 꺼짐과 같이 두 가지 상태만 표현할 수 있지만, 이렇게 PWM을 사용하면 다양한 상태를 표현할 수 있습니다. 이것이 PWM으로 디지털 신호를 아날로그 신호처럼 표현하는 방법입니다. 이 방법으로 불빛을 여러 색상과 밝기로 표현하거나 DC 모터의 회전 속도를 조절하는 등 다양한 분야에서 아두이노를 사용할 수 있습니다.

PWM을 지원하는 디지털 핀

실제로 PWM 기능을 사용할 때는 앞에서 원리를 알아볼 때처럼 일일이 함수를 작성하지 않아도 됩니다. PWM 기능을 지원하는 아두이노 보드의 전용 디지털 핀을 사용하면 더 쉽게 PWM을 사용할 수 있습니다.

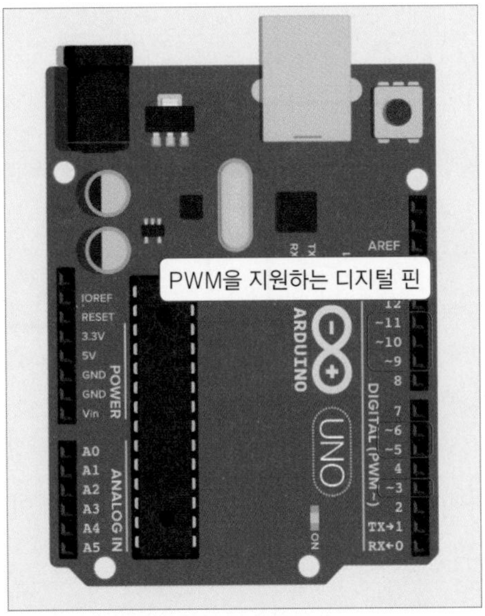

그림 9-6 PWM을 지원하는 디지털 핀

아두이노 우노에서 PWM을 지원하는 핀은 디지털 3, 5, 6, 9, 10, 11번 이렇게 여섯 개입니다. 이들 핀 번호 앞에는 물결무늬(~) 기호가 표기되어 있습니다.

Do it! 실습 9-1 아날로그 출력으로 LED 밝기 조절하기

이제 아두이노 시뮬레이터에서 PWM으로 LED의 밝기를 조절하는 실습을 진행해 보겠습니다.

1. 새 회로 만들고 구성 요소 배치하기

새 회로를 만들고 아두이노 보드와 브레드보드, LED와 저항(220Ω)을 다음 그림과 같이 배치합니다. 배선할 때 한 가지 주의할 점이 있습니다. PWM 기능을 사용하려면 반드시 물결무늬가 있는 디지털 핀을 사용해야 한다는 점입니다. 여기서는 9번 핀을 사용하겠습니다.

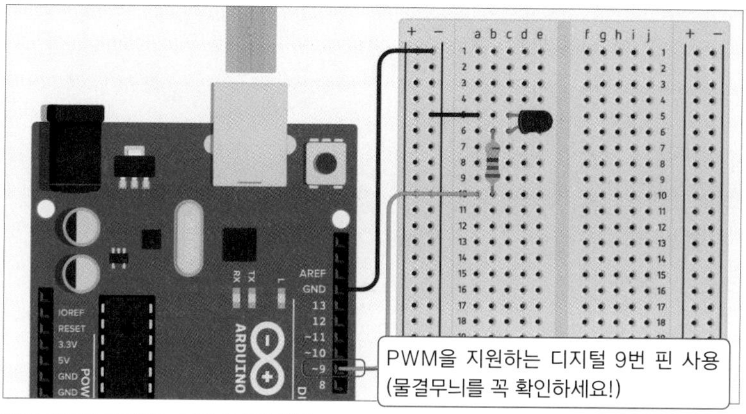

LED 밝기를 조절하는 회로 구성과 배선

2. 스케치 코드 작성하기

코드 창을 열고 다음과 같이 스케치 코드를 입력합니다. 이번에 새롭게 작성하는 코드는 08~12행의 for 반복문과 analogWrite() 함수입니다.

```
01 : void setup()
02 : {
03 :   Serial.begin(9600);
04 : }
05 :
06 : void loop()
07 : {
08 :   for (int i=0; i<=255; i++) {    // 0부터 255까지 256번 반복
09 :     analogWrite(9, i);             // i값을 PWM이 가능한 디지털 9번 핀에 써서 LED 밝기 조절
10 :     Serial.println(i);
11 :     delay(10);                     // 10ms 지연
12 :   }
13 : }
```

3. 스케치 코드 읽기: for 반복문

for 반복문은 조건이 충족될 때까지 작업을 반복하는 명령문입니다. for 반복문은 초기화, 조건문, 증감 연산이라는 세 가지 요소로 구성됩니다.

초기화는 반복 작업을 처음 시작할 때 필요한 변수와 값을 정하고, 조건문은 계속 반복할지 멈출지를 결정합니다. 조건문이 거짓이면 반복을 멈추고 for 반복문을 빠져나가 다음 코드로 이동합니다. 반대로 조건문이 참이면 for 반복문의 블록을 실행한 후 증감 연산을 수행합니다. 그리고 다시 조건문을 확인하는 단계로 돌아가 작업을 반복합니다.

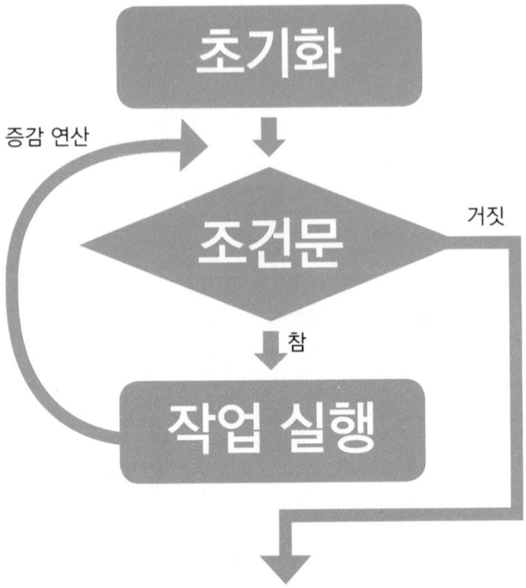

for 반복문의 순서도

스케치 코드 08~12행의 for 반복문이 어떤 과정으로 실행되는지 단계별로 자세히 살펴보겠습니다.

❶ 데이터형이 정수인 변수 i의 값을 0으로 초기화합니다.
❷ i의 값이 255보다 작거나 같은지 확인합니다.
❸ ❷가 참이면 블록에 들어 있는 작업을 실행합니다.
❹ 작업이 끝나면 증감 연산으로 i의 값을 1 증가시킵니다.
❺ 다시 i의 값이 255보다 작거나 같은지 확인합니다.
❻ ❷가 거짓이면 작업을 멈추고 반복문을 빠져나옵니다.

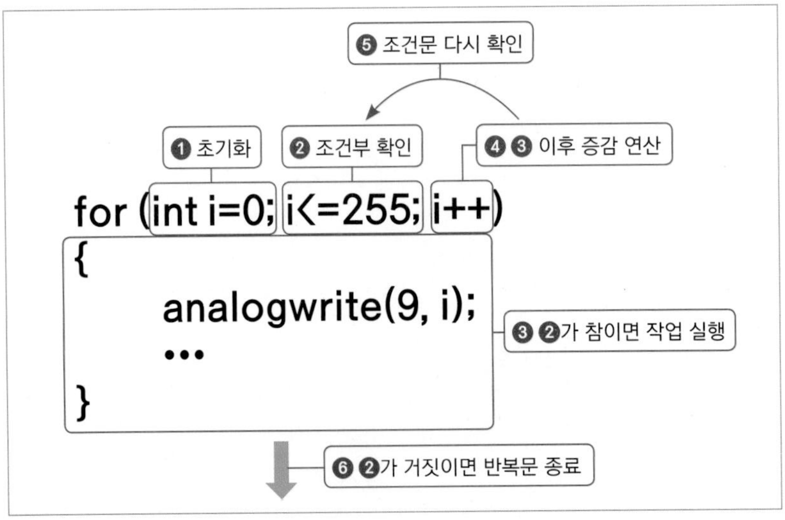

for 반복문의 단계별 실행 순서

실행할 코드를 똑같이 255번 작성해도 같은 결과를 얻을 수 있습니다. 하지만 for 반복문을 사용하면 코드가 훨씬 간결해집니다.

증감 연산에서 표현된 i++는 i=i+1과 같은 의미입니다. 즉, i값을 1만큼 증가시킵니다.

4. 스케치 코드 읽기: analogWrite()

09행의 analogWrite() 함수는 아날로그 출력을 위한 함수입니다. 디지털 출력을 위한 digitalWrite() 함수와 유사하게 2개의 매개변수로 구성됩니다. 첫 번째 매개변수는 핀 번호이며, 두 번째 매개변수는 해당 핀에 쓰는 아날로그값입니다.

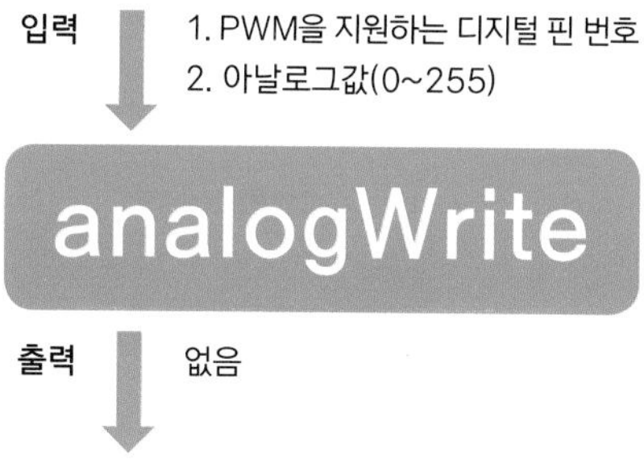

analogWrite() 함수의 입력과 출력

digitalWrite() 함수와 차이점은 값을 HIGH 또는 LOW가 아닌 0~255까지 표현할 수 있다는 것입니다. 아두이노 보드의 PWM은 8bit 규격을 지원합니다. 2^8=256이므로 0을 포함해 0부터 255까지의 수를 활용해 아날로그값을 표현할 수 있습니다. 그러므로 두 번째 매개변수의 범위는 0~255입니다.

따라서 전체 스케치 코드를 해석하면 반복문으로 analogWrite() 함수를 10ms 주기로 255번 호출하고, 반복할 때마다 i값을 시리얼 모니터에 출력한다는 의미입니다. 이를 통해 디지털 9번 핀에 아날로그값을 0부터 255까지 순서대로 쓰면서 LED 불빛의 밝기를 제어합니다.

5. 실행 결과 확인하기

회로와 스케치 코드를 완성하면 시뮬레이션을 시작해 결과를 확인합니다. 시리얼 모니터로 출력된 값에 따라 LED의 밝기가 결정됩니다. 즉, 출력값이 증가할수록 LED가 점점 밝아지는 것을 확인할 수 있습니다.

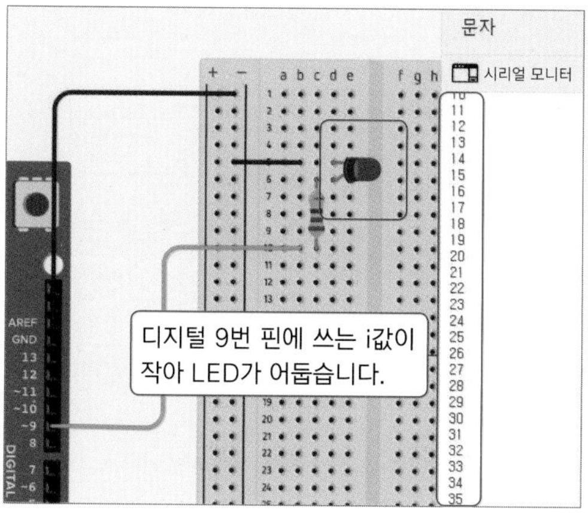

출력값이 적을 때

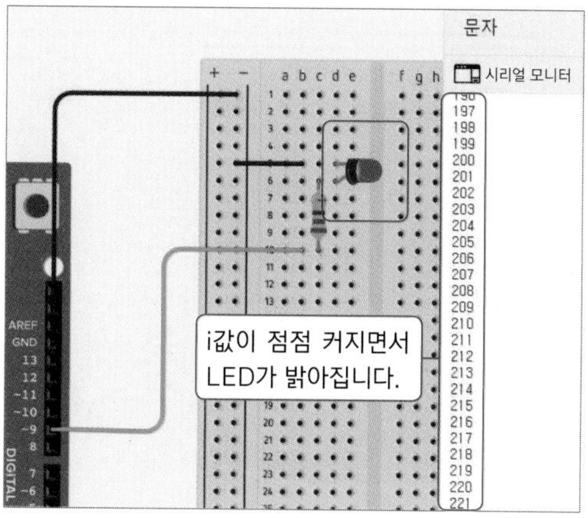

출력값이 클 때

시뮬레이터에서 확인한 회로와 코드를 아두이노 보드에 적용해 살펴보세요. 스케치 코드 11행의 delay() 함수로 설정한 지연 시간에 따라 밝기가 달라지는 속도를 제어할 수 있습니다.

직접 볼까요!

PWM과 아날로그 출력 이해하기

PWM과 아날로그 출력을 이해하고, 아날로그 신호로 LED의 밝기 제어하는 방법을 영상으로 보고 싶다면 다음 링크를 참고하세요.

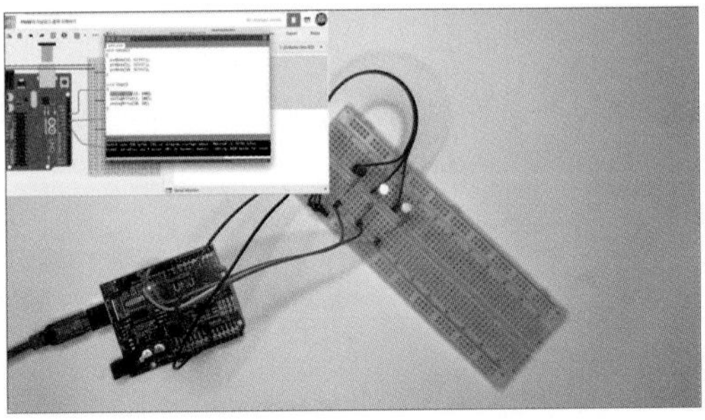

QR코드를 찍어 보세요.

https://youtu.be/sdtTwisf8Sw

Do it! 실습 9-2 가변저항으로 LED 밝기 조절하기

'실습 9-1(아날로그 출력으로 LED 밝기 조절하기)'에서는 스케치 코드로 LED의 밝기를 조절했습니다. 이번에는 회로에서 직접 LED 밝기를 제어할 수 있도록 가변저항을 연결해 보겠습니다.

1. 회로 복제하고 수정하기

'실습 9-1'에서 만든 회로를 복사한 후 가변저항을 추가로 배치합니다. 양 끝 단자는 전원과 접지에 연결하고 가운데 단자는 아날로그 입력을 위해 A0 핀에 연결합니다. 마지막으로 아두이노 보드의 전원과 접지가 브레드보드와 연결될 수 있도록 배선을 정리합니다.

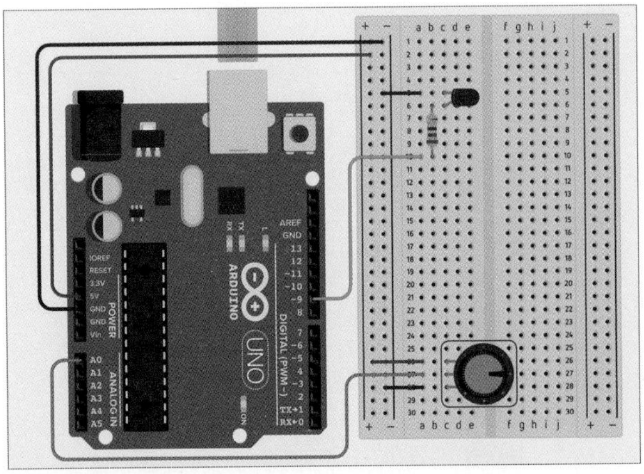

가변저항으로 LED 밝기를 조절하는 회로와 배선

2. 스케치 코드 수정하기

코드 창을 열고 다음과 같이 스케치 코드를 수정합니다. 새롭게 배울 내용은 11행에서 사용한 map() 함수입니다.

```
01 : void setup()
02 : {
03 :   Serial.begin(9600);
04 : }
05 :
06 : void loop()
07 : {
08 :   int readValue = analogRead(A0);
09 :
10 :   // map() 함수를 이용해 입력값의 범위를 변경
11 :   int convertedValue = map(readValue, 0, 1023, 0, 255);
12 :   analogWrite(9, convertedValue);
13 :
14 :   // 시리얼 모니터로 가변저항값과 범위가 변경된 값을 출력
15 :   Serial.print(readValue);
16 :   Serial.print("\t");
17 :   Serial.println(convertedValue);
18 : }
```

3. 스케치 코드 읽기: map() 함수

map() 함수는 출력값의 범위를 바꾸고 싶을 때 사용합니다. 예를 들어, 입력값의 범위가 0~100일 때 출력값의 범위를 0~200이나 -100~50 등으로 변경할 수 있습니다.

map() 함수를 사용하는 이유는 analogRead() 함수로 읽는 값의 범위와 analogWrite() 함수로 쓰는 값의 범위가 다르기 때문입니다. analogRead() 함수로 읽는 값의 범위는 10bit ADC를 거치므로 0~1023이지만, analogWrite() 함수로 쓰는 값의 범위는 8bit PWM을 거치므로 0~255입니다. 따라서 map() 함수는 입력값의 범위 0~1023을 출력값의 범위 0~255로 변환하기 위해 사용합니다.

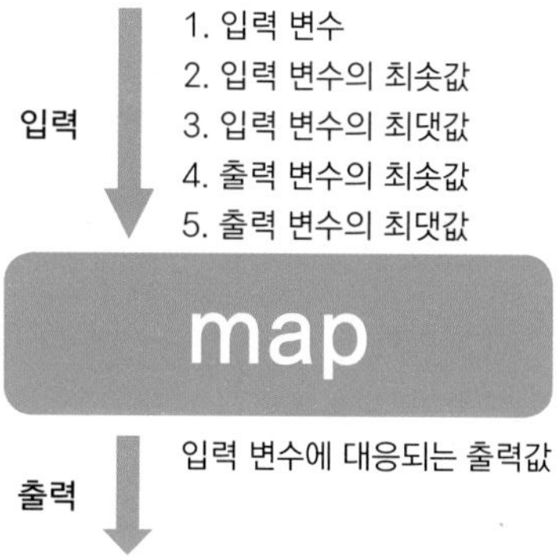

map() 함수의 입력과 출력

map() 함수는 다섯 개의 매개변수로 구성됩니다. 첫 번째 매개변수는 입력 변수이며 여기서는 analogRead() 함수로 읽은 값을 저장한 readValue 변수입니다. 두 번째, 세 번째 매개변수는 입력 변수의 최솟값과 최댓값이므로 readValue의 최솟값 0과 최댓값 1023입니다. 그리고 네 번째, 다섯 번째 매개변수는 출력 변수의 최솟값과 최댓값입니다. 만약 출력값의 범위가 0~255라면 네 번째 매개변수는 0이 되고 다섯 번째 매개변수는 255가 됩니다.

4. 스케치 코드 읽기: Serial.print() 함수

15~17행은 입력값과 출력값을 한 줄에 동시에 보여 주기 위해 Serial.print() 함수와 Serial.println() 함수를 사용합니다. \t는 탭 공간만큼 입력값과 출력값 사이에 공백을 만듭니다.

\는 역슬래시 문자, \t는 탭 공간만큼의 공백을 의미합니다.

5. 실행 결과 확인하기

시뮬레이터를 실행하고 시리얼 모니터 창을 열어 결과를 확인합니다. 가변저항의 노브를 회전시키면 입력값과 출력값이 시리얼 모니터에 출력되는 것을 볼 수 있습니다. 출력값이 커질수록 LED 불빛의 밝기가 세지는 것을 확인할 수 있습니다. 입력값이 0이면 출력값도 0이 되고, 입력값이 1023이면 출력값은 255입니다.

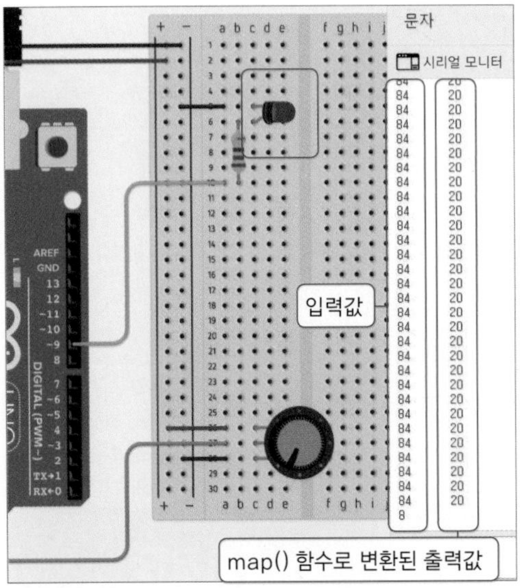

가변저항값이 낮을 때

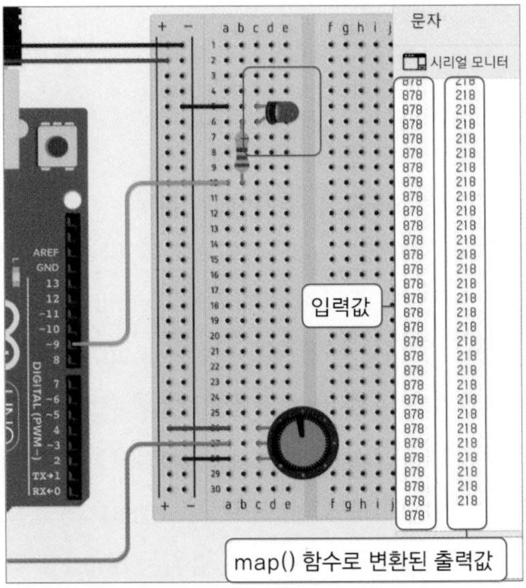

가변저항값이 높을 때

직접 볼까요!

실제 가변저항으로 LED 밝기 조절하기

서킷으로 만든 가변저항과 LED 회로를 실제 아두이노로 만들면 어떻게 작동할까요? 영상으로 보고 싶다면 다음 링크를 참고하세요.

QR코드를 찍어 보세요.

https://youtu.be/26OXWxwUSyI

직접 볼까요!

가변저항과 map() 함수로 아날로그 입력 범위 조정하기

가변저항의 원리와 map() 함수를 사용해 아날로그 입력 범위를 조정하는 방법을 영상으로 보고 싶다면 다음 링크를 참고하세요.

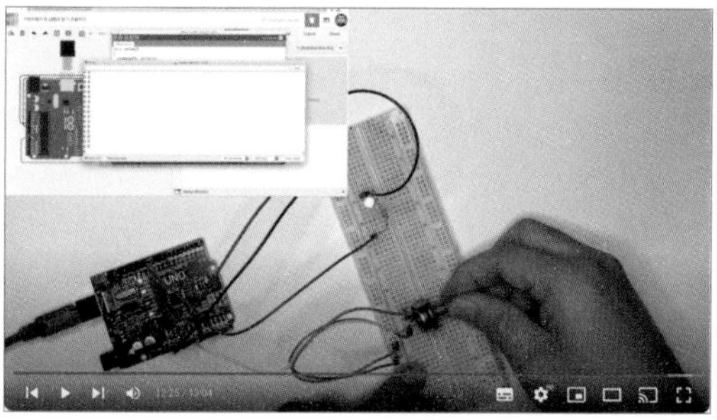

QR코드를 찍어 보세요.

https://youtu.be/A7dKw281dTA

09-2 반복문 더 알아보기

반복문의 종류

아두이노 스케치 코드에서 반복문은 비슷한 여러 작업을 단순하게 표현하는 방법입니다. 앞서 '실습 9-1(아날로그 출력으로 LED 밝기 조절하기)'에서는 for 반복문을 사용해 LED의 밝기를 조절하는 목적으로 사용했습니다. 하지만 for 반복문 외에도 while, do-while 반복문이 있는데, 어떻게 다른지 이번 절에서 살펴보겠습니다.

while 반복문

while 반복문의 기본 구조와 순서도는 다음과 같습니다. for 반복문과 달리 while 반복문에는 초깃값과 증감 연산 없이 조건식만 사용합니다. 조건식의 결과가 참(ture)인 경우 반복할 문장을 실행하고, 거짓(false)이면 반복문을 벗어나 그다음 문장을 실행합니다.

```
while (조건식) {
    // 실행할 문장
}
```

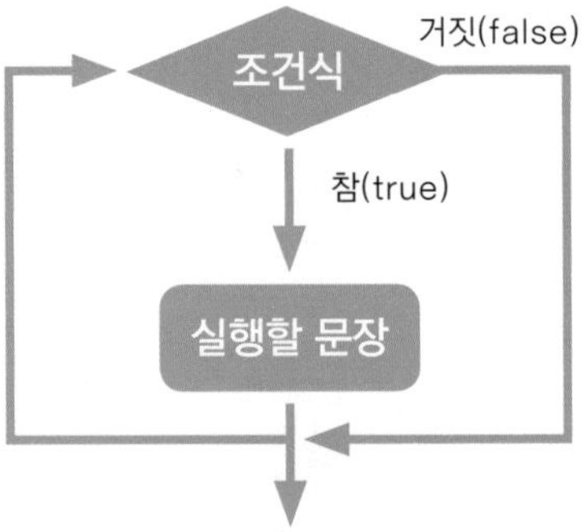

그림 9-7 while 반복문의 순서도

for 반복문이 정해진 횟수만큼 작업을 반복한다면 while 반복문은 반복의 횟수가 명확하지 않은 곳에 사용합니다. 예를 들어, for 반복문은 1부터 10까지 출력하는 프로그램과 같이 정해진 반복 횟수가 있을 때 사용하고, while 반복문은 특정 값을 받거나 버튼이 눌리기 전까지 계속 실행해야 하는 곳에 사용할 수 있습니다.

do-while 반복문

do-while 반복문의 기본 구조와 순서도는 다음과 같습니다. while 반복문과 do-while 반복문의 차이는 조건식 또는 반복해야 할 문장 중 어느 것을 먼저 실행하는지에 따라 달라집니다. do-while 반복문의 순서도를 보면 while 반복문과 달리 실행할 문장이 조건식보다 먼저 실행됩니다. 따라서 조건식의 결과가 거짓이라도 최소 1번은 반복할 문장이 실행됩니다.

```
do {
    // 실행할 문장
} while (조건식);
```

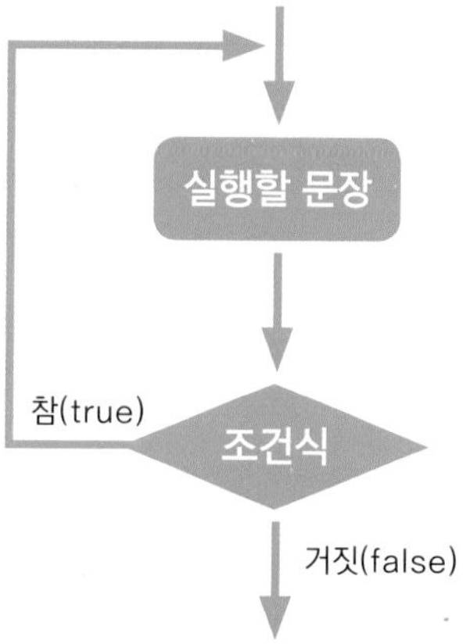

그림 9-8 do-while 반복문의 순서도

아두이노의 시리얼 모니터를 통해 while 반복문을 사용한 예제를 살펴봅시다. setup() 함수에 Serial.begin() 함수로 통신 속도를 맞추고, 정수형 변수 i의 값을 0으로 초기화합니다. while 반복문의 조건식은 i의 값이 5보다 작을 때까지 참으로 만들고 while 반복문 안에서 i의 값을 출력하고 1씩 증가하게 만든 코드입니다. 마지막으로 loop() 함수를 작성합니다. loop() 함수의 내용이 없더라도 작성해야 오류 없이 동작합니다.

```
void setup() {
    Serial.begin(9600);
    int i = 0;
    while (i < 5) {
      Serial.print("i = ");
      Serial.println(i);
      i++;
    }
}

void loop() {
}

```

시리얼 모니터를 열고 [시뮬레이션 시작]을 클릭하면 오른쪽과 같이 0부터 4까지 출력된 결과를 확인할 수 있습니다. 그러면 i의 값을 0이 아닌 5로 초기화하면 어떤 결과가 나올까요? 시리얼 모니터에 아무런 결과도 출력되지 않습니다. while 반복문은 조건식을 먼저 실행하는데, 조건식이 거짓이면 while 반복문 안으로 들어가지 않고 바로 다음 코드로 넘어가기 때문입니다.

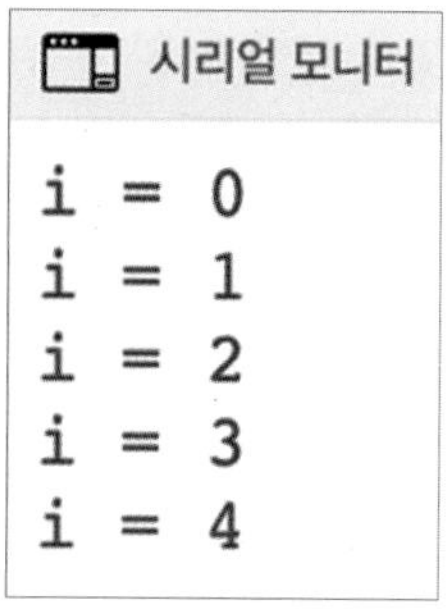

그림 9-9 while 반복문 코드를 사용해 실행한 결과

동일한 내용을 do-while 반복문으로 적용하면 어떻게 실행되는지 살펴봅시다.

```
void setup() {
    Serial.begin(9600);

    int i = 5;
    do {
      Serial.print("i = ");
      Serial.println(i);
      i++;
    } while (i < 5);
}

void loop() {
}

```

i의 초깃값이 0인 경우 while과 do-while의 결과는 동일합니다. 하지만 i의 초깃값이 5인 경우 오른쪽과 같은 출력 결과가 나옵니다. do-while 반복문의 경우 조건식보다 반복할 문장이 먼저 실행되기 때문에 조건식이 거짓이더라도 i의 초깃값 5가 출력된 것입니다.

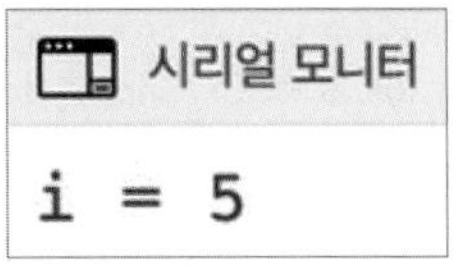

그림 9-10 do-while 반복문 코드의 초깃값 i가 5일 때 실행 결과

Do it! 실습 9-3 반복문으로 디지털 반딧불이 만들기

디지털 반딧불이는 노란색 LED를 사용해 만들 수 있습니다. LED를 여러 개 사용해 임의의 LED가 서서히 밝아지고, 서서히 어두워지게 만들어 어두운 밤에 동작시키면 인테리어 소품으로도 활용할 수 있습니다.

그림 9-11 인테리어 소품으로 활용할 수 있는 디지털 반딧불이

1. 새 회로 만들고 LED 색상 변경하기

팅커캐드 주 화면에서 [회로] 메뉴를 클릭해 새 회로를 만듭니다. 기본 LED의 색상은 빨간색이지만 LED를 선택해 나타나는 속성 창의 색상을 변경해 노란색 LED로 변경할 수 있습니다. 실제 아두이노 보드에서는 노란색 LED를 사용하면 됩니다.

새 회로 만들기 메뉴

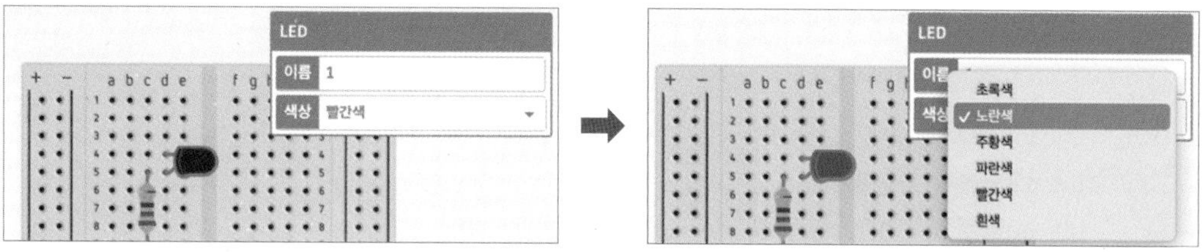

LED의 색상 변경하는 방법

2. 전체 회로 구성하기

아두이노 보드, 브레드보드, 노란색 LED 3개와 220옴(Ω) 저항 3개를 준비합니다. LED와 저항 세 쌍을 그림과 같이 구성하고, 제어를 위한 디지털 핀은 9번, 10번, 11번을 사용합니다. LED의 밝기를 표현하기 위해 반드시 세 핀 모두 PWM을 지원하는 핀으로 연결해야 합니다. LED의 개수는 나중에 얼마든지 추가해도 됩니다. 먼저 기본 원리를 이해하고, 인테리어 소품으로 활용할 경우 긴 전선과 LED를 여러 개 활용해 봅시다.

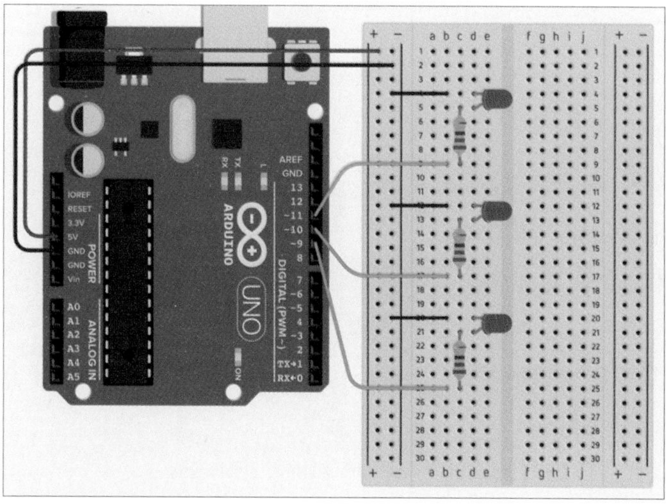

디지털 반딧불이를 만드는 회로와 배선

3. 스케치 코드 작성하기

코드 창을 열고 다음과 같이 코드를 작성합니다. PWM을 지원하는 9, 10, 11번 핀을 출력 모드로 사용하기 위해 두 번째 매개변수로 OUTPUT을 모두 입력합니다.

```
void setup()
{
  pinMode(11, OUTPUT);
  pinMode(10, OUTPUT);
  pinMode(9, OUTPUT);
}

void loop()
{
  int i = random(3);                 // 임의의 수 반환 0~(N-1)
  int pinNumber = i+9;               // PWM을 지원하는 핀 번호 가져오기
  int intensity = 0;

  while (intensity <= 255) {         // 서서히 밝아지게 만들기
    analogWrite(pinNumber, intensity++);
    delay(10);
  }

  while (intensity >= 0) {           // 서서히 어두워지게 만들기
    analogWrite(pinNumber, intensity--);
    delay(10);
  }
}
```

4. 스케치 코드 읽기: random()

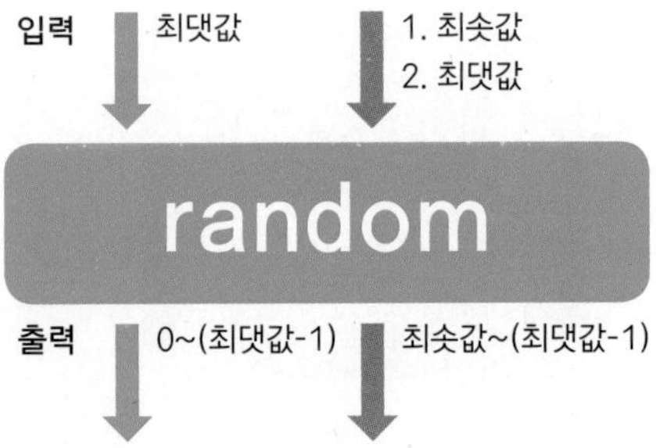

random() 함수의 입력과 출력

이번에는 random() 함수를 새롭게 배워 보겠습니다. random()은 정해 놓은 범위 내에서 임의의 수를 반환하는 함수로 매개변수의 개수와 값에 따라 출력 범위가 결정됩니다.

매개변수가 한 개인 경우 출력 범위는 0부터 시작해 '매개변수의 값 - 1'까지입니다. random(5)는 0, 1, 2, 3, 4의 값 중 하나를 반환합니다. 매개변수가

두 개면 최솟값과 최댓값을 직접 설정할 수 있으며 출력 범위는 최솟값부터 '최댓값-1'까지입니다. 따라서 random(1, 5)는 1, 2, 3, 4의 값 중 하나가 반환됩니다. 즉, 최솟값은 출력 범위에 포함되지만 최댓값은 포함되지 않습니다.
10행을 보면 random() 함수로 0에서 2 사이의 값 중 하나를 가져오도록 매개변수를 입력했습니다. 이는 제어할 LED의 개수가 3개이기 때문입니다. 12행에서 random() 함수로 가져온 수에 9를 더하면, 나올 수 있는 경우의 수는 9+0=9, 9+1=10, 9+2=11로 각각 9번, 10번, 11번입니다. 즉, LED를 제어하기 위한 핀 번호인 거죠.

5. 스케치 코드 읽기: while(), analogWrite()

반복문 while을 사용해 서서히 밝아지고, 다시 서서히 어두어지는 코드를 작성했습니다. 12행의 intensity 변수는 0의 값으로 초기화하고, 14행에서 intensity의 값을 비교해 255보다 작아질 때까지 반복문이 실행되도록 만듭니다. 15~16행은 반복문 내에서 임의로 결정된 핀 번호 변수 pinNumber와 1씩 증가하는 intensity 변수를 사용해 analogWrite() 함수로 점점 밝아지도록 만듭니다. delay() 함수는 밝아지는 속도를 제어하기 위해 사용했으며, 밝아지는 속도를 더 빠르게 하거나 느리게 조절하기 위해 지연 시간은 바꿀 수 있습니다.
19~21행은 반대로 서서히 어두워지게 만든 코드입니다. 조건식을 0보다 크거나 같게 하고, intensity--연산을 통해 intensity 변수에 저장된 값을 1씩 감소합니다. 그러면 10밀리초(ms)마다 LED의 밝기가 점점 어두워집니다.

intensity--는 intensity = intensity - 1과 같습니다.

6. 아두이노 보드를 독립적으로 실행하기

완성된 코드를 실행하면 임의의 노란색 LED가 서서히 밝아지고, 어두워지는 것을 확인할 수 있습니다. 지금까지 실습은 아두이노를 컴퓨터에 항상 연결한 상태로 실행했습니다. 하지만 디지털 반딧불이를 인테리어 소품으로 사용하려면 아두이노를 컴퓨터에 연결하지 않고 독립적으로 실행해야 합니다. 아두이노에 전원을 공급하기 위해 세 가지 방법이 있다고 배웠습니다. 첫 번째는 USB 커넥터를 통한 전원 공급으로 컴퓨터 또는 보조 배터리에 USB 케이블을 연결해 전원을 공급합니다. 두 번째는 전원 어댑터를 통한 전원 공급, 세 번째는 배터리를 통한 전원 공급 방법입니다. 이 중 배터리를 통한 전원 공급 방법에 대해 살펴보겠습니다.
아두이노의 전원(5V)은 아두이노에 연결된 다른 전자 부품의 전원 공급을 위해 사용하는 핀입니다. 하지만 Vin 핀은 아두이노 자체에 전원을 공급하기 위한 핀으로 사용합니다. 그림과 같이 배터리의 양의 전압을 Vin 핀에 연결하고 음의 전압을 아두이노의 접지(GND)에 연결하면 아두이노에 전원이 공급됩니다. 1.5V 배터리를 사용할 경우 최소 4개 이상을 직렬로 연결해야 하고, 9V 배터리는 1개만 사용해도 됩니다.

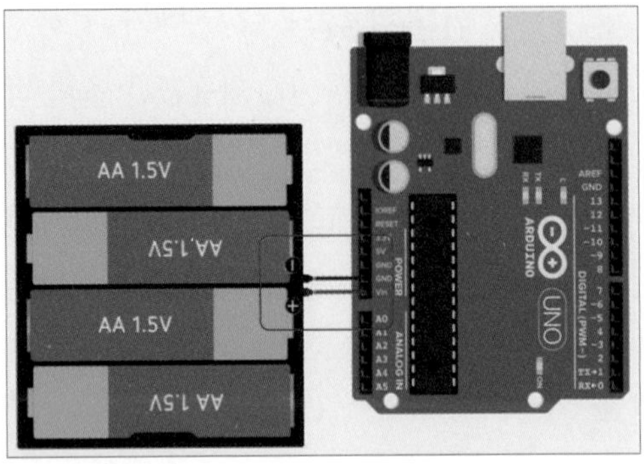

1.5V 배터리 4개를 직렬로 연결한 배터리

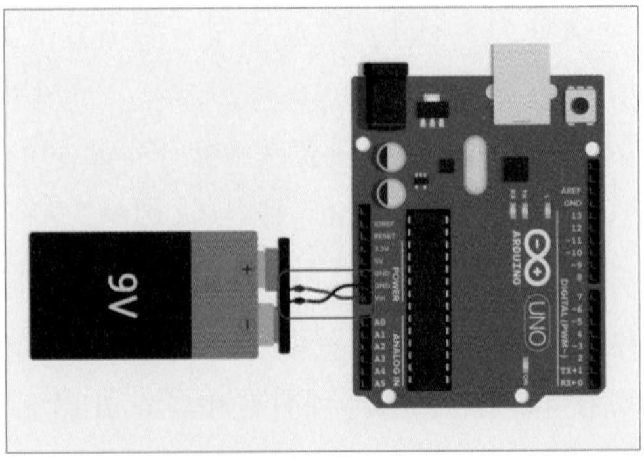

9V 배터리로 아두이노에 전원 공급

직접 볼까요!

반복문으로 디지털 반딧불이 만들기

for 반복문의 원리와 실행 순서를 이해하고, 디지털 반딧불이 만들기 실습을 영상으로 보고 싶다면 다음 링크를 참고하세요.

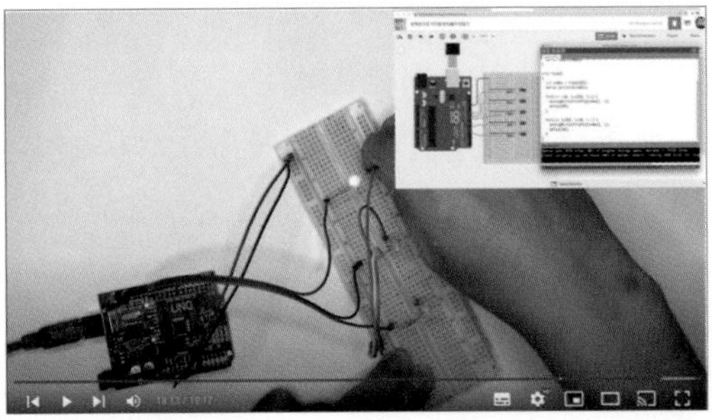

QR코드를 찍어 보세요.

https://youtu.be/gxtexhEaJ4w

09-3 삼색 LED로 다양한 불빛 표현하기

삼색 LED란?

삼색 LED는 빛의 삼원색인 빨간색(Red), 초록색(Green), 파란색(Blue)을 혼합하여 다양한 불빛 색상을 만들어 내는 전자 부품입니다. 삼색 LED는 색상을 나타내는 영문 앞글자를 따서 RGB LED라고도 합니다.

일반 LED는 양극과 음극 두 단자가 있다면 삼색 LED는 빨간색, 초록색, 파란색을 구분하는 세 개의 단자와 공통 양극 또는 공통 음극 단자로 구성됩니다. 공통 양극은 전원(+) 단자를, 공통 음극은 접지(–) 단자를 공유해서 사용합니다.

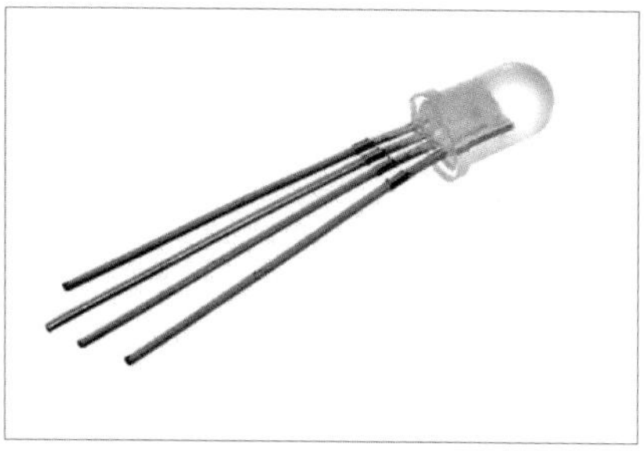

그림 9-12 삼색(RGB) LED
(출처: en.m.wikipedia.org/wiki/File:RGB_LED.jpg)

삼색 LED로 다양한 불빛 색상을 내는 원리

서킷은 공통 음극을 기반으로 한 삼색 LED만 지원합니다. 삼색 LED를 작업판으로 가져와 마우스 커서를 두 번째 단자에 가져가면 '음극' 표시를 볼 수 있습니다. 따라서 빨간색(R), 초록색(G), 파란색(B)을 구분하는 단자에 아두이노의 디지털 핀을 연결해 HIGH 신호를 보내면 해당 불빛 색상이 켜집니다.

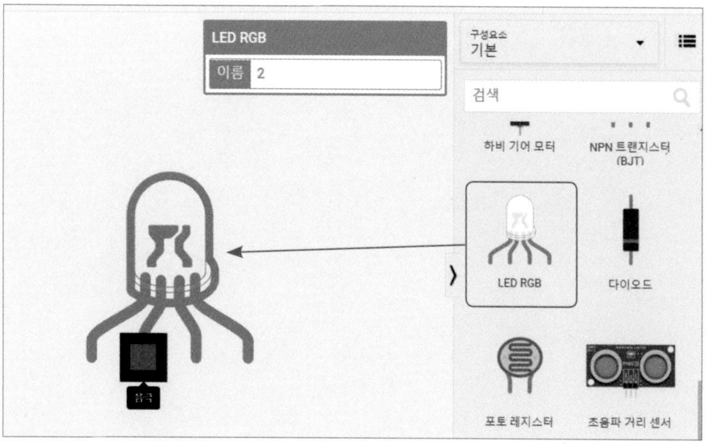

그림 9-13 기본 구성 요소의 삼색 LED

예를 들어, 삼색 LED의 빨간색(R) 단자를 아두이노 보드의 디지털 핀에 연결하고 공통 음극을 접지에 연결한 뒤 HIGH 신호를 주면 LED에 빨간색 불빛이 켜집니다. 초록색(G) 단자를 추가로 아두이노 보드와 연결하고 HIGH 신호를 함께 주면 LED에 빨간색과 초록색이 섞인 노란색 불빛이 켜집니다. PWM을 지원하는 디지털 핀을 사용해 신호를 제어하면 더 다양한 색상의 LED 불빛을 만들 수 있습니다.

몇 가지 색을 출력할 수 있을까?

digitalWrite() 함수는 HIGH와 LOW 값만 출력할 수 있으므로 삼색 LED의 R, G, B 단자에 각각 연결했을 때 꺼진 상태를 제외하고 총 일곱 가지 색을 표현할 수 있습니다.

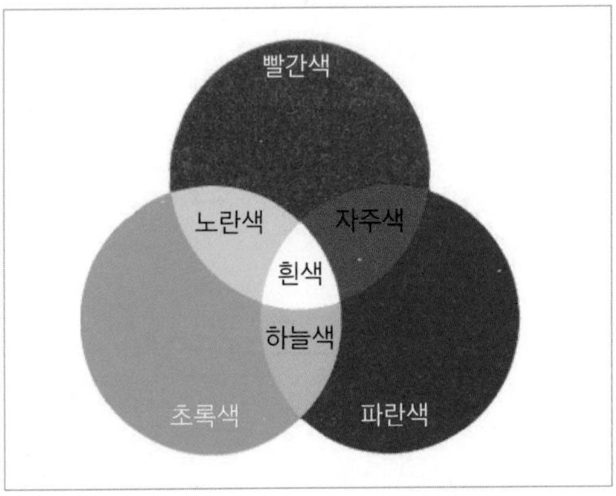

그림 9-14 빛의 삼원색으로 표현할 수 있는 일곱 가지 색

삼색 LED의 디지털 출력 결과

Red	Green	Blue	결과
0	0	0	(꺼짐)
1	0	0	빨간색
0	1	0	초록색
0	0	1	파란색
1	1	0	노란색
1	0	1	자주색
0	1	1	하늘색
1	1	1	흰색

하지만 PWM을 지원하는 디지털 핀과 analogWrite() 함수를 이용하면 16,777,215가지 색상을 표현할 수 있습니다. PWM으로 표현할 수 있는 수의 범위가 0에서 255까지 총 256이며, RGB 색상으로 표현할 수 있는 최대 색상의 수는 256(R)×256(G)×256(B)-1=16,777,215이기 때문입니다.

Do it! 실습 9-4 삼색 LED 회로 만들기

PWM을 사용해 삼색 LED에 다양한 불빛 색상을 표현해 보겠습니다.

1. 새 회로 만들고 구성 요소 배치하기

새 회로를 만들고 아두이노 보드와 브레드보드, 삼색 LED와 저항(220Ω) 세 개를 다음 그림과 같이 배치합니다. 전선을 연결할 때에는 PWM 기능을 사용하기 위해 물결무늬가 있는 9번, 10번, 11번 디지털 핀을 사용하겠습니다.

삼색 LED의 단자에 마우스 커서를 가져가면 어떤 단자인지 확인할 수 있습니다. 공통 음극은 접지에 연결하고, 색상을 제어하는 단자를 각 디지털 핀에 일치하게 연결합니다. 다음 회로에서는 아두이노 보드의 11번 핀이 빨간색, 10번 핀이 파란색, 9번 핀이 초록색을 담당합니다.

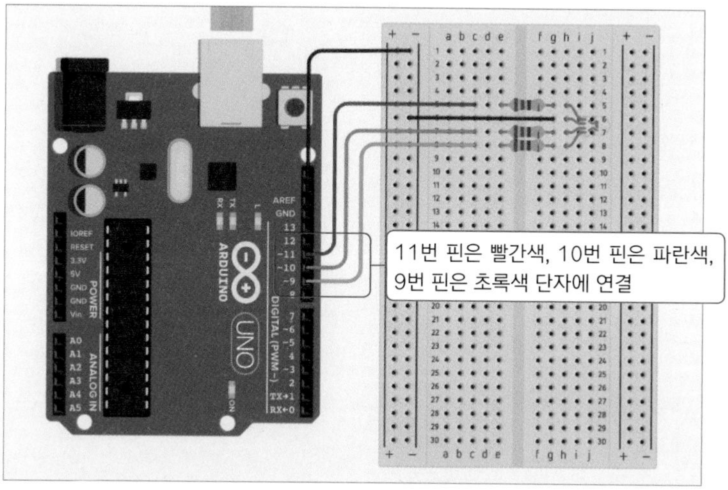

11번 핀은 빨간색, 10번 핀은 파란색,
9번 핀은 초록색 단자에 연결
ARDUINO
UNO
a b c d e
f g h i j

삼색 LED로 다양한 불빛 색상을 표현할 수 있는 회로와 배선

질문 있어요! **시뮬레이터가 아닌 실제 삼색 LED의 공통 단자는 어떻게 구분하나요?**

아두이노 시뮬레이터에서 삼색 LED의 단자는 마우스 커서를 가져다 대면 확인할 수 있지만, 실제 삼색 LED는 다리의 길이로 구분할 수 있습니다. 다리가 가장 긴 단자가 공통 단자입니다. 하지만 겉으로 봐서 공통 음극 단자인지 공통 양극 단자인지 확인은 어렵습니다.

공통 단자에 접지(GND)를 연결하고, 다른 세 개의 단자 중 하나에 디지털 핀을 연결 및 digitalWrite() 함수로 HIGH 신호를 전달해 동작하면 공통 음극 단자인 삼색 LED입니다. 반대로 공통 단자에 전원(5V)를 연결하고 세 개의 단자 중 하나에 디지털 핀을 연결 및 digitalWrite() 함수로 LOW 신호를 전달해 동작하면 공통 양극 단자인 삼색 LED입니다.

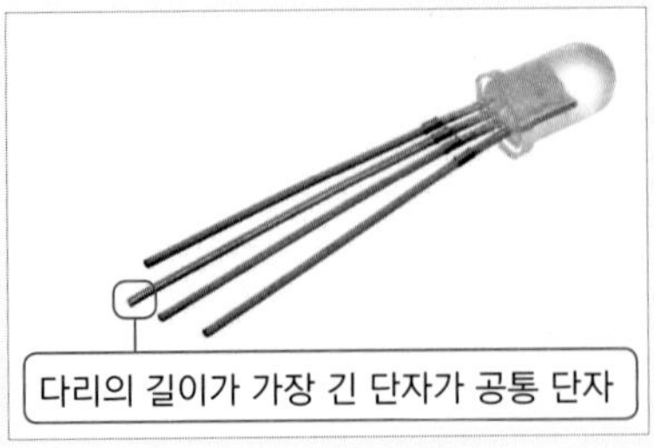

2. 스케치 코드 작성하기

코드 창을 열고 다음과 같이 코드를 작성합니다. 핀을 세 개 사용했으므로 pinMode() 함수도 세 번 사용했습니다. PWM을 지원하는 9, 10, 11번 핀을 출력 모드로 사용하기 위해 두 번째 매개변수로 모두 OUTPUT을 입력합니다.

```
void setup()
{
  Serial.begin(9600);

  pinMode(11, OUTPUT);
  pinMode(10, OUTPUT);
  pinMode(9, OUTPUT);
}

void loop()
{
  int red = random(256);      // 0~'매개변수 - 1' 사이의 수를 무작위로 반환
  int blue = random(0, 256); // 첫 번째 매개변수~'두 번째 매개변수 - 1' 사이의 수를 무작위로 반환
  int green = random(0, 256);

  analogWrite(11, red);       // 임의의 값으로 색상 출력
  analogWrite(10, blue);
  analogWrite(9, green);

  Serial.print("R:");         // 시리얼 모니터에 값 출력
  Serial.print(red);
  Serial.print("\tB:");       // 탭 추가
```

```
23 :   Serial.print(blue);
24 :   Serial.print("\tG:");        // 탭 추가
25 :   Serial.println(green);
26 :
27 :   delay(100);
28 : }
```

3. 스케치 코드 읽기: random()

12행을 보면 random() 함수로 0에서 255 사이의 값 중 하나를 가져오도록 매개변수를 256으로 설정했습니다. 이는 PWM으로 제어할 수 있는 수의 범위가 0~255까지기 때문입니다. 13, 14행도 표현식은 다르지만 출력 범위는 같습니다.

4. 스케치 코드 읽기: analogWrite(), Serial.print()

16~18행은 random() 함수로 가져온 수를 analogWrite() 함수로 출력합니다. 20~25행은 시리얼 모니터에 빨간색, 파란색, 초록색 값을 한 줄씩 출력하는 함수입니다. 마지막으로 27행에서는 삼색 LED의 색상이 변하는 것을 눈으로 확인하기 위해 delay() 함수로 100ms만큼 지연 시간을 설정했습니다.

5. 실행 결과 확인하기

시뮬레이션을 시작해 시리얼 모니터로 결과를 확인합니다. random() 함수에 의해 R, G, B 값이 0~255 안에서 계속 바뀝니다. R, G, B 값이 바뀔 때마다 삼색 LED 불빛의 색상도 달라지는 것을 볼 수 있습니다.

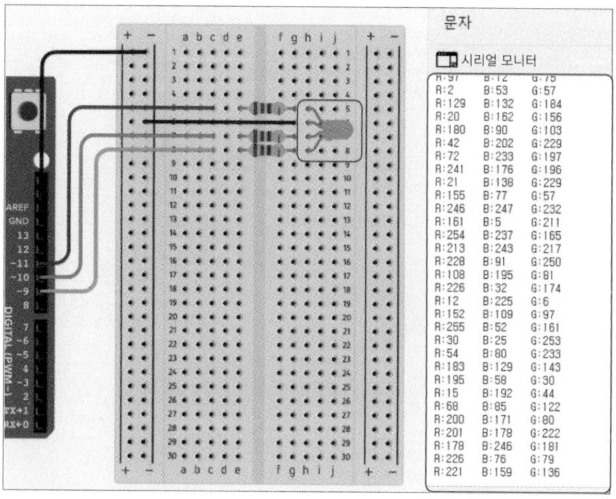

삼색 LED로 다양한 색상을 표현한 결과

실제 아두이노 보드에 삼색 LED를 연결할 때는 삼색 LED가 공통 음극인지 아니면 공통 양극인지 먼저 확인해야 합니다. 또한 공통 단자가 아닌 색상을 제어하는 세 개의 단자에 저항을 연결하는 것이 안정적입니다. 만약 공통 단자에 저항 하나만 연결할 경우 저항에 문제가 있으면 삼색 LED 자체가 동작하지 않지만, 저항을 제어하는 단자 세 곳에 각각 연결할 경우 어떤 단자에 문제가 있는지 쉽게 확인할 수 있기 때문입니다.

직접 볼까요!

실제 삼색 LED로 다양한 색상 출력하기

서킷으로 만든 삼색 LED 회로를 실제 아두이노로 만들면 어떻게 작동할까요? 영상으로 보고 싶다면 다음 링크를 참고하세요.

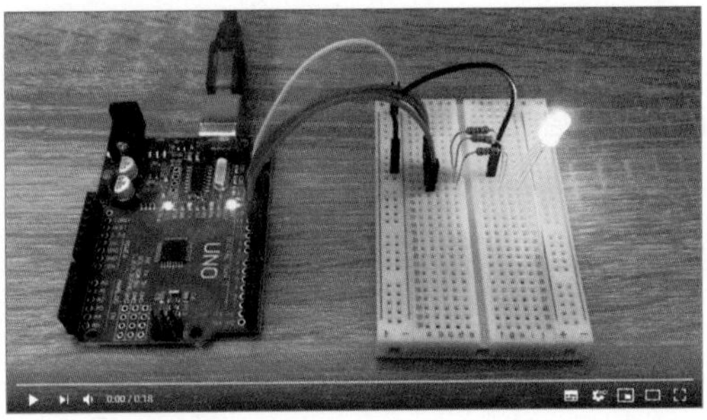

QR코드를 찍어 보세요.

https://youtu.be/JI2Q4VT7tkE

직접 볼까요!

삼색 LED의 동작 원리 자세히 살펴보기

삼색 LED의 동작 원리와 아두이노 보드 및 시뮬레이터에서 다양한 LED 불빛을 표현하는 방법을 영상으로 보고 싶다면 다음 링크를 참고하세요.

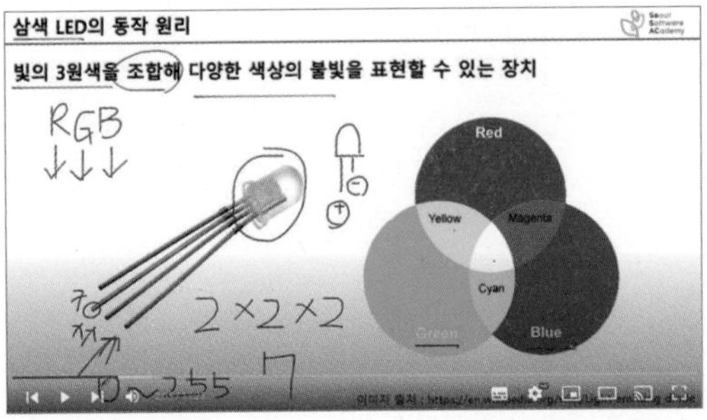

QR코드를 찍어 보세요.

https://youtu.be/KZnTMccVDtw

09-4 가변저항과 슬라이드 스위치로 DC 모터 제어하기

DC 모터란?

DC(direct current) 모터는 직류 전원으로 회전 운동을 하는 전자 부품입니다. 아두이노 보드가 일정한 크기의 전압으로 작동하듯이 DC 모터 또한 일정한 전압에 작동합니다. DC 모터는 바퀴에 연결해 라디오 컨트롤 자동차(RC카, radio control car)를 움직이거나 전동 드라이버를 좌우로 회전시키는 등 다양한 분야에 적용할 수 있습니다.

그림 9-15 DC 모터

아두이노 시뮬레이터에서 DC 모터를 다루는 방법은 어렵지 않습니다. 실습을 통해 사용 방법을 바로 알아보겠습니다.

질문 있어요!

DC 모터는 어떤 원리로 작동하나요?

DC 모터를 잘 다루려면 작동 전압, 전류, 분당 회전수, 토크(torque) 등의 규격을 이해해야 합니다. 예를 들어, 작동 전압과 전류가 충분하지 않으면 DC 모터는 움직이지 않습니다. 분당 회전수는 모터의 회전수를 결정하므로 적용 분야에 따라 필요한 정도가 다릅니다. 토크는 모터의 회전력, 즉 모터가 회전하는데 드는 힘이라고 이해하면 됩니다. 모터의 회전축에 연결한 물체 또는 기어가 받는 힘보다 토크가 커야 모터가 회전할 수 있습니다.

Do it! 실습 9-5 DC 모터의 속도 제어하기

이번 예제에서는 가변저항으로 DC 모터의 회전수를 제어하는 방법을 살펴보겠습니다.

1. 새 회로 만들고 구성 요소 배치하기

새로운 회로를 만들고 아두이노 보드와 브레드보드, DC 모터, 가변저항을 다음 그림과 같이 배치합니다. DC 모터는 기본 구성 요소에 포함되어 있습니다.

DC 모터의 속도를 제어하기 위해 PWM 기능을 지원하는 디지털 9번 핀을 DC 모터의 빨간색 단자에 연결하고 검은색 단자는 접지에 연결합니다. 가변저항의 양 끝 단자는 전원과 접지에 연결하고 가운데 입력 단자는 아날로그 입력 핀 A0에 연결합니다.

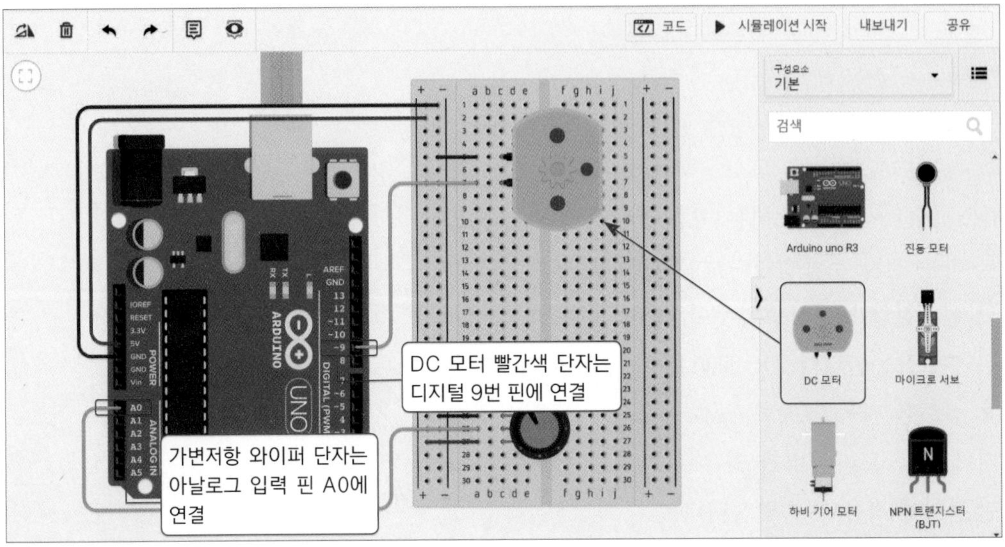

DC 모터의 속도를 제어하는 회로와 배선

2. 스케치 코드 작성하기

코드 창을 열고 다음과 같이 코드를 작성합니다. setup() 함수에서는 디지털 9번 핀을 출력 모드로 설정해 모터의 속도를 제어할 수 있게 준비합니다.

```
void setup()
{
  // PWM 지원하는 디지털 9번 핀을 출력 모드로 설정
  pinMode(9, OUTPUT);
}

void loop()
{
  // 가변저항의 입력값 범위를 map() 함수로 변환
  int inputValue = analogRead(A0);
  int convertedValue = map(inputValue, 0, 1023, 0, 255);  // 범위를 0~1023에서 0~255로 변환

  // 가변저항의 값에 따라 모터의 속도를 조절
  analogWrite(9, convertedValue);
```

```
15 :
16 :   delay(100);
17 : }
```

3. 스케치 코드 읽기

10행에서는 analogRead() 함수로 A0 핀에 연결된 가변저항값을 읽어 변수 inputValue에 저장합니다.

11행에서는 map() 함수로 아날로그 입력값의 범위인 0~1023을 PWM을 사용하기 위한 범위인 0~255로 변환하고, 범위에 따라 변한 inputValue의 값을 변수 convertedValue에 저장합니다.

14행에서는 analogWrite() 함수로 PWM 기능을 지원하는 디지털 9번 핀에 변수 converted Value의 값을 써서 모터의 속도를 제어합니다.

4. 실행 결과 확인하기

시뮬레이터를 실행하면 가변저항의 노브를 회전시킴에 따라 모터가 회전하는 속도가 바뀌는 것을 볼 수 있습니다. 모터의 회전 속도는 분당 회전수인 RPM(revolutions per minute)으로 출력됩니다. 가변저항값이 0이면 모터는 회전을 멈춥니다.

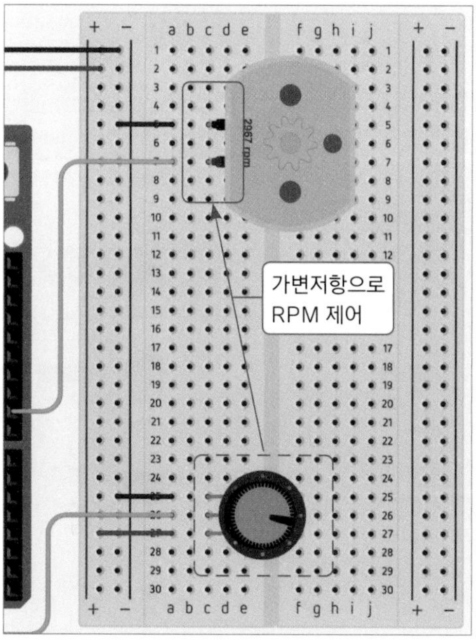

DC 모터의 속도를 제어한 결과

시뮬레이터와 동일하게 실제 아두이노 보드에 DC 모터를 연결해 사용할 때 간혹 동작하지 않는 경우가 발생합니다. 이는 DC 모터의 사양에 따라 아두이노 자체 전원 공급만으로는 동작하는 데 부족하기 때문입니다. 모터는 다른 전자 부품에 비해 더 많은 전류가 필요합니다. 따라서 모터 드라이버를 사용하거나 모터를 위한 별도 전원 공급이 필요한 경우가 있습니다. 모터 드라이버의 사용법은 14장에서 자세히 다룹니다.

Do it! 실습 9-6 DC 모터의 방향 제어하기

지금은 DC 모터가 시계 방향으로 회전합니다. DC 모터 단자에 연결된 선의 위치를 서로 바꾸면 모터의 회전 방향이 시계 방향에서 시계 반대 방향으로 바뀝니다. 이 원리를 이용해 DC 모터의 방향을 제어해 보겠습니다.

1. 회로 복제하고 수정하기

'실습 9-5(DC 모터의 속도 제어하기)'를 복사한 뒤 저항(10kΩ)과 슬라이드 스위치를 그림과 같이 추가로 배치합니다. 슬라이드 스위치는 디지털 입력 장치입니다. 이를 활용하면 HIGH 또는 LOW 신호를 입력받아 DC 모터의 방향을 시계 방향에서 시계 반대 방향으로 변경할 수 있습니다.

DC 모터의 두 단자 모두 PWM을 지원하는 디지털 9번, 10번 핀에 연결합니다. DC 모터가 회전하는 방향을 변경하려면 전류가 흐르는 방향을 반대로 바꿔 줘야 하는데, 방향뿐 아니라 속도도 같이 제어해야 하므로 PWM을 지원하는 핀에 연결합니다.

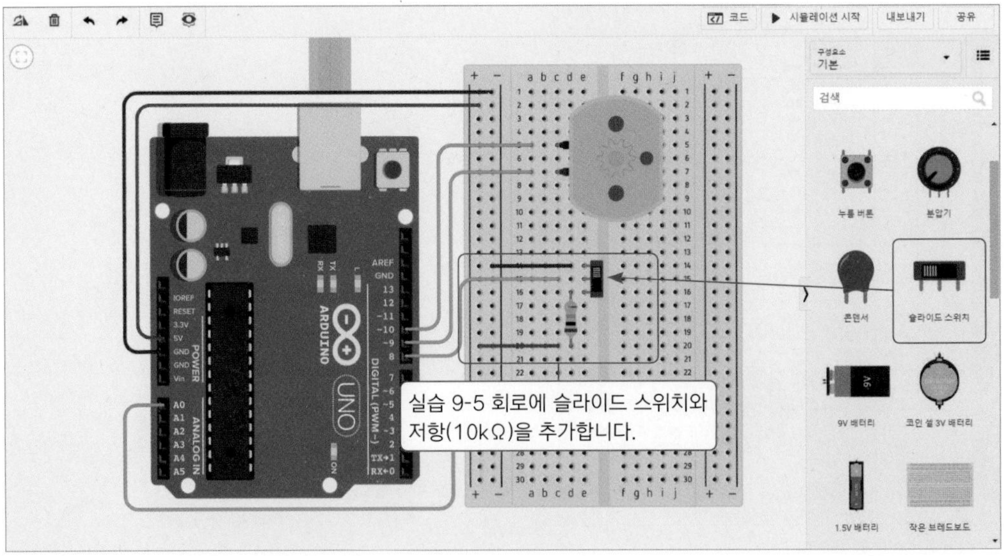

DC 모터의 방향을 제어하는 회로와 배선

2. 스케치 코드 수정하기

코드 창을 열고 다음과 같이 코드를 수정합니다. 이번 코드의 핵심은 if-else 조건문으로 DC 모터의 방향을 제어하는 부분입니다.

```
01 : void setup()
02 : {
03 :   // PWM을 지원하는 디지털 9번, 10번 핀을 출력 모드로 설정
04 :   pinMode(9, OUTPUT);
05 :   pinMode(10, OUTPUT);
06 :
07 :   // 스위치의 입력을 받기 위해 디지털 8번 핀을 입력 모드로 설정
08 :   pinMode(8, INPUT);
09 : }
10 :
11 : void loop()
12 : {
13 :   // 가변저항의 입력값 범위를 map() 함수로 변환
14 :   int inputValue = analogRead(A0);
15 :   int convertedValue = map(inputValue, 0, 1023, 0, 255);
16 :
17 :   // 스위치의 입력값에 따라 DC 모터의 방향을 제어
18 :   int inputSwitch = digitalRead(8);
19 :   if (inputSwitch == LOW) {
20 :     analogWrite(9, convertedValue);   // LOW값을 읽으면 9번 핀에 전원을 공급
21 :     analogWrite(10, 0);
22 :   }
23 :   else {
24 :     analogWrite(9, 0);
25 :     analogWrite(10, convertedValue); // LOW값을 읽지 않으면 10번 핀에 전원을 공급
26 :   }
27 : }
```

3. 스케치 코드 읽기

04~05행에서는 DC 모터에 연결된 9, 10번 핀을 출력 모드로 설정합니다. 08행에서는 슬라이드 스위치의 입력값을 받아야 하므로 8번 핀을 입력 모드로 설정합니다.

14~15행은 가변저항값을 읽어 map() 함수로 이를 PWM을 사용할 수 있는 범위로 변환하는 코드입니다. 이런 과정을 거쳐 DC 모터의 속도를 제어할 수 있습니다.

18~26행은 digitalRead() 함수로 슬라이드 스위치의 디지털값을 읽어 DC 모터의 방향을 제어하는 코드입니다. 만약 슬라이드 스위치의 위치가 위로 올라가 있다면 LOW값을 읽어 analogWrite() 함수로 9번 핀에 전원을 공급하고 10번 핀을 접지로 사용해 DC 모터를 시계 방향으로 회전시킵니다. 슬라이드 스위치를 아래로 내리면 HIGH값을 읽어 analogWrite() 함수로 10번 핀에 전원을 공급하고 9번 핀을 접지로 사용해 DC 모터를 시계 반대 방향으로 회전시킵니다.

4. 실행 결과 확인하기

시뮬레이터를 실행해 결과를 확인합니다. 슬라이드 스위치의 위치를 위아래로 움직여 보세요. RPM에 표시된 숫자를 보면 방향을 알 수 있습니다. 양의 정수가 시계 방향이고 음의 정수는 시계 반대 방향입니다.

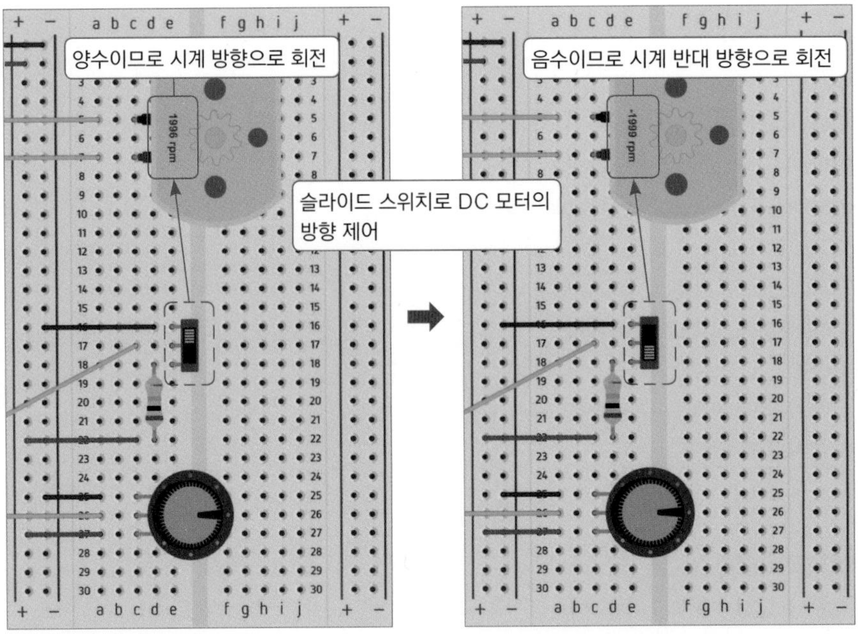

DC 모터를 시계 방향으로 회전 / DC 모터를 시계 반대 방향으로 회전

실제 아두이노 보드에서 모터를 사용할 때는 전류가 반대 방향으로 흐르는 역전류도 고려해 회로를 설계해야 합니다. 아두이노 자체 전원 공급으로 동작하는 모터의 경우 회전수가 높지 않아 역전류도 작지만, 별도 전원 공급이 필요한 모터의 경우 고속으로 회전하기 때문에 과도한 역전류가 발생할 수 있습니다. 과도한 역전류는 주변 회로에 영향을 끼쳐 오동작 또는 고장으로 이어질 수 있습니다.

도전!

삼색 LED 색상을 직접 제어해 봐요!

난이도: ★★★

다음 그림을 참고해 회로를 구성하고 목표대로 작동하도록 스케치 코드를 작성해 보자.

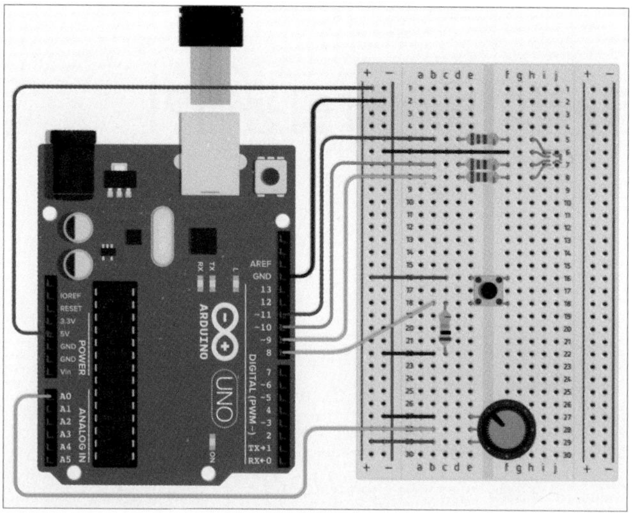

가변저항과 푸시 버튼으로 삼색 LED의 색상을 제어하기

목표

삼색 LED의 RGB 색상을 각각 조절할 수 있는 회로를 구성한다.

구성 요소

아두이노 보드, 브레드보드, 저항 4개, 가변저항, 푸시 버튼, 삼색 LED

힌트

① 푸시 버튼으로 RGB 중 값을 조절할 색상을 선택합니다.

② 가변저항으로 LED에 출력할 값을 조절합니다.

10

함수와 라이브러리 활용하기

지금까지 '디지털 입력과 출력', '아날로그 입력과 출력'을 다루는 방법을 배우며 아두이노에서 사용하는 기본적인 구성 요소와 함수를 알아봤습니다. 이번 장에서는 작동 원리가 조금 더 복잡한 구성 요소를 다루는 함수를 알아보겠습니다. 또한 라이브러리를 사용해 스케치 코드를 더 편하게 작성하는 방법도 알아보겠습니다.

학습 목표

- 함수와 라이브러리의 개념과 사용 방법을 알아본다
- 초음파 센서의 사용 방법을 익힌다
- 서보 모터의 사용 방법을 익힌다

10-1 초음파 센서로 거리 측정하기

초음파 센서란?

소리는 물체의 진동에 의해 발생하고 공기로 전달되는 파동입니다. 이를 다른 말로 음파(sonic wave)라고 합니다. 진동이 1초에 얼마나 발생하는 소리인지에 따라 사람이 들을 수 있는지가 결정됩니다. 이때 1초 동안 진동한 횟수를 주파수 또는 진동수라고 하며, 헤르츠(Hz)라는 단위로 나타냅니다.

사람은 주파수가 약 16~20,000Hz일 때 소리를 들을 수 있습니다. 주파수가 이보다 높은 음파는 사람이 들을 수 없는데, 이를 초음파(ultrasonic)라고 합니다. 돌고래나 박쥐는 초음파를 활용해 장애물이나 사냥감을 찾아냅니다. 이런 원리를 활용한 장치가 초음파 센서입니다. 초음파 센서는 임의로 20kHz~200MHz 대역의 초음파를 만들어 물체와의 거리를 측정할 수 있습니다.

1,000Hz는 1kHz이고, 1,000kHz는 1MHz입니다.

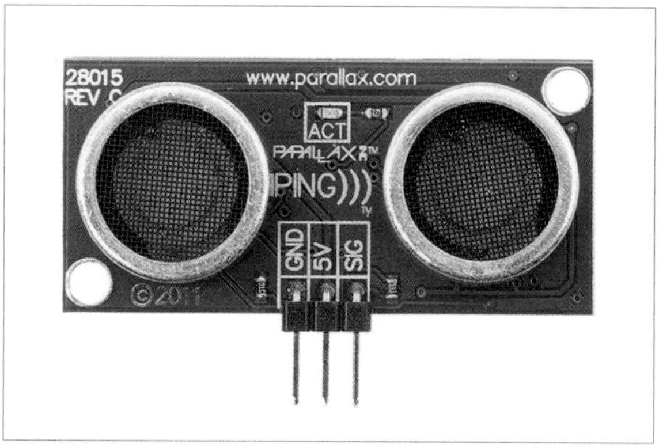

그림 10-1 초음파 센서(출처: www.parallax.com/product/28015)

초음파 센서의 원리

초음파 센서가 물체 사이의 거리를 측정하는 원리를 알아보겠습니다. 초음파 센서는 초음파가 물체에 반사되어 돌아올 때까지의 '시간'을 측정합니다. 이때 초음파의 '속력'은 이미 정해져 있습니다. 시간과 속력을 알면 다음 공식을 이용해 물체 사이의 거리를 구할 수 있습니다.

거리(m) = 속력(m/s) × 시간(s)

사실 초음파 센서는 거리를 재는 줄자보다는 시간을 재는 시계에 가깝습니다. 시간을 측정한 다음 거리, 속력, 시간의 관계를 적용해 거리를 '계산'하는 것입니다. 셋 중 두 가지만 알면 나머지 하나도 구할 수 있습니다. 옴(Ω)의 법칙과 같이 삼각형으로 표현하면 외우지 않아도 쉽게 이해할 수 있습니다.

실제 환경에서는 초음파가 이동하는 공간과 온도의 변화에 따른 오차를 고려해 측정값을 보정합니다.

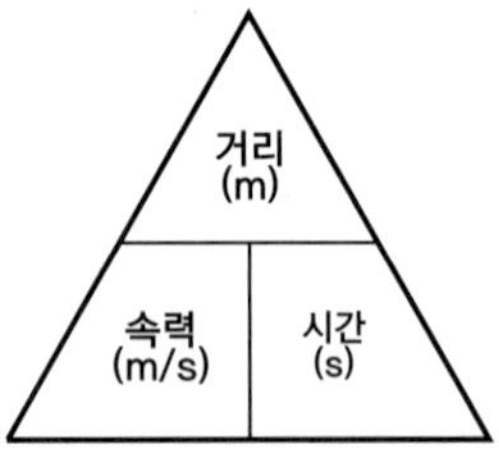

그림 10-2 거리, 속력, 시간의 관계

Do it! 실습 10-1 초음파 센서로 거리 측정하기

초음파의 속력은 340m/s입니다. 이 값을 활용해 초음파 센서로 거리를 측정해 보겠습니다.

1. 새로운 회로 만들고 구성 요소 배치하기

새 회로를 만들고 아두이노 보드, 브레드보드, 초음파 센서를 기본 구성 요소에서 찾아 다음 그림과 같이 배치합니다. 초음파 센서의 전원(5V)과 접지(GND)를 연결하고, 신호 단자는 아두이노 보드의 디지털 9번 핀에 연결합니다.

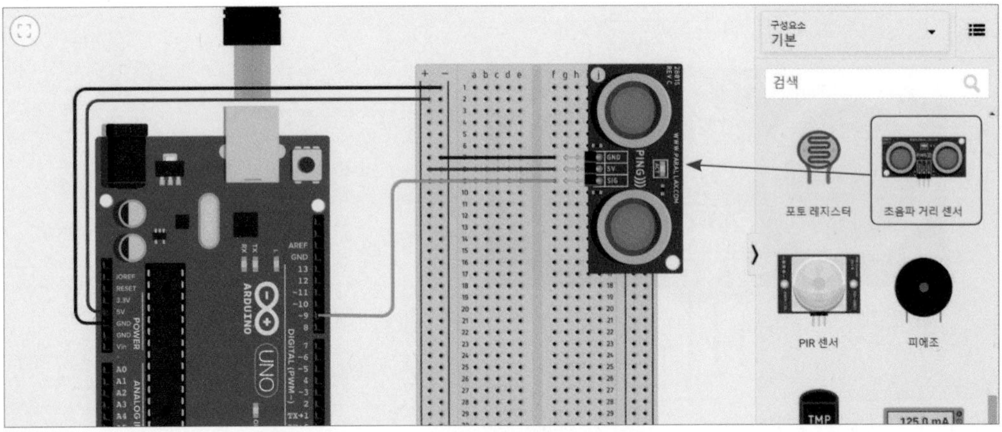

초음파 센서로 거리를 측정하는 회로와 배선

2. 스케치 코드 작성하기

코드 창을 열고 문자 코딩 방식으로 바꾼 후 다음과 같이 코드를 입력합니다. 스케치 코드는 트리거(trigger) 신호를 제어하는 부분과 에코(echo) 신호를 제어하는 부분으로 크게 구분할 수 있습니다.

```
void setup()
{
```

```
  Serial.begin(9600);
}

void loop()
{
  // 초음파 신호 송신
  pinMode(9, OUTPUT);
  digitalWrite(9, LOW);
  delayMicroseconds(2);
  digitalWrite(9, HIGH);
  delayMicroseconds(5);
  digitalWrite(9, LOW);

  // 초음파 신호 수신
  pinMode(9, INPUT);
  double duration = pulseIn(9, HIGH);
  double cm = duration * 340 / 10000 / 2;

  // 측정 거리 출력
  Serial.println(cm);
}
```

3. 트리거와 에코 이해하기

트리거는 초음파 센서에서 초음파 신호를 발생시키는 장치이고, 에코는 초음파 신호를 수신하는 장치입니다. 트리거가 초음파를 발생시키면 초음파 신호는 뻗어 나가다가 물체를 만나면 반사되어 되돌아옵니다. 에코는 물체에 반사되어 되돌아오는 초음파 신호를 수신해 초음파 신호가 발생한 시점부터 수신한 시점까지의 시간을 마이크로초(microsecond, μs) 단위로 반환합니다.

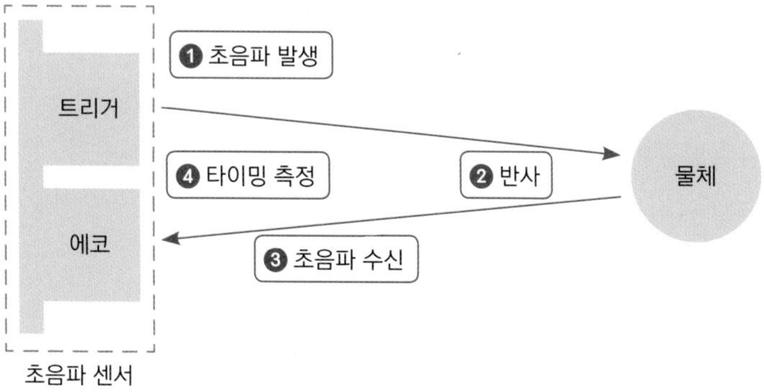

다음 그림으로 초음파 센서의 동작을 더 살펴보겠습니다.

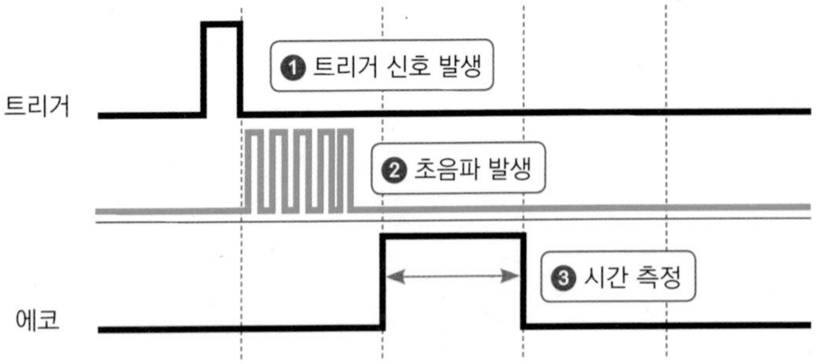

초음파 센서의 타이밍 다이어그램

❶ 아두이노의 디지털 핀을 통해 초음파 센서의 트리거에 사각파 신호를 전달합니다.
❷ 사각파 신호를 전달받은 초음파 센서는 여덟 개의 초음파 묶음을 연속해서 발생시킵니다.
❸ 초음파가 발생한 순간과 초음파가 물체에 반사되어 되돌아오는 순간 에코의 신호에 변화를 줍니다.

에코 신호의 변화를 확인하면 초음파 신호가 발생한 시점과 수신된 시점을 알 수 있습니다. 둘 사이의 시간을 측정하면 거리를 계산할 수 있습니다.

4. 스케치 코드 읽기: 초음파 신호 송신

스케치 코드의 10~14행은 초음파 신호를 발생하기 위해 사각파를 만드는 과정입니다. digitalWrite() 함수로 LOW, HIGH, LOW값을 차례로 쓰면 사각파가 만들어집니다.
09행, 17행의 pinMode() 함수는 초음파 센서에 신호(SIG)선을 어떤 목적으로 사용할지 결정합니다. 지금까지 pinMode() 함수는 setup() 함수에서 한 번만 사용했지만, 이 초음파 센서는 하나의 신호선을 공유하므로 loop() 함수에서 매번 호출합니다.

5. 스케치 코드 읽기: 초음파 신호 수신

18~19행의 double은 실수를 저장할 수 있는 데이터형입니다. float 데이터형보다 저장 공간이 2배 더 크기 때문에 데이터 손실 없이 안전하게 값을 저장할 수 있습니다.
18행의 pulseIn() 함수는 초음파 신호가 에코에 도달했을 때의 시간을 측정해 반환하는 함수입니다. pulseIn() 함수는 두 개의 매개변수를 사용합니다. 첫 번째는 디지털 핀 번호이고 두 번째는 디지털값입니다. 만약 디지털값이 HIGH이면, 디지털 신호가 HIGH를 유지했던 시간을 계산해 반환합니다. 매개변수의 디지털값이 LOW이면 그 반대가 됩니다.

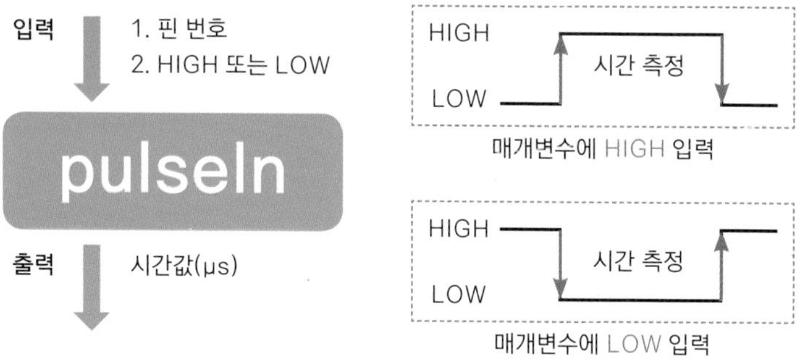

앞서 초음파 센서의 타이밍 다이어그램을 살펴봤을 때 에코 신호는 LOW → HIGH 시점에서 시간을 측정하기 시작해 HIGH → LOW 시점에 측정을 종료합니다. 따라서 18행 pulseIn() 함수의 두 번째 매개변수에는 HIGH를 넣어야 시간을 정상적으로 측정할 수 있습니다.

질문 있어요!

pulseIn() 함수에서 오류가 발생해요!

pulseIn() 함수를 작성할 때 소문자 엘(l)과 대문자 아이(I)가 비슷하게 보여 종종 오타가 발생할 수 있으니 주의해 입력해야 합니다. pulse에는 소문자 엘(l)을 사용하고, In에는 대문자 아이(I)를 사용합니다.

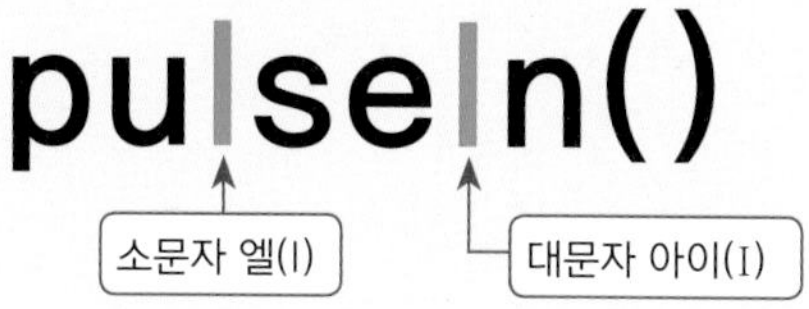

19행은 측정된 시간값을 저장한 duration 변수에 초음파의 속력을 곱해 거리를 측정하는 공식을 적용한 것입니다. 그런데 앞에서 배운 공식과 조금 다른 점이 보입니다. 먼저 2로 나눈 이유는 편도 거리를 구하기 위해서입니다. 초음파가 이동한 거리는 물체에 도달하고 반사되어 되돌아올 때까지의 거리, 즉 왕복 거리이므로 편도 거리를 구하려면 반으로 나누어야 합니다.

10,000으로 나눈 이유는 단위를 일치시키기 위해서입니다. 초음파의 속력은 340m/s이고 pulseIn() 함수에서 측정된 시간값이 1,000μs이라고 가정해 봅시다. 1μs는 백만분의 1초(s)이므로 초 단위로 일치시키려면 1,000,000으로 나누어야 합니다. 즉, 1,000μs = 1,000 ÷ 1,000,000s입니다. 그리고 속력의 단위를 미터(m)에서 센티미터(cm)로 바꾸기 위해 100을 곱해야 합니다. 나누기 1,000,000과 곱하기 100이 상쇄되면 나누기 10,000이 됩니다.

$$
\begin{aligned}
\text{측정 거리} &= \text{센서가 측정한 시간값} \times \text{초음파의 속력} \div 2 \\
&= 1{,}000\mu s \times 340m/s \div 2 \\
&= 1{,}000s \div 1{,}000{,}000 \times 340cm/s \times 100 \div 2 \\
&= 1{,}000s \times 340cm/s \div 10{,}000 \div 2 \\
&= 17cm
\end{aligned}
$$

6. 실행 결과 확인하기

시뮬레이터를 실행하고 초음파 센서를 클릭합니다. 초음파 센서가 측정할 수 있는 측정 범위는 연두색으로, 사물의 위치는 초록색 원으로 표시됩니다. 시리얼 모니터 창을 열고 물체를 움직이면 측정되는 거리가 달라지는 것을 확인할 수 있습니다.

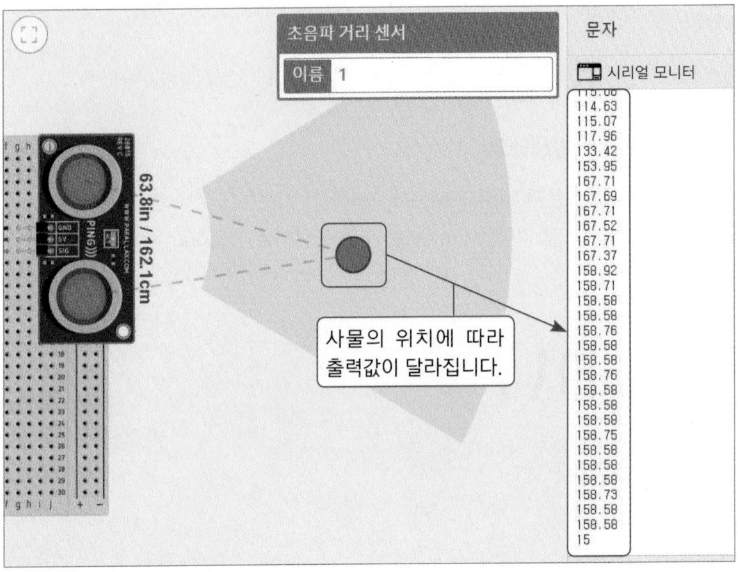

초음파 센서로 거리를 측정한 결과

7. 초음파 센서의 오차 이해하기

실제 아두이노 보드에 초음파 센서를 연결하고 스케치 코드를 업로드해 테스트하면 시뮬레이터처럼 이상적인 값이 출력되지 않습니다. 초음파 센서와 물체 사이의 측정 거리 및 각도, 형태에 따라서 불규칙한 값이 측정되기도 합니다. 초음파 센서 규격에 따라 최소 및 최대 측정 거리가 다르고, 초음파가 발생해 반사되는 과정에서 손실이 발생하거나 측정이 불가능한 상태가 발생하기 때문입니다. 또한 초음파 센서는 초음파를 발생시키는 트리거와 초음파 신호를 수신하는 에코 사이의 간격이 있어서 약간의 오차가 발생합니다.

실제 상황에서는 물체의 크기가 너무 작거나 거리가 너무 멀면 측정하기가 어렵습니다. 또, 초음파 센서가 정면을 바라보았을 때 좌우로 15° 이상 벌어진 영역에 물체가 있으면 초음파 신호가 반사해서 되돌아오지 못하므로 거리를 측정하지 못할 수도 있습니다. 따라서 실제 초음파 센서를 사용할 때는 초음파 센서가 측정할 수 있는 거리의 범위와 특성 등 여러 사항을 고려해야 합니다. 스케치 코드를 수정해 잘못 측정된 값은 제외하고 시리얼 모니터에 출력하거나 거리에 따른 측정 오차를 수정하는 작업이 필요합니다.

직접 볼까요!

초음파 센서로 거리 측정하기

초음파 센서의 구조와 원리를 이해하고, 거리 측정하는 방법을 영상으로 보고 싶다면 다음 링크를 참고하세요.

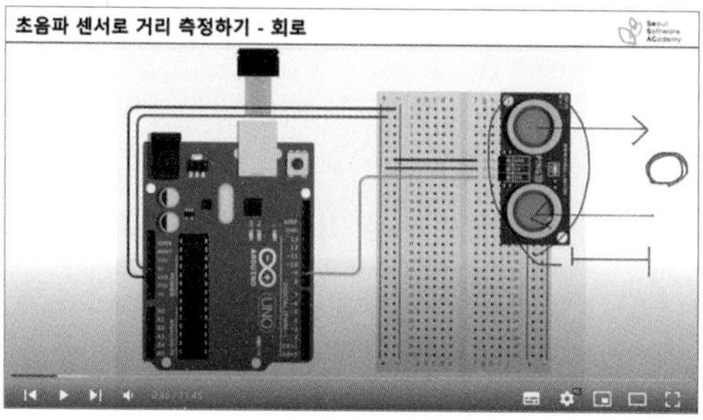

QR코드를 찍어 보세요.

https://youtu.be/92XGsH2p7kU

Do it! 실습 10-2 물체 사이의 거리에 반응하는 LED 만들기

초음파 센서는 다양한 분야에 응용됩니다. 일정한 거리 안으로 들어오면 켜지는 LED, 장애물을 발견하면 회피하는 장난감 자동차, 가까이 접근하면 자동으로 뚜껑이 열리는 휴지통, 자동차의 후방 감지 및 알림 장치 등을 만들 수 있습니다.

이번에는 물체의 거리에 따라 LED 색상을 제어하는 회로를 만들어 보겠습니다. 초음파 센서의 거리 측정 방법과 if 조건문을 어떻게 조합하는지 주목해 주세요.

1. 회로 복제하고 수정하기

'실습 10-1(초음파 센서로 거리 측정하기)' 회로를 복사한 뒤 다음 그림처럼 LED와 저항(220Ω)을 각각 세 개씩 추가합니다. LED 속성 창에서 색상을 빨간색, 노란색, 초록색 순으로 설정합니다. 빨간색 LED는 디지털 7번 핀, 노란색 LED는 디지털 6번 핀, 초록색 LED는 디지털 5번 핀에 연결합니다.

LED를 연결할 때 전류의 방향에 주의해야 하는 점 잊지 않았지요? 양극은 전원을 제어하는 디지털 핀에 연결하고, 음극은 접지에 연결해야 합니다.

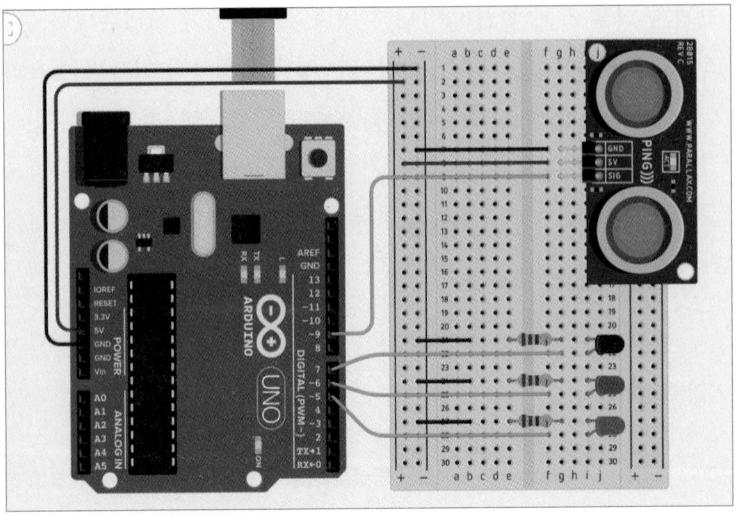

물체의 거리에 따라 LED를 제어하는 회로와 배선

2. 스케치 코드 수정하기

코드 창을 열고 다음과 같이 코드를 수정합니다. 먼저 pinMode() 함수로 LED와 연결한 디지털 핀 세 개를 정의합니다. loop() 함수는 초음파 센서로 거리를 측정하는 코드와 측정된 거리에 따라 LED를 제어하는 코드로 크게 구분됩니다. 11~21행은 초음파 센서로 거리를 측정하는 코드로 '실습 10-1(초음파 센서로 거리 측정하기)'과 동일합니다. 24~38행에는 LED를 제어하는 코드를 새로 추가했습니다.

```
01 : void setup()
02 : {
03 :   pinMode(7, OUTPUT);
04 :   pinMode(6, OUTPUT);
05 :   pinMode(5, OUTPUT);
06 : }
07 :
08 : void loop()
09 : {
10 :   // 초음파 신호 송신
11 :   pinMode(9, OUTPUT);
12 :   digitalWrite(9, LOW);
13 :   delayMicroseconds(2);
14 :   digitalWrite(9, HIGH);
15 :   delayMicroseconds(5);
16 :   digitalWrite(9, LOW);
```

```
17 :
18 :   // 초음파 신호 수신
19 :   pinMode(9, INPUT);
20 :   double duration = pulseIn(9, HIGH);
21 :   double cm = duration * 340 / 10000 / 2;
22 :
23 :   // 물체의 측정 거리에 따라 LED 제어
24 :   if (cm < 20) {
25 :     digitalWrite(7, HIGH);
26 :     digitalWrite(6, LOW);
27 :     digitalWrite(5, LOW);
28 :   }
29 :   else if (cm < 60) {
30 :     digitalWrite(7, LOW);
31 :     digitalWrite(6, HIGH);
32 :     digitalWrite(5, LOW);
33 :   }
34 :   else {
35 :     digitalWrite(7, LOW);
36 :     digitalWrite(6, LOW);
37 :     digitalWrite(5, HIGH);
38 :   }
39 :
40 :   delay(100);
41 : }
```

3. 스케치 코드 읽기: if-else 조건문

24~38행 코드의 조건문에 담긴 내용은 다음과 같습니다. 측정된 거리가 20cm보다 짧으면 빨간색 LED를 켭니다. 그리고 측정된 거리가 20cm보다 길고 60cm보다 짧으면 노란색 LED를 켭니다. 마지막으로 측정된 거리가 60cm보다 길다면 초록색 LED를 켭니다. 한 번에 하나의 LED만 켜지고 다른 색상의 LED 불빛이 꺼지도록 digitalWrite() 함수에 LOW값을 쓰는 코드도 추가했습니다.

4. 실행 결과 확인하기

시뮬레이터를 실행하고 초록색 원을 움직여 보세요. 초음파 센서와 물체의 거리에 따라 LED 불빛이 자동으로 켜지고 꺼지는 것을 확인할 수 있습니다.

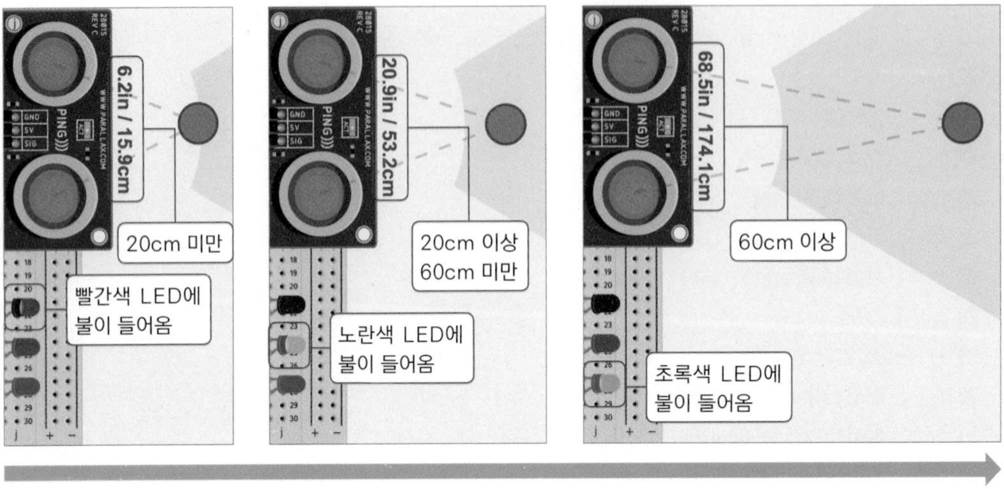

물체의 거리에 따라 LED를 제어한 결과

실제 아두이노 보드에도 동일한 회로와 스케치 코드를 업로드해 실행 결과를 확인해 봅시다. 거리를 측정할 때는 초음파 센서의 트리거와 에코 부분에 전선 등 다른 장애물이 거리 측정을 방해하지 않도록 회로 배선을 해줘야 합니다.

직접 볼까요!

물체 사이의 거리에 반응하는 LED 만들기

핀이 다른 초음파 센서의 구조와 원리를 이해하고, 거리에 따라 반응하는 LED 만드는 방법을 영상으로 보고 싶다면 다음 링크를 참고하세요.

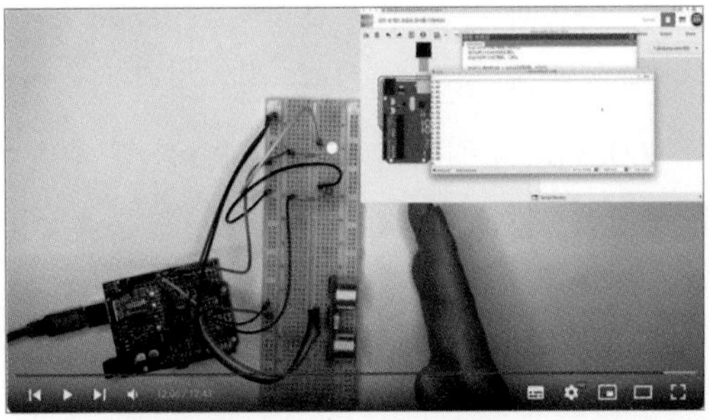

QR코드를 찍어 보세요.

https://youtu.be/Y7darYooXLg

10-2 라이브러리 더 알아보기

라이브러리란?

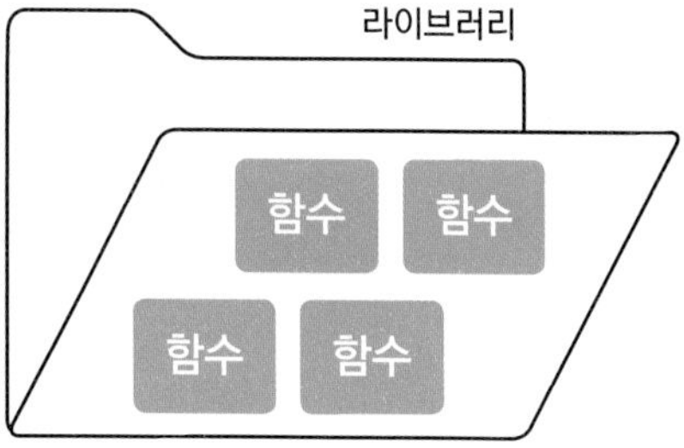

그림 10-3 함수와 라이브러리의 관계

라이브러리(library)는 특정 모듈을 사용하기 위한 함수들의 모음입니다. 라이브러리는 누구나 사용할 수 있게 공개되어 있으며, 필요한 기능을 구현하기 위해 직접 만들어 사용하기도 합니다.

아두이노 IDE에서 라이브러리를 추가하는 방법은 3가지입니다. 첫 번째는 라이브러리 관리자(library manager)를 통해 공식적으로 발표된 라이브러리를 추가하는 방법, 두 번째는 다른 사람이 인터넷에 공개한 소스 코드를 ZIP 파일로 내려받아 설치하는 방법, 세 번째는 내가 직접 작성한 코드를 라이브러리 형태로 만들어 추가하는 방법입니다.

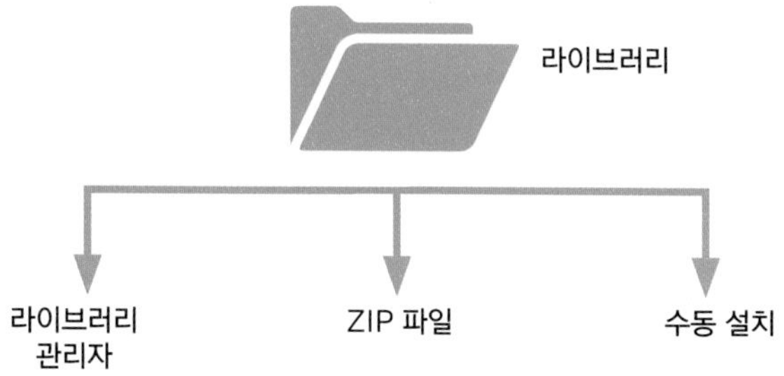

그림 10-4 라이브러리를 추가하는 세 가지 방법

첫 번째 방법부터 차례대로 실습하며 어떻게 라이브러리를 설치하는지 알아보겠습니다.

Do it! 실습 10-3 공식 발표된 라이브러리 설치하기

공식 발표된 라이브러리는 아두이노 커뮤니티에서 관련 문서와 코드를 확인할 수 있으며, 라이브러리 관리자를 통해 쉽게 설치할 수 있습니다.

1. 아두이노 IDE에서 라이브러리 관리자 열기

아두이노 IDE를 열어 [Skech → Include Library → Manage Libraies...] 메뉴를 찾아 선택하면 라이브러리 관리자 영역이 활성화됩니다.

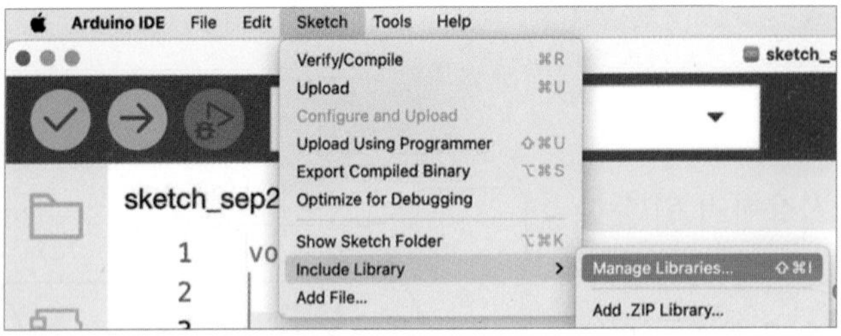

아두이노 IDE 버전 2.x 이후부터는 왼쪽 라이브러리 관리자 아이콘을 클릭해서 볼 수도 있습니다. 라이브러리는 이름, 형식(type), 주제(topic)별로 필터링해 찾을 수 있습니다. 라이브러리 관리자에 나타나는 라이브러리들은 아두이노 공식 홈페이지에서도 확인할 수 있습니다.

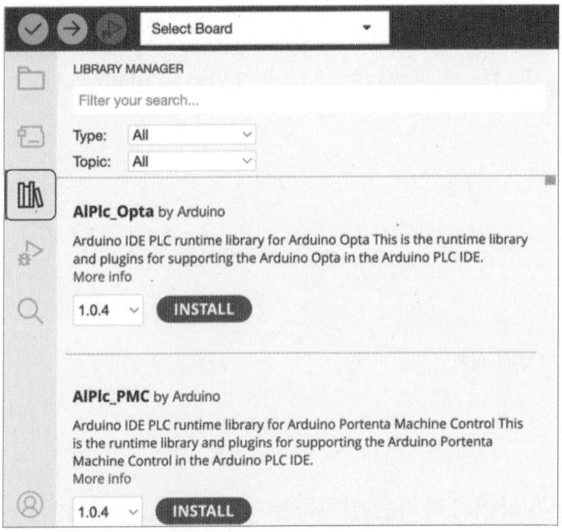

아두이노 공식 라이브러리 모음
(https://www.arduino.cc/reference/en/libraries/)

2. 검색어로 라이브러리 찾기

라이브러리 검색 창에 'wifiweb'를 검색하면 WiFiWebServer라는 이름의 라이브러리를 찾을 수 있습니다. 이 라이브러리는 무선 랜을 사용할 수 있는 아두이노 호환 보드를 웹 서버로 동작하게 만드는 라이브러리입니다. 라이브러리의 설치 유무에 따라 버튼에 표시되는 문구가 달라집니다. [UPDATE] 버튼은 최신 버전이 설치된 버전보다 높아 갱신이 필요한 경우에 표시되며, [INSTALL]은 아직 라이브러리가 설치되지 않아 설치가 필요한 경우입니다.

[REMOVE] 버튼은 이미 설치된 라이브러리에 나타나며, 클릭하면 해당 라이브러리를 삭제합니다.

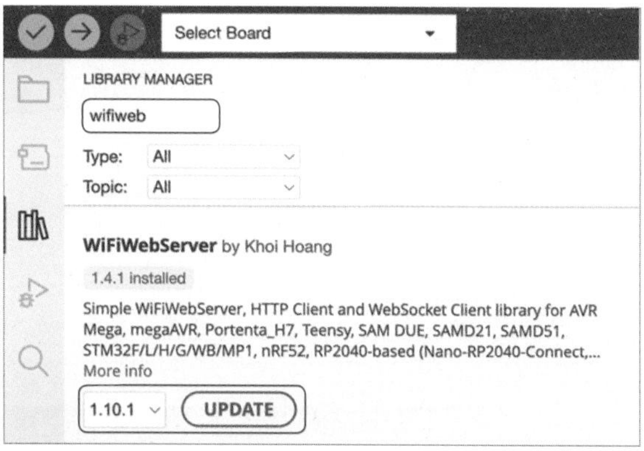

라이브러리 검색 창과 [UPDATE] 버튼

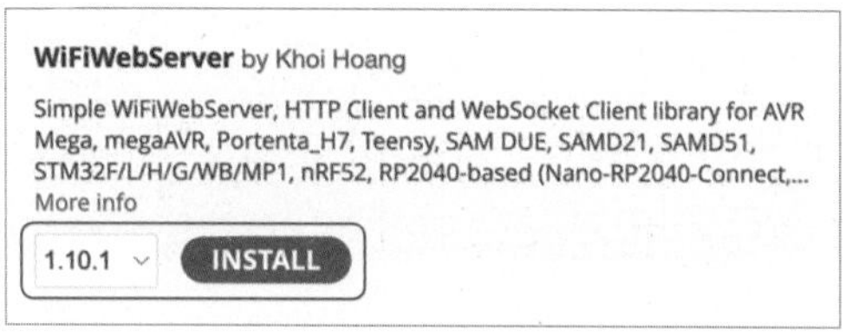

새 라이브러리를 설치하는 [INSTALL] 버튼

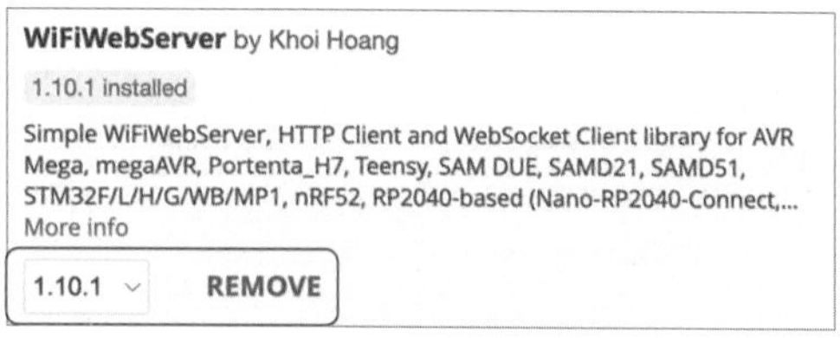

설치된 라이브러리를 삭제하는 [REMOVE] 버튼

3. 라이브러리 설치하기

[INSTALL] 버튼을 클릭하면 의존 관계에 있는 라이브러리를 함께 설치할지 물어보는 팝업 창이 나타날 때가 있습니다. 의존 관계에 있는 라이브러리를 함께 설치하지 않으면 라이브러리가 정상적으로 동작하지 않을 수 있으므로 [INSTALL ALL] 버튼을 클릭해 모두 설치합니다.

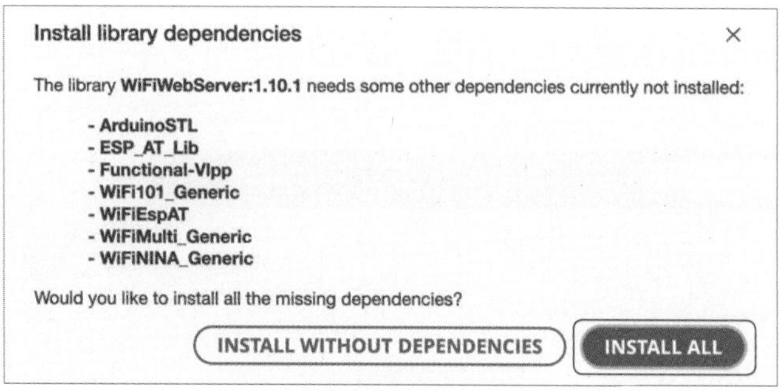

의존 관계에 있는 라이브러리 확인 및 설치

4. 라이브러리 설치 확인하기

라이브러리 설치 과정은 출력 창에서 확인할 수 있으며, 설치가 완료되면 라이브러리 관리자에서 설치된 버전과 [REMOVE] 버튼이 활성화된 것을 볼 수 있습니다.

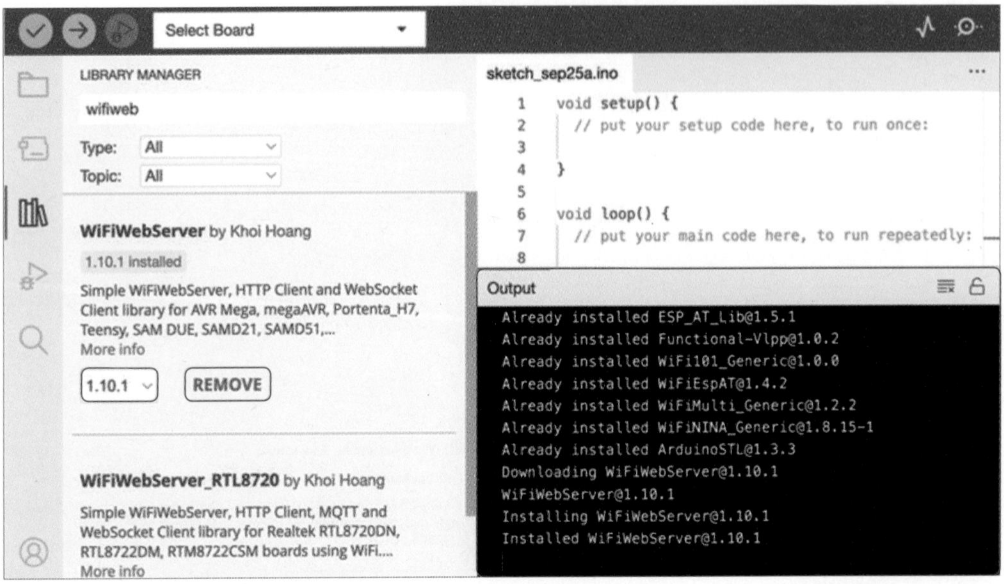

라이브러리 설치 과정 및 버전 확인

Do it! 실습 10-4 다른 사람이 공개한 라이브러리 설치하기

다른 사람이 인터넷에 공개한 라이브러리를 설치해 보겠습니다.

1. 원하는 라이브러리 찾아서 내려받기

아두이노 라이브러리 리스트(www.arduinolibraries.info/) 웹 사이트에 접속해 보면 공개된 수많은 라이브러리의 사용량 통계를 볼 수 있고, 유형별로 많이 쓰는 라이브러리를 골라서 받을 수도 있습니다.

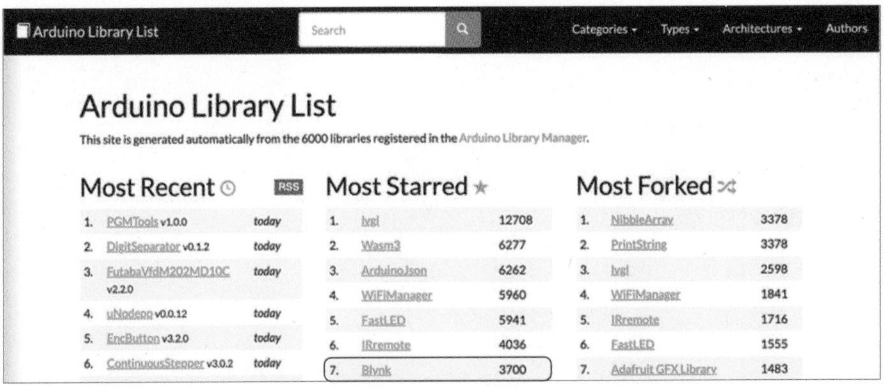

라이브러리 통계를 확인하고 내려받을 수 있는 아두이노 라이브러리 리스트(www.arduinolibraries.info/)

이 웹 사이트에 접속해 'Blynk'라는 이름의 라이브러리를 내려받아 봅시다. Blynk는 아두이노를 모바일 단말과 연결해 사물인터넷 장치로 만들어 주는 플랫폼을 사용하기 위한 라이브러리입니다.

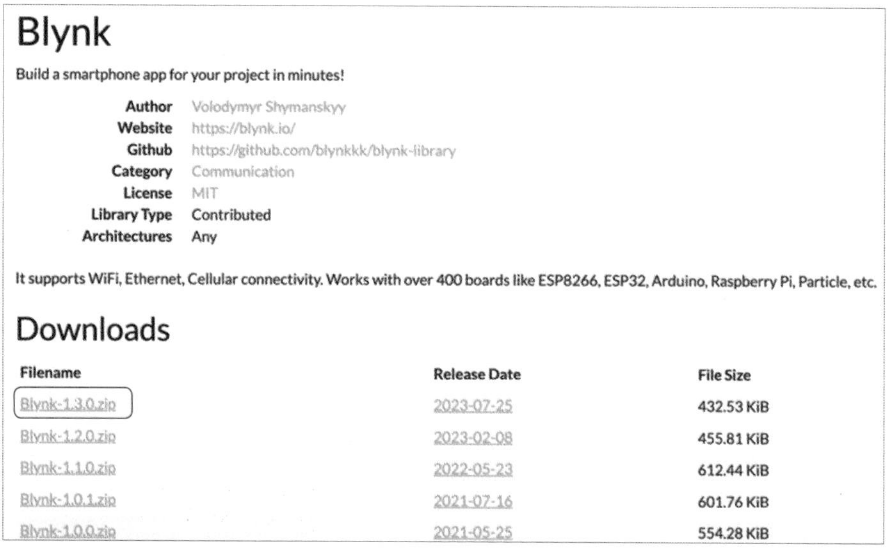

Blynk 라이브러리 내려받기

2. 아두이노 IDE에서 내려받은 라이브러리 추가하기

공개된 라이브러리는 대부분 ZIP 압축 파일로 제공됩니다. 라이브러리는 동작하는 소스 코드 외에도 문서, 예제, 환경 정보 등을 포함해야 하므로 여러 파일을 하나의 파일로 압축해서 제공해야 설치하기 편리합니다.

아두이노 IDE를 열어 [Skech → Include Library → Add .ZIP Library...] 메뉴를 찾아 선택하면 ZIP 파일을 선택할 수 있는 파일 탐색기가 나타납니다.

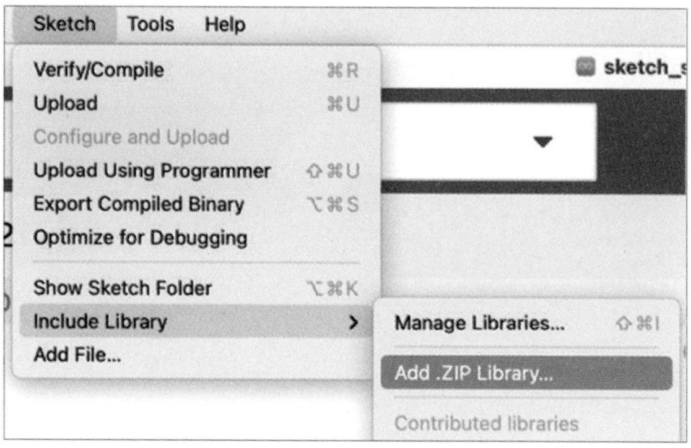

[ZIP 파일로 라이브러리 추가하기] 메뉴 실행하기

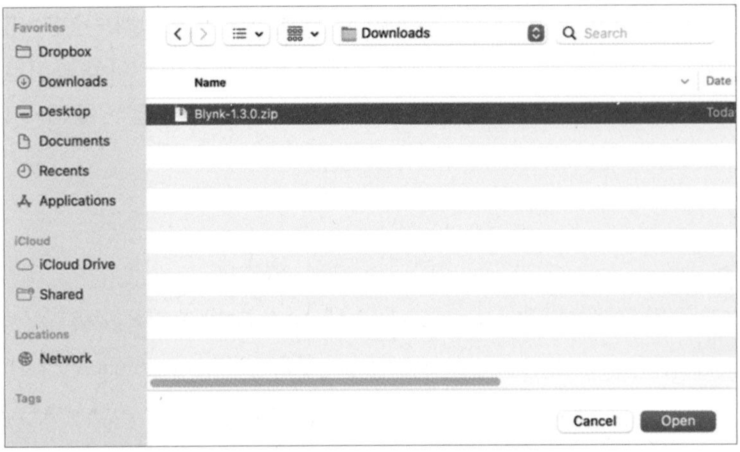

파일 탐색기에서 내려받은 ZIP 파일 선택하기

3. 라이브러리 설치 후 확인하기

라이브러리가 설치되면 출력 창에 안내 문구가 출력됩니다. 이제 [File → Examples → Blynk] 메뉴를 선택하면 사용할 수 있는 예제 코드를 찾을 수 있습니다.

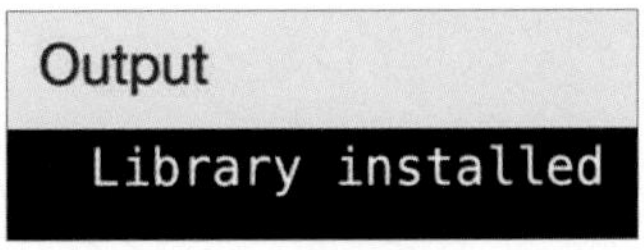

라이브러리 설치 완료 문구

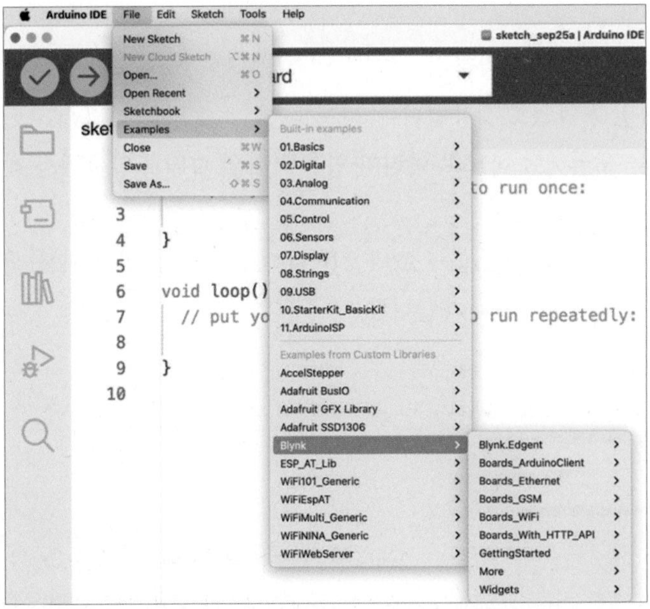

설치된 Blynk 라이브러리의 샘플 예제 코드

직접 볼까요!

아두이노 라이브러리 추가하기

라이브러리의 개념을 이해하고, 라이브러리 관리자와 ZIP 파일로 라이브러리를 추가하는 방법을 영상으로 보고 싶다면 다음 링크를 참고하세요.

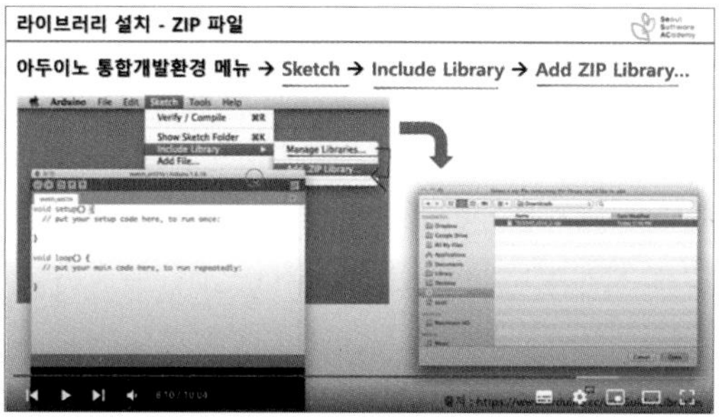

QR코드를 찍어 보세요.

https://youtu.be/gyFyvCslfuk

객체지향, 클래스, 인스턴스 개념 잡기

앞선 실습에서 이미 만들어진 라이브러리를 설치했으니, 이제는 직접 라이브러리를 만들어 추가해 보려고 합니다. 그런데 라이브러리를 만들려면 먼저 객체지향과 클래스의 개념을 알고 있어야 합니다.

객체지향이란?

객체지향은 프로그래밍 방식 중 하나입니다. 대비되는 개념으로 절차적 프로그래밍이 있습니다. 절차적 프로그래밍은 시간 순서에 따라 프로그램을 만듭니다. 예를 들어, 그림을 그리는 프로그램을 절차적 프로그래밍 방식으로 작성하면 다음과 같습니다. 먼저 그림을 그릴 종이를 준비합니다. 그리고 펜을 선택하고, 스케치를 합니다. 마지막으로 스케치에 색깔을 칠하면 그림이 완성됩니다.

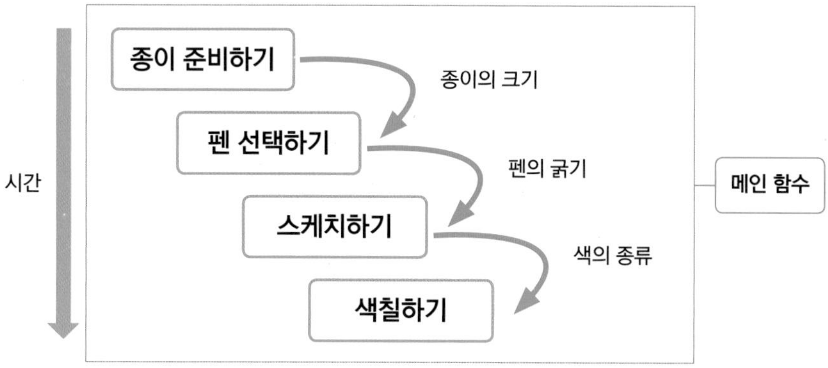

그림 10-5 절차적 프로그래밍 방식으로 프로그램을 만드는 원리

객체지향 프로그래밍 방식은 모든 사물을 객체(object)로 표현합니다. 절차적 프로그래밍을 설명할 때 예로 들었던 그림 그리기 프로그램을 살펴보면, 그림을 그릴 때 필요한 종이와, 펜, 색상을 담는 팔레트가 모두 객체입니다. 객체는 속성(property)과 메서드(method)로 구성됩니다. 속성은 객체의 성질을 담는 변수와 같습니다. 즉, 종이라는 객체의 속성이 종이의 크기가 되며, 펜 객체의 속성은 펜의 굵기, 팔레트 객체의 속성은 색상입니다. 그리고 메서드는 객체가 수행하는 행위입니다. 절차적 프로그래밍에서 부르는 함수와 동일합니다. 즉, 종이를 특정한 크기로 자르는 행위, 펜의 굵기를 변경하는 행위, 색상을 변경하는 행위 등입니다.

그럼 이러한 객체를 사용하는 게 절차적 프로그래밍과 어떤 차이를 만들어 낼까요? 이번에는 그림 그리기 프로그램을 객체지향 프로그래밍 방법을 사용해 만들어 보겠습니다.

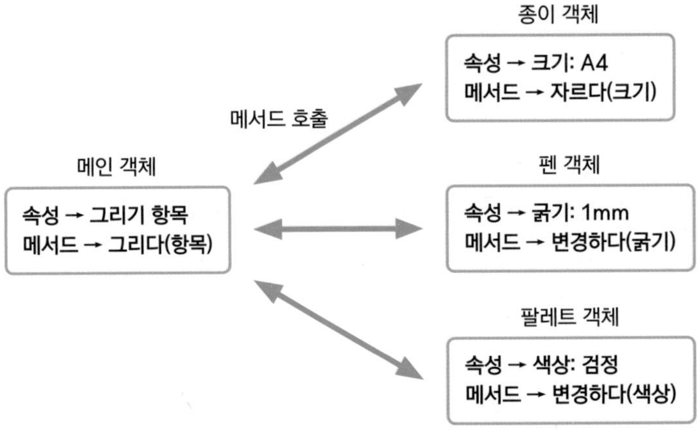

그림 10-6 객체지향 프로그래밍 방식으로 프로그램을 만드는 원리

절차적 프로그래밍에서 메인 함수와 객체지향 프로그래밍에서 메인 객체는 프로그램의 시작을 담당하는 주체입니다. 컴퓨터나 모바일 단말에서 아이콘을 클릭해 어떤 프로그램을 실행할 때 가장 먼저 호출되는 부분이라 생각하면 편합니다.

객체지향 프로그래밍은 시간의 흐름보다 독립된 객체 사이의 소통을 중요시합니다. 예를 들어 그림 그리기 프로그램을 만들 때 메인 객체는 종이 객체의 메서드를 호출해 종이의 크기를 결정하고, 펜 객체의 메서드를 호출해 펜의 굵기를 결정하고, 스케치를 한 후 팔레트 객체의 메서드를 호출해 색상을 결정합니다. 즉, 메서드를 통해 객체 간에 데이터를 주고받으며 서로 원하는 동작을 수행합니다. 프로그램이 복잡해지더라도 객체 단위로 수정이 용이하며, 역할을 분담했기 때문에 오류 발생 시 문제가 있는 객체를 중심으로 원인을 파악하면 해결하기가 쉽습니다.

클래스와 인스턴스 구분하기

객체는 클래스와 인스턴스로 구분해 부르기도 합니다. 둘 다 속성과 메서드가 있다는 공통점은 있지만 클래스는 그 자체로 동작하지 않고 어떤 속성과 메서드로 구성되는지만 알려 줍니다. 실제로 동작하는 것은 인스턴스이며, 컴퓨터 프로그램에서는 인스턴스를 실체화된 객체로 표현하기도 합니다. 즉, 클래스를 인스턴스로 실체화해 사용한다는 개념으로 이해하면 됩니다.

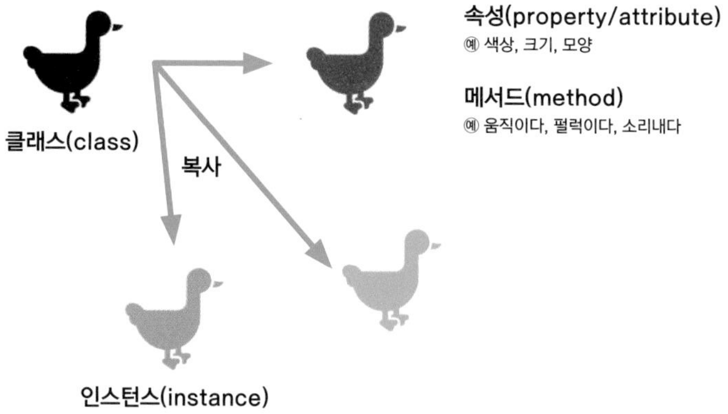

그림 10-7 클래스와 인스턴스의 구성 요소

예를 들어, 집을 만들 때 건축 설계도가 클래스라면, 설계도를 바탕으로 실제 만들어진 건축물(집)이 인스턴스입니다. 설계도는 하나만 있어도 집을 여러 채 지을 수 있듯이 클래스는 하나만 존재하고, 인스턴스는 여러 개를 만들어 사용합니다. 추후 소스 코드를 통해 살펴보면 더 쉽게 이해할 수 있을 테니 지금은 클래스와 인스턴스를 설계도와 건축물로 구분해서 이해해도 충분합니다.

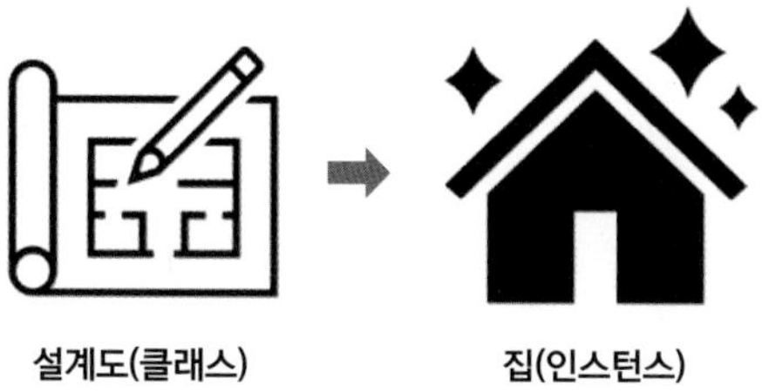

그림 10-8 클래스(설계도)와 인스턴스(집)의 관계

Do it! 실습 10-5 내가 만든 라이브러리 추가하기

라이브러리는 헤더(.h) 파일과 소스(.cpp) 파일로 구성됩니다. 헤더 파일은 소스 파일의 구조를 간략하게 요약하고, 소스 파일은 헤더 파일의 항목을 구현한 것을 포함합니다. 아두이노의 라이브러리는 C++ 프로그래밍 언어로 만들어져서 파일의 확장자와 문법도 C++ 언어의 규칙을 따릅니다. 먼저 헤더 파일을 만들어 봅시다.

1. 헤더 파일(.h) 만들기

C++ 언어의 헤더 파일은 확장자가 .h로 끝나며, 라이브러리의 이름이 'Test'라면 헤더 파일은 'Test.h'가 됩니다. 아두이노 IDE 오른쪽 위에 있는 [···] 버튼을 클릭해 나타나는 상황 메뉴에서 [New Tab]을 선택 후 파일의 이름을 'Test.h'로 작성하고 [OK] 버튼을 누릅니다.

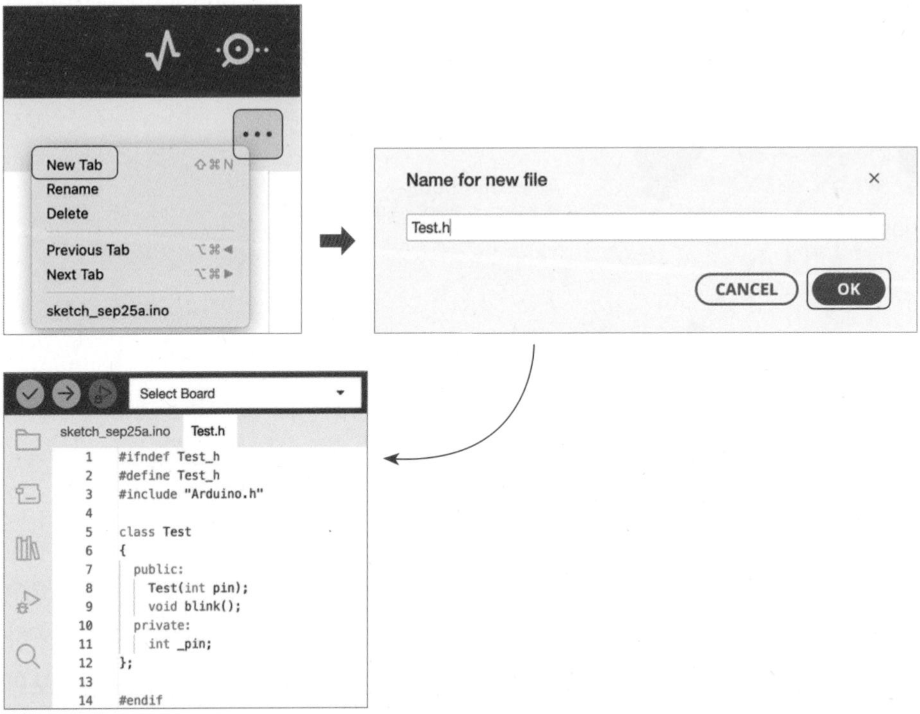

소스 코드 창에 다음과 같이 코드를 작성합니다. 라이브러리에서 헤더 파일의 구조를 살펴보면 01행은 헤더 파일의 내용을 선언하는 부분입니다. #ifndef 키워드처럼 #으로 시작하는 키워드를 선행처리자라고 부릅니다. 선행처리자는 소스 코드가 실행되기 전 준비해야 할 내용을 담고 있습니다. #ifndef는 'if not defined'를 줄여 표현한 것이며, Test_h라는 라이브러리가 선언되어 있는지 확인하는 용도로 쓰입니다. 만약 Test_h 헤더 파일이 이미 선언된 경우 02~14행까지 실행되지 않습니다. 반면, Test_h 헤더 파일이 선언되어 있지 않다면 02~14행까지 코드에 추가하라는 의미입니다.

```
01 : #ifndef Test_h
02 : #define Test_h
03 : #include "Arduino.h"
04 :
05 : class Test
```

```
06 : {
07 :  public:
08 :    Test(int pin);
09 :    void Blink();
10 :  private:
11 :    int _pin;
12 : };
13 :
14 : #endif
```

03행은 #include 선행처리자를 통해 'Arduino.h' 헤더 파일을 불러옵니다. 'Arduino.h' 헤더 파일은 아두이노의 기본 정보가 저장된 헤더 파일입니다. 예를 들어, 마이크로컨트롤러의 모델에 따른 하드웨어 주소, HIGH, LOW와 같은 상수에 대한 실제 16진수의 값, pinMode(), digitalWrite(), digitalRead() 등과 같은 기본 함수에 대한 내용을 사용하기 위해 필요합니다.
05~12행은 클래스를 코드로 표현한 것입니다. 클래스의 이름은 헤더 파일의 이름과 동일한 'Test'로 작성합니다. 클래스는 무엇으로 구성된다고 했죠? 속성과 메서드입니다. 속성은 11행에 선언된 int _pin입니다. 메서드는 08~09행에 선언된 Test()와 blink()입니다. 절차적 프로그래밍에서 변수와 함수가 객체지향 프로그래밍에서는 속성과 메서드로 구분해서 부릅니다. 따라서 형식은 같습니다.
public과 private 키워드는 접근 제어자로 클래스 외부에서 사용할 수 있는지 여부를 결정합니다. public 접근 제어자 아래에 있는 Test()와 Blink() 메서드는 클래스 외부에서 사용할 수 있으며, private 아래에 있는 _pin 속성은 클래스 내부에서만 사용할 수 있습니다.

2. 소스 파일(.cpp) 만들기

소스 파일의 확장자는 .cpp로 끝나며, 헤더 파일과 동일한 파일명을 사용해야 합니다. 헤더 파일의 이름이 'Test.h'이므로 소스 파일명은 'Test.cpp'로 지정하겠습니다. 소스 코드의 내용은 다음과 같습니다.
01행은 헤더 파일에 선언된 속성과 메서드를 사용하기 위한 선행처리자입니다. 03~07행은 생성자로 클래스 이름과 메서드 이름이 같습니다. 생성자는 일반 메서드와 달리 인스턴스를 생성할 때 자동으로 호출됩니다. 매개변수로 정수형 pin에 저장된 값을 정수형 _pin 속성에 저장합니다. _pin은 'Test.h' 헤더 파일에서 선언한 속성이므로 구분해 사용합니다. 그리고 핀 번호에 맞게 06행에서 출력 모드로 초기화합니다.

```
01 : #include "Test.h"
02 :
03 : Test::Test(int pin)
04 : {
05 :   _pin = pin;
06 :   pinMode(_pin, OUTPUT);
07 : }
08 :
09 : void Test::Blink()
10 : {
11 :   digitalWrite(_pin, HIGH);
12 :   delay(1000);
13 :   digitalWrite(_pin, LOW);
14 :   delay(1000);
15 : }
```

09~15행은 메서드를 구현한 부분입니다. 메서드의 형식은 [클래스명]::[메서드명](매개변수)와 같이 사용합니다. 클래스 이름이 'Test'이므로 Test::Blink()로 생성한 것입니다. Blink() 메서드는 1초 간격으로 LED의 불빛을 깜빡이는 코드입니다.

3. 아두이노 스케치 코드 파일(.ino) 만들기

아두이노 스케치 코드 파일의 확장자는 .ino로 끝나며, 코드는 다음과 같이 작성합니다. 01행은 라이브러리를 불러오기 위한 #include 선행처리자를 사용합니다. 03행은 인스턴스 변수를 만드는 코드로 형식은 [클래스명] [인스턴스명](인자)와 같습니다. 즉, Test는 클래스 이름, t1은 인스턴스 이름, 숫자 13은 인자입니다. 생성자에서 인자로 입력한 값을 핀 번호로 사용해 핀 모드를 출력으로 설정한 것을 기억할 것입니다. 05행에서 setup() 함수는 추가로 작성할 부분이 없더라도 형태는 남겨 둬야 오류가 발생하지 않음에 주의해야 합니다. loop() 함수의 08행에서 Blink() 메서드를 호출한 부분인데 [인스턴스 변수명].[메서드명] 형식으로 호출한 부분이 특징입니다. 함수를 호출할 경우 함수명만 입력하면 되지만 메서드를 호출할 때는 반드시 인스턴스 이름과 메서드 이름을 . 연산자와 함께 사용해야 합니다.

```
01 : #include "Test.h"
02 :
03 : Test t1(13);
04 :
```

```
void setup() { }

void loop() {
  t1.Blink();
}
```

앞서 작성한 코드는 라이브러리와 아두이노 소스 코드를 한 공간에 저장해야 동작합니다. 만약 새로 스케치 코드를 작성할 경우 Test 라이브러리를 찾지 못해 오류가 발생합니다. 이럴 때는 라이브러리를 수동으로 추가하는 방법을 통해 문제를 해결할 수 있습니다.

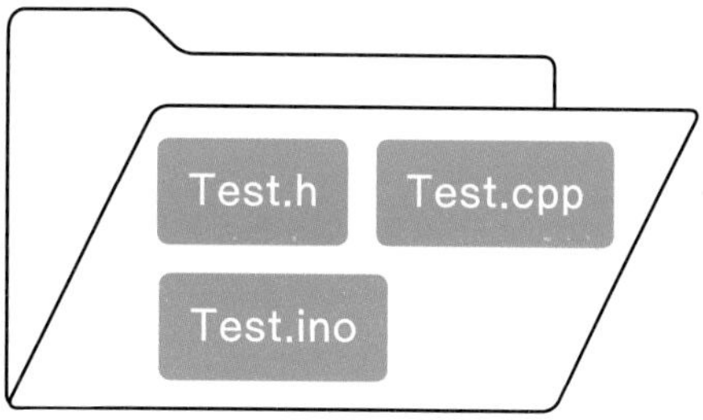

같은 폴더에 .h, .cpp, ino 파일이 존재해야 함

4. 수동으로 라이브러리 추가하기

라이브러리 관리자와 ZIP 파일로 라이브러리를 추가할 때 공통으로 파일이 추가되는 위치가 있습니다. 윈도우 운영체제에 설치된 아두이노 IDE에서는 [파일 → 기본 설정] 메뉴를, 맥 운영체제에 설치된 아두이노 IDE에서는 [Arduino IDE → 기본 설정] 메뉴를 선택하면 아두이노 라이브러리가 저장된 위치를 확인할 수 있습니다. 설치 과정에서 별도로 경로를 변경하지 않았다면 윈도우 운영체제는 C:₩Users₩(사용자 이름)₩Documents₩Arduino₩libraries 경로에 라이브러리가 저장되고, 맥 운영체제는 /Users/(사용자 이름)/Documents/Arduino/libraries 경로에 저장됩니다. 기본 설정 창에서 스케치북 위치를 설정하기 위해 [검색] 버튼을 클릭해 경로를 찾아 라이브러리의 전체 경로 중 Arduino 폴더까지만 선택하면 라이브러리 경로는 Arduino 폴더를 기준으로 자동으로 찾아 줍니다.

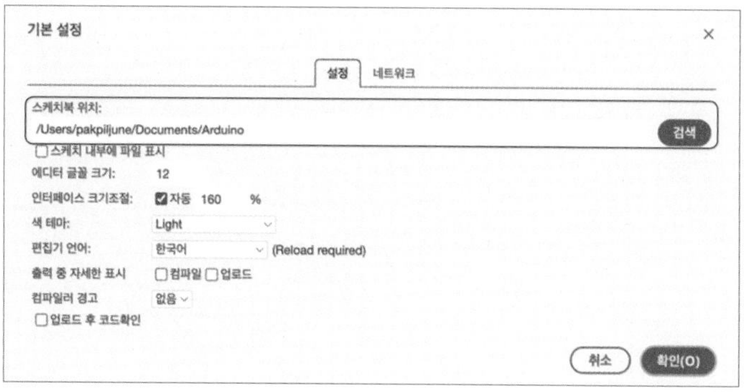

앞선 예제에서 생성한 헤더 파일(.h)과 소스 파일(.cpp)을 라이브러리 이름과 동일한 폴더에 묶어 다음과 같이 저장한 후 아두이노 IDE를 종료하고, 다시 시작하면 수동 라이브러리가 성공적으로 추가됩니다.

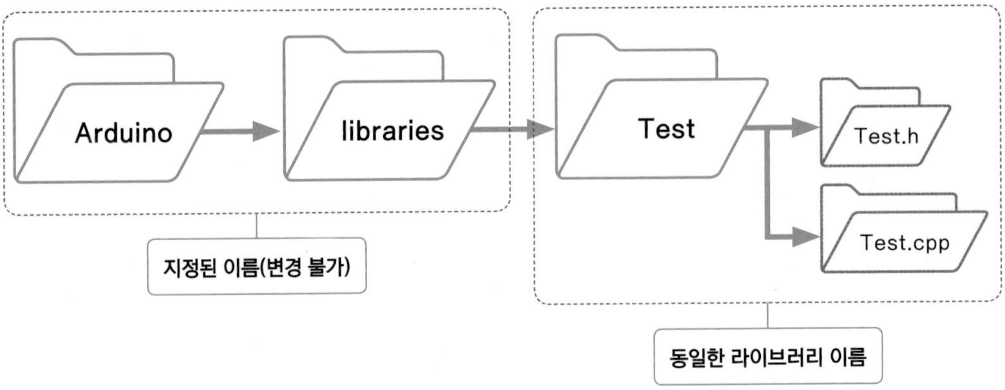

직접 볼까요!

내가 만든 라이브러리 추가하기

운영체제에 따라 라이브러리 경로를 변경하는 방법과 라이브러리의 구조를 이해하고, 직접 라이브러리를 만들어 추가하는 방법을 영상으로 보고 싶다면 다음 링크를 참고하세요.

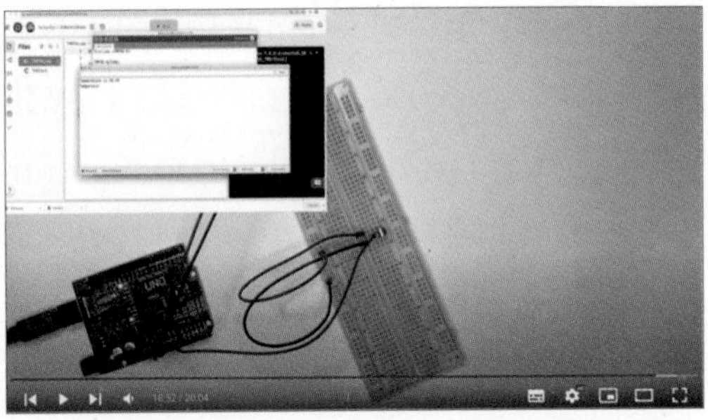

QR코드를 찍어 보세요.

https://youtu.be/8JqRGAGfLlo

10-3 서보 모터로 자동문 만들기

서보 모터란?

서보 모터(servo motor)는 DC 모터와 달리 속도와 각도를 모두 제어합니다. 따라서 RC카의 방향 제어, 로봇의 관절 제어 그리고 잠금 장치를 열고 닫을 때 등에 활용됩니다.

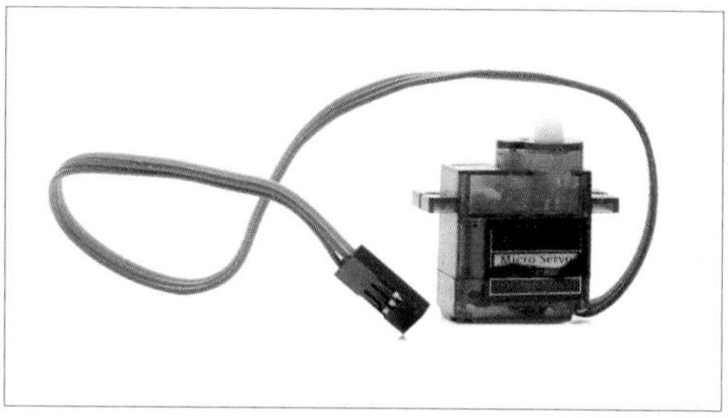

그림 10-9 서보 모터

시뮬레이터에서 라이브러리 사용법

초음파 센서에서는 시간값을 읽기 위해 pulseIn() 함수를 직접 입력했습니다. 이번에는 서보 모터를 제어하기 위해 라이브러리를 사용하겠습니다.

라이브러리를 추가하려면 두 가지 준비를 해야 합니다. 먼저 작업판에 아두이노 보드를 배치하고 코딩 창을 열어 문자 코딩 방식으로 변경합니다. 그러면 다음 그림처럼 [라이브러리] 아이콘이 활성화됩니다. 필요한 라이브러리를 골라 〈포함〉 버튼을 클릭하면 코드 창에 '#include 〈Servo.h〉'라는 문장이 추가됩니다.

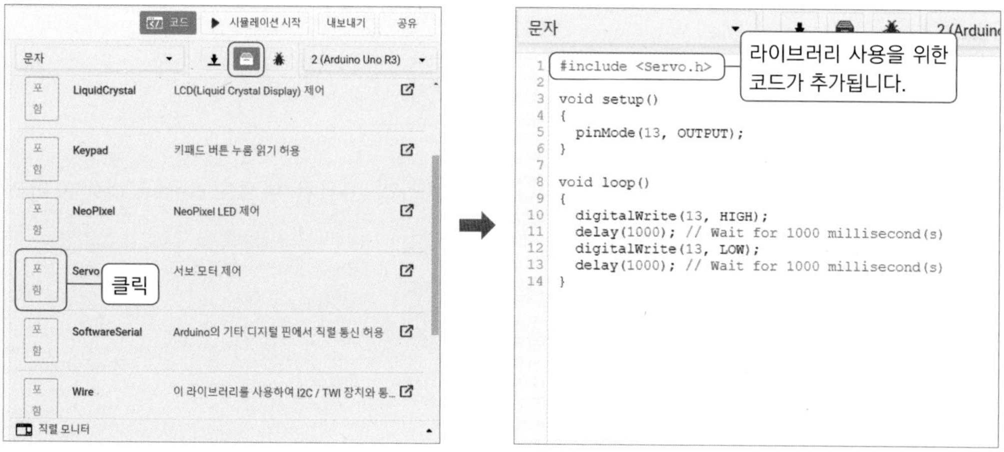

그림 10-10 라이브러리를 추가하는 방법

Do it! 실습 10-6 서보 모터의 회전 각도 제어하기

서보 모터를 0°에서 180°까지 회전시키는 회로와 스케치 코드를 만들어 보겠습니다. 서보 모터는 유형에 따라 180° 또는 360°까지 움직이는 서보 모터가 있는데, 아두이노 시뮬레이터는 180°까지 움직이는 서보 모터를 제공합니다.

1. 새 회로 만들고 구성 요소 배치하기

새로운 회로를 만들고 아두이노 보드, 브레드보드 그리고 서보 모터를 기본 구성 요소에서 찾아 다음 그림과 같이 배치합니다. 아두이노 시뮬레이터에서 제공하는 서보 모터는 단자 세 개로 구성되며 빨간색 단자는 전원(5V), 갈색 단자는 접지(GND), 주황색 단자는 제어를 담당합니다. 서보 모터의 전원(5V)과 접지(GND)를 연결하고, 제어 단자는 아두이노의 디지털 9번 핀에 연결합니다.

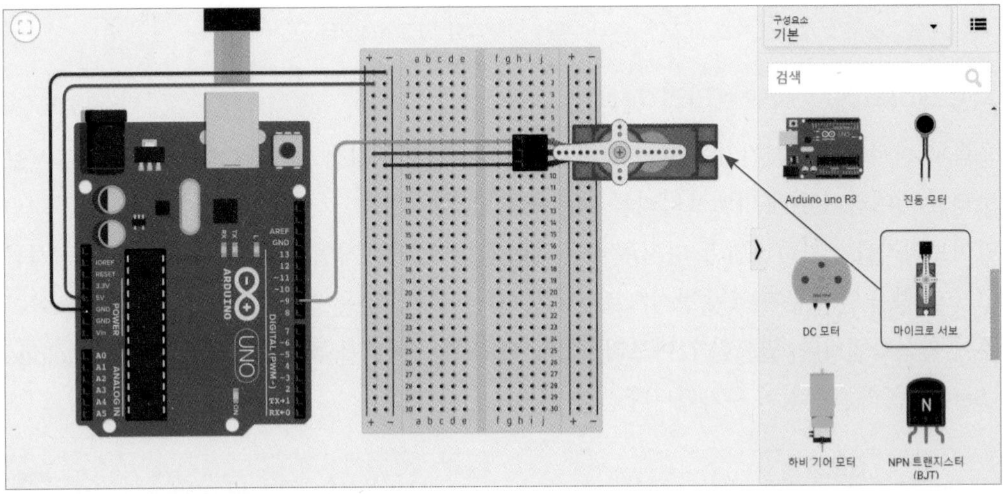

서보 모터를 원하는 각도만큼 회전시키는 회로와 배선

2. 스케치 코드 작성하기

코드 창을 열고 문자 코딩 방식을 선택합니다. 라이브러리 버튼을 누르고 Servo 라이브러리 옆에 있는 〈포함〉 버튼을 클릭합니다. 스케치 코드를 보면 서보 모터를 사용하기 위한 라이브러리가 01행에 추가된 것을 확인할 수 있습니다. 이어서 다음과 같이 스케치 코드를 작성합니다.

라이브러리 버튼을 사용하지 않고 #include <Servo.h>라는 코드를 직접 입력해도 됩니다. 아두이노 IDE에서 코드는 직접 타이핑해 입력합니다.

```
01 : #include <Servo.h>
02 :
03 : Servo myServo;
04 :
05 : void setup()
06 : {
07 :   // 아두이노의 디지털 9번 핀을 서보 모터 제어에 사용하기 위해 매핑
08 :   myServo.attach(9);
09 : }
10 :
11 : void loop()
12 : {
13 :   // 서보 모터의 각도를 0~180°까지 바꿈
14 :   for(int angle=0; angle<=180; angle++) {
15 :     myServo.write(angle);
16 :     delay(100);  // 원활한 작동을 위해 지연 시간 추가
17 :   }
18 : }
```

3. 스케치 코드 읽기: Servo

03행은 라이브러리를 사용하기 위한 선언입니다. 03행에서 Servo는 클래스 이름이고, myServo는 인스턴스 변수 이름입니다. 인스턴스는 클래스를 실체화한 것이기에 앞으로 인스턴스 변수명으로 속성과 메서드를 호출해야 합니다. 인스턴스 변수는 원하는 이름으로 선언할 수 있습니다.

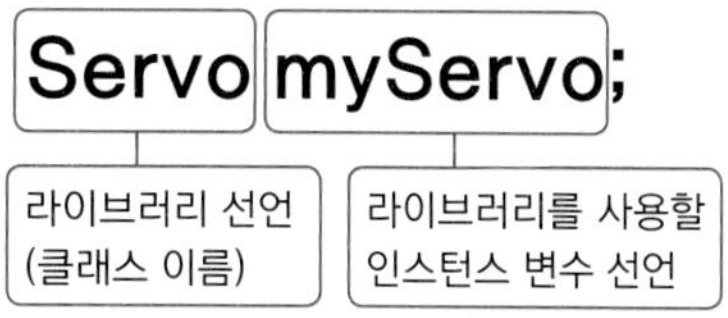

08행에서 myServo.attach(9)는 myServo 인스턴스 변수를 통해 attach() 메서드를 호출한 것입니다. attach() 메서드는 서보 모터에 연결된 디지털 핀 번호를 아두이노에게 알려 줍니다. 이 과정을 매핑이라고 합니다. 만약 서보 모터의 제어선을 아두이노의 디지털 9번이 아닌 다른 핀에 연결했다면 핀 번호를 바꿔 줘야 합니다.

4. 스케치 코드 읽기: for 반복문

14~17행은 서보 모터가 0°에서 180°까지 1°씩 증가하며 움직이게 하는 코드입니다. 서보 모터를 움직이게 하는 함수는 15행의 myServo.write() 함수이며, 매개변수로 각돗값을 넣으면 됩니다.

16행의 delay() 함수는 서보 모터를 정상적으로 작동시키기 위해 꼭 필요합니다. 만약 delay() 함수가 없으면 서보 모터는 원하는 각도로 움직이지 못합니다. 왜냐하면 loop() 함수가 매우 빠른 속도로 반복되므로 서보 모터가 원하는 각도로 움직이는 시점에 다른 각도로 움직이라는 명령이 반복해서 전달되기 때문입니다. 아직 목적지에 다다르지 못했는데 다른 목적지로 가라고 명령하는 과정이 반복되어 갈팡질팡하며 어느 쪽으로도 가지 못하는 것과 같습니다. 따라서 10~100ms 사이의 지연 시간을 주어 서보 모터가 최종 목적지로 움직일 때까지 시간을 충분히 줘야 합니다.

5. 실행 결과 확인하기

시뮬레이터를 실행하면 다음 그림과 같이 서보 모터의 기어가 시계 반대 방향으로 회전하는 것을 볼 수 있습니다.

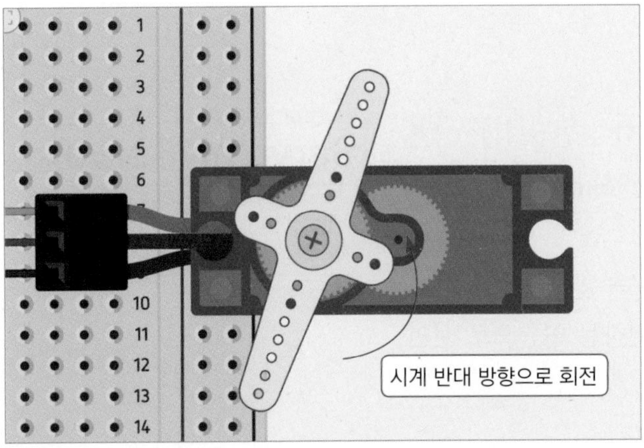

서보 모터로 원하는 각도만큼 회전한 결과

실제 아두이노 보드에 서보 모터를 연결해 동작을 테스트해 봅시다. '지잉~' 하는 소리와 함께 서보 모터의 각도가 회전하는 것을 볼 수 있습니다. 16행 delay() 함수의 인잣값을 변경한 후 서보 모터를 동작할 때 어떤 현상이 발생하는지도 살펴보세요.

Do it! 실습 10-7 서보 모터와 PIR 센서로 자동문 회로 만들기

서보 모터와 07장에서 사용했던 PIR 센서를 함께 활용하면 자동문 장치를 만들 수 있습니다. 먼저 서보 모터가 회전하는 방향에 따라 문이 열리고 닫히도록 자동문과 서보 모터를 연결합니다. 그리고 PIR 센서가 움직임을 감지할 때마다 서보 모터가 회전하도록 회로와 코드를 구성하면 됩니다.

아두이노 시뮬레이터에서 자동문과 서보 모터를 연결할 수는 없으므로 PIR 센서가 움직임을 감지할 때 서보 모터를 회전시키는 회로와 코드만 구성해 보겠습니다.

1. 회로 복제하고 수정하기

'실습 10-6(서보 모터의 회전 각도 제어하기)' 회로를 복사한 후 PIR 센서를 다음 그림과 같이 배치합니다. PIR 센서의 전원과 접지를 브레드보드에 연결하고, 신호 단자는 디지털 7번 핀에 연결합니다.

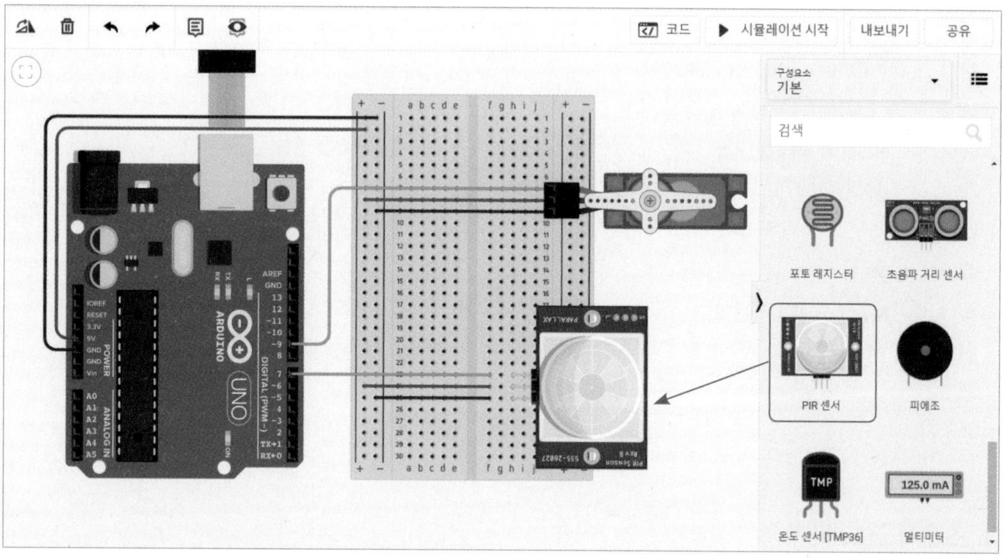

PIR 센서와 서보 모터로 자동문을 만들 때 사용한 회로와 배선

2. 스케치 코드 수정하기

코드 창을 열고 다음과 같이 코드를 수정합니다. setup() 함수에는 PIR 센서값을 읽을 디지털 7번 핀을 입력 모드로 설정하는 코드를 추가합니다. 17~25행은 PIR 센서가 움직임을 감지할 때 서보 모터를 회전시키는 코드입니다.

```
01 : #include <Servo.h>
02 :
03 : Servo myServo;
04 :
05 : void setup() {
06 :
07 :   // 아두이노의 디지털 9번 핀을 서보 모터 제어에 사용
08 :   myServo.attach(9);
09 :
10 :   // PIR 센서의 값을 읽을 디지털 핀을 7번으로 설정
11 :   pinMode(7, INPUT);
12 : }
13 :
14 : void loop() {
15 :
16 :   // PIR 센서로 움직임 감지 시 서보 모터 제어
17 :   int detect = digitalRead(7);
18 :   if (detect == HIGH) {
19 :     myServo.write(0);           // 서보 모터의 각도를 0°로 조절합니다.
20 :     delay(100);
21 :   }
22 :   else {
23 :     myServo.write(90);          // 서보 모터의 각도를 90°로 조절합니다.
24 :     delay(100);
25 :   }
26 : }
```

PIR 센서가 움직임을 감지할 때 서보 모니터를 회전시킴

3. 스케치 코드 읽기

17행 digitalRead() 함수에서는 PIR 센서의 값을 읽고 detect라는 변수에 저장합니다. PIR 센서는 움직임을 감지했을 때 HIGH값을 반환합니다. 조건문을 사용해 detect 변수에 저장된 값이 HIGH이면 서보 모터를 90°로 움직이고, 움직임이 발견되지 않으면 초기 상태인 0°로 돌아가도록 합니다.

4. 실행 결과 확인하기

시뮬레이터를 실행하고 초록색 동그란 물체를 움직여 보세요. PIR 센서가 이를 감지해 서보 모터를 90° 회전시키는 것을 볼 수 있습니다.

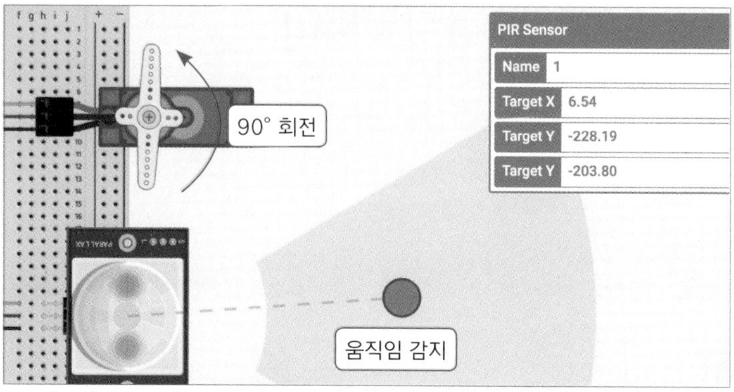

PIR 센서와 서보 모터로 자동문을 만든 결과

실제 아두이노 보드에 PIR 센서와 서보 모터를 연결할 때는 어떤 방식으로 자동문을 설계하고, 어디에 PIR 센서를 설치해야 할지 등 고려할 사항이 많습니다. 자동문의 크기와 무게에 따라 힘이 더 센 서보 모터를 사용해야 할 경우도 발생합니다.

직접 볼까요!

서보 모터의 각도 조절하기

실제 서보 모터가 각도를 이리저리 바꾸는 모습을 영상으로 보고 싶다면 다음 링크를 참고하세요.

QR코드를 찍어 보세요.

https://youtu.be/p2pLacRKBzs

직접 볼까요!

서보 모터로 자동문 만들기

서보 모터와 PIR 센서로 자동문을 만드는 모습을 영상으로 보고 싶다면 다음 링크를 참고하세요.

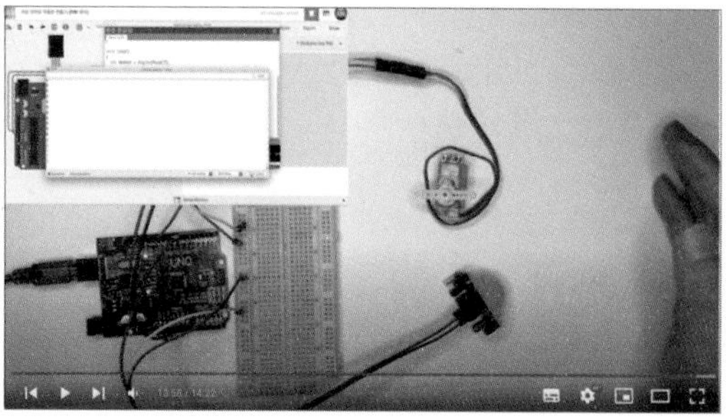

QR코드를 찍어 보세요.

https://youtu.be/2ZZ_Mtfw818

도전! 핀이 네 개인 초음파 센서를 다뤄 봐요!

난이도: ★☆☆

다음 그림을 참고해 회로를 구성하고 목표대로 작동하도록 스케치 코드를 작성해 보자.

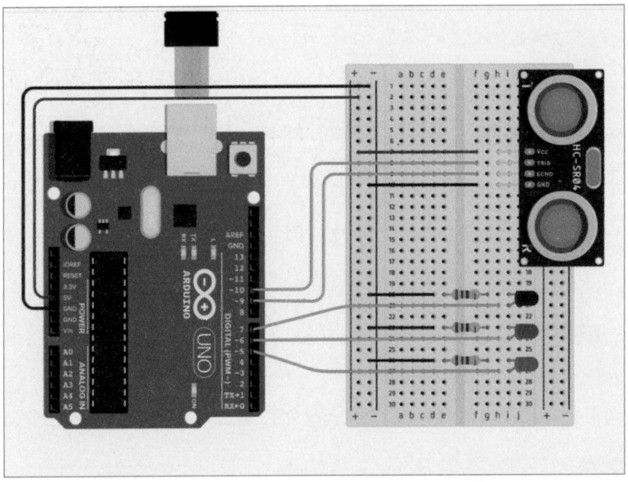

핀 네 개로 구성된 초음파 센서의 구성 요소 찾기

목표

핀이 네 개인 초음파 센서(HC-SR04)를 사용해 물체 사이의 거리에 반응하는 LED를 만든다.

구성 요소

아두이노 보드, 브레드보드, 초음파 센서(HC-SR04), LED 3개, 저항 3개

힌트

① 핀이 네 개인 초음파 센서는 도구 창에서 '초음파'로 검색하면 찾을 수 있다.

② 초음파 신호 송신과 수신을 담당하는 트리거와 에코를 각각 다른 디지털 핀에 연결한다.

셋째
마당

다양한 부품을 조합하며 아두이노 실력 키우기

첫째, 둘째마당에서 아두이노의 동작 원리와 디지털 입력과 출력, 아날로그 입력과 출력, 라이브러리 활용법 등을 알아봤습니다. 셋째마당에서는 지금까지 알아본 기초 부품과 아두이노 보드, 스케치 코드를 활용해 기능이 더 복잡한 제품을 만들어 봅니다.

11

LCD로 문자열 출력하기

시리얼 모니터를 통해 버튼이 눌렸거나 가변저항값이 변경되는 과정을 볼 수 있었지만, 항상 컴퓨터에 연결해야 하는 제약 사항이 존재합니다. 이럴 때 LCD를 활용하면 컴퓨터에 연결하지 않더라도 아두이노에 연결된 센서의 값을 출력할 수 있어 문자, 숫자, 특수 문자 등을 바로 확인할 수 있습니다.

학습 목표

- LCD의 작동 원리를 이해한다
- 다른 구성 요소와 LCD를 함께 활용하는 방법을 익힌다
- I2C 통신 방식과 이를 활용한 LCD를 다룰 수 있다

11-1 LCD 기본 사용법 알아보기

LCD란?

액정 디스플레이(LCD, liquid crystal display)는 뒷면에 빛을 내는 백라이트(backlight)를 배치하고 앞면에 액정을 두어 전기 신호에 따라 빛을 차단하거나 통과시키는 방식으로 문자나 숫자 등을 표시하는 장치입니다. 서킷에서 제공하는 LCD는 1602 LCD라고도 하는데, 가로로 16개의 문자를 출력할 수 있고 세로로 2줄을 표현할 수 있는 LCD라는 의미입니다.

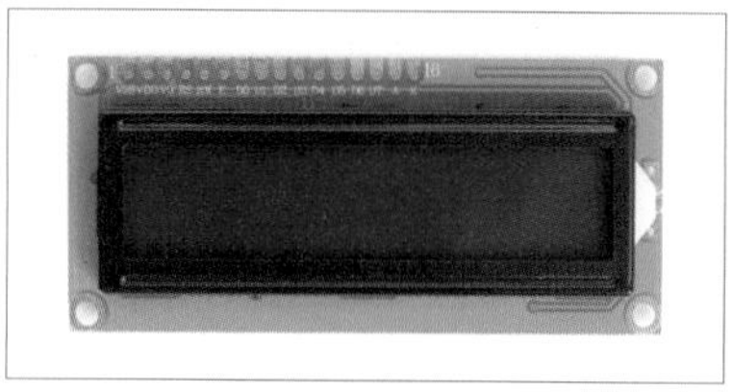

그림 11-1 LCD

Do it! 실습 11-1 LCD에 지정한 문자열 출력하기

아두이노에서 LCD를 사용하려면 먼저 관련 라이브러리를 사용해야 합니다. 1602 LCD를 사용할 때는 LiquidCrystal.h 라이브러리를 사용하면 됩니다.

1. 새 회로 만들고 구성 요소 배치하기

새로운 회로를 만들고 아두이노 보드, 브레드보드, LCD, 가변저항을 배치합니다. LCD는 기본 구성 요소에 포함되지 않으므로 '전체 구성 요소'에서 찾거나 'lcd'라는 키워드로 검색해야 찾을 수 있습니다. 그리고 LCD를 제외한 나머지 구성 요소를 다음과 같이 전선으로 연결합니다.

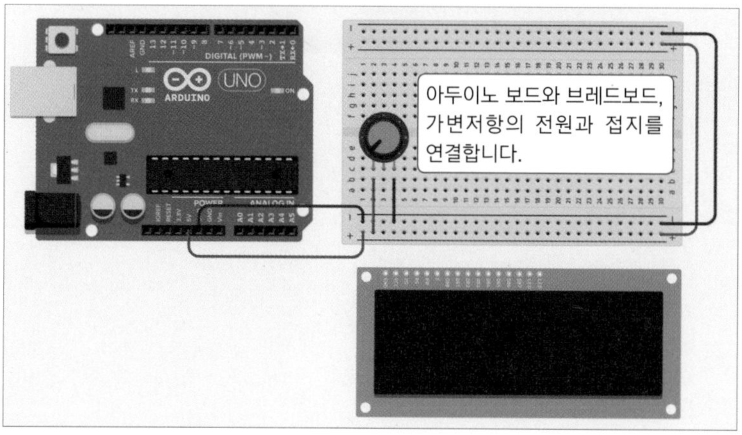
UNO
ARDUINO
아두이노 보드와 브레드보드,
가변저항의 전원과 접지를
연결합니다.

LCD와 가변저항 배치 및 배선

2. LCD 배선하기 ①

LCD는 단자가 무려 16개나 됩니다. 단자의 기능과 역할을 알아보면서 천천히 배선을 진행해 보겠습니다.

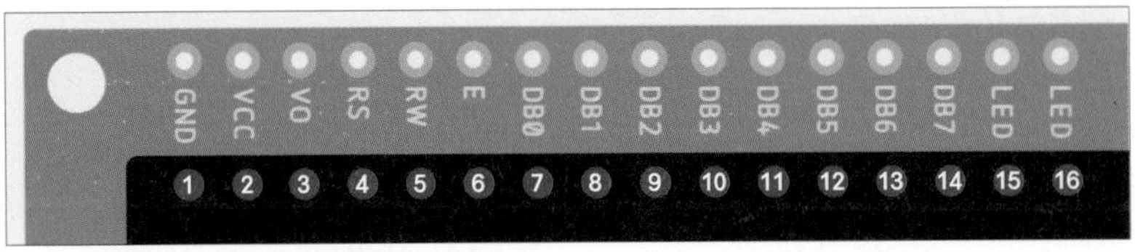

LCD 단자 목록

- GND(❶)는 접지입니다. 브레드보드의 접지에 연결합니다.
- VCC(❷)는 전원(5V)입니다. 브레드보드의 전원에 연결합니다.
- V0(❸)은 LCD에 표시되는 문자의 밝기를 제어하는 단자입니다. V0에 입력할 값을 정하기 위해 가변저항의 와이퍼 단자와 연결합니다.
- RW(❺)는 LCD의 값을 읽을지 쓸지 결정하는 단자입니다. HIGH값으로 설정하면 LCD에 출력된 값을 읽을 수 있으며, LOW값으로 설정하면 LCD에 문자를 출력할 수 있습니다. 여기에서는 출력 모드만 사용할 것이므로 접지에 연결합니다.

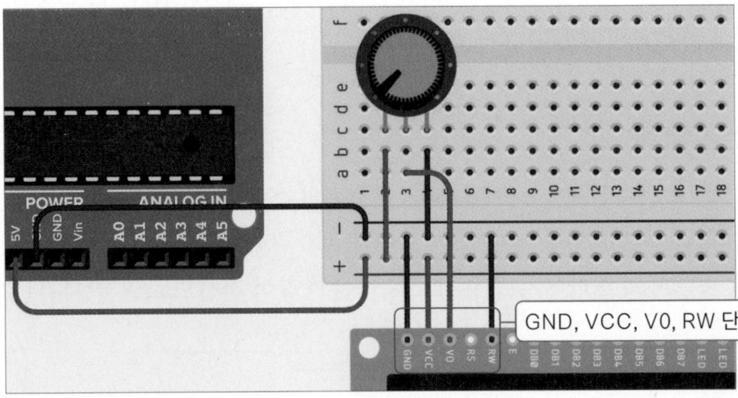

GND, VCC, V0, RW 단자 배선

3. LCD 배선하기 ②

- RS(resistor select, ❹)는 LCD에 명령어를 전달할지 데이터를 전달할지 선택하는 스위치입니다. 예를 들어, LOW값을 쓰면 LCD의 환경 설정을 바꿀 수 있는 명령어를 전송하며, HIGH값을 쓰면 LCD에 출력할 데이터를 전송할 수 있습니다. 디지털값을 가지므로 12번 핀에 연결합니다.
- E(enable, ❻)는 명령어를 실행하는 시점을 결정합니다. 예를 들어, E 단자의 값이 LOW에서 HIGH로 변경되는 시점에 LCD를 초기화하거나 문자의 출력 위치를 결정하는 커서(cursor)를 변경하는 등 스케치 코드로 작성한 명령을 LCD로 전송한 후 실행시키는 시점을 결정합니다. 디지털값을 가지므로 11번 핀에 연결합니다.

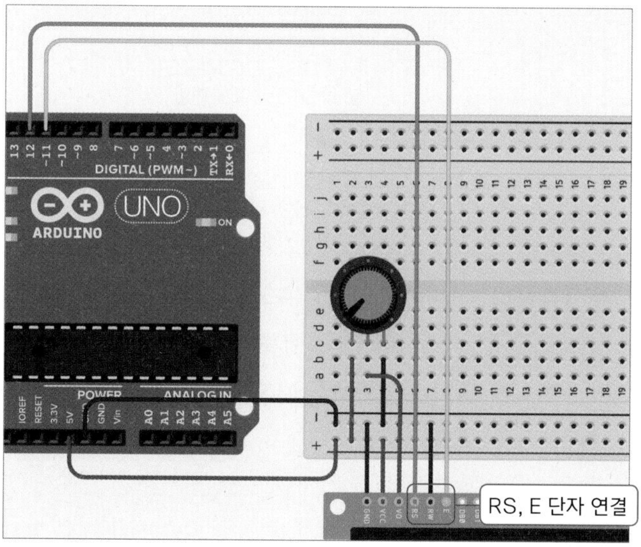

RS, E 단자 배선

4. LCD 배선하기 ③

- DB0~DB7(❼~⓮)은 데이터 또는 명령어를 전송하는 단자입니다. LCD의 데이터 단자를 여덟 개 모두 사용할 경우 아두이노 보드의 디지털 핀이 부족할 수 있으므로 단자는 보통 네 개만 사용합니다. 이번 실습도 DB0에서 DB3까지는 생략하고 DB4부터 DB7까지만 사용합니다. DB4~DB7을 디지털 핀 2~5번에 연결합니다.
- 마지막으로 오른쪽 끝에 있는 두 LED(⓯, ⓰)는 LCD에서 백라이트를 사용하기 위한 단자입니다. 백라이트는 LED로 작동하므로 양극과 음극 두 단자가 필요합니다. 왼쪽 단자가 양극, 오른쪽 단자가 음극입니다. LCD 모듈에 따라서 양극은 알파벳 A, 음극은 알파벳 K로 표기하기도 합니다. LED 양극은 중간에 저항(220Ω)을 넣어 브레드보드의 전원에 연결하고 LED 음극은 접지에 연결합니다.

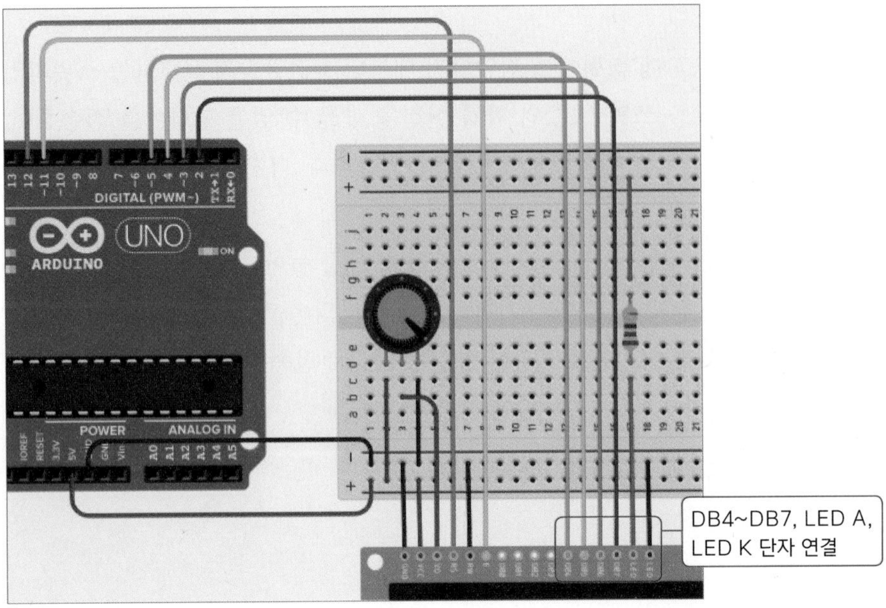

LCD에 문자와 숫자를 출력하는 회로와 배선

5. 스케치 코드 작성하기

코드 창을 열고 다음과 같이 코드를 작성합니다. 이번에도 LCD를 작동시키는 라이브러리가 필요합니다. 라이브러리 메뉴로 들어가 LiquidCrystal 라이브러리를 선택할 수도 있지만 이번에는 직접 입력하겠습니다. 스케치 코드는 액정 디스플레이를 사용하는 데 필요한 라이브러리 선언부와 초기화, 출력부로 구분할 수 있습니다.

```
#include <LiquidCrystal.h>

// 연결된 아두이노 핀 번호로 LCD 모듈 초기화
LiquidCrystal lcd(12, 11, 5, 4, 3, 2);

void setup() {
  lcd.begin(16, 2);                   // 1602 LCD 모듈 설정
  lcd.print("Hello, Arduino!!");      // 문자 출력
}

void loop() {
  lcd.setCursor(0, 1);          // 커서 위치 변경
  lcd.print("1234567890");      // 숫자 출력
}
```

6. 스케치 코드 읽기 ①: LiquidCrystal

04행은 아두이노 보드에 연결된 LCD 단자를 각각 매핑해 라이브러리 변수 lcd를 선언하는 코드입니다. 이렇게 초기화를 먼저 해 놓아야 LCD가 아두이노에게 정상적으로 데이터를 받아 작동합니다. 이번 실습에서 사용하는 아두이노 보드의 단자는 12, 11, 5, 4, 3, 2번으로 총 6개입니다.

7. 스케치 코드 읽기 ②: lcd.begin(), lcd.print()

07행에서는 begin() 메서드로 어떤 형태의 LCD를 초기화할지 결정합니다. 매개변수는 열과 행입니다. 1602 LCD는 16개의 열과 2개의 행을 의미하므로 lcd.begin(16, 2)로 초기화해야 합니다. 만약 다른 값으로 초기화할 경우 LCD를 정상적으로 제어할 수 없습니다.

begin() 메서드 앞에 lcd는 04행에서 선언한 라이브러리 인스턴스 변수명이며, LCD와 관련한 메서드는 항상 LCD를 초기화한 인스턴스 변수명을 접두어로 사용해야 합니다. 따라서 08행에 문자를 출력하는 print() 함수도 lcd.print()와 같이 사용합니다.

8. 스케치 코드 읽기 ③: setCursor()

12행에서 사용한 setCursor() 메서드는 커서의 위치를 변경합니다. 커서는 LCD에서 문자 출력을 시작하는 위치이며 초기값은 0번째 열, 0번째 행입니다. 매개변수는 begin() 메서드와 동일하게 열과 행으로 구성되므로 setCursor(0, 1)은 0번째 열과 1번째 행을 의미합니다. 즉, 커서를 1번째 행 0번째 열로 이동시킵니다. 그리고 13행의 print() 메서드로 '1234567890'을 출력합니다.

9. 실행 결과 확인하기

시뮬레이터를 실행하고 가변저항 노브를 접지 쪽으로 돌려 보세요. LCD의 0행에는 'Hello, Arduino!!', 1행에는 '1234567890'이라는 문자열이 출력되는 것을 확인할 수 있습니다.

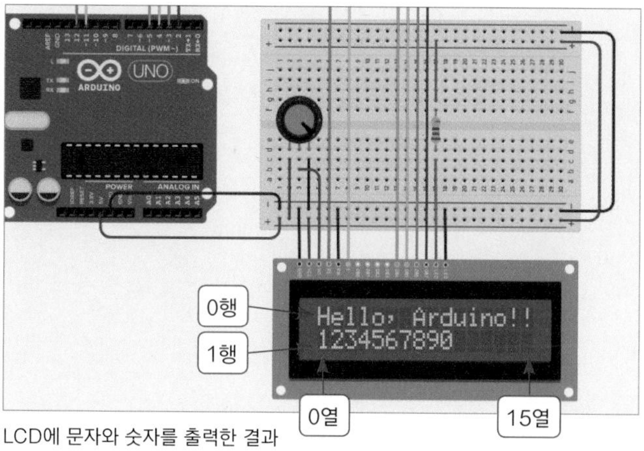

LCD에 문자와 숫자를 출력한 결과

실제 아두이노 보드에 1602 LCD와 가변저항을 연결해 테스트해 봅시다. 가변저항의 노브를 돌리면 LCD의 백라이트 밝기를 조절할 수 있으며, 문자와 숫자가 잘 보이는 정도로 고정하면 됩니다.

질문 있어요!

왜 가변저항 노브를 접지 쪽으로 돌려야 하나요?

가변저항의 출력 단자에 연결된 V0 단자는 LCD에 나타나는 문자의 밝기를 조절하는 데 사용합니다. 실제 회로에서는 가변저항값에 따라 밝기가 달라지지만 아두이노 시뮬레이터에서는 LOW값을 줄 때만 액정이 밝아지며 문자가 출력됩니다.

직접 볼까요!

LCD 기본 사용법 알아보기

LCD의 개념 및 동작 원리를 이해하고, LCD에 문자나 숫자를 출력하는 방법을 더 보고 싶다면 영상으로 보고 싶다면 다음 링크를 참고하세요.

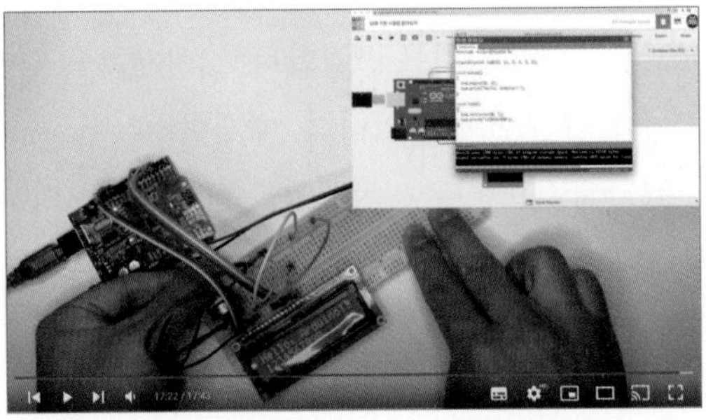

QR코드를 찍어 보세요.

https://youtu.be/vkGooxcotwE

11-2 LCD와 다른 구성 요소 조합하기

지금까지 LCD의 기본적인 사용 방법을 알아봤습니다. 이제 LCD를 어떻게 다른 구성 요소와 연결해 활용할 수 있는지 알아보겠습니다.

Do it! 실습 11-2 LCD에 온돗값 출력하기

온도 센서로 읽은 값을 LCD에 출력해 보겠습니다. 그런데 온도 센서의 출력값은 소수점을 표현할 수 있는 실수형이며, LCD에 문자나 숫자를 출력하기 위한 입력값은 문자열형입니다. 이 문제를 어떻게 해결하는지도 살펴보겠습니다.

1. 회로 복제하고 수정하기

'실습 11-1(LCD에 지정한 문자열 출력하기)'을 복사하고 온도 센서(TMP36)만 하나 추가합니다. 온도 센서에 전원과 접지를 연결한 뒤 출력 단자를 아두이노의 아날로그 입력 핀 A0에 연결합니다.

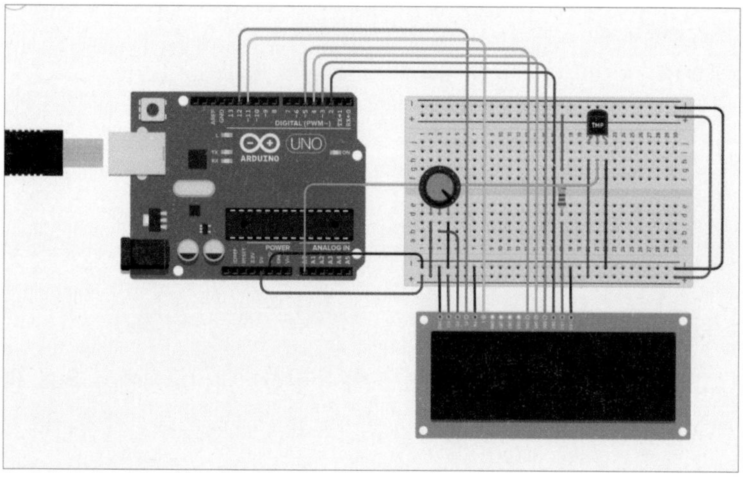

LCD에 온돗값을 출력하는 회로와 배선

2. 스케치 코드 수정하기

코드 창을 열고 다음과 같이 코드를 수정합니다. 스케치 코드는 LCD를 초기화하는 코드와 온도 센서의 출력값을 온돗값으로 변환하는 코드, 실수형인 온돗값을 문자열형으로 변환해 시리얼 모니터에 출력하는 코드로 구분할 수 있습니다.

```
01 : #include <LiquidCrystal.h>
02 :
03 : // 연결된 아두이노 핀 번호로 LCD 모듈 초기화
04 : LiquidCrystal lcd(12, 11, 5, 4, 3, 2);
05 :
06 : void setup() {
07 :   lcd.begin(16, 2);       // 1602 LCD 모듈 설정
08 :   Serial.begin(9600);     // 직렬 통신 초기화
09 : }
10 :
11 : void loop() {
12 :   int readValue = analogRead(A0);              // 온도 센서(TMP36)값 측정
13 :   float voltage = readValue*5.0/1024.0;        // 전압값 변환
14 :   float temperature = voltage*100-50;          // 온돗값 변환
15 :
16 :   String tempStr = String(temperature);        // 온돗값을 문자열로 변환
17 :   lcd.print("TEMP: " + tempStr);               // LCD에 문자열 출력
18 :   Serial.println(tempStr);                     // 직렬 모니터에 문자열 출력
19 :
20 :   delay(500);        // 500ms 지연
21 :   lcd.clear();       // LCD 초기화
22 : }
```

3. 스케치 코드 읽기 ①: 온돗값 입력

01~07행은 '실습 11-1(LCD에 지정한 문자열 출력하기)' 코드와 동일합니다. 08행에는 온도 센서의 값을 시리얼 모니터로 확인하기 위해 시리얼 통신을 초기화하는 코드를 추가했습니다. 12~14행은 온도 센서로부터 입력받은 값을 온돗값으로 변환하는 수식이며 변수의 데이터형은 실수형(float)을 사용했습니다. 자세한 설명은 '실습 8-6(온도 센서로 온도계 회로 만들기)'를 참고하세요.

4. 스케치 코드 읽기 ②: 온돗값 출력

16행은 String() 객체를 사용해 실수형인 온돗값을 문자열형으로 형 변환하는 코드입니다. 14행에서 변수 temperature를 실수형으로 정의했는데 바로 다음 행에서 굳이 문자열형으로 바꾼 이유는 무엇일까요? 17행에서 TEMP라는 '문자'와 결합해서 LCD에 출력하기 위함입니다. String() 객체를 사용하면 정수와 실수 같은 숫자, 단일 문자, 문자열을 조합해 새로운 문자열로 만들 수 있습니다. 예를 들어, 숫자 7이 String(7)이 되면 문자열 "7"이 됩니다. 실수 3.4도 String(3.4)가 되면 문자열 "3.4"가 됩니다. 마찬가지로 문자열 "TEMP: "와 숫자 23.0을 조합해 문자열 "TEMP: 23.0"을 만들고 싶으면 먼저 숫자를 String(23.0)을 통해 문자열로 만든 다음 + 기호를 이용해 다른 문자열과 결합하면 됩니다.

질문 있어요! **객체가 무엇인지 모르겠어요!**

객체란 쉽게 말해 어떤 행동을 하기 위한 데이터와 동작을 하나로 묶은 기본 단위입니다. 아두이노의 라이브러리는 대부분 C++라는 객체지향 프로그래밍 언어로 만들어져 있습니다. 그래서 코드를 작성할 때 라이브러리를 객체 형태로 불러와 사용할 수 있습니다. 10-2절을 참고하세요.

5. 스케치 코드 읽기 ③: LCD 초기화

21행의 clear() 함수는 LCD에 출력된 모든 문자를 지우고 커서의 위치를 0번째 열과 0번째 행으로 옮기는 명령어입니다. 만약 clear() 함수가 없다면 loop() 함수에 의해 반복해서 print() 함수가 호출되고, 결국 다음 그림처럼 LCD 화면을 가득 채우게 됩니다.

clear() 함수를 사용하지 않을 때 LCD의 출력 상태

마지막으로 20행의 delay() 메서드를 통해 clear() 함수가 호출되는 타이밍을 적당히 설정해야 합니다. clear() 메서드가 너무 빠르게 호출되면 문자를 지우고 쓰는 과정에서 LCD 화면이 자주 깜빡일 수 있기 때문입니다.

6. 실행 결과 확인하기

시뮬레이터를 실행합니다. 온도 센서를 클릭하면 온돗값을 조절할 수 있는 슬라이드 바가 나타납니다. 슬라이드 바를 조절해 온돗값을 변경하면 LCD에 현재 온돗값이 출력되며, 시리얼 모니터를 통해서도 확인할 수 있습니다.

LCD에 값이 출력되지 않으면 가변저항을 확인해 보세요. 가변저항 노브가 접지 쪽으로 가 있어야 LCD에 값이 출력됩니다.

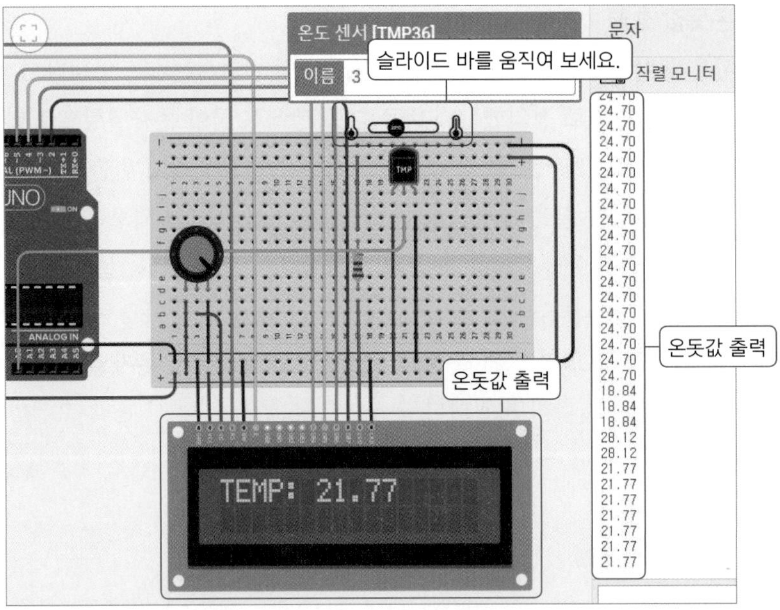

LCD에 온돗값을 출력한 결과

실제 아두이노 보드에 LCD와 온도 센서를 연결해 테스트해 봅시다. 온도 센서의 끝부분을 손으로 잡을 때 변화된 온돗값이 LCD에 표시되는지 확인해 보세요.

직접 볼까요!

LCD와 다른 구성 요소 조합하기

온도 센서와 LCD를 아두이노에 연결하고, 온돗값을 LCD에 출력하는 방법을 영상으로 보고 싶다면 다음 링크를 참고하세요.

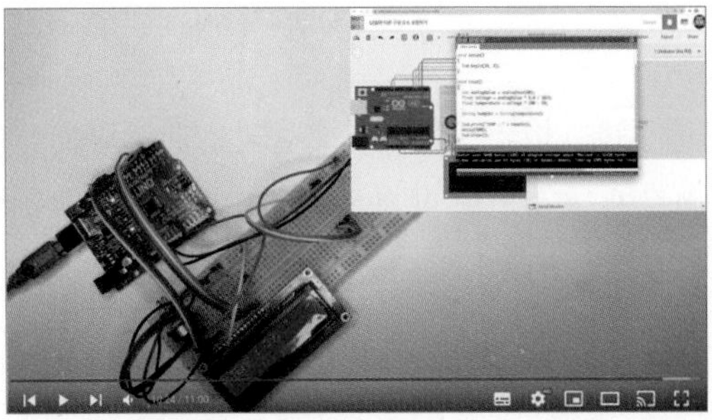

QR코드를 찍어 보세요.

https://youtu.be/7U6UMsjsSfQ

Do it! 실습 11-3 LCD의 출력된 문자에 이동 효과 주기

1602 LCD는 가로줄에 최대 16개의 문자를 표시할 수 있습니다. 그래서 출력할 문자열이 16자를 초과하면 한 줄에 모두 표현할 수 없어 일부 문자가 가려지는 문제가 발생합니다. 이때 문자가 흐르듯 옆으로 지나가는 애니메이션 효과를 준다면 16자보다 긴 문자열도 전부 출력해서 보여 줄 수 있습니다.

1. 회로 복제하고 수정하기

'실습 11-1(LCD에 지정한 문자열 출력하기)'를 복사합니다. 회로 구성은 바꾸지 않고 스케치 코드만을 수정해서 문자로 옆으로 흐르는 애니메이션 효과를 만들어 보겠습니다.

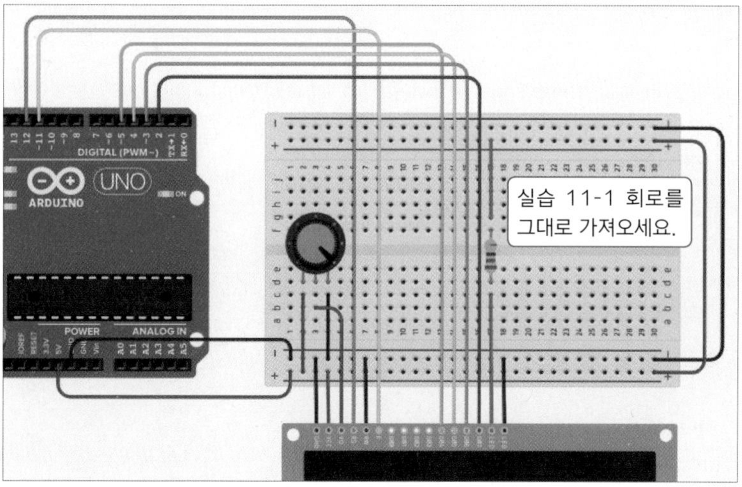

LCD에 출력된 문자를 이동하는 회로와 배선

2. 스케치 코드 수정하기

코드 창을 열고 다음과 같이 코드를 수정합니다. 라이브러리를 통해 LCD를 초기화하는 코드와 출력된 문자를 좌우로 이동시키는 코드로 구분할 수 있습니다.

```
#include <LiquidCrystal.h>

// 연결된 아두이노 핀 번호로 LCD 모듈 초기화
LiquidCrystal lcd(12, 11, 5, 4, 3, 2);

void setup() {
  lcd.begin(16, 2);              // 1602 LCD 모듈 설정
  lcd.print("Hello, Arduino!!"); // 문자열 출력
}
```

```
10 :
11 : void loop() {
12 :
13 :   // 출력된 문자를 왼쪽으로 16칸(문자열 길이) 이동
14 :   for (int position=0; position<16; position++) {
15 :     lcd.scrollDisplayLeft();
16 :     delay(150);
17 :   }
18 :
19 :   // 출력된 문자를 오른쪽으로 32칸(문자열 길이 + LCD의 가로 길이) 이동
20 :   for (int position=0; position<32; position++) {
21 :     lcd.scrollDisplayRight();
22 :     delay(150);
23 :   }
24 :
25 :   // 출력된 문자를 왼쪽으로 16칸(문자열 길이) 이동
26 :   for (int position=0; position<16; position++) {
27 :     lcd.scrollDisplayLeft();
28 :     delay(150);
29 :   }
30 : }
```

3. 스케치 코드 읽기: scrollDisplayLeft(), scrollDisplayRight()

01~09행은 LCD 모듈을 초기화하고 첫 행에 "Hello, Arduino!!"라는 16개의 문자로 구성된 문자열을 출력합니다. 14~17행은 반복문인 for 문과 LCD 라이브러리의 scrollDisplayLeft() 메서드로 LCD에 출력된 문자열을 왼쪽으로 한 칸씩 16번 반복해 총 16칸 움직이도록 하는 코드입니다. 이렇게 16번을 움직이면 모든 문자열이 왼쪽으로 움직여 LCD 화면에서 사라집니다.

scrollDisplayLeft() 메서드를 16번 호출하는 과정

열 번호 / 함수 호출 횟수	0	1	2	3	4	5	6	7	8	9	10	11	12	13	14	15
초기 문자열	H	e	l	l	o	,		A	r	d	u	i	n	o	!	!
1번	e	l	l	o	,		A	r	d	u	i	n	o	!	!	
2번	l	l	o	,		A	r	d	u	i	n	o	!	!		
								…								
15번	!															
16번																

20~23행은 왼쪽으로 이동한 문자열을 다시 오른쪽으로 움직이게 하는 코드입니다. for 문을 16번이 아닌 32번을 반복한 이유는 LCD에 출력된 문자열의 길이인 16과 LCD가 표현할 수 있는 가로의 길이인 16을 더해 모든 문자열을 오른쪽으로 이동시켜 사라지게 만들고 싶기 때문입니다. 문자열을 오른쪽으로 이동하기 위해 scrollDisplayRight() 메서드를 사용합니다.
26~29행은 오른쪽으로 사라진 문자열을 다시 왼쪽으로 이동시킵니다. 이렇게 scrollDisplayLeft() 메서드와 scrollDisplayRight() 메서드를 사용해 LCD에 출력된 문자열을 좌우로 움직이는 효과를 만들었습니다.

4. 실행 결과 확인하기

시뮬레이터를 실행합니다. 문자가 한 글자씩 좌우로 움직이는 것을 확인할 수 있습니다.

LCD에 값이 출력되지 않으면 가변저항을 확인해 보세요. 가변저항 노브가 접지 쪽으로 가 있어야 LCD에 값이 출력됩니다.

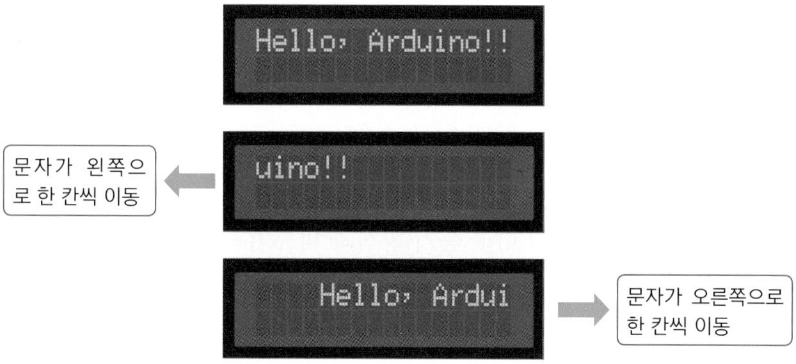

LCD에 출력된 문자를 이동시키는 효과를 준 결과

실제 아두이노 보드와 LCD를 연결하고, 스케치 코드를 업로드해 동작을 확인해 보세요.

직접 볼까요!

LCD에 긴 문자열 출력하기

문자열 스크롤을 통해 LCD의 행보다 긴 문자열 출력하는 방법을 영상으로 보고 싶다면 다음 링크를 참고하세요.

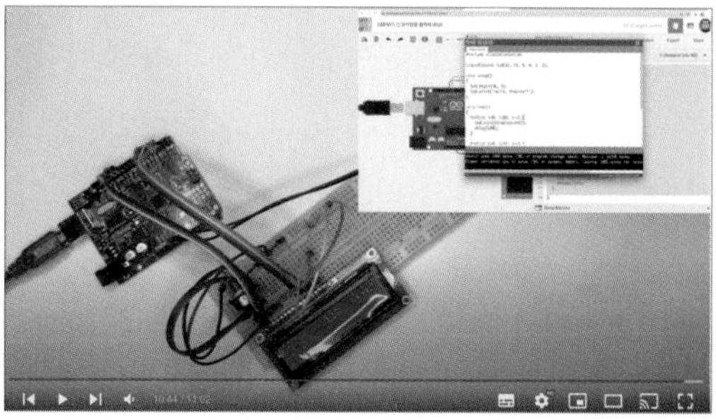

QR코드를 찍어 보세요.

https://youtu.be/icuZdK3LH1M

11-3 핀이 적은 LCD 다루기

시리얼 통신이란?

06장에서 시리얼 모니터를 활용해 오류도 확인하고, LED를 제어하는 실습을 진행했습니다. 시리얼 모니터는 컴퓨터와 아두이노 사이에 시리얼 통신으로 데이터를 주고받습니다. 시리얼 통신은 직렬 통신이라고도 하는데, 하나의 신호선을 사용해 데이터가 마치 줄을 지어 가는 것처럼 보이기 때문입니다.

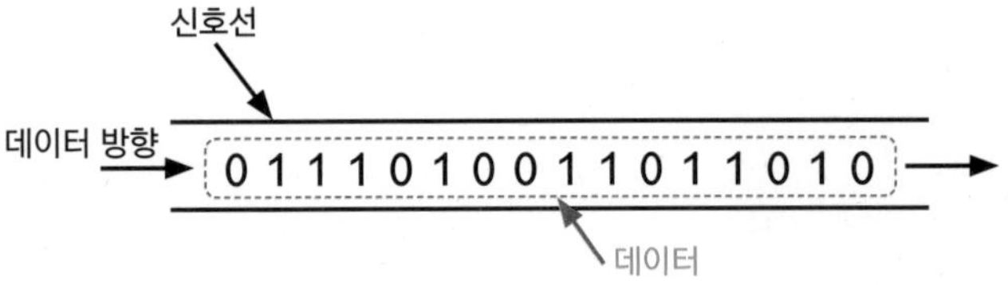

그림 11-2 시리얼 통신의 데이터 전송 개념

시리얼 통신은 데이터를 어떻게 보내는지에 따라 동기 방식과 비동기 방식으로 구분합니다. 동기 방식은 마이크로컨트롤러의 클록(clock) 주기에 맞춰 데이터를 전송하는 방식이고, 비동기 방식은 클록 주기가 아닌 통신 속도에 맞춰 전송하는 방식입니다. 시리얼 통신의 동기 방식을 일상생활에 비유하면 일정한 속도로 움직이는 에스컬레이터에 사람이 서 있는 상황과 같습니다. 여기서 에스컬레이터가 움직이는 속도는 클록의 주파수를 의미하고, 사람은 0과 1의 데이터를 의미합니다. 사람은 움직이지 않고, 에스컬레이터에 서 있으면 차례로 이동하듯 데이터가 전달됩니다.

그림 11-3 시리얼 통신의 동기 방식

시리얼 통신의 비동기 방식은 분당 비트 수(BPM, beat per minute)를 사용합니다. 음악마다 고유한 BPM이 있어 BPM이 크면 빠른 음악, BPM이 작으면 느린 음악으로 구분하죠. 한 곡을 연주할 때 모든 악기는 같은 BPM에 맞춰 연주해야 소리가 아름답게 들리고, 악기 하나라도 다른 BPM으로 연주하면 안 좋게 들립니다. 이처럼 시리얼 통신의 비동기 방식은 데이터를 보내는 쪽과 받는 쪽의 통신 속도를 일치시켜 어떤 데이터를 주고받는지 알아냅니다. 06장에서 시리얼 모니터를 사용할때 Serial.begin(9600) 코드에서 9600이 1초에 몇 비트를 전송할지, 즉 통신 속도를 의미한 것입니다.

I2C 통신이란?

일반적인 시리얼 통신은 송신과 수신 목적의 신호선 두 개를 사용해 두 장치 간 통신만 가능합니다. 하지만 실제 환경에서는 다양한 센서의 값을 수집해 처리하는 상황이 발생합니다. I2C(Inter-Integrated Circuit)는 두 개의 신호선을 사용해 여러 장치와 통신을 하기 위한 시리얼 통신 방식 중 하나입니다. I2C는 '아이-투-시' 또는 '아이-스퀘어-시'라고 발음하며, 두 개의 선을 사용한다는 의미에서 TWI(Two-Wire-Interface)라고도 합니다.

I2C가 동작하는 원리는 다음 그림과 같습니다. I2C 통신을 수행하는 주체는 마스터(master)와 슬레이브(slave)로 역할을 구분합니다. 마스터는 데이터를 요청하고, 슬레이브는 마스터의 요청에 응답하는데, 이때 SCL(Serial CLock)과 SDA(Serial DAta)라는 두 신호선을 사용합니다. SCL은 통신을 위한 클록을 일치시키는 목적이며, SDA는 데이터를 전송하기 위한 목적입니다. 클록 주파수를 동기화한 상태에서 SDA를 통해 마스터가 특정 슬레이브의 주소로 값을 요청하면, 해당하는 슬레이브만 마스터에게 값을 반환합니다. 따라서 I2C 통신에는 슬레이브를 구분하기 위한 주솟값이 필요합니다.

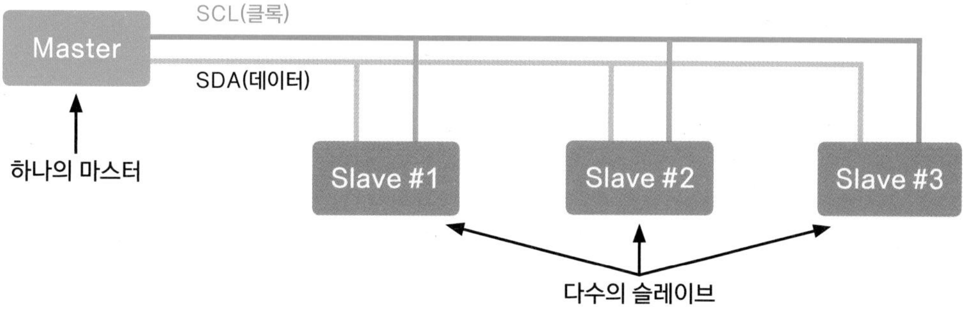

그림 11-4 I2C 통신의 동작 원리

Do it! 실습 11-4 I2C 통신으로 LCD 제어하기

아두이노 시뮬레이터에서도 I2C 통신을 지원하는 LCD를 사용할 수 있습니다. 그리고 SCL과 SDA 신호선을 사용하기 위해 아두이노 우노 보드의 경우 아날로그 핀을 사용합니다. 아두이노 우노의 A4(아날로그 4번 핀)가 SDA 신호를 제어하고, A5(아날로그 5번 핀)가 SCL 신호를 제어합니다.

1. I2C 지원 LCD 구성 요소 가져오기

팅커캐드 첫 화면에서 [만들기 → 회로]를 선택해 새로운 회로를 생성합니다. I2C 통신을 지원하는 LCD를 찾기 위해 구성 요소 검색 창에서 'LCD'로 검색한 결과 중 오른쪽에 표시된 LCD를 편집 화면에 가져옵니다.

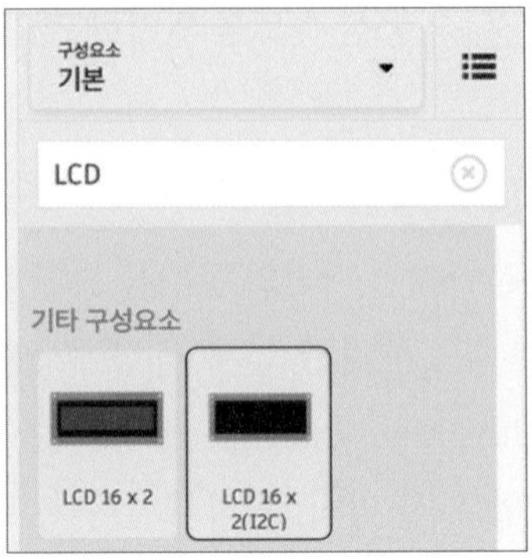

2. 전체 회로 구성하기

LCD의 전원(VCC)과 그라운드(GND)를 아두이노에 각각 연결하고, SDA는 A4, SCL은 A5에 연결합니다. 앞선 실습에서 사용한 LCD의 경우 12개의 전선이 필요한 반면, I2C 통신을 사용할 경우 4개의 전선만 있어도 동작시킬 수 있습니다.

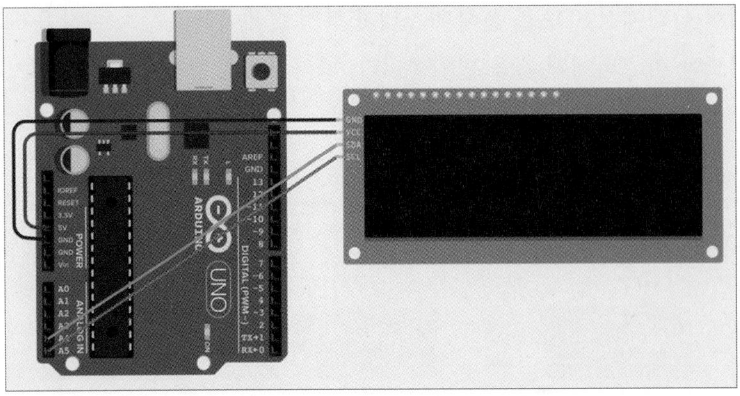

LCD를 선택하면 속성 창이 나타나는데 다음과 같이 설정합니다. 이름을 제외하고 유형과 주소만 변경하면 됩니다. [유형]은 'MCP23008'과 'PCF8574'이 있으며, LCD에 연결된 I2C 확장 모듈이 제조사에 따라 달라질 수 있으므로 어떤 모듈이더라도 사용할 수 있습니다. 이번 실습에서는 'PCF8574'를 선택하고, [주소]는 32로 설정하겠습니다.

시뮬레이터와 달리 실제 아두이노 보드와 PCF8574 기반 LCD 모듈을 사용할 때는 기본 주솟값 0x27을 사용해야 합니다. 드물게 기본 주솟값을 0x3F를 사용하는 경우도 있어 0x27로 동작하지 않으면 0x3F를 사용해 테스트합니다.

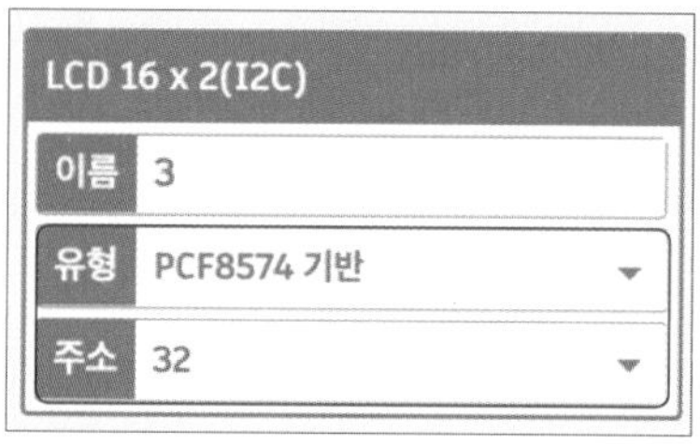

3. 스케치 코드 작성하기: PCF8574 기반

코드 창을 열고 [라이브러리] 아이콘을 클릭해 'LiquidCrystal I2C' 라이브러리를 포함합니다.

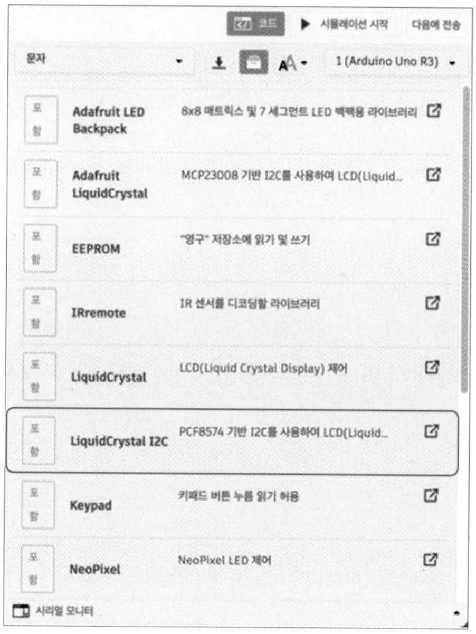

그리고 다음과 같이 코드를 입력합니다. 01행은 라이브러리를 포함한 부분이고, 04행은 LCD 제어를 위해 라이브러리로부터 인스턴스 변수를 생성하고 초기화합니다. 초기화할 때 LCD의 주솟값 32와 1602 LCD의 열과 행 번호를 각각 입력합니다. 05행에서는 정수형 count 변수를 선언하고 0으로 초기화했습니다.

```
01 : #include <LiquidCrystal_I2C.h>
02 :
03 : // 16x2 LCD 객체를 생성(LCD의 주솟값은 32)
04 : LiquidCrystal_I2C lcd(32, 16, 2);
05 : int count = 0;
06 :
```

```
07 : void setup()
08 : {
09 :   lcd.init();          // LCD 초기화
10 :   lcd.backlight();     // 백라이트 켜기
11 : }
12 :
13 : void loop()
14 : {
15 :   lcd.setCursor(0,0);
16 :   lcd.print("Hello World!!");
17 :   lcd.setCursor(0,1);
18 :   lcd.print(count++);
19 :   delay(1000);
20 : }
```

4. 스케치 코드 읽기: lcd.init(), lcd.backlight()

09~10행은 LCD를 초기화하기 위한 lcd.init() 메서드와 백라이트를 켜기 위한 lcd.backlight() 메서드를 호출합니다. 초기화와 백라이트는 한 번만 실행하면 되므로 setup() 함수에서 작성합니다.

5. 스케치 코드 읽기: lcd.setCursor(), lcd.print()

15~19행은 LCD에 문자를 출력하는 부분입니다. 15행에서 문자를 출력할 위치를 조정하기 위해 lcd.setCursor(0, 0) 메서드를 사용해 열과 행 번호를 입력합니다. 인자로 입력한 0, 0은 0번째 열과 0번째 행을 의미합니다. 16행에서 lcd.print() 메서드를 통해 "Hello World!!" 문자열을 출력하고, 17행에서 다음 행으로 커서를 이동한 후 18행에서 카운트 변수 count에 저장된 값을 출력하고 1씩 증가시킵니다. 15~19행은 loop() 함수에서 실행하므로 계속 반복하며, count에 저장된 값을 1씩 증가시키고 LCD 화면에 출력합니다.

6. 스케치 코드 다시 작성하기: MCP23008 기반

이번엔 I2C 확장 모듈의 유형이 'MCP23008'일 때 코드가 어떻게 바뀌는지 살펴봅시다. 시뮬레이터에서 LCD 구성 요소를 선택하고, [유형]과 [주소]를 다음과 같이 수정합니다. 그리고 라이브러리는 'Adafruit LiquidCrystal'을 선택합니다.

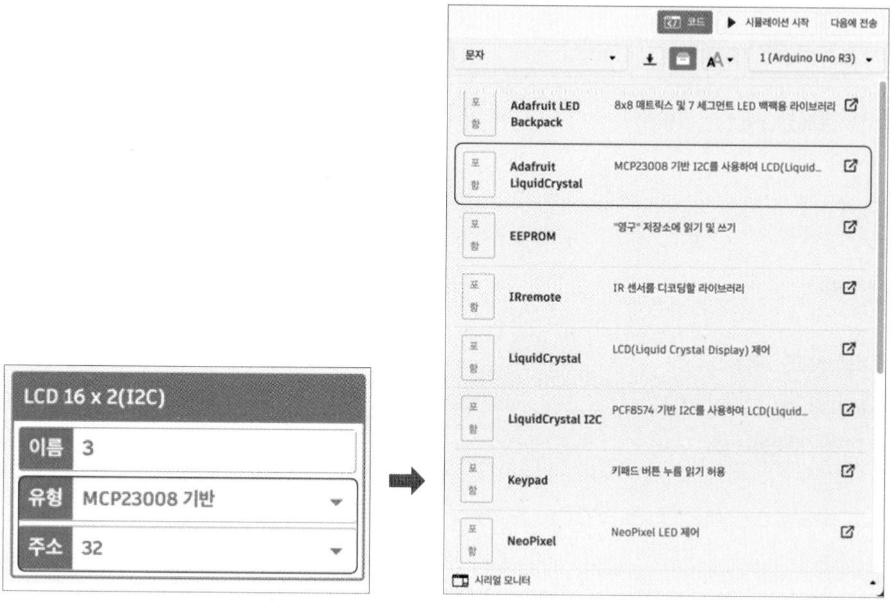

01행에서 'Adafruit_LiquidCrystal.h' 라이브러리를 포함합니다. 03행에서 인스턴스 변수 lcd를 생성하는데 인자 0은 첫 번째 주소를 의미합니다. 만약 주솟값을 33으로 변경하면 인자는 0이 아닌 1이 됩니다. 즉, 실제 주솟값이 아닌 주솟값에 대한 인덱스를 인자로 입력해야 합니다.

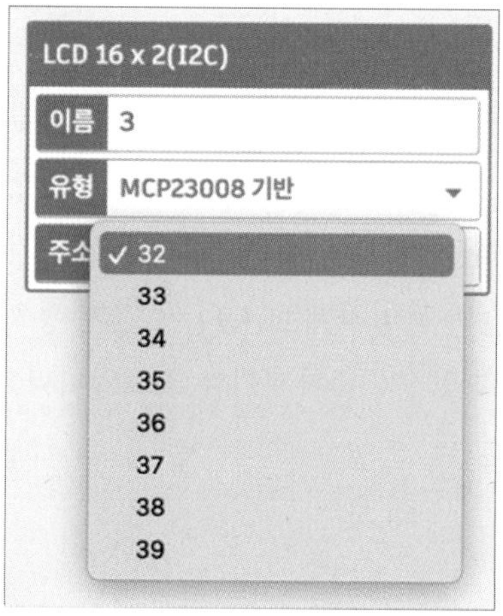

```
01 : #include <Adafruit_LiquidCrystal.h>
02 :
03 : Adafruit_LiquidCrystal lcd(0);
04 :
05 : int count = 0;
06 :
07 : void setup()
08 : {
09 :   lcd.begin(16, 2);
10 :   lcd.print("Hello World!!");
11 :   lcd.setBacklight(1);
12 : }
13 :
14 : void loop()
15 : {
16 :   lcd.setCursor(0, 1);
17 :   lcd.print(count);
18 :   delay(1000);
19 :   count += 1;
20 : }
```

7. 스케치 코드 읽기: lcd.begin(), lcd.setBacklight()

09행은 LCD의 종류에 따라 초기화하는 코드로 1602 LCD이므로 초깃값을 16열, 2행으로 입력합니다. 문자열을 LCD에 출력하는 lcd.print() 메서드는 앞선 실습과 동일하며, 11행 lcd.setBacklight(1)는 LCD의 백라이트를 켜는 코드입니다. 인자로 입력한 1을 0으로 변경하면 백라이트를 끄는 코드가 됩니다. 14~20행은 앞선 실습과 동일하게 LCD의 두 번째 행으로 커서를 이동하고 count 변수에 저장된 값을 1초마다 출력 및 1씩 증가시키는 코드입니다.

질문 있어요!

MCP23008 기반 모듈은 주솟값 대신 인덱스를 사용하는 이유가 있나요?

I2C기반 LCD 모듈을 제공하는 제조사에 따라 방법은 달라질 수 있습니다. 주솟값이 아닌 인덱스를 사용하면 특정 주소를 기억하지 않더라도 기본 주소를 사용하기가 편리합니다. 또한 MCP23008 모듈 뒷면에 A0, A1, A2 점퍼를 납땜으로 연결해 주솟값을 변경할 수 있습니다.

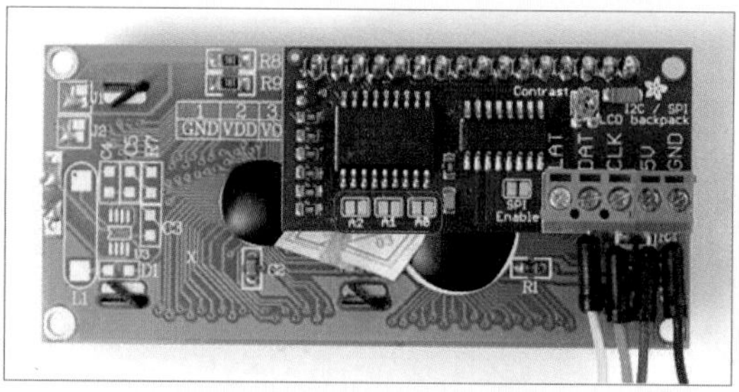

MCP23008 모듈 뒷면의 모습(https://learn.adafruit.com/i2c-spi-lcd-backpack/arduino-i2c-use)

A0, A1, A2 점퍼에 모두 납땜을 하지 않을 때 기본 주소는 0x20이며 인덱스로 0의 값을 갖습니다. 하지만 납땜을 하면 해당 핀의 정보가 HIGH가 되어 다음 표와 같이 주소가 달라질 수 있습니다. 만약 여러 개의 LCD 모듈을 동시에 사용해야 할 경우 주소를 다르게 변경해 제어하면 됩니다.

주소	A0	A1	A2	인덱스
0×20	LOW	LOW	LOW	0
0×21	HIGH	LOW	LOW	1
0×22	LOW	HIGH	LOW	2
0×23	HIGH	HIGH	LOW	3
0×24	LOW	LOW	HIGH	4
0×25	HIGH	LOW	HIGH	5
0×26	LOW	HIGH	HIGH	6
0×27	HIGH	HIGH	HIGH	7

도전! LCD보다 긴 문자열를 출력해 봐요!

난이도: ★☆☆

다음 그림을 참고해 회로를 구성하고 목표대로 작동하도록 스케치 코드를 작성해 보자.

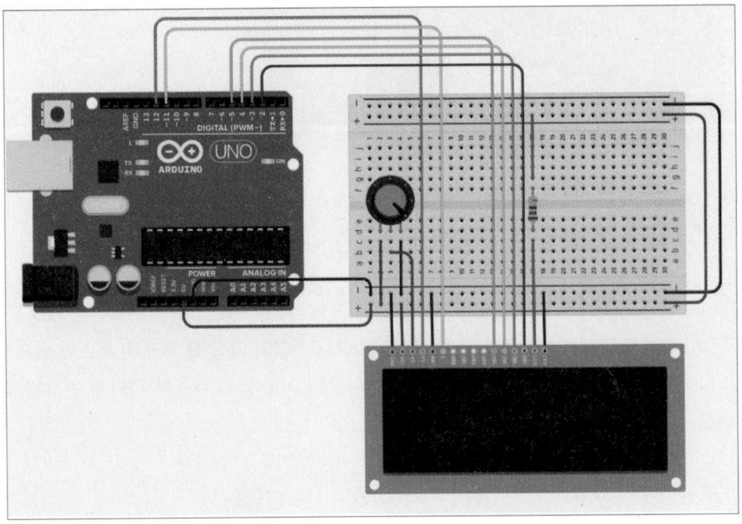

긴 문장을 LCD에 출력하는 회로

목표

LCD에 "Nice to meet you!! Arduino"라는 26자 문자열을 출력한다.

구성 요소

아두이노 보드, 브레드보드, LCD, 저항, 가변저항

힌트

scrollDisplayLeft() 메서드, scrollDisplayRight() 메서드를 활용한다.

12

7세그먼트로 숫자 표시하기

7세그먼트는 LED 8개로 구성되어 숫자나 문자를 표시하는 데 사용하는 장치입니다. 0부터 9까지 숫자를 표시할 수 있고 일부 알파벳 문자도 표현할 수 있어 전자시계, 계산기 등에 많이 활용됩니다.

학습 목표

- 7세그먼트의 작동 원리를 알아본다
- 7세그먼트 디코더의 작동 원리를 알아본다
- 7세그먼트와 7세그먼트 디코더를 활용해 원하는 숫자를 출력한다

12-1 7세그먼트 기본 사용법 알아보기

7세그먼트란?

7세그먼트(seven-segment)는 숫자나 문자를 표시하는 일곱 개의 LED와 점을 표시하는 한 개의 LED로 구성됩니다. 7세그먼트는 공통 단자가 양극인 유형과 음극인 유형으로 나뉩니다. 공통 단자가 양극이면 전원을 공통으로 사용하므로 7세그먼트의 각 단자에 LOW 신호를 줘야 LED가 켜지지만, 공통 단자가 음극이면 접지를 공통으로 사용하므로 각 단자에 HIGH 신호를 줘야 LED가 켜집니다.

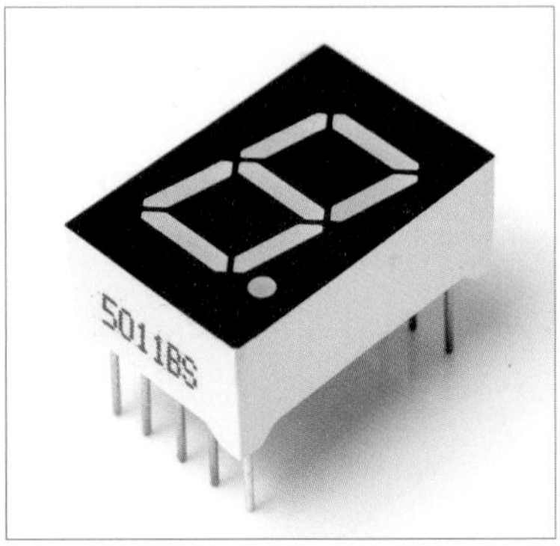

그림 12-1 7세그먼트

7세그먼트의 작동 원리

7세그먼트의 단자는 총 10개입니다. A~G 단자는 숫자나 문자를 표시하는 7개의 LED를 제어합니다. DP는 점을 표시하는 LED를 제어하는 단자입니다. 마지막으로 공통 양극 또는 공통 음극 역할을 하는 단자가 두 개 있습니다.

7세그먼트는 각 단자를 제어해 LED를 켜고 끔으로써 숫자를 표현합니다. 예를 들어, B 단자와 C 단자를 제어해 LED를 켜면 숫자 1을 표시할 수 있고 A 단자, B 단자, G 단자, E 단자, D 단자의 LED를 켜면 숫자 2를 표현할 수 있습니다.

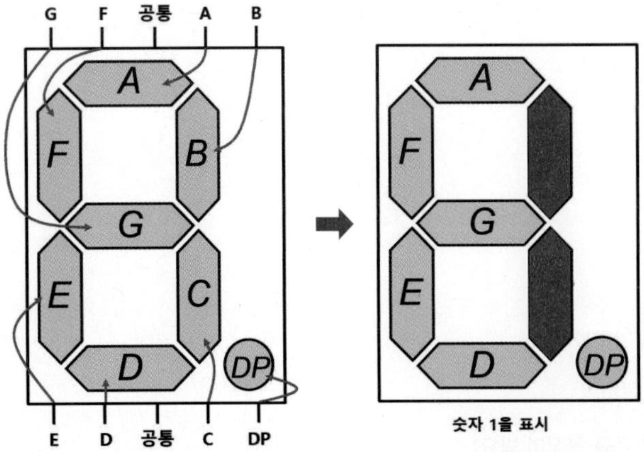

그림 12-2 7세그먼트의 구조

0부터 9까지의 숫자를 7세그먼트로 표현하기 위해 각 단자에 필요한 디지털값을 정리하면 다음과 같습니다.

숫자 0~9를 표시하기 위한 7세그먼트 단자의 디지털값

숫자	표시	A	B	C	D	E	F	G
0		ON	ON	ON	ON	ON	ON	OFF
1		OFF	ON	ON	OFF	OFF	OFF	OFF
2		ON	ON	OFF	ON	ON	OFF	ON
3		ON	ON	ON	ON	OFF	OFF	ON
4		OFF	ON	ON	OFF	OFF	ON	ON
5		ON	OFF	ON	ON	OFF	ON	ON
6		ON	OFF	ON	ON	ON	ON	ON
7		ON	ON	ON	OFF	OFF	OFF	OFF
8		ON	ON	ON	ON	ON	ON	ON
9		ON	ON	ON	ON	OFF	ON	ON

Do it! 실습 12-1 7세그먼트로 숫자 출력하기

지금까지 배운 작동 원리를 사용해 7세그먼트에 원하는 숫자를 출력하는 회로를 구성하고 코드를 작성해 보겠습니다.

1. 새 회로 만들고 7세그먼트 불러오기

새 회로를 만들고 7세그먼트를 작업판에 배치합니다. 7세그먼트는 기본 구성 요소에 포함되지 않으므로 전체 구성 요소에서 찾거나 '세그먼트'로 검색하면 찾을 수 있습니다.

작업판에 7세그먼트를 배치하면 속성 창에서 공통 단자 유형을 양극 또는 음극으로 선택할 수 있는데 기본값은 양극입니다. 공통 단자로 양극을 선택하면 7세그먼트에 연결된 다른 단자에 LOW 신호를 줄 때 LED가 켜집니다. 반대로 공통 단자를 음극으로 선택하면 7세그먼트에 연결된 단자에 HIGH 신호를 주어 LED를 켤 수 있습니다. 따라서 스케치 코드도 공통 단자의 유형에 맞춰 작성해야 합니다.

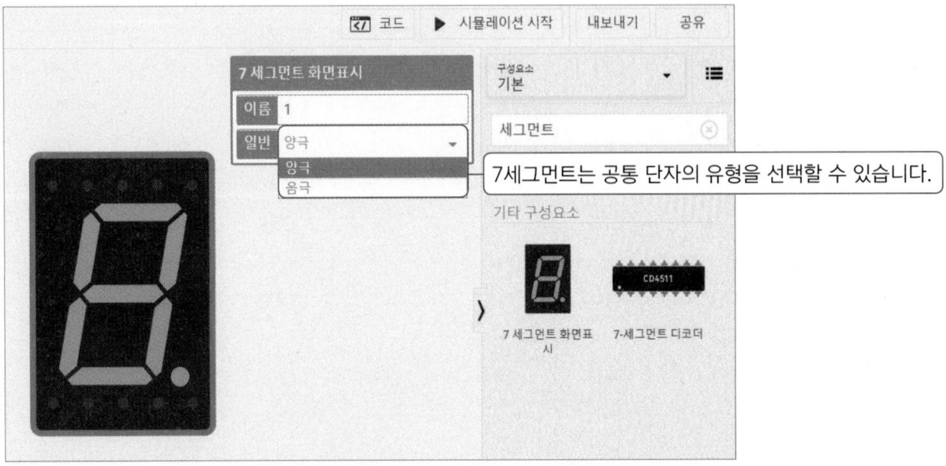

7세그먼트를 찾아 배치하고 공통 단자 유형 선택하기

2. 7세그먼트 단자를 연결하는 방법

7세그먼트 각 단자의 역할은 마우스 커서를 단자에 올리면 확인할 수 있습니다. 이제 각 단자를 제어하기 위해 아두이노의 디지털 핀에 연결하겠습니다.

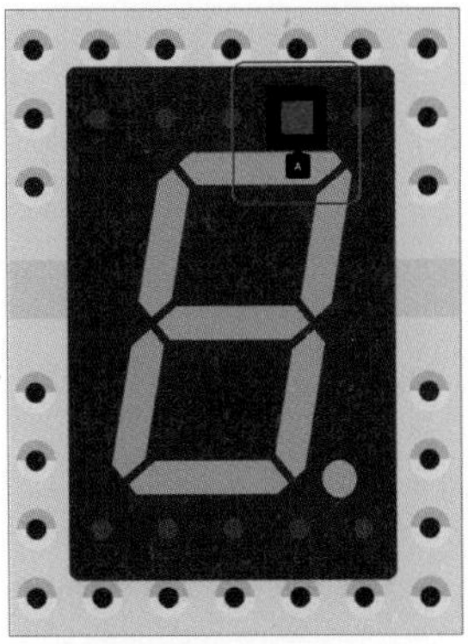

7세그먼트의 단자 확인

3. 회로 구성하기

아두이노 보드, 브레드보드, 저항(220Ω) 그리고 7세그먼트를 다음 그림과 같이 배치합니다. 현재 7세그먼트의 공통 단자는 양극 타입이므로 양극 단자를 아두이노 보드의 전원(5V)에 연결합니다. 그리고 7세그먼트의 각 LED를 제어하기 위해 연결한 신호선에 220Ω의 저항을 연결합니다. 저항을 연결하는 이유는 LED에서 저항을 사용하는 것과 같이 전류가 안정되게 흐르도록 제어하기 위함입니다.

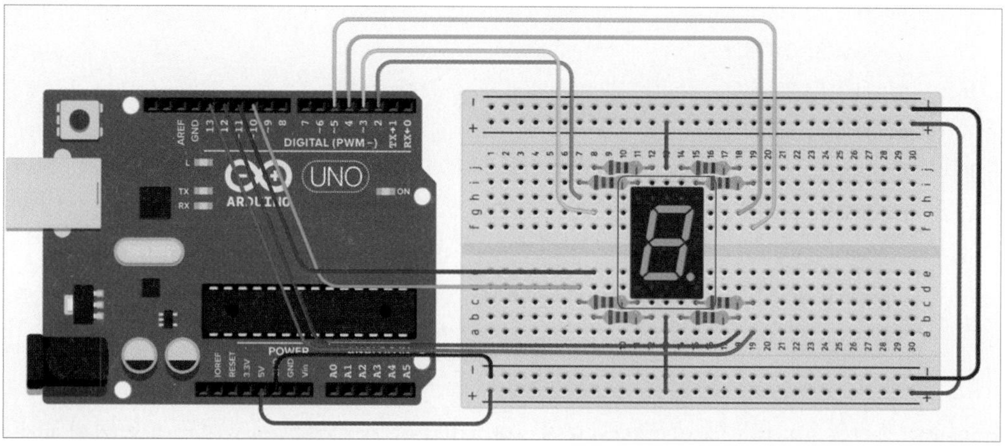

7세그먼트로 숫자를 출력하는 회로와 배선

7세그먼트의 각 단자를 디지털 핀에 연결합니다. 7세그먼트의 A 단자는 4번 핀, B 단자는 5번 핀, C 단자는 12번 핀, D 단자는 11번 핀, E 단자는 10번 핀, F 단자는 3번 핀, G 단자는 2번 핀, DP 단자는 13번 핀에 연결합니다. 물론 7세그먼트에 연결된 디지털 핀 번호는 달라질 수 있습니다. 만약 디지털 핀 연결을 바꿨다면 스케치 코드도 함께 수정해야 합니다.

4. 스케치 코드 작성하기 ①

전체 스케치 코드는 7세그먼트와 아두이노 보드의 연결을 초기화하는 부분, 1초마다 숫자를 출력하는 부분, 0~9의 숫자를 출력하기 위한 함수 부분으로 구분할 수 있습니다. 먼저 다음과 같이 코드를 입력해 보겠습니다.

```
// 아두이노의 디지털 핀과 7세그먼트 연결
#define A   4
#define B   5
#define C   12
#define D   11
#define E   10
```

```
07 : #define F   3
08 : #define G   2
09 : #define DP  13
10 :
11 : void setup() {
12 :
13 :   // 7세그먼트와 연결된 디지털 핀을 출력 모드로 설정
14 :   pinMode(A, OUTPUT);
15 :   pinMode(B, OUTPUT);
16 :   pinMode(C, OUTPUT);
17 :   pinMode(D, OUTPUT);
18 :   pinMode(E, OUTPUT);
19 :   pinMode(F, OUTPUT);
20 :   pinMode(G, OUTPUT);
21 :   pinMode(DP, OUTPUT);
22 : }
```

02~09행에서는 #define 키워드를 이용해 7세그먼트의 각 단자와 아두이노의 디지털 핀 번호를 매핑합니다. 예를 들어, '#define A 4'는 7세그먼트의 A 단자가 아두이노 보드의 디지털 4번 핀에 연결됐다는 의미입니다. 이렇게 치환해 두면 실제 7세그먼트의 각 LED 명칭을 스케치 코드 안에서 그대로 쓸 수 있습니다. 숫자보다 문자를 사용하면 코드를 읽거나 쓸 때 더 편리합니다.

14~21행은 7세그먼트에 연결된 아두이노 디지털 핀을 출력 모드로 설정하는 코드입니다. 각 영역의 LED 출력을 제어해 원하는 숫자를 7세그먼트에 표시할 수 있도록 합니다.

5. 스케치 코드 작성하기 ②

이어서 다음과 같이 코드를 작성하겠습니다.

```
24 : void loop() {
25 :
26 :   // 7세그먼트로 0부터 9까지 숫자 출력
27 :   number0();    delay(1000);
28 :   number1();    delay(1000);
29 :   number2();    delay(1000);
30 :   number3();    delay(1000);
31 :   number4();    delay(1000);
```

```
32 :   number5();    delay(1000);
33 :   number6();    delay(1000);
34 :   number7();    delay(1000);
35 :   number8();    delay(1000);
36 :   number9();    delay(1000);
37 : }
```

27~36행은 loop() 함수에서 1초 간격으로 0부터 9까지 출력하고 이를 반복하는 코드입니다. 숫자를 출력하는 함수는 number1, number2, … number9로 이름을 정의했으며 delay() 함수로 숫자를 출력한 후 1초간 해당 숫자를 볼 수 있도록 지연 시간을 줍니다.
스케치 코드에서 한 문장의 끝은 줄 바꿈이 아닌 세미콜론(;)으로 구분합니다. 따라서 한 줄에 두 개 이상의 문장을 세미콜론으로 구분해 사용해도 오류가 발생하지 않습니다. 위 코드는 가독성을 위해 7세그먼트의 숫자 출력 함수와 delay() 함수를 한 줄에 사용했습니다.

6. 스케치 코드 작성하기 ③

스케치 코드의 마지막 부분에서는 7세그먼트에 숫자를 출력하기 위해 loop() 함수에서 사용한 number0() ~ number9() 함수를 정의하겠습니다. 먼저 number0() 함수에는 어떤 기능이 필요한지 생각해 볼까요? 숫자 0을 표시하려면 G 영역과 DP 영역의 LED는 끄고 나머지 LED를 전부 켜야 합니다.

숫자 0를 표시하기 위한 7세그먼트 단자의 디지털값

숫자	표시	A	B	C	D	E	F	G
0		ON	ON	ON	ON	ON	ON	OFF

공통 양극을 가진 7세그먼트를 사용하므로 불을 켜는 단자로 LOW, 불을 끄는 단자로 HIGH 신호를 보내야 합니다. digitalWrite() 함수를 사용해 G, DP 단자에는 HIGH, 나머지 단자에는 LOW값을 쓰도록 number0() 함수를 정의합니다.

```
39 : void number0() {
40 :   digitalWrite(A, LOW);
41 :   digitalWrite(B, LOW);
42 :   digitalWrite(C, LOW);
43 :   digitalWrite(D, LOW);
```

```
  digitalWrite(E, LOW);
  digitalWrite(F, LOW);
  digitalWrite(G, HIGH);
  digitalWrite(DP, HIGH);
}
```

같은 방식으로 number1() ~ number9() 함수를 추가합니다.

각 숫자마다 어떤 LED를 켜고 꺼야 하는지는 299쪽 표를 참고하세요.

```
void number1() {
  digitalWrite(A, HIGH);
  digitalWrite(B, LOW);
  digitalWrite(C, LOW);
  digitalWrite(D, HIGH);
  digitalWrite(E, HIGH);
  digitalWrite(F, HIGH);
  digitalWrite(G, HIGH);
  digitalWrite(DP, HIGH);
}

…

void number9() {
  digitalWrite(A, LOW);
  digitalWrite(B, LOW);
  digitalWrite(C, LOW);
  digitalWrite(D, LOW);
  digitalWrite(E, HIGH);
  digitalWrite(F, LOW);
  digitalWrite(G, LOW);
  digitalWrite(DP, HIGH);
}
```

7. 실행 결과 확인하기

회로와 스케치 코드를 완성하고 시뮬레이터를 실행합니다. 1초 간격으로 7세그먼트에 0부터 9까지 숫자가 차례대로 출력되는 것을 볼 수 있습니다.

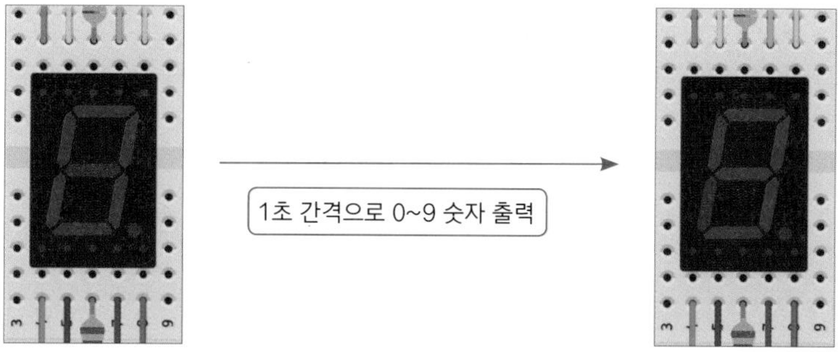

숫자를 출력한 7세그먼트

실제 아두이노 보드에도 7세그먼트를 연결해 숫자를 출력해 봅시다. 스케치 코드는 7세그먼트의 유형에 따라 달라질 수 있습니다.

질문 있어요!

DP 점은 언제 쓰나요?

DP 점은 주로 소수점을 표현할 때 사용합니다. 7세그먼트 여러 개를 이어서 사용하면 1.2, 12.34, 123.456과 같이 소수점 아래의 숫자도 표현할 수 있어요.

직접 볼까요!

7세그먼트 기본 사용법 알아보기

7세그먼트의 개념 및 동작 원리를 이해하고, 7세그먼트에 숫자를 출력하는 방법을 영상으로 보고 싶다면 다음 링크를 참고하세요.

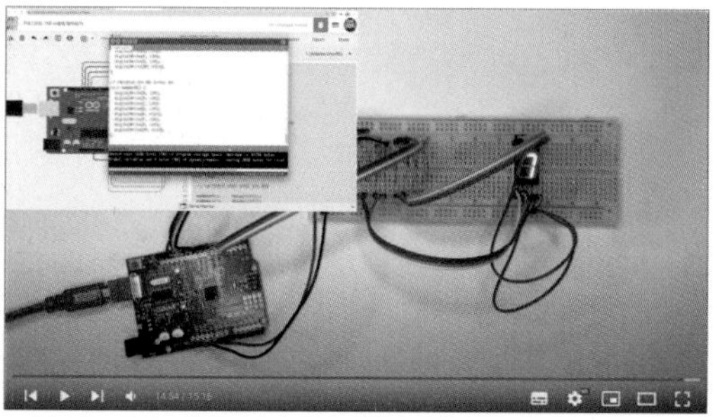

QR코드를 찍어 보세요.

https://youtu.be/Ir1h7ubjuSw

Do it! 실습 12-2 7세그먼트의 스케치 코드 개선하기

'실습 12-1(7세그먼트로 숫자 출력하기)'에서는 7세그먼트가 작동하는 원리를 살펴봤습니다. 하지만 숫자를 표현하는 스케치 코드가 지나치게 길다는 단점이 있습니다. 만약 여기서 공통 음극 7세그먼트로 바꿔야 하는 상황이 생기면 이 많은 코드를 다 수정해야 합니다. 7세그먼트의 유형에 상관없이 스케치 코드의 변경을 최소화할 수 있게 개선한다면 7세그먼트를 더 유용하게 사용할 수 있겠지요?

1. 회로 복제하고 수정하기

'실습 12-1(7세그먼트로 숫자 출력하기)' 회로를 복사합니다. 회로 구성은 그대로 두고 스케치 코드를 간결하고 유용하게 수정해 보겠습니다.

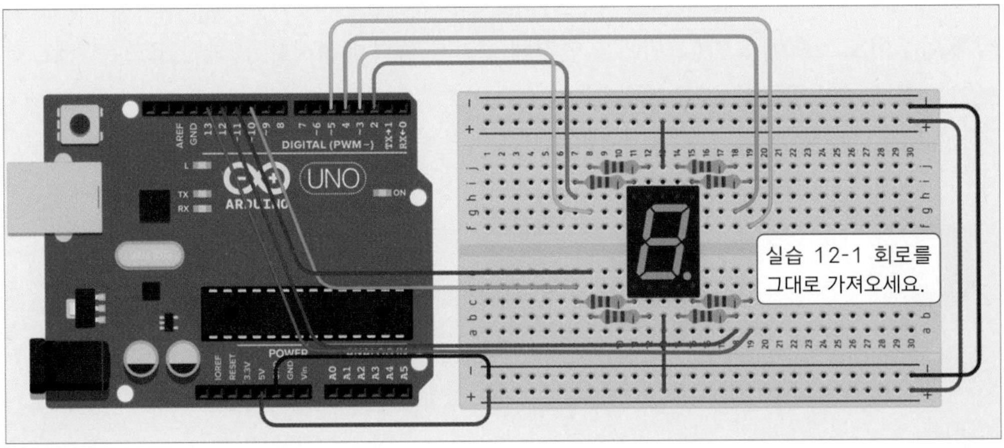

회로 복사하기

2. 스케치 코드 수정하기 ①: 배열

11~23행에 2차원 배열을 사용해 7세그먼트의 LED 영역을 숫자형 배열로 선언하는 코드를 추가합니다. 스케치에서 int num이 정수형 숫자 한 개를 저장할 수 있는 num 변수를 선언하는 코드라면, int digit[배열의 크기]는 여러 개의 정수형 데이터를 지정한 크기의 1차원 배열 안에 저장할 수 있는 digit 변수를 선언하는 코드입니다. 11행처럼 int digit[행 크기][열 크기] 형태로 선언하면 데이터를 담는 배열이 2차원으로 확장됩니다.

```
// 아두이노의 디지털 핀과 7세그먼트 연결
#define A   4
#define B   5
#define C   12
#define D   11
#define E   10
#define F   3
#define G   2
#define DP  13

int digit[10][8] = {
// A, B, C, D, E, F, G, DP
   0, 0, 0, 0, 0, 0, 1, 1,     // 숫자 0 표현
   1, 0, 0, 1, 1, 1, 1, 1,     // 숫자 1 표현
   0, 0, 1, 0, 0, 1, 0, 1,     // 숫자 2 표현
   0, 0, 0, 0, 1, 1, 0, 1,     // 숫자 3 표현
   1, 0, 0, 1, 1, 0, 0, 1,     // 숫자 4 표현
   0, 1, 0, 0, 1, 0, 0, 1,     // 숫자 5 표현
   0, 1, 0, 0, 0, 0, 0, 1,     // 숫자 6 표현
   0, 0, 0, 1, 1, 1, 1, 1,     // 숫자 7 표현
   0, 0, 0, 0, 0, 0, 0, 1,     // 숫자 8 표현
   0, 0, 0, 0, 1, 0, 0, 1      // 숫자 9 표현
};
```

각 차원에 따른 배열의 형태는 다음과 같습니다. 즉, 동일한 형태의 데이터를 그룹으로 묶어 저장하고 처리하기 위해 배열(array) 자료형을 사용하며, 인덱스(index)라는 주솟값으로 데이터가 저장된 위치를 알아낼 수 있습니다.

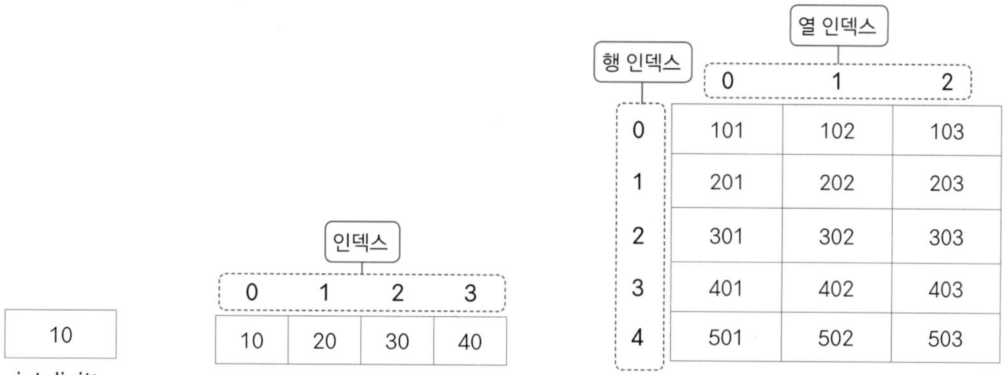

int digit;
정수형 변수

int digit[4];
정수형 1차원 배열

int digit[5][3];
정수형 2차원 배열

배열의 데이터에 접근할 때 인덱스의 범위는 0부터 시작해 '배열의 크기-1'까지 입니다. 따라서 네 개의 정수형값을 저장할 수 있는 num[4]라는 배열을 선언하고 그 안에 10, 20, 30, 40이라는 값을 차례로 저장했다고 가정할 때, num[0]은 첫 번째 값인 10을 가져오는 명령입니다. 이런 식으로 num[1]은 20, num[2]는 30, num[3]은 40에 접근할 수 있습니다.
2차원 배열도 1차원 배열과 원리는 같습니다. 하지만 차원이 추가되어 행과 열로 표현해야 한다는 점이 다릅니다. 예를 들어, 5개의 행과 3개의 열로 구성된 정수형 2차원 배열 num[5][3]을 선언했을 때 첫 번째 행의 첫 번째 데이터를 가져오려면 num[0][0]으로 접근해야 합니다.
11행의 int digit[10][8]로 선언된 2차원 배열은 10개의 행과 8개의 열로 구성됩니다. 0번째 행은 7세그먼트로 숫자 0을 표시하기 위한 데이터가 저장되며, 첫 번째 행은 숫자 1, 두 번째 행은 숫자 2를 표시하기 위한 데이터가 저장됩니다. 예를 들어, 7세그먼트에서 숫자 0을 표시하려면 A~DP 사이의 LED 중 G와 DP를 제외하고 모두 켜진 상태여야 합니다. 이것을 0과 1로 표현하면 0, 0, 0, 0, 0, 0, 1, 1이 됩니다. 0은 디지털값 LOW, 1은 HIGH를 의미합니다. 따라서 digit 배열에서 0번째 행의 값을 차례로 가져와 digitalWrite() 함수의 입력으로 사용할 경우 7세그먼트에 숫자 0을 출력할 수 있습니다.

3. 스케치 코드 수정하기 ②

loop() 함수에서는 displayDigit()이라는 사용자 정의 함수를 사용합니다. displayDigit() 함수는 매개변수로 digit 배열의 각 행 전체를 입력받습니다. 그리고 입력받은 행에 들어 있는 값에 차례로 접근해 7세그먼트의 단자에 보내는 출력값으로 사용합니다. 따라서 digit 배열의 0번째 행을 입력 매개변수로 전달하면 7세그먼트에 0을 출력하고, 첫 번째 행을 입력 매개변수로 전달하면 7세그먼트에 1을 출력합니다. delay() 함수로 7세그먼트에 숫자가 표시될 때마다 1,000ms의 지연 시간을 줘서 1초마다 다음 숫자를 출력하도록 합니다. 이렇게 7세그먼트에 0~9까지 숫자를 출력합니다.

```
void setup() {

  // 7세그먼트와 연결된 디지털 핀을 출력 모드로 설정
  pinMode(A, OUTPUT);
  pinMode(B, OUTPUT);
  pinMode(C, OUTPUT);
  pinMode(D, OUTPUT);
  pinMode(E, OUTPUT);
  pinMode(F, OUTPUT);
  pinMode(G, OUTPUT);
  pinMode(DP, OUTPUT);
```

```
}

void loop() {

  // 7세그먼트로 0부터 9까지 숫자 출력
  displayDigit(digit[0]); delay(1000);
  displayDigit(digit[1]); delay(1000);
  displayDigit(digit[2]); delay(1000);
  displayDigit(digit[3]); delay(1000);
  displayDigit(digit[4]); delay(1000);
  displayDigit(digit[5]); delay(1000);
  displayDigit(digit[6]); delay(1000);
  displayDigit(digit[7]); delay(1000);
  displayDigit(digit[8]); delay(1000);
  displayDigit(digit[9]); delay(1000);
}
```

4. 스케치 코드 작성하기 ③

마지막으로 displayDigit() 함수를 다음과 같이 정의하겠습니다. 먼저 매개변수로 digit 배열의 한 행 전체를 받기 위해 int *digit을 입력합니다. 배열을 매개변수로 사용하기 위해 별(*) 기호를 사용했습니다. 예를 들어, displayDigit(digit[1])이면 매개변수로 digit 2차원 배열의 두 번째 행을 전달받습니다. digit 2차원 배열의 두 번째행은 1차원 배열 [1, 0, 0, 1, 1, 1, 1, 1]입니다. displayDigit() 함수 안에서는 이렇게 매개변수로 받은 1차원 배열의 각 열을 digitalWrite() 함수에 전달해 A~DP의 출력값을 조절합니다.

여기에서 별(*) 기호는 스케치 코드에서 포인터를 의미합니다. 이 개념은 이 책의 범위를 넘어가기 때문에 따로 설명하지 않습니다.

```
// 7세그먼트로 숫자를 표시하는 함수
void displayDigit(int *digit) {      // digit 2차원 배열의 한 행을 매개변수로 받음
  digitalWrite(A,  digit[0]);        // digit 1차원 배열의 0번째 열 값을 A로 출력
  digitalWrite(B,  digit[1]);        // digit 1차원 배열의 1번째 열 값을 B로 출력
  digitalWrite(C,  digit[2]);        // digit 1차원 배열의 2번째 열 값을 C로 출력
  digitalWrite(D,  digit[3]);        // digit 1차원 배열의 3번째 열 값을 D로 출력
  digitalWrite(E,  digit[4]);        // digit 1차원 배열의 4번째 열 값을 E로 출력
  digitalWrite(F,  digit[5]);        // digit 1차원 배열의 5번째 열 값을 F로 출력
  digitalWrite(G,  digit[6]);        // digit 1차원 배열의 6번째 열 값을 G로 출력
  digitalWrite(DP, digit[7]);        // digit 1차원 배열의 7번째 열 값을 DP로 출력
}
```

5. 실행 결과 확인하기

시뮬레이터를 실행하면 결과를 동일하게 얻을 수 있습니다. 코드가 훨씬 간결해졌지요? 이렇게 정리된 코드는 나중에 수정, 관리하기도 편합니다. 패턴이 반복되는 코드가 있다면 이렇게 배열을 활용하는 것도 좋은 방법입니다.

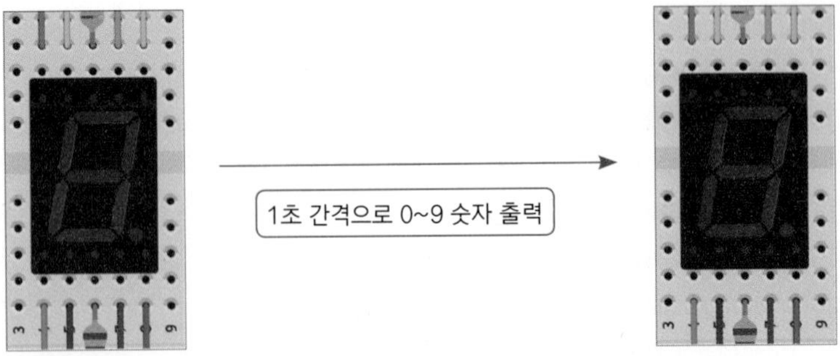

코드를 압축하고 숫자를 출력한 7세그먼트

아두이노 보드에서 수정된 스케치 코드를 적용해도 같은 결과를 볼 수 있습니다.

직접 볼까요!

배열을 사용해 7세그먼트 스케치 코드 개선하기

배열 자료구조의 개념을 이해하고, 7세그먼트 스케치 코드의 최적화 방법을 영상으로 보고 싶다면 다음 링크를 참고하세요.

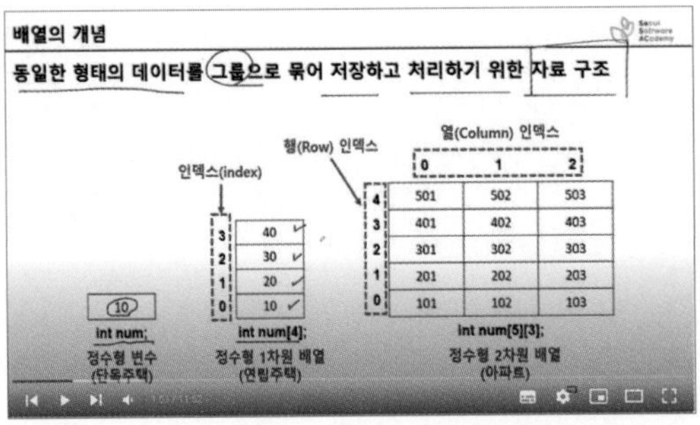

QR코드를 찍어 보세요.

https://youtu.be/roAuTlsjD10

Do it! 실습 12-3 7세그먼트로 타이머 만들기

7세그먼트로 숫자를 표현하는 기능을 활용해 10초 뒤를 알려 주는 타이머를 만들어 볼 수 있습니다. 타이머가 동작하는 시점을 제어하기 위해 푸시 버튼 하나와 타이머 종료를 알리는 LED를 추가로 준비하면 됩니다.

1. 회로 복사하고 수정하기

'실습 12-1(7세그먼트로 숫자 출력하기)' 회로를 복사합니다. 기존 회로에 다음과 같이 버튼과 LED만 추가하면 회로를 빠르게 구성할 수 있습니다.

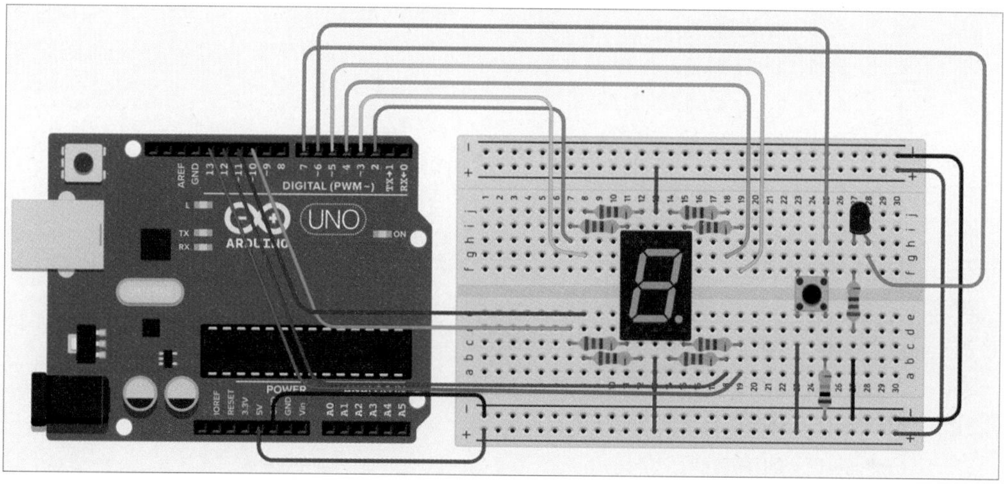

회로 복사 및 버튼과 LED 배치하기

2. 스케치 코드 작성하기

소스 코드 창에 다음과 같이 코드를 입력합니다. 기존 코드에서 변경된 부분은 노란색으로 색칠해서 표시했습니다.

```
// 아두이노의 디지털 핀과 7세그먼트 연결
#define A     4
#define B     5
#define C     12
#define D     11
#define E     10
#define F     3
#define G     2
#define DP    13
#define BUTTON  6
```

```
#define LED     7

int digit[10][8] = {
// A, B, C, D, E, F, G, DP
  0, 0, 0, 0, 0, 0, 1, 1,    // 숫자 0 표현
  1, 0, 0, 1, 1, 1, 1, 1,    // 숫자 1 표현
  0, 0, 1, 0, 0, 1, 0, 1,    // 숫자 2 표현
  0, 0, 0, 0, 1, 1, 0, 1,    // 숫자 3 표현
  1, 0, 0, 1, 1, 0, 0, 1,    // 숫자 4 표현
  0, 1, 0, 0, 1, 0, 0, 1,    // 숫자 5 표현
  0, 1, 0, 0, 0, 0, 0, 1,    // 숫자 6 표현
  0, 0, 0, 1, 1, 1, 1, 1,    // 숫자 7 표현
  0, 0, 0, 0, 0, 0, 0, 1,    // 숫자 8 표현
  0, 0, 0, 1, 1, 0, 0, 1     // 숫자 9 표현
};

void setup() {
  // 7세그먼트와 연결된 디지털 핀을 출력 모드로 설정
  pinMode(A,  OUTPUT);
  pinMode(B,  OUTPUT);
  pinMode(C,  OUTPUT);
  pinMode(D,  OUTPUT);
  pinMode(E,  OUTPUT);
  pinMode(F,  OUTPUT);
  pinMode(G,  OUTPUT);
  pinMode(DP, OUTPUT);

  // 버튼과 LED의 핀 모드 설정
  pinMode(BUTTON, INPUT);
  pinMode(LED, OUTPUT);

  // 7세그먼트에 표시될 초깃값(0) 설정
  displayDigit(digit[0]);
}

void loop() {

  int trigger = digitalRead(BUTTON);
```

```
  if (trigger == HIGH)
    timer();

}

// 7세그먼트로 숫자를 표시하는 함수
void displayDigit(int *digit) {
  digitalWrite(A,  digit[0]);
  digitalWrite(B,  digit[1]);
  digitalWrite(C,  digit[2]);
  digitalWrite(D,  digit[3]);
  digitalWrite(E,  digit[4]);
  digitalWrite(F,  digit[5]);
  digitalWrite(G,  digit[6]);
  digitalWrite(DP, digit[7]);
}

// 타이머 함수
void timer() {
  // 10초 타이머 동작
  displayDigit(digit[9]); delay(1000);
  displayDigit(digit[8]); delay(1000);
  displayDigit(digit[7]); delay(1000);
  displayDigit(digit[6]); delay(1000);
  displayDigit(digit[5]); delay(1000);
  displayDigit(digit[4]); delay(1000);
  displayDigit(digit[3]); delay(1000);
  displayDigit(digit[2]); delay(1000);
  displayDigit(digit[1]); delay(1000);
  displayDigit(digit[0]); delay(1000);
  digitalWrite(LED, HIGH);

  // 2초 뒤 타이머 초기화
  delay(2000);
  digitalWrite(LED, HIGH);
  displayDigit(digit[0]);
}
```

3. 스케치 코드 읽기: #define

10~11행은 선행처리자 #define 키워드를 사용해 버튼과 LED를 제어할 핀 번호를 고정합니다.

4. 스케치 코드 읽기: setup()

setup() 함수의 39~40행에서 버튼과 LED의 핀 모드를 각각 입력과 출력으로 변경하고, 43행에서 7세그먼트에 표시될 숫자를 0으로 초기화합니다.

5. 스케치 코드 읽기: loop()

loop() 함수의 48~50행이 타이머가 동작하는 코드로 버튼이 눌릴 때 timer() 함수를 호출합니다.

6. 스케치 코드 읽기: timer()

67~85행은 이번 실습의 핵심 코드로 10초 타이머를 구현한 함수입니다. 7세그먼트에 표시될 숫자를 9부터 0까지 1초 간격으로 표시하고, 0초가 되면 LED의 불빛을 켜 타이머가 종료되었음을 알려 줍니다. 그리고 2초 뒤 타이머를 다시 초기화하는 코드를 추가합니다. 그래야 다시 버튼을 눌러 타이머를 동작시킬 수 있습니다.

직접 볼까요!

7세그먼트로 타이머 만들기

7세그먼트로 10초 타이머 만드는 방법을 영상으로 보고 싶다면 다음 링크를 참고하세요.

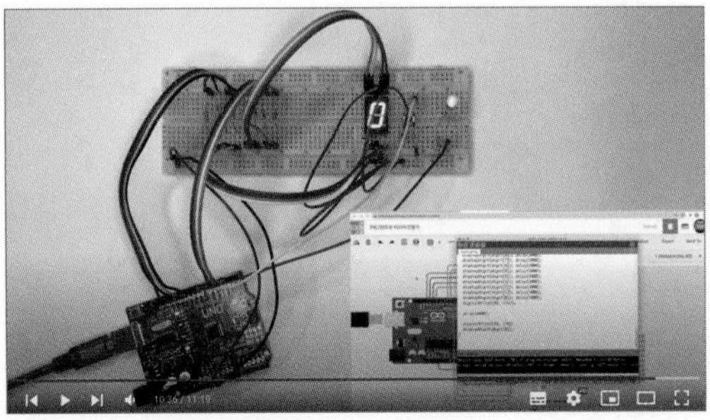

QR코드를 찍어 보세요.

https://youtu.be/m7v5ky1jA5E

12-2 7세그먼트 디코더와 조합하기

7세그먼트 디코더란?

7세그먼트 디코더(seven-segment decoder)는 7세그먼트로 숫자를 표현할 때 필요한 제어선을 일곱 개에서 네 개로 줄일 수 있는 장치입니다. 코드명은 CD4511입니다. 아두이노 우노(UNO)에는 0번부터 13번까지 총 14개의 디지털 핀이 있으므로 7세그먼트를 직접 연결하면 핀이 여섯 개밖에 남지 않습니다. 이때 7세그먼트 디코더를 함께 쓰면 여분의 핀이 3개 더 생깁니다. 여기에 센서나 통신 모듈을 추가하면 아두이노를 더 효율적으로 사용할 수 있습니다.

그림 12-3 7세그먼트 디코더

7세그먼트 디코더의 구성

7세그먼트 디코더의 단자는 크게 네 부분으로 구성됩니다. 다음 그림과 함께 살펴보겠습니다.

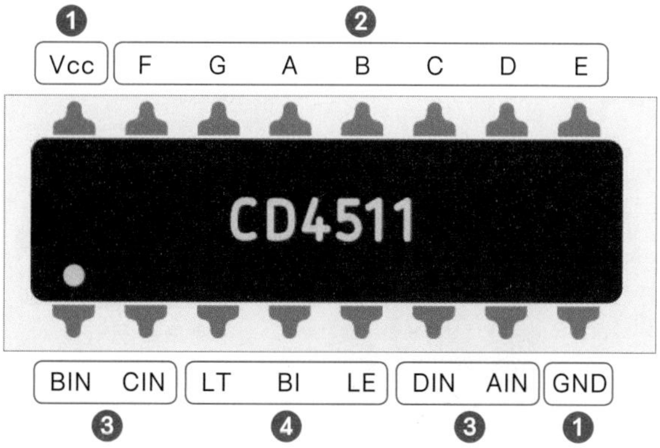

그림 12-4 7세그먼트 디코더의 핀 구성

❶ 전원(Vcc)과 접지(GND)입니다.

❷ 7세그먼트에 연결할 출력 단자 7개입니다. A부터 F까지 있습니다.

❸ 아두이노 보드에 연결할 입력 단자 4개입니다. 이 단자를 통해 아두이노로부터 입력값을 받아 7세그먼트의 출력을 제어합니다. AIN, BIN, CIN, DIN이 있습니다.

❹ 7세그먼트 디코더를 테스트하기 위한 단자입니다. 램프 테스트(LT, lamp test), 귀선 소거(BI, blanking), 래치 활성화(LE, latch enable) 단자가 있습니다.

Do it! 실습 12-4 7세그먼트 디코더 활용법

7세그먼트 디코더의 구성을 알아봤으니 어떻게 사용하는지 실습을 통해 배워보겠습니다.

1. 새 회로 만들고 구성 요소 배치하기

새로운 회로를 만들고 아두이노 보드, 브레드보드, 7세그먼트, 저항(220Ω) 그리고 7세그먼트 디코더를 배치합니다. 7세그먼트와 7세그먼트 디코더는 기본 구성 요소에 포함되지 않으므로 전체 구성 요소에서 찾거나 '세그먼트'로 검색하면 찾을 수 있습니다.

코드 이름으로도 검색할 수 있습니다. 7세그먼트의 코드명은 CD4511입니다.

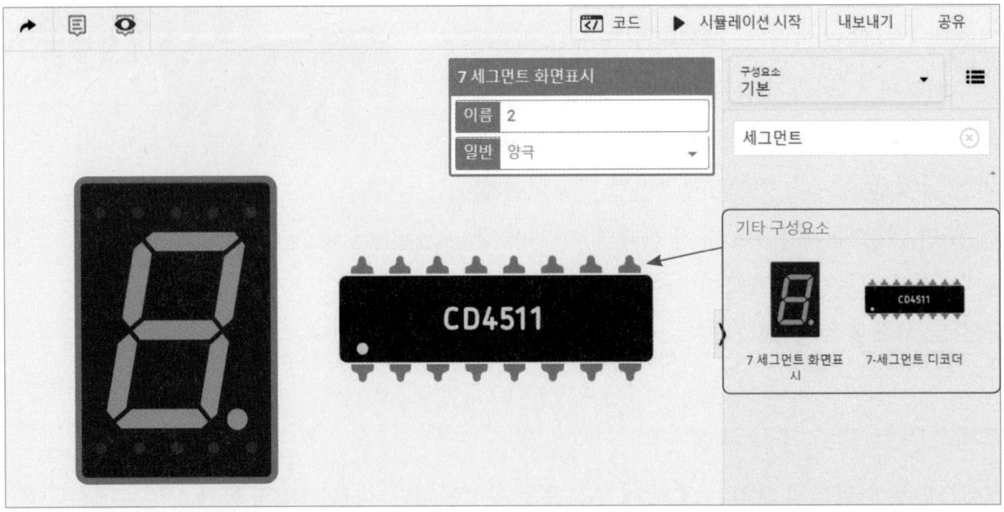

7세그먼트와 7세그먼트 디코더 검색하고 배치하기

작업판에 7세그먼트를 배치하면 속성 창에서 공통 단자의 유형을 선택할 수 있습니다. '실습 12-1(7세그먼트로 숫자 출력하기)'에서는 양극을 선택했으니 이번에는 음극을 사용해 보겠습니다. 공통 단자를 음극으로 선택하면 7세그먼트에 연결된 단자에 HIGH 신호를 주어야 LED를 켤 수 있습니다.

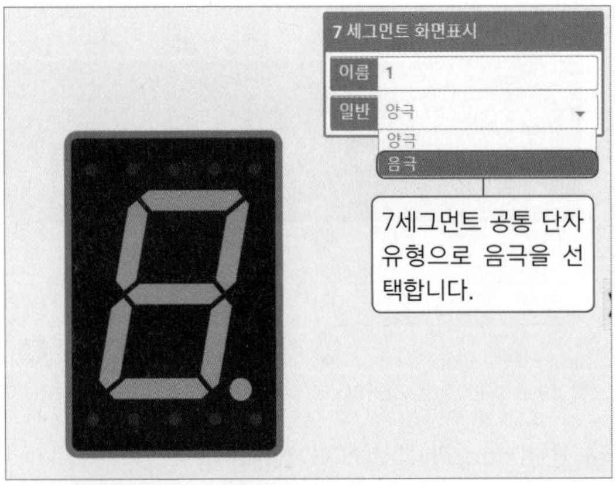

7세그먼트 공통 단자 유형을 음극으로 선택하기

2. 회로 구성하기

음극 공통 7세그먼트에 회로를 알맞게 구성하고 스케치 코드를 작성해 보겠습니다.

테스트 단자의 활용 방법은 이 책의 범위를 넘어가므로 다루지 않습니다.

- 7세그먼트 디코더의 전원(Vcc)과 접지(GND)는 아두이노 보드의 전원과 접지에 연결되도록 브레드보드에 연결합니다.
- 7세그먼트의 A~G 영역과 7세그먼트 디코더의 A~G 단자를 각각 연결합니다.
- 입력1(AIN), 입력2(BIN), 입력3(CIN), 입력4(DIN)는 아두이노에게 값을 받아 7세그먼트의 숫잣값을 제어하는 입력 단자이므로 아두이노의 디지털 핀에 연결합니다. 입력1(AIN)은 아두이노의 디지털 4번, 입력2(BIN)는 5번, 입력3(CIN)은 6번, 입력4(DIN)는 7번 핀에 연결합니다.
- 7세그먼트 디코더의 테스트 영역인 LT, BI, LE의 값을 일정하게 유지하기 위해 LT와 BI는 전원에, LE는 접지에 연결합니다. 전원은 1(HIGH), 그라운드는 0(LOW)이라고 할 수 있습니다. LT는 램프 테스트 핀으로 HIGH값일 때 일반 모드로 동작하고, LOW값일 때 테스트 모드로 동작합니다. BI은 LED의 깜빡임과 밝기를 제어하며, LOW일 때 모든 LED를 끄고, HIGH일때 일반 모드로 동작합니다. LE는 현재 값을 저장하는 핀으로 HIGH이면 마지막 변경된 값을 유지하고, LOW일 때 일반 모드로 동작합니다.

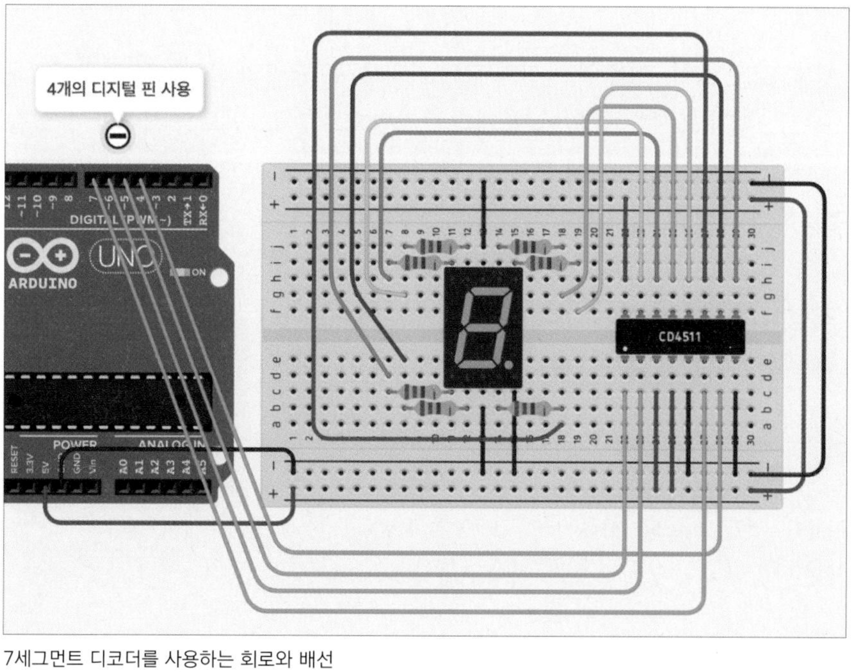

7세그먼트 디코더를 사용하는 회로와 배선

3. 진리표 이해하기

7세그먼트 디코더로 7세그먼트를 제어하기 위해서는 AIN, BIN, CIN, DIN 단자를 아두이노 디지털 핀으로 제어해야 합니다. 다음 진리표를 살펴볼까요? 진리표에서 0은 디지털값 LOW, 1은 디지털값 HIGH입니다.

7세그먼트 디코더 진리표

입력				출력							결과
DIN	CIN	BIN	AIN	A	B	C	D	E	F	G	
0	0	0	0	1	1	1	1	1	1	0	0
0	0	0	1	0	1	1	0	0	0	0	1
0	0	1	0	1	1	0	1	1	0	1	2
0	0	1	1	1	1	1	1	0	0	1	3
0	1	0	0	0	1	1	0	0	1	1	4
0	1	0	1	1	0	1	1	0	1	1	5
0	1	1	0	1	0	1	1	1	1	1	6
0	1	1	1	1	1	1	0	0	0	0	7
1	0	0	0	1	1	1	1	1	1	1	8
1	0	0	1	1	1	1	1	0	1	1	9

진리표를 보면 AIN, BIN, CIN, DIN 입력 핀의 값에 따라 A~G 단자의 출력값을 변경해 7세그먼트에 숫자 0부터 9까지 표시할 수 있어 네 개의 단자만으로 7세그먼트를 제어할 수 있습니다. 예를 들어, AIN, BIN, CIN, DIN에 모두 값 0을 설정하면 7세그먼트 디코더는 7세그먼트에 숫자 0을 출력하기 위한 A~G 단자의 출력값을 결정합니다.

4. 스케치 코드 작성하기

코드 창을 열고 다음과 같이 코드를 작성합니다.

```
// 아두이노의 디지털 핀과 7세그먼트 디코더(CD4511) 연결
//                DIN CIN BIN AIN
int dataPin[4] = {7,  6,  5,  4};
int digit[10][4] = {
// DIN CIN BIN AIN
    0,  0,  0,  0,    // 숫자 0 표현
    0,  0,  0,  1,    // 숫자 1 표현
```

```
    0, 0, 1, 0,    // 숫자 2 표현
    0, 0, 1, 1,    // 숫자 3 표현
    0, 1, 0, 0,    // 숫자 4 표현
    0, 1, 0, 1,    // 숫자 5 표현
    0, 1, 1, 0,    // 숫자 6 표현
    0, 1, 1, 1,    // 숫자 7 표현
    1, 0, 0, 0,    // 숫자 8 표현
    1, 0, 0, 1     // 숫자 9 표현
};

void setup() {

  // 7세그먼트 디코더와 연결된 디지털 핀을 출력 모드로 설정
  for (int i=0; i<4; i++)
    pinMode(dataPin[i], OUTPUT);
}

void loop() {

  // 7세그먼트 디코더로 0부터 9까지 숫자 출력
  for (int i=0; i<10; i++) {
    displayDigit(dataPin, digit[i]);
    delay(1000);
  }
}

// 7세그먼트 디코더로 숫자를 표시하는 함수
void displayDigit(int *dataPin, int *digit) {
  digitalWrite(dataPin[0], digit[0]);    // DIN값 매핑
  digitalWrite(dataPin[1], digit[1]);    // CIN값 매핑
  digitalWrite(dataPin[2], digit[2]);    // BIN값 매핑
  digitalWrite(dataPin[3], digit[3]);    // AIN값 매핑
}
```

5. 스케치 코드 읽기 ①

03행은 7세그먼트 디코더와 연결한 아두이노 디지털 핀 번호를 1차원 배열 dataPin에 저장하는 코드입니다. 진리표 순서에 맞게 DIN 단자에 연결된 핀 번호부터 AIN 단자에 연결된 핀 번호까지 차례대로 담았습니다. 이렇게 하면 디지털 핀에 접근할 때 핀 번호를 일일이 입력하지 않아도 배열의 인덱스로 접근할 수 있습니다. 회로에서 7세그먼트 디코더와 연결한 디지털 핀을 바꿀 때도 그에 맞게 핀 번호만 바꿔 주면 되어 편리합니다. 04~16행은 digit이라는 2차원 배열을 선언해 7세그먼트 디코더의 입력값을 설정합니다. 네 개의 디지털 핀을 이용해 표현할 수 있는 경우의 수는 0~15까지 총 16개지만 그중 숫자 0부터 9까지 총 10개만 사용합니다.

6. 스케치 코드 읽기 ②

21~22행은 아두이노와 7세그먼트 디코더 사이에 연결된 디지털 핀을 출력 모드로 설정합니다. 03행에서 사용한 디지털 핀을 모아 dataPin이라는 1차원 배열로 선언했기 때문에 for 반복문으로 간결하게 모든 핀을 출력 모드로 설정했습니다.

28~31행은 displayDigit() 함수를 이용해 7세그먼트에 숫자 0부터 9까지 출력합니다. for 문으로 displayDigit() 함수를 10번 호출하고 매개변수로 아두이노의 디지털 핀 번호를 포함한 dataPin과 7세그먼트 디코더의 입력값을 설정하기 위한 digit 변수를 사용합니다. 그리고 delay() 함수를 통해 1초마다 숫자가 바뀌도록 지연 시간을 줍니다.

35~40행은 displayDigit() 함수를 구현한 것입니다. digitalWrite() 함수로 digit 변수에 저장된 값을 7세그먼트 디코더에 연결된 아두이노 디지털 핀에 써서 7세그먼트에 출력할 숫자를 지정합니다.

7. 실행 결과 확인하기

회로와 스케치 코드를 완성하고 시뮬레이터를 실행해 보겠습니다. 아두이노 보드의 디지털 핀 네 개만으로 7세그먼트에 0~9까지의 숫자를 반복해서 출력하는 것을 볼 수 있습니다.

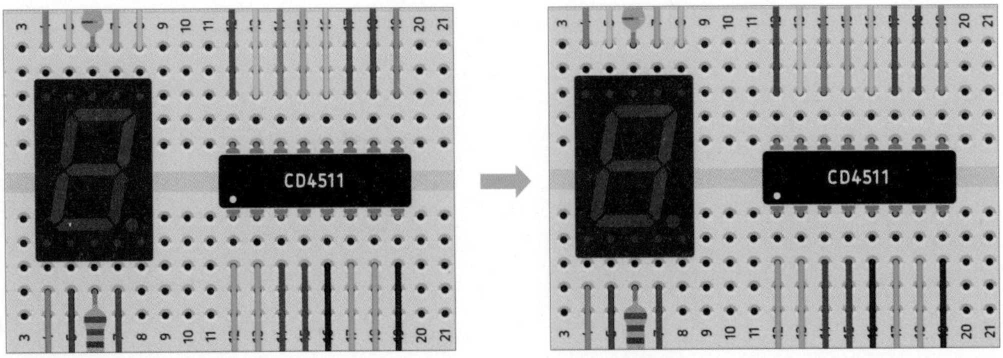

7세그먼트 디코더를 사용한 결과

아두이노에 7세그먼트와 7세그먼트 디코더를 연결해 동일한 스케치 코드로 동작해 봅시다. 7세그먼트의 유형은 공통 음극을 사용해야 한다는 점을 주의합시다.

직접 볼까요!

7세그먼트 기본 사용법 알아보기

7세그먼트의 개념 및 동작 원리를 이해하고, 7세그먼트에 숫자를 출력하는 방법을 영상으로 보고 싶다면 다음 링크를 참고하세요.

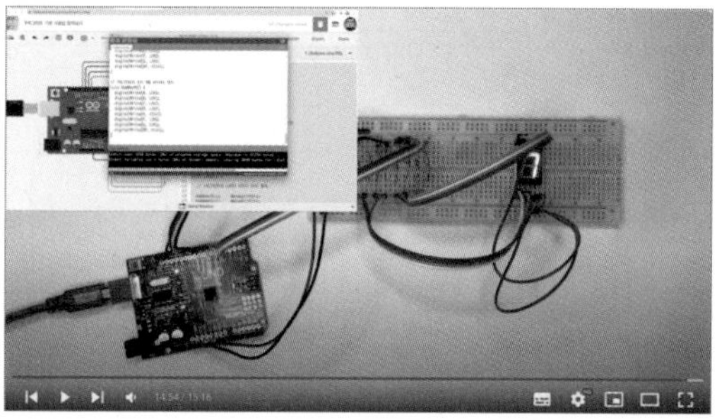

QR코드를 찍어 보세요.

https://youtu.be/Ir1h7ubjuSw

도전!

가변저항으로 7세그먼트를 움직여 봐요!

난이도: ★★★

다음 그림을 참고해 회로를 구성하고 목표대로 작동하도록 스케치 코드를 작성해 보자.

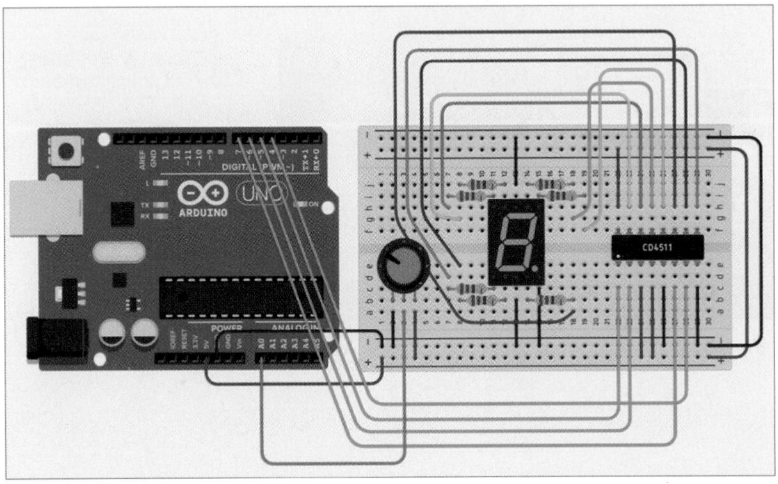

가변저항으로 7세그먼트의 숫자를 제어하는 회로

목표

가변저항 노브를 가장 왼쪽부터 오른쪽으로 돌리면 7세그먼트에 숫자가 0부터 9까지 차례대로 출력된다.

구성 요소

아두이노 보드, 브레드보드, 7세그먼트, 7세그먼트 디코더, 저항 5개, 가변저항

힌트

① 가변저항값을 아날로그 입력으로 받아서 7세그먼트 디코더에 쓸 출력값으로 사용한다.

② map() 함수로 입력값과 출력값의 범위를 조절한다.

13

적외선 센서와 리모컨 활용하기

이번 장에서는 실생활에서 많이 쓰지만 작동 원리가 눈에 보이지 않는 적외선 센서와 리모컨에 대해 살펴보겠습니다. 아두이노에서도 적외선 센서와 리모컨으로 LED를 원격으로 켜고 끄거나 서보 모터를 작동시키는 등 다양한 장치를 만들 수 있습니다.

학습 목표

- 적외선 센서와 리모컨의 작동 원리를 알아본다
- 적외선 센서와 리모컨을 활용해 LED의 밝기를 제어한다

13-1 적외선 센서와 리모컨 사용법 알아보기

적외선 센서와 리모컨이란?

적외선(IR, infrared ray)은 붉은색의 가시광선보다 파장이 길며 눈으로 불빛을 확인하기 어려운 성질을 가졌습니다. 그래서 TV나 에어컨 등 가전제품을 원격으로 제어할 때 주로 사용합니다.

적외선을 다루기 위한 장치가 적외선 센서와 리모컨입니다. 이 둘은 독립적으로 사용할 수 없고 두 장치가 모두 있어야 사용할 수 있습니다. 적외선 리모컨은 적외선 신호를 전송하는 역할을 하며, 적외선 센서는 적외선 리모컨이 전송한 신호를 수신하는 역할을 합니다.

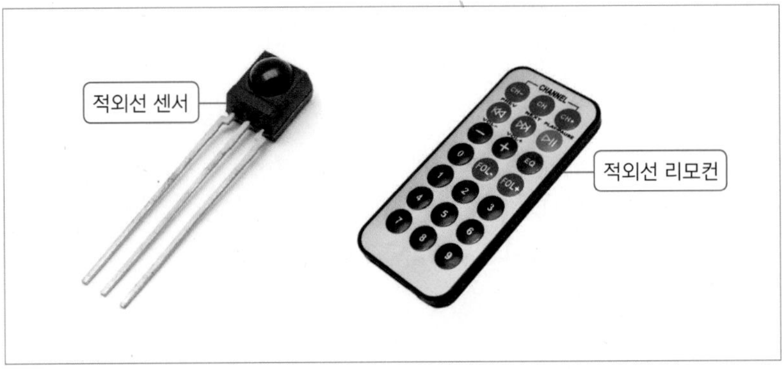

그림 13-1 적외선 센서와 적외선 리모컨

Do it! 실습 13-1 리모컨으로 LED 켜기

실습을 통해 적외선 센서와 리모컨의 작동 과정을 알아보겠습니다.

1. 새 회로 만들고 구성 요소 배치하기

새로운 회로를 만들고 아두이노 보드, 브레드보드, LED, 저항(220Ω) 그리고 적외선 센서와 리모컨을 불러옵니다. 도구 창에서 'remote' 또는 '적외선'으로 검색하면 적외선 센서와 리모컨을 찾을 수 있습니다. 또는 구성 요소를 모두 보는 설정으로 바꾼 다음 스크롤을 내려 찾을 수 있습니다. 적외선 센서는 입력 항목에서, 적외선 리모컨은 출력 항목에서 찾을 수 있습니다.

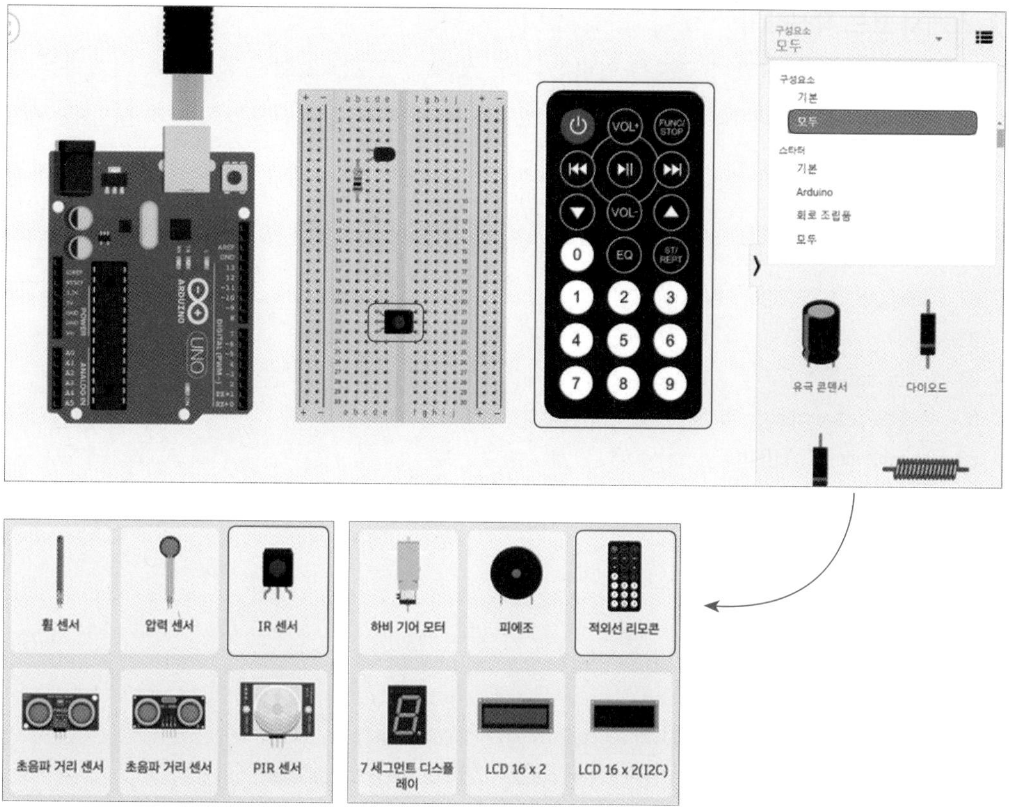

적외선 센서와 리모컨을 찾아 배치

2. 회로 구성하기

구성 요소를 다음 그림처럼 배치하고 전선으로 연결합니다. LED의 양극은 저항(220Ω)을 지나 디지털 9번 핀에 연결하고 음극은 접지에 연결합니다. 적외선 센서는 전원(power), 접지(GND), 출력(out) 이렇게 세 개의 단자로 구성됩니다. 브레드보드를 통해 전원은 아두이노의 전원(5V)에 연결하고, 접지는 아두이노의 접지(GND)에 연결합니다. 마지막으로 적외선 센서가 감지한 신호를 아두이노가 수신할 수 있도록 적외선 센서의 출력 단자를 디지털 8번 핀에 연결합니다.

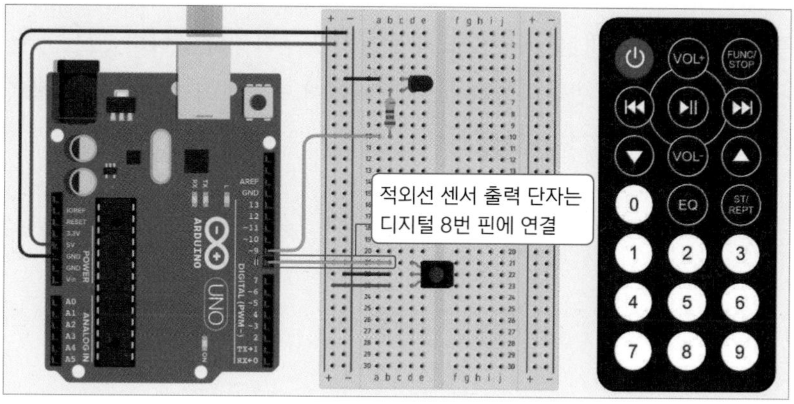

적외선 리모컨으로 LED 켜고 끄는 회로와 배선

3. 스케치 코드 작성하기

코드 창을 열고 다음과 같이 코드를 입력합니다. 스케치 코드는 적외선 센서를 초기화하는 부분과 적외선 신호를 수신해 해석하는 부분, 그리고 수신된 적외선 신홋값에 따라 LED를 제어하는 부분으로 구성됩니다.

```
#include <IRremote.h>
#define IR_RECEIVE_PIN 8    // 적외선 센서가 연결된 디지털 핀 번호

void setup() {
  IrReceiver.begin(IR_RECEIVE_PIN, ENABLE_LED_FEEDBACK);
  pinMode(9, OUTPUT);
  Serial.begin(9600);
}

void loop() {

  if (IrReceiver.decode()) {    // 적외선 센서의 수신값 해석
    Serial.println(IrReceiver.decodedIRData.decodedRawData, HEX);
    unsigned long data = IrReceiver.decodedIRData.decodedRawData;
    if (data == 0xF30CBF00)    // 적외선 리모컨의 숫자 0을 누를 때 수신하는 값
      digitalWrite(9, HIGH);
    else
      digitalWrite(9, LOW);
    delay(30);
    IrReceiver.resume();
  }
}
```

4. 스케치 코드 읽기: IRremote.h

적외선 센서로 신호를 받아 해석하려면 IRremote 라이브러리를 추가해야 합니다. 코드 창에서 '#include 〈IRremote.h〉'를 직접 입력하거나 코드 영역에서 라이브러리 아이콘을 클릭한 후 IRremote 라이브러리를 찾아 추가합니다.

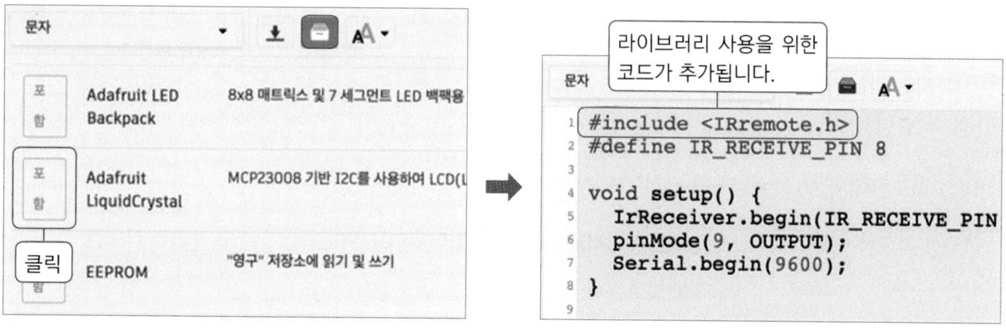

적외선 센서를 사용하기 위한 라이브러리 추가

5. 스케치 코드 읽기: #define

02행에서는 선행처리자 #define 키워드를 사용해 IR_RECEIVE_PIN의 값을 적외선 센서가 연결된 아두이노의 디지털 핀 번호로 초기화합니다. 이 값은 적외선 센서를 초기화할 때 사용합니다.

6. 스케치 코드 읽기: IrReceiver.begin()

05행에서는 IrReceiver.begin() 메서드를 통해 적외선 센서를 초기화합니다. 첫 번째 매개변수는 적외선 센서를 연결한 아두이노의 핀 번호이고, 두 번째 매개변수는 LED 피드백 여부를 결정하며 기본값은 참(true)입니다.

7. 스케치 코드 읽기: IrReceiver.decode()

12행에서는 IrReceiver.decode() 메서드를 통해 적외선 신호의 수신 여부를 확인합니다. 만약 적외선 센서가 리모컨으로부터 어떤 신호를 받으면 참을 반환하고, 그렇지 않으면 거짓을 반환합니다. 따라서 적외선 신호를 받을 때 13~20행이 실행됩니다.

8. 스케치 코드 읽기: IrReceiver.decodedIRData.decodedRawData

13행은 해석한 적외선 신호의 값을 16진수로 출력합니다. 그리고 14행에서 data 변수에 값을 저장한 뒤 15행에서 값을 비교합니다. 적외선 리모컨이 숫자 0을 누르면 16진수 0xF30CBF00의 값이 전달되고, 이때 16행의 digitalWrite() 함수를 통해 LED의 불빛을 켭니다. 적외선 리모컨의 다른 버튼을 누르면 LED를 끄도록 코드를 작성했습니다.

시리얼 모니터로 적외선 리모컨의 숫자 0~9 버튼을 누르면 다음 표와 같이 16진숫값이 출력되는 것을 볼 수 있습니다. 하지만 시뮬레이터와 실제 아두이노 보드를 통해 출력한 값이 다를 수 있습니다. 이는 적외선 리모컨을 생산하는 제조사마다 전송하는 데이터값이 다를 수 있기 때문입니다. 따라서 실제 적외선 센서와 리모컨을 사용할 때는 수신된 16진숫값을 확인한 후 스케치 코드를 수정해야 합니다.

16진수 데이터는 10진수 숫자와 구분하기 위해 앞에 '0x' 선행자를 붙입니다.

적외선 리모컨에서 보내는 16진숫값과 적외선 리모컨

적외선 리모컨 버튼	16진숫값(시뮬레이터)	16진숫값(아두이노 보드)	적외선 리모컨
0	0xF30CBF00	0xE916FF00	
1	0xEF10BF00	0xF30CFF00	
2	0xEE11BF00	0xE718FF00	
3	0xED12BF00	0xA15EFF00	
4	0xEB14BF00	0xF708FF00	
5	0xEA15BF00	0xE31CFF00	
6	0xE916BF00	0xA55AFF00	
7	0xE718BF00	0xBD42FF00	
8	0xE619BF00	0xAD52FF00	
9	0xE51ABF00	0xB54AFF00	

19행의 delay() 함수는 적외선 리모컨의 신호를 수신하고 해석하기까지 지연 시간을 주어 신홋값을 안정되게 가져오기 위해 추가합니다. 마지막 20행에서 사용한 IrReceiver.resume() 메서드는 다음 신호를 받을 수 있도록 적외선 센서를 다시 준비시킵니다.

질문 있어요!

16진수를 사용하는 이유는 무엇이고, 16진숫값 앞에 '0x'는 무슨 의미인가요?

16진수는 0부터 9까지 숫자와 A부터 F까지 문자를 사용해 0부터 15까지의 수를 표현할 수 있습니다. A는 10, B는 11, C는 12, D는 13, E는 14, F는 15를 나타내며, 10진수 16은 자릿수가 올라가 16진수 10이 되고, 17은 16진수 11이 됩니다. 디지털 장치인 아두이노는 기본적으로 0과 1의 신호로 동작합니다. 하지만 0과 1로 모든 데이터를 표시하면 사람이 읽기 어렵기 때문에 16진수를 사용하는 것입니다. 예를 들어, 0과 1의 신호로 표시한 2진수 '0010 1100' 값은 16진수 'A2'로 표현할 수 있습니다. 이렇게 2진숫값을 16진숫값으로 변환해서 표시할 경우 값이 간단해집니다.

16진숫값 앞에는 접두사 '0x'를 사용합니다. 이는 문자와 16진수의 값을 구분하기 위한 표시입니다. 예를 들어, 10진수인 숫자 15는 16진수 'F'로 표현할 수 있는데, 영문자 'F'와 구분하기 위해 코드에서는 '0xF'라고 표현합니다.

9. 실행 결과 확인하기

시뮬레이터를 실행해 보겠습니다. 적외선 리모컨의 0번을 누르면 LED의 불빛이 켜지고, 0번이 아닌 다른 버튼을 누르면 LED의 불빛이 꺼지는 것을 볼 수 있습니다. 또한 시리얼 모니터로 적외선 리모컨에서 전송하는 16진숫값도 출력됩니다.

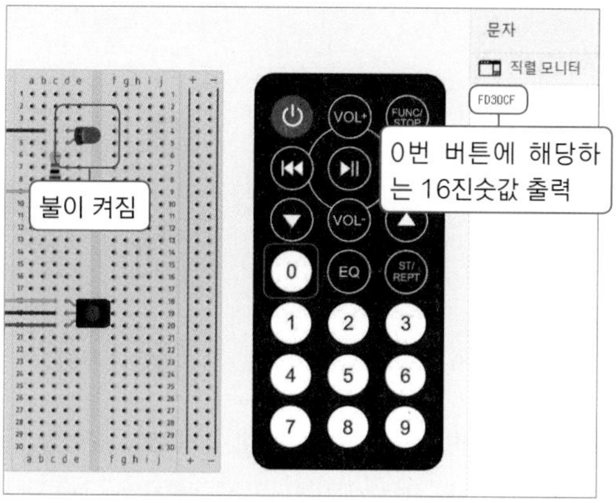

0번을 누르면 LED가 켜짐

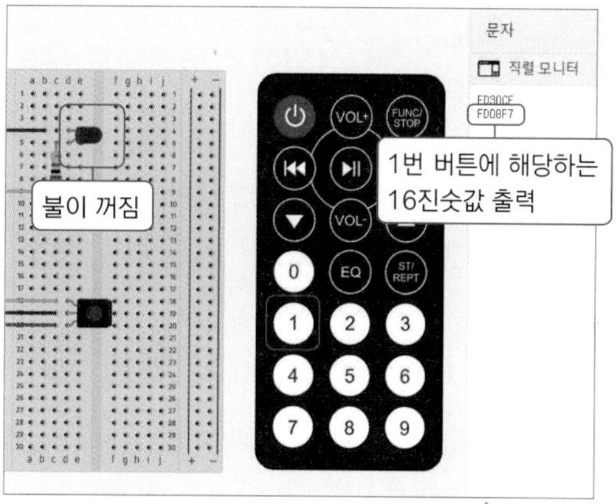

1번을 누르면 LED가 꺼짐

실제 아두이노 보드에서 적외선 센서를 사용할 때는 그림과 같이 신호와 접지(GND), 전원(VCC) 단자를 구분해 전선을 연결하고, 반드시 적외선 리모컨으로 수신한 값을 시리얼 모니터로 출력한 후 알맞은 16진숫값에 맞게 스케치 코드를 수정해야 합니다.

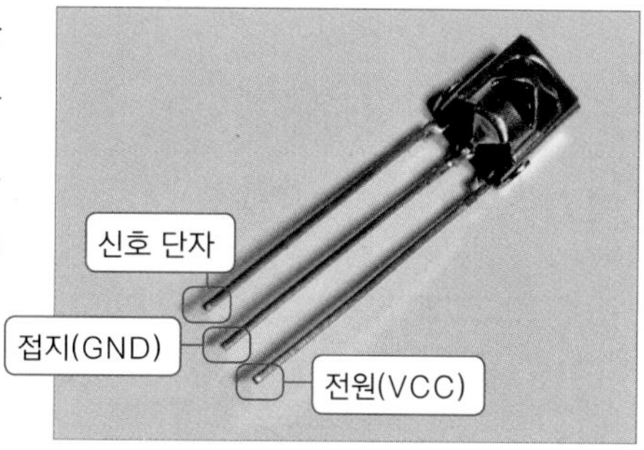

직접 볼까요!

적외선 센서와 리모컨 사용법 알아보기

적외선 센서와 리모컨의 동작 원리를 이해하고, 적외선 리모컨으로 LED를 제어하는 방법을 영상으로 보고 싶다면 다음 링크를 참고하세요

QR코드를 찍어 보세요.

https://youtu.be/TPmhxjdATOQ

13-2 적외선으로 제어하는 무드 등 만들기

Do it! 실습 13-2 적외선 리모컨으로 무드 등 제어하기

적외선 센서와 리모컨의 작동 원리를 배웠다면 이를 응용해 무선 제어를 할 수 있는 무드 등을 만들 수 있습니다. 기분이나 날씨에 따라 다양한 색상의 빛을 표현할 수 있는 무드 등 회로를 만들어 보겠습니다.

1. 회로 복제하고 수정하기

'실습 13-1(리모컨으로 LED 켜기)'의 회로를 복사합니다. 이어서 LED를 삼색 LED로 교체합니다. 삼색 LED의 R, G, B 단자는 220Ω 저항을 거쳐 아두이노의 디지털 핀에 연결합니다. 이때 PWM을 지원하는 핀에 연결해야 다양한 색상을 표현할 수 있습니다. 여기에서는 PWM을 지원하는 디지털 9번, 10번, 11번 핀을 사용합니다. 삼색 LED는 공통 음극 유형이므로 공통 단자는 접지에 연결합니다.

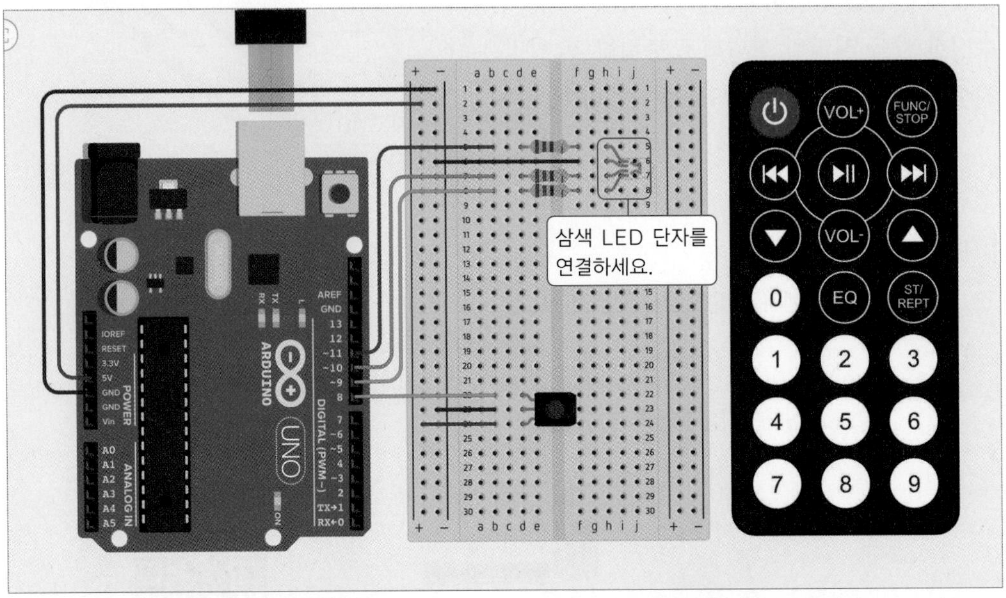

적외선 리모컨으로 무드 등을 제어하는 회로와 배선

2. 스케치 코드 수정하기 ①

이제 기존 코드를 수정해 보겠습니다. 먼저 코드 창을 열고 다음 코드를 추가합니다.

```
01 : #include <IRremote.h>
02 : #define IR_RECEIVE_PIN 8
03 : const int RED_PIN = 11;        // RED_PIN 상수를 선언
04 : const int GREEN_PIN = 9;       // GREEN_PIN 상수를 선언
05 : const int BLUE_PIN = 10;       // BLUE_PIN 상수를 선언
06 : unsigned long lastValue = 0;
07 :
```

03~05행에서는 아두이노 보드와 연결된 핀 번호를 상숫값으로 정수형 상수 세 개를 선언합니다. 이렇게 하면 RGB 색상을 제어하는 코드를 작성할 때 편리합니다. 예를 들어, 핀 번호를 그대로 사용할 경우 코드에서 11이란 숫자를 봤을 때 빨간색 단자와 연결된 11번 핀을 의미하는지 정수 11을 의미하는지 헷갈립니다. 또한 핀 번호가 변경되면 해당 핀 번호를 사용한 코드를 모두 수정해야 하는 번거로움이 생깁니다. 하지만 03행처럼 RED_PIN이란 상수에 핀 번호를 저장하고 이 상수를 사용하면 코드를 읽을 때 헷갈리지도 않으며, 핀 번호가 바뀌면 코드를 수정해 상숫값만 바꾸면 되니 편리합니다.

상수 선언

문법	사례	설명
const 자료형 상수명 = 상숫값	const int PIN = 1;	상숫값이 1인 정수형 상수 PIN을 선언합니다.

06행에서는 부호가 없는 long 변수 lastValue를 초깃값 0으로 선언합니다. lastValue 변수에는 적외선 센서가 마지막으로 받은 신홋값이 저장됩니다. 이 값은 리모컨이 반복된 신호를 보낼 때 사용합니다. 이때 unsigned는 선언하는 변수에 부호를 붙이지 않겠다는 의미이며, long은 변수의 규격을 32bit로 늘리겠다는 의미입니다.

long 변수 선언

문법	사례	설명
long 변수명 = 변숫값	long lastValue = 1	변숫값이 1인 long 변수 lastValue를 선언합니다.

3. 스케치 코드 수정하기 ②

02행에서 적외선 센서가 연결된 디지털 핀 번호를 초기화하고 12~14행을 추가해 삼색 LED 단자와 연결된 핀을 출력 모드로 설정합니다.

```
08 : void setup() {
09 :   IrReceiver.begin(IR_RECEIVE_PIN, ENABLE_LED_FEEDBACK);
10 :
11 :   // 삼색 LED와 연결된 핀을 출력 모드로 설정
12 :   pinMode(RED_PIN, OUTPUT);
13 :   pinMode(GREEN_PIN, OUTPUT);
14 :   pinMode(BLUE_PIN, OUTPUT);
15 :
16 :   Serial.begin(9600);
17 : }
```

4. 스케치 코드 수정하기 ③

21행의 decode() 메서드는 적외선 리모컨의 버튼을 눌러 신호가 적외선 센서에 전달되면 신호를 해석한 결과를 IrReceiver.decodedIRData.decodedRawData 속성에 저장하고, 이 값을 data 변수에 저장한 후 값에 따라 처리합니다.

```
19 : void loop() {
20 :
21 :   if (IrReceiver.decode()) {
22 :     Serial.println(IrReceiver.decodedIRData.decodedRawData, HEX);
23 :     unsigned long data = IrReceiver.decodedIRData.decodedRawData;
24 :
25 :     if (data == 0) {
26 :       data = lastValue;
27 :     }
28 :
29 :     if (data == 0xEF10BF00)          // 리모컨의 숫자 1 버튼 누름
30 :       printRGB(255, 105, 180);       // 삼색 LED에 분홍색 불빛 켜기
31 :     else if (data == 0xEE11BF00)     // 리모컨의 숫자 2 버튼 누름
32 :       printRGB(0, 255, 255);         // 삼색 LED에 하늘색 불빛 켜기
33 :     else if (data == 0xED12BF00)     // 리모컨의 숫자 3 버튼 누름
34 :       printRGB(0, 255, 0);           // 삼색 LED에 초록색 불빛 켜기
35 :     else
```

```
36 :       printRGB(0, 0, 0);              // 기타 다른 버튼을 누르면 삼색 LED 끔
37 :
38 :     delay(30);
39 :     lastValue = data;                 // 마지막 신홋값을 lastValue에 저장
40 :     IrReceiver.resume();
41 :   }
42 : }
```

25~36행까지는 16진수 신홋값에 따라 삼색 LED를 제어하는 코드입니다. 적외선 리모컨의 버튼을 누르다 보면 일반적인 신홋값이 아닌 0의 값이 출력되는 것을 확인할 수 있습니다. 이러한 값이 올 때 정상적으로 수신한 마지막 값을 처리하기 위해 25~27행에서 lastValue 변수에 저장된 값을 가져옵니다.

29~36행까지는 적외선 리모컨의 1, 2, 3번 버튼을 눌렀을 때 작동하는 코드입니다. RGB 색상 코드값을 printRGB() 함수에 전달해 삼색 LED의 색상을 변경합니다. printRGB() 함수에 10진수 R, G, B 색상 코드값을 매개변수로 전달하면 해당하는 색상의 불빛이 삼색 LED에 들어옵니다.

39행은 적외선 센서에서 해석한 값인 data를 lastValue 변수에 저장합니다. 그러면 추후에 엉뚱한 값이 수신되더라도 정상적인 상태의 값으로 치환해 처리할 수 있습니다.

5. 스케치 코드 수정하기 ④

마지막으로 45~48행에서 printRGB() 함수를 정의합니다. printRGB() 함수는 RGB 색상 코드값을 매개변수로 입력받은 다음, 그 값을 analogWrite() 함수를 통해 삼색 LED와 연결된 핀으로 출력합니다. 삼색 LED는 입력받은 RGB 색상 코드에 해당하는 빛을 냅니다.

```
44 : void printRGB(int red, int green, int blue) {
45 :   analogWrite(RED_PIN, red);
46 :   analogWrite(GREEN_PIN, green);
47 :   analogWrite(BLUE_PIN, blue);
48 : }
```

질문 있어요!

RGB 색상 코드는 어떻게 알 수 있나요?

RGB 색상 코드는 인터넷에서 'RGB 색상 코드'로 검색하면 쉽게 찾을 수 있습니다. 원하는 색의 색상 코드를 찾아 스케치 코드를 수정하면 삼색 LED에 다른 색의 불빛을 밝힐 수 있습니다.

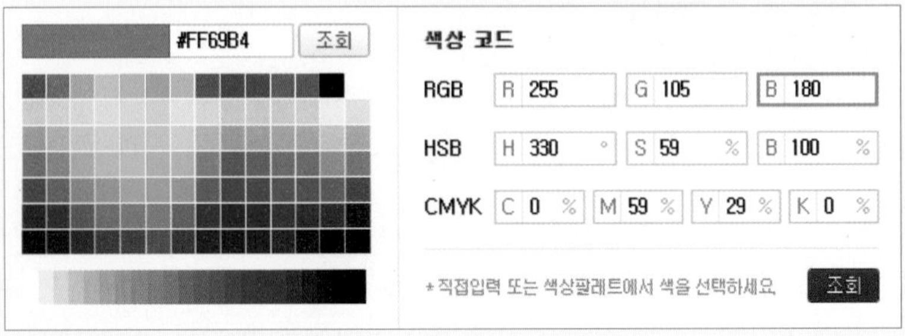

RGB 색상 코드값 가져오기(출처: 네이버 색상 팔레트)

6. 실행 결과 확인하기

시뮬레이터를 실행해 보겠습니다. 적외선 리모컨의 1번 버튼을 클릭하면 삼색 LED에 분홍색 불빛이 출력되고, 2번 버튼을 클릭하면 하늘색 불빛이 출력되며, 3번 버튼을 클릭하면 초록색 불빛이 출력되는 것을 확인할 수 있습니다. 그리고 다른 버튼이 눌리면 삼색 LED의 불빛이 꺼지는 것을 볼 수 있습니다. 실제 삼색 LED에 불빛이 투영되는 덮개만 씌우면 분위기에 따라 다양한 색상을 표현할 수 있는 무드 등을 완성할 수 있겠지요?

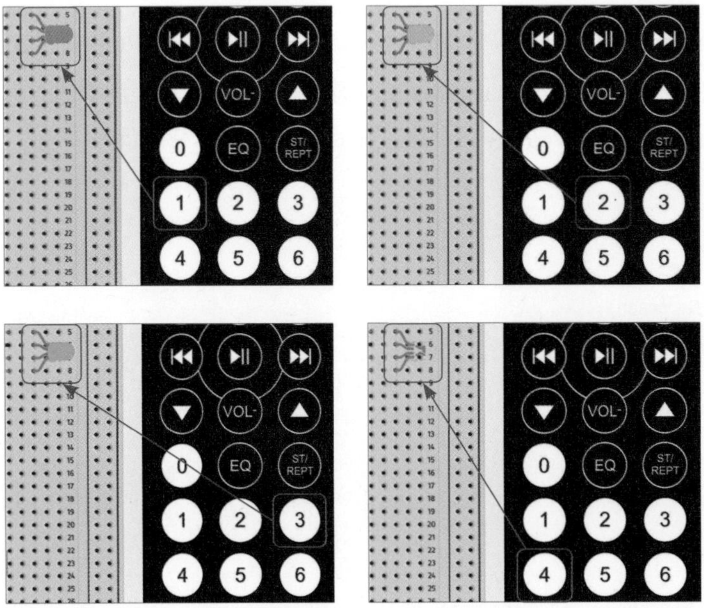

적외선 리모컨으로 삼색 LED를 제어한 결과

실제 아두이노 보드에 적외선 센서와 삼색 LED를 연결하고, 적외선 리모컨으로 제어할 때는 시리얼 모니터를 통해 어떤 값이 출력되는지 먼저 확인하세요. 그리고 수신된 값에 따라 삼색 LED의 불빛이 달라지도록 스케치 코드를 수정합니다.

직접 볼까요!

적외선으로 제어하는 무드 등 만들기

삼색 LED와 적외선 센서 및 리모컨으로 무드 등 만드는 방법을 영상으로 보고 싶다면 다음 링크를 참고하세요.

QR코드를 찍어 보세요.

https://youtu.be/juWHq4iKF2w

도전! 적외선 리모컨으로 LED의 밝기를 제어해 봐요!

난이도: ★★☆

다음 그림을 참고해 회로를 구성하고 목표대로 작동하도록 스케치 코드를 작성해 보자.

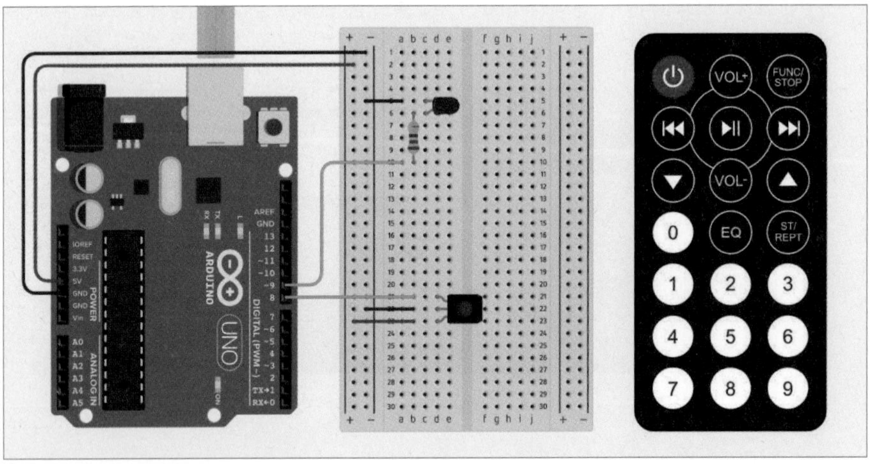

적외선 리모컨으로 LED의 밝기 제어하기

목표

적외선 리모컨으로 LED의 밝기를 조절한다. 1번을 누르면 밝기가 점점 어두워지고, 2번을 누르면 점점 밝아진다.

구성 요소

아두이노 보드, 브레드보드, 적외선 센서, 적외선 리모컨, 저항, LED

힌트

① 밝기를 제어하는 변수 brightness를 만든다.

② 증감 연산자(+=, -=)를 통해 밝기를 제어하는 변숫값을 조절한다.

14

모터 드라이버로 자동차 엔진 만들기

09장에서 아두이노 시뮬레이터 DC 모터를 다뤄 보았습니다. 하지만 실제 아두이노 보드에서는 회로를 정상적으로 구성해도 전류의 세기가 부족해 DC 모터가 작동하지 않을 수 있습니다. 일반적으로 아두이노의 디지털 출력 핀에서 공급하는 전류의 세기는 40mA이지만 특정 DC 모터는 40mA보다 큰 전류를 요구합니다. 이 문제를 해결하기 위해 모터 드라이버가 필요합니다. 모터 드라이버를 사용하면 아두이노에서 제공할 수 있는 세기보다 더 큰 전류가 필요한 DC 모터도 움직일 수 있습니다.

학습 목표

- 모터 드라이버의 작동 원리를 알아본다
- 모터 드라이버로 DC 모터 여러 개를 제어한다

14-1 **모터 드라이버 사용법 알아보기**

14-2 **이륜 자동차 엔진 만들기**

도전 **곡선을 그리는 무선 조종 자동차를 만들어 봐요!**

14-1 모터 드라이버 사용법 알아보기

모터 드라이버란?

모터 드라이버(motor driver)는 아두이노의 자체 전원으로 모터를 제어하기 어려울 때 사용하는 장치입니다. 아두이노의 입력 전원을 증폭시켜 높은 출력의 전원을 만들 수 있습니다. 모터 드라이버의 종류는 다양한데 아두이노 시뮬레이터에서는 가장 기본형인 L293D라는 모터 드라이버를 제공합니다.

그림 14-1 L293D 모터 드라이버
(출처: https://commons.wikimedia.org/wiki/File:L293D_Motor_Driver.jpg)

모터 드라이버의 작동 원리

L293D 모터 드라이버는 16개의 핀으로 구성됩니다. 핀 번호는 왼쪽 아래부터 1번으로 시작해 16번까지 시계 반대 방향으로 1씩 증가합니다. 핀의 역할은 다음 그림과 함께 자세히 알아보겠습니다.

그림 14-2 L293D 모터 드라이버의 구조

- ❶, ❾: 활성화 핀입니다. 다른 제어 신호에 상관없이 모터를 제어할 때 사용합니다. 예를 들어, 1번 핀에 HIGH 신호를 주면 1번 핀과 같은 편에 있는 입력 1번, 2번 핀이 전부 활성화되고, LOW 신호를 주면 전부 비활성화됩니다.
- ❷, ❼, ❿, ⓯: 순서대로 입력 1, 2, 3, 4번 핀입니다. 아두이노 보드에 연결해 제어 신호를 전달받는 데 사용합니다. 붙어 있는 출력 핀과 쌍을 이룹니다.
- ❸, ❻, ⓫, ⓮: 순서대로 출력 1, 2, 3, 4번 핀입니다. DC 모터에 연결해 방향과 속도를 제어하는 데 사용합니다. 붙어 있는 입력 핀과 쌍을 이룹니다.

- ⑧, ⑯: 전원 핀입니다. ⑯(Vcc1)은 내부 로직 변환에 사용되는 핀이며, ⑧(Vcc2)는 모터 드라이버 자체에 전원을 공급하기 위한 핀입니다.
- ④, ⑤, ⑫, ⑬: 접지(GND) 핀입니다.

Do it! 실습 14-1 모터 드라이버로 DC 모터의 방향 제어하기

푸시 버튼이 눌리지 않을 때는 DC 모터가 정방향으로 회전하고, 푸시 버튼이 눌리는 동안에는 DC 모터가 역방향으로 회전하도록 제어하는 회로를 만들어 보겠습니다.

1. 새 회로 만들기

팅커캐드에서 새로운 회로를 만들고 모터 드라이버를 불러옵니다. 도구 창에서 '드라이버'로 검색하면 모터 드라이버를 찾을 수 있습니다.

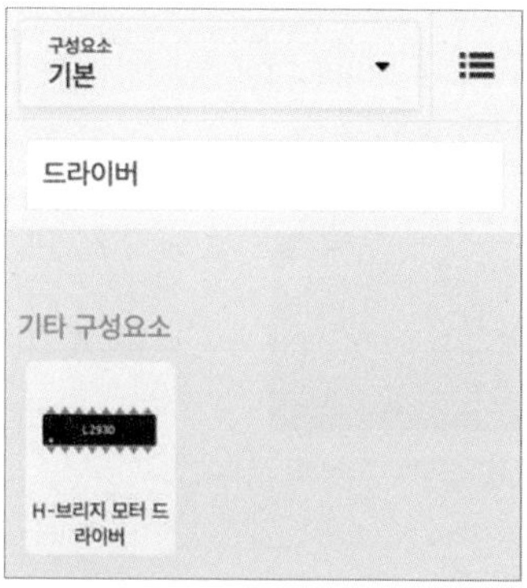

검색으로 모터 드라이버 찾기

2. 회로 구성 ①: 구성 요소 배치하기

아두이노 보드, 브레드보드, 푸시 버튼, 저항(10kΩ), 모터 드라이버를 다음 그림처럼 배치합니다. 그리고 아두이노 보드와 브레드보드의 전원과 접지를 연결하고, 브레드보드와 모터 드라이브의 전원과 접지를 연결합니다. 모터 드라이버의 전원은 8번과 16번 핀이며, 접지는 4번, 5번, 12번, 13번 핀입니다. 이렇게 연결할 단자가 많을 때는 전원과 접지를 먼저 연결해 놓으면 배선을 더 꼼꼼하게 할 수 있습니다.

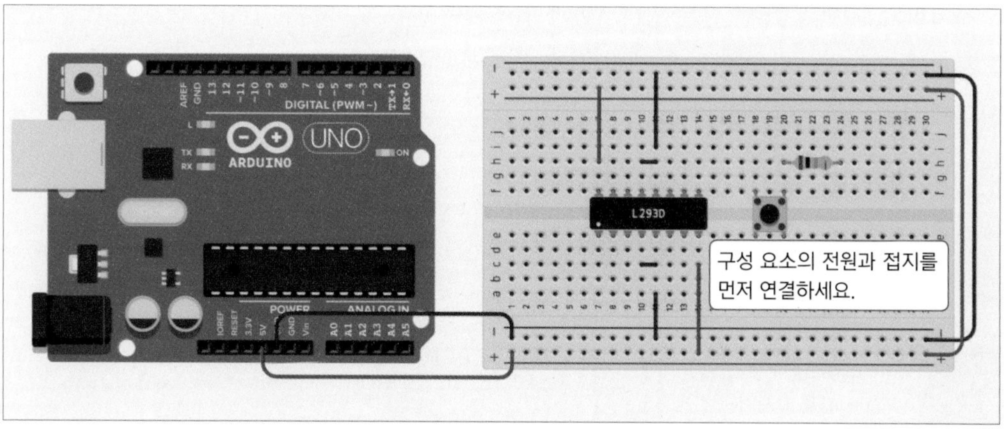

모터 드라이버, 푸시 버튼, 저항 단자 배선

3. 회로 구성 ②: DC 모터 연결하기

도구 창에서 DC 모터를 가져와 모터 드라이버에 연결하겠습니다. DC 모터는 기본 구성 요소에 들어 있습니다. DC 모터의 빨간색 단자는 모터 드라이버의 11번 핀과 연결하고, 검은색 단자는 모터 드라이버의 14번 핀과 연결합니다. 모터 드라이버의 11번과 14번 핀은 출력 3번과 출력 4번 핀으로 DC 모터에 전력 공급을 담당합니다.

전원, 접지와 헷갈리지 않기 위해 다른 색 전선을 사용해 연결했습니다.

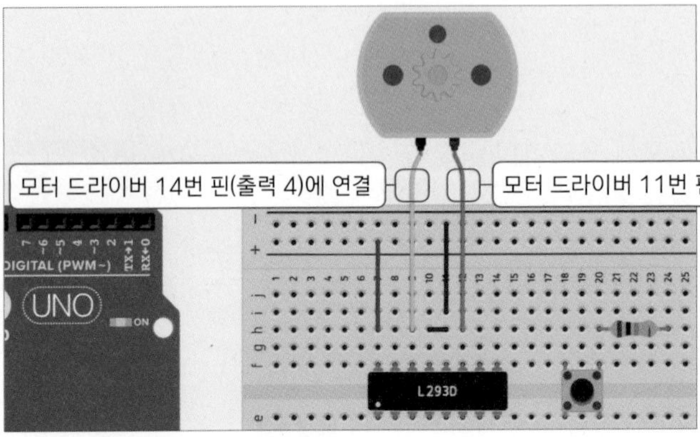

DC 모터와 모터 드라이버 연결

4. 회로 구성 ③: 모터 드라이버 입력 단자 배선하기

아두이노 보드의 디지털 5번 핀을 모터 드라이버의 10번 핀에 연결하고, 아두이노 보드의 디지털 6번 핀을 모터 드라이버의 15번 핀에 연결합니다. 아두이노 보드의 5번과 6번 핀은 모두 PWM을 지원하는 디지털 핀으로 DC 모터의 방향은 물론 속력까지 제어할 수 있습니다. 모터 드라이버의 10번과 15번 핀은 입력 3번과 입력 4번 핀으로 아두이노로부터 입력받은 제어 신호에 따라 DC 모터에 보낼 출력을 결정합니다.

PWM이 기억나지 않는다면 09장을 참고하세요.

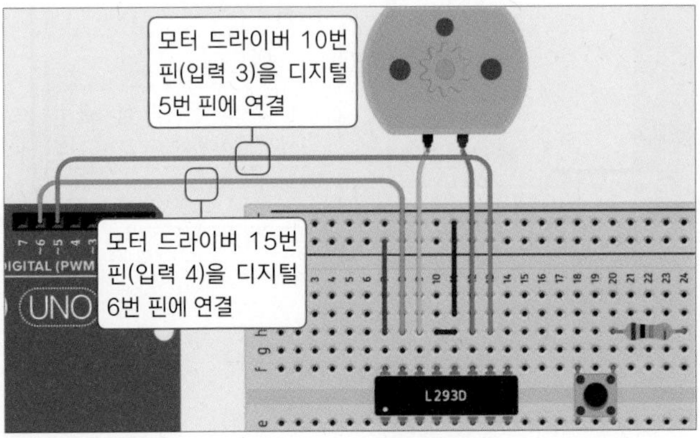

모터 드라이버 입력 단자와 아두이노 연결

5. 회로 구성 ④: 활성화 핀과 푸시 버튼 배선하기

DC 모터를 연결한 쪽인 모터 드라이버의 활성화 핀 9번은 브레드보드의 전원에 연결해 활성화합니다. 활성화 핀 1번 쪽은 DC 모터를 연결하지 않았으므로 접지에 연결해 비활성화합니다. 마지막으로 푸시 버튼은 10kΩ의 풀다운 저항을 연결하고, 아두이노에 입력 신호를 주기 위해 디지털 4번 핀에 연결합니다.

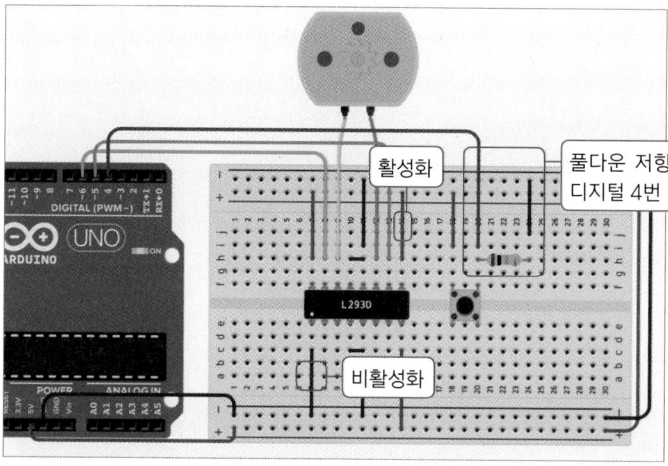

모터 드라이버로 DC 모터의 방향을 제어하는 전체 회로와 배선

6. 스케치 코드 작성하기

다음과 같이 코드를 입력합니다. 스케치 코드는 모터 제어를 위한 디지털 핀 번호 정의 부분, 디지털 핀의 출력 모드 설정 부분, 그리고 푸시 버튼의 입력 여부에 따라 모터의 방향을 제어하는 부분으로 구성됩니다.

```
const int MOTOR_PIN_A = 5;     // DC 모터의 빨간색 단자
const int MOTOR_PIN_B = 6;     // DC 모터의 검은색 단자

void setup() {

  // DC 모터와 연결된 디지털 핀을 출력 모드로 설정
  pinMode(MOTOR_PIN_A, OUTPUT);
  pinMode(MOTOR_PIN_B, OUTPUT);
}

void loop() {

  // 푸시 버튼의 입력값을 readValue 변수에 저장
```

```
14 :   int readValue = digitalRead(4);
15 :
16 :   // 푸시 버튼의 눌림에 따라 DC 모터의 방향 제어
17 :   if(readValue == LOW) {
18 :     analogWrite(MOTOR_PIN_A, 255);
19 :     analogWrite(MOTOR_PIN_B, 0);
20 :   }
21 :   else {
22 :     analogWrite(MOTOR_PIN_A, 0);
23 :     analogWrite(MOTOR_PIN_B, 255);
24 :   }
25 : }
26 :
```

7. 스케치 코드 읽기

01~02행에서는 편하게 코딩하기 위해 아두이노 보드의 디지털 핀 번호에 해당하는 숫자를 상수에 저장합니다. 07~08행은 아두이노 보드의 디지털 핀을 출력 모드로 설정한 것입니다. 14행에서는 푸시 버튼의 입력값을 아두이노의 디지털 4번 핀으로 읽어 그 값을 readValue 변수에 저장합니다.

17~24행까지는 readValue 변수의 값에 따라 DC 모터의 방향과 속도를 제어하는 내용입니다. readValue값이 LOW일 때는 푸시 버튼이 눌리지 않은 상태입니다. 이때 analogWrite() 함수는 DC 모터의 빨간색 단자에 255, 검은색 단자에 0을 출력값으로 써서 DC 모터를 정방향으로 회전시킵니다.

푸시 버튼을 누르면 readValue값이 HIGH로 바뀝니다. 이때는 analogWrite() 함수로 DC 모터의 빨간색 단자에 0, 검은색 단자에 255를 출력값으로 써서 DC 모터를 역방향으로 회전시킵니다.

8. 실행 결과 확인하기

시뮬레이터를 실행해 보겠습니다. DC 모터가 정방향으로 회전할 때 RPM(분당 회전수)은 양의 정수로 표시되고, 역방향으로 회전할 때 RPM은 음의 정수로 표시됩니다.

analogWrite() 함수에 쓴 값을 수정하면 DC 모터가 회전하는 속도를 변경할 수 있습니다. 예를 들어, analogWrite() 함수를 쓸 때 255보다 작은 값을 입력하면 RPM으로 표시되는 수치가 낮아집니다.

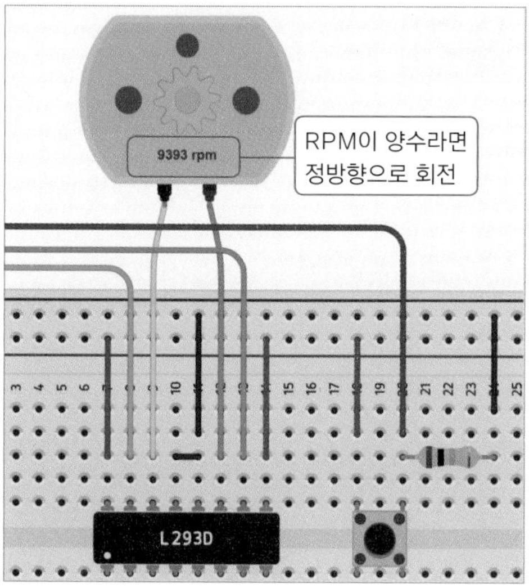

푸시 버튼을 누르지 않을 때

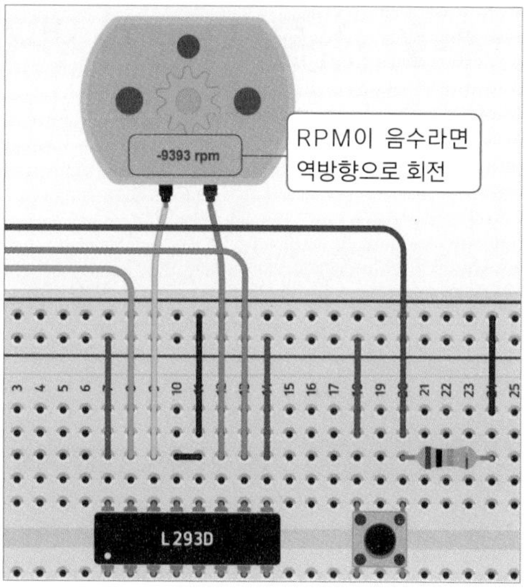

푸시 버튼을 누를 때

실제 아두이노와 모터 드라이버를 연결하고, DC 모터를 제어해 봅시다. 모터의 회전축에 투명 테이프를 붙이면 모터가 얼마나 빠르게 회전하는지 더 쉽게 확인할 수 있습니다.

직접 볼까요!

모터 드라이버 사용법 알아보기

모터 드라이버의 개념 및 동작 원리를 이해하고, 모터 드라이버와 푸시 버튼으로 모터 제어하는 방법을 영상으로 보고 싶다면 다음 링크를 참고하세요.

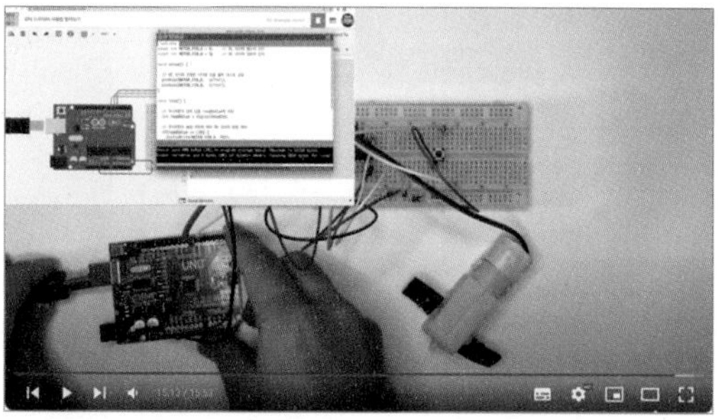

QR코드를 찍어 보세요.

https://youtu.be/hxwf3Arn0XU

14-2 이륜 자동차 엔진 만들기

간단한 실습을 통해 모터 드라이버로 DC 모터를 제어하는 방법을 알아봤습니다. 이번에는 모터 드라이버의 모든 핀을 사용해 보겠습니다.

Do it! 실습 14-2 이륜 자동차 엔진 회로 만들기

모터 드라이버와 두 개의 DC 모터를 사용해 이륜으로 구동하는 자동차를 만들 수 있습니다. 적외선 리모컨과 센서를 추가해 무선으로 움직이는 이륜 자동차의 엔진 회로를 만들어 보겠습니다.

1. 회로 복제하고 수정하기

'실습 14-1(모터 드라이버로 DC 모터의 방향 제어하기)'의 회로를 복사합니다. 기존의 푸시 버튼과 저항을 삭제하고 DC 모터 한 개와 적외선 센서, 리모컨을 추가해 다음과 같이 회로를 구성합니다. 도구 창에서 '적외선' 또는 'remote'를 검색하면 적외선 센서와 리모컨을 찾을 수 있습니다.

아두이노 시뮬레이터의 번역이 완벽하지 않아 검색되지 않을 수 있습니다. 이럴 때는 모든 구성 요소에서 찾아보세요.

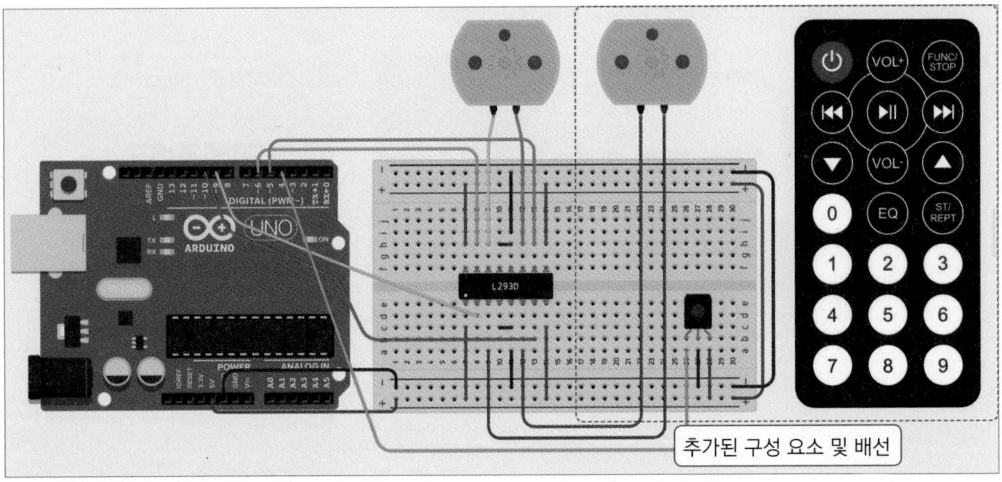

무선 조종 이륜 자동차를 만드는 회로와 배선

먼저 적외선 센서의 전원과 접지를 연결하고, 출력은 아두이노의 디지털 4번 핀에 연결합니다. 추가된 DC 모터의 빨간색 단자는 모터 드라이버의 3번 핀(출력 1)에 연결하고, 검은색 단자는 모터 드라이버의 6번 핀(출력 2)에 연결합니다.

아두이노에서 제어 신호를 전달받기 위해 2번 핀(입력 1)은 아두이노의 9번 핀에, 7번 핀(입력 2)은 아두이노의 10번 핀에 연결합니다. 아두이노의 9번과 10번 핀은 모두 PWM을 지원하는 디지털 핀이므로 모터의 속도를 제어할 수 있습니다.
마지막으로 모터 드라이버의 1번 핀을 브레드보드 전원과 연결해 모터 드라이버의 2~8번 핀 영역을 활성화합니다.

2. 스케치 코드 수정하기 ①

적외선 센서와 리모컨을 사용하기 위해 스케치 코드의 01행에 IRremote.h 라이브러리를 추가합니다. 03~09행에서는 새로 추가한 DC 모터와 모터 드라이버를 통해 연결된 아두이노의 디지털 핀 번호와 적외선 센서가 연결된 디지털 핀 번호를 상수로 선언합니다.

```
01 : #include <IRremote.h>
02 :
03 : const int IR_RECEIVE_PIN = 4;      // 적외선 센서의 신호 단자
04 : const int MOTOR_PIN_A = 5;         // 왼쪽 DC 모터의 빨간색 단자
05 : const int MOTOR_PIN_B = 6;         // 왼쪽 DC 모터의 검은색 단자
06 : const int MOTOR_PIN_C = 9;         // 오른쪽 DC 모터의 빨간색 단자
07 : const int MOTOR_PIN_D = 10;        // 오른쪽 DC 모터의 검은색 단자
08 : const int REMOTE_PIN = 4;          // 적외선 리모컨 제어 단자
09 : unsigned long lastValue = 0;       // 적외선 수신 오류 제어 변수
10 :
11 : void setup() {
12 :
13 :   // 적외선 센서 활성화
14 :   IrReceiver.begin(IR_RECEIVE_PIN, ENABLE_LED_FEEDBACK);
15 :
16 :   // DC 모터와 연결된 디지털 핀을 출력 모드로 설정
17 :   pinMode(MOTOR_PIN_A,  OUTPUT);
18 :   pinMode(MOTOR_PIN_B,  OUTPUT);
19 :   pinMode(MOTOR_PIN_C,  OUTPUT);
20 :   pinMode(MOTOR_PIN_D,  OUTPUT);
21 :
22 :   Serial.begin(9600);
23 : }
```

setup() 함수에서는 적외선 통신 모듈을 활성화하고 아두이노의 디지털 핀의 모드를 결정합니다. 14행에서는 적외선 센서가 적외선 리모컨으로부터 신호를 받기 위한 준비를 하고, 17~20행에서는 모터 드라이버에 연결된 제어선을 출력 모드로 변경합니다. 출력 모드로 변경해야 모터 드라이버를 통해 DC 모터를 제어할 수 있습니다.

3. 스케치 코드 수정하기 ②

loop() 함수에서는 적외선 리모컨에서 보낸 신호에 따라 DC 모터가 전진, 후진, 좌회전, 우회전을 할 수 있도록 코드를 작성합니다. 37~46행은 if-else 조건문을 사용해 사용자 정의 함수를 호출하는 부분입니다. 적외선 리모컨에서 2번 버튼을 누르면 전진, 8번 버튼을 누르면 후진, 4번 버튼을 누르면 좌회전, 6번 버튼을 누르면 우회전하고, 이밖에 다른 버튼을 누르면 두 DC 모터가 멈춥니다. 마지막으로 50행의 IrReceiver.resume() 메서드를 통해 적외선 리모컨으로 다음 신호를 받을 수 있도록 준비합니다.

적외선 리모컨의 버튼을 누를 때 수신되는 신호는 다음 표를 참고해 작성합니다.

적외선 리모컨 버튼	16진숫값(시뮬레이터)	16진숫값(아두이노 보드)
0	0xF30CBF00	0xE916FF00
1	0xEF10BF00	0xF30CFF00
2	0xEE11BF00	0xE718FF00
3	0xED12BF00	0xA15EFF00
4	0xEB14BF00	0xF708FF00
5	0xEA15BF00	0xE31CFF00
6	0xE916BF00	0xA55AFF00
7	0xE718BF00	0xBD42FF00
8	0xE619BF00	0xAD52FF00
9	0xE51ABF00	0xB54AFF00

```
25 : void loop() {
26 :
27 :   if (IrReceiver.decode()) {      // 적외선 신호를 해석
28 :     Serial.println(IrReceiver.decodedIRData.decodedRawData, HEX);
29 :     unsigned long data = IrReceiver.decodedIRData.decodedRawData;
30 :
31 :     // 적외선 수신 오류값 제어
```

```
32 :     if (data == 0) {
33 :       data = lastValue;
34 :     }
35 :
36 :     // 적외선 신호값에 따라 모터 제어
37 :     if (data == 0xEE11BF00)        // 2번 버튼을 눌러 전진
38 :       moveForward();
39 :     else if (data == 0xE619BF00)  // 8번 버튼을 눌러 후진
40 :       moveBackward();
41 :     else if (data == 0xEB14BF00)  // 4번 버튼을 눌러 좌회전
42 :       turnLeft();
43 :     else if (data == 0xE916BF00)  // 6번 버튼을 눌러 우회전
44 :       turnRight();
45 :     else                          // 기타 버튼을 눌러 멈춤
46 :       stopMoving();
47 :
48 :     delay(30);
49 :     lastValue = data;             // 정상적으로 수신된 값 저장
50 :     IrReceiver.resume();          // 다음 신호를 받기 위해 초기화
51 :   }
52 : }
```

4. 스케치 코드 수정하기 ③

마지막으로 DC 모터를 움직일 때 사용하는 함수를 정의합니다. 54~87행은 전진, 후진, 좌회전, 우회전 그리고 정지를 나타내는 총 다섯 개의 사용자 정의 함수입니다.

```
54 : void moveForward() {
55 :   analogWrite(MOTOR_PIN_A, 0);       // 왼쪽 DC 모터를 역방향으로 회전
56 :   analogWrite(MOTOR_PIN_B, 255);
57 :   analogWrite(MOTOR_PIN_C, 255);     // 오른쪽 DC 모터를 정방향으로 회전
58 :   analogWrite(MOTOR_PIN_D, 0);
59 : }
60 :
61 : void moveBackward() {
62 :   analogWrite(MOTOR_PIN_A, 255);     // 왼쪽 DC 모터를 정방향으로 회전
63 :   analogWrite(MOTOR_PIN_B, 0);
64 :   analogWrite(MOTOR_PIN_C, 0);       // 오른쪽 DC 모터를 역방향으로 회전
```

```
  analogWrite(MOTOR_PIN_D, 255);
}

void turnLeft() {
  analogWrite(MOTOR_PIN_A, 255);      // 왼쪽 DC 모터를 정방향으로 회전
  analogWrite(MOTOR_PIN_B, 0);
  analogWrite(MOTOR_PIN_C, 255);      // 오른쪽 DC 모터를 정방향으로 회전
  analogWrite(MOTOR_PIN_D, 0);
}

void turnRight() {
  analogWrite(MOTOR_PIN_A, 0);        // 왼쪽 DC 모터를 역방향으로 회전
  analogWrite(MOTOR_PIN_B, 255);
  analogWrite(MOTOR_PIN_C, 0);        // 오른쪽 DC 모터를 역방향으로 회전
  analogWrite(MOTOR_PIN_D, 255);
}

void stopMoving() {
  analogWrite(MOTOR_PIN_A, 0);        // 모든 DC 모터의 속도를 0으로 설정
  analogWrite(MOTOR_PIN_B, 0);
  analogWrite(MOTOR_PIN_C, 0);
  analogWrite(MOTOR_PIN_D, 0);
}
```

이 함수를 읽으려면 자동차를 움직이는 원리를 먼저 이해해야 합니다. 자동차가 움직일 때 바퀴의 회전 방향을 생각해 보겠습니다. 자동차가 앞으로 이동하려면 왼쪽 바퀴는 시계 반대 방향으로 회전하고, 오른쪽 바퀴는 시계 방향으로 회전해야 합니다.

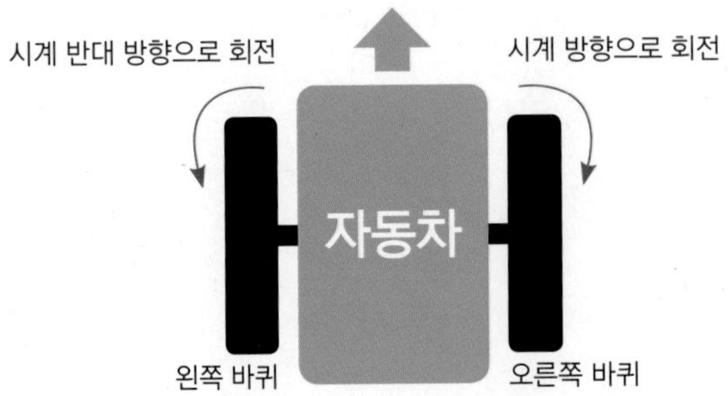

마찬가지로 DC 모터도 왼쪽과 오른쪽 모터의 회전 방향을 맞춰야 원하는 대로 자동차를 움직일 수 있습니다. DC 모터는 빨간색 단자에 전원을 연결하고 검은색 단자에 접지를 연결하면 정방향인 시계 방향으로 회전합니다. 반대로 연결하면 역방향으로 회전합니다.
하지만 자동차의 진행 방향을 바꿀 때마다 단자를 새롭게 연결할 수는 없겠지요? 모터 드라이버를 사용하면 아두이노의 디지털 핀으로 모터 드라이버에 제어 신호를 보내 DC 모터 단자 사이에 전압차를 조절할 수 있습니다. 이러면 회로를 물리적으로 다시 구성하지 않더라도 이륜 자동차의 방향 제어를 할 수 있습니다.
원리를 이해했다면 moveForward() 함수를 살펴보겠습니다. 자동차를 앞으로 이동시키려면 왼쪽 DC 모터를 역방향으로 회전시키고, 오른쪽 DC 모터를 정방향으로 회전시키면 됩니다. 뒤, 왼쪽, 오른쪽으로 가는 것도 같은 원리이며 방향에 맞게 코드를 수정하면 됩니다.
마지막으로 정지 함수인 82~87행의 stopMoving() 함수에서는 모터가 회전하는 속도를 모두 0으로 설정해 자동차를 멈출 수 있습니다.

5. 실행 결과 확인하기

시뮬레이터를 실행한 다음 모터를 이륜 자동차에 설치했다고 생각해 보겠습니다. 적외선 리모컨의 2번 버튼을 클릭하면 movingForward() 함수를 실행해 이륜 자동차가 앞으로 이동합니다. 8번 버튼을 클릭하면 movingBackward() 함수가 실행되어 이륜 자동차가 뒤로 이동합니다.

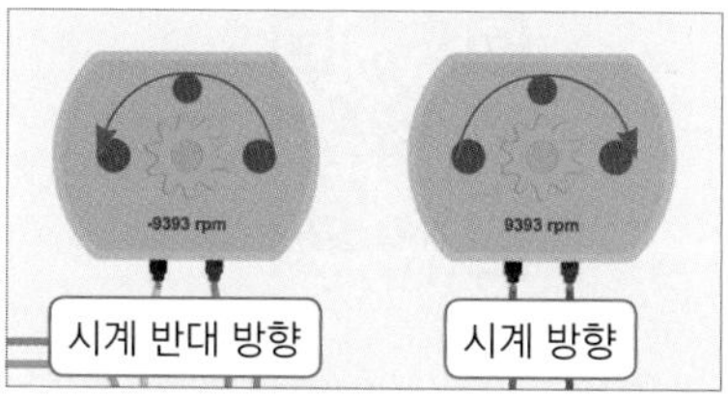

2번 버튼을 눌러 전진

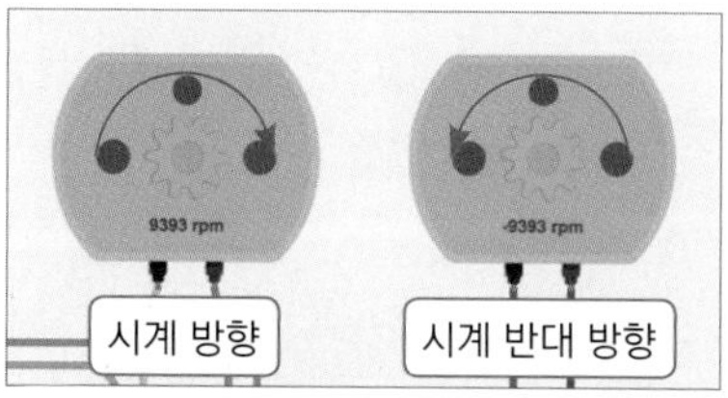

8번 버튼을 눌러 후진

4번과 6번 버튼을 클릭하면 각각 movingLeft()와 movingRight() 함수가 실행되어 제자리에서 왼쪽과 오른쪽으로 회전합니다.

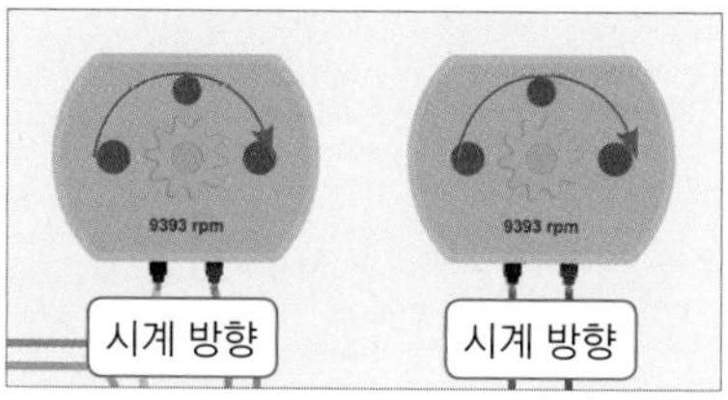

4번 버튼을 눌러 좌회전

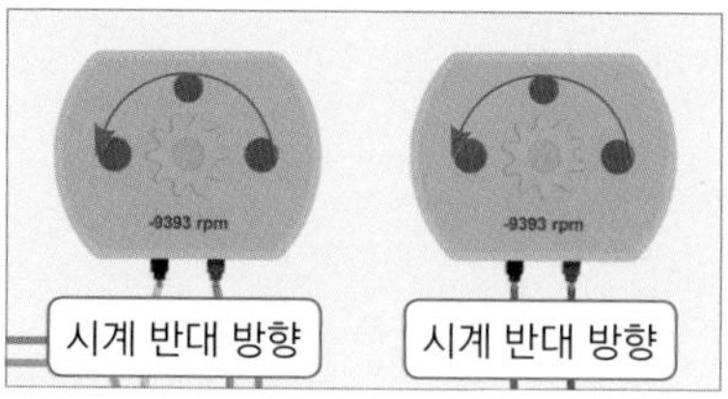

6번 버튼을 눌러 우회전

마지막으로 2번, 4번, 6번, 8번을 제외한 다른 버튼을 누르면 stopMoving() 함수가 호출되어 두 DC 모터가 모두 멈춰 이륜 자동차가 정지합니다.

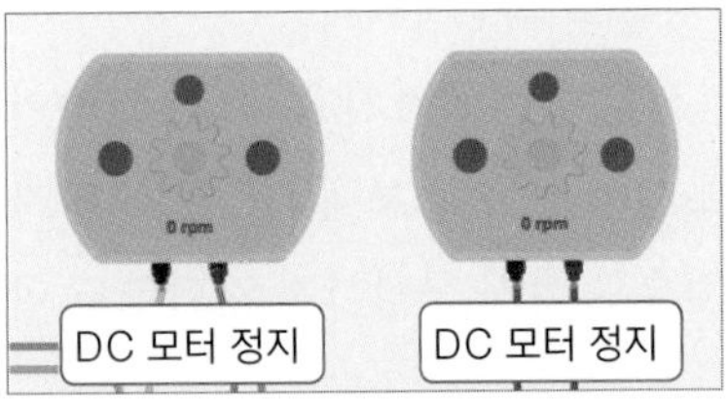

2, 4, 6, 8번이 아닌 버튼을 눌러 정지

실제 아두이노 보드에도 DC 모터 두 개를 연결해 테스트해 봅시다. 모터를 연결할 때 두 모터가 양방향에서 수평이 될 수 있도록 고정해 주는 프레임을 사용하면 전진, 후진, 좌회전, 우회전 동작을 확인해 볼 수 있습니다.

직접 볼까요!

이륜 자동차 엔진 만들기

두 개의 모터를 사용하기 위한 모터 드라이버의 동작 원리를 이해하고, 이륜 자동차가 앞뒤로 이동하는 방법을 영상으로 보고 싶다면 다음 링크를 참고하세요.

QR코드를 찍어 보세요.

https://youtu.be/iVNJy6jugAo

도전!

곡선을 그리는 무선 조종 자동차를 만들어 봐요!

난이도: ★★☆

다음 그림을 참고해 회로를 구성하고 목표대로 작동하도록 스케치 코드를 작성해 보자.

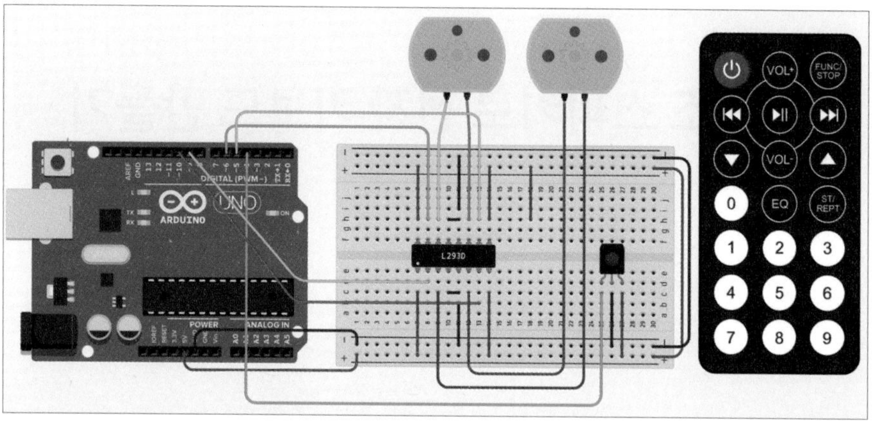

곡선을 그리며 회전하는 무선 조종 이륜 자동차 만들기

목표

이륜 자동차가 왼쪽과 오른쪽으로 곡선을 그리며 나아간다.

구성 요소

아두이노 보드, 브레드보드, DC 모터 2개, 모터 드라이버, 적외선 센서, 적외선 리모컨

힌트

① 두 바퀴의 속도를 조절한다. 예를 들어, 전진할 때 왼쪽 바퀴보다 오른쪽 바퀴가 빠르게 회전하면 자동차는 왼쪽으로 곡선을 그린다.

② 출력값을 조절하기 위해 PWM을 활용한다.

15

피에조 스피커로 전자 키보드 만들기

피에조 스피커는 전기 신호를 소리로 변환해 주는 장치입니다. 코드를 입력하면 원하는 음계를 출력할 수 있고, 푸시 버튼을 결합하면 전자 키보드도 만들 수 있습니다. 피에조 스피커로 어떻게 다양한 소리를 낼 수 있는지 알아보겠습니다.

학습 목표

- 피에조 스피커의 작동 원리를 알아본다
- 피에조 스피커로 원하는 멜로디를 연주한다
- 피에조 스피커로 전자 키보드를 만든다

15-1 피에조 스피커 기본 사용법 알아보기

피에조 스피커란?

피에조 스피커(piezo speaker)는 양극(+) 단자와 음극(-) 단자 하나씩을 가지고 있습니다. 피에조 스피커 위쪽에 '+' 기호가 표시된 위치의 단자가 양극, 반대편 단자가 음극입니다. 아두이노 시뮬레이터에서는 피에조 스피커의 단자에 마우스 커서를 올리면 양극인지 음극인지 알 수 있습니다.

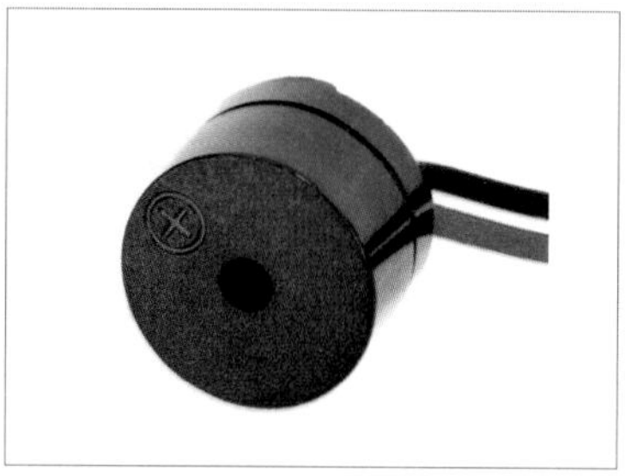

그림 15-1 피에조 스피커

피에조 스피커의 동작 원리

피에조 스피커는 압력이 가해졌을 때 전기를 발생시키는 압전 효과(piezoelectric effect)를 역으로 이용한 전자 부품입니다. 압전 효과를 일으킬 수 있는 압전 소자에 전기 신호를 주어 수축과 팽창을 반복시키면 그 진동에 따라 소리가 나는 원리입니다. 우리가 소리를 들을 수 있는 것도 진동이 공기를 통해 귀로 전달되기 때문입니다.

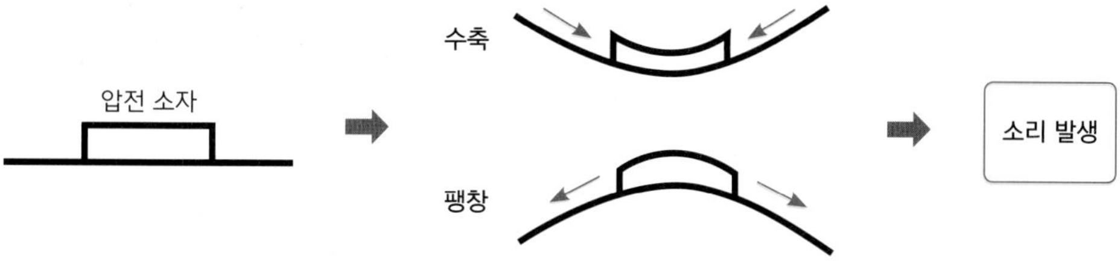

그림 15-2 피에조 스피커의 동작 원리

능동 버저와 수동 버저의 차이

피에조 스피커는 소리를 내는 전기 장치라는 의미에서 버저(buzzer)라고 합니다. 버저는 동작하는 형태에 따라 능동 버저와 수동 버저로 구분합니다. 능동 버저는 전원을 연결하면 소리를 내고, 그렇지 않으면 소리가 나지 않습니다. 반면, 수동 버저는 주파수와 소리가 출력되는 시간을 함께 입력해 높낮이가 다른 음을 낼 수 있습니다. 그럼 능동 버저와 수동 버저는 어떻게 구분할 수 있을까요? 다음 그림과 같이 몇 가지 특징으로 구분할 수 있습니다.

능동 버저와 수동 버저의 차이점

능동 버저			
수동 버저			

능동 버저는 아랫면이 검고, 수동 버저는 회로 기판과 함께 +와 −극이 표시됩니다. 능동 버저의 양극과 음극은 단자의 길이로 구분할 수 있는데, 단자의 길이가 길면 양극, 짧으면 음극입니다. 수동 버저는 양극와 음극의 단자 길이가 같아 길이만으로 구분할 수 없습니다. 따라서 보통 바닥면에 +와 −극 표시가 있는 것으로 구분할 수 있습니다.

마지막으로 버저의 상단면에 실(seal, 흰색 테이프)의 유무로 능동 버저와 수동 버저를 구분하기도 하지만 제조사에 따라 반대로 표시되는 경우도 있어 항상 구분할 수 있는 것은 아닙니다. 일반적으로 능동 버저에 실이 부착되며, 수동 버저에는 실이 없는 경우가 많습니다. 실은 소리의 크기를 제어하는 목적으로 사용됩니다. 실을 제거하면 더 큰 소리가 나서 평상시에는 실을 부착한 상태로 사용합니다.

직접 볼까요!

능동 버저와 수동 버저의 차이점 알아보기

능동 버저와 수동 버저의 외형 및 동작 차이점을 알아보고, 제어하는 방법을 영상으로 보고 싶다면 다음 링크를 참고하세요.

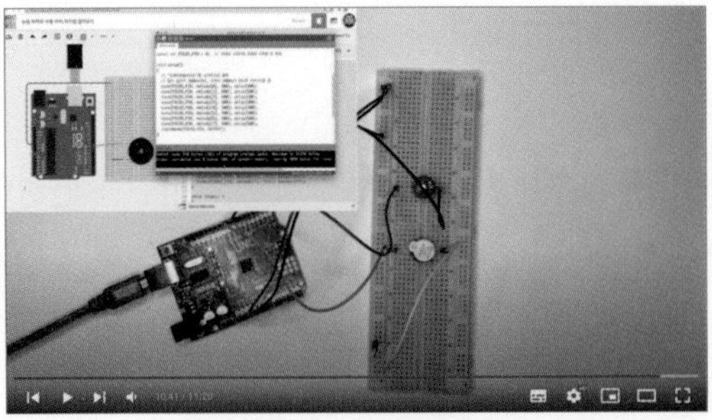

QR코드를 찍어 보세요.

https://youtu.be/F_gScVTcajw

능동 버저 사용하기

능동 버저는 수동 버저보다 사용하기가 간단합니다. 회로는 다음과 같이 연결하고, LED를 제어할 때처럼 양극(+)에 5V를 걸어 주면 소리가 나고, 그렇지 않으면 소리가 나지 않습니다.

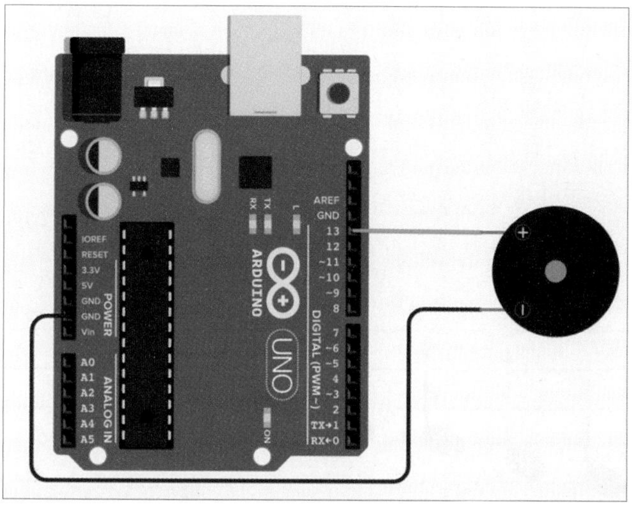

그림 15-3 능동 버저를 동작하기 위한 회로

스케치 코드는 LED를 1초 간격으로 깜빡이는 것과 동일하게 작성하고, 아두이노 보드에 업로드하면 1초 간격으로 '삐~' 소리를 냅니다.

아두이노 시뮬레이터에서는 능동 버저를 지원하지 않아 수동 버저부터 실습할 수 있습니다.

```
void setup()
{
  pinMode(13, OUTPUT);
}

void loop()
{
  digitalWrite(13, HIGH);
  delay(1000);
  digitalWrite(13, LOW);
  delay(1000);
}
```

수동 버저 사용하기

수동 버저는 다양한 음을 낼 수 있는 전자 부품입니다. 예를 들어, 피아노는 건반이 눌릴 때마다 소리를 냅니다. 건반이 눌릴 때 피아노 내부에 있는 현을 두드려 진동을 발생시키기 때문입니다. 피아노 안에는 진동이 서로 다른 여러 현이 건반마다 연결되어 있어 다양한 음을 표현할 수 있습니다.

진동수에 따른 음의 높이는 다음 그림을 통해 확인할 수 있습니다. 높은 음자리표에서 '도' 음계는 진동수가 261.63Hz(헤르츠)입니다. 1Hz가 1초에 한 번 진동하는 것을 의미하므로 '도'를 표현하려면 진동을 1초에 대략 262번 발생시켜야 한다는 것을 알 수 있습니다.

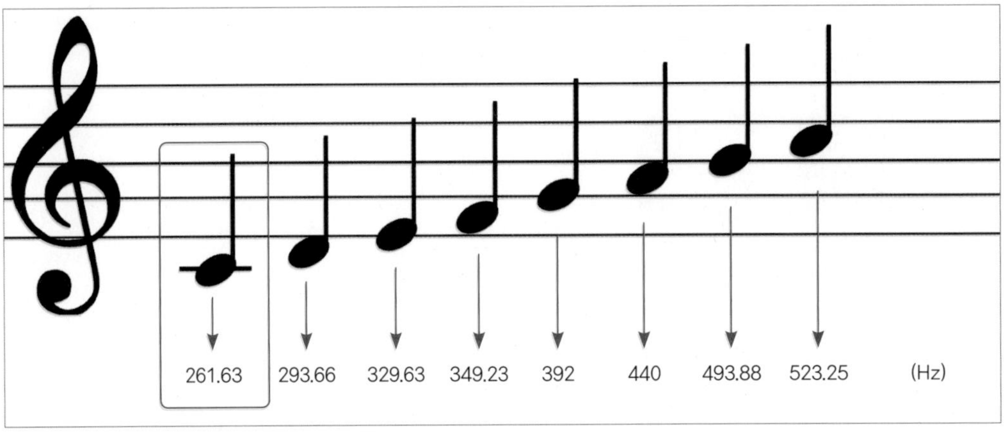

그림 15-4 음계별 주파수

Do it! 실습 15-1 피에조 스피커로 음계 표현하기

음계별 주파숫값을 사용해 피에조 스피커로 각 음계를 표현하는 회로와 코드를 만들어 보겠습니다.

1. 새 회로 만들기

새 회로를 만들고 아두이노와 브레드보드, 피에조 스피커를 작업판에 배치합니다. 아두이노 시뮬레이터에서 피에조 스피커는 기본 구성 요소에 포함되므로 도구 창에서 피에조 스피커를 찾아 작업판에 배치합니다. '피에조'라고 검색해도 찾을 수 있습니다.

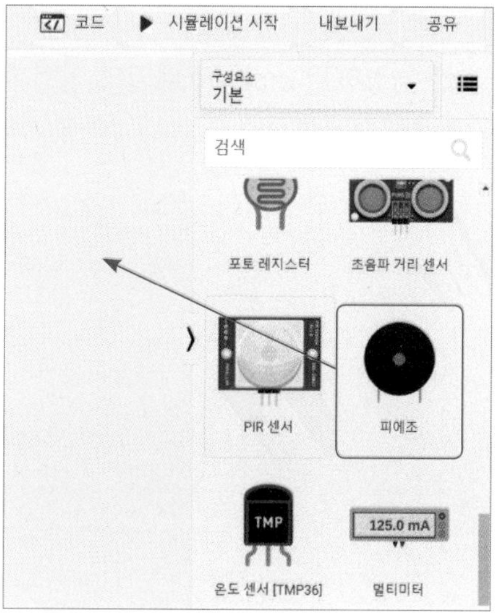

피에조 스피커를 찾아 배치

2. 회로 구성하기

피에조 스피커는 양극과 음극의 두 단자가 존재합니다. 양극은 아두이노의 디지털 8번 핀에 연결하고 음극은 접지에 연결합니다. 피에조 스피커의 양극과 음극은 단자에 마우스 커서를 가져다 대면 확인할 수 있습니다.

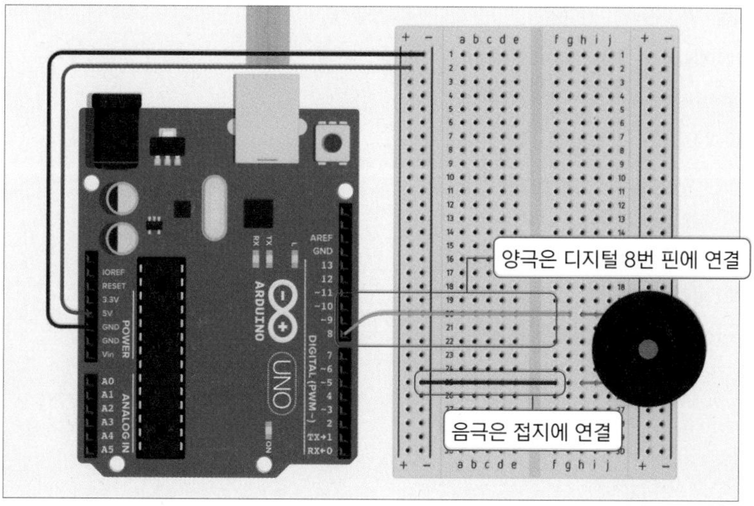

피에조 스피커로 음계를 표현하는 회로와 배선

3. 스케치 코드 작성하기

다음과 같이 코드를 입력합니다. 스케치 코드는 주파수를 저장하는 melody 배열의 선언과 tone() 함수를 사용해 '도레미파솔라시도'를 출력하는 코드로 구성됩니다.

```
const int melody[] = {          // 음계별 주파수를 저장한 변수 선언
  262,                          // '도'의 주파수
  294,                          // '레'의 주파수
  330,                          // '미'의 주파수
  349,                          // '파'의 주파수
  392,                          // '솔'의 주파수
  440,                          // '라'의 주파수
  494,                          // '시'의 주파수
  523,                          // '(높은)도'의 주파수
};

const int PIEZO_PIN = 8;        // 피에조 스피커에 연결된 디지털 핀 번호

void setup()
{
  // '도레미파솔라시도'를 순서대로 출력
  // 음의 길이가 500ms이며, 간격이 500ms가 되도록 지연 시간을 줌
  tone(PIEZO_PIN, melody[0], 500); delay(500);
  tone(PIEZO_PIN, melody[1], 500); delay(500);
  tone(PIEZO_PIN, melody[2], 500); delay(500);
  tone(PIEZO_PIN, melody[3], 500); delay(500);
  tone(PIEZO_PIN, melody[4], 500); delay(500);
  tone(PIEZO_PIN, melody[5], 500); delay(500);
  tone(PIEZO_PIN, melody[6], 500); delay(500);
  tone(PIEZO_PIN, melody[7], 500); delay(500);
}

void loop()
{
}
```

4. 스케치 코드 읽기

01~10행에서는 melody라는 정수형 배열로 선언하고, 음계별 주파수를 소수점 첫째 자리에서 반올림한 정수를 melody 배열에 저장합니다.

12행에서는 PIEZO_PIN 상수를 선언하고 상숫값으로 피에조 스피커의 양극에 연결된 아두이노 보드의 디지털 핀 번호인 8을 저장합니다.

18~25행은 tone() 함수를 사용해 주파수에 해당하는 음계를 출력하는 코드입니다. tone() 함수는 세 개의 매개변수를 갖습니다. 첫 번째 매개변수는 피에조 스피커가 연결된 아두이노의 디지털 핀 번호이며, 두 번째는 주파수, 세 번째는 진동을 발생시키는 시간(ms)입니다.

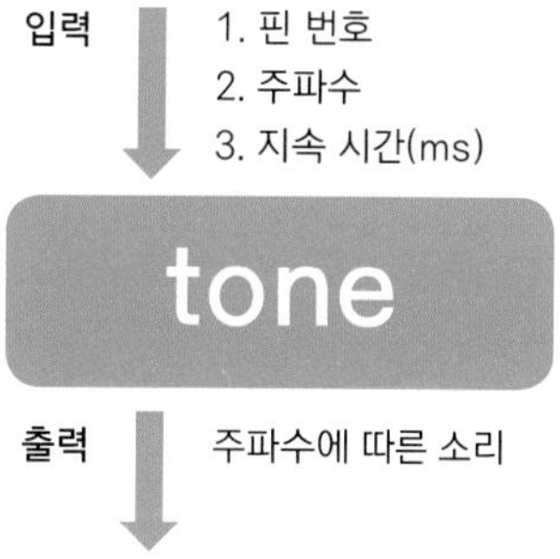

28~30행은 내용 없이 작성한 loop() 함수입니다. loop() 함수가 없으면 시뮬레이터를 실행할 때 오류가 발생합니다.

setup() 함수는 아두이노 보드에 전원이 들어온 후 한 번만 실행되고, loop() 함수는 전원이 꺼지지 않는 한 반복해서 실행됩니다. 따라서 '도레미파솔라시도' 음계를 한 차례만 출력하도록 loop() 함수가 아닌 setup() 함수에 tone() 함수를 구현합니다.

tone() 함수 뒤에 delay() 함수가 사용된 이유는 각 음계를 구분하기 위해서입니다. 글을 읽을 때도 띄어쓰기를 하지 않으면 의미를 파악하기가 쉽지 않듯이, 음계도 쉼표가 있어야 음을 명확하게 구분할 수 있습니다. 쉼표의 역할을 delay() 함수가 하는 것입니다.

28~30행은 loop() 함수인데 아무런 내용이 없더라도 함수가 있어야 오류 없이 동작합니다. 기존에 실습했던 코드에서는 setup() 함수를 설정 목적으로, loop() 함수를 동작하는 내용을 구현하는 목적으로 작성했습니다. 그런데 이번에는 음계가 출력되는 횟수를 1회로 제한하기 위해서 동작하는 코드를 setup() 함수에 작성했습니다. 만약 동작하는 코드를 loop() 함수에 작성할 경우 무한히 반복해서 음계를 출력하게 됩니다.

5. 실행 결과 확인하기

시뮬레이터를 실행합니다. 도레미피솔라시도 음계가 한 차례 출력됩니다. 그리고 아두이노 시뮬레이터는 피에조 스피커에서 소리가 발생하는 동안 피에조 스피커가 진동하고 있음을 애니메이션으로 표현합니다.

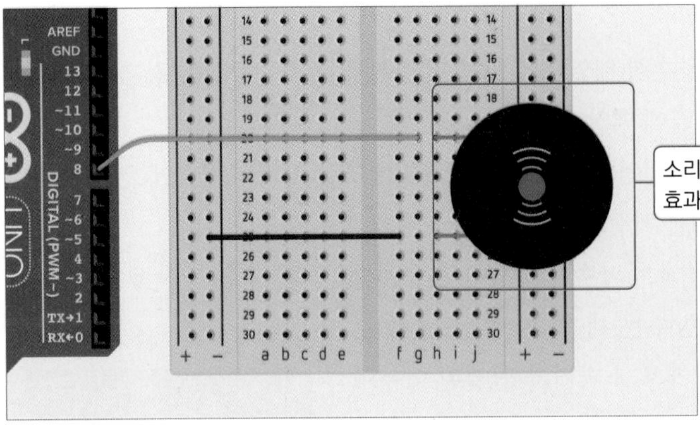
소리가 나는 동안 애니메이션
효과가 나타납니다.

피에조 스피커에서 소리 발생

실제 아두이노 보드에서도 피에조 스피커를 연결해 동작시켜 봅시다. 피에조 스피커의 유형에 따라 동작하는 방식이 다르기 때문에 수동 버저를 사용한 것인지 잘 확인해야 합니다.

직접 볼까요!

피에조 스피커 기본 사용법 알아보기

피에조 스피커의 개념 및 동작 원리를 이해하고, 음계별 주파수와 아두이노를 통해 피에조 스피커의 주파수를 제어하는 방법을 영상으로 보고 싶다면 다음 링크를 참고하세요.

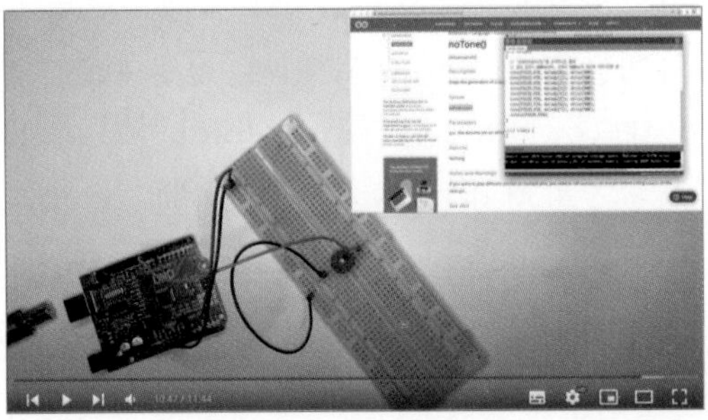

QR코드를 찍어 보세요.

https://youtu.be/z77DVSTksII

15-2 초음파 센서와 연동해 연주하기

초음파 센서로 거리를 측정해 거리에 따라 다른 음을 출력하게 하면 음악을 연주할 수 있는 악기가 됩니다.

Do it! 실습 15-2 초음파 센서와 버저로 악기 만들기

악기는 음악을 연주하는 데 쓰는 도구입니다. 아두이노를 활용해 다양한 악기를 만들 수 있지만, 이번 실습은 초음파 센서와 피에조 스피커를 사용해 악기를 만들어 보려고 합니다.

1. 회로 구성하기

아두이노 보드, 브레드보드, 초음파 센서와 피에조 스피커를 준비해 다음과 같이 회로를 구성합니다. 피에조 스피커를 제어하기 위한 디지털 출력 핀은 13번을 사용하고, 초음파 센서를 제어하기 위해 디지털 핀 9번과 10번을 각각 트리거와 에코 핀에 연결합니다.

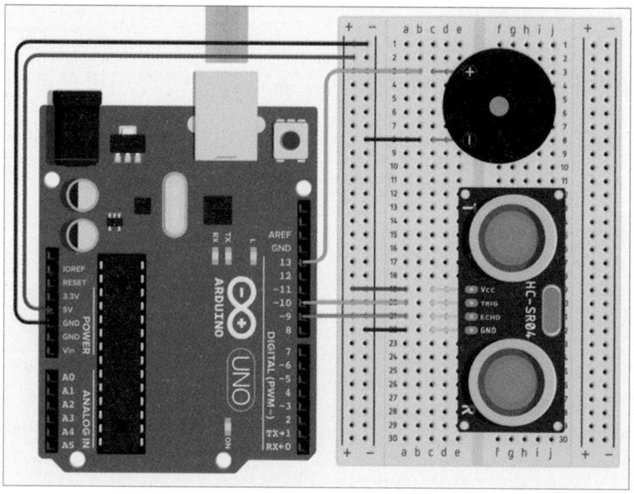

초음파 센서로 연주하는 회로와 배선

2. 스케치 코드 작성하기 ①

01~12행은 음계별 주파숫값을 저장한 melody 상수 배열을 선언하고, 피에조 스피커를 제어할 디지털 핀 번호를 초기화하는 코드입니다. 각 음을 제어할 주파수를 배열에 저장했기 때문에 배열에 접근할 때는 0부터 7까지 정숫값을 사용해 '도', '레', '미', '파', '솔', '라', '시', '도' 음계의 주파수를 가져올 수 있습니다.

```
01 : const int melody[] = {        // 음계별 주파수를 저장한 변수 선언
02 :   262,                        // '도'의 주파수
03 :   294,                        // '레'의 주파수
04 :   330,                        // '미'의 주파수
05 :   349,                        // '파'의 주파수
06 :   392,                        // '솔'의 주파수
07 :   440,                        // '라'의 주파수
08 :   494,                        // '시'의 주파수
09 :   523,                        // '도'의 주파수
10 : };
11 :
12 : const int PIEZO_PIN = 13;     // 피에조 스피커에 연결된 디지털 핀 번호
```

3. 스케치 코드 작성하기 ②

setup() 함수에는 초음파 센서를 제어하는 트리거와 에코 핀 번호를 각각 출력과 입력으로 핀 모드를 설정하고, 시리얼 모니터에 거리값을 출력하기 위해 Serial.begin() 메서드를 사용합니다. loop() 함수는 초음파를 내보내고, 응답하는 시간을 측정해 거리를 구하는 공식에 따라 센티미터(cm) 단위로 시리얼 모니터에 출력합니다.

```
14 : void setup()
15 : {
16 :   pinMode(10, OUTPUT);         // 10번 핀을 트리거로 사용
17 :   pinMode(9, INPUT);       // 9번 핀을 에코로 사용
18 :   Serial.begin(9600);
19 : }
20 :
21 : void loop()
22 : {
23 :   // 초음파 신호 송신
24 :   digitalWrite(10, LOW);
```

```
25 :   delayMicroseconds(2);
26 :   digitalWrite(10, HIGH);
27 :   delayMicroseconds(10);
28 :   digitalWrite(10, LOW);
29 :
30 :   // 초음파 신호 수신
31 :   pinMode(9, INPUT);
32 :   double duration = pulseIn(9, HIGH);
33 :   double cm = duration * 340 / 10000 / 2;
34 :
35 :   // 측정 거리를 출력
36 :   Serial.println(cm);
```

4. 스케치 코드 작성하기 ③

38~58행은 거리에 따라 음계를 출력하는 코드로, 3cm 간격으로 음계를 출력하는 tone() 함수를 사용합니다. tone() 함수의 매개변수는 핀 번호, 주파수, 출력음의 길이가 되므로 핀 번호는 12행에서 초기화한 PIEZO_PIN을 사용하고, 주파수는 1~10행에서 초기화한 melody 배열에서 인덱스값으로 0번은 '도', 1번은 '레', 2번은 '미'와 같이 주파수를 가져와 입력합니다. 마지막 매개변수는 500ms 동안 출력음이 지속되도록 한 것입니다. 56행에서 사용한 세미콜론(;)은 아무런 작업을 하지 않을 때 사용할 수 있는데, 여기서는 어떤 음도 출력하지 않게 만들기 위해 사용한 것입니다. 그래야 초음파 센서로 거리를 측정해 나온 값이 24cm보다 클 때 소리를 내지 않습니다.

```
38 :   // 거리에 따른 음계 출력
39 :   if (cm < 3)
40 :     tone(PIEZO_PIN, melody[0], 500);
41 :   else if (cm < 6)
42 :     tone(PIEZO_PIN, melody[1], 500);
43 :   else if (cm < 9)
44 :     tone(PIEZO_PIN, melody[2], 500);
45 :   else if (cm < 12)
46 :     tone(PIEZO_PIN, melody[3], 500);
47 :   else if (cm < 15)
48 :     tone(PIEZO_PIN, melody[4], 500);
49 :   else if (cm < 18)
50 :     tone(PIEZO_PIN, melody[5], 500);
```

```
  else if (cm < 21)
    tone(PIEZO_PIN, melody[6], 500);
  else if (cm < 24)
    tone(PIEZO_PIN, melody[7], 500);
  else
    ;  // 어떤 음도 출력하지 않는 코드
  delay(100);
}
```

직접 볼까요!

초음파 센서로 거리에 따라 소리 조절하기

초음파 센서와 피에조 스피커를 결합해 거리에 따라 멜로디를 연주하는 모습을 영상으로 보고 싶다면 다음 링크를 참고하세요.

QR코드를 찍어 보세요.

https://youtu.be/oW-mQGevlTw

15-3 전자 키보드 만들기

앞에서 피에조 스피커의 기본적인 사용 방법을 알아보고, 초음파 센서로 거리에 따라 음계를 출력해 봤습니다. 이번에는 피에조 스피커에 푸시 버튼을 결합해 전자 키보드를 만들어 보겠습니다.

Do it! 실습 15-3 푸시 버튼을 추가해 전자 키보드 회로 만들기

도레미파솔라시도 음계를 표현하기 위해 푸시 버튼 8개, 저항 8개가 추가로 필요합니다. 전자 키보드의 건반 역할을 푸시 버튼이 담당합니다.

1. 새 회로 만들고 회로 구성하기

새 회로를 만들고 도구 창에서 아두이노 보드, 브레드보드, 피에조 스피커 그리고 푸시 버튼과 저항(10kΩ)을 찾아 작업판에 배치합니다.

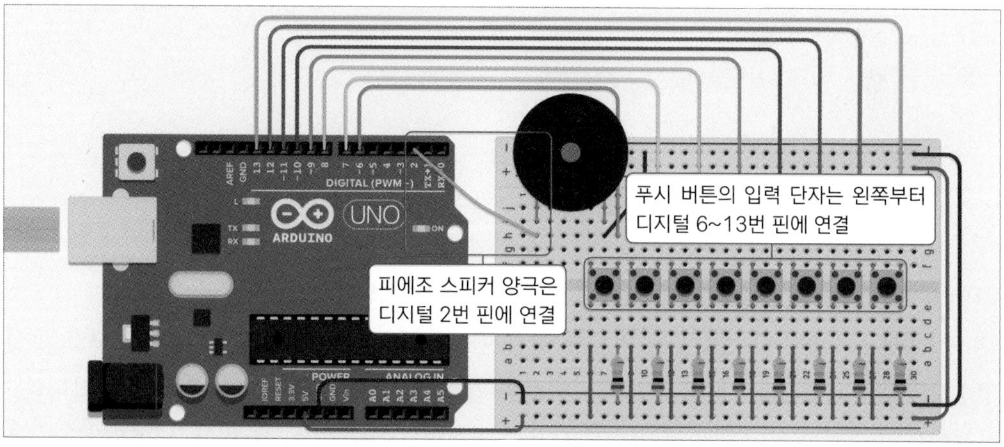

피에조 스피커로 전자 키보드를 만드는 회로와 배선

푸시 버튼의 입력 단자는 아두이노 보드의 디지털 핀 6번, 7번, 8번, 9번, 10번 11번, 12번, 13번에 연결합니다. 이렇게 연속된 핀 번호를 사용할 때는 반복문으로 제어하기가 쉽습니다. 마지막으로 피에조 스피커의 양극은 아두이노의 디지털 2번 핀에 연결하고 음극은 접지에 연결합니다.

2. 스케치 코드 작성하기 ①

코드 창을 문자 코딩 방식으로 변경하고 다음과 같이 코드를 입력합니다. 먼저 주파수를 저장하는 melody 배열을 설정하는 부분, 핀 번호 및 모드를 설정하는 부분을 입력하겠습니다.

```
01 : const int melody[] = {            // 음계별 주파수를 저장한 변수 선언
02 :   262,                            // '도'의 주파수
03 :   294,                            // '레'의 주파수
04 :   330,                            // '미'의 주파수
05 :   349,                            // '파'의 주파수
06 :   392,                            // '솔'의 주파수
07 :   440,                            // '라'의 주파수
08 :   494,                            // '시'의 주파수
09 :   523,                            // '(높은)도'의 주파수
10 : };
11 :
12 : const int PIEZO_PIN = 2;          // 피에조 스피커에 연결된 디지털 핀 번호
13 :
14 : void setup()  {
15 :
16 :   for (int i=6; i<=13; i++) {      // 디지털 6번 핀 ~ 13번 핀까지
17 :     pinMode(i, INPUT);             // 디지털 핀을 입력 모드로 설정
18 :   }
19 :
20 :   Serial.begin(9600);              // 직렬 통신 초기화
21 : }
```

01~10행 코드는 '실습 15-1(피에조 스피커로 음계 표현하기)'와 같습니다.

14~21행은 setup() 함수로 푸시 버튼에 연결된 아두이노 디지털 핀을 모두 입력 모드로 설정하고, 어떤 버튼이 눌렸는지 직렬 모니터로 확인하기 위해 통신을 초기화하는 코드입니다. 아두이노의 디지털 핀이 연속된 번호로 사용될 경우 16~18행처럼 for 반복문으로 간단히 표현할 수 있습니다. 만약 for 반복문을 사용하지 않으면 pinMode() 함수를 여덟 번 호출해 각각 핀 번호와 모드를 입력해야 합니다.

3. 스케치 코드 작성하기 ②

이어서 코드를 작성하겠습니다. 이번에는 loop() 함수 안에 누른 버튼에 해당하는 음계를 출력하는 코드를 작성합니다.

```
23 : void loop() {
24 :
25 :   // 누른 버튼을 구분해 음계를 선택
26 :   int indexOfMelody = readNote();
27 :
28 :   // 선택된 음계를 200ms 동안 재생
29 :   if (indexOfMelody > -1)
30 :     tone(PIEZO_PIN, melody[indexOfMelody], 200);
31 :
32 :   // 버튼 누르는 시간을 고려해 일정 시간 지연
33 :   delay(50);
34 : }
```

26행에서는 readNote()라는 사용자 정의 함수를 호출해 반환된 정숫값을 indexOfMelody 변수에 저장합니다. 이때 반환하는 정숫값은 melody 배열에 저장된 주파숫값 중 누른 버튼의 음계에 해당하는 주파숫값에 접근하기 위한 인덱스값입니다.

melody 배열에 저장된 주파숫값에 접근하려면 'melody[인덱스값]'과 같은 형태로 코드를 작성합니다. 예를 들어, '레' 음계에 해당하는 주파수인 294Hz값을 가져오려면 인덱스값 1을 사용해 melody[1]로 배열 내부의 값을 가져올 수 있습니다. 인덱스는 0부터 시작해 배열의 크기보다 1 작을 때까지 증가합니다. 따라서 예제 코드에서는 0~7까지 증가하는 인덱스값을 갖습니다. melody[indexOfMelody]로 사용하면 indexOfMelody 변수에 저장된 값을 인덱스값으로 사용해 melody 배열 내부의 값을 가져옵니다.

indexOfMelody의 값은 -1로 초기화되어 있으며 -1은 어떤 버튼도 눌리지 않은 상태를 의미합니다. 29행과 30행에서는 인덱스의 값이 -1보다 클 때 tone() 함수를 사용해 해당 주파수의 음계를 200ms 동안 재생합니다.

33행에서는 다음 버튼이 눌리기 전까지 지연 시간을 주어 전자 키보드가 안정감 있게 동작하게 합니다.

4. 스케치 코드 작성하기 ③

마지막으로 사용자 정의 함수인 readNote()를 구현합니다.

```
// 누른 버튼에 따라 melody 배열의 인덱스값을 반환하는 함수
int readNote() {
  int index = -1;                          // 인덱스 초깃값
```

```
39 :   for (int i=6; i<=13; i++) {           // 디지털 6번 핀~13번 핀까지
40 :     int buttonValue = digitalRead(i);   // 버튼의 입력값 읽기를 반복
41 :     if (buttonValue == HIGH)            // 버튼을 누르면
42 :       index = i-6;                      // melody의 인덱스값 계산
43 :   }
44 :   Serial.println(index);                // 직렬 모니터에 인덱스값 출력
45 :   return index;                         // 인덱스값 반환
46 : }
```

38행에서는 index의 값을 -1로 초기화하고, 39~43행에서는 아두이노의 디지털 6번 핀부터 13번 핀까지 for 반복문으로 digitalRead() 함수를 호출합니다.

41~42행에서는 푸시 버튼이 눌리면 i 변수에 저장된 아두이노의 디지털 핀 번호에서 정수 6을 빼서 index 변수에 저장합니다. 이 값은 melody 배열에서 버튼이 누른 음계에 해당하는 주파수의 인덱스값과 같습니다. 예를 들어, 회로에서 세 번째 푸시 버튼은 음계 '미'를 출력하며 아두이노의 디지털 8번 핀에 연결되어 있습니다. 세 번째 푸시 버튼을 누르면 i 변수가 8일 때 40행의 buttonValue값이 HIGH가 됩니다. 그리고 index 변수에는 i에서 6을 뺀 정수 2가 저장됩니다. melody 배열에 인덱스값으로 이 정수를 넣어 접근하면 melody[2]=330인데, 330Hz는 세 번째 음계인 '미'의 주파숫값입니다.

44행에서는 index 변숫값을 출력하고, 45행에서는 그 값을 반환해 readNote() 함수를 호출한 곳으로 보냅니다. 26행에서 반환된 index 변숫값을 indexOfMelody 변수에 저장한 뒤 melody 배열에 저장된 주파숫값에 접근할 때 인덱스값으로 활용합니다.

질문 있어요!

함수를 정의할 때 void 대신 int를 쓴 이유가 뭔가요?

void는 반환값이 없는 함수를 정의할 때 사용합니다. setup()과 loop() 함수가 대표 사례입니다. 이와 다르게 readNote() 함수는 버튼을 누르면 melody 배열의 인덱스에 해당하는 값을 반환합니다. 인덱스의 범위가 0~7까지 정수이므로 정수형을 의미하는 int로 선언한 것입니다.

5. 실행 결과 확인하기

시뮬레이터를 실행합니다. 첫 번째 푸시 버튼을 누르면 '도' 음계가 소리나며, 인덱스값으로 0이 출력되는 것을 확인할 수 있습니다. 그리고 어떤 버튼도 눌리지 않을 때는 인덱스값이 -1로 초기화되므로 -1이 시리얼 모니터에 출력됩니다.

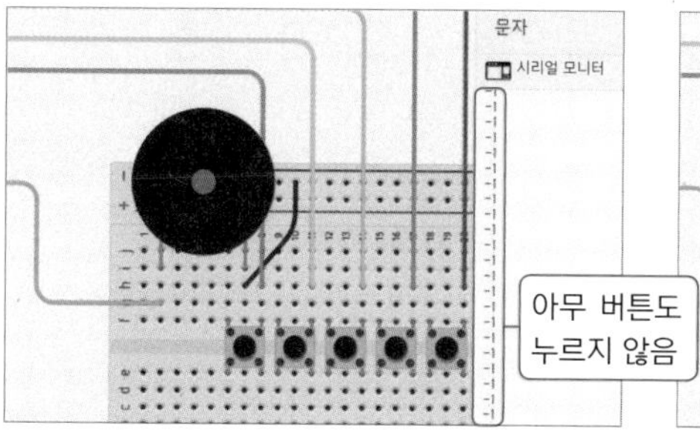

버튼을 안 눌렀을 때

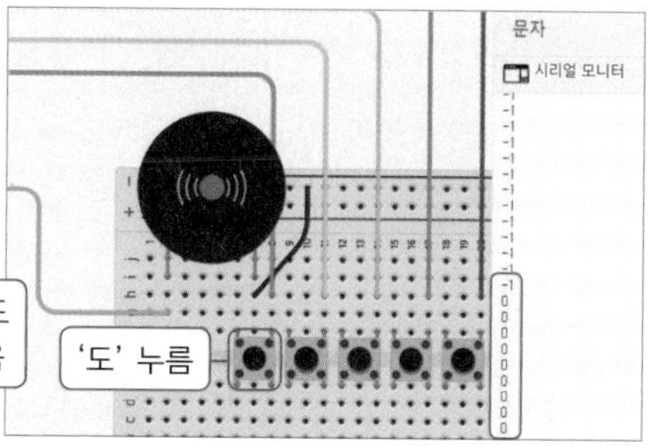

'도' 버튼을 눌렀을 때

실제 아두이노 보드에 푸시 버튼과 피에조 스피커를 연결해 동작을 확인해 봅시다. 필요한 저항의 개수가 부족한 경우 아두이노의 내장 풀업 저항을 사용하면 회로를 더 간단히 구성할 수 있어 편리합니다.

직접 볼까요!

아두이노로 만든 전자 키보드 연주하기

실제 아두이노로 피에조 스피커를 활용한 전자 키보드를 만들면 어떤 소리가 날까요? 다음 영상을 통해 아두이노 전자 키보드로 연주하는 음악을 감상해 보세요.

QR코드를 찍어 보세요.

https://youtu.be/RxANpernsaU

직접 볼까요!

전자 키보드 만들기

수동 버저와 푸시 버튼으로 전자 키보드 회로를 구성하고, 연주하는 실습을 영상으로 보고 싶다면 다음 링크를 참고하세요.

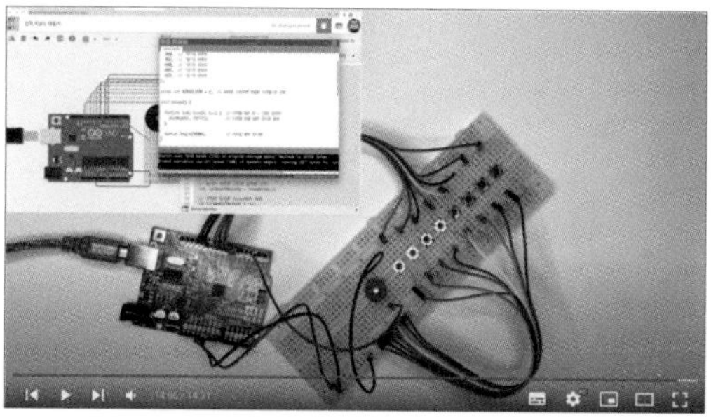

QR코드를 찍어 보세요.

https://youtu.be/ZFRzYFYPdql

도전! 피에조 스피커로 좋아하는 곡을 연주해 봐요!

난이도: ★★☆

다음 그림을 참고해 회로를 구성하고 목표대로 작동하도록 스케치 코드를 작성해 보자.

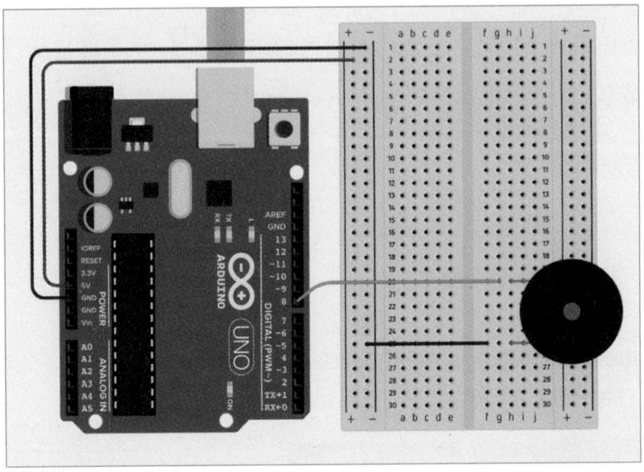

피에조 스피커로 임의의 곡 연주하기

목표

원하는 곡의 음계를 자동으로 연주한다.

구성 요소

아두이노 보드, 브레드보드, 피에조 스피커

힌트

① 원하는 곡의 악보를 검색해 음계를 알아낸다.

② 음계 순서에 맞는 주파숫값을 tone() 함수를 사용해 피에조 스피커로 출력한다.

16

블루투스 모듈로 원격 조종하기

블루투스 모듈은 물리적으로 떨어져 있는 장비를 선 없이 원격으로 제어할 수 있는 장치입니다. 아두이노에 블루투스 모듈을 연결하고, 스마트폰에 내장된 블루투스 모듈과 서로 통신하며 데이터를 주고받을 수 있기때문입니다. 즉, 스마트폰으로 신호를 보내면 선이 없더라도 아두이노에 연결된 LED, 모터, 버저 등을 제어할 수 있습니다. 이번 장에서는 블루투스 모듈을 어떻게 다루는지 알아보겠습니다.

학습 목표

- 블루투스 모듈의 작동 원리를 알아본다
- 블루투스 모듈과 스마트폰으로 원격 장치를 제어한다

16-1 블루투스 모듈 설정하기

블루투스 모듈이란?

블루투스는 근거리 무선 통신 기술 중 하나입니다. 무선으로 동작하는 이어폰, 키보드, 마우스, 게임 컨트롤러, 스피커 등 우리 일상생활에서도 쉽게 접할 수 있습니다. 아두이노 우노(UNO) 보드는 기본적으로 유선 통신만 가능하므로 무선 통신을 수행하려면 블루투스 모듈과 같은 별도의 통신 모듈이 필요합니다.

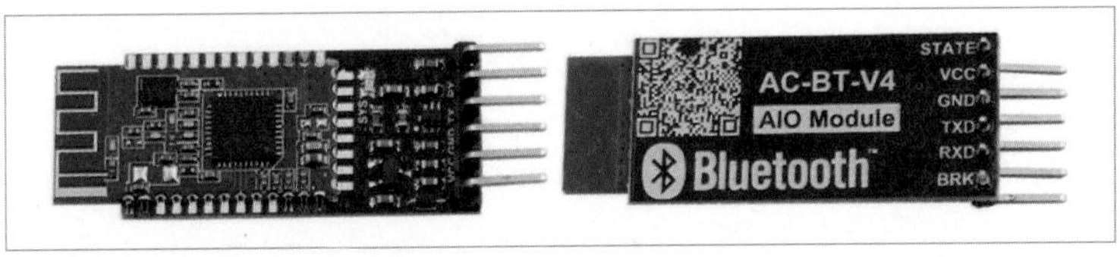

그림 16-1 블루투스 모듈(HM-10)의 앞면(왼쪽)과 뒷면(오른쪽)
(출처: http://wiki.sunfounder.cc/index.php?title=Bluetooth_4.0_HM-10_Master_Slave_Module)

블루투스 모듈의 동작 원리

블루투스 모듈은 독립적으로 동작하지 않고, 아두이노 보드에 유선으로 연결해 다른 블루투스 장치와 통신하며 동작합니다. 블루투스 모듈은 아두이노와 시리얼 통신(유선)으로 데이터를 주고받고, 블루투스 모듈은 다른 블루투스 장치와 무선으로 데이터를 주고받습니다. 즉, 스마트폰으로 아두이노에 연결된 LED를 제어한다면 블루투스 장치인 스마트폰에 설치된 앱을 통해 명령을 내려 블루투스 모듈이 그 신호를 받아 아두이노에게 전달해 LED를 켜거나 끄는 명령을 수행합니다.

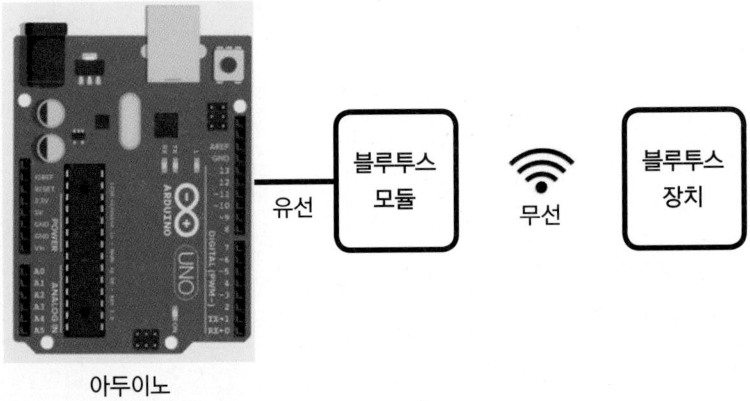

그림 16-2 블루투스 모듈의 동작 원리

블루투스 모듈을 사용하기 위해 블루투스 모듈의 이름과 통신 속도를 알아야 합니다. 물론 공장에서 만들어진 초깃값이 있어, 구매할 때 모델명을 기억하고 있다면 블루투스 모듈의 이름과 통신 속도를 기반으로 사용할 수 있습니다. 하지만 여러 개의 블루투스 모듈을 동시에 사용하거나 아두이노 보드마다 다른 통신 속도를 설정하고 싶은 경우 블루투스 모듈의 기본 설정값을 변경해야 합니다.

이번 실습에서는 HM-10 블루투스 모듈의 기본 설정값을 변경하는 방법을 알아보겠습니다. 여러 블루투스 모듈 중 HM-10 블루투스 모듈을 사용하는 이유는 블루투스 4.0(BLE, bluetooth low energy)을 지원해 아이폰과 안드로이드폰 모두에서 사용할 수 있기 때문입니다.

Do it! 실습 16-1 HM-10 블루투스 모듈 설정하기

HM-10 블루투스 모듈의 핀은 다음과 같이 총 6개로 구성됩니다. STATE와 BRK는 테스트 목적으로 연결을 강제로 끊고, 확인하는 핀입니다. 주로 사용하는 핀은 4개로 VCC, GND, TXD, RXD가 있습니다. VCC는 아두이노의 5V 전원에 연결하고, GND는 접지에 연결합니다. TXD(transmit data)는 데이터를 송신하기 위한 목적의 핀이고, RXD(receive data)는 데이터를 수신하기 위한 목적의 핀입니다. 여기서 주의할 점은 블루투스 모듈과 송수신을 하기 위해 연결하는 장치에도 TXD와 RXD를 각각 연결해야 하는데, 이때 서로 반대로 연결해야 한다는 것입니다. 즉, 블루투스 모듈의 TXD는 아두이노의 RX 핀에 연결하고, RXD는 아두이노의 TX 핀에 연결해야 정상적으로 통신할 수 있습니다. 마치 두 사람이 대화할 때 A라는 사람이 말하면, B라는 사람이 듣고, 반대로 B가 말할 때는 A가 들어야 의사소통이 가능한 것과 같습니다. 둘 다 말하거나 둘 다 들으려 한다면 소통이 되지 않으니까요.

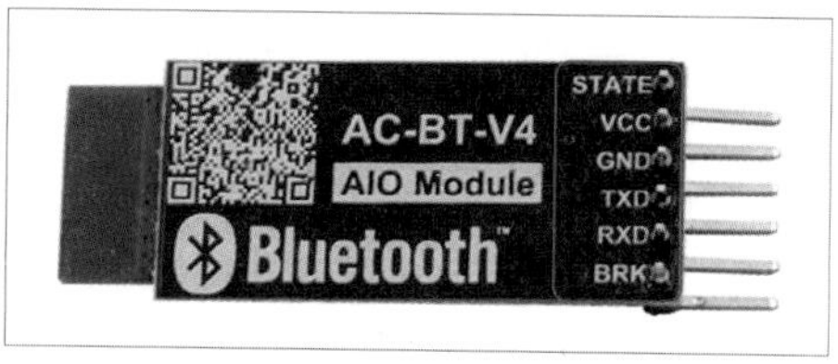

HM-10 블루투스 모듈의 핀 종류

1. 회로 구성하기

아두이노와 블루투스 모듈(HM-10)을 준비해 다음과 같이 선을 연결합니다. 블루투스 모듈의 VCC와 GND는 아두이노의 전원(5V)과 접지에 각각 연결합니다. 그리고 블루투스 모듈의 RXD는 아두이노의 디지털 13번(TX) 핀에, TXD는 12번(RX) 핀에 연결합니다.

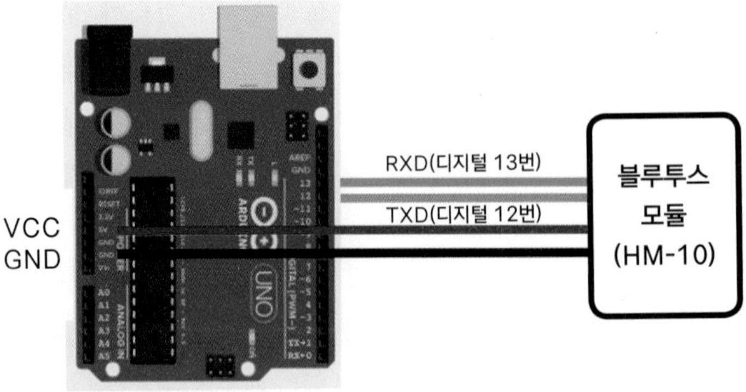

블루투스 모듈 연결하기

3. 스케치 코드 작성하기

다음과 같이 코드를 입력합니다. 이 코드는 아두이노가 블루투스 모듈에게 명령어를 전달해 설정을 변경하기 위한 것입니다. 01~02행은 시리얼 통신을 수행하기 위한 디지털 핀을 소프트웨어로 결정하기 위해 사용했으며, 04~09행은 시리얼 통신 초기화 부분, 11~19행은 아두이노와 블루투스 모듈 간 시리얼 모니터로 데이터를 주고받는 과정을 코드로 작성한 것입니다.

```
01 : #include <SoftwareSerial.h>       // 소프트웨어로 시리얼 통신을 제어하는 라이브러리
02 : SoftwareSerial BTSerial(12, 13); // 블루투스 모듈의 TXD: 12번핀, RXD: 13번핀
03 :
04 : void setup() {
05 :   // 시리얼 통신 초기화
06 :   // HM-10은 보드 레이트가 9600으로 초기화되어 있음
07 :   Serial.begin(9600);
08 :   BTSerial.begin(9600);
09 : }
10 :
11 : void loop() {
12 :   // 블루투스 모듈의 입력값이 있을 때 시리얼 모니터에 출력
13 :   if (BTSerial.available())
14 :     Serial.write(BTSerial.read());
15 :
16 :   // 시리얼 모니터에 입력값이 있을 때 블루투스 모듈에 입력값 전달
17 :   if (Serial.available())
18 :     BTSerial.write(Serial.read());
19 : }
```

4. 스케치 코드 읽기: SoftwareSerial.h

01행에서 선언한 SoftwareSerial.h 헤더 파일은 아두이노의 디지털 핀을 시리얼 통신 목적으로 사용하기 위해 필요한 라이브러리입니다. 아두이노 우노(UNO)에는 0번(RX)과 1번(TX)이 시리얼 통신 목적으로 지정된 핀이지만 스케치 코드를 컴퓨터에서 아두이노의 마이크로컨트롤러에 업로드하기 위해서도 사용합니다. 그런데 블루투스 모듈이 0번과 1번 핀을 사용하고 있으면, 스케치 코드 업로드가 정상적으로 동작하지 않습니다. 따라서 0번과 1번 핀을 제외한 다른 디지털 핀으로 시리얼 통신을 수행하기 위해 SoftwareSerial 라이브러리를 사용한 것입니다.

02행은 BTSerial이란 이름으로 블루투스 모듈과 아두이노 보드 사이의 통신 채널을 초기화한 것입니다. 매개변수로 입력한 숫자 12는 디지털 12번 핀을 아두이노의 수신(RX) 채널로 사용하고, 디지털 13번 핀을 아두이노의 송신(TX) 채널로 사용한다는 의미입니다. 따라서 블루투스 모듈은 반대로 아두이노의 디지털 12번 핀(RX)을 블루투스 모듈의 TXD에 연결하고, 디지털 13번 핀(TX)을 블루투스 모듈의 RXD에 연결해야합니다.

5. 스케치 코드 읽기: Serial, BTSerial

07~08행은 시리얼 통신을 초기화합니다. BTSerial은 블루투스 모듈과 아두이노 보드 사이에 시리얼 통신을 의미하고, Serial은 아두이노 보드와 컴퓨터 사이의 시리얼 통신을 의미합니다. 즉, 컴퓨터의 시리얼 모니터에서 입력한 명령이 Serial 채널을 통해 아두이노로 전달되고, 다시 BTSerial 채널을 통해 블루투스 모듈로 전달됩니다. 명령 결과는 블루투스 모듈에서 나와 BTSerial 채널을 통해 아두이노로 전달되고, Serial 채널을 통해 컴퓨터의 시리얼 모니터 창에 보여집니다.

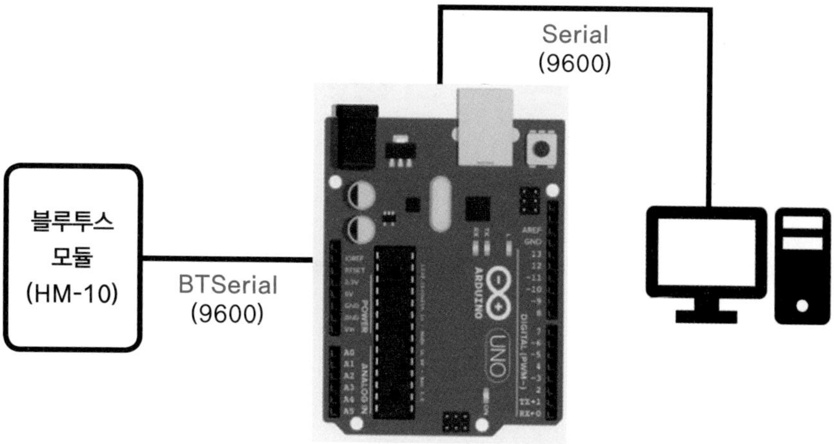

두 시리얼 통신 채널을 위한 초기화

6. 스케치 코드 읽기: read(), write(), available()

11~19행은 앞서 설명한 두 시리얼 통신 채널 간 데이터를 주고받는 과정을 코드로 표현한 것입니다. 13행 BTSerial.available() 메서드는 BTSerial 채널에 읽을 값이 있는지 여부를 판단합니다. 읽을 값이 있다면 문자 길이에 해당하는 바이트 수를 반환하고, 없다면 0을 반환합니다. 따라서 읽을 값이 있을 때 14행에서 BTSerial.read() 메서드로 1 바이트를 읽어, 읽은 문자를 Serial.write() 메서드의 입력 매개변수로 넣으면 컴퓨터의 시리얼 모니터로 출력됩니다. 17~18행은 정반대로 동작합니다. 시리얼 모니터에서 읽을 값이 있다면, 즉 사용자가 특정 문자를 입력하면 해당 문자를 읽어 블루투스 모듈에 전달합니다. 이렇게 블루투스 모듈과 컴퓨터가 두 시리얼 통신 채널을 사용해 양방향 통신을 수행하며 설정값을 변경할 수 있습니다.

7. 스케치 코드 업로드 및 동작 테스트하기

아두이노 IDE를 열어 앞서 살펴본 코드를 입력하고, [업로드] 버튼을 클릭해 아두이노 보드에서 코드를 업로드합니다. 업로드할 때 아두이노 보드와 포트가 정상적으로 선택되었는지 반드시 확인해야 합니다. 코드를 업로드한 후 아두이노 IDE 오른쪽 상단에 [시리얼 모니터] 버튼을 클릭하면 화면 하단에 시리얼 모니터 창이 나타나는데, 이 창에서 시리얼 통신 설정을 'Both NL & CR'과 '9600 baud'로 변경하고, 입력 창에 'AT'를 입력한 후 Enter를 눌렀을 때 시리얼 모니터 출력 창에 'OK'라고 표시되면 회로와 코드가 정상적으로 동작하는 것입니다. 만약 'OK' 메시지가 출력되지 않고 아무런 반응이 없다면 회로 연결과 코드에 오타가 없는지 확인하고, 시리얼 통신 설정이 올바르게 되어 있는지 다시 한번 확인해 봅니다.

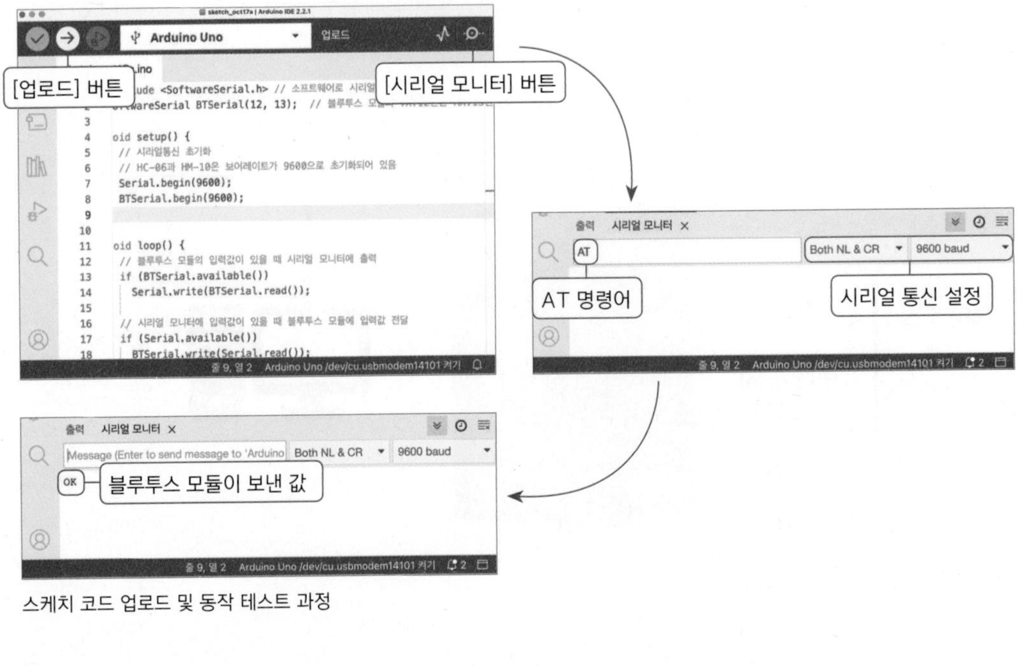

스케치 코드 업로드 및 동작 테스트 과정

8. AT 명령어로 설정값 변경하기

AT 명령어는 집중(attention)에서 유래한 용어로, 원래 모뎀의 환경 설정을 변경하는 명령어인 블루투스 통신 설정에도 비슷하게 사용합니다. 다음 표는 HM-10에서 자주 사용하는 명령어를 모아 놓은 것입니다.

AT 명령어는 블루투스 모듈마다 차이가 있어서 만약 HM-10이 아닌 다른 것을 사용한다면 인터넷에서 해당 모듈의 문서를 찾아 명령어를 확인해야 합니다.

자주 사용하는 AT 명령어 모음

AT 명령어	정상적인 응답	의미
AT	OK	블루투스 모듈이 정상적으로 연결되었는지 확인하는 명령어
AT+NAME?	OK+ NAME : [설정한 이름]	블루투스 모듈의 이름을 확인하는 명령어로 초깃값은 'HMSoft'
AT+ NAME[변경할 이름]	OK+ Set : [변경할 이름]	블루투스 모듈의 이름을 변경할 때 사용하는 명령어로 공백 없이 AT+NAME 뒤에 바로 변경할 이름을 입력 후 Enter
AT+BAUD?	OK+Get : [숫자 0~8]	블루투스 모듈의 시리얼 통신 속도를 확인하는 명령어로 보드 레이트에 대한 숫자를 출력 0 : 9600(기본값) 1 : 19200 2 : 38400 3 : 57600 4 : 115200 5 : 4800 6 : 2400 7 : 1200 8 : 230400
AT+BAUD[숫자#]	OK+Set[숫자#]	블루투스 모듈의 시리얼 통신 속도를 변경하는 명령어

AT 명령어로 설정값을 변경하면 바로 적용되는 것이 아니고, 블루투스 모듈의 전원을 리셋시킨 후 변경된 설정값이 적용됩니다. 특히 블루투스 모듈의 보드 레이트를 변경한 경우 앞서 업로드한 스케치 코드의 08행도 변경한 보드 레이트에 맞게 수정해야 정상적으로 동작함을 잊지 않도록 합니다.

직접 볼까요!

아두이노와 블루투스 모듈 연결하기

블루투스 모듈의 개념 및 유형별 차이점을 이해하고, AT 명령어로 블루투스 모듈의 환경 설정 변경 방법을 영상으로 보고 싶다면 다음 링크를 참고하세요.

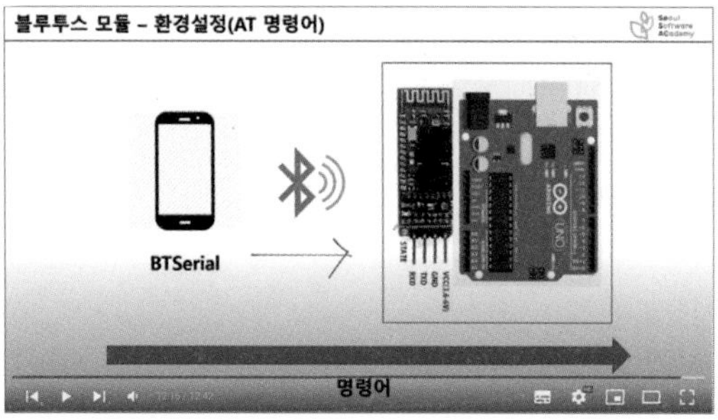

QR코드를 찍어 보세요.

https://youtu.be/eYfmWzTwWN8

16-2 스마트폰으로 원격 장치 제어하기

이번에는 블루투스 모듈을 활용해 LED를 켜고 끄는 실습을 해보겠습니다. LED를 원격으로 제어하는 시스템 구성도는 다음과 같습니다. 스마트폰에 블루투스 통신을 지원하는 앱을 설치하고 앱에 있는 버튼을 클릭하면 LED가 켜지고, 꺼지게 만드는 것입니다.

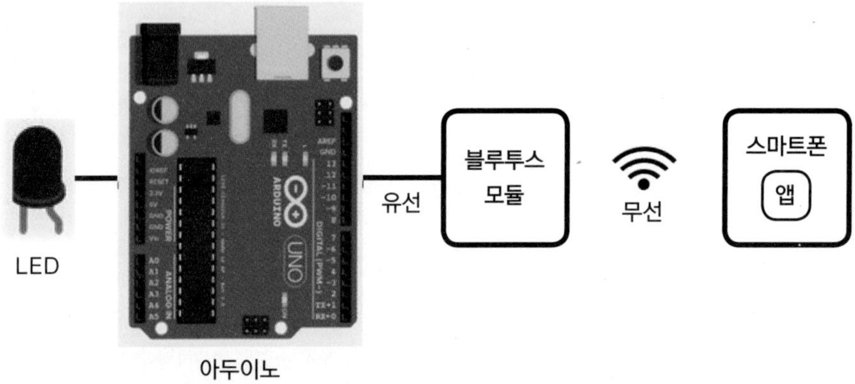

그림 16-3 블루투스 모듈을 사용해 LED를 제어하는 시스템 구성도

Do it! 실습 16-2 스마트폰으로 아두이노의 LED 제어하기

스마트폰으로 아두이노의 LED를 제어하기 위해 스마트폰, 블루투스 모듈(HM-10), 아두이노 보드, LED, 저항(220Ω), 브레드보드가 필요합니다.

1. 회로 구성하기

브레드보드에 LED와 저항을 배치합니다. LED의 양극은 아두이노의 디지털 11번 핀에 연결하고, 음극은 접지(GND)에 연결합니다. 블루투스 모듈의 전원(VCC)과 접지(GND)도 아두이노의 5V와 GND에 각각 연결하고, 블루투스 모듈의 TXD는 아두이노의 디지털 12번 핀, RXD는 13번 핀에 연결합니다.

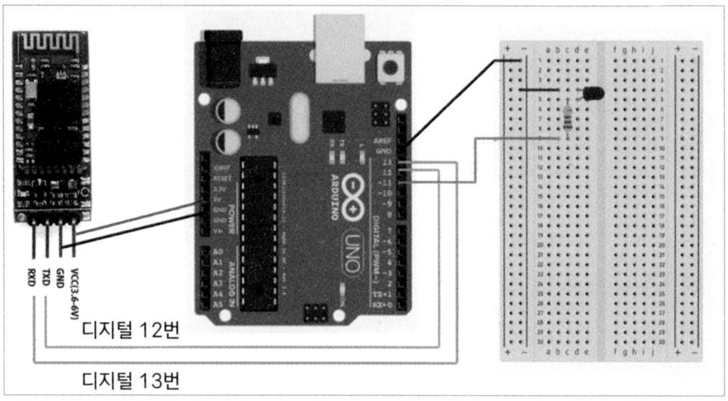

원격으로 LED를 제어하는 회로 구성

2. 스케치 코드 작성하기

01~02행은 아두이노의 디지털 핀을 임의로 시리얼 통신이 가능하게 만들기 위한 라이브러리를 가져와 초기화합니다. 02행 BTSerail(12, 13); 문장을 통해 아두이노의 디지털 12번 핀을 데이터 수신(RX), 디지털 13번 핀을 데이터 송신(TX) 목적으로 사용한다는 것을 의미합니다. 04~08행은 시리얼 통신을 초기화하고, 10~20행은 스마트폰에서 보낸 데이터를 분석해 LED를 제어하는 코드입니다.

```
01 : #include <SoftwareSerial.h>
02 : SoftwareSerial BTSerial(12, 13);     // 블루투스 모듈의 TX:12번 핀 RX:13번 핀
03 :
04 : void setup() {
05 :   // 시리얼 통신 초기화
06 :   BTSerial.begin(9600);
07 :   Serial.begin(9600);
08 : }
09 :
10 : void loop() {
11 :   if (BTSerial.available()) {
12 :     char ch = BTSerial.read();
13 :     Serial.println(ch);
14 :
15 :     if (ch == '1')
16 :       digitalWrite(11, HIGH);
17 :     else
18 :       digitalWrite(11, LOW);
19 :   }
20 : }
```

3. 스케치 코드 읽기

10~20행 코드를 자세히 살펴보겠습니다. 11행 BTSerial.available() 메서드는 블루투스 모듈에 읽을 데이터가 있으면 0보다 큰 값을 반환합니다. 즉, 스마트폰에서 블루투스 모듈로 데이터를 전달하면, 읽을 데이터가 0보다 커져 12~19행까지의 if 조건문이 실행됩니다. 12행 char ch = BTSerial.read(); 문장은 블루투스 모듈에서 한 바이트의 값을 읽어 문자 자료형 ch 변수에 저장합니다. 그리고 13행에서 시리얼 모니터로 블루투스 모듈이 받은 문자를 출력합니다. 15~18행은 ch 변수에 저장된 값을 비교해 LED를 켜고 끕니다. 만약 받은 문자가 '1'이면 digitalWrite() 함수로 아두이노 디지털 11번 핀에 연결된 LED를 켜고, 그렇지 않으면 LED를 끕니다.

4. 모바일 앱 내려받기

스마트폰에서 블루투스 통신을 하려면 앱을 설치해야 합니다. 무료로 사용할 수 있는 앱 중 사용하기 편리한 앱을 다음 표를 참고해 설치합니다. 스마트폰 카메라로 QR코드를 스캔해 앱을 내려받는 사이트로 이동 및 설치해도 됩니다.

블루투스 통신용 스마트폰 앱

아이폰 전용 앱(애플 앱 스토어)	안드로이드폰 전용 앱(구글 플레이 스토어)
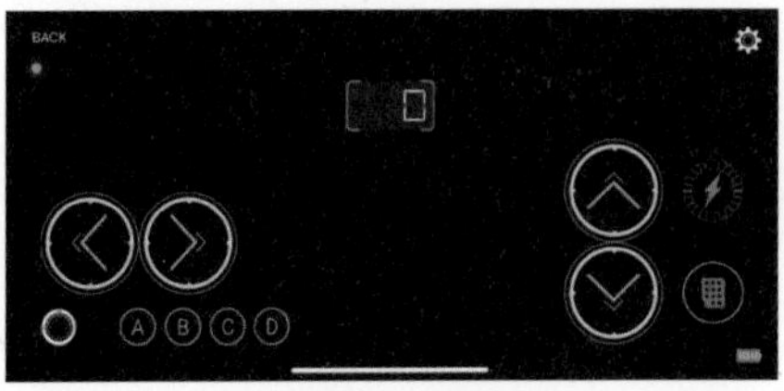	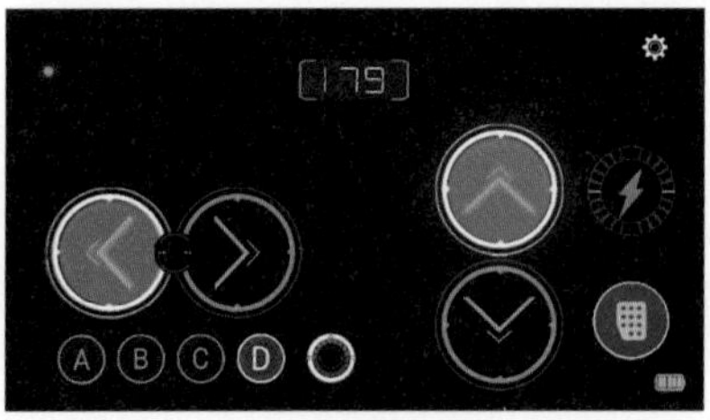
https://apps.apple.com/us/app/3demp/id1036158778	https://play.google.com/store/apps/details?id=com.emp.empplay&hl=ko&gl=US

5. 모바일 앱에서 블루투스 연결하기

스마트폰에서 앱 아이콘을 터치해 앱을 실행하면 다음과 같이 초기 화면이 나타납니다. 초기 화면에서 블루투스 아이콘 영역을 터치해 화면을 이동하면 화면 위에 [SCAN] 버튼이 보이고, 이 버튼을 누르면 주위에 블루투스 장치를 찾아 표시합니다. 스캔 전에는 반드시 아두이노의 블루투스 모듈에 전원이 켜져 있고, 블루투스 모듈의 빨간색 LED가 1초 간격으로 깜빡여야 스마트폰 앱에서 블루투스 모듈을 찾을 수 있습니다. 블루투스 모듈을 정상적으로 찾으면 블루투스 모듈의 이름이 표시됩니다. 블루투스 모듈(HM-10)의 이름을 변경하지 않을 때는 'HMSoft'가 기본 이름이 됩니다. 찾은 블루투스 모듈의 이름을 터치하면 연결을 시도하고, 정상적으로 연결되었다면 블루투스 아이콘의 이미지가 더 밝은색으로 바뀝니다.

일부 안드로이드 스마트폰에서는 [SCAN] 버튼을 누르기 전에 블루투스 페어링을 먼저 진행해야 하는 경우가 있습니다. 만약 [SCAN] 버튼을 눌러도 블루투스 모듈 탐색이 되지 않는다면 해당 스마트폰의 블루투스 설정 화면에서 블루투스 모듈을 찾아 페어링을 시도합니다. PIN 번호를 요청하면 '0000' 또는 '1234'를 입력합니다.

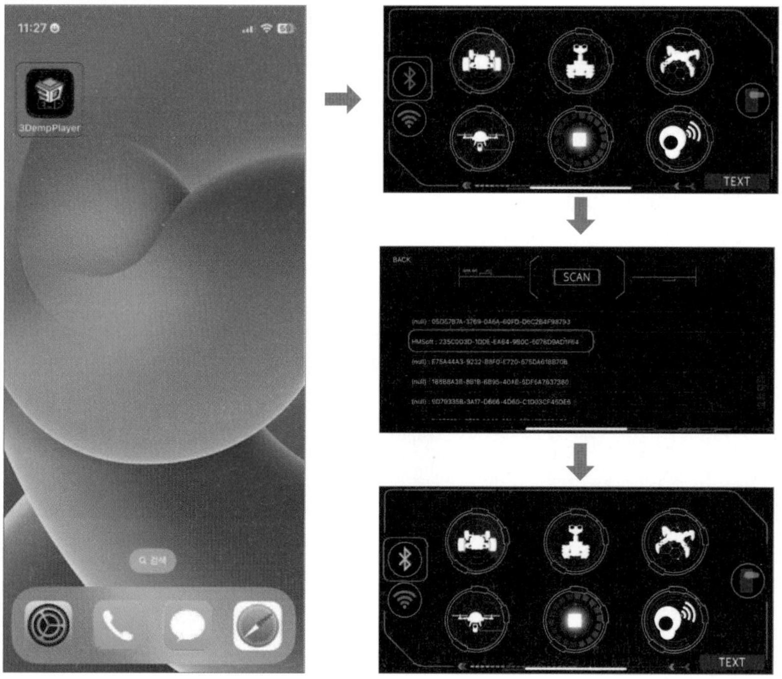

6. 모바일 앱 설정하기

설치한 앱과 블루투스 모듈이 서로 연결되었다면 앱의 설정 화면에서 어떤 데이터를 전송할지 결정해야 합니다. 스케치 코드에서 문자 '1'을 전송하면 LED를 켜고, 문자 '1'이 아닌 다른 문자를 전송하면 LED를 끄도록 코드를 작성했기 때문에 문자 '1'과 다른 문자를 전송하도록 모바일 앱을 설정할 것입니다.

블루투스 연결을 마친 후 모바일 앱에서 자동차 아이콘을 터치하면 자동차를 제어할 수 있는 컨트롤러 화면으로 이동합니다. 이때 화면 오른쪽 상단에 설정 버튼이 보이며, 이 버튼을 터치해 버튼을 누를때 어떤 문자를 전송할지 변경할 수 있는 화면으로 이동합니다. 전송할 문자 설정 화면에서 FRONT는 버튼을 누를 때 전송하는 문자를 결정하고, BACK은 버튼을 누를 때 전송하는 문자를 결정합니다. 버튼은 LEFT, 버튼은 RIGHT, 버튼은 TURBO, 버튼은 STOP 영역의 문자를 변경해 전송할 문자를 결정합니다.

LED를 켜기 위해 FRONT 영역의 문자를 1로 변경하고, SUFFIX 영역에서 기본값 X를 제거한 후 화면 상단의 [SAVE] 버튼을 터치하면 변경한 내용이 저장됩니다. 만약 다시 문자 변경 화면으로 되돌아오면 SUFFIX 영역의 값이 초기화되므로, 변경할 때마다 지워 주는 것을 잊지 않아야 합니다. SUFFIX는 문자가 전송된 후 마지막에 붙여 주는 문자입니다. 예를 들어, '1' 문자를 전송하면 받는 쪽에서는 '1X'를 받습니다. SUFFIX를 꼭 써야하는 상황이 아니라면 제거하고, 하나의 문자로 구분하는게 편리합니다.

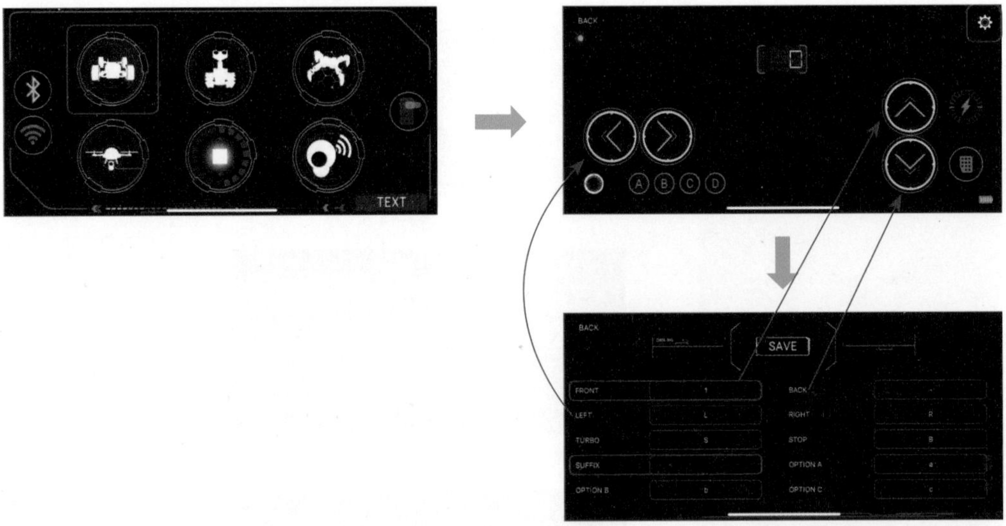

7. 원격으로 LED 제어하기

LED를 제어하기 위한 모든 준비가 되었습니다. 모바일 앱에서 블루투스 모듈과 연결을 마치고, 자동차 아이콘 영역을 터치해 컨트롤러 화면으로 이동합니다. 전진(FRONT) 영역의 버튼을 터치하면 아두이노에 연결된 LED의 불빛이 켜지고, 다른 버튼을 터치하면 LED 불빛이 꺼지는 것을 확인할 수 있습니다.

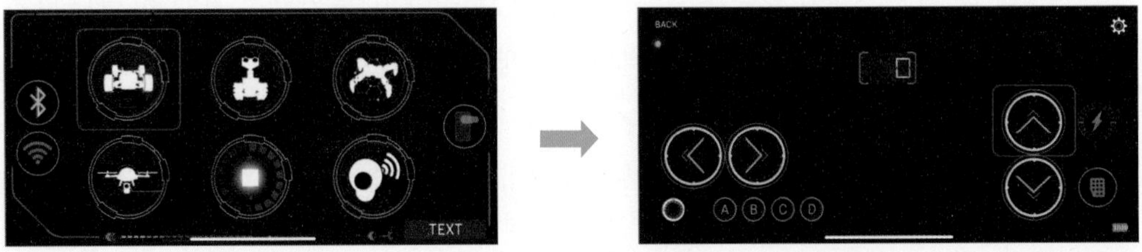

직접 볼까요!

모바일 앱을 통해 무선으로 LED를 켜고 끄기

블루투스 모듈(HM-10)과 아두이노 회로를 구성하고, 모바일 앱을 통해 무선으로 LED를 켜고 끄는 영상으로 보고 싶다면 다음 링크를 참고하세요.

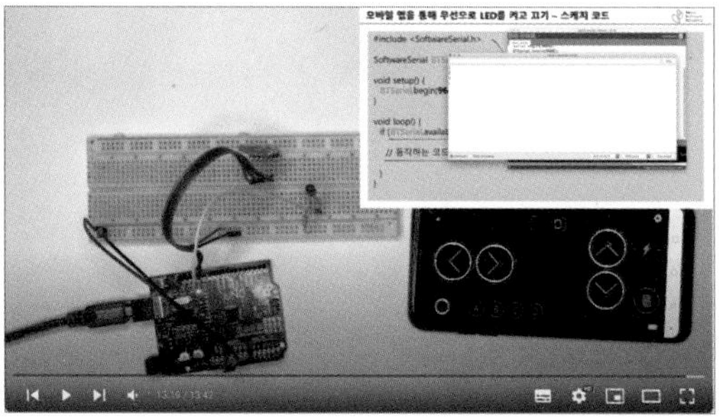

QR코드를 찍어 보세요.

https://youtu.be/2BwYun4SxQ8

도전! 스마트폰으로 LED의 밝기를 제어해 봐요!

난이도: ★★☆

다음 그림을 참고해 회로를 구성하고 목표대로 작동하도록 스케치 코드를 작성해 보자.

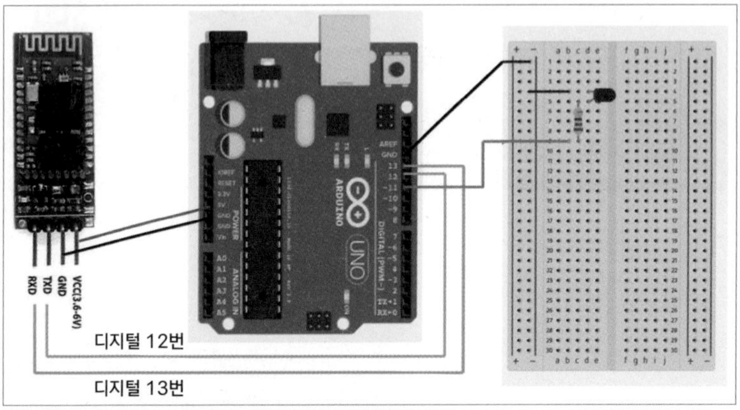

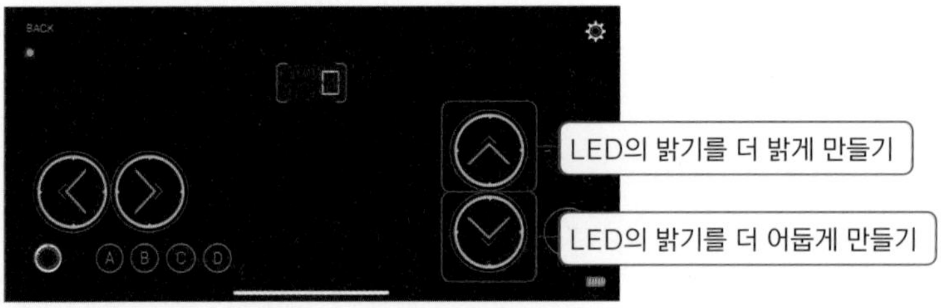

원격으로 LED의 밝기 조절하기

목표

스마트폰으로 아두이노에 연결된 LED의 밝기를 조절한다.

구성 요소

아두이노, 브레드보드, LED, 저항(220Ω), 블루투스 모듈(HM-10), 스마트폰

힌트

① 아날로그 출력 기능(PWM)으로 LED의 밝기를 제어한다.

② 스마트폰 앱의 버튼 설정을 변경해 밝기 조절값을 변경하고, 블루투스 통신으로 값을 전달한다.

넷째
마당

도전!
아두이노 실전 프로젝트

넷째마당에서는 다양한 실전 프로젝트를 통해 아두이노 활용 실력을 더 키워봅니다. 실생활에서 활용할 수 있는 제품의 기능을 직접 구현하며 아두이노 고수가 되어 봐요!

17

LED와 버튼을 활용한 프로젝트

LED와 버튼은 아두이노를 배울 때 가장 먼저 사용하는 전자 부품입니다. 기본적으로 켜고 끄는 동작을 통해 디지털 입력과 출력을 다뤄 봤다면 이번 장에서는 여러 LED와 버튼을 실전 프로젝트에 응용하는 방법을 알아보겠습니다.

학습 목표

- LED와 버튼을 활용한 응용 프로젝트를 수행한다
- 흐르는 LED를 만들면서 디지털 출력을 응용할 수 있다
- 2진수 카운터와 고급 LED 모듈을 어떻게 다루는지 이해할 수 있다

17-1 물처럼 흐르는 LED 만들기

LED 여러 개 물이 흐르듯 약간의 시차를 두고 켜지고 꺼지는 것을 반복하면 흐르는 LED를 만들 수 있습니다. 흐르는 LED는 전광판이나 인테리어 소품 등 사람들의 눈에 띄어야 하는 물건에 활용할 수 있습니다. 또는 하늘에서 비가 오는 효과를 LED로 만들고 싶을 때에도 사용할 수 있습니다.

Do it! 실습 17-1 한쪽 방향으로 흐르는 LED 만들기

흐르는 LED를 만들려면 LED와 저항이 여러 개 필요합니다. 이번 실습에서는 LED와 저항을 각각 7개씩 사용하지만 추후에 필요한 만큼 추가해도 좋습니다.

1. 회로 구성하기

아두이노와 브레드보드, LED와 저항(220Ω) 7개를 준비합니다. LED의 양극에 저항을 연결하고, 아두이노의 디지털 7번 핀부터 13번 핀까지 차례로 연결합니다. LED의 음극은 브레드보드에 연결하고, 브레드보드의 음극(-)은 아두이노의 접지(GND)에 연결하면 회로 구성은 완성됩니다.

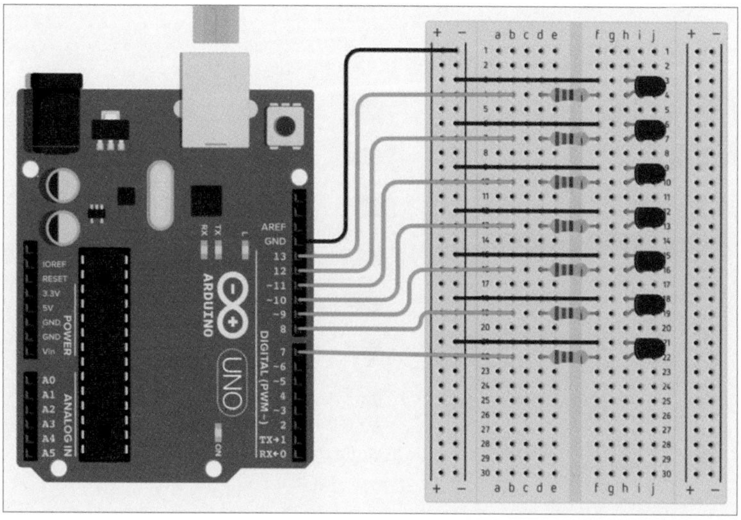

한쪽 방향으로 흐르는 LED의 회로와 배선

2. 스케치 코드 작성하기

다음과 같이 코드를 입력합니다. 01~06행은 setup() 함수로 LED에 연결된 디지털 핀을 출력 모드로 변경한 것입니다. 여러 개의 핀을 한번에 출력 모드로 변경하기 위해 for 반복문으로 간단히 작성할 수 있습니다. 03행에서 for 반복문은 아두이노의 디지털 7번 핀부터 13번 핀까지 1씩 증가하며, 04행에서 출력 모드로 변경합니다.

```
01 : void setup()
02 : {
03 :   for (int i=7; i<=13; i++) {
04 :       pinMode(i, OUTPUT);
05 :   }
06 : }
07 :
08 : void loop()
09 : {
10 :   for (int i=7; i<=13; i++) {
11 :     digitalWrite(i, HIGH);
12 :     delay(100);
13 :     digitalWrite(i, LOW);
14 :     delay(100);
15 :   }
16 : }
```

3. 스케치 코드 읽기

08~16행은 순차적으로 LED를 켜고 끄는 코드입니다. 핀 모드를 출력 모드로 설정한 것과 유사하게 for 반복문을 사용해 100ms(밀리초) 간격으로 LED를 켜고 끄면, 옆에 있는 LED가 연속적으로 점멸되어 마치 불빛이 흐르는 것처럼 보입니다.

한쪽 방향으로 연쇄적으로 점멸하는 LED

Do it! 실습 17-2 양쪽 방향으로 흐르는 LED 만들기

한쪽 방향으로 흐르는 LED를 완성했다면 이번엔 양쪽 방향으로 흐르는 LED를 만들어보겠습니다. 실습 17-1에서 사용한 준비물을 그대로 사용하고, 스케치 코드만 변경하면 됩니다.

1. 스케치 코드 작성하기

한쪽 방향으로 흐르는 LED 코드에서 달라진 부분인 17~21행 부분만 노란색 배경으로 표시했습니다.

```
01 : void setup()
02 : {
03 :   for (int i=7; i<=13; i++) {
04 :       pinMode(i, OUTPUT);
05 :   }
06 : }
07 :
08 : void loop()
09 : {
10 :   for (int i=7; i<=13; i++) {
11 :     digitalWrite(i, HIGH);
12 :     delay(100);
13 :     digitalWrite(i, LOW);
14 :     delay(100);
15 :   }
16 :
17 :   for (int i=12; i>7; i--) {
18 :     digitalWrite(i, HIGH);
19 :     delay(100);
20 :     digitalWrite(i, LOW);
21 :     delay(100);
22 :   }
23 : }
```

2. 스케치 코드 읽기

17행에서 사용한 for 반복문을 통해 LED가 반대 방향으로 점멸되도록 순서를 정합니다. 반대 방향으로 깜빡일 때 중복으로 동작하는 것을 방지하기 위해 i의 초깃값을 13이 아닌 12로 입력합니다. 10~15행에서 LED가 한쪽 방향으로 점멸하다 마지막 13번 핀에 연결된 LED가 점멸하게 되는데, 다음 번 점멸할 LED는 13번 핀에 연결된 LED가 아닌 그 옆에 있는 12번 핀에 연결된 LED이기 때문입니다. 마찬가지로 디지털 핀 번호를 1씩 감소시키다가 마지막에는 7번 핀에 연결된 LED가 아닌 8번 핀에 연결된 LED까지 점멸해야 합니다. loop() 함수가 다시 실행되면 10행에서 7번 핀에 연결된 LED가 먼저 점멸되기 때문입니다. 사소한 부분이지만 순차적으로 점멸하는 LED를 제어할 때는 미세한 부분까지 신경 써야 LED의 깜빡임이 부드럽게 동작합니다.

17-2 2진수 카운터 만들기

2진수(binary)는 0과 1 두 개의 숫자로만 구성된 수 체계입니다. 사람은 0~9까지 10개의 숫자로 구성된 10진수 체계가 익숙하지만 아두이노와 같은 디지털 장치는 2진수 체계로 동작합니다. 아두이노와 더 친해지기 위해 이번엔 2진수 카운터를 만드는 실습을 진행하겠습니다. 다음 표는 일상생활의 10진수를 아두이노가 사용하는 2진수로 변환한 것입니다. 아두이노에 연결된 LED로 1은 켜짐, 0은 꺼짐으로 표현할 수 있습니다.

10진수와 2진수 변환표

10진수	0	1	2	3	4	5	6	7	8	9
2진수	0000	0001	0010	0011	0100	0101	0110	0111	1000	1001

Do it! 실습 17-3 2진수 카운터 만들기

2진수 카운터를 만들기 위해 아두이노와 LED 및 저항(220Ω) 8개, 푸시 버튼이 필요합니다. 버튼을 누를 때마다 2진수 카운터가 1씩 증가해 2진수를 표현하기 위한 LED가 켜집니다. 그림과 같이 회로를 구성하기 위해 LED 8개는 아두이노의 디지털 6번 핀 부터 13번 핀까지 연결해 8비트 2진수 카운터가 되도록 합니다. 아두이노의 전원과 접지를 브레드보드에 연결하고, 푸시 버튼을 디지털 2번 핀에 연결하면 회로가 완성됩니다.

1. 회로 구성하기

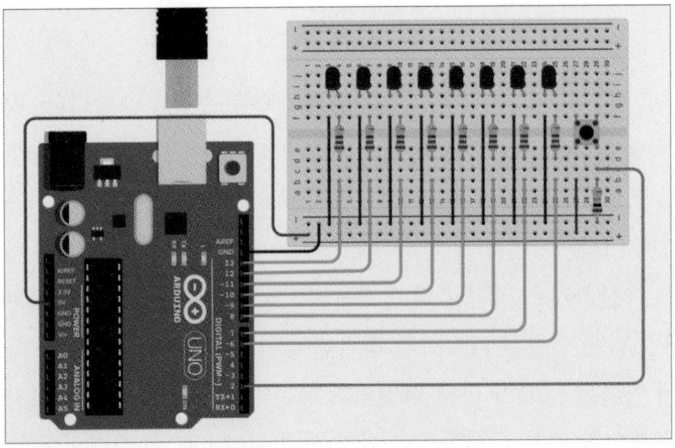

2진수 카운터를 만드는 회로와 배선

2. 스케치 코드 작성하기

01~04행은 LED와 카운트 변수를 제어하기 위한 전역 변수를 선언하고 초기화합니다. 06~15행은 setup() 함수 영역으로 LED와 푸시 버튼 제어를 위해 핀 모드를 설정합니다. 17~33행은 loop() 함수로 버튼이 눌릴 때마다 카운트 변수를 1씩 증가시키고, 카운트 변수의 값에 따라 2진수로 LED의 불빛을 켜고 끕니다. 마지막 35~41행은 정수를 입력받아 디지털 핀으로 2진수를 제어하기 위한 displayBinaryLED() 함수를 구현한 코드입니다.

```
01 : int flag = 0;                      // 버튼의 상태를 구분하기 위한 변수
02 : int count = 0;                     // 카운터 변수 초깃값
03 : int pinNumber = 8;                 // 핀 개수
04 : int ledPinNum[] = { 6, 7, 8, 9, 10, 11, 12, 13 };      // LED 제어를 위한 디지털 핀 번호
05 :
06 : void setup()
07 : {
08 :   // LED 제어를 위한 출력 모드
09 :   for(int i=0; i<pinNumber; i++) {
10 :       pinMode(ledPinNum[i], OUTPUT);
11 :   }
12 :
13 :   // 버튼 제어를 위한 입력 모드
14 :   pinMode(2, INPUT);
15 : }
16 :
17 : void loop()
18 : {
19 :   int inputValue = digitalRead(2);
20 :   if (inputValue == HIGH) {        // 푸시 버튼이 눌렸을 때
21 :     if (flag == 0) {               // 상태 변경
22 :       flag = 1;
23 :     }
24 :
25 :   } else {                         // 푸시 버튼이 떼어졌을 때
26 :     if (flag == 1) {
27 :       count++;                     // 카운트값 1씩 증가
28 :       displayBinaryLED(count);     // 카운터값을 LED로 출력
29 :       flag = 0;                    // 상태 구분 변수를 초기화
30 :     }
31 :   }
```

```
32 :   delay(100);                                // 100ms 지연 시간
33 : }
34 :
35 : void displayBinaryLED(int num)
36 : {
37 :   for (int i = 0; i < pinNumber; i++) {
38 :     int state = (num >> i) & 1;              // 각 비트의 상태를 가져옴
39 :     digitalWrite(ledPinNum[i], state);       // LED 상태를 설정
40 :   }
41 : }
```

3. 스케치 코드 읽기: flag

01행 flag 변수는 버튼을 눌렀다 뗄 때마다 카운터 변수를 1씩 증가시키기 위해 버튼이 눌린 상태를 비교하는 변수입니다. 아두이노에서 버튼이 눌리는 코드는 loop() 함수에서 처리하기 때문에 잠깐 눌리더라도 loop() 함수가 실행되는 시간이 너무 짧아 여러 번 눌린 것처럼 동작합니다. 이를 해결하려면 누르는 시점과 떼는 시점을 구분해 처리하기 위한 flag 변수가 필요합니다. 동작하는 원리는 loop() 함수 코드에서 살펴보겠습니다. 02~04행은 10진수 카운터 변수, LED 제어를 위해 사용한 디지털 핀 수 및 핀 번호와 관련된 변수를 초기화합니다. 06~15행은 setup() 함수로 LED 제어를 위한 디지털 핀은 출력 모드로, 푸시 버튼의 입력값을 가져올 디지털 핀은 입력 모드로 설정합니다.

4. 스케치 코드 읽기: 유한 상태 기계

버튼을 누르지 않은 상태와 눌렀다 뗄 때 상태는 동일하기 때문에 서로 구분하기 어렵습니다. 이럴 때 유한 상태 기계를 사용하면 구분할 수 있습니다. 유한 상태 기계는 정해진 개수만큼 상태와 상태가 변경되는 조건으로 구분합니다. 예를 들어, 버튼을 누르지 않은 상태, 버튼을 누른 상태로 구분하고, 버튼을 누르는 행위로 인해 버튼은 누르지 않은 상태에서 누른 상태로 바뀝니다. 이러한 과정을 그림으로 표현하면 다음과 같습니다. 상태는 '시작', '종료', '누름', '떨어짐'과 같이 총 4개로 구분하며, 상태가 변경되는 조건은 '버튼을 누르는 행위', '버튼을 누르지 않는 행위', flag 변수를 초기화해 '시작 상태로 되돌아가는 행위'로 구분합니다.

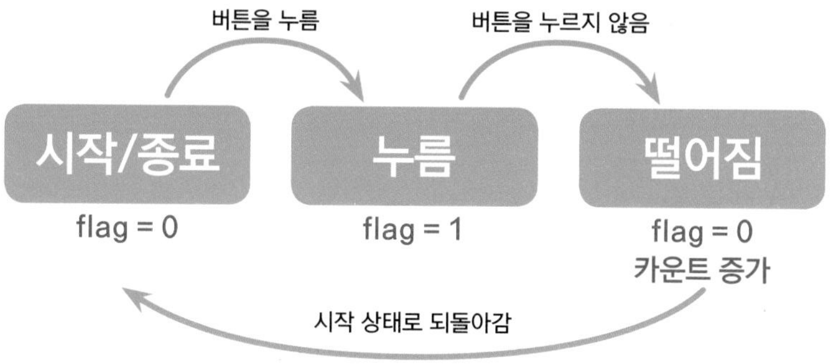

버튼의 상태와 상태가 변경되는 조건

처음엔 버튼을 누르지 않은 상태이므로, flag 변숫값을 0으로 초기화해 구분합니다. 푸시 버튼을 누르면 상태가 '누름'으로 바뀝니다. 상태가 변경되면 flag값을 1로 설정해 상태가 변경되었음을 구분합니다. 버튼을 계속 누르고 있으면 상태는 바뀌지 않고 '누름' 상태를 유지합니다. 그러다 버튼을 누르던 손을 놓으면 떨어짐 상태가 되고, 이때 카운트가 증가합니다. 만약 버튼을 누른 상태에서 카운트가 증가하면 잠깐 누르더라도 1만큼 증가가 아닌 더 많은 수가 증가될 것입니다. 하지만 버튼을 누르던 손을 뗄 때는 순간적으로 발생하기 때문에 한 번만 카운트가 증가합니다.

코드를 작성할 때는 위 그림을 다음과 같이 표로 변환하면 편리합니다. 버튼의 상태를 '누름'과 '떨어짐'으로 구분하고, flag 변수의 값을 0과 1로 구분해 각각의 상태에 따라 값을 변경하는 것을 코드로 그대로 작성하면 됩니다. 20~31행이 다음 표를 코드로 표현한 것입니다.

상태와 flag 변숫값에 따른 수행 결과

버튼 / flag 변숫값	누름	떨어짐
0	flag = 1	시작/종료
1	누름 유지	flag = 0 카운트 증가

푸시 버튼이 눌리면 flag값을 비교해 0인 경우 '누름' 상태로 변경하기 위해 flag값을 1로 변경합니다. 만약 flag값이 1인 경우 '누름' 상태이기 때문에 다시 눌리더라도 상태를 변경하지 않습니다. 25행은 버튼을 누르던 손을 뗄 때 실행되는 else 구문입니다. else 구문에서 flag값이 1인 경우 그 전에 '누름' 상태라는 것을 의미하기 때문에 이 시점이 푸시 버튼을 눌렀다 떼는 순간입니다. 이때 카운트가 증가하고, 증가한 값에 따라 LED의 상태를 변경해야 합니다. 그리고 flag값을 0으로 다시 만들어 줘야 초기 상태로 되돌아갑니다. 즉, 27행에서 count++로 카운트

값이 1씩 증가하고, 28행에서 displayBinaryLED() 함수로 LED의 불빛을 2진수로 표시합니다. 29행은 flag값을 0으로 초기화해 버튼이 눌리기 전 상태로 만들어 줍니다.

5. 스케치 코드 읽기: displayBinaryLED() 함수

31~41행은 displayBinaryLED() 함수로 10진수 count 변수를 2진수로 변환하고, LED로 표시하는 기능을 수행합니다. 37행 반복문은 사용한 LED의 수만큼 반복하기 위한 것이며, state 변수는 LED의 상태를 켜고 끌지 결정합니다. 〉〉 연산자는 10진수를 2진수로 변환해 오른쪽으로 시프트 연산을 수행합니다. 예를 들어, '10 〉〉 1' 연산을 수행하기 위해 10진수를 2진수로 변환하면 00000000 00001010이 되고, 오른쪽으로 시프트 연산을 한 번 수행하므로 00000000 00001010은 00000000 00000101이 됩니다. 즉, 오른쪽 시프트 연산은 2진수를 한 칸씩 오른쪽으로 밀어내는 것과 같습니다. 그러면 맨 오른쪽 1비트는 사라지고, 맨 왼쪽 1비트는 0으로 채워집니다. & 기호는 비트 AND 연산자로 두 값이 모두 1일 때 결과는 1이 되고, 하나라도 0이면 0이 됩니다. 즉, 오른쪽 표와 같이 x와 y가 0과 1의 값을 가질 때 & 연산의 결괏값을 확인할 수 있습니다.

비트 연산자 &의 결과

x \ y	0	1
0	0	0
1	0	1

오른쪽 시프트 연산과 AND 비트 연산자를 토대로 38행에 작성된 (num 〉〉 i) & 1 코드는 카운터 변수의 2진수값을 알아내 state 변수에 저장하기 위해 사용되었습니다. 예를 들어, 카운트 변수가 5일 때 첫 번째 반복문에서는 i의 값이 0이므로 오른쪽 시프트 연산으로 0만큼 이동한 00000000 00000101 값과 00000000 00000001 값을 & 연산으로 수행하면 1을 제외한 모든 비트는 0이 되므로 마지막 값만 가져와 state 변수에 저장합니다. 즉, 1의 값이 state 변수에 저장되고, 39행에 따라 state 변수가 1이면, ledPinNum 배열의 0번째 인덱스에 연결된 디지털 6번 핀 LED의 불빛이 켜집니다.

for 반복문은 동일한 과정을 거쳐 카운터 변수의 2진수 자릿수마다 LED의 불빛을 제어합니다. 다음은 버튼을 눌러 카운터 변수를 증가할 때마다 LED의 상태를 표현한 것입니다.

숫자 0부터 숫자 8까지 카운터 증가 결과

10진수 count 변수	2진수 변환 값	LED 상태
0	00000000	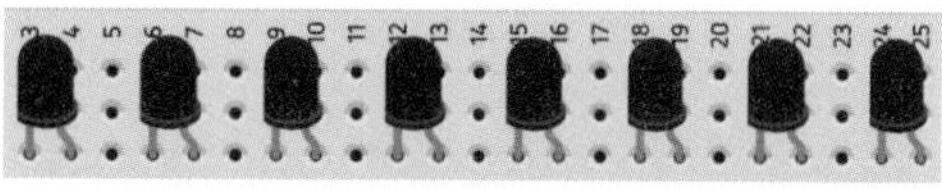
1	00000001	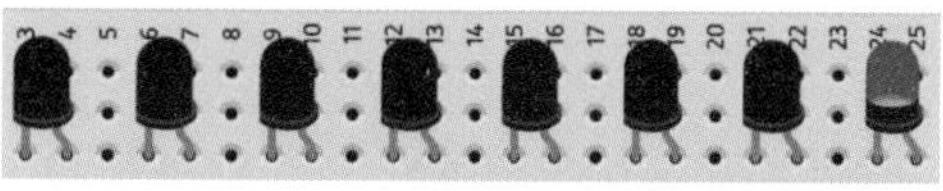
2	00000010	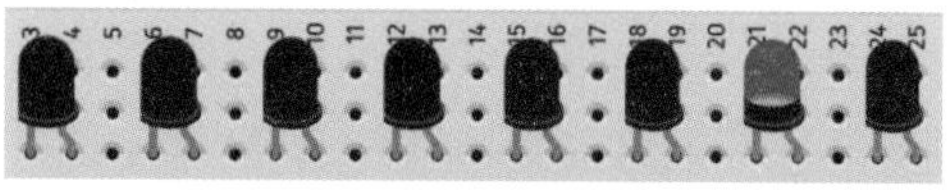
3	00000011	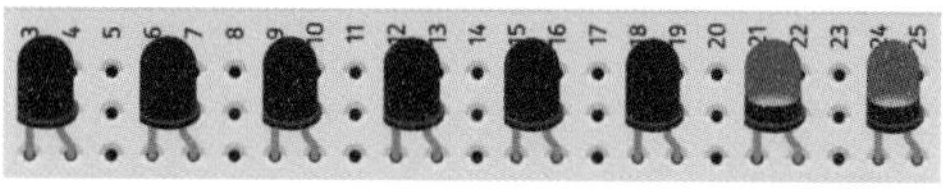
4	00000100	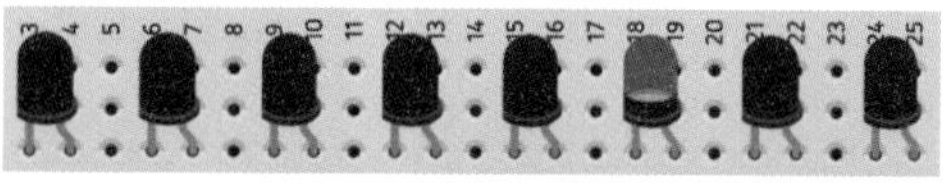
5	00000101	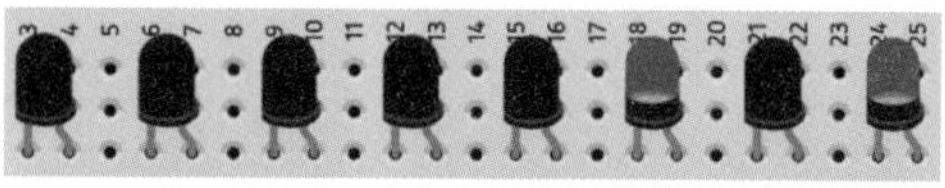
6	00000110	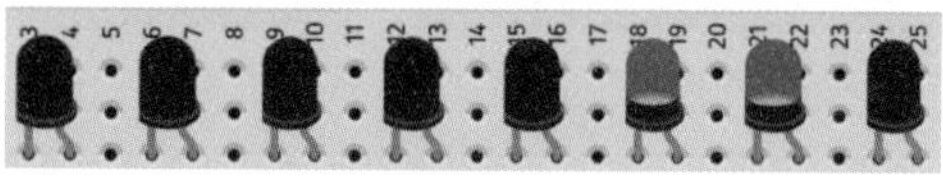
7	00000111	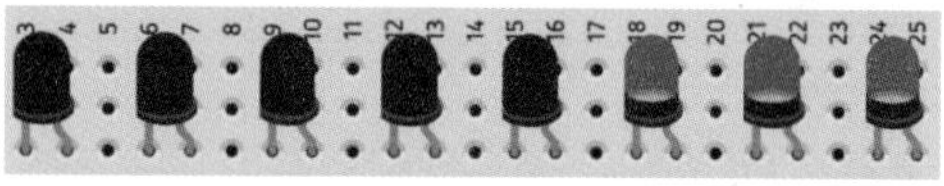
8	00001000	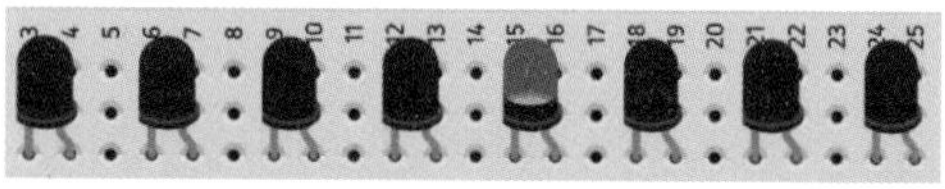

17-3 네오픽셀 다루기

네오픽셀(neopixel)은 에이다프루트(Adafruit)에서 제작해 판매하는 RGB LED 중 하나입니다. 하나의 신호선으로 다양한 불빛 색상과 LED를 제어할 수 있어 편리합니다. 삼색 LED로도 다양한 색상을 표현할 수 있지만 하나의 삼색 LED를 제어하려면 R(red), G(green), B(blue)에 해당하는 디지털 핀 3개가 필요합니다. 하지만 네오픽셀은 디지털 핀이 하나만 필요하므로 아두이노의 핀을 효율적으로 사용할 수 있습니다. 네오픽셀은 LED의 개수와 모양에 따라 종류가 다양하지만 일반적으로 전원과 접지, 신호선 1개를 사용합니다.

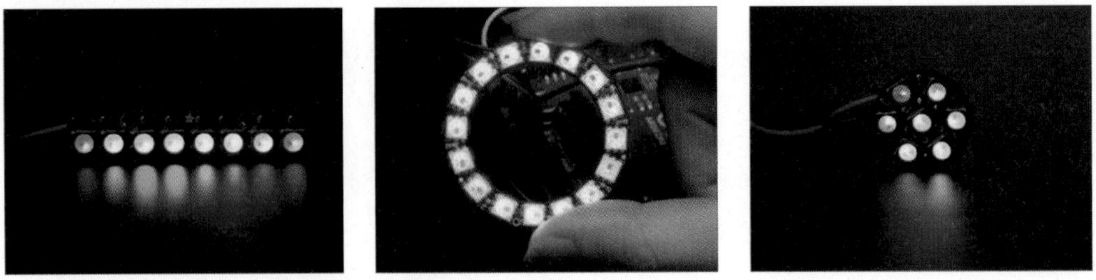

그림 17-2 네오픽셀(출처: https://www.adafruit.com/)

Do it! 실습 17-4 네오픽셀 다루기

네오픽셀은 아두이노 시뮬레이터에서도 지원하며, 구성 요소에서 'neo' 키워드로 검색하면 다양한 종류의 네오픽셀 모듈을 찾을 수 있습니다. 네오픽셀 모듈에는 저항이 내장되어 있어서 추가로 준비하지 않아도 됩니다.

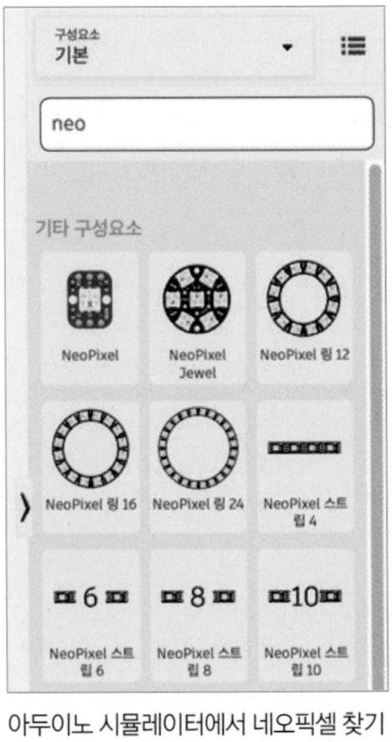

아두이노 시뮬레이터에서 네오픽셀 찾기

1. 네오픽셀 라이브러리 설치하기

네오픽셀은 라이브러리를 설치해야 사용할 수 있습니다. 아두이노 IDE에서 [라이브러리] 아이콘을 클릭해 'neopixel' 키워드로 검색하면 네오픽셀과 관련한 라이브러리가 나타나며, 그 중 그림과 같이 'Adafruit NeoPixel' 라이브러리명을 찾아 [설치] 버튼을 누르면 라이브러리가 설치됩니다.

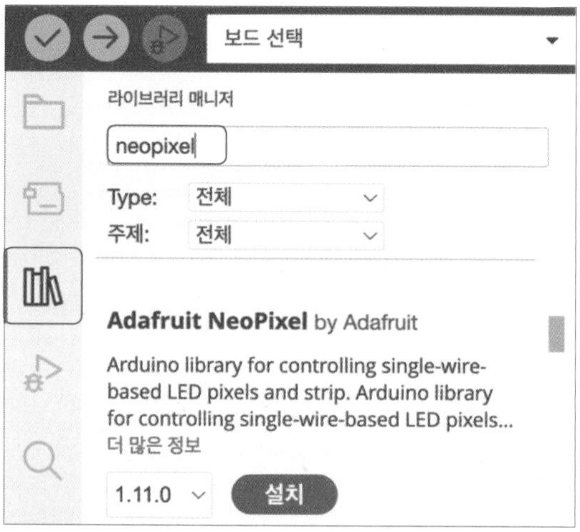

네오픽셀 라이브러리 검색 후 설치

2. 회로 구성하기

네오픽셀의 종류는 다양하지만 사용 방법은 비슷합니다. 먼저 하나의 LED로 구성된 네오픽셀 모듈을 통해 동작 원리를 살펴봅시다. 아두이노와 네오픽셀 모듈에 연결할 수 있는 핀은 전원(+), 접지(G), 입력 신호선(IN)입니다. 네오픽셀 반대 방향에 있는 전원(+), 접지(G), 출력 신호선(O)은 다른 네오픽셀 모듈을 연결할 수 있는 핀입니다. 즉, 네오픽셀은 하나 이상을 연결해 동시에 제어할 수 있습니다. 그림과 같이 아두이노의 전원(5V)은 네오픽셀 모듈의 전원(+), 아두이노의 접지(GND)는 네오픽셀의 접지(G), 아두이노의 디지털 2번 핀은 네오픽셀의 입력 신호선(IN)에 연결합니다.

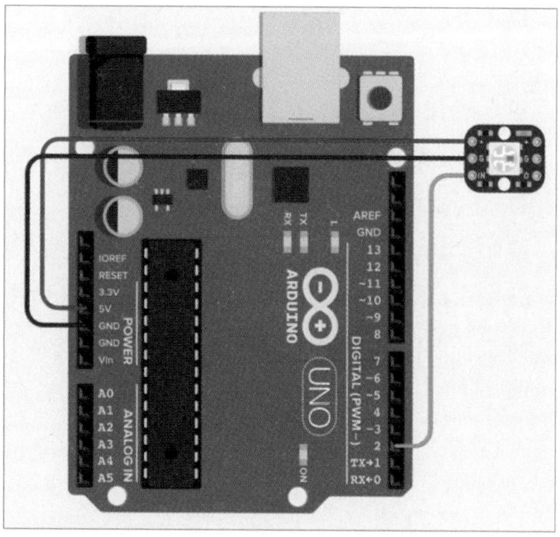

하나의 LED로 구성된 네오픽셀 회로와 배선

3. 스케치 코드 작성하기

01행은 네오픽셀을 사용하기 위해 라이브러리를 불러오는 코드입니다. 03~06행은 네오픽셀을 제어하기 위해 초기화를 수행합니다. 08~11행은 네오픽셀 라이브러리를 초기화하고, 13~16행은 loop() 함수에서 임의의 색상으로 네오픽셀의 불빛을 변경합니다. 19~25행은 사용자 정의 함수 setColor()를 통해 RGB 색상을 결정하고, 네오픽셀의 특정 핀에 색상을 변경하는 코드로 구성됩니다.

```
01 : #include <Adafruit_NeoPixel.h>
02 :
03 : #define PIN         2         // 제어를 위한 디지털 핀 번호
04 : #define NUMPIXELS   1         // 네오픽셀의 LED 수
05 :
06 : Adafruit_NeoPixel pixels = Adafruit_NeoPixel(NUMPIXELS, PIN, NEO_GRB + NEO_KHZ800);
07 :
08 : void setup() {
09 :   // 네오픽셀 라이브러리 초기화
10 :   pixels.begin();
11 : }
12 :
13 : void loop() {
14 :   setColor();
15 :   delay(100);
16 : }
17 :
18 : // 임의의 RGB 색상을 변경하는 함수
19 : void setColor() {
20 :   int redColor = random(0, 256);
21 :   int greenColor = random(0,256);
22 :   int blueColor = random(0, 256);
23 :   pixels.setPixelColor(0, pixels.Color(redColor, greenColor, blueColor));
24 :   pixels.show();
25 : }
```

4. 스케치 코드 읽기: Adafruit_NeoPixel.h

01행에서 불러온 네오픽셀 헤더 파일은 라이브러리를 설치한 경우에만 사용할 수 있습니다. 만약 라이브러리가 정상적으로 설치되지 않으면 해당 코드에서 오류가 발생합니다. 03행은 네오픽셀을 제어하기 위해 아두이노의 몇 번 디지털 핀을 사용할지 핀 번호를 설정합니다. 코드에서 디지털 핀 2번을 사용한다는 것은 아두이노 회로에서 네오픽셀의 신호선이 디지털 2번 핀에 연결되어 있기 때문입니다.

04행은 네오픽셀 모듈의 LED가 몇 개 있는지 초기화합니다. 현재 회로에서는 한 개의 LED만 구성되어 있으므로 1로 설정했지만, 네오픽셀 모듈을 추가로 연결하면 개수에 맞는 숫자로 초기화합니다.

06행은 pixels 인스턴스 변수를 초기화하며, 이때 NUMPIXELS와 PIN 값을 통해 네오픽셀의 LED 개수와 아두이노의 디지털 제어 핀 번호를 설정합니다. NEO_GRB + NEO_KHZ800 코드는 네오픽셀의 유형을 의미하는 것으로 NEO_GRB는 G(green), R(red), B(blue), W(white) 핀의 제어 순서에 따라 다른 값을 사용합니다. 그리고 NEO_KHZ800은 네오픽셀의 데이터 전송 속도를 의미하며 NEO_KHZ800과 NEO_KHZ400을 지원합니다.

5. 스케치 코드 읽기: pixels.begin()

10행에서 사용한 pixels.begin() 메서드는 네오픽셀을 사용하기 위해 초기화합니다. 마치 시리얼 모니터를 초기화할 때 사용한 Serial.begin() 메서드와 동일합니다. 시리얼 통신을 사용하기 위해 핀 번호를 설정한 후 통신을 초기화한 것과 동일하게 네오픽셀을 제어하기 위해 사용한 초기화 코드입니다.

6. 스케치 코드 읽기: pixels.setPixelColor(), pixels.show()

20~22행은 빛의 삼원색인 빨강, 초록, 파랑의 값을 임의로 가져오기 위해 random() 함수를 사용합니다. random() 함수는 0~255 사이의 값을 가져옵니다. pixels.setPixelColor() 메서드는 네오픽셀의 색상을 변경하기 위한 것으로 2개의 매개변수를 갖습니다. 첫 번째 매개변수는 네오픽셀의 인덱스로 여러 네오픽셀을 사용할 경우 0번부터 N-1의 인덱스 번호(N개의 LED를 사용한 경우)를 갖습니다. 앞의 실습에서는 한 개의 LED가 포함된 네오픽셀 모듈을 사용하므로 인덱스 0의 값을 사용했습니다. 두 번째 매개변수는 RGB 색상 코드를 설정하는 부분으로 pixels.Color(redColor, greenColor, blueColor) 함수를 통해 random() 함수로 가져오는 RGB값을 각각 설정합니다. 마지막 24행은 pixels.show() 메서드를 통해 색상이 변경된 LED의 불빛을 갱신합니다.

Do it! 실습 17-5 스틱형 네오픽셀 다루기

다른 종류의 네오픽셀 모델을 사용한다고 해서 신호선을 추가로 연결할 필요는 없습니다. 원리만 이해한다면 얼마든지 네오픽셀 모듈을 추가로 연결해 사용할 수 있습니다. 이때 스케치 코드만 변경하면 됩니다.

1. 회로 구성하기

이번 실습에서는 스틱형 네오픽셀 모듈을 사용해 보겠습니다. 아두이노의 전원(5V)과 접지(GND)를 네오픽셀 모듈의 전원과 접지에 연결하고, 아두이노의 디지털 2번 핀을 네오픽셀 모듈의 DIN에 연결합니다.

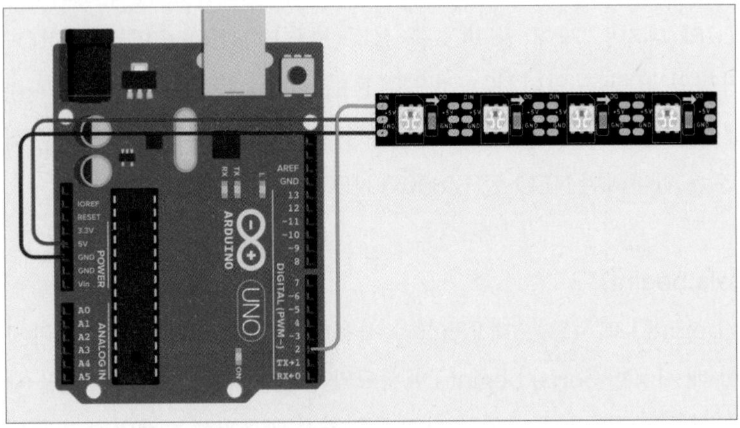

네 개의 LED로 구성된 스틱형 네오픽셀의 회로와 배선

2. 스케치 코드 작성하기

앞의 실습의 코드와 다른 부분을 중심으로 살펴보겠습니다. 04행의 경우 기존 실습에서는 네오픽셀의 LED가 하나였기 때문에 1로 설정했지만 스틱형 네오픽셀의 경우 4개의 LED로 구성되어 있으므로 4로 설정합니다.

```
01 : #include <Adafruit_NeoPixel.h>
02 :
03 : #define PIN          2        // 제어를 위한 디지털 핀 번호
04 : #define NUMPIXELS    4        // 네오픽셀의 LED 수
05 :
06 : Adafruit_NeoPixel pixels = Adafruit_NeoPixel(NUMPIXELS, PIN, NEO_GRB + NEO_KHZ800);
07 :
08 : void setup() {
09 :   // 네오픽셀 라이브러리 초기화
```

```
10 :   pixels.begin();
11 : }
12 :
13 : void loop() {
14 :   setColor();
15 :   delay(100);
16 : }
17 :
18 : // 임의의 RGB 색상 변경
19 : void setColor() {
20 :   for (int i=0; i<4; i++) {
21 :     int redColor = random(0, 256);
22 :     int greenColor = random(0,256);
23 :     int blueColor = random(0, 256);
24 :     pixels.setPixelColor(i, pixels.Color(redColor, greenColor, blueColor));
25 :     pixels.show();
26 :   }
27 : }
```

3. 스케치 코드 읽기

19~27행에서 사용한 setColor() 함수에 for 반복문을 사용해 네오픽셀 모듈에 포함된 LED를 각각 제어하는 부분이 다릅니다. 네오픽셀 내에 포함된 LED는 pixels.setPixelColor() 메서드의 첫 번째 매개변수를 통해 하나씩 제어할 수 있습니다. 즉, 네오픽셀 모듈의 첫 번째 LED는 인덱스 0번, 두 번째 LED는 인덱스 1번, 세 번째 LED는 인덱스 2번, 네 번째 LED는 인덱스 3번으로 제어합니다. 따라서 20행 for 반복문을 통해 i의 값을 0번 부터 3번까지 반복하며 24행에서 pixels.setPixelColor() 메서드의 첫 번째 매개변수를 i로 설정해 반복할 때마다 1씩 증가하도록 수정한 것입니다. 전체 코드를 입력하고 아두이노 IDE를 통해 스케치 코드를 업로드하면 네오픽셀 LED의 색상이 임의로 변경되는 것을 확인할 수 있습니다.

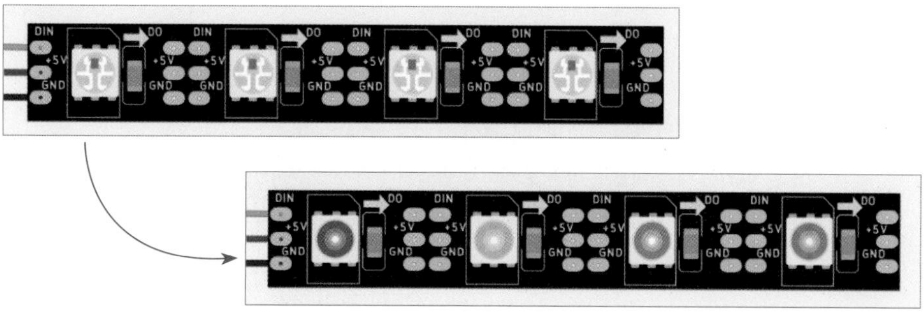

임의로 불빛의 색상이 바뀌는 스틱형 네오픽셀

18

다양한 센서를 활용한 프로젝트

센서는 물리 또는 환경적인 변화를 감지해 전기 신호로 변환하는 장치입니다. 08장에서는 온도 센서와 조도 센서를 사용해 각각 온도와 빛의 세기를 측정해 전기 신호로 변환하고, 그 값을 아두이노에서 확인해 보았습니다. 이번 장에서는 온도와 습도를 동시에 측정할 수 있는 온습도 모듈, 적외선으로 명암을 측정하는 센서, 토양의 수분을 감지하는 센서, 소리의 세기를 측정하는 센서를 다뤄 보겠습니다.

학습 목표

- 온습도 센서 모듈과 적외선 추적 모듈을 사용한다
- 토양 수분 감지 센서 모듈과 소리 센서 모듈을 사용한다

18-1 온습도 센서 모듈로 측정기 만들기

온습도 센서 모듈이란?

온습도 센서 모듈은 온도 센서와 습도 센서가 하나의 전자 부품으로 구성된 장치입니다. 온습도 측정 범위와 정확도에 따라 DHT11 모델과 DHT22(AM2302) 모델로 나뉩니다. 다음 그림에서 파란색 장치가 DHT11, 흰색 장치가 DHT22 입니다.

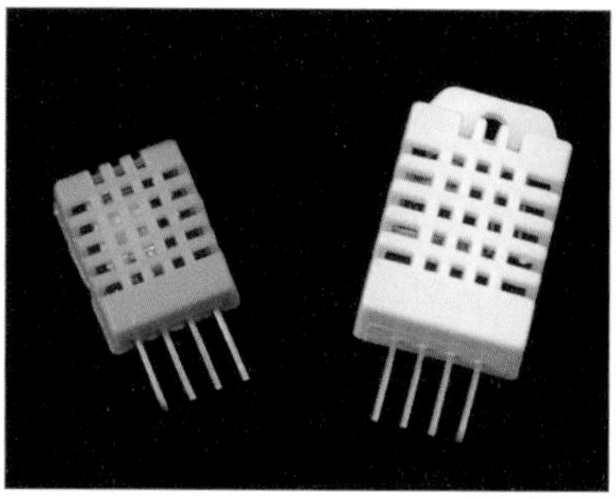

그림 18-1
온습도 센서 모듈 DHT11(왼쪽), DHT22(오른쪽)
(참고: https://learn.adafruit.com/dht/overview)

다음은 DHT11과 DHT22를 상세히 비교한 표입니다. 동작 전압과 소비 전류는 동일하지만 온도와 습도 측정 범위와 샘플링 주기가 다릅니다. DHT11에 비해 DHT22가 상대적으로 더 넓은 범위의 온도와 습도를 측정할 수 있으며, 오차도 작습니다. 샘플링 주기는 온도와 습도값을 측정하는 데 필요한 시간으로, DHT11은 1초마다 측정할 수 있고 DHT22는 2초마다 측정할 수 있습니다. 하지만 경우에 따라 더 많은 시간이 필요할 수도 있어 올바른 측정값을 읽지 못할 경우 무시하는 것도 방법입니다.

DHT11과 DHT22의 세부 특징 비교

구분	DHT11	DHT22
동작 전압	3V ~ 5V	3V ~ 5V
소비 전류	2.5mA	2.5mA
습도 측정 범위	20~80%(5% 오차)	0~100%(2~5% 오차)
온도 측정 범위	0~50°C (±2°C 오차)	-40~80°C(±0.5°C 오차)
샘플링 주기	1Hz	0.5Hz

Do it! 실습 18-1 온습도 측정기 만들기

온습도 센서 모듈로 값을 측정하기 위해 DHT11 또는 DHT22 장치를 준비합니다. 두 장치의 핀 구성은 동일하며, 그림과 같이 온습도 센서 모듈의 정면을 바라볼 때 왼쪽부터 전원(5V), 신호선, 접지(GND)를 아두이노에 연결해 사용합니다. 세 번째 핀은 사용하지 않습니다.

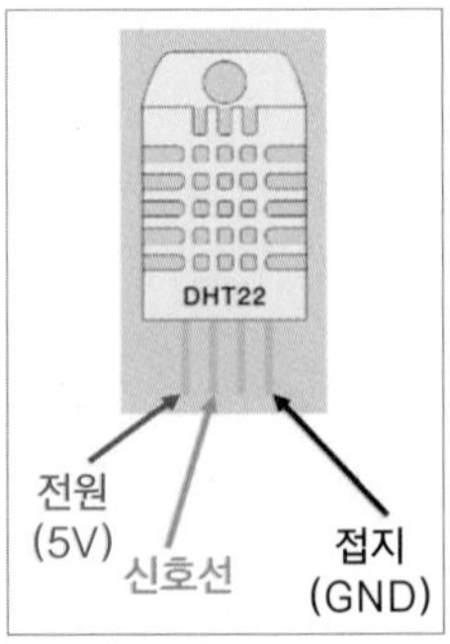

1. 회로 구성하기

아두이노의 전원(5V)과 접지(GND)를 온습도 센서 모듈의 전원과 접지에 연결하고, 온습도 센서 모듈의 신호선은 아두이노의 디지털 2번 핀에 연결합니다.

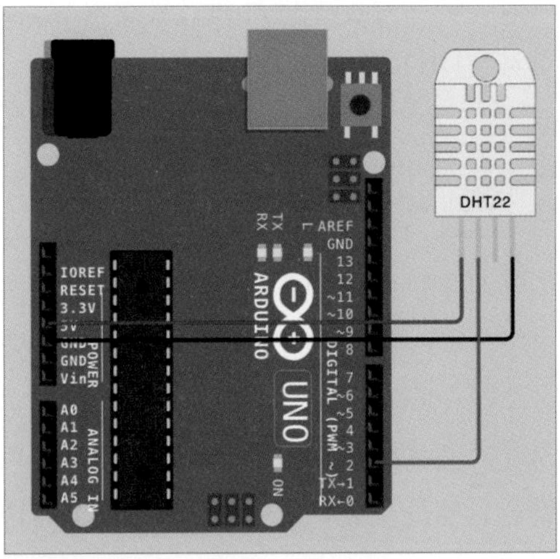

온습도 센서 모듈과 아두이노의 회로와 배선

2. 온습도 센서 라이브러리 설치하기

아두이노의 라이브러리 매니저에서 키워드를 'dht11'로 검색하면 'DHT sensor library by Adafruit' 이름의 라이브러리를 찾을 수 있습니다. [설치] 버튼을 클릭해 라이브러리를 설치합니다. 만약 그림과 같이 라이브러리 종속성 관련 창이 나타나면 [모두 설치] 버튼을 눌러 함께 설치합니다.

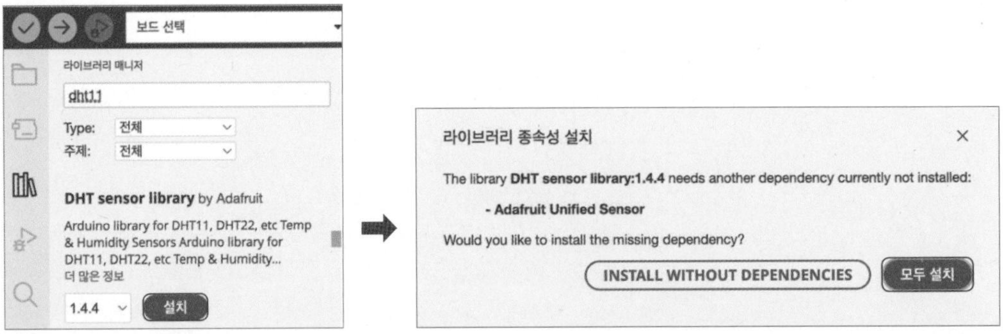

3. 스케치 코드 작성하기

다음과 같이 코드를 입력합니다. 01행은 DHT11 또는 DHT22 모듈을 사용하기 위해 필요한 라이브러리를 불러오는 코드입니다. 03~04행은 온습도 센서 모듈의 신호선을 아두이노의 디지털 핀에 연결한 번호 및 타입을 선언합니다. 만약 DHT11 모듈을 사용한다면 DHTTYPE에 해당하는 값을 DHT11로 입력하고, DHT22 모듈을 사용한다면 DHT22를 입력합니다. 05행은 온습도 센서 모듈의 핀 번호와 타입을 결정합니다. 07~10행 setup() 함수는 시리얼 모니터와 온습도 센서 모듈을 초기화하고, 12~30행에서 온습도 값을 측정해 시리얼 모니터에 출력합니다.

```
01 : #include "DHT.h"
02 :
03 : #define DHTPIN  2                                 // 온습도 센서 모듈을 연결한 디지털 핀 번호
04 : #define DHTTYPE DHT22                             // 온습도 센서 모듈의 타입(DHT11 또는 DHT22)
05 : DHT dht(DHTPIN, DHTTYPE);
06 :
07 : void setup() {
08 :   Serial.begin(9600);
09 :   dht.begin();
10 : }
11 :
12 : void loop() {
13 :   delay(2000);                                    // 측정 대기 시간
14 :   float h = dht.readHumidity();                   // 습도 측정
15 :   float c = dht.readTemperature();                // 온도 측정(섭씨)
16 :   float f = dht.readTemperature(true);            // 온도 측정(화씨)
17 :
18 :   if (isnan(h) || isnan(c) || isnan(f)) {         // 측정 실패 시 값을 무시하는 코드
19 :     Serial.println("Failed to read from DHT sensor!");
20 :     return;
21 :   }
22 :
23 :   Serial.print("Humidity: ");                     // 온습도의 값을 시리얼 모니터에 출력
24 :   Serial.print(h);
25 :   Serial.print("%  Temperature: ");
26 :   Serial.print(c);
27 :   Serial.print("°C ");
28 :   Serial.print(f);
29 :   Serial.println("°F ");
30 : }
```

4. 스케치 코드 읽기: dht.readHumidity(), dht.readTemperature() 메서드

13행 delay() 함수는 온습도 센서 모듈이 측정하는 데 충분한 시간을 주기 위해 지연 시간을 줍니다. 모듈마다 지연 시간이 다르지만 2~3초(2000~3000ms) 정도 주는 것이 일반적입니다. 14~16행은 온습도 센서 모듈을 통해 온도와 습도의 값을 가져오는 메서드를 호출합니다. 인스턴스 변수 dht는 05행에서 초기화했으며, dht.readHumidity() 메서드로 습돗값을 가져와 실수형 변수 h에 저장합니다. 온돗값은 섭씨와 화씨로 구분해 가져올 수 있는데 dht.readTemperature()는 섭씨 온돗값을 가져오는 메서드이며, 매개변수로 true를 입력한 dht.readTemperature(true) 메서드는 화씨 온돗값을 가져옵니다. 가져온 값은 실수형 변수 c와 f에 각각 저장합니다.

5. 스케치 코드 읽기: isnan() 함수

18~21행은 측정에 실패한 값이 올 때 시리얼 모니터에 값을 출력하지 않고 넘기는 코드입니다. 18행의 isnan() 함수는 연산 과정에서 잘못된 입력을 받았음을 나타내는 NaN(Not A Number) 값을 감지하는 함수입니다. 따라서 실수형 변수 h, c, f에 저장된 값이 NaN이면 isnan() 함수는 1을 반환합니다. 그렇지 않고 정상적인 측정값이 오면 isnan() 함수는 0을 반환합니다.

18행의 if 조건문은 isnan() 함수를 3번 사용하여 습도, 온도(섭씨), 온도(화씨)의 값이 NaN인지 아닌지 확인합니다. 조건문 내에 있는 || 기호는 논리 연산자 OR를 의미합니다. 논리 연산자 OR는 피연산자 중 하나라도 참이면 결과가 참이 되므로, 이 코드에서는 습도, 온도(섭씨), 온도(화씨) 값 중 하나라도 NaN이면 19~20행을 실행하라는 의미입니다. 따라서 NaN값이 하나라도 존재할 경우 DHT 센서값을 읽는 데 실패했다는 문구를 출력하고, loop() 함수를 벗어나도록 return 키워드를 사용합니다. 값을 읽어 오지 못한 상태에서 그 이후에 있는 코드는 의미가 없어지기 때문입니다.

6. 스케치 코드 읽기: Serial.print(), Serial.println() 메서드

23~29행은 온습도 센서 모듈에서 측정한 값을 시리얼 모니터에 출력하는 코드입니다. 24행, 26행, 28행 코드가 실제 측정된 값이며, 나머지는 측정된 값이 어떤 의미인지 설명하는 부분을 출력합니다. 시리얼 모니터에 여러 값을 동시에 출력하기 위해 23~28행까지 Serial.print() 메서드를 사용하고, 마지막에 Serial.println() 메서드를 사용하면 전체 값을 한 줄에 출력하고, 마지막에 줄 바꿈을 수행하기 때문에 여러 개의 값을 한 줄에 표현할 수 있습니다.

7. 코드 업로드 및 출력값 확인하기

작성한 코드를 아두이노 IDE에 입력했으면 아두이노의 보드와 포트를 확인하고 [업로드] 버튼을 클릭합니다. 업로드를 완료한 후 아두이노 IDE 오른쪽 상단에 있는 [시리얼 모니터] 버튼을 클릭해 시리얼 모니터를 활성화 합니다. 그러면 그림과 같이 아두이노 IDE 아래쪽에 흰색 바탕으로 시리얼 모니터가 나타나며, 온습도의 값이 출력되는 과정을 볼 수 있습니다. 시리얼 모니터의 보드레이트가 9600이 아닐 경우 9600으로 변경해야 값이 정상적으로 출력된다는 점을 주의합시다.

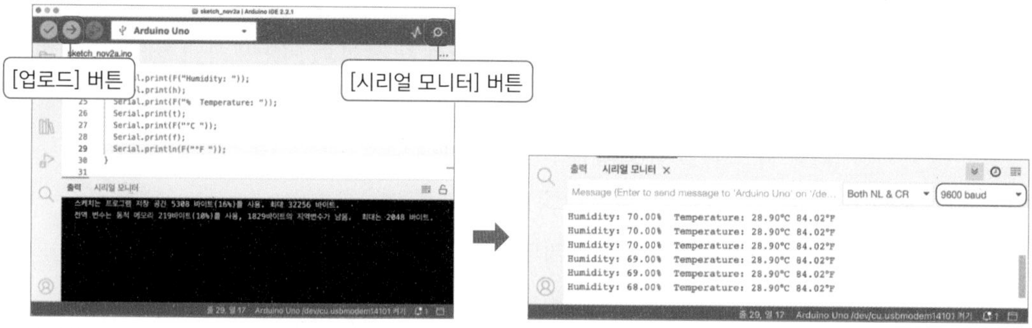

스케치 코드 업로드 및 동작 테스트 과정

직접 볼까요!

온습도 센서(DH11) 사용하기

아두이노에 연결한 온습도 센서 모듈(DHT11)과 LCD에 헤어 드라이기로 온도와 습도의 변화를 주었을 때 어떻게 동작하는지 영상으로 보고 싶다면 다음 링크를 참고하세요.

QR코드를 찍어 보세요.

https://youtu.be/aQ1KzNKV-10

18-2 적외선 추적 모듈로 라인 트레이서 만들기

적외선 센서 모듈이란?

적외선 센서는 적외선 방출기와 이 방출기로 송신한 적외선이 반사되어 되돌아온 것을 수신해 변화량을 측정하는 장치입니다. 이러한 원리를 이용한 적외선 센서는 거리와 온도, 움직이는 물체의 감지 등 다양한 목적으로 사용됩니다. 07장에서 살펴본 PIR 센서, 13장에서 살펴본 적외선 리모컨이 모두 적외선 센서를 활용한 것입니다.

이번에는 적외선(IR) 추적 모듈을 활용해 라인을 따라가는 자동차인 라인 트레이서의 원리를 살펴보겠습니다. 적외선 추적 모듈은 그림과 같이 세 개의 핀으로 구성됩니다. 전원(V+)과 접지(G), 신호선(S)이 표시되어 있어 구분하기 쉽습니다.

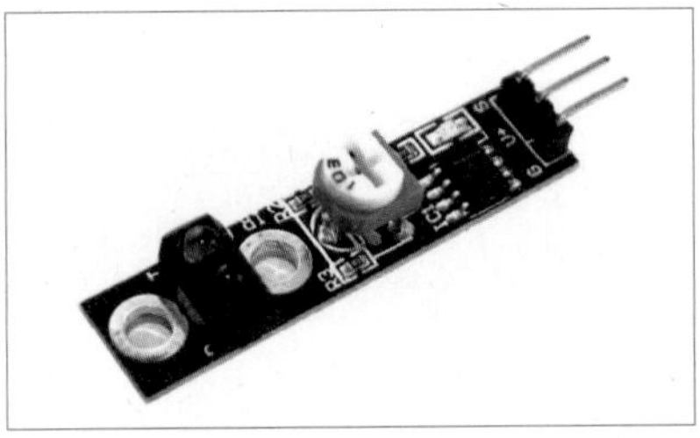

그림 18-2 적외선 추적 모듈
(참고: https://www.daakyetech.com/store/ir-reflective-optical-line-tracking-module/)

Do it! 실습 18-2 라인 트레이서의 기본 모듈 만들기

1. 회로 구성하기

적외선 추적 모듈의 전원(V+)과 접지(G)를 아두이노의 전원(5V)과 접지(GND)에 연결하고, 적외선 추적 모듈의 신호선(S)을 아두이노의 디지털 2번 핀에 연결합니다.

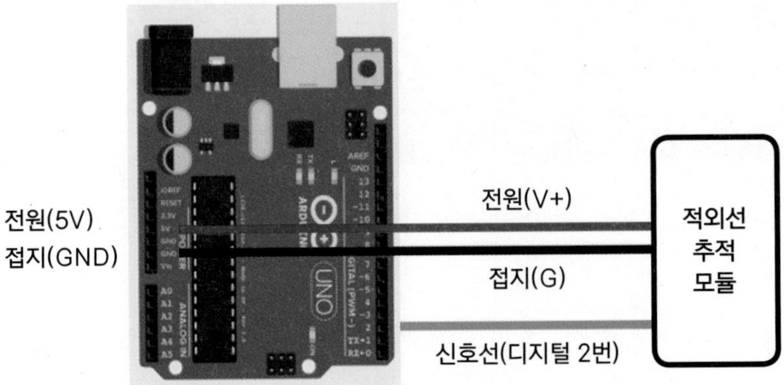

적외선 추적 모듈의 회로와 배선

2. 스케치 코드 작성하기

다음과 같이 스케치 코드를 작성합니다. 01행은 아두이노에 적외선 추적 센서의 신호선을 연결할 핀 번호를 초기화하고, 03~06행은 setup() 함수로 시리얼 통신 초기화 및 디지털 핀 모드를 설정합니다. 08~18행은 디지털 핀을 통해 적외선 추적 모듈의 값을 측정한 후 시리얼 모니터에 출력합니다.

```
01 : const int irPin = 2;          // 적외선 추적 센서를 연결한 핀 번호
02 :
03 : void setup() {
04 :   Serial.begin(9600);          // 시리얼 통신 시작
05 :   pinMode(irPin, INPUT);       // 센서 핀을 입력 모드로 설정
06 : }
07 :
08 : void loop() {
09 :   // 적외선 센서에서 값을 읽음
10 :   int sensorValue = digitalRead(irPin);
11 :
12 :   // 시리얼 모니터에 값을 출력
13 :   Serial.print("IR Sensor Value: ");
14 :   Serial.println(sensorValue);
15 :
16 :   // 측정 대기 시간
17 :   delay(500);
18 : }
```

3. 스케치 코드 읽기: const

01행 const 키워드는 변경할 수 없는 상수(constant)를 의미합니다. 즉, const int irPin = 2; 문장은 상수 irPin에 정숫값 2를 초기화한 것입니다. 변수가 아닌 상수로 초기화하면 코드 중간에 수정할 수 없어 사용자 실수에 의한 오류를 예방할 수 있습니다. 만약 상수를 수정하려 하면 컴파일 오류가 발생해 코드를 실행하기 전에 문제의 원인을 파악할 수 있습니다.

4. 스케치 코드 읽기: digitalRead() 함수

04행은 시리얼 모니터를 초기화해 적외선 추적 모듈의 측정값을 확인하기 위한 목적입니다. 05행은 적외선 측정 모듈의 신호선으로부터 값을 읽기 위해 핀 모드를 입력으로 설정합니다. 10행의 digitalRead() 함수로 적외선 추적 모듈의 값을 읽어 와 14행에서 시리얼 모니터로 값을 출력합니다.

적외선 추적 모듈에는 적외선 발광부와 수광부가 있으며 발광부는 적외선 신호를 방출합니다. 적외선은 흰색 면에는 반사되어 적외선 수광부에서 반사된 적외선을 수신할 수 있으며, 검은색 면에는 흡수되어 적외선 수광부에서 적외선을 수신하지 못합니다. 시리얼 모니터로 실제 값을 측정하면 흰색 면에서 0의 값을 측정하고, 검은색 면에서 1의 값을 측정합니다.

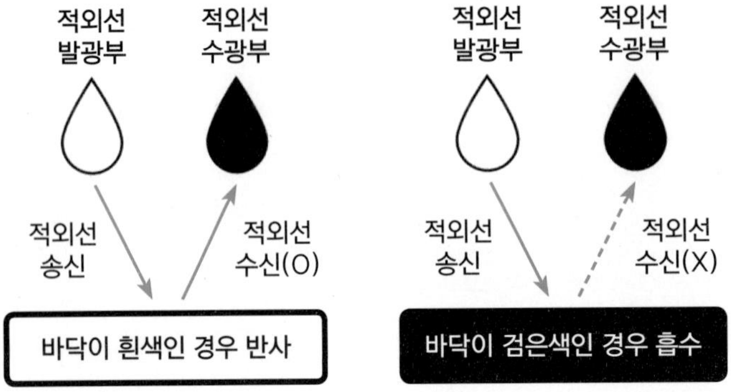

적외선 추적 모듈의 동작 원리

5. 코드 업로드 및 출력값 확인하기

아두이노 IDE를 통해 앞에서 작성한 스케치 코드를 업로드하고 시리얼 모니터를 열어 값을 확인해 봅시다. 흰색 면에서 0의 값을 출력하고, 검은색 면에서 1의 값을 출력하는 것을 확인할 수 있습니다.

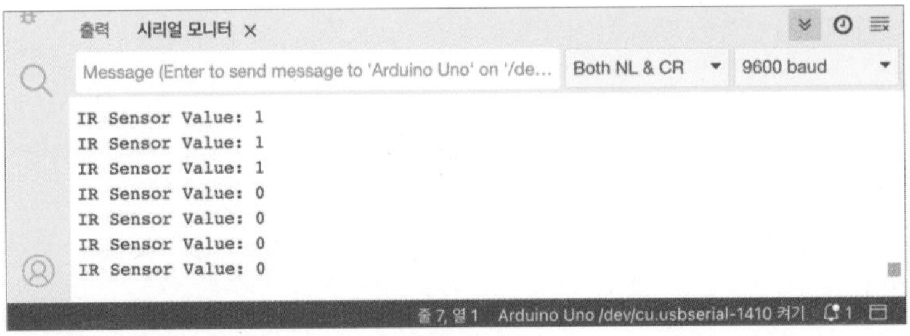

시리얼 모니터에서 확인한 적외선 추적 모듈의 측정값

6. 라인 트레이서의 원리 이해하기

라인 트레이서는 검은색 띠로 길을 만들고, 그 길을 따라 자동으로 이동하는 자동차를 의미합니다. 자동차 앞부분 양쪽에 적외선 추적 센서 두 개를 장착합니다. 그리고 길은 적외선을 흡수하는 검은색으로 표시하고, 길이 아닌 부분은 적외선을 반사하는 흰색으로 도로를 구성합니다. 그러면 적외선 추적 모듈로 측정한 값에 따라 라인 트레이서가 길을 벗어나는지 여부를 확인할 수 있습니다.

예를 들어, 다음 그림에서 ①번 구간에는 길을 벗어나지 않았기 때문에 적외선 추적 모듈의 값은 모두 0입니다. 하지만 ②번 구간에서는 길에서 왼쪽으로 조금 벗어납니다. 이때 왼쪽 적외선 추적 모듈의 값은 0이고, 오른쪽 적외선 추적 모듈의 값은 1이 됩니다. 길에서 왼쪽 방향으로 벗어났기 때문에 모터의 회전 방향은 오른쪽으로 회전하며 앞으로 나가도록 제어합니다. 마찬가지로 ③번 구간에서는 길에서 오른쪽으로 조금 벗어납니다. 이때 왼쪽 적외선 추적 모듈의 값은 1, 오른쪽 추적 모듈의 값은 0이 되며, 모터를 제어해 라인 트레이서의 방향을 왼쪽으로 틀며 전진하도록 합니다.

이렇게 적외선 추적 모듈 두 개를 사용하면 어느 방향으로 길에서 벗어나는지 구분할 수 있어 길을 따라 끝까지 라인 트레이서를 이동할 수 있습니다.

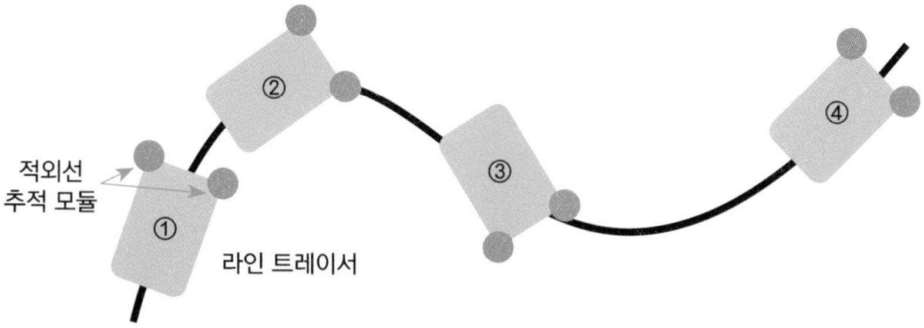

라인 트레이서가 길을 따라가는 원리

직접 볼까요!

적외선 트레킹 센서 사용하기

아두이노에 연결한 적외선 추적 센서가 어떻게 동작하는지 영상으로 보고 싶다면 다음 링크를 참고하세요.

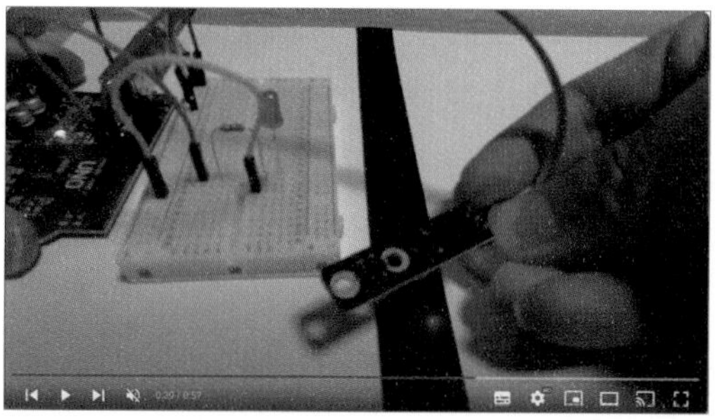

QR코드를 찍어 보세요.

https://youtu.be/oeuZO4ASusk

18-3 토양 수분 감지 센서 모듈로 스마트 화분 만들기

토양 수분 감지 센서 모듈이란?

토양 수분 감지 센서 모듈은 토양의 수분 상태를 감지하고 측정하는 데 사용하는 장치입니다. 토양 수분 감지 센서는 일반적으로 농업 분야에서 식물 성장에 필요한 물을 공급하기 위해 사용합니다. 제조사에 따라 모듈의 생김새와 회로 구성에 차이가 있을 수 있지만 아날로그 입력으로 수분의 정도를 측정하는 방식으로 사용합니다.

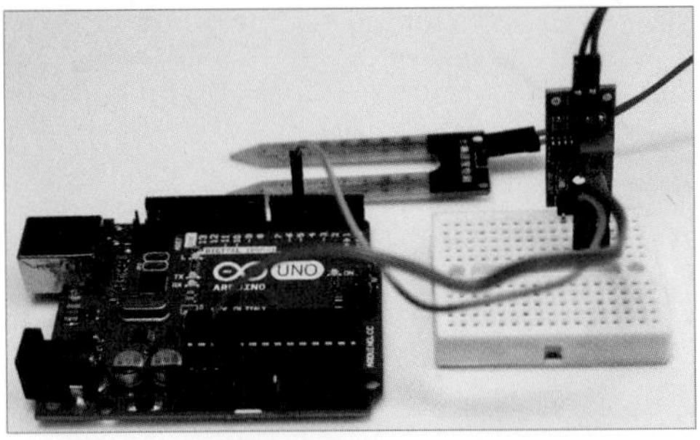

그림 18-3 아두이노에 연결된 토양 수분 감지 센서 모듈
(참고: https://circuitdigest.com/microcontroller-projects/interfacing-soil-moisture-sensor-with-arduino-uno)

Do it! 실습 18-3 스마트 화분 만들기

스마트 화분을 만들기 위해 토양 수분 감지 센서 모듈과 아두이노 보드, 점퍼 케이블을 준비합니다. 토양 수분 감지 센서 모듈은 토양의 수분을 감지하기 위한 센서 부분과 센서에서 측정한 값을 아두이노가 읽을 수 있도록 변환하는 센서 보드로 구성됩니다.

1. 회로 구성하기

토양 수분 센서와 센서 보드를 먼저 연결합니다. +로 표시된 부분과 -로 표시된 부분을 각각 동일한 방향으로 연결하면 됩니다. 다음 그림과 같이 아두이노의 전원(5V)과 센서 보드의 전원(Vcc)을 연결하고, 접지(GND)를 연결합니다. 센서 보드의 신호선(A0)은 아두이노의 아날로그 입력 핀 A0에 연결하면 회로가 완성됩니다.

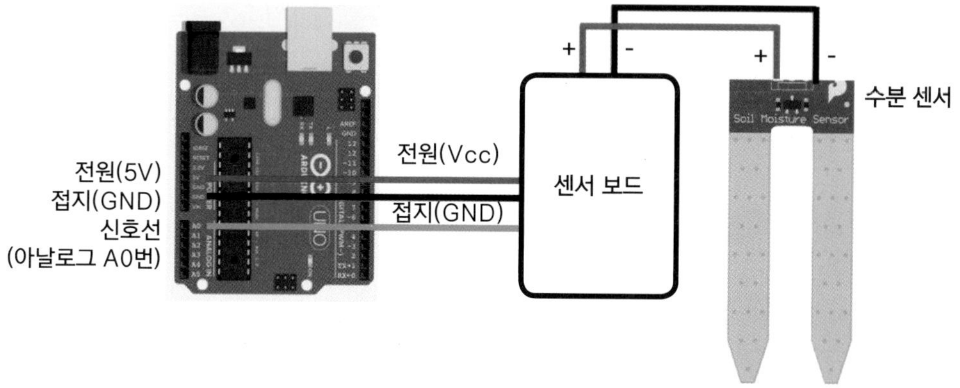

아두이노와 토양 수분 감지 센서 모듈의 회로와 배선

2. 스케치 코드 작성하기

다음과 같이 스케치 코드를 작성합니다. 06행 moisture 변수명을 제외하면 가변저항의 값을 측정하는 코드와 동일합니다. 06행 아날로그 입력 핀 A0에서 값을 읽어, 07행 시리얼 모니터에 출력하는 코드입니다. 토양에서 측정되는 수분의 정도는 상대적이기 때문에 실제 회로를 구성한 후 값을 측정해 판단해야 합니다. 예를 들어, 측정된 값이 100일 때 어느 정도 수분이 있는지는 상황에 따라 달라질 수 있기에 상황에 맞게 값을 조절해야 합니다.

```
01 : void setup() {
02 :   Serial.begin(9600);
03 : }
04 :
05 : void loop() {
06 :   int moisture = analogRead(A0);
07 :   Serial.println(moisture);
08 :   delay(100);
09 : }
```

3. 토양 수분 감지 센서 응용하기

토양 수분 감지 센서를 설치할 때는 다음 그림과 같이 흙에 삽입하는 방식으로 사용합니다. 여기에 워터 펌프를 추가해 수분이 부족할 때 물을 공급하면 스마트 화분이 됩니다.

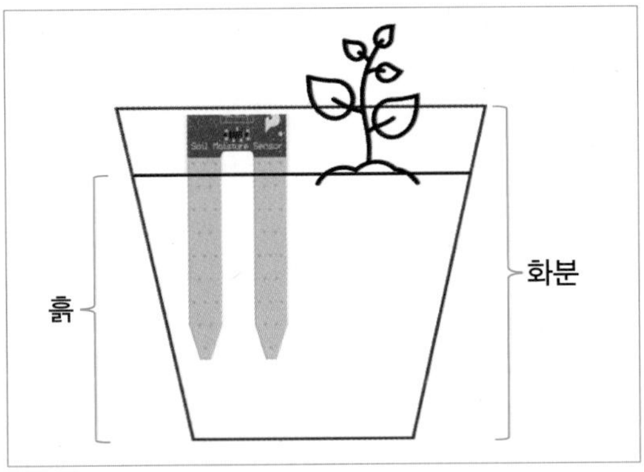

토양 수분 감지 센서의 설치 방법

직접 볼까요!

토양 수분 감지 모듈 사용하기

아두이노에 연결한 토양 수분 감지 모듈을 물컵에 담갔을 때 수분의 정도에 따라 LED를 켜고 끄는 모습을 영상으로 보고 싶다면 다음 링크를 참고하세요.

QR코드를 찍어 보세요.

https://youtu.be/y0_S1Nc2aXs

18-4 소리 감지 센서 모듈로 소리 감지기 만들기

소리 감지 센서 모듈이란?

소리 감지 센서 모듈은 주변의 소리가 들리는 정도를 감지해 알려 주는 장치입니다. 음성을 정밀하게 인식해 무슨 말을 하는지 알아내는게 목적이 아니라 소리의 강도를 인식해 조용한지 아니면 어떤 소리가 나는지 여부를 인식합니다. 따라서 강도가 높은 소리가 날 때 알려 주거나 박수 소리에 반응하는 장치를 만들 때 사용할 수 있습니다.

소리 감지 센서 모듈은 종류에 따라 디지털 전용과 아날로그 및 디지털 겸용으로 구분합니다. 다음 그림과 같이 디지털 전용 장치는 전원(Vcc)과 접지(GND)를 제외하고 하나의 출력 핀(OUT)으로 소리가 감지되었을 때 알려 주며, 가변저항을 드라이버로 조절해 소리의 감지 정도를 변경할 수 있습니다. 아날로그 및 디지털 겸용 장치는 디지털 출력 핀(DOUT)과 아날로그 출력 핀(AOUT)을 모두 지원하며, 소리의 감지 정도를 가변저항으로 변경하는 것은 동일하지만 아날로그 출력 핀으로 더 세부적인 제어를 할 수 있다는 것이 차이점입니다.

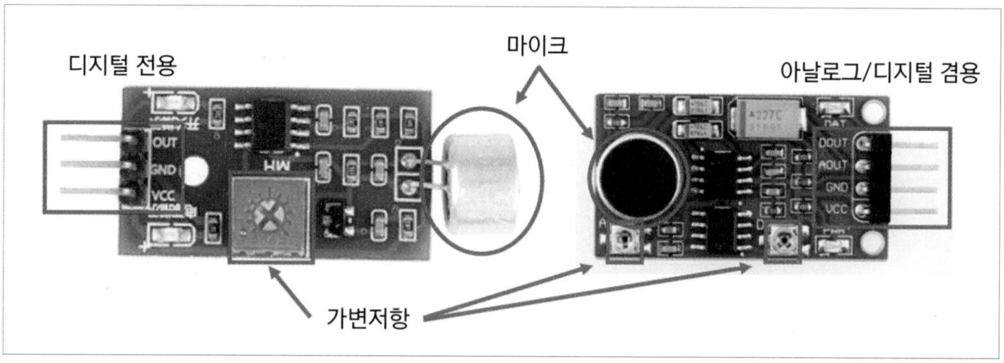

그림 18-4 소리 감지 센서 모듈
(출처: http://wiki.sunfounder.cc/index.php?title=Sound_Sensor_Module, https://www.waveshare.com/wiki/Sound_Sensor)

Do it! 실습 18-4 손뼉 소리로 켜고 끄는 LED 만들기

소리 감지 센서 모듈을 사용하기 위해 LED 1개, 저항(220Ω) 1개, 브레드보드 1개를 추가로 준비합니다.

1. 회로 구성하기

브레드보드에 LED와 저항을 그림과 같이 배치합니다. LED의 양극은 아두이노의 디지털 13번 핀에 연결하고, LED의 음극은 아두이노의 접지(GND)에 연결합니다. 소리 감지 센서 모듈의 전원(Vcc)과 접지(GND)도 아두이노의 5V와 GND에 각각 연결하고, 소리 감지 센서 모듈의 아날로그 출력 핀(AOUT)은 아두이노의 아날로그 입력 핀(A0)에 연결하면 회로 구성이 완성됩니다.

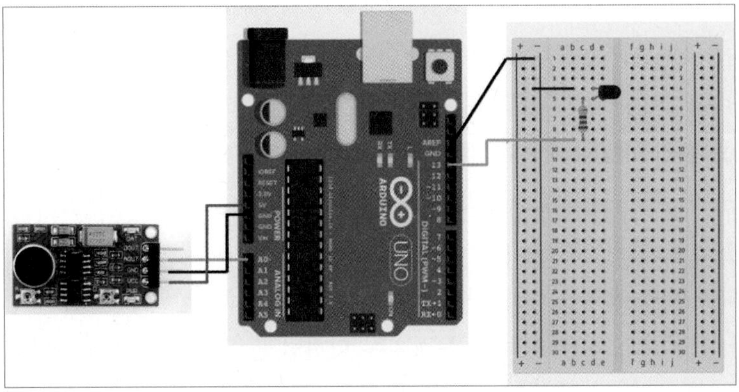

아두이노에 소리 감지 센서 모듈과 LED를 연결한 회로와 배선

2. 스케치 코드 작성하기

다음과 같이 스케치 코드를 작성합니다. 01~02행은 아두이노에 소리 감지 센서 모듈과 LED를 연결할 핀 번호를 초기화합니다. 04~07행은 박수 소리를 감지하기 위한 변수를 초기화하고, 09~12행은 시리얼 모니터에 측정된 값을 초기화하고, 박수 소리에 LED의 불빛을 제어하기 위해 핀 모드를 출력으로 설정합니다. 14~41행은 소리 감지 센서 모듈에서 측정된 값에 따라 박수 소리를 인식하고 LED를 켜고 끄는 코드입니다.

```
01 : const int soundSensorPin = A0;         // 소리 감지 센서 모듈을 연결한 핀 번호
02 : const int ledPin = 13;                 // 아두이노에 LED를 연결한 핀 번호
03 :
04 : int clapCount = 0;                     // 박수 소리를 감지하기 위한 변수
05 : unsigned long previousTime = 0;        // 이전 시간을 저장하는 변수
06 : unsigned long clapInterval = 500;      // 박수 소리의 간격을 정의하는 변수
07 : const int thresholdValue = 100;        // 박수 소리 감지를 위한 임계치 설정
08 :
09 : void setup() {
10 :   Serial.begin(9600);
11 :   pinMode(ledPin, OUTPUT);
```

```
12 : }
13 :
14 : void loop() {
15 :   // 밀리초 단위의 현재 시간
16 :   unsigned long currentTime = millis();
17 :
18 :   // 소리 감지 센서 모듈에서 값을 읽음
19 :   int sensorValue = analogRead(soundSensorPin);
20 :
21 :   // 시리얼 모니터에 값을 출력
22 :   Serial.println(sensorValue);
23 :
24 :   // 임계치 이상의 소리가 감지되면 박수 소리를 인식
25 :   if (sensorValue > thresholdValue) {
26 :     if (currentTime - previousTime > clapInterval) {
27 :       clapCount++;
28 :       previousTime = currentTime;
29 :     }
30 :   }
31 :
32 :   // 박수 소리가 감지되면 LED의 상태를 변경
33 :   if (clapCount >= 1) {
34 :     int status = digitalRead(ledPin);
35 :     digitalWrite(ledPin, !status);
36 :     clapCount = 0;                      // 박수 소리 감지 횟수 초기화
37 :   }
38 :
39 :   // 지연 시간
40 :   delay(50);
41 : }
```

3. 스케치 코드 읽기: unsigned long

01~07행은 변수와 상수를 초기화하는 코드입니다. 01~02행은 소리 감지 모듈과 LED가 연결된 핀 번호를 초기화하고, 04행은 박수 소리를 몇 번 감지했는지를 구분하는 변수, 05~06행은 시간값을 저장하는 변수, 07행은 박수 소리를 인식할 수 있는 소리의 강함과 약함의 정도를 저장하는 상수입니다. 시간값을 저장할 때 사용한 unsigned long은 32비트(bit)로 수를 표현하기 때문에 16비트인 int 자료형보다 더 많은 수를 표시할 수 있습니다. 또한 unsigned

키워드는 '부호가 없는'이란 의미를 가지면 16비트를 음의 수와 양의 수로 구분해 숫자를 표시하는 것이 아니라 양의 수만 표시하기 때문에 2배만큼 더 큰 수를 표현할 수 있습니다. 시간을 저장할 때 큰 수로 표현한 이유는 밀리초 단위로 처리하기 때문입니다. 1초(s)는 1,000밀리초(ms)가 되므로 수치상으로는 더 큰 수를 다뤄야 합니다.

4. 스케치 코드 읽기: millis() 함수

16행 millis() 함수는 아두이노가 동작하는 시점을 기준으로 현재까지의 시간을 밀리초 단위로 반환합니다. 즉, 아두이노를 실행한 지 5초가 지났다면 5000을 반환합니다. 이 시간은 추후에 박수를 몇 번 쳤는지 인식하기 위해 사용됩니다.

5. 스케치 코드 읽기: thresholdValue 상수

19행과 22행은 소리 감지 센서 모듈에서 측정된 값을 sensorValue 변수에 저장하고, 시리얼 모니터에 측정된 값을 출력합니다. 25~30행은 소리 감지 센서 모듈에서 측정된 값이 일정 수준 이상이면 박수 소리로 인식해 clapCount 변수의 값을 1씩 증가합니다. 이때 무조건 값을 증가시키는 것이 아니라 thresholdValue로 설정한 임곗값보다 소리 감지 센서 모듈에서 측정한 값이 크고, clapInterval로 설정한 박수 인식 간격보다 길 때 증가시킵니다. 이렇게 설정한 이유는 박수를 한번 치더라도 loop() 함수는 너무 빠르게 실행되어 여러 번 친 것처럼 인식하기 때문입니다.

6. 스케치 코드 읽기: digitalRead() 함수

33~37행은 박수 소리를 인식하면 LED의 현재 상태를 변경하는 코드입니다. 33행은 박수 소리를 인식하면 34~36행 내부를 실행하라는 것이며, 34행에서 digitalRead() 함수로 현재 LED가 켜져 있는지 꺼져 있는지 알아옵니다.

특이한 점은 digitalRead() 함수를 핀 모드가 입력이 아니라 출력인 핀에서도 사용할 수 있다는 것입니다. LED를 제어하기 위해 11행에서 pinMode() 함수를 사용해 출력 모드로 변경했지만 현재 LED의 상태를 알아오기 위해 digitalRead() 함수를 사용합니다. 만약 LED가 켜져 있으면 digitalRead() 함수는 1을 반환하고, 꺼져 있으면 0을 반환합니다. 1은 HIGH, 0은 LOW를 의미하기 때문에 아두이노 입장에서는 둘의 차이가 없습니다. 이렇게 구분하는 이유는 사람이 코드를 보기 편하게 만들기 위해서입니다. 숫자 1과 디지털 신호의 HIGH를 모두 1로 표시하면 사람은 구분하기 쉽지 않습니다.

34행에서 현재 LED의 상태를 status 변수에 저장하고, 35행에서 LED 상태에 따라 ! 연산자를 사용해 반대로 변경하고, digitalWrite() 함수로 LED의 상태를 바꿉니다. 즉, status 변수에 저장된 값이 1이면 !status 문장은 status 변수에 저장된 값을 0으로 만들고, digitalWrite(ledPin, 0) 문장을 실행해 LED를 끕니다. 앞에서 작성한 문장은 digitalWrite(ledPin, LOW)와 동일하기 때문입니다. 그리고 36행에서 clapCount 변수를 0으로 초기화해 다시 박수를 인식할 수 있게 상태를 변경합니다. 40행 delay() 함수는 loop() 함수가 너무 빨라 적당히 실행되도록 지연시간을 준 것입니다.

7. 코드 업로드 및 출력값 확인하기

작성한 코드를 아두이노 IDE에 입력했으면 아두이노의 보드와 포트를 확인하고 업로드 버튼을 클릭합니다. 업로드를 완료한 후 아두이노 IDE 오른쪽 상단에 있는 [시리얼 모니터] 버튼을 클릭해 시리얼 모니터를 활성화합니다. 그러면 그림과 같이 소리 감지 센서 모듈에서 측정된 값을 확인할 수 있습니다. 그리고 센서 근처에서 박수를 치면 숫자가 증가한 값이 출력되는 것을 볼 수 있습니다. 하지만 시리얼 모니터에 출력된 값은 loop() 함수가 실행하면서 박수로 감지한 값 외에 기본값을 반복적으로 출력해 시리얼 모니터 오른쪽에 있는 스크롤바를 마우스로 드래그해 기존에 출력된 값을 확인해야 합니다. 또한 누적된 값이 많아질수록 특정 값을 확인하기 어렵습니다. 이때 사용하는 도구가 시리얼 플로터입니다.

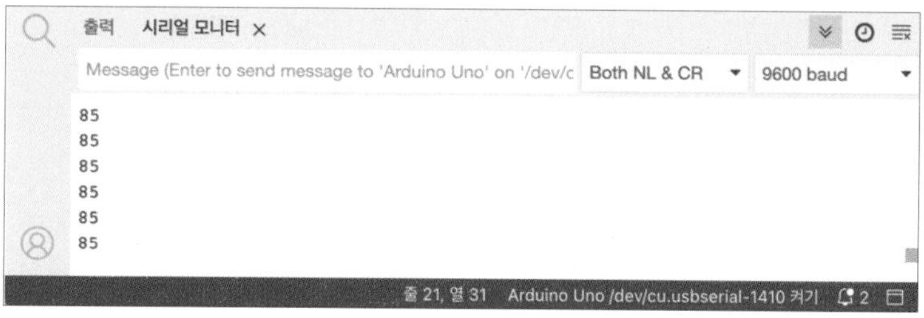

시리얼 모니터에서 출력값 확인

시리얼 플로터는 아두이노 IDE 오른쪽 상단에서 시리얼 모니터 왼쪽에 있는 메뉴를 클릭하면 화면에 나타납니다. 시리얼 플로터는 시간에 따라 측정된 값을 확인하기 쉽습니다.

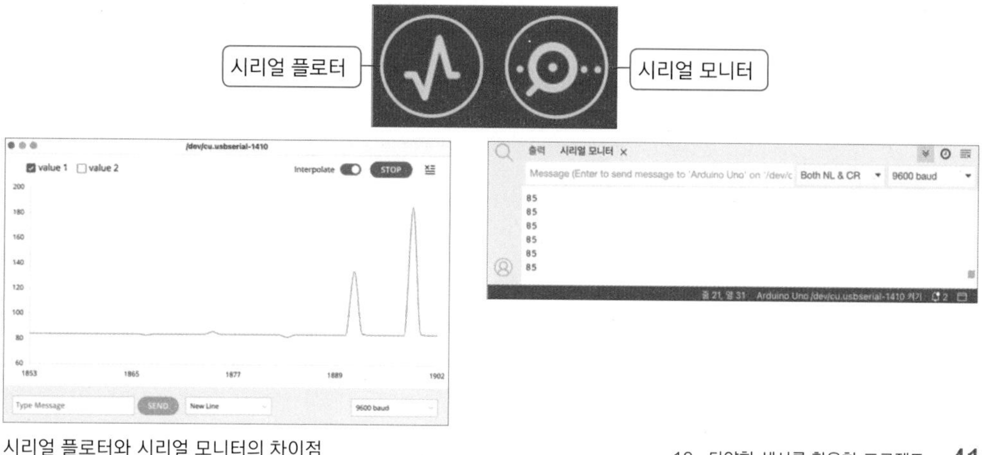

시리얼 플로터와 시리얼 모니터의 차이점

시리얼 플로터의 가로축에 표시된 숫자는 시간을 의미하고, 세로축에 표시된 숫자는 소리 감지 센서 모듈에서 측정한 소리의 강돗값입니다. 박수를 치기 전에는 일정한 값이 출력되다가 박수를 치면 뾰족 튀어나온 것처럼 표시됩니다. 박수를 여러 번 치면 매번 동일한 감도로 측정하는 것이 아니라 칠 때마다 다른 강도로 인식하는 것을 볼 수 있습니다. 스케치 코드의 07행에서 초기화한 thresholdValue값은 박수 소리의 측정 강도에 따라 설정해야 합니다. 값이 너무 낮으면 박수를 치지 않아도 인식하며, 값이 너무 높으면 박수를 힘껏 쳐야 인식합니다. 따라서 thresholdValue값은 초기에 설정하기보다 시리얼 모니터와 플로터를 사용해 확인한 후 나중에 설정하는 것입니다.

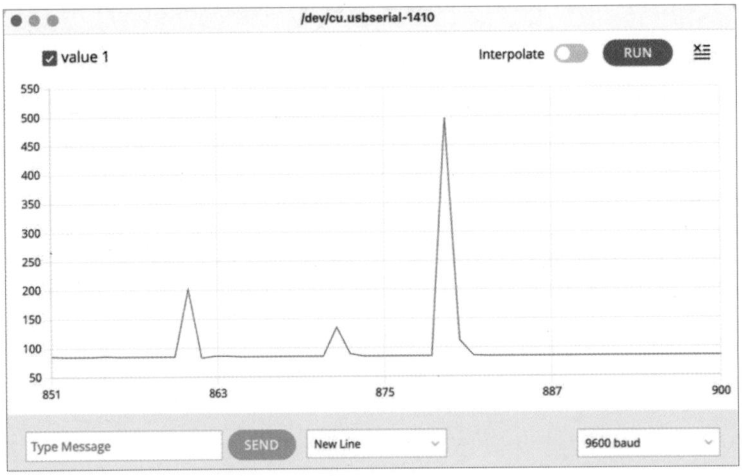

시리얼 플로터에서 측정된 값 확인

시리얼 플로터 화면 오른쪽 상단에 [보간(Interpolate)]을 활성화하면 그래프의 꼭대기 뾰족한 부분이 부드럽게 곡선을 그리며 표시됩니다. 그리고 [RUN] 버튼을 누르면 값을 측정하고, [STOP] 버튼을 누르면 측정을 멈춥니다.

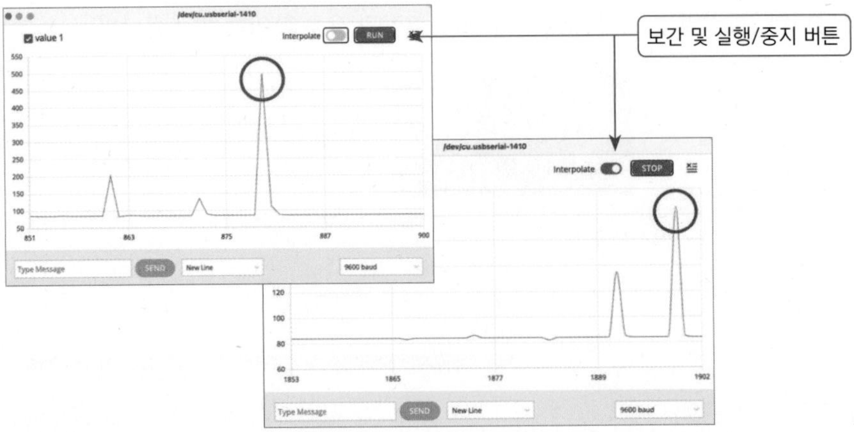

시리얼 플로터의 보간, 실행, 중지 버튼

직접 볼까요!

소리 감지 센서 사용하기

아두이노에 소리 감지 센서 모듈과 LED를 연결하고, 박수를 칠 때마다 LED의 상태를 변경하는 모습을 영상으로 보고 싶다면 다음 링크를 참고하세요.

QR코드를 찍어 보세요.

https://youtu.be/v7PVF9y7R4s

19

게임 만들기 프로젝트

아두이노와 전자 부품을 활용하면 다양한 장치를 만들 수 있습니다. 특히 random() 함수를 잘 활용하면 재미있는 게임을 만들 수 있어요. 이번 장에서는 지금까지 배운 내용을 활용해 버튼 빨리 누르기 게임, 주사위 게임, 가위바위보 게임, 기억력 게임을 만들어 보겠습니다.

학습 목표

- random() 함수를 다양하게 활용해 본다
- 아두이노와 전자 부품을 활용해 다양한 게임을 만든다
- 스케치 코드를 수정해 게임의 난이도를 변경할 수 있다

19-1 버튼 빨리 누르기 게임 만들기

버튼 빨리 누르기 게임의 규칙

버튼 빨리 누르기 게임은 두 명의 플레이어가 진행하며, 특정 시점에 버튼을 먼저 누르는 사람이 이기는 게임입니다. 특정 시점을 구분하지 않으면 아두이노의 전원이 들어오자마자 먼저 버튼을 누르는 사람이 항상 이기기 때문에 random() 함수를 사용해 특정 시점이 지난 후에 먼저 누르는 사람이 이기도록 설계해야 합니다.

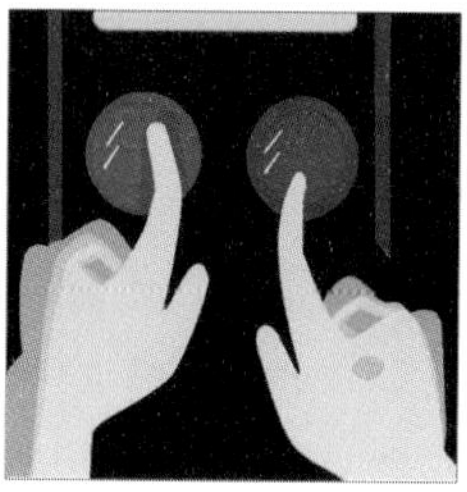

그림 19-1 버튼 빨리 누르기 게임

Do it! 실습 19-1 버튼 빨리 누르기 게임 만들기

버튼 빨리 누르기 게임을 만들기 위해 아두이노 우노(UNO) 보드 1개와 브레드보드 1개, LED 3개와 저항(220Ω) 3개, 푸시 버튼 2개가 필요합니다. 푸시 버튼은 두 플레이어가 순간적으로 누가 먼저 반응하는지 측정하기 위해 사용하고, LED 세 개 중 두 개는 두 플레이어 가운데 누가 이겼는지 표시하기 위해, 나머지 하나는 특정 시점을 알려 주기 위해 사용합니다.

1. 회로 구성하기

아두이노와 브레드보드, 그리고 LED와 푸시 버튼을 배치합니다. 아두이노의 접지(GND)는 브레드보드의 음극(-)에 연결하고, 플레이어 1의 LED와 푸시 버튼은 아두이노의 디지털 12번과 13번 핀에 연결합니다. 플레이어 2의 LED와 푸시 버튼은 아두이노의 디지털 3번과 2번 핀에 연결하고, 특정 시점을 알려 주기 위한 LED는 아두이노의 디지털 7번 핀에 연결합니다.

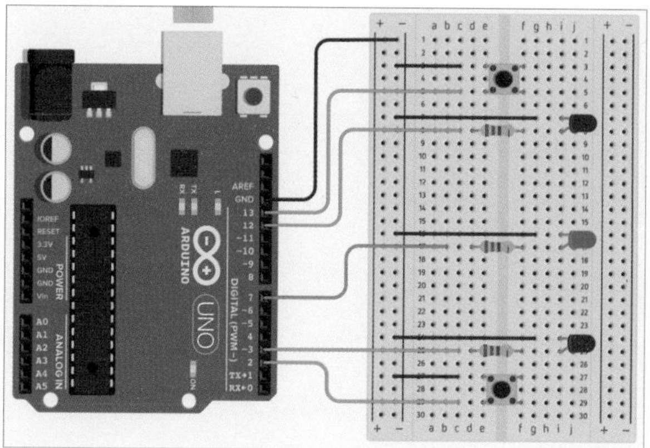

버튼 빨리 누르기 게임의 회로와 배선

2. 스케치 코드 작성하기

01~08행은 아두이노에 연결할 버튼과 LED의 핀 번호를 초기화하는 코드입니다. 11~12행은 누가 먼저 버튼을 눌렀는지 구분하기 위한 변수이고, 15행은 게임 시작과 종료를 알려 주는 변수의 값을 초기화합니다. 17~24행은 setup() 함수로 버튼과 LED의 핀 모드를 설정합니다. 26~55행은 loop() 함수로 게임의 시작을 알리고, 버튼을 먼저 누른 사람의 LED가 켜지도록 코드를 작성합니다. 마지막 58~66행은 게임이 종료된 후 재설정을 통해 다시 게임을 시작할 수 있게 만드는 함수를 작성했습니다.

```
01 : // 플레이어 버튼 및 LED 핀 번호
02 : const int p1Button = 13;
03 : const int p2Button = 2;
04 : const int p1Led = 12;
05 : const int p2Led = 3;
06 :
07 : // 게임 시작을 알리는 LED 핀 번호
08 : const int gameStartLed = 7;
09 :
10 : // 버튼을 누른 순서를 저장하는 변수
11 : int p1Pressed = 0;
12 : int p2Pressed = 0;
13 :
14 : // 게임 시작과 종료를 알리는 변수
15 : int isStarted = 0;
16 :
17 : void setup() {
18 :   // 버튼과 LED 핀 설정
19 :   pinMode(p1Button, INPUT_PULLUP);
20 :   pinMode(p2Button, INPUT_PULLUP);
21 :   pinMode(p1Led, OUTPUT);
22 :   pinMode(p2Led, OUTPUT);
23 :   pinMode(gameStartLed, OUTPUT);
24 : }
25 :
26 : void loop() {
27 :   // 게임 시작
28 :   if (isStarted == 0) {
29 :     int second = random(5);
```

```
    delay(1000 * second);
    digitalWrite(gameStartLed, HIGH);
    isStarted = 1;
  }

  // 각 플레이어의 버튼 상태를 읽음
  int p1State = digitalRead(p1Button);
  int p2State = digitalRead(p2Button);

  // 플레이어 1이 먼저 버튼을 누른 경우
  if (isStarted == 1 && p1State == LOW && p1Pressed == 0 && p2Pressed == 0) {
    p1Pressed = 1;
    digitalWrite(p1Led, HIGH);        // LED를 켜서 플레이어 1의 승리를 나타냄
    resetGame();
  }

  // 플레이어 2가 먼저 버튼을 누른 경우
  if (isStarted == 1 && p2State == LOW && p1Pressed == 0 && p2Pressed == 0) {
    p2Pressed = 1;
    digitalWrite(p2Led, HIGH);        // LED를 켜서 플레이어 2의 승리를 나타냄
    resetGame();
  }

  // 잠시 대기
  delay(100);
}

// 게임 초기화 함수
void resetGame() {
  delay(2000);
  digitalWrite(p1Led, LOW);
  digitalWrite(p2Led, LOW);
  digitalWrite(gameStartLed, LOW);
  isStarted = 0;
  p1Pressed = 0;
  p2Pressed = 0;
}
```

3. 스케치 코드 읽기: 전역 변수

01~15행은 핀 번호와 초기화가 필요한 전역 변수를 선언한 코드입니다. 만약 LED와 버튼에 연결한 핀 번호가 앞서 구성한 회로와 다르다면 언제든지 핀 번호를 수정해 사용할 수 있습니다. 08행은 게임의 시작을 알리는 LED를 제어하기 위한 디지털 핀 번호입니다. 11~12행은 버튼이 눌리지 않다가 처음 누르는 시점을 구분하기 위한 변수입니다. 초깃값은 0으로 버튼이 눌리지 않은 상태를 의미합니다. 15행은 게임이 시작됐는지 구분하는 변수로, 게임이 시작되기 전에 버튼을 누르는 것을 방지하기 위해 사용합니다.

4. 스케치 코드 읽기: setup() 함수

17~24행은 setup() 함수로 핀 모드를 설정하는 코드가 모여있습니다. 19~20행은 푸시 버튼에 연결할 핀 모드로 아두이노에 내장된 풀업 저항을 사용하기 위해 INPUT_PULLUP으로 설정합니다. 이렇게 내부 풀업 저항을 사용하면 추가로 필요한 저항 개수가 줄어들어 회로 구성이 단순해집니다. 21~23행은 LED를 제어하기 위한 핀으로 모두 출력 모드로 설정합니다.

5. 스케치 코드 읽기: 게임 시작

게임 시작을 구분하는 변수는 isStarted입니다. isStarted의 값이 0이면 게임을 시작하기 전이며, 1일 경우 게임이 진행 중인 것으로 판단할 수 있습니다. 28행에서 isStarted의 값을 비교해 게임을 시작하는 코드를 작성합니다. 28~33행이 게임을 시작하는 코드로 random() 함수를 사용해 1~4초만큼 대기한 뒤에 게임 시작을 알리는 LED를 켭니다. 그리고 isStarted의 값을 1로 변경해 게임이 진행 중임을 표시합니다.

6. 스케치 코드 읽기: 승리 조건

36~51행은 게임을 진행하며 누가 푸시 버튼을 먼저 누르는지 판단합니다. 36~37행을 통해 푸시 버튼의 입력을 받아 와 각각 p1State, p2State 변수에 저장합니다. p1State 변수는 플레이어 1, p2State 변수는 플레이어 2가 버튼을 눌렀는지 구분하는 변수입니다. 40행은 플레이어 1이 푸시 버튼을 눌렀는지 판단하는 if 조건문입니다. && 논리 연산자로 모든 조건이 참인 경우에 플레이어 1이 승리하는 코드를 실행합니다.

조건을 자세히 살펴보면 isStarted값이 1이고, p1State의 값이 LOW이며, p1Pressed와 p2Pressed의 값이 모두 0일 때 플레이어 1이 승리합니다. isStarted는 게임이 진행 중일 때를 의미하고, p1State의 값이 LOW라는 것은 버튼이 눌렸음을 의미합니다. 버튼에 연결된 저항이 아두이노의 내부 풀업 저항이므로, 기본값은 HIGH이고 버튼을 누르면 LOW가 됩니다. p1Pressed와 p2Pressed가 모두 0이란 의미는 플레이어 1과 플레이어 2 모두 아직 버튼을 누르기 전 상태라는 것을 말합니다.

앞의 조건을 모두 만족하면 플레이어 1이 승리합니다. 따라서 41~43행을 통해 플레이어 1이 승리했음을 알리는 LED를 켜고, 게임을 초기화하기 위한 resetGame() 함수를 호출합니다. p1Pressed 변수의 값도 1로 설정해 플레이어 1이 버튼을 눌렀음을 알려 줘 플레이어 2가 승리할 수 없게 만드는 것도 중요합니다. 47~51행은 플레이어 2가 승리하는 조건으로 앞서 설명한 내용과 동일하며, 플레이어 2의 버튼이 눌렸는지 판단하는 변수들만 교체하면 됩니다.

7. 스케치 코드 읽기: resetGame() 함수

58~66행은 플레이어 1 또는 플레이어 2가 승리한 뒤 다시 게임을 시작할 수 있도록 게임을 초기화하는 함수입니다. 모든 LED의 불빛을 끄고, isStarted 변수를 0으로 만들어 게임이 시작되기 전 상태로 변경합니다. 그리고 p1Pressed, p2Pressed 변수를 0으로 설정해 버튼이 눌리지 않은 상태로 만들어 줍니다.

8. 스케치 코드 업로드 및 실행 확인하기

앞서 작성한 코드를 아두이노 IDE를 통해 업로드하고, 실행 결과를 살펴보면 다음과 같습니다. 초기에는 모든 LED가 꺼진 상태에서 1~4초 후 초록색 LED에 불이 들어오면 플레이어 1과 플레이어 2 중 먼저 버튼을 누른 플레이어의 빨간색 LED가 켜지는 것을 확인할 수 있습니다. 그리고 2초 뒤에는 다시 게임을 시작합니다.

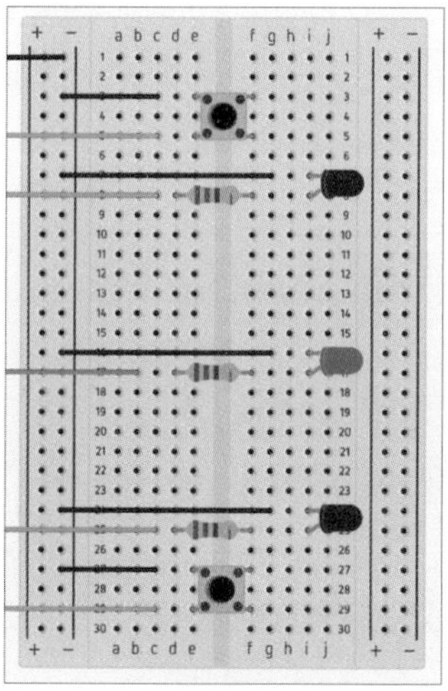
게임 시작 전

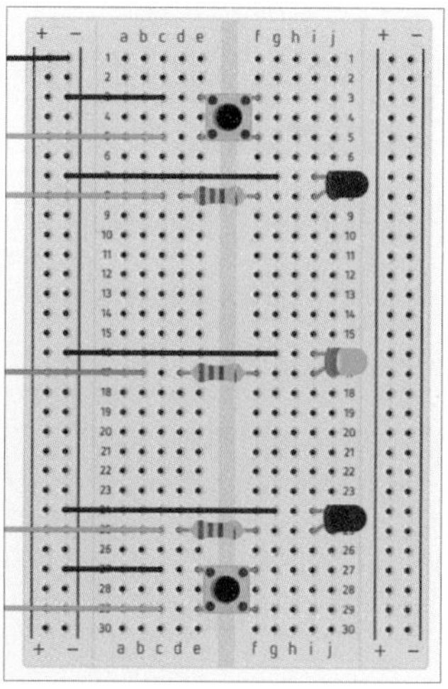
게임 시작 알림

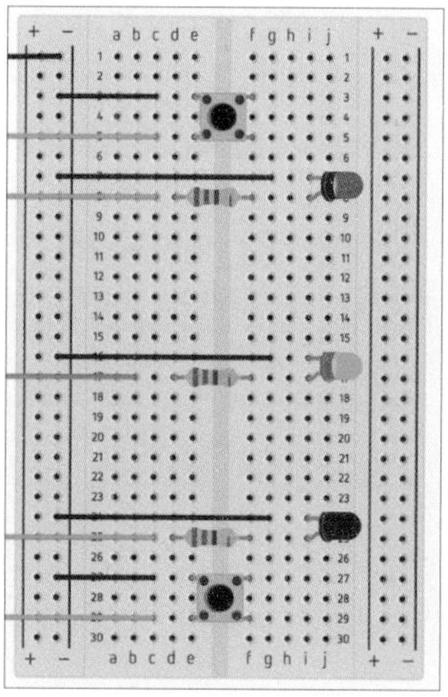
플레이어 1이 승리

19-2 주사위 게임 만들기

주사위 게임의 규칙

주사위 게임은 주사위를 던져 가장 큰 수가 나오거나 가장 작은 수가 나오면 이기는 게임입니다. 일반적으로 면이 6개인 정육면체 주사위를 가장 많이 사용하며, 숫자 1부터 6까지 나타낼 수 있습니다.

그림 19-2 주사위 게임

이번 실습에서는 물리 주사위가 아닌 디지털 주사위를 만들고자 합니다. 아두이노에 LED를 연결하고, 주사위 던지는 행위를 버튼 누르는 행위로 대체해 LED 불빛이 들어오는 개수에 따라 숫자 1~6을 표시합니다.

Do it! 실습 19-2 주사위 게임 만들기

주사위 게임을 만들기 위한 준비물로 아두이노와 브레드보드 각각 1개, LED 6개, 저항(220 Ω) 6개, 푸시 버튼 1개가 필요합니다.

1. 회로 구성하기

아두이노의 접지(GND)를 브레드보드의 음극(-)에 연결합니다. 푸시 버튼, LED, 저항을 그림과 같이 배치하고, 푸시 버튼은 아두이노의 디지털 7번 핀에 연결합니다. 6개의 LED를 제어하기 위한 디지털 핀은 8번부터 13번까지 총 6개의 디지털 핀을 사용합니다.

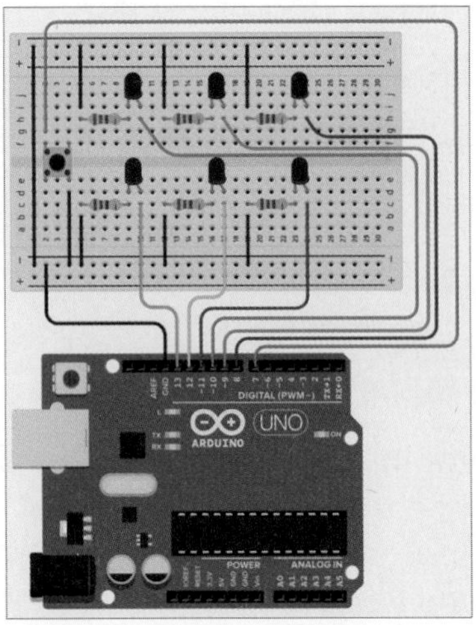

주사위 게임을 만들기 위한 회로와 배선

2. 스케치 코드 작성하기

01~02행은 푸시 버튼과 LED를 아두이노에 연결할 디지털 핀 번호를 초기화합니다. 04~12행은 setup() 함수로 아두이노의 디지털 핀 모드를 설정하고, 주사위 번호를 출력하기 위해 시리얼 모니터를 초기화합니다. 14~23행은 loop() 함수로 버튼이 눌리면 디지털 주사위를 던지는 rollDice() 함수를 호출합니다. 26~36행은 rollDice() 함수로 임의의 숫자를 가져와 displayLED() 함수의 매개변수로 전달합니다. 39~50행은 displayLED() 함수로 입력받은 숫자에 따라 LED를 출력하는 코드입니다.

```
01 : int ledPins[] = {13, 12, 11, 10, 9, 8};        // 각 LED에 연결된 핀 번호
02 : int buttonPin = 7;                             // 버튼에 연결된 핀 번호
03 :
04 : void setup() {
05 :   for (int i = 0; i < 6; i++) {
06 :     pinMode(ledPins[i], OUTPUT);
07 :   }
08 :
09 :   // 핀 모드 설정 및 시리얼 통신 초기화
10 :   pinMode(buttonPin, INPUT_PULLUP);
11 :   Serial.begin(9600);
12 : }
13 :
14 : void loop() {
15 :   // 버튼 상태 읽기
16 :   int buttonState = digitalRead(buttonPin);
17 :
18 :   // 버튼이 눌리면 주사위 굴리기
19 :   if (buttonState == LOW) {
20 :     rollDice();
21 :     delay(1000);
22 :   }
23 : }
24 :
25 : // 주사위 굴리는 함수
26 : void rollDice() {
27 :   // 주사위 숫자 선택
28 :   int diceNumber = random(1, 7);
29 :
30 :   // 결과 출력
```

```
31 :   Serial.print("Dice number: ");
32 :   Serial.println(diceNumber);
33 :
34 :   // LED 활성화
35 :   displayLED(diceNumber);
36 : }
37 :
38 : // LED를 표시하는 함수
39 : void displayLED(int number) {
40 :
41 :   // 모든 LED 끄기
42 :   for (int i = 0; i < 6; i++) {
43 :     digitalWrite(ledPins[i], LOW);
44 :   }
45 :
46 :   // 주어진 숫자에 해당하는 LED 켜기
47 :   for (int i = 0; i < number; i++) {
48 :     digitalWrite(ledPins[i], HIGH);
49 :   }
50 : }
```

3. 스케치 코드 읽기: 전역 변수

01행은 LED 6개를 제어할 아두이노의 디지털 핀 번호를 ledPins 배열명으로 선언하고 초기화한 코드입니다. 배열로 디지털 핀 번호를 선언하면 for 반복문으로 여러 LED를 쉽게 제어할 수 있습니다. 02행은 주사위를 던질 때 사용하는 푸시 버튼이 연결된 핀 번호입니다.

4. 스케치 코드 읽기: setup() 함수

05~07행은 for 반복문을 사용해 LED의 핀 모드를 출력으로 설정합니다. 배열의 인덱스는 0부터 시작하기 때문에 for 문의 변수 i는 0~5까지 반복할 수 있도록 만듭니다. 10행은 푸시 버튼이 연결된 디지털 핀을 입력 및 내부 풀업 저항을 사용하기 위해 INPUT_PULLUP으로 설정합니다.

5. 스케치 코드 읽기: loop() 함수

16행은 푸시 버튼이 눌리면 그 상태를 buttonState 변수에 저장하고, 버튼이 눌린 경우 20행에서 rollDice() 함수를 호출해 주사위를 던지는 행위를 취합니다. 버튼은 아두이노의 내부 풀업 저항을 사용하기 때문에 기본값은 HIGH이고, 버튼이 눌릴 때 LOW값을 갖습니다.

6. 스케치 코드 읽기: rollDice() 함수

28행은 random() 함수로 임의의 정수를 가져옵니다. 가져올 변수의 범위는 주사위에서 표시할 숫자이기 때문에 1~6 사이의 정수가 올 수 있도록 random(1, 7)과 같이 매개변수를 설정합니다. 첫 번째 매개변수는 출력 범위의 최솟값이고, 두 번째 매개변수-1의 값이 출력 범위의 최댓값입니다. 31~32행은 시리얼 모니터에 주사위 번호를 출력하는 코드이며, 35행에서 displayLED() 함수의 입력으로 주사위 번호를 전달합니다.

7. 스케치 코드 읽기: displayLED() 함수

42~44행은 기존에 출력된 LED를 초기화하기 위해 모든 LED의 불빛을 끄는 코드입니다. 47~49행은 rollDice() 함수로 가져온 주사위 번호를 number 변수로 받아 for 문의 반복 횟수를 결정합니다. 반복 횟수는 디지털 주사위로 표시할 LED의 개수가 되어 최종 출력됩니다.

8. 스케치 코드 업로드 및 실행 확인하기

앞서 작성한 코드를 아두이노 IDE를 통해 업로드하고, 실행 결과를 살펴보면 다음과 같습니다. 초기에는 모든 LED가 꺼진 상태에서 푸시 버튼을 누르면 임의의 LED가 켜집니다. 시리얼 모니터에 출력되는 디지털 주사위 번호에 따라 그림과 같이 LED가 출력되는 것을 볼 수 있습니다.

주사위 숫자 1

주사위 숫자 2

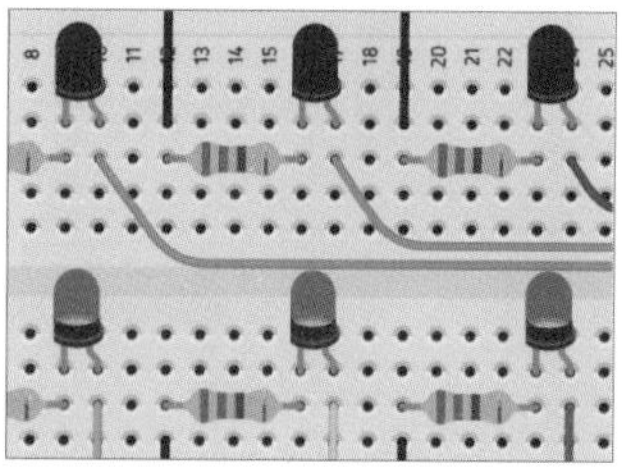
주사위 숫자 3

주사위 숫자 4

주사위 숫자 5

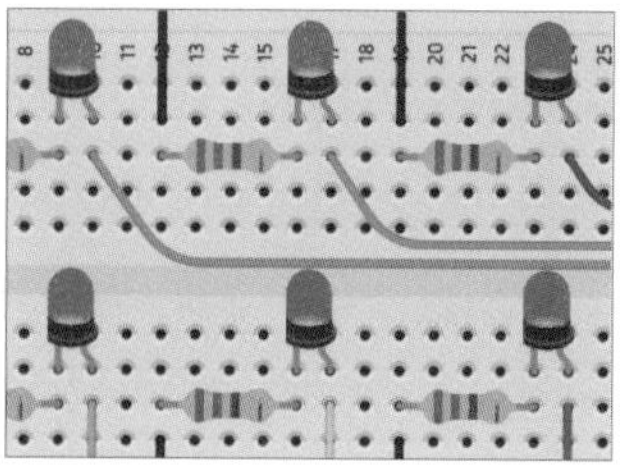
주사위 숫자 6

19-3 가위바위보 게임 만들기

아두이노로 가위바위보 게임을 어떻게 만들지 생각해 봅시다. 단순히 LED의 색상을 이용해 빨간색은 가위, 초록색은 바위, 노란색은 보로 표현할 수도 있지만 서보 모터를 사용해 가위, 바위, 보에 맞는 이미지가 나타나게 만들 수 있습니다. 예를 들어, 그림과 같이 서보 모터의 회전축에 막대를 연결하고 막대 끝에 가위, 바위, 보에 해당하는 모형이나 이미지를 붙입니다. 그리고 서보 모터의 각도를 조절해 평상시에는 가위, 바위, 보 모형이 바닥에 뉘어 있다가 사용자가 가위, 바위, 보 중 하나를 선택하면 아두이노가 결정한 가위, 바위, 보에 해당하는 서보 모터가 회전하며 대결하는 방식입니다. 따라서 가위, 바위, 보를 모두 표현하려면 3개의 서보 모터가 필요합니다.

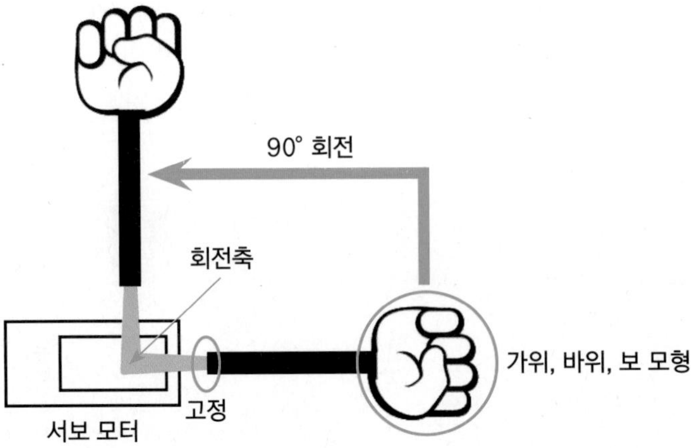

그림 19-3 서보 모터로 구현한 가위바위보 게임의 구조(사용자가 '바위'를 선택했을 때의 예)

Do it! 실습 19-3 가위바위보 게임 만들기

가위바위보 게임을 만들기 위해 아두이노, 브레드보드, 서보 모터 3개, 서로 다른 색상의 LED 2개, 저항(220Ω) 2개, 푸시 버튼 3개가 필요합니다. 서보 모터는 아두이노가 선택한 가위, 바위, 보 중 하나를 표현하기 위해 사용되고, 두 개의 LED는 게임의 시작과 승패를 알려 주기 위한 목적으로 사용됩니다. 마지막으로 푸시 버튼은 사용자가 가위, 바위, 보 중 하나를 결정하기 위해 사용할 것입니다.

1. 회로 구성하기

아두이노의 전원(5V)과 접지(GND)를 브레드보드의 양극(+)과 음극(-)에 연결합니다. 아두이노가 가위, 바위, 보를 결정하기 위해 사용한 서보 모터는 아두이노의 10번, 9번, 8번 디지털 핀에 연결하고, 사용자가 가위, 바위, 보를 결정하기 위해 사용한 푸시 버튼은 아두이노의 7번, 6번, 5번 디지털 핀에 연결합니다. 게임의 시작과 승패를 표시하기 위한 LED는 13번과 12번 디지털 핀에 연결합니다. 두 LED가 모두 꺼져 있으면 게임 시작, 모두 켜져 있으면 비김, 빨간색 LED가 켜지면 사용자가 진 상태를 나타내고, 초록색 LED가 켜지면 사용자가 이긴 상태를 나타냅니다.

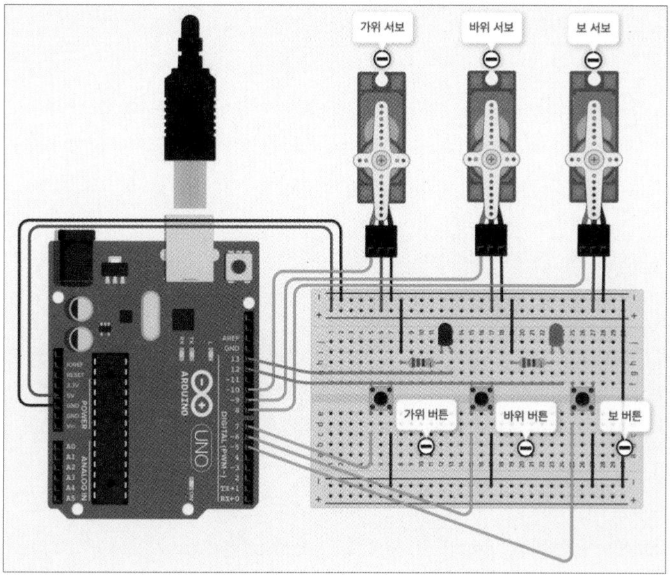

가위바위보 게임을 만드는 회로와 배선

2. 스케치 코드 작성하기

001~020행은 서보 모터 사용을 위한 라이브러리 추가와 아두이노에 연결할 버튼 및 LED의 핀 번호를 초기화합니다. 022~044행은 setup() 함수로 서보 모터의 연결 및 초기 각도 설정, 푸시 버튼과 LED의 핀 모드 설정, 게임의 진행 상태를 표시하기 위한 시리얼 통신 초기화 코드입니다. 046~074행은 loop() 함수로 컴퓨터와 사용자의 가위, 바위, 보 선택과 선택 결과에 따른 승패를 결정하고, LED와 서보 모터를 제어합니다. 077~092행은 승자를 결정하기 위한 determineWinner() 함수를 구현하고, 111~129행은 서보 모터의 각도를 제어해 가위, 바위, 보를 표시하기 위한 displayScissor(), displayRock(), displayPaper() 함수를 구현하는 코드입니다.

```
#include <Servo.h>

// 서보 모터에 연결된 핀 번호
const int scissorServoPin = 10;
const int rockServoPin = 9;
const int paperServoPin = 8;

// 푸시 버튼에 연결된 핀 번호
const int scissorButtonPin = 7;
const int rockButtonPin = 6;
const int paperButtonPin = 5;

// LED에 연결된 핀 번호
const int loseLED = 13;
const int winLED = 12;

// 서보 객체 생성
Servo scissorServo;
Servo rockServo;
Servo paperServo;

void setup() {
  // 서보 모터 핀을 출력으로 설정
  scissorServo.attach(scissorServoPin);
  rockServo.attach(rockServoPin);
  paperServo.attach(paperServoPin);

  // 서보 모터를 초기 위치로 조정
  scissorServo.write(0);
  rockServo.write(0);
  paperServo.write(0);

  // 푸시 버튼 핀을 입력으로 설정
  pinMode(scissorButtonPin, INPUT_PULLUP);
  pinMode(rockButtonPin, INPUT_PULLUP);
  pinMode(paperButtonPin, INPUT_PULLUP);

  // LED 핀을 출력으로 설정
```

```
  pinMode(loseLED, OUTPUT);
  pinMode(winLED, OUTPUT);

  // 시리얼 통신 시작
  Serial.begin(9600);
}

void loop() {
  // 가위, 바위, 보 버튼의 상태 읽기
  int scissorButtonState = digitalRead(scissorButtonPin);
  int rockButtonState = digitalRead(rockButtonPin);
  int paperButtonState = digitalRead(paperButtonPin);

  // 상대방 가위바위보(0:가위, 1:바위, 2:보)
  int comState = random(3);

  // 가위 버튼을 누를 때 승패 표시
  if (scissorButtonState == LOW) {
    determineWinner(comState, 0);
    delay(1000);
  }

  // 바위 버튼을 누를 때 승패 표시
  if (rockButtonState == LOW) {
    determineWinner(comState, 1);
    delay(1000);
  }

  // 보 버튼을 누르면 보 모양을 표시
  if (paperButtonState == LOW) {
    determineWinner(comState, 2);
    delay(1000);
  }

  delay(100);
}

// 승자 결정 함수
```

```
void determineWinner(int comState, int userState) {
  if ((userState == 0 && comState == 2) ||
      (userState == 1 && comState == 0) ||
      (userState == 2 && comState == 1)) {
    Serial.println("You win!");
    digitalWrite(winLED, HIGH);
    digitalWrite(loseLED, LOW);
  } else if (comState == userState) {
    Serial.println("It's a tie!");
    digitalWrite(winLED, HIGH);
    digitalWrite(loseLED, HIGH);
  } else {
    Serial.println("You lose!");
    digitalWrite(winLED, LOW);
    digitalWrite(loseLED, HIGH);
  }

  // 컴퓨터의 가위바위보 상태 표시
  if (comState == 0) {
    displayScissor();
  }
  else if (comState == 1) {
    displayRock();
  }
  else {
    displayPaper();
  }

  // 게임 초기화
  digitalWrite(winLED, LOW);
  digitalWrite(loseLED, LOW);
}

// 가위 모양 표시 함수
void displayScissor() {
  scissorServo.write(90);
  delay(2000);
  scissorServo.write(0);
}
```

사용자가 이기는 경우의 조건식

```
116 :
117 : // 바위 모양 표시 함수
118 : void displayRock() {
119 :   rockServo.write(90);
120 :   delay(2000);
121 :   rockServo.write(0);
122 : }
123 :
124 : // 보 모양 표시 함수
125 : void displayPaper() {
126 :   paperServo.write(90);
127 :   delay(2000);
128 :   paperServo.write(0);
129 : }
```

3. 스케치 코드 읽기: 라이브러리 및 초기화

001행은 서보 모터를 사용하기 위해 라이브러리를 불러오는 코드입니다. 004~006행은 서보 모터를 제어하기 위한 디지털 핀 번호, 009~011행은 사용자가 가위, 바위, 보 중 하나를 선택하기 위해 필요한 푸시 버튼 제어 핀 번호, 014~015행은 승패를 알려주는 LED를 제어하는 핀 번호를 설정합니다. 018~020행은 서보 모터 제어를 위해 인스턴스 변수를 생성하는 코드입니다.

4. 스케치 코드 읽기: setup() 함수

024~026행은 서보 모터 제어를 위해 핀 번호를 초기화하고, 029~031행은 서보 모터의 시작 각도를 0도로 맞춰 줍니다. 034~036행은 푸시 버튼의 핀 모드를 입력 및 아두이노 내장 풀업 저항을 사용하도록 설정합니다. 039~040행은 두 LED의 핀 모드를 출력으로 설정한 코드입니다. 043행은 시리얼 통신을 초기화합니다.

5. 스케치 코드 읽기: loop() 함수

048~050행은 사용자가 푸시 버튼을 눌러 가위, 바위, 보를 선택한 값을 저장합니다. 053행은 컴퓨터(아두이노)가 random() 함수로 임의의 가위, 바위, 보를 선택하는데 0은 가위, 1은 바위, 2는 보를 의미합니다. 056~071행은 사용자의 선택에 따라 determineWinner() 함수를 호출해 승패를 결정합니다. 승패를 결정하는 determineWinner() 함수의 첫 번째 매개변수는 comState로 컴퓨터의 선택을 전달하고, 두 번째 매개변수에는 사용자 선택을 전달합니다. 073행은 loop() 함수가 원활히 실행하도록 지연 시간을 준 것입니다.

6. 스케치 코드 읽기: determineWinner () 함수

077~092행은 컴퓨터와 사용자의 선택에 따라 승패를 결정하는 코드입니다. 사용자 관점에서 승패의 경우의 수는 다음 표와 같습니다.

사용자 관점에서 승패의 경우의 수

컴퓨터 \ 사용자	가위(0)	바위(1)	보(2)
가위(0)	비김	승	패
바위(1)	패	비김	승
보(2)	승	패	비김

이 표를 참고해 사용자가 이기는 경우만 조건식으로 모아 둔 코드가 078~080행입니다. 즉, 사용자가 이길 때 시리얼 모니터에 사용자가 이겼음을 나타내는 문구를 출력하고, 초록색 LED를 켜고, 빨간색 LED를 끄도록 합니다. 컴퓨터와 사용자가 비기는 경우는 둘 다 같은 선택을 할 때이고, 빨간색과 초록색 LED를 모두 켜 비겼음을 알려 줍니다. 088행의 else는 두 경우가 아닌 모든 경우로 사용자가 질 때를 의미합니다. 사용자가 질 경우 빨간색 LED를 켜고, 초록색 LED를 끄도록 코드를 작성합니다.

095~103행은 컴퓨터의 선택에 따라 해당 서보 모터의 각도를 회전시키는 displayScissor(), displayRock(), displayPaper() 함수 중 하나를 호출합니다. 106~107행은 승패를 결정한 후 두 LED를 모두 꺼 초기 상태로 변경합니다.

7. 스케치 코드 읽기: displayScissor(), displayRock(), displayPaper() 함수

111~129행은 컴퓨터가 선택한 가위, 바위, 보에 따라 실제 서보 모터를 움직이는 함수입니다. 가위를 선택하면 displayScissor() 함수를 호출하고, 바위를 선택하면 displayRock() 함수, 보를 선택하면 displayPaper() 함수를 호출합니다. 함수의 내용은 서보 모터에 연결된 핀 번호를 제외하면 모두 동일합니다. 서보 모터의 각도를 90°로 회전한 후 2초 뒤에 다시 0°로 되돌아오는 코드입니다.

8. 스케치 코드 업로드 및 실행 확인하기

앞서 작성한 코드를 아두이노 IDE를 통해 업로드하고, 실행 결과를 살펴보면 다음과 같습니다. 두 LED가 꺼진 상태에서 가위, 바위, 보 버튼을 누르면 컴퓨터가 선택한 서보 모터가 움직이고, 승패 결과에 따라 LED가 켜집니다. 사용자가 이기면 초록색 LED가 켜지고, 지면 빨간색 LED가 켜집니다. 그리고 비길 때 두 LED가 모두 켜지는 것을 확인할 수 있습니다.

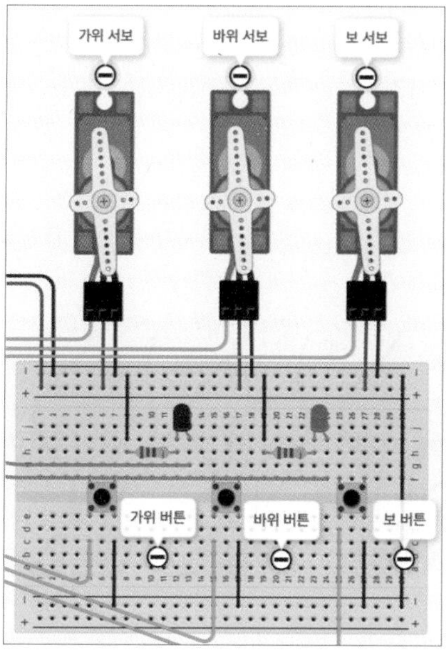

초기 상태

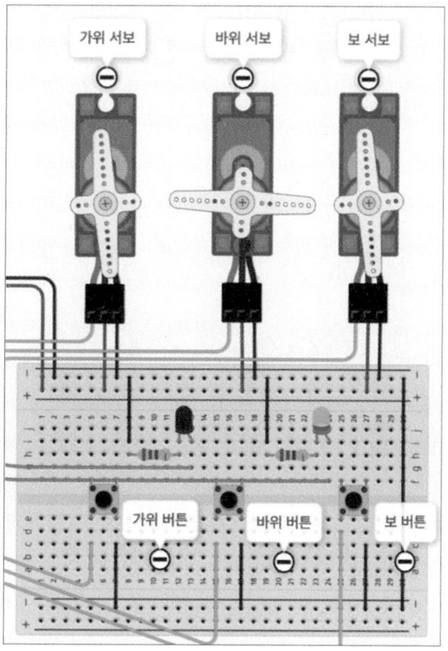

사용자가 보를 내 이겼을 때 모습

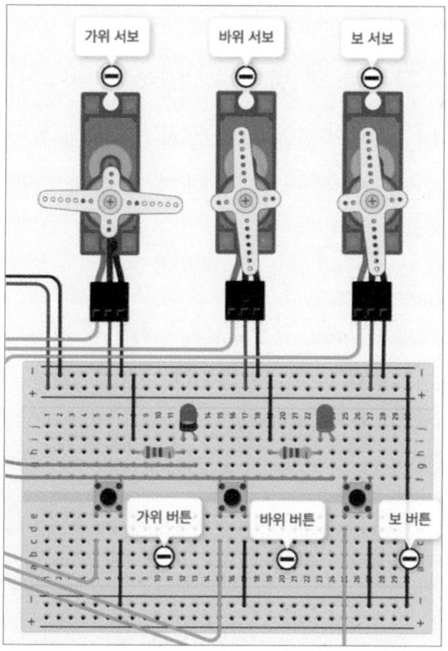

사용자가 보를 내 졌을 때 모습

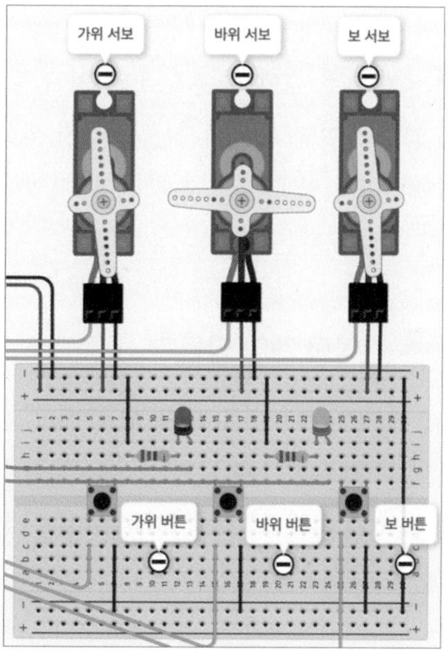

사용자가 바위를 내 비겼을 때 모습

19-4 기억력 게임 만들기

기억력 게임의 규칙

특정 순서를 기억해 두었다가 그대로 재현하는 기억력 게임을 만들어 보겠습니다. 예를 들어, 빨간색, 초록색, 파란색 LED가 켜지고 꺼지는 순서를 기억했다가 LED가 켜진 동일한 순서로 버튼을 눌러 LED를 켜는 것입니다. 만약 LED 색상에 따라 동일한 순서로 버튼을 누르면 성공하고, 그렇지 않으면 실패하는 게임입니다.

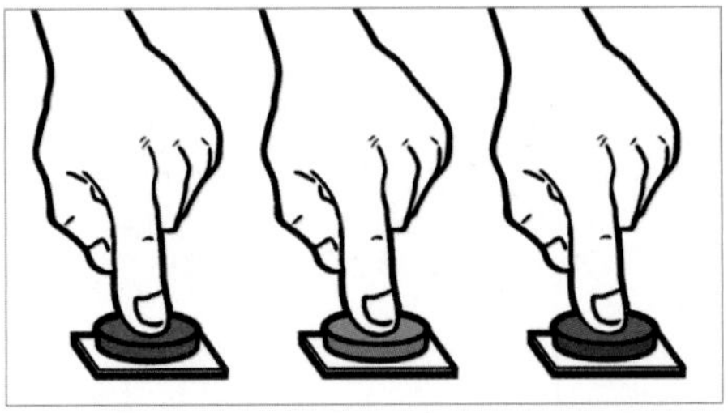

그림 19-4 기억력 게임

기억력 게임을 만들기 위해 몇 가지 색상의 LED와 버튼을 사용할지, LED가 깜빡이는 속도는 지연 시간을 어느 정도로 줘야 하는지, LED가 깜빡이는 횟수를 몇 번이나 기억해야 하는지 등을 생각해야 합니다. 이번 실습에서는 세 가지 색상의 LED와 버튼을 사용하고, 총 5번 변화를 기억하는 기억력 게임을 만들고자 합니다. 기억력 게임의 원리를 이해한다면 추후에 프로그램을 얼마든지 수정해 다른 버전의 게임을 만들 수 있습니다.

Do it! 실습 19-4 기억력 게임 만들기

LED가 깜빡이는 순서를 기억하기 위해 세 가지 색상의 LED와 각 LED에 연결할 저항(220Ω)을 준비합니다. 버튼은 LED가 깜빡이는 순서에 따라 사용자가 입력하기 위해 LED의 개수만큼 필요합니다. 피에조 스피커는 기억력 게임을 시작하는 시점과 승리 또는 패배를 구분하기 위한 목적으로 사용합니다.

1. 회로 구성하기

아두이노의 접지(GND)를 브레드보드의 음극(-)에 연결합니다. 빨간색, 초록색, 파란색 LED와 저항, 푸시 버튼을 그림과 같이 연결하고 LED를 제어하기 위해 아두이노의 디지털 13번, 12번, 11번 핀에 연결합니다. 푸시 버튼은 내부 풀업 저항을 사용할 것이므로 한쪽은 브레드보드의 음극(-)에 연결하고, 다른 쪽은 아두이노의 디지털 10번, 9번, 8번 핀에 연결합니다. 피에조 스피커는 아두이노의 디지털 2번 핀을 사용합니다.

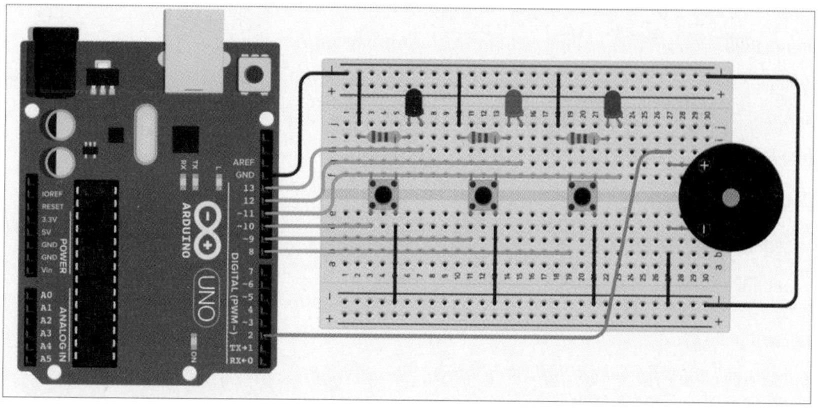

기억력 게임의 회로와 배선

2. 스케치 코드 작성하기

001~019행은 아두이노에 연결할 LED와 버튼, 피에조 스피커의 핀 번호와 게임 제어에 필요한 변수를 초기화하는 코드입니다. 021~037행의 setup() 함수는 아두이노의 디지털 핀 번호에 따라 입력과 출력으로 설정하고, 시리얼 통신 및 임의의 수를 생성하기 위한 초기화를 수행합니다. 039~079행의 loop() 함수는 게임 모드에 따라 LED 깜빡임과, 버튼 입력을 제어하고, 성공 여부에 따라 피에조 스피커의 멜로디를 출력합니다. 082~159행은 loop() 함수에서 호출할 사용자 정의 함수들을 정의합니다.

```
001 : // 각 LED에 연결된 핀 번호
002 : const int redLEDPin = 13;
003 : const int greenLEDPin = 12;
004 : const int blueLEDPin = 11;
005 :
006 : // 각 버튼에 연결된 핀 번호
007 : const int redButtonPin = 10;
008 : const int greenButtonPin = 9;
009 : const int blueButtonPin = 8;
010 :
011 : // 피에조 스피커에 연결된 핀 번호
012 : const int piezoPin = 2;
013 :
014 : int memory[5];              // 기억하기 저장 변수
015 : int answer[5];              // 따라 하기 저장 변수
016 : int memoryLength = 5;       // 기억하기 단계
017 : int answerCount = 0;        // 따라 하기 횟수
018 : int playMode = 0;           // 0: 기억하기 모드, 1: 따라 하기 모드
```

```
int interval = 1000;          // 기억하기 LED의 출력 지연 시간

void setup() {
  // 각 LED 핀을 출력으로 설정
  pinMode(redLEDPin, OUTPUT);
  pinMode(greenLEDPin, OUTPUT);
  pinMode(blueLEDPin, OUTPUT);

  // 각 버튼 핀을 입력으로 설정
  pinMode(redButtonPin, INPUT_PULLUP);
  pinMode(greenButtonPin, INPUT_PULLUP);
  pinMode(blueButtonPin, INPUT_PULLUP);

  // 시리얼 통신 초기화
  Serial.begin(9600);

  // 랜덤 시드 설정
  randomSeed(analogRead(0));
}

void loop() {

  if (playMode == 0) {
    // 게임 단계 생성 및 LED 점멸
    generateSequence();
    playMemoryGame();
    playMode = 1;
  }
  else {
    int redButtonValue = digitalRead(redButtonPin);
    int greenButtonValue = digitalRead(greenButtonPin);
    int blueButtonValue = digitalRead(blueButtonPin);

    // 누르는 버튼에 따라 따라 하기 정보 저장
    if (redButtonValue == LOW) {
      answer[answerCount++] = 0;
      delay(500);
    }
    else if (greenButtonValue == LOW) {
```

```
      answer[answerCount++] = 1;
      delay(500);
    }
    else if (blueButtonValue == LOW) {
      answer[answerCount++] = 2;
      delay(500);
    }

    if (answerCount >= memoryLength) {
      // 성공 여부에 따른 소리 출력
      int isSuccess = checkSuccess();
      if (isSuccess)
        winSound();
      else
        loseSound();

      // 게임 초기화
      answerCount = 0;
      playMode = 0;
    }
  }
}

// 기억하기 순서 생성
void generateSequence() {
  for (int i = 0; i < memoryLength; i++) {
    memory[i] = random(3);
    Serial.print(memory[i]);
    Serial.print(" ");
  }
  Serial.println();
}

// 기억력 게임 시작
void playMemoryGame() {

  // 게임 시작을 알리는 버저음
  tone(piezoPin, 440, 500);
  delay(1000);
```

```

  for (int i = 0; i < memoryLength; i++) {
    int currentLED = memory[i];
    if (currentLED == 0) {
      digitalWrite(redLEDPin, HIGH);
      delay(interval);
      digitalWrite(redLEDPin, LOW);
      delay(500);
    } else if (currentLED == 1) {
      digitalWrite(greenLEDPin, HIGH);
      delay(interval);
      digitalWrite(greenLEDPin, LOW);
      delay(500);
    } else if (currentLED == 2) {
      digitalWrite(blueLEDPin, HIGH);
      delay(interval);
      digitalWrite(blueLEDPin, LOW);
      delay(500);
    }
  }

  // 따라 하기 시작을 알리는 버저음
  tone(piezoPin, 440, 500);
  noTone(piezoPin);
}

// 성공 여부 확인 및 결과 반환
int checkSuccess() {
  int isSuccess = 1;
  for (int i = 0; i < memoryLength; i++) {
    Serial.print(answer[i]);
    Serial.print(" ");
    if (memory[i] != answer[i]) {
      isSuccess = 0;
    }
  }
  Serial.println();
  return isSuccess;
}
```

```
136 :
137 : // 순서를 맞췄을 때 출력하는 소리
138 : void winSound() {
139 :   tone(piezoPin, 1000, 200);
140 :   delay(300);
141 :   noTone(piezoPin);
142 :   delay(100);
143 :   tone(piezoPin, 1500, 300);
144 :   delay(400);
145 :   noTone(piezoPin);
146 :   delay(500);
147 : }
148 :
149 : // 순서가 틀렸을 때 출력하는 소리
150 : void loseSound() {
151 :   tone(piezoPin, 1500, 300);
152 :   delay(300);
153 :   noTone(piezoPin);
154 :   delay(100);
155 :   tone(piezoPin, 1000, 200);
156 :   delay(400);
157 :   noTone(piezoPin);
158 :   delay(500);
159 : }
```

3. 스케치 코드 읽기: 변수 및 상수 초기화

002~012행은 빨간색, 초록색, 파란색 LED와 푸시 버튼, 피에조 스피커를 아두이노에 연결할 디지털 핀 번호를 초기화합니다. 014~015행은 순서에 따라 어떤 LED의 불빛이 켜지는지 저장할 memory 배열 변수와 사용자가 입력한 버튼의 순서를 저장할 answer 배열 변수를 초기화합니다. 정수형 memoryLength 변수는 기억할 횟수를 저장하고, 정수형 answerCount 변수는 사용자가 버튼을 누르는 순서를 의미합니다. 따라서 answerCount 변수의 값은 memoryLength 값보다 작거나 같습니다. playMode는 기억하기와 따라 하기 모드로 구분하기 위한 목적으로 사용됩니다. 기억하기 모드는 3가지 LED의 불빛이 임의의 순서대로 깜빡이며, 따라 하기 모드에서는 앞서 기억하기 모드에서 깜빡이는 순서대로 사용자가 버튼을 누르고 성공과 실패 여부를 알려 줍니다. 정수형 interval 변수는 기억하기 모드에서 LED가 깜빡이는 속도를 제어합니다. 값이 크면 천천히 깜빡이고, 작으면 빠르게 깜빡입니다.

4. 스케치 코드 읽기: setup() 함수

023~030행은 세 개의 LED와 버튼의 핀 모드를 설정합니다. 버튼의 경우 아두이노의 내장 풀업 저항을 사용하므로 INPUT_PULLUP의 값으로 설정합니다. 033행은 시리얼 통신을 초기화하고, 036행은 random() 함수로 가져온 값이 동일하지 않도록 시드를 설정합니다. 정의된 범위 내에서 무작위로 추출된 난수를 가져오는 random() 함수는 시간에 따라 값을 가져오는데, 짧은 시간에 반복적으로 호출할 경우 동일한 값이 올 확률이 높아집니다. 따라서 난수 생성을 위한 시드를 설정하면 컴퓨터는 정해진 알고리즘에 의해 난수처럼 보이는 수열을 생성합니다.

5. 스케치 코드 읽기: loop() 함수

041~046행은 기억하기 모드에서 LED가 깜빡이는 순서를 정하는 generateSequence() 함수와 LED가 깜빡이는 것을 수행하는 playMemoryGame() 함수를 호출합니다. 045행은 기억하기 모드가 끝나고, 따라 하기 모드로 변경해야 사용자 입력을 받을 수 있습니다. 047~079행은 따라 하기 모드로 버튼을 통해 사용자 입력을 받습니다. 사용자 입력에 따라 answer 배열에 사용자가 입력한 버튼의 정보를 저장하고, answerCount를 1씩 증가시켜 answer 배열의 다음 위치에 저장할 수 있게 합니다. 사용자가 입력한 버튼의 경우 0이면 빨간색, 1이면 초록색, 2이면 파란색 LED가 켜질 때 누르는 버튼입니다.
066~072행은 사용자 입력이 종료되었는지 판단해 성공 여부를 확인합니다. 사용자 입력의 횟수는 answerCount 변수에 저장되고, 기억해야 할 LED의 깜빡임 횟수는 memoryLength 변수에 저장되기 때문에 answerCount에 저장된 값이 memoryLength값과 동일하거나 커질 때 입력이 종료되었음을 판단합니다. 기억한 LED 깜빡임 순서가 사용자가 입력한 순서와 일치하면 winSound() 함수를 호출해 성공할 때 멜로디를 출력하고, LED 깜빡임 순서 중 하나라도 일치하지 않으면 loseSound() 함수를 호출해 실패할 때 멜로디를 출력합니다. 075~076행은 게임을 다시 시작하기 위해 answerCount와 playMode를 초기화합니다.

6. 스케치 코드 읽기: generateSequence() 함수

082~089행은 세 개의 LED가 깜박이는 순서를 결정하는 함수입니다. 반복문을 사용해 memoryLength 크기만큼 반복하며 random() 함수로 생성한 임의의 값을 memory 배열에 차례로 저장합니다. 임의의 값은 0~2 사이의 범위를 갖으며, 0은 빨간색, 1은 초록색, 2는 파란색 LED를 의미합니다.

7. 스케치 코드 읽기: playMemoryGame() 함수

092~116행은 앞서 생성한 LED가 깜빡이는 순서에 맞에 실제 LED를 interval 변수에 설정된 속도로 깜빡이게 하는 코드입니다. 119~120행은 모든 순서가 종료되고, 사용자가 입력할 시간임을 피에조 스피커의 알람으로 알려 줍니다.

8. 스케치 코드 읽기: checkSuccess() 함수

124~135행은 사용자가 입력한 버튼의 순서와 기억하기 모드에서 임의로 설정한 LED의 깜빡임 속도를 서로 비교해 일치 여부를 알려 줍니다. isSuccess 변수의 값이 1이면 모든 순서가 일치한 것이고, 하나라도 순서가 다르면 isSuccess 변수에는 0이 저장됩니다.

9. 스케치 코드 읽기: winSound(), loseSound() 함수

138~159행은 성공 여부에 따라 멜로디를 출력합니다. 성공할 때와 실패할 때 다른 소리를 출력해야 구분할 수 있기 때문에 음의 높낮이를 다르게 출력해 표현했습니다. 멜로디를 출력할 때 사용한 tone() 함수의 첫 번째 매개변수는 피에조 스피커가 연결된 아두이노의 핀 번호이고, 두 번째 매개변수는 음의 높낮이를 구분할 주파수, 세 번째 매개변수는 출력할 음의 길이입니다. 그리고 noTone() 함수를 통해 디지털 핀에 연결된 피에조 스피커의 동작을 멈출 수 있어 좀더 명확한 소리를 낼 수 있습니다.

10. 스케치 코드 업로드 및 실행 확인하기

앞서 작성한 코드를 아두이노 IDE를 통해 업로드하고, 실행 결과를 살펴보면 다음과 같습니다. 기억하기 모드에서는 세 개의 LED가 임의의 순서로 깜빡이고, 따라 하기 모드에서는 모든 LED가 꺼진 상태로 사용자의 입력을 기다립니다. 사용자 입력이 종료되면 성공 여부에 따라 피에조 스피커에서 멜로디가 출력됩니다.

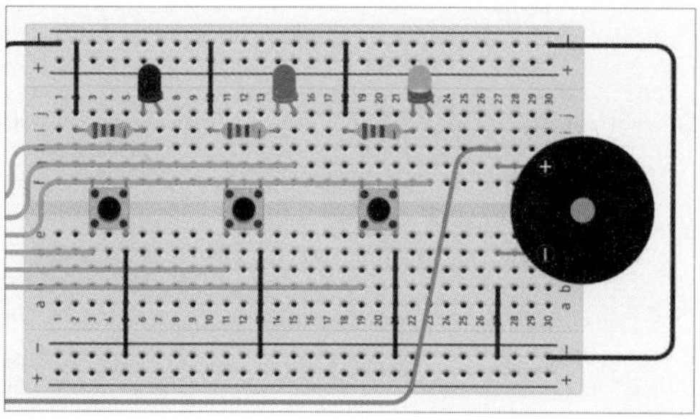

기억하기 모드에서 LED가 임의로 깜빡이는 상태

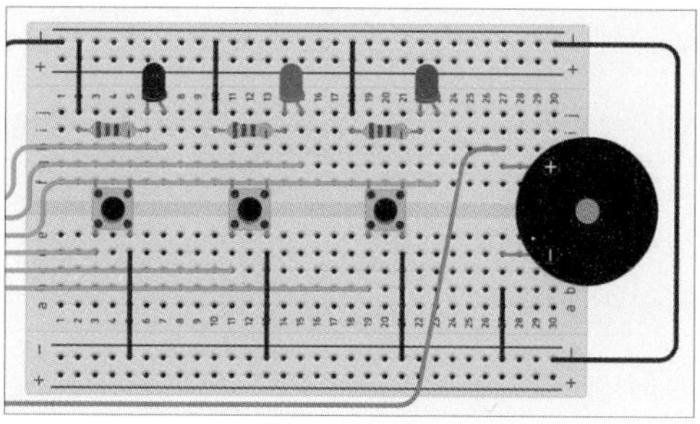

따라 하기 모드에서 사용자 입력을 기다리는 상태

〈한글〉

Basic Programming Course

기초 프로그래밍 코스

파이썬, C 언어, 자바로 시작하는 프로그래밍!
기초 단계를 독파한 후 응용 단계로 넘어가세요!

기초 단계

박응용 | 432쪽　김성엽 | 576쪽　김동형 | 856쪽

시바타 보요, 강민 역 | 408쪽　시바타 보요, 강민 역 | 452쪽　시바타 보요, 강민 역 | 424쪽

응용 단계

김창현 | 296쪽　강성윤 | 720쪽　김종관 | 564쪽

나는 어떤 코스가 적합할까?

A 파이썬 개발자가 되고 싶은 사람

- Do it! 점프 투 파이썬
- Do it! 점프 투 파이썬 — 라이브러리 예제 편
- Do it! 파이썬 생활 프로그래밍
- Do it! 점프 투 장고
- Do it! 점프 투 플라스크
- Do it! 장고+부트스트랩 파이썬 웹 개발의 정석

B 자바·코틀린 개발자가 되고 싶은 사람

- Do it! 점프 투 자바
- Do it! 자바 완전 정복
- Do it! 자바 프로그래밍 입문
- Do it! 코틀린 프로그래밍
- Do it! 안드로이드 앱 프로그래밍
- Do it! 깡샘의 안드로이드 앱 프로그래밍 with 코틀린

Application Programming Course

앱 프로그래밍 코스

자바, 코틀린, 스위프트로 시작하는 앱 프로그래밍!
나만의 앱을 만들어 보세요!

기초
단계

김동형 | 856쪽

황영덕 | 680쪽

정재곤 | 800쪽

강성윤 | 720쪽

송호정, 이범근 | 696쪽

응용
단계

강성윤 | 712쪽

전예홍 | 856쪽

김응석 | 576쪽

나는 어떤
코스가
적합할까?

A 빠르게 앱을 만들고 싶은 사람

- Do it! 안드로이드 앱 프로그래밍 — 개정 8판
- Do it! 깡샘의 안드로이드 앱 프로그래밍 with 코틀린 — 개정 2판
- Do it! 스위프트로 아이폰 앱 만들기 입문 — 개정 7판
- Do it! 플러터 앱 프로그래밍 — 개정판
- Do it! 깡샘의 플러터&다트 프로그래밍

B 앱 개발 실력을 더 키우고 싶은 사람

- Do it! 자바 완전 정복
- Do it! 코틀린 프로그래밍
- Do it! 리액트 네이티브 앱 프로그래밍
- Do it! 프로그레시브 웹앱 만들기